司馬溫公
資治通鑒

柏杨 著

人民东方出版传媒
東方出版社

第八部

统万碑文

自毁长城

南北朝

刘彧诏书

统万碑文

导读

在一片黄沙滚滚的废墟之中，考古学家找到一小块化石，从这一小块化石上，可以了解几千年几万年前的许多往事。同样在两百八十六年之久的大分裂时代，在一片贫苦死亡的哀号声里，我们找到了竖立在统万（陕西省靖边县北白城则村）城南的一个石碑。其实，我们找到的不是石碑，石碑早成尘埃；我们找到的是刻在那个石碑上的碑文："统万城歌功颂德碑文"，简称"统万碑文"。

统万碑文使我们终于发现，短命王国之一的胡夏帝国，竟是如此美好，国家领导人英明而且仁慈，智慧而且勇敢，严厉而且充满爱心，不仅是国家伟大的舵手，更是民族解放的救星。在胡夏帝国中，没有刑罚、没有战争（因为堂堂王师，有征无战）、没有痛苦、没有不公平，天心感动，民心欢腾。即令在一千五百年后拜读，眼前仍浮出一望绿油油的流奶与蜜之地，耳畔仍听到人民出自内心深处的感恩欢呼。咦，胡夏帝国，天上人间。

文化人与文妖之间，只相隔一纸，这一纸就是这篇统万碑文。我们用作本册书名，感慨万千。

柏杨　一九八六·一·一五

目录

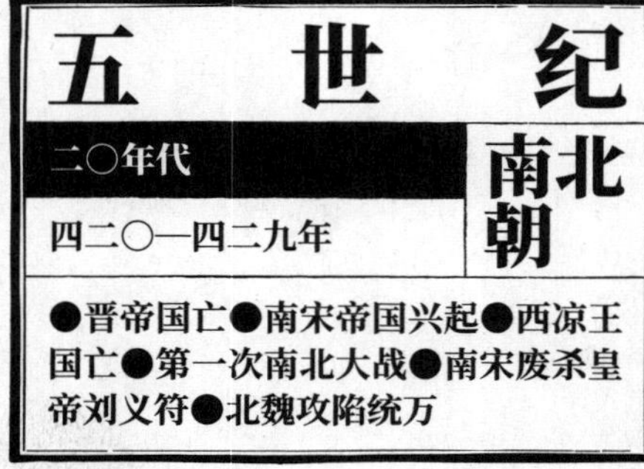

五世纪

一〇年代

四一五—四一九年

晋帝国

◎ 后秦帝国亡。

◎ 刘裕杀死晋帝司马德宗。

◎ 西哥德部落在高卢（法国）南部，建西哥德王国（一七一一年）。

四一五年

乙卯

晋	义熙	十一年
后秦	弘始	十七年
西秦	永康	四年
北魏	神瑞	二年
北凉	玄始	四年
西凉	建初	十一年
胡夏	凤翔	三年
北燕	太平	七年

（单于白亚栗斯建平元年）

1 春季，正月二日，北魏帝国（首都平城〔山西省大同市〕）皇帝（二任明元帝）拓跋嗣（本年二十四岁），返首都平城（山西省大同市）。

2 晋帝国（首都建康〔江苏省南京市〕）全国武装部队总司令（太尉）刘裕，逮捕荆州（州政府设江陵〔湖北省江陵县〕）州长（刺史）司马休之留在首都建康的次子司马文宝、侄儿司马文祖，命二人自杀。刘裕遂动员三军，西上攻击司马休之（刘裕跟司马休之交恶事，参考去年〔四一四〕二月）。

晋帝（十六任安帝）司马德宗（本年三十四岁）下诏（刘裕诏），加授刘裕皇帝诛杀时专用的铜斧（黄钺），兼荆州（湖北省）州长（刺史）。

正月十六日，晋帝国大赦。

3 正月二十三日，晋帝国政府擢升文官部长（吏部尚书）谢裕，当国务院左执行长（尚书左仆射）。

4 正月二十七日，晋帝国全国武装部队总司令（太尉）刘裕，从建康（晋首都，江苏省南京市）出发。行前，任命中军将军刘道怜担任留守司令部总监（监留府事）；首都建康市长（丹阳尹）刘穆之兼国务院右执行长（右仆射）；事情不论大小，都交刘穆之裁决。又任命高阳郡（侨郡，郡政府设首都建康）郡长（内史）刘钟，兼石头城（建康城西北）防卫司令官（领石头戍事），镇守冶亭（建康城东门至蒋山之间）。司马休之的军政官（司马）张裕、南平郡（湖北省公安县）郡长檀范之，得到中央讨伐司马休之消息，先后逃回建康（晋首都，江苏省南京市）。张裕，是张邵的老哥（张邵曾任刘裕的主任秘书〔主簿〕，参考四〇九年正月）。雍州（州政府设襄阳〔湖北省襄阳市〕）州长（刺史）鲁宗之，疑心刘裕将来绝不会包容自己，遂跟儿子竟陵郡（湖北省钟祥市）郡长鲁轨，起兵响应司马休之。

二月，司马休之上疏中央，指控刘裕罪状；动员军队，积极准备抵抗。

刘裕写一封密函给司马休之的机要军事参议官（录事参军）、南阳郡（河南省南阳市）人韩延之，要韩延之弃暗投明，韩延之回信说：

“感谢你亲自率领战马，莅临遥远的西方疆域；荆州（湖北省）境内所有官员和人民，没有一个不惶恐惊骇。蒙你不弃，赐下大函，知道你的行动，都由于谯王（司马文思）旧事（参考去年〔四一四〕二月），更使我无限叹息。司马将军（司马休之任平西将军）对帝国忠贞不贰，待人做事，诚实恳切。只因为你有恢复帝国的勋业，无论是皇家和政府，对你无不仰仗依赖，推心置腹，一片赤诚，几乎每件事情，都向你请求指教。前一些时，谯王（司马文思）因一件小事，受到弹劾，当老爹的司马休之，还自己上疏，请求辞职，由此可以预知，如果谯王（司马文思）犯下大的过失，司马休之怎么能闭口不言！但他仍呈报皇上（司马德宗），请求撤销谯王的封爵。唯一未做的，只是没有夺取儿子的性命而已。你如果站在他的位置，也会如此。想不到，突然之间，大军动员，这正是：‘欲加之罪，何患无辞！’只要想定人的罪，还怕找不到罪状？

“刘裕先生：四海之内，谁看不出你的用心？而竟然还想欺骗国家忠义之士！大函说你自己：‘心怀谦敬，希望尽量满足朋友的期许，从来如此！’而今，攻击别人的辖区，用利害引诱别人变节，难道这就是：‘心怀谦敬，希望尽量满足朋友的期许，从来如此！’刘藩死在皇宫阊阖门之前（参考四一二年九月），诸葛长民死于丁旿之手（参考前年〔四一三〕三月）。甜言蜜语使方面大员对你产生信心，而你却用轻装备部队，发动奇袭（指对付刘毅；参考四一二年九月）。于是，座位之上，再没有诚信忠贞人士，京师（首都建康）之外，也再没有自信可以保全性命的贵族。而在你，却恰恰认为这正是你谋略的成功，实在使人感到羞耻。

“贵司令部所属将领参谋侍从，以及政府有贤德才能的人士，都在过一天算一天。我诚然鄙陋肤浅，但曾经在有道德的高级知识分子面前，探讨过真理。像司马休之这样品行高洁的人物，怎么能没有托付遗孤的部属？我绝对不会自己投入老虎口中，踏上郗僧施之徒的足迹（郗僧施事，参考四一二年十一月），情势至为明显。假如上天注定灾乱还要继续，各派的争论还要混淆，我自当跟臧洪同游于九泉之下（臧洪事，参考一九五年十二月），不再多言。”

刘裕看到回信，不禁叹息，交给将领和参谋官们传阅，说：“当人家的部属，应该如此。”韩延之因刘裕的老爹名刘翘，别名显宗，遂自己改名韩显宗，而命他的儿子名韩翘，表示永不向刘家班屈服。

5 晋帝国琅邪郡（山东省临沂市）郡长刘朗，率二千余家，归降北魏帝国（首都平城）。

二月十六日，北凉王国（首都姑臧〔甘肃省武威市〕）匈奴部落酋长刘云等，率数万家，也归降北魏帝国。

6 晋帝国全国武装部队总司令（太尉）刘裕，派军事参议官（参军）檀道济、朱超石，率步骑兵攻击襄阳（湖北省襄阳市）。朱超石，是朱龄石的老弟（朱龄石，参考四一四年二月二十九日）。江夏郡（湖北省安陆市）郡长刘虔之，率军进驻三连（今地不详），构筑桥梁，积聚粮秣，等待檀道济等军会师。刘虔之等了好几天，等不到檀道济等军；而鲁轨向三连（今地不详）发动奇袭，斩刘虔之。刘裕派他的女婿、振威将军、东海郡（山东省郯城县）人徐逵之，当前锋司令官，率军事参议官（参军）蒯恩、王允之、沈渊子，攻击江夏口（湖北省荆州市南，夏水注入长江处）。徐逵之等在破冢（湖北省江陵县东南）跟鲁轨会战，大败，徐逵之、王允之、沈渊子，全体阵亡；只蒯恩严加戒备，按兵不动；鲁轨乘胜攻击蒯恩营垒，不能攻克，始行撤退。沈渊子，是沈林子的老哥（沈林子，参考四一〇年五月）。

刘裕驻军马头（湖北省公安县东北），得到徐逵之战死消息，勃然大怒。

三月二十九日，刘裕率各将领北渡长江。鲁轨、司马文思，率荆州兵团四万人，在悬崖绝壁上构筑阵地，高如九天，中央军士卒没有人能够攀登；刘裕亲自出动，戴盔披甲，就要领头上爬，将领们劝阻，刘裕拒绝，而且越发大怒。全国武装部队总司令部主任秘书（太尉主簿）谢晦，上前抱住刘裕，刘裕抽出佩剑指住谢晦，大喝说：“我杀掉你。”谢晦说：“天下可以没有谢晦，不可以没有将军。”（胡三省注：“这正是刘裕所说的，谢晦很知道如何抓住机会。”）建武将军胡藩率游击部队正在江津（湖北省江陵县西南），刘裕命胡藩攀登，胡藩露出畏惧的脸色。刘裕暴跳如雷，下令逮捕胡藩，打算处斩。胡藩回头说：“我正要攻击盗贼（指司马休之），没有时间接受别的命令。”遂用刀尖在岩石上凿出小洞，仅能容纳脚趾，终于爬上峭壁，随后攀登的渐渐增多。既抵达岸头，立即攻击，荆州兵团不能抵挡，稍稍后退，刘裕所统的中央军乘势猛攻，荆州兵团崩溃，刘裕遂攻克江陵。司马休之、鲁宗之，一齐向北逃走，只命鲁轨留守石城（湖北省钟祥市）。刘裕派阆中侯、下邳郡（江苏省睢宁县北古邳镇）人赵伦之、全国武装部队总司令部军事参议官（参军）沈林子，攻击鲁轨；又派武陵郡（湖南省常德市）郡长（内史）王镇恶，率舰队追击司马休之等。

变民数百人，乘夜袭击冶亭（建康城东门至蒋山之间），京师（首都建康）人心震动惊骇。石头城防卫司令官（领石头戍事）刘钟，出军平定。

7 后秦帝国（首都长安〔陕西省西安市〕）广平公姚弼，在老爹天王（二任文桓帝）姚兴（本年五十岁）面前，诬陷老哥姚宣（去年〔四一四〕姚宣入朝时指控姚弼；本年姚弼报复）。正巧，姚宣的军政官（司马）权丕，到长安奏事，姚兴责备他没有尽到辅佐主人的职责，打算处决。权丕大为惶恐，只好也跟着诬陷姚宣，以求自己免死。姚兴至为愤怒，派使臣前往杏城（陕西省黄陵县），逮捕姚宣，下狱囚禁；而命姚弼率三万人部队，镇守秦州（州政府设上邽〔甘肃省天水市〕）。首都长安市长（京兆尹）尹昭说：“广平公（姚弼）跟太子（姚泓）素有仇怨，而今，在外手握强大武力，陛下一旦逝世，帝国政府就非陷于危险不可。‘小的地

五世纪·四一五年正月至三月　刘裕讨伐司马休之

中国地图

司马休之等投奔后秦

南阳郡

沔水

(汉水)

新野郡

司马休之、鲁宗之、鲁轨投奔襄阳

新城郡

襄阳(雍州)

李应之拒绝开城

随郡

石城(竟陵郡)

江夏郡

司马休之、鲁宗之投奔石城

沈林子攻破石城

(荆州)江陵

夏口

宜都郡

江夏口

马头

江津

南平郡

公安

江

长

晋·刘裕军

武陵郡

洞庭湖

方不能忍耐，大的谋略一定受到破坏。’（《论语》孔丘语：“小不忍，则乱大谋。”）陛下正是如此。”姚兴不接受。（当局者迷，旁观者清。我们眼睁睁看到姚兴这位老爹，用种种宠爱的方法，去谋杀他的亲生之子，深为叹息。人生，为什么翻来覆去，总是犯同一错误。）

8 胡夏帝国（首都统万〔陕西省靖边县北白城则村〕）天王（一任武烈帝）赫连勃勃（刘勃勃。本年三十五岁），攻击后秦帝国杏城（陕西省黄陵县），攻克，生擒守将姚逵，活埋坑杀士卒二万人（人间惨事）。

后秦帝国天王姚兴，前往北地（陕西省铜川市耀州区）；派广平公姚弼，跟辅国将军敛曼嵬，率军前往新平（陕西省彬州市）；姚兴返回首都长安。

9 北凉王国（首都姑臧〔甘肃省武威市〕）首领（二任武宣王）、河西王沮渠蒙逊（本年四十八岁），攻击西秦王国（首都枹罕〔甘肃省临夏市〕）所属的广武郡（甘肃省永登县），攻克。西秦王（三任文昭王）乞伏炽磐，派将军乞伏魋尼寅（魋，音tuí〔颓〕），在浩亹（音hào mén〔浩门〕。甘肃省永登县西南）拦腰攻击沮渠蒙逊；沮渠蒙逊反扑，斩乞伏魋尼寅。乞伏炽磐又派将军折斐等，率骑兵一万人，据守勒姐岭（青海省海东市平安区境）；沮渠蒙逊攻击，生擒折斐。

10 从河西（陕西省北部）流亡出来，受饥饿煎熬的匈奴，逃到上党（山西省黎城县西南）集结，推举匈奴人白亚栗斯当单于，改年号建平；用司马顺宰当智囊（司马顺宰称晋王事，参考去年〔四一四〕十二月），攻击北魏帝国河内郡（河南省沁阳市）。

夏季，四月，北魏帝国（首都平城〔山西省大同市〕）皇帝（二任明元帝）

拓跋嗣，命固安子爵公孙表等五位将领，率军讨伐。

11 晋帝国青、冀二州（二州州政府设东阳〔山东省青州市〕）州长（刺史）刘敬宣的军事参议官（参军）司马道赐，是皇族中疏远的支派，听到全国武装部队总司令（太尉）刘裕攻击司马休之消息，司马道赐跟同僚辟闾道秀（辟闾，复姓）以及初级军官王猛子，阴谋杀害刘敬宣，然后夺取广固（山东省青州市，在东阳城西），响应司马休之。

四月三日，刘敬宣召见辟闾道秀，摒退侍卫，秘密对话，左右所有人员都被隔在门外。王猛子徘徊逡巡，试探而入，遂拿到刘敬宣的防身佩刀，刺死刘敬宣（年四十五岁）。文武官员得到警报，立即反击司马道赐等，全体斩首。

12 四月二十七日，北魏帝拓跋嗣北巡。

13 西秦王（首都枹罕）乞伏炽磐的儿子乞伏元基，从后秦帝国首都长安（陕西省西安市）逃回，（胡三省注：乞伏元基当初随老爹乞伏炽磐到长安朝见，遂留在长安。）乞伏炽磐任命他当国务院左执行长（尚书左仆射）。

14 五月五日，北魏帝拓跋嗣，前往大宁（河北省张家口市）。

15 晋帝国阆中侯赵伦之、全国武装部队总司令部军事参议官（太尉参军）沈林子，击破荆州兵团将领鲁轨据守的石城（湖北省钟祥市）。司马休之、鲁宗之率军援救，已来不及，遂同鲁轨，一齐投奔襄阳（湖北省襄阳市）。鲁宗之的军事参议官（参军）李应之，紧闭城门，拒绝鲁宗之入城。

五月十二日，司马休之、鲁宗之、鲁轨，以及谯王司马文思、新蔡王司马道赐（不是谋杀刘敬宣的司马道赐）、梁州（州政府设南城〔陕西省汉中市南郑区南〕）州长（刺史）马敬、南阳郡郡长鲁范，一齐投奔后秦帝国。鲁宗之一向深得知识分子及人民的爱戴，大家争着护送他逃出国境。武陵郡（湖南省常德市）郡长（内史）王镇恶等，一直追到国境线才回军。

最初，司马休之向后秦帝国及北魏帝国求救。后秦帝国征虏将军姚成王，及稍早投奔后秦的司马国璠，率军抵达南阳（河南省南阳市）；北魏帝国南部总监（南部大人）长孙嵩，率军抵达河东郡（山西省夏县），得到司马休之失败消息，都率军班师。司马休之到了长安（陕西省西安市），天王姚兴任命他当扬州州长（刺史），反攻襄阳（湖北省襄阳市）。执法监察官（侍御史）唐盛，报告姚兴说："根据神秘预言书记载，司马家（晋帝国）将收复河洛（河南省中部），现在派司马休之在外统御军队，就好像把鱼放回大海；不如给他一个高贵的爵位和富裕的待遇，留在京师（首都长安）。"姚兴说："从前，姬昌终于脱离羑里（商王朝末任帝子受辛〔纣〕，把姬昌囚禁羑里，后来仍是释放。），刘邦最后也没有在鸿门丧生（参考前二〇六年十二月），如果那是上天的旨意，谁能违抗？如果真的应验了神秘预言书，留下他更促使灾难加重。"命司马休之出发。

16 晋帝司马德宗下诏（刘裕诏）：加授全国武装部队总司令（太尉）刘裕太傅（上三公之二）、京畿总卫戍司令（扬州牧），上殿时不解佩剑、不脱木屐、入朝时不必碎步慢跑、奏事时司仪不传报姓名（"剑履上殿，入朝不趋，赞拜不名。"一旦出现，我们已听到篡夺列车进站时的鸣笛）。任命兖、青二州（州政府设京口〔江苏省镇江市〕）州长（刺史）刘道怜，当荆湘益秦宁梁雍军区司令长官（都督荆湘益秦宁梁雍七州诸军事）、骠骑将军、荆州（州政府设江陵〔湖北省江陵县〕）州长（刺史）。刘道怜品格低劣，贪污卑鄙，没有才能；刘裕命中军将军府秘书长（中军长史）、晋陵郡（江苏省常州市）郡长谢方明，当骠骑将军府秘书长（骠骑长史）、南郡（湖北省江陵县）郡长。刘道怜司令部及将军府、州政府中所有事务，都由谢方明裁决。谢方明，是谢冲的儿子（谢冲，参考三九九年十月；刘道怜，是刘裕同父异母的老弟）。

17 晋帝国益州（州政府设成都〔四川省成都市〕）州长（刺史）朱龄石，派使节前往北凉王国（首都姑臧），晋见北凉首领、河西王沮渠蒙逊，宣扬帝国政府的威信和恩德。沮渠蒙逊派随从官（舍人）黄迅，答聘朱龄石，并上疏给晋帝司马德宗：听说车骑将军刘裕，准备肃清中原，我愿意做他的主要助手，驱逐蛮夷。

18 胡夏帝国（首都统万）天王赫连勃勃，派总监察官（御史中丞）乌洛孤，跟北凉王国首领、河西王沮渠蒙逊结盟。沮渠蒙逊派他的老弟、湟河郡（青海省化隆县）郡长沮渠汉平，前往胡夏帝国，缔结盟约。

19 西秦王乞伏炽磐，率部队三万人，袭击湟河郡（青海省化隆县），湟河郡郡长沮渠汉平拒抗，派军政官（司马）隗仁，乘夜反攻乞伏炽磐，大破西秦军。乞伏炽磐准备撤退，但沮渠汉平的秘书长（长史）焦昶、将军段景，却秘密派人召引乞伏炽磐，乞伏炽磐遂再次发动攻击。焦昶、段景因而说服沮渠汉平出城投降。隗仁率武士一百余人，据守南城门楼，誓死力战，支持三日，不肯屈服，但最后力量耗尽，被西秦军生擒。乞伏炽磐打算诛杀隗仁，散骑侍从官（散骑常侍）、武威郡（甘肃省武威市）人段晖（非南燕帝国的段晖）劝阻说："隗仁面对大难，不怕死亡，是一位忠臣，应宽恕他，为那些服侍君王的人，提供一个榜样。”遂把隗仁囚禁。

乞伏炽磐任命首都东区卫戍司令（左卫将军）乞伏匹达，当湟河郡（青海省化隆县）郡长，再攻击乙弗部落及窟乾部落，俘虏三千余家而回。乞伏炽磐任命国务院右执行长（尚书右仆射）出连虔，当岭北军区司令长官（都督岭北诸军事。岭，指洪池岭，今甘肃省天祝县西北乌鞘岭），兼凉州（州政府设乐都〔青海省海东市乐都区〕）州长（刺史）；任命凉州州长（刺史）乞伏谦屯，当镇军大将军，兼河州（州政府设枹罕〔甘肃省临夏市〕）全权州长（牧）。

隗仁留在西秦王国五年，段晖再代他请求，乞伏炽磐才把他释放，送回姑臧（北凉首都，甘肃省武威市）。

20 六月十日（原文载于五月戊午，五月癸未朔，没有戊午。《魏书·太宗纪》及《北史·魏太宗纪》皆载于六月辛酉，即六月十日），北魏帝拓跋嗣，前往濡源（濡水〔闪电河〕源头，河北省沽源县），遂到上谷（河北省怀来县）、涿鹿（河北省涿鹿县）、广宁（涿鹿县，古涿鹿城西北）。

秋季，七月二日，返回首都平城（山西省大同市）。

21 西秦王乞伏炽磐，擢升秦州（州政府设苑川〔甘肃省榆中县东北〕）州长（刺史）乞伏昙达当国务院总理（尚书令）；宫廷禁卫官司令（光禄勋）王松寿，当秦州州长（刺史）。

22 七月三十日，日蚀。

23 八月十三日，晋帝国全国武装部队总司令（太尉）刘裕，由江陵（湖北省江陵县）返回首都建康（江苏省南京市），坚决辞让太傅（上三公之二）、京畿总卫戍司令（扬州牧）等职；其他的则全部接受（其他的指："剑履上殿，入朝不趋，赞拜不名"）。另行任命豫章公（刘裕）的世子刘义符（本年十岁），当兖州（州政府设京口〔江苏省镇江市〕）州长（刺史）。

24 八月丁未日（八月壬子朔，没有丁未），晋帝国国务院左执行长（尚书左仆射）谢裕逝世（年四十七岁），任命右执行长（尚书右仆射）刘穆之，当左执行长（尚书左仆射）。

25 九月十九日，晋帝国大赦。

26 北魏帝国一连几年下霜，天气干旱。云中郡（故都盛乐，内蒙古和林格尔县）、代郡（河北省蔚县）一带居民，很多人饿死（战争时人民被杀死，和平时人民被饿死；处处苦难）。天文台长（太史令）王亮、苏坦，奏报北魏帝拓跋嗣说："依照神秘预言书显示，魏国（北魏帝国）应该把首都设在邺城（河北省临漳县西南邺城镇），才可以使天下富裕，人民安乐。"拓跋嗣询问文武官员的意见，国立大学主任教授（博士祭酒）崔浩、特进官（朝会时位置仅次于三公）京兆郡（陕西省西安市）人周澹说："把首都迁到邺城（河北省临漳县西南邺城镇），虽可以救今年的饥馑，不是长久之计。山东（崤山以东）人民，因皇家原住瀚海沙漠，遂认为各部落人民和家畜，数量无限，被形容为：'像牛毛一样那么多！'可是，一旦迁往新都，必须留下一部分军队，镇守旧都（平城，山西省大同市），只能分出一部分人南下，这些人没有办法遍布各州，只好跟汉人掺杂的散住各个郡县，我们人数居于劣势的实情，就会立刻显露；恐怕四方国家，都可能生出轻视心理。而且，人民由北到南，水土不服，害病、受伤、死亡，一定很多。同时，旧都（平城）守军既少，赫连勃勃（胡夏帝国）、柔然（柔然汗国）一定会打我们的主意，抽空他们的国家，用全力发动攻击，云中郡、平城（山西省大同市），就会陷于危境。而中央政府，远在南方（平城与邺城，二地航空距离四百五十公里），当中被恒山（北岳，河北省曲阳县北）、代郡（河北省蔚县）之间的险要（诸如飞狐口〔河北省涞源县〕，倒马关〔河北省唐县西北〕等），重重隔断，难以援救，则声势和实质，都受到伤害。而现在定都北方，如果山东（崤山以东）发生变化，我们轻装备骑兵，迅速南下，穿插奔驰山林荒野之间，谁能知道军力多少？人民看到尘埃，都会震骇畏服，这正是帝国皇家（鲜卑族）所以控制汉人的手段。明年（四一六）春天，野草生长，家畜肥壮，牛奶、酪浆，即将恢复供应，青菜水果，也都上市。等到秋季庄稼收割，灾荒就成为过去。”拓跋嗣说：“现在仓库已空，根本不能支持到明年（四一六）秋季。而且，如果明年秋季饥馑不退，我们将怎么办？”崔浩、周澹回答说：“最好是挑选特别贫苦饥寒人家，先送他们到山东（太行山以东）一带谋生，如果明年（四一六）秋季仍然饥馑，到时再行讨论。不管怎么样，只是千万不可迁都。”拓跋嗣高兴说：“只有二位跟我的见解相同。”于是，挑选鲜卑族最穷苦的人，前往山东（太行山以东）三州谋生（三州：定州〔河北省中北部〕、相州〔河北省南部〕、冀州〔河北省东部〕）。派左部执行官（左部尚书）、鲜卑人周幾（原文“代人”，指定居代郡的鲜卑人），率部众镇守鲁口（河北省饶阳县），负责安抚照料。

拓跋嗣亲自到农田耕种，下令有关单位：劝勉人民种田养蚕。明年（四一六），庄稼丰收，人民遂富足安定。

27 胡夏帝国（首都统万）大将赫连建，率军攻击后秦帝国（首都长安），俘虏平凉郡（甘肃省华亭市）郡长姚军都，遂进入新平郡（陕西省彬州市）。

后秦帝国广平公姚弼，在龙尾堡（陕西省岐山县）迎击胡夏军，生擒赫连建。

28 后秦帝国天王姚兴，药毒发作（参考三九七年九月）。广平公姚弼，声称有病，不进宫探望老爹，却把军队聚集在自己私宅。姚兴得到消息，大怒，逮捕姚弼的党羽唐盛、孙玄等，处死。太子姚泓向姚兴请求，说："我不能像老爹那样，使兄弟之间，感情和睦，以致到了这个地步，都是我的罪过。如果我死了能使帝国平安，请准许我死。如果陛下不准许我死，请免除我的太子头衔，使我退回我的封国（史书无记载姚泓当太子之前，封什么爵位。参考四〇二年二月）。"姚兴心中悲恻感动，召见姚赞、梁喜、尹昭、敛曼嵬，共同商议，于是逮捕姚弼，将要诛杀，并穷追猛查他的党羽。姚泓哭泣流涕，坚持请求赦免，姚兴遂赦免姚弼，以及他的同党。姚泓待姚弼跟没有发生这件事时一样，没有忿恨的脸色。

29 北魏帝国天文台长（太史）奏称："火星（荧惑）在匏瓜（天鸡）星座中出现，却突然失踪，不知道落到何方？依照天象运转法则，应该是落到情势危急、马上就要覆亡的国家之中。火星（荧惑）的任务，是传播童谣流言，先向该国提出警告，然后再用大祸重罚。"北魏帝拓跋嗣召集著名的高级知识分子十余人，命他们跟天文台长（太史）共同研究火星（荧惑）降落的方向。国立大学主任教授（博士祭酒）崔浩回答说："根据《春秋左氏传》记载：'神灵降临莘城（河南省三门峡市东硖石乡）。'用神灵降临的日子，可推测出神灵是谁（此《左传》是《春秋左氏外传》，属于神秘预言书的一种。《左氏外传》说："前六六二年，有神灵降临莘城〔河南省三门峡市东硖石乡〕，姬阆〔周王朝十七任王惠王〕询问秘书长〔内史〕姬过，姬过疑虑说：'这神灵莫非是伊祁丹朱？'〔伊祁丹朱，黄帝王朝六任帝尧帝伊祁放勋的儿子，在跟当权大臣姚重华争夺政权失败后，被儒家学派形容为凶暴游荡的坏蛋。〕姬阆说：'灾祸会落到什么地方？'姬过回答说：'会落到虢国〔河南省三门峡市〕。'姬阆问：'那么，虢国还有几年寿命？' 姬过回答说：'伊祁放勋〔尧〕治理人民，以"五"作为施政计划单元。而今，他的幽魂外形显现。神灵降临，应是这个幽魂外形。由此推测，虢国寿命，不超过五年。' 前六五八年，晋国灭虢国"）。上月（八）十九日（庚午）的晚上，和二十日（辛未）的早晨，气候阴沉，天上有云，火星（荧惑）失踪的时间，应在那两天之间。'庚'和'午'，都主管古秦王国地区（陕西省中部），而'辛'主管西方蛮夷。现今姚兴盘踞长安（后秦首都，陕西省西安市），火星（荧惑）一定落到秦国（后秦帝国）。"大家一齐咆哮说："天上失踪了一颗星，人类怎么知道它到哪里？"崔浩只作微笑，不加分辩，八十余天后，火星（荧惑）忽然又在东井星座之旁出现，在那里时隐时现，很久才去。

后秦帝国大旱，昆明池（长安城西南）池水枯竭，童谣流言纷起，民心不安，只隔一年，便被灭亡（参考后年〔四一七〕八月），大家才佩服崔浩的神奇。

30 冬季，十月二日，后秦帝国天王姚兴，派散骑侍从官（散骑常侍）姚敞等，护送他的女儿西平公主，前往北魏帝国成亲。北魏帝拓跋嗣用迎接皇后的盛大礼节，迎入皇宫。可是，西平公主手铸金人，不能铸成（北魏帝国传统，铸成金人，才可以当皇后；参考四〇〇年二月），遂封西平公主当"夫人"（此时仍属开国之初，小老婆群一律称"夫人"）；但宠爱跟礼遇，十分厚重。

31 十月十一日，北魏帝拓跋嗣，前往沮洳城（内蒙古兴和县北）。

十月十三日，返首都平城（山西省大同市）。

十一月八日，拓跋嗣再去豺山宫（山西省右玉县北）。

十一月二十一日，再返首都平城。

32 西秦王乞伏炽磐，派襄武侯乞伏昙达等，率骑兵一万人，攻击羌人弥姐部落，和康薄部落所据守的赤水（甘肃省岷县北），两部落投降。

乞伏炽磐任命王孟保当略阳郡郡长，镇守赤水城。

33 北燕帝国（首都和龙城〔辽宁省朝阳市〕）国务院总理（尚书令）孙护的老弟孙伯仁，当首都和龙城市长（昌黎尹），跟另一老弟孙叱支乙拔，都有才能，而且英勇，追随天王冯跋起事，建立大功（参考四〇七年七月），要求开府仪同三司（宰相级），没有被批准，口出怨言，冯跋把二人诛杀，而擢升孙护：开府仪同三司（宰相级）、主管政府机要（录尚书事），作为安抚；孙护闷闷不乐，冯跋遂用药酒毒死孙护。辽东郡（侨郡，今地不详）郡长务银提，自认为对冯跋有功，而被贬逐到边疆荒郡，心中怨恨，打算献出城池，投降外国，冯跋遂斩务银提。

功臣是中国历史上最危险的一种职业。无论统一全国的大王朝，或割据部分地盘的小王国，都是一样。从名满寰宇的文种、伍子胥、白起、韩信，到小局面卑微的孙护、务银提，每一个人最后都大祸临头。不仅仅是当权大爷少恩、亲密战友功高震主而已，而是专制的制度，把人与人间的恩情道义，一笔勾销。吃了某种药，就会有某种病状反应。

34 林邑王国（越南中部）攻击晋帝国所属的交州（州政府设龙编〔越南河内市东北北宁省〕），州政府将领，击退林邑军。

五世纪·四一五年
平城一带形势

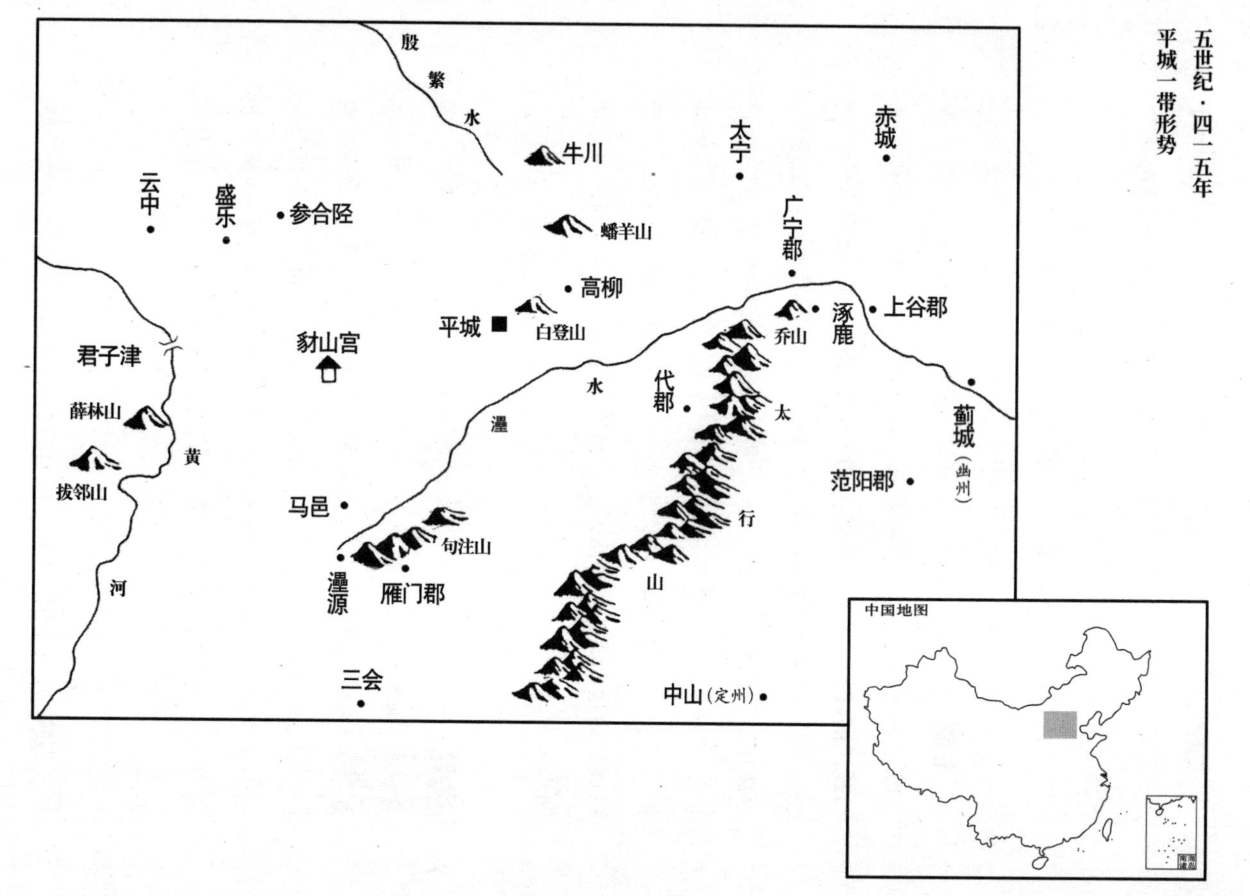

四一六年 丙辰

晋　义熙　十二年
后秦　弘始　十八年
　永和　元年
西秦　永康　五年
北魏　神瑞　三年
　泰常　元年
北凉　玄始　五年
西凉　建初　十二年
胡夏　凤翔　四年
北燕　太平　八年
（单于白亚栗斯建平二年）
（率善王刘虎元年）
（秦帝姚懿元年）

1 春季，正月六日，北魏帝国（首都平城〔山西省大同市〕）皇帝（二任明元帝）拓跋嗣（本年二十五岁），前往豺山宫（山西省右玉县北）。

正月十日，返首都平城（山西省大同市）。

2 晋帝国（首都建康〔江苏省南京市〕）政府，加授全国武装部队总司令（太尉）刘裕兖州（州政府设京口〔江苏省镇江市〕）州长（刺史）、南秦州（侨州，州政府设南城〔陕西省汉中市南郑区南〕）军区司令长官，共计担任二十二个州的军区司令长官（二十二州应是：扬州、徐州、北徐州、豫州、兖州、北兖州、青州、北青州、冀州、幽州、并州、司州、荆州、江州、湘州、雍州、梁州、益州、宁州、交州、广州、南秦州）。

晋政府任命刘裕的世子刘义符（本年十一岁）当豫州（州政府设姑孰〔安徽省当涂县〕）州长（刺史）。

3 后秦帝国（首都长安〔陕西省西安市〕）天王（二任文桓帝）姚兴（本年五十一岁），派鲁宗之率军攻击晋帝国的襄阳（湖北省襄阳市。鲁宗之事，参考去年〔四一五〕五月），中途，鲁宗之逝世。他的儿子鲁轨率军继续前进，晋帝国雍州（州政府襄阳）州长（刺史）赵伦之，击败鲁轨。

4 西秦王国（首都枹罕〔甘肃省临夏市〕）国王（三任文昭王）乞伏炽磐，攻击后秦帝国洮阳公彭利和据守的漒川（甘肃省卓尼县）。北凉王国（首都姑臧〔甘肃省武威市〕）首领（二任武宣王）、河西王沮渠蒙逊（本年四十九岁）为了减轻彭利和所受的压力，攻击西秦所属的石泉城（甘肃省临夏市西北）。乞伏炽磐大军已抵沓中（甘肃省临潭县西南），得到消息，回军。

二月，乞伏炽磐派襄武侯乞伏昙达，率军救石泉，沮渠蒙逊也回军，遂跟乞伏炽磐通婚和解（西秦王国自灭南凉王国，跟北凉王国成为邻国，年年战争，至本年才恢复和平）。

5 后秦帝国天王姚兴，前往华阴（陕西省华阴市），命太子姚泓主持中央政府（监国），正式入居皇宫。姚兴病势转重，返首都长安（陕西省西安市）。禁宫咨询官（黄门侍郎）尹冲，暗中设计，打算利用姚泓出宫迎接老爹的机会，击斩姚泓。姚兴驾到，姚泓正要出宫迎接，宫中官员劝阻说："主上病重，奸臣又在身旁。殿下今天出宫，进不能见到老爹，退则有难以预测的灾祸。"姚泓说："做臣属儿子的，听说君王老爹病重，却安坐在家，不出来探望，心中怎能平安？”宫中官员回答：“保住性命，安定国家，才是大孝。”姚泓才停止。国务院执行官（尚书）姚沙弥，建议尹冲说：“太子（姚泓）既不出宫迎接，我们就应该把皇上（姚兴）送到广平公（姚弼）私宅，禁卫军将领士卒，知道皇上（姚兴）御驾在什么地方，自会前来集合，太子（姚泓）孤零零一个人，有谁保护他？而且，我们这些人因为是广平公（姚弼）党羽的缘故，已被登记在叛逆名册上，将来往什么地方安身？今天，拥戴皇上（姚兴），发动大事，不但名正，而且言顺，不但救了广平公（姚弼），我们头上的罪名，也可以完全洗清。”尹冲因为姚兴是死是活，还不知道；打算跟随姚兴入宫，乘机起事，遂不采纳姚沙弥的建议。

姚兴既入皇宫，命太子姚泓主管政府机要（录尚书事）；东平公姚绍及首都西区卫戍司令（右卫将军）胡翼度，统御皇家禁卫军，驻防宫城；对内外情势，严密警戒。派殿中上将军敛曼嵬，搜查姚弼私宅中的武器，送缴皇家军械库。

姚兴病势更加沉重，妹妹南安长公主到床前探病，姚兴已不能言语。姚兴最小的儿子姚耕儿出宫，告诉他的老哥、南阳公姚愔说：“皇上（姚兴）已经去世，还不赶快决定大计。”姚愔立刻跟尹冲率军攻击宫城端门（正门）；敛曼嵬、胡翼度等，动员禁卫军，紧闭宫门拒战。姚愔等派武士攀登而上，顺着房檐前进，抵达后宫马道。姚泓侍候老爹，这时正在咨议堂，太子宫右翼卫队长（太子右卫率）姚和都，率太子宫武装部队，紧急进入马道南端阻击。姚愔等猛烈攻击，无法突破，遂纵火焚烧端门。姚兴竭力支撑，坐轿亲到前殿，下令姚弼自杀。皇家禁卫军看到姚兴仍在人世，大喜若狂，雀跃欢呼，争先恐后向姚愔军攻击，姚愔军大吃一惊；姚和都率太子宫武装部队从背后攻击，姚愔军崩溃。姚愔逃奔骊山（陕西省西安市临潼区东南），党羽建康公吕隆（后凉王国末任王），逃奔雍县（陕西省宝鸡市凤翔区），尹冲跟老弟尹泓，逃奔晋帝国（首都建康）。

姚兴传见东平公姚绍，以及姚赞、梁喜、尹昭、敛曼嵬，进入卧房，接受遗诏，辅佐新君。第二天，姚兴逝世（年五十一岁）。姚泓封锁死讯，不对外发布。而用姚兴名义，下令逮捕南阳公姚愔、建康公吕隆、最高统帅（大将军）尹元等，一并诛杀。然后才公布老爹死亡消息，登上皇帝宝座（姚兴尚称天王，姚泓则称皇帝。本年，姚泓二十九岁），大赦，改年号永和（之前是弘始十八年，之后是永和元年）。姚泓命齐公姚恢（时驻安定），诛杀安定郡（甘肃省镇原县东南屯字镇）郡长吕超（后凉王国降将，参考四〇三年八月）。姚恢犹豫了很长一段日子，才斩吕超。姚泓怀疑姚恢已有二心，姚恢大为恐惧，心神不安，于是暗中聚集部众，阴谋叛变。姚泓把老爹姚兴安葬在偶陵（今地不详），绰号称文桓皇帝，祭庙称高祖。

最初，姚兴下令把李闰（陕西省大荔县北）羌部落三千户人家，迁到安定。姚兴逝世后，羌部落酋长党容，乘机起兵反抗。姚泓派抚军将军姚赞，讨伐平定，把他们的酋长跟权势阶层，强迫迁到首都长安（陕西省西安市），其他人则仍送返李闰。北地郡（陕西省铜川市耀州区）郡长毛雍，据守赵氏坞（陕西省铜川市耀州区境，前秦帝国天王苻坚讨伐姚苌时所筑，参考三八四年六月）叛变，东平公姚绍率军讨伐，生擒毛雍。这时候，姚宣镇守李闰，军事参议官（参军）韦宗，得到毛雍叛变消息，游说姚宣说：皇上（姚泓）新近登极，还没有显著的威信恩德。国家的灾难，不可预料，殿下不可不深深忧虑。邢望（今地不详）地势险要，最好是前往建立基地，那里是霸主的资本。姚宣听从，率部众三万八千家，放弃李闰（陕西省大荔县北），向南据守邢望。羌部落遂占

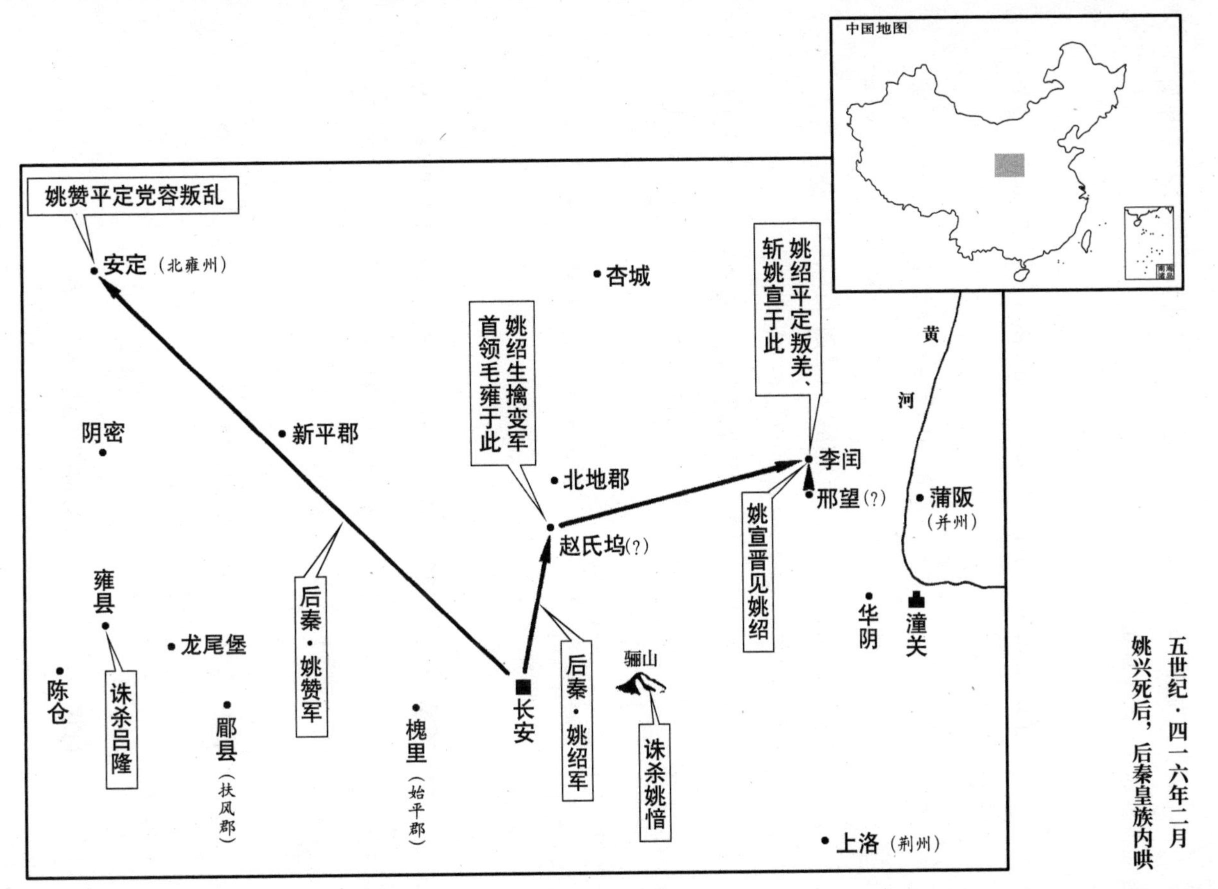

五世纪·四一六年二月
姚兴死后，后秦皇族内哄

领李闰叛变，东平公姚绍进攻，攻破李闰。姚宣晋见姚绍，表示道歉，姚绍遂斩姚宣。

6 晋帝国政府加授全国武装部队总司令（太尉）刘裕，中外总司令官（中外大都督）。

刘裕下令动员备战，准备向后秦帝国发动灭国性总攻。晋帝（十六任安帝）司马德宗（本年三十五岁）下诏，加授刘裕兼司（侨州）、豫（州政府姑孰）二州州长（刺史）；任命刘裕的世子刘义符（本年十一岁），当徐、兖二州（州政府设京口〔江苏省镇江市〕）州长（刺史）。

琅邪王司马德文请求率部队在前开路，先到洛阳（晋王朝故都，河南省洛阳市东白马寺东），整修祖先坟墓。晋帝司马德宗下诏（刘裕诏）批准。

7 夏季，四月五日，北魏帝国大赦，改年号泰常（之前是神瑞三年，之后是泰常元年）。

8 西秦王国襄武侯乞伏昙达等，攻击后秦帝国秦州州长（刺史）姚艾据守的上邽（甘肃省天水市），击败姚艾，把居民五千余家，强迫迁移到首都枹罕（甘肃省临夏市）。

9 五月十七日，晋帝国政府加授全国武装部队总司令（太尉）刘裕兼北雍州州长（空头官衔）。

10 六月十一日，北魏帝拓跋嗣，出巡北方。

11 后秦帝国并州（州政府设蒲阪〔山西省永济市〕）各种蛮夷数万篷

帐，叛变，起兵反抗后秦，逃到平阳（山西省临汾市），推举匈奴人曹弘当大单于（曹弘，匈奴汗国右贤王挛鞮曹毂的儿子曹寅的后裔，世称“东曹”），攻击后秦帝国立义将军姚成都据守的匈奴堡（山西省临汾市境）。征东将军姚懿（时驻蒲阪），自蒲阪出兵讨伐，生擒曹弘，押送首都长安，把蛮夷中权势阶层一万五千帐篷，强制迁到雍州（州政府设安定〔甘肃省镇原县东南屯字镇〕）。

12 半独立状态的“氐王”（首府仇池〔甘肃省西和县南〕）杨盛，攻击后秦帝国所属祁山（甘肃省礼县东北），攻克，大军继续推进，直逼秦州（州政府设上邽〔甘肃省天水市〕）。后秦帝国后将军姚平，率军救秦州，杨盛撤退；姚平会同上邽（甘肃省天水市）守将姚嵩，联合追击。就在这时候，胡夏帝国（首都统万〔陕西省靖边县北白城则村〕）天王（一任武烈帝）赫连勃勃（本年三十六岁），率四万人的强大骑兵，袭击上邽（甘肃省天水市），还没有到达，而姚嵩跟“氐王”杨盛在竹岭（天水市西南）会战，姚嵩大败，阵亡。赫连勃勃围攻上邽二十天，攻克，斩后秦帝国委派的秦州州长（刺史）姚军都，及将领士卒五千余人，摧毁城墙，进攻阴密（甘肃省灵台县西南），又击斩后秦帝国将领姚良子，以及将领士卒一万余人，任命他的儿子赫连昌，当雍州州长（刺史），镇守阴密（甘肃省灵台县西南）。

后秦帝国征北将军姚恢，放弃安定，逃回首都长安；安定郡人胡俨等，号召居民自救，率领五万户人家，献出城池，投降胡夏帝国。赫连勃勃派镇东将军羊苟儿率鲜卑部落五千（不知是五千户？五千人？五千帐？）镇守安定，再进攻后秦帝国镇西将军姚谌据守的雍城（陕西省宝鸡市凤翔区），姚谌放弃城池，逃回长安。赫连勃勃遂占领雍城，劫掠郿县（陕西省眉县）。后秦帝国东平公姚绍，及征虏将军尹昭等，率步骑兵五万人混合兵团反攻，赫连勃勃退回安定（甘肃省镇原县东南屯字镇），而变民军首领胡俨又改变立场，紧闭城门，拒绝赫连勃勃入城，击斩羊苟儿和他所统御的鲜卑人，献出城池，回归后秦。姚绍追击赫连勃勃，在马鞍阪（甘肃省泾川县西北）追到，击破赫连勃勃军；继续追击，追到朝那（宁夏彭阳县西古城镇），没有追到，于是班师。

赫连勃勃回到杏城（陕西省黄陵县）。"氐王"杨盛再派侄儿杨倦，攻击后秦帝国，抵达陈仓（陕西省宝鸡市东陈仓镇），后秦殿中上将军敛曼嵬迎战，把杨倦军击退。胡夏帝国天王赫连勃勃再派他的侄儿赫连提，南下攻击池阳（陕西省泾阳县），后秦车骑将军姚裕等迎战，击退赫连提。（一片混战！）

13 西凉王国（首都酒泉〔甘肃省酒泉市〕）军政官（司马）索承明，上疏首领（一任武昭王）、凉公李暠（本年六十六岁），建议出军讨伐北凉王国（首都姑臧）。李暠召见索承明，说："沮渠蒙逊是人民的一大灾害，我怎么会忘记！只是我们的力量，还不能把他铲除。你如果有生擒沮渠蒙逊的谋略，就应该给我一个精密计划。如果只是满口大话，一味怂恿我大张讨伐，这跟过去有人拍胸脯说：'石虎（后赵帝国三任帝）不过一个小丑，应该迅速捉拿归案，绑到街市斩首！'有什么分别？"

索承明惭愧恐惧，辞别退出。

台湾有句谚语："拿别人的手指捅蛇窝。"捅出黄金，多少还可以分点零碎。捅出毒蛇，反正咬断的是别人的手指。于是，行险侥幸之徒，总是经常的豪情万丈，煽动别人"斯可忍，孰不可忍！""拼啦！拼啦！"反正坏处属于别

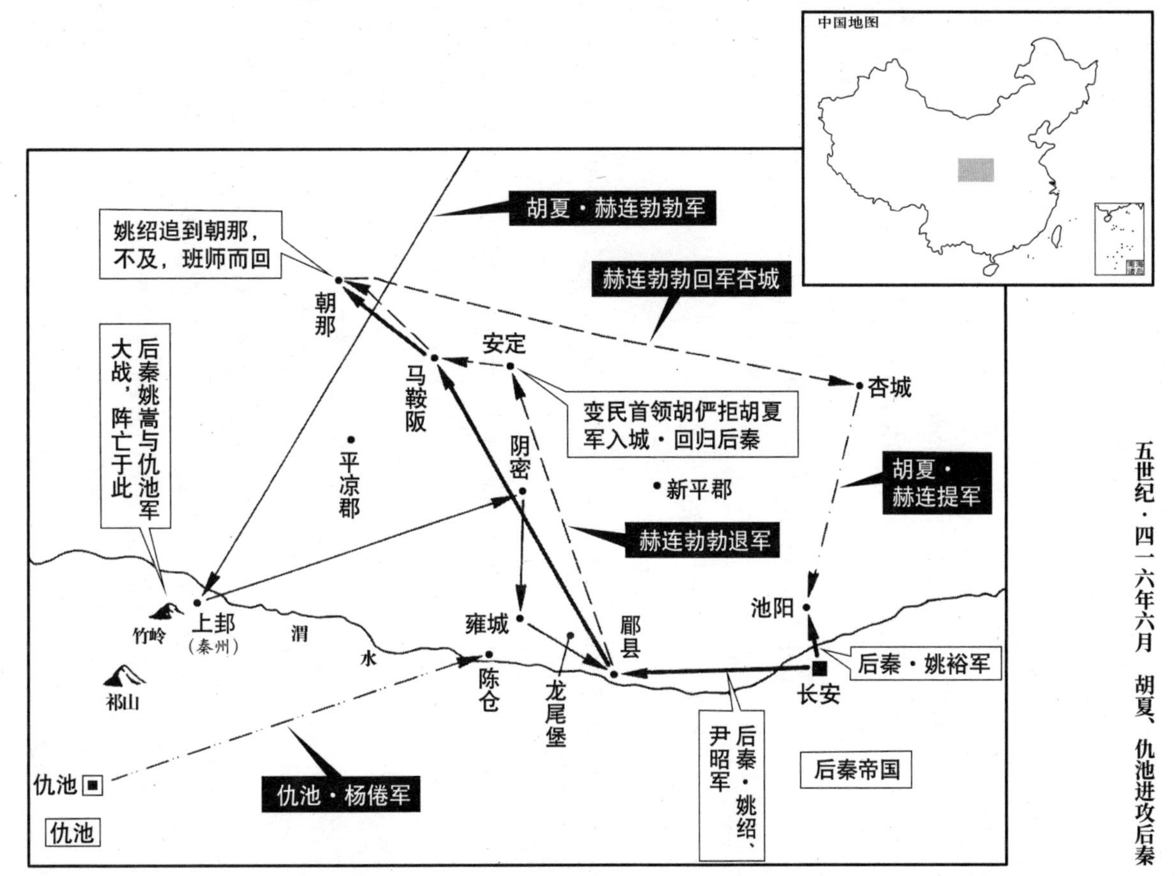

五世纪·四一六年六月 胡夏、仇池进攻后秦

人，好处属于自己。

李嵩先生没有被索承明的迷汤奉承得忘了天高地厚，在这件事上，他是智者。

14 秋季，七月，北魏帝拓跋嗣，在牛川（内蒙古兴和县西）举行盛大狩猎，直到殷繁水（经内蒙古乌兰布察市集宁区东，注入黄旗海），才尽兴而回。

七月二十三日，返首都平城（山西省大同市）。

15 八月一日，晋帝国大赦。

16 晋帝国（首都建康）出动大军，向后秦帝国（首都长安）发动灭国性攻击。

宁州（云南省）呈献琥珀做的枕头给北征兵团统帅、全国武装部队总司令（太尉）刘裕。因琥珀可以医治刀伤，刘裕十分高兴，命捣成碎末，分别赏赐将士。

刘裕命世子刘义符当中军将军、全国武装部队总司令部留守司令（监太尉留府事）。刘穆之当国务院左执行长（左仆射），兼留守部总监（监军）及中军将军府参谋长（军司），进住东府（建康城南，国务院及总司令部所在），全权处理中外国家大事。而命全国武装部队总司令部左军政官（太尉左司马）东海郡（侨郡，江苏省镇江市）人徐羡之，当刘穆之的副手；左将军朱龄石负责宫廷警卫；徐州（州政府京口）州长（刺史）刘怀慎负责京师（首都建康）警卫；京畿总卫戍司令部总务官（扬州别驾从事史）张裕，当京畿总卫戍司令部留守部执行官（留州事）。刘怀慎，是刘怀敬的老弟（刘怀敬娘亲喂养刘裕，参考三九九年十二月）。

刘穆之对内总管政府全部事务，对外供应北征军团粮秣、薪饷、辎重，反应迅速，对事件的判断和决定，快如流水，从不耽搁延误。朋友宾客，四面八方涌到，提出各式各样的控诉和请求，内内外外，大大小小，各种咨询的或请示的文件，堆满台阶屋子。刘穆之眼睛观看内容复杂的文件，手中书写批示回答的信函，耳朵一面听别人说话，嘴巴一面跟另一些人讨论、问答、应酬，绝不会混淆错乱，全都完美裁决。刘穆之又喜爱宾朋满座，高谈阔论，幽默欢乐，从早到晚，毫不疲倦。偶尔也有闲暇的时候，则练习写字，亲自抄书，阅览古籍，一一校订其中错误。刘穆之性情豪放奢侈，进餐时都用一丈见方的庞大饭桌。每天凌晨，就有十个人共进早餐，刘穆之从来没有单独一个人吃过饭；曾经告诉刘裕：“我家本来贫苦卑贱，衣食不足，生活艰难。自从受到你的信任，虽然心里常警告自己，要努力节约，但吃饭这一项，仍稍稍的过于丰富。然而，除此以外，再没有对不起你的地方。”中军将军府首席军事参议官（中军咨议参军）张邵，对刘裕说：“人生脆弱，必须有长远计划。刘穆之万一发生不幸（死亡），谁来接替他的工作？而你已奠立起伟大的事业，万一也发生不幸，后事如何处理？”刘裕说：“这就要完全依靠刘穆之跟你！”

八月十二日，刘裕率北征兵团，从首都建康（江苏省南京市）出发；派龙骧将军王镇恶、冠军将军檀道济，率步兵从淮肥（淮河淝水会合处，安徽省寿县）攻击许昌（河南省许昌市东）、洛阳（河南省洛阳市东白马寺东）。新野郡（河南省新野县）郡长朱超石、宁朔将军胡藩，攻击阳城（河南省登封市）。振武将军沈田子、建威将军傅弘之，攻击武关（陕西省商南县西南）。建武将军沈林子、彭城郡（江苏省徐州市）郡长（内史）刘遵考，率水上舰队，攻击石门（河南省荥阳市北），从汴水进入黄河。冀州（侨州，州政府设东阳〔山东省青州市〕）州长（刺史）王仲德，率前锋各军，开掘钜野沼泽，直入黄河（桓温北伐时，曾在钜野沼泽地带〔位于山东省巨野县〕开掘运河三百华里，参考三六九年六月。本年〔四一六〕，再度开掘。四十七年中，完全淤塞）。五路大军，同时并进。刘遵考，是刘裕的堂弟。刘穆之对王镇恶说："总司令（刘裕）这次把讨伐秦国（后秦帝国）的重大责任，交付给你，盼望你努力。"王镇恶说："我如果不能克复关中（陕西省中部），发誓不再渡长江。"

刘裕大军刚刚出发，青州（州政府设广陵〔江苏省扬州市〕）州长（刺史）檀祇，率军自广陵前往涂中（滁水流域，安徽省滁州市一带），搜捕逃亡流氓，刘穆之恐怕发生变化，密商派军戒备。当时，檀韶当江州（州政府设寻阳〔江西省九江市〕）州长（刺史）。张邵说："现在，檀韶的位置，正好掌握长江中游。而檀道济又是北征兵团中的重要将领，一旦露出猜疑迹象，京师（首都建康）立刻陷于危险之境。不如主动派人前往慰劳，先行观察檀韶的意思，我想绝不会有什么后患。"刘穆之才停止。

17 最初，北魏帝拓跋嗣，派固安子爵公孙表，讨伐变民首领、自称单于的白亚栗斯（参考去年〔四一五〕三月），拓跋嗣吩咐："一定要先通知秦国（后秦帝国）洛阳守将，请他们沿黄河南岸，严密戒备，然后再发动攻击。"公孙表还没有到，蛮夷变民已罢黜白亚栗斯，另行拥护刘虎当率善王。公孙表认为蛮夷内斗，大势所趋，一定溃散，遂没有通知后秦帝国，即行攻击，结果被刘虎击败，士卒死伤惨重。

拓跋嗣跟文武官员讨论："蛮夷叛变，已超过一年，讨伐不能取胜，他们的人数却越来越多，我们的伤害越来越重。现在正是深秋，不能再征新兵，那会妨碍人民耕作，应该怎么办？"白马侯崔宏说：“蛮夷人数虽多，但没有英勇的统帅，所以绝对不能建立大功。公孙表等各军，不能说力量不够，只是军令不能统一，战略战术，同时错误，才引起失利。如果能遴派一个有威望的大将，率骑兵数百人，前往统御公孙表各军，自然可以取胜。相州（州政府设邺城〔河北省临漳县西南邺城镇〕）州长（刺史）叔孙建，之前在并州（州政府设晋阳〔山西省太原市〕）州长（刺史）任内，无论蛮夷或汉人，对他都畏惧敬服，其他将领，都赶不上，可以派他前往。”

拓跋嗣批准，任命叔孙建当中央禁军总监（中领军），监督公孙表等，讨伐刘虎。九月戊午日（九月乙亥朔，没有戊午），北魏兵团大破蛮夷变民军，杀一万余人，斩刘虎及司马顺宰，俘虏部众十万余人。

18 晋帝国全国武装部队总司令（太尉）刘裕，抵达彭城（江苏省徐州市），中央政府加授刘裕兼徐州（北徐州，州政府彭城）州长（此时，刘裕已是豫、司、北雍、北徐四州州长，以及京畿总卫戍司令〔扬州牧〕）；任命太原郡（侨郡）人王玄谟当参谋官（从事史）。

最初，王廞失败时（王廞起兵助王恭，后又反王恭，军溃失踪事，参考三九七年五月），佛教和尚昙永，藏匿王廞的幼子王华，命他扮演奴仆，提着衣裳行李，跟在后面侍候，码头巡逻警察对这个小奴仆有点疑心，昙永诟骂王华说：“你这个奴才，为什么不快一点！”揍了他十几棍，因此没有被识破。后来，遇到大赦，才回到吴郡（江苏省苏州市），因老爹失踪，是存是亡，无法知道，遂身穿布衣，只吃蔬菜（不穿绸缎，不食肉），从不结交朋友，也不出来当官，这样有十余年。刘裕听到王华贤能，打算任用他，遂由政府宣布王廞死亡，为王廞举行祭祀追悼，命王华依照礼教规定，穿三年丧服。丧服期满，刘裕延聘他当徐州（北徐州）州政府主任秘书（主簿）。

北征兵团将领王镇恶、檀道济，进入后秦帝国国境，大军所指，一连传出捷报。后秦帝国将领王苟生，献出基地漆丘（河南省商丘市，也就是春秋时代庄周当管理员的漆园），投降王镇恶；徐州（州政府项城）州长（刺史）姚掌，献出项城（河南省沈丘县），投降檀道济；于是，其他各边防重镇，望风投降。只新蔡郡（河南省新蔡县）郡长董遵，坚守城池，不肯屈服；檀道济把它攻克，生擒董遵，斩首。继续推进，攻陷许昌（河南省许昌市东），生擒后秦帝国颍川郡（郡政府许昌）郡长姚垣，及大将杨业。沈林子水上舰队从汴水进入黄河，襄邑（河南省睢县）人董神虎，聚集民众一千余人，投降沈林子。全国武装部队总司令（太尉）刘裕，暂时命他当军事参议官（参军）。沈林子跟董神虎，联合进攻仓垣（河南省开封市东北），攻克，后秦兖州（州政府仓垣）州长（刺史）韦华投降。董神虎擅自回军襄邑，沈林子斩董神虎。

后秦帝国东平公姚绍，报告皇帝姚泓说："晋国（晋帝国）大军，已越过许昌（河南省许昌市东）；安定（甘肃省镇原县东南屯字镇）一座孤城，遥远的困在西方（安定跟首都长安之间航空距离一百八十公里），难以救援，如果放弃城池，把'镇户'迁到京畿（一任帝姚苌时代，强迫各地移民到安定，充实军事防务，及农耕劳力，称"镇户"。参考三八七年正月），可以挑选十万精兵。虽然晋国（晋帝国）、夏国（胡夏帝国）交互侵略，帝国仍可以不亡。不然，晋国（晋帝国）攻豫州（州政府洛阳），夏国（胡夏帝国）攻安定（甘肃省镇原县东南屯字镇），我们如何因应？事情已到最后关头，最好迅速决定。"国务院左执行长（左仆射）梁喜说："齐公姚恢，素来有威望声名，岭北（九嵕山〔陕西省礼泉县北〕以北）军民，一向对他畏惧。安定居民已跟赫连勃勃结下深仇（指胡俨闭城），自会死守到底，没有二心，赫连勃勃无论如何，无法越过安定，进犯京师（首都长安）。如果放弃安定（甘肃省镇原县东南屯字镇），强盗（指胡夏帝国军）的战马，一定挺进到郿县（陕西省眉县）。而今，关中（陕西省中部）的军队，足够抵抗晋国（晋帝国），不应该自己事先削弱自己。”姚泓采纳。国务院文官部文官司助理官（吏部郎）懿横（懿，姓），秘密对姚泓说：“姚恢在广平公（姚弼）之乱中，对陛下建有功勋（指斩吕超）。可是，自从陛下真龙飞升，继承大统以来，并没有特别的赏赐，对他回报。而今，对外而言，把他遗弃在死亡之城；对内而言，又不使他参与中央决策。安定（甘肃省镇原县东南屯字镇）人民自己知道孤单无依，情势危险，十家之中，有九家盼望迁到京畿（大长安地区）。如果姚恢率精锐部队数万人，擂起战鼓，直指京师（首都长安），岂不是帝国一大灾祸。我的建议是，应该把姚恢召回中央，作为对他的安慰。”姚泓说：“姚恢如果心怀叛逆，召回中央，将使灾祸提前爆发。”也不采纳。

晋征虏将军王仲德率水上舰队，进入黄河，快要逼近北魏帝国所属的滑台（河南省滑县）。北魏帝国兖州（州政府滑台）州长（刺史）尉建，吓得魂不附体，放弃滑台，率领部众，北渡黄河逃走。王仲德遂占领滑台，宣称：“帝国政府本来要用七万匹绸缎，向魏国（北魏帝国）借路，想不到他们的守将跑得这么快。”北魏帝拓跋嗣，听到这项报告，派叔孙建、公孙表，自河内镇（河南省沁阳市）进军枋头（河南省淇县东南淇门渡），更渡黄河南下，把尉建带到滑台（河南省滑县）城外，斩首，将尸体投入黄河。并遥遥诘问晋军：为什么侵入国土？王仲德命军政官（司马）竺和之回答说：“刘总司令（刘裕）派征虏将军王仲德，顺着黄河，攻击洛阳（河南省洛阳市东白马寺东），为的是洒扫祭祀皇家祖先坟墓，绝不敢跟贵国为敌，冒昧侵犯，而是贵国守将自己放弃滑台（河南省滑县）。王将军（王仲德）不过暂时借用这座空城，休息兵马，立刻就要西上，对贵我两国的和好，没有影响，何必挥旗擂鼓，耀武扬威？”

拓跋嗣命叔孙建再诘问晋帝国全国武装部队总司令（太尉）刘裕，刘裕谦卑的道歉，回答说："洛阳（河南省洛阳市东白马寺东）本是晋国（晋帝国）故都，可是羌蛮（指后秦帝国）却盘踞不去，晋国（晋帝国）整修皇家祖先坟墓，这件事，已计划很久。桓姓家族、司马休之、司马国璠兄弟、鲁宗之父子，都是晋国（晋帝国）的蟊贼，而羌蛮（后秦帝国）却收容他们，给晋国（晋帝国）制造无穷伤害。而今，晋国（晋帝国）大军讨伐，只不过盼望贵国借给一条通道，绝不敢有不利的行动。"

北魏帝国河内镇（河南省沁阳市）防守司令（镇将）于栗磾，有勇敢的名声，在黄河岸上构筑营垒阵地，防备晋帝国北征军团入侵。刘裕写信给他，称"黑矟公麾下"。于栗磾喜爱使用黑矟，黑矟遂成为他的标志，所以刘裕如此称呼。北魏帝国即行任命于栗磾当黑矟将军（长度一丈八尺的矛，称"矟"。俗称张飞手持"丈八长矛"，应是最早的"矟"）。

19 冬季，十月十八日，北魏帝拓跋嗣，前往豺山宫（山西省右玉县北）。

20 最初，北燕帝国（首都和龙城〔辽宁省朝阳市〕）将领库傉官斌（库傉官，三字姓），投降北魏帝国（首都平城）；不久，又背叛北魏，重回北燕。北魏帝拓跋嗣，派骁骑将军延普，渡过濡水（闪电河）进击，斩库傉官斌，并乘胜攻击北燕帝国幽州（州政府设令支〔河北省迁安市〕）州长（刺史）库傉官昌、征北将军库傉官提，全都斩首。

21 后秦帝国阳城（河南省登封市）、荥阳（河南省荥阳市）二城，分别投降晋帝国建武将军沈林子，及新野郡郡长朱超石。晋帝国北征兵团遂逼近成皋（河南省荥阳市西北汜水镇）。后秦帝国征南将军、陈留公姚洸，镇守洛阳（河南省洛阳市东白马寺东），派使臣向首都长安求救。后秦帝姚泓，命南越兵团指挥官（越骑校尉）阎生，率骑兵三千人往洛阳赴援；另派武卫将军姚益男，率步兵一万人，往洛阳协防；又命并州（州政府设蒲阪〔山西省永济市〕）全权州长（牧）姚懿，南下驻军陕津（河南省三门峡市西黄河渡口），作为声援。宁朔将军赵玄对姚洸说："而今，盗贼（晋帝国北征兵团）入侵，越发深入国土，人心恐慌震动，而我们人少，他们人多，无法相敌。出城迎战，万一不能取胜，大势就一去不返。最好把外围据点所有守军，全部撤回，固守金墉（洛阳城西北角），等待中央派出的援军。金墉不破，晋军绝不敢越过金墉西上，我们就可以不经过战斗，而使敌人筋疲力尽。"军政官（司马）姚禹，已被晋军收买，秘密跟冠军将军檀道济勾结，主任秘书（主簿）阎恢、杨虔，又都是姚禹的党羽，对忠心耿耿的赵玄，十分厌恶，于是对姚洸说："殿下的谋略，英明神武，因此才接受独当一面的重大责任；现在却固守孤城，露出懦弱，会不会受到中央的责备？"姚洸认为合理，遂派赵玄率军一千余人，南下据守柏谷坞（河南省洛阳市偃师区东南）；广武将军石无讳，东下据守巩城（河南省巩义市）。赵玄悲痛流泪，警告姚洸说："我受皇家三代厚恩（三代：姚苌、姚兴、姚泓），行为正直，只欠一死。可惜你不听信忠臣之言，被奸臣引导到错误的方向，以后，你一定后悔。"不久，成皋、虎牢（即成皋），都投降晋帝国北征兵团。晋帝国冠军将军檀道济等，长驱直入。石无讳抵达石关（河南省洛阳市偃师区西），仓皇逃回。晋帝国龙骧将军府军政官（龙骧司马）、荥阳郡（河南省荥阳市）人毛德祖，跟赵玄在柏谷坞会战，赵玄兵败，身受十余伤，跌倒在地，痛苦嘶喊，他的军政官（司马）蹇鉴，冒着敌人的刀锋，抱住赵玄流泪，赵玄说："我

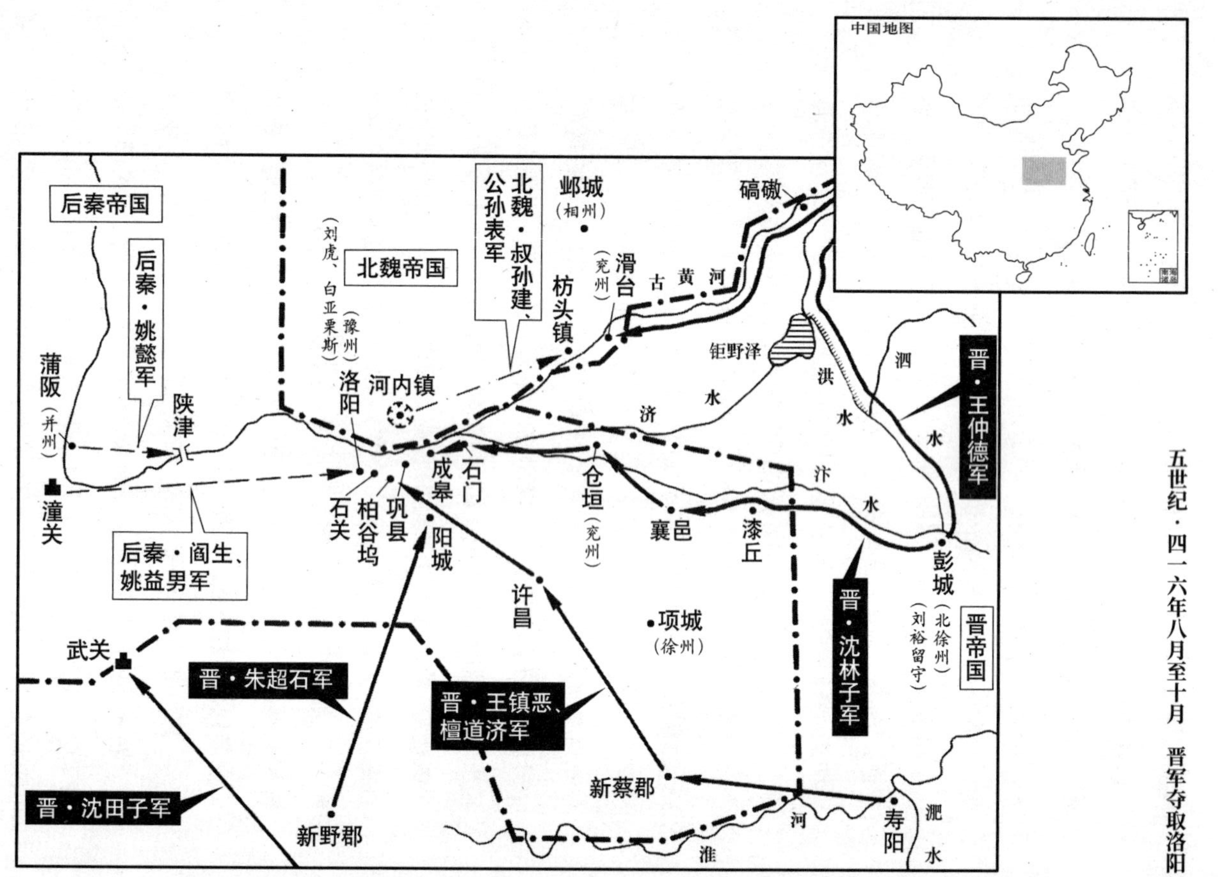

五世纪·四一六年八月至十月　晋军夺取洛阳

受伤太重，你要快走！”蹇鉴说：“你如果不能活，我往哪里去！”二人同时被杀。姚禹跳出洛阳城墙，投奔檀道济。

十月二十日，檀道济逼近洛阳。

十月二十二日，姚洸出城投降。檀道济俘虏羌人四千余人，有人建议把他们活埋坑杀，筑成骷髅台（京观）。檀道济说：“讨伐恶徒，安抚人民，就在今天。”全部释放送走。于是所有人，都十分感动喜悦，前来归附的很多。后秦帝国中央派出的援军阎生、姚益男，还没有到达，听说洛阳已经陷落，不敢前进。

十月己丑日（十月乙巳朔，没有己丑），晋帝司马德宗下诏，派高密王、最高监察长（司空）司马恢之，前往洛阳（河南省洛阳市东白马寺东），整修并晋谒皇家祖先坟墓，设立警卫。全国武装部队总司令（太尉）刘裕，任命冠军将军毛修之，当河南（洛阳）、河内（侨郡）二郡郡长、司州（河南省中部）总部执行官（行司州事），镇守洛阳。

22 西秦王乞伏炽磐，命秦州州长（刺史）王松寿，镇守马头（甘肃省天水市西南），对后秦帝国秦州州政府所在的上邽（甘肃省天水市），施加压力。

23 十一月一日，北魏帝拓跋嗣，返首都平城（山西省大同市）。

24 晋帝国全国武装部队总司令（太尉）刘裕，派左秘书长（左长史）王弘返首都建康（江苏省南京市），明示或暗示晋帝司马德宗，要求加授“九锡”（九锡，参考四年）。

这时，刘穆之身负留守司令部全责，而加授九锡的要求，却是刘裕从北方发出，指示别人办理；突然间，刘穆之感到他跟刘裕的关系，并非想象中那么亲密，而且已不再被信任，他无法承受这种打击，惭愧恐惧交加，遂一病卧床。王弘，是王珣的儿子（王珣，参考三六三年五月）。

十二月二十九日，晋帝司马德宗下诏，擢升刘裕当相国、文武百官总管、京畿总卫戍司令（扬州牧），采邑十个郡，封宋公，加授九锡；朝见时位置在各亲王之上；所兼的征西将军，司（州政府洛阳）、豫（州政府姑孰）、北徐（州政府彭城）、雍（北雍，遥授）四州州长，仍然照旧。

刘裕辞让，不肯接受。

25 西秦王乞伏炽磐，派使臣晋见晋帝国全国武装部队总司令（大尉）刘裕，要求攻击后秦帝国，表现他的效忠。刘裕任命乞伏炽磐当平西将军，封河南公。

26 后秦帝国并州（州政府设蒲阪〔山西省永济市〕）全权州长（牧）姚懿的军政官（司马）孙畅，游说姚懿突击首都长安，诛杀东平公姚绍，罢黜后秦帝姚泓，由自己接收帝座。姚懿认为是一项精彩谋略，遂把仓库中所有粮秣，全都散发给黄河北岸（山西省西南部）的蛮夷和汉人，打算培植恩德，使蛮夷和汉人对他个人感激。左侍从官（左常侍）张敞、顾问官（侍郎）左雅，劝告说："殿下是皇上（姚泓）同一个娘亲的弟弟，以这样密切的亲情，又身居独当一面的高位，平安、危险、快乐、悲哀，都跟帝国一体，并跟皇上同担。而今，东吴盗寇（指晋帝国）入境侵犯，四个州已经沦陷（四州：徐州〔项城〕、兖州〔仓垣〕、豫州〔洛阳〕、荆州〔上洛，陕西省商洛市商州区〕），西方蛮夷（指胡夏帝国、西秦王国、仇池"氐王"），骚扰边界，秦州、凉州（泛指西部领土）全都受到挫败，中央政府的危险，跟累起来的鸡蛋堆一样。粮秣，是国家的根本，而殿下无缘无故，把它散发，白白消耗国家的储备，将来怎么办？”姚懿大怒，用皮鞭把二人打死。

后秦帝姚泓得到报告，召见东平公姚绍，秘密商讨对策。姚绍说：“姚懿性情愚昧，见解浅陋，很容易被别人牵着鼻子走。煽动他叛变的，一定是孙畅。现在马上派人前往征召孙畅，再派抚军将军姚赞，进驻陕城（河南省三门峡市），而我前往潼关（陕西省潼关县），指挥各军密切配合。如果孙畅接受征召前来，我当命姚懿率河东（山西省西南部）部队，共同抵抗晋军。如果孙畅不受征召，我就公开他的罪状，出军讨伐。”姚泓说：“叔父说的话，全是为帝国着想。”就派姚赞，及冠军将军司马国璠、建义将军蛇玄，进驻陕津（河南省三门峡市西黄河渡口）；武卫将军姚驴，进驻潼关（陕西省潼关县）。

姚懿于是起兵，自称皇帝，向各州郡传递政治文告及军事命令，打算把匈奴堡（山西省临汾市境）中的存粮，运到蒲阪（山西省永济市）供应自己的军队。宁东将军姚成都拒绝，姚懿用最卑微的言辞态度，诱惑姚成都合作，并送去一把佩刀，作为盟誓的见证，姚成都不肯接受。姚懿派骁骑将军王国，率全副武装的敢死队数百人，进攻姚成都，姚成都反击，生擒王国，派使节责备姚懿说：“你是皇上（姚泓）的至亲（亲弟），担当非常重要的高位，帝国已陷危险，你不拯救，反而更去谋取非法的利益，三位祖先在天神灵（三位祖先，指姚弋仲、姚苌、姚兴），怎么能保佑你？我就要集结义军，去黄河岸上相见。”于是向各城池发出政治号召和军事命令，分析什么是叛逆，什么是正顺；征调军队，聚集粮秣，用来讨伐姚懿。姚懿也向各城池征调军队，聚集粮秣，可是没有一个城池响应，只有临晋（陕西省大荔县）数千户人家，接受号召。姚成都率军渡黄河西上，攻击临晋，大破变民军。蒲阪（山西省永济市）居民、安定（甘肃省镇原县东南屯字镇）人郭纯等，集结民众暴动，包围姚懿。

东平公姚绍，遂进入蒲阪（山西省永济市），生擒姚懿，诛杀孙畅等。

27 本年（四一六），北魏帝国首都卫戍司令（卫将军）、安城王（孝元王）叔孙俊逝世（年二十八岁）。北魏帝拓跋嗣，十分惋惜（叔孙俊原是狩猎助理官，有功于拓跋嗣，参考四〇九年十月），对他的正妻桓女士说："活的时候，你跟丈夫同享荣华富贵，而今丈夫去世，你难道不愿跟他同受苦难！"桓女士只好上吊自缢，合葬。

28 在北魏帝国境内的丁零部落酋长翟猛雀，起兵反抗帝国政府，率领部众投奔白涧山（山西省阳城县西北）。北魏帝国京畿部族总监（内都大官）、河内郡（河南省沁阳市）人张蒲，会同冀州（州政府设信都〔河北省衡水市冀州区〕）州长（刺史）长孙道生，率军讨伐。长孙道生，是长孙嵩的侄儿。

长孙道生打算发动攻击。张蒲说："官员人民，都不愿意参与叛乱，只是受到翟猛雀的裹挟，不能脱身。而今不分青红皂白，即行攻击，他们虽然想早日回头，已无法回头，只有同心合力，据守险要，跟政府军对抗，如此一来，不容易马上平定。不如先派人前往招降，凡不是翟猛雀当初同谋的人，都不受连带处罚，他们会十分高兴，四散离开。"长孙道生采纳，投降的数千家，长孙道生命他们恢复原来的生业。

翟猛雀跟他的党徒一百余人逃亡，张蒲等追击，砍下翟猛雀的人头。国务院左部执行官（左部尚书）周幾，严密搜索余党，全部诛杀（翟猛雀为什么叛变，史书不说原因，可推测又是一场官逼民反）。

四一七年 丁巳

晋	义熙	十三年
后秦	永和	二年
西秦	永康	六年
北魏	泰常	二年
北凉	玄始	六年
西凉	建初	十三年
	嘉兴	元年
胡夏	凤翔	五年
北燕	太平	九年

1 春季，正月一日，日蚀。

2 后秦帝国（首都长安〔陕西省西安市〕）皇帝（三任）姚泓（本年三十岁），在皇宫前殿，接受文武百官朝贺，因内忧外患交迫，君王和群臣，束手无策，相对哭泣（内忧指兄弟叛变，外患指晋帝国及胡夏帝国军事攻击）。

征北将军、齐公姚恢，突然率安定（甘肃省镇原县东南屯字镇）部众三万八千户人家，纵火焚烧房舍，从北雍州（州政府设安定〔甘肃省镇原县东南屯字镇〕）向首都长安进发，自称总司令官（大都督）、建义大将军，向各州郡传递政治文告及军事命令，声称要铲除君王身旁的恶徒。扬威将军姜纪，率军归附；建节将军彭完都，放弃阴密（甘肃省灵台县西南），逃回长安。姚恢抵达新支（今地不详），姜纪向姚恢建议说："帝国重要将领和部队主力，都在东方，京师（首都长安）防务，一定空虚，你最好是率轻装备部队袭击，一定可以攻克。"姚恢不同意，而南下攻击郿城（陕西省眉县），镇西将军姚谌被姚恢击败，长安大为震动。后秦帝姚泓派使节飞马到东线，紧急征召东平公姚绍，一面派姚裕及辅国将军胡翼度，进驻沣水西岸（沣水，渭水支流，流经陕西省西安市西郊）；而扶风郡（郡政府郿城）郡长姚儁等，都向姚恢投降。

东平公姚绍紧急回军，向西挺进，跟姚恢军在灵台（陕西省西安市西）对峙。抚军将军姚赞，留下宁朔将军尹雅当弘农郡（河南省灵宝市东北）郡长，把守潼关（陕西省潼关县），亲率主力大军折回。姚恢部众看到各路兵马，从四面八方向他们集中，心里开始恐惧；大将齐黄，首先向政府军投降。姚恢挥军向姚绍大营迫近，而姚赞在姚恢背后攻击，姚恢军队大败，星散。政府军斩姚恢，连同他的三个弟弟，一齐处死。姚泓痛哭失声，用公爵的礼仪把他们安葬。

3 晋帝国（首都建康〔江苏省南京市〕）全国武装部队总司令（太尉）刘裕，率水上舰队，自彭城（江苏省徐州市）出发西上，留下他的儿子彭城公刘义隆，在彭城坐镇（本年，刘义隆十一岁）。

晋帝（十六任安帝）司马德宗（本年三十六岁）下诏，任命刘义隆当徐兖青冀军区司令（监徐兖青冀四州诸军事），兼徐州（北徐州，州政府设彭城〔江苏省徐州市〕）州长（刺史）。

4 西凉王国（首都酒泉〔甘肃省酒泉市〕）首领（一任武昭王）、凉公李暠患病，吩咐秘书长（长史）宋繇说：“我死之后，世子（李歆）就是你的儿子，请你好好管教。”

二月，李暠逝世（年六十七岁）。文武官员拥护世子李歆，当总司令官（大都督）、最高统帅（大将军）、凉公，兼凉州全权州长（牧）。大赦，改年号嘉兴（之前是建初十三年，之后是嘉兴元年）。尊李歆的娘亲、天水郡（甘肃省天水市）人尹女士为太后，任命宋繇主管三府机要（录三府事。三府：大都督大将军府、凉公府、凉州州政府）。定李暠绰号武昭王，祭庙称太祖。

5 西秦王国（首都枹罕〔甘肃省临夏市〕）安东将军乞伏木弈干，攻击吐谷浑汗国（青海省）可汗（八任戊寅可汗）慕容树洛干，在尧杆川（今地不详）击破他老弟慕容阿柴，俘虏五千余人而返。

慕容树洛干退守白兰山（青海省中部），羞愧愤怒交集，一病不起。临死时，对慕容阿柴说：“我的儿子慕容拾虔，年纪还小，而今，把大事托付给你。”慕容树洛干即行逝世（年二十六岁），慕容阿柴继位，自称骠骑将军、沙州州长（刺史）。定慕容树洛干绰号武王。

慕容阿柴逐渐扩张，率军吞并邻近其他弱小部落，土地面积达数千华里，遂成为一个强大国家。

6 北凉王国（首都姑臧〔甘肃省武威市〕）首领（二任武宣王）、河西王沮渠蒙逊（本年五十岁），派出将领，袭击乌啼部落（时驻甘肃省山丹县境），大破乌啼军；又袭击卑和部落（时驻内蒙古额济纳旗境），卑和部落投降。

7 晋帝国北征兵团龙骧将军王镇恶，进军渑池（河南省洛宁县西），派毛德祖袭击后秦帝国弘农郡（河南省灵宝市东北）郡长尹雅据守的蠡吾城（河南省洛宁县西北），生擒尹雅；尹雅杀掉守卫，逃走。王镇恶遂率军抵达潼关（陕西省潼关县）。

冠军将军檀道济、建武将军沈林子，从陕城（河南省三门峡市）北渡黄河，攻陷襄邑堡（山西省芮城县），后秦帝国河北郡（郡政府设襄邑堡）郡长薛帛，逃奔河东郡（山西省夏县）。晋军继续前进，攻击后秦帝国并州州长（刺史）尹昭镇守的蒲阪（山西省永济市），不能攻克。另路将领攻击匈奴堡（山西省临汾市境），被后秦帝国宁东将军姚成都击败。

二月十九日，晋帝国荥阳郡（河南省荥阳市）守将傅洪，献出虎牢（河南省荥阳市西北汜水镇），投降北魏帝国（首都平城〔山西省大同市〕）。

后秦帝姚泓，任命东平公姚绍，当太宰（上三公之一）、最高统帅（大将军）、全国各军区总司令长官（都督中外诸军事），赐给皇帝诛杀时专用的铜斧（假黄钺），改封鲁公。命他率武卫将军姚鸾等，领步骑兵五万人，坚守潼关。又命另一武卫将军姚驴，援救蒲阪（山西省永济市）。

晋帝国建武将军沈林子对檀道济说："蒲阪（山西省永济市）城池坚固，守军又多，不可能立即攻克。徒使攻方死伤惨重，守方因之更能拖延时日。王镇恶现在潼关（陕西省潼关县），形势孤单，力量不够，不如跟王镇恶会师，一齐攻击潼关，如果得到潼关，尹昭在蒲阪，用不着攻他，他自会粉碎。"檀道济听从。

三月，檀道济、沈林子，抵达潼关。后秦帝国鲁公姚绍，率军出战。檀道济、沈林子猛烈攻击，大破后秦军，斩杀及俘虏以千为计算单位。姚绍退到定城（潼关西十五公里），扼据险要，登城固守，对各将领说："檀道济等的兵力，不够强大，而且孤军深入，只有坚守营垒，等候后继的主力大军。我们分出一部分军队，切断他的粮食补给，可以坐在这里把他活捉。"遂派姚鸾进驻大路，断绝檀道济的粮道。（胡三省注："《晋书·姚泓载记》：'姚绍命姚鸾守险，断绝檀道济粮道。'姚鸾虽扼守大路，同时也据险阻截。姚绍最初派胡翼度据守东原，跟大路互相倚靠，犹如嘴唇之与牙齿，也就是扼住险要。后来沈林子袭击姚鸾营，胡翼度不能援救，只因军心震恐不安，面面受敌。"）

姚鸾派宁朔将军尹雅率军在潼关之南，跟晋帝国北征兵团会战，尹雅再度被晋军生擒，就要斩首。尹雅说："我前些日子被俘，就应当处死，幸而逃走，活命到今天，死也心甘情愿。可是，汉人和蛮夷虽然不同，君王和臣属之间的大义，却是一样。晋国（晋帝国）用'大义'所作出军事行动和政治号召，为什么不使秦国（后秦帝国）有守节的志士！"晋军把他赦免。

三月四日，夜晚，沈林子率精锐部队，攻击姚鸾大营，斩姚鸾，杀士卒数千人。鲁公姚绍再派东平公姚赞进军驻防黄河岸上，切断晋帝国北征兵团的水上运输线，沈林子再发动攻击，姚赞大败，逃回定城（潼关县西十五公里）。河北郡（山西省芮城县）郡长薛帛，献出河曲（山西省西南角落，黄河东岸与北岸之间地带），投降晋帝国北征兵团。

全国武装部队总司令（太尉）刘裕，亲率水上舰队，从淮河、泗水进入清河（济水）；打算再进入黄河，逆流而上。先派使节向北魏帝国借路，而后秦帝姚泓，也派使节向北魏帝国（首都平城），请求救援。北魏帝（二任明元帝）拓跋嗣（本年二十六岁），召开御前会议，文武百官一致认为："潼关（陕西省潼关县）是天然险要，刘裕用舰队攻击，不可能攻克。但如果在黄河北岸登陆，向北方侵略，可容易得多。刘裕对外宣称讨伐秦国（后秦帝国），实际上打什么主意，难以预测。而且，我们跟秦国（后秦帝国）是姻亲之邦，不可以不出兵协助（后秦帝国西平公主嫁拓跋嗣，参考前年〔四一五〕十月）。应该出军切断黄河上游，阻止晋军西上。”国立大学主任教授（博士祭酒）崔浩反驳说：“刘裕对秦国（后秦帝国）处心积虑，为时已久。而今，姚兴已死，他儿子姚泓，性情懦弱，见解愚劣，内部又有太多的灾难。刘裕利用他们的危机，大举讨伐，决心把他们抢夺到手。我们如果在上游阻截，刘裕气得怒火如焚，势必转移目标，上岸登陆，向我们攻击，那可是我们代替秦国（后秦帝国）挨打。现在，柔然汗国（瀚海沙漠群）侵略边界，人民又缺乏食粮；如果再跟刘裕对抗，一旦大军南下，北方的盗贼（指柔然汗国）将越来越深入国土；到那时候，援救北方灾难，南方各州就立刻陷于险境，不是美好的策略。不如把黄河通道借给刘裕，随他的意思西上。然后我们在东方驻防，阻塞他的退路。假如刘裕传出捷报，一定感激我们的慷慨。假如不幸失败，我们也不致有不援救秦国（后秦帝国）的恶名，这是最上等的计谋。而且，南方和北方，风俗习惯，全不一样。即令帝国把恒山（北岳，河北省曲阳县北）以南放弃，刘裕也不可能用吴越（太湖流域及钱塘江流域）士卒，跟我们争夺黄河以北的疆土，怎么会成为我们的祸患？为国家制定方案，必须把国家的利益放在第一位，岂能受一个女子的影响！”大家仍然坚持：“刘裕如果西上入关（陕西省中部），一定担心我们切断他的退路，受到前后夹击。如果北上，姚家（后秦帝国）绝对不会出关（潼关）援助我们。依照目前情势推测，刘裕虽然声称西上，而事实上，可能北上。”拓跋嗣相信这项研判，遂任命宰相（司徒）长孙嵩，当山东（崤山以东）军区司令官（督山东诸军事）。又派振威将军娥清（娥，姓）、冀州（州政府设信都〔河北省衡水市冀州区〕）州长（刺史）阿薄干（阿，姓；此时仍姓阿伏干），率步骑兵十万人，沿黄河北岸备战。

三月八日，刘裕舰队进入黄河，任命左将军向弥，当北青州州长，镇守碻磝（山东省聊城市茌平区西南。此时仅在晋帝国境，便有三个青州：最初，晋帝国南迁，青州州政府侨设广陵〔江苏省扬州市〕，称南青州。灭南燕帝国后〔参考四一〇年二月〕，另在东阳〔山东省青州市〕设青州政府；而南青州仍在。而今，又在碻磝〔山东省聊城市茌平区西南〕另设北青州州政府）。

最初，刘裕吩咐龙骧将军王镇恶等：“如果攻克洛阳，必须等到主力大军到达，一同前进。”而王镇恶却乘胜直接进攻潼关，被后秦帝国部队抵抗，不能前进（王镇恶孤军深入荆州，击败刘毅〔参考四一二年十月〕，得到鼓舞）。时间一久，粮秣不继，军心疑惑恐慌，有人主张抛弃辎重，退回跟主力大军会合。建武将军沈林子，手按剑柄，大怒说：“总司令（刘裕）立志统一天下，而今许昌（河南省许昌市东）、洛阳（河南省洛阳市东白马寺东），都已平定，关右（即关中地区，关西〔陕西省中部〕）也将收复，大军能不能成功，关键在前锋司令官之手。为什么打击战胜的士气，抛弃就要完成的功勋？而且，主力大军跟我们相当遥远，盗贼（后秦帝国军）正在巅峰，即令想撤退，又怎么能撤退！武士明知道危险，而仍接受命令，今天的事，我自会指挥我的直属部队，去完成任务，只是不知道你们两三个人，有什么脸面，再见总司令（刘裕）的旌旗战鼓？”王镇恶等派使节飞马报告刘裕，要求支援粮秣和兵力。刘裕把使节叫到跟前，打开战舰北方窗户，把岸上北魏帝国的大军，指给他看，说：“我告诉你们绝不可以单独前进，你们却轻率的深入敌境。岸上情势，严重到如此地步，我怎么派得出军队？”王镇恶于是亲自回到弘农（河南省灵宝市东北），向人民游说

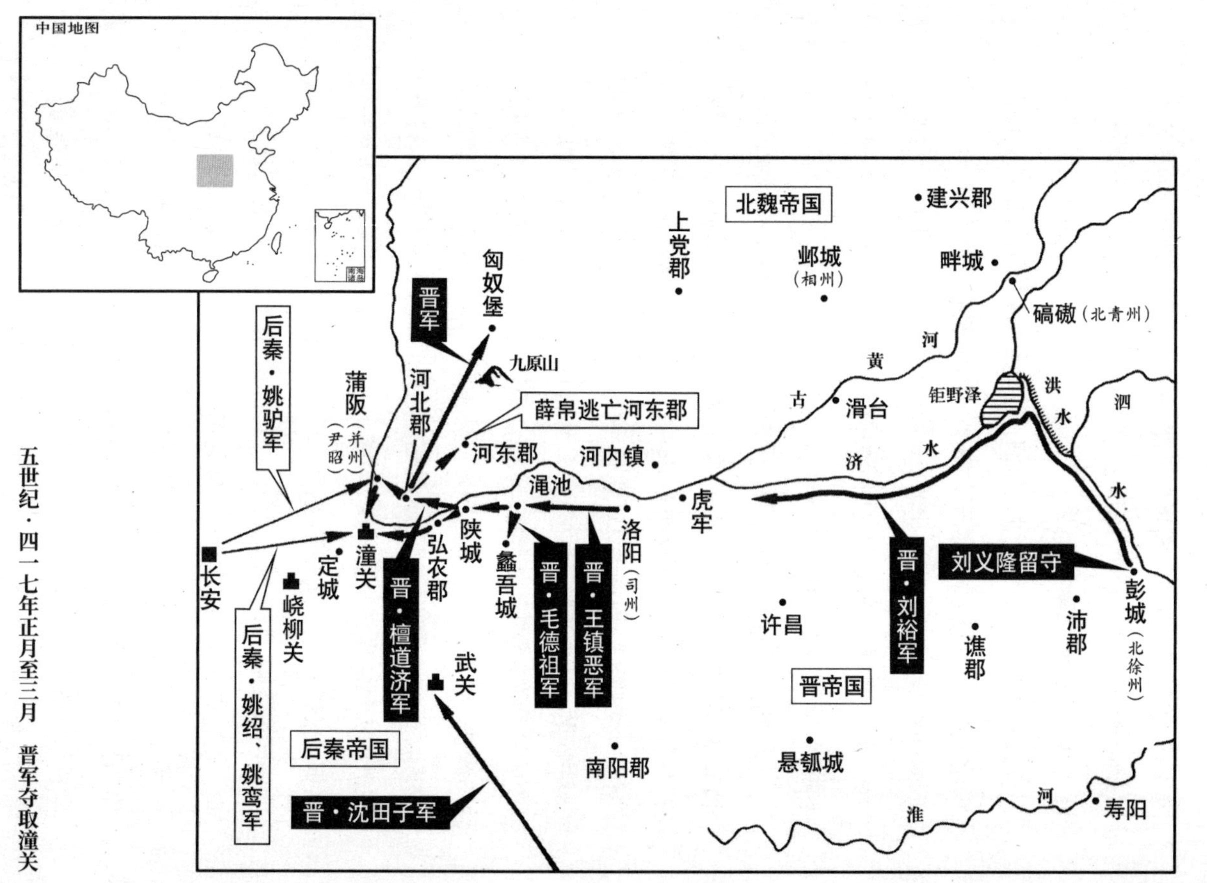

五世纪·四一七年正月至三月　晋军夺取潼关

解释，请求帮助，人民受到感动，互相竞争捐献，送到大营；严重的粮秣问题解决。

北魏帝国派出数千骑兵，沿着黄河，紧随晋帝国舰队西进。晋帝国水手在黄河南岸，用长达一百丈的纤绳，牵引船舰（逆水如果再遇逆风，仅靠划桨，前进困难），而风强水急，有的纤绳忽然折断，船舰遂卷进狂流怒风之中，冲到北岸，全被北魏军诛杀或俘虏。刘裕派军队攻击，晋军一上岸，北魏军即行撤走，等晋军回船，北魏军也再回岸边。

夏季，四月，刘裕命侍卫长（白直队主）丁旿，率武士七百人、战车一百辆，在北岸登陆，距河岸一百余步，构筑新月阵地，而以河岸作为月弦。新月两端在河堤和战车掩护之下，由七个武士守卫，布置完成后，在新月阵中，竖起白色羽毛大旗。北魏军面对这样的阵地，不了解有什么作用，于是，保持原来队形，观察变化。刘裕先命宁朔将军朱超石，动员备战，一看到白羽毛大旗竖起，朱超石率二千人飞奔而至，进入新月阵，带着机械强弓一百张，每辆战车上增加二十人，在车辕那里架起防箭木板。北魏军发现敌阵已经完成，于是围攻，宰相（司徒）长孙嵩率三万人的骑兵兵团，作为后继，四面八方向晋帝国新月阵地，肉搏冲锋，晋军的机械强弓不能阻止。这时，朱超石另带有大铁锤，和铁矟（丈八长矛）一千余支，立即把铁矟折成三四尺长，用铁锤敲打，使它锋利，开始反击，一矟下去，就洞穿三四个人的胸脯，这是一种可怕的新武器，北魏军不能克制，立刻停止战斗，狂奔逃命，阵亡的将士，接连的堆积在一起。晋军在反击中斩北魏帝国冀州（州政府设信都〔河北省衡水市冀州区〕）州长（刺史）阿薄干；北魏军退回畔城（山东省聊城市西）。朱超石率宁朔将军胡藩、宁远将军刘荣祖追击，又大破北魏军，斩杀及俘虏以千为计算单位。北魏帝拓跋嗣接到报告，后悔不采用崔浩的建议。

后秦帝国鲁公姚绍，派秘书长（长史）姚洽、宁朔将军安鸾、军事总监（护军）姚墨蠡、河东郡（山西省夏县）郡长唐小方，率二千人驻防河北郡（山西省芮城县）的九原山（山西省新绛县西北），依靠黄河险要，打算切断檀道济的粮食补给线（指弘农郡捐献）。晋帝国建武将军沈林子拦腰攻击，大破后秦军，斩姚洽、姚墨蠡、唐小方，诛杀加上俘虏，几乎一网打尽。沈林子秘密禀报全国武装部队总司令（太尉）刘裕说：“姚绍威名，覆盖关中（指后秦帝国），而今，大军在外受到挫败的屈辱，国家内部又危机重重，恐怕他凶恶的性命，就在早晚断送，不能绑到刑场，用刀斧砍下人头！”姚绍听到姚洽等战败阵亡，愤怒恚恨，病势发作，吐血，把兵权交给东平公姚赞，逝世。姚赞既代替姚绍，实力仍然强大；率军攻击沈林子，再被沈林子击败。

全国武装部队总司令（太尉）刘裕，抵达洛阳（河南省洛阳市东白马寺东），巡视城堡壕沟，嘉勉毛修之（司州〔州政府洛阳〕总部执行官〔行司州事〕）整理修护的功劳，赏赐给他衣服珍宝，价值高达二千万之多。

8 四月十六日，北魏帝拓跋嗣，前往高柳（山西省阳高县）。四月二十一日，拓跋嗣返首都平城（山西省大同市）。

9 北凉王国（首都姑臧）首领、河西王沮渠蒙逊，下令大赦。命张掖郡（甘肃省张掖市）郡长沮渠广宗，向西凉王国（首都酒泉）首领、凉公李歆诈降，要求李歆派军前来迎接。李歆大喜，动员武装部队出发。而沮渠蒙逊率三万人大军，埋伏蓼泉（张掖市西北一百公里），等待西凉军踏入陷阱。李歆走到半路，忽然发觉这是一个圈套，即行撤退。沮渠蒙逊追击，李歆在鲜支涧（甘肃省酒泉市东）迎击，大破北凉军，杀七千余人。

沮渠蒙逊修筑建康城（甘肃省酒泉市东南），设立防卫指挥所，返回。

10 五月二十四日，晋帝国齐郡（山东省淄博市东临淄区）郡长王懿，投降北魏帝国（首都平城），上疏北魏帝拓跋嗣说："刘裕身在洛阳（河南省洛阳市东白马寺东），最好是出军切断他的退路，可以用不着战争，就取得胜利。"拓跋嗣十分同意。

这时，国立大学主任教授（博士祭酒）崔浩，正在一旁讲解经典，拓跋嗣问他说："刘裕攻击姚泓，能不能成功？"崔浩说："能。"拓跋嗣说："什么原因？"崔浩说："从前，姚兴（后秦帝国二任帝）喜爱虚名，所以做事往往不切实际。他儿子姚泓，性情懦弱，而身体又差，经常害病，兄弟之间，互相争夺宝座，刘裕就是抓住这个危机。而晋国（晋帝国）军队精锐，将帅勇敢，有什么理由不能成功？"拓跋嗣说："刘裕的才干，比慕容垂（后燕帝国一任帝）如何？"崔浩说："要超过慕容垂。慕容垂借着老爹（前燕帝国一任帝慕容皝）、老哥（前燕帝国二任帝慕容儁）遗留下来的资本，复兴固有基业，往日的部落人民，向他归附，好像夜间的昆虫，飞向火光一样，稍微努力，就很容易建立功勋。而刘裕从贫苦低贱的平民阶层崛起，没有一尺土地的凭借，而竟能消灭桓玄，复兴晋国（晋帝国）；北方生擒慕容超（南燕帝国二任帝），南方击斩卢循，所向无敌；如果不是他的才干超过常人，怎么能够这样！"拓跋嗣说："刘裕现在已经入关（函谷关），进不能进，退不能退。我出动精锐骑兵，直接攻击彭城（江苏省徐州市）、寿春（寿阳，安徽省寿县），刘裕有什么办法？"崔浩说："我们的西方有赫连勃勃（胡夏帝国），北方有柔然汗国（瀚海沙漠群），都在那里严密注视我们的行动。陛下既然不能御驾亲征，虽然部队精锐，但是缺少优良的大军指挥官。长孙嵩是一个政治家，他的长处是治理帝国，不是取胜疆场，所以难以跟刘裕为敌。发兵远征，看不到实质的利益。不如安静的等待，依我的观察，刘裕征服秦国（后秦帝国）之后，回去一定篡夺他主人的政权。关中（陕西省中部）汉人和蛮夷混合相处，风俗强悍，刘裕打算把治理荆州、扬州（指长江以南）那一套方法，用来治理函谷关和古秦王国地带人民，这跟脱下衣服包火炭，撕破罗网捉老虎，有什么不同？他当然会留下军队，保护战果。可是，人心不能信服，价值标准又不一样，恰恰的反而会被敌人并吞。但愿陛下按兵不动，使人民获得休养，观察变化，古秦王国疆土（陕西省中部），一定会归属帝国，我们坐在这里，就可到手。”拓跋嗣笑说：“你分析得很周密。”崔浩说：“我曾经私下评论近代的一些宰相、元帅人才。像：王猛治理国家，是苻坚（前秦帝国三任帝）的管仲；慕容恪辅佐幼主，是慕容暐（前燕帝国三任帝）的霍光；刘裕平定内乱外患，是司马德宗（晋帝国现任帝）的曹操。”拓跋嗣说：“赫连勃勃如何？”崔浩说：“赫连勃勃，国破家亡，孤苦伶仃，只剩下一人，在姚家（后秦帝国）那里混碗饭吃，接受姚家的爵位官职，不但不报答姚家的恩德，反而利用姚家的危机，夺取利益，强行霸占一个地盘。对所有邻国，都形成仇敌（指跟北魏帝国、后秦帝国、南凉王国、西秦王国结怨），是一个自己竖起大拇指，称许自己伟大的小流氓而已。虽然在一个短时间内，可以逞暴肆虐，但最后终于会被别人吃掉。”拓跋嗣大为高兴，君臣二人，长谈到半夜，拓跋嗣赏赐给崔浩：皇家自制的青白色醅酒三十升（醅酒，没有滤过的酒。醅，音pēi〔胚〕）、水精盐（精制的透明纯盐）一两，说：“我品味你的话，好像品味盐、酒，所以盼望你也能有同样的感受。”但是，仍命宰相（司徒）长孙嵩、中央禁军总监（中领军）叔孙建，各自挑选精锐部队，等刘裕向西更深入时，就从成皋（即虎牢，河南省荥阳市西北汜水镇）渡过黄河南下，对彭城郡（江苏省徐州市）、沛郡（安徽省淮北市）一带，作骚扰性的攻击。如果刘裕推进很慢，则仍继续在岸上紧紧跟随。

11 北魏帝拓跋嗣，向西巡察到云中宫（内蒙古托克托县），遂渡黄河，在沙漠（河套库布齐沙漠）上打猎。

12 北魏帝国设置“天”“地”“东”“西”“南”“北”——六部总监（大人），在公爵阶层中，遴选适当人员。

13 秋季，七月，晋帝国全国武装部队总司令（太尉）刘裕，抵达陕城（河南省三门峡市）。

振武将军沈田子、建威将军傅弘之，进入武关（陕西省商南县西南），后秦帝国边防军都抛弃城池，落荒而逃。沈田子等没有经过战斗，便挺进到青泥（陕西省蓝田县）。后秦帝姚泓，派禁宫咨询官（给事黄门侍郎）姚和都，率军进驻峣柳（蓝田县东南）拒抗。

14 西秦王国相国翟勍逝世。

八月，擢升国务院总理（尚书令）乞伏昙达当左丞相，左执行长（左仆射）乞伏元基当右丞相，总监察官（御史大夫）麴景当国务院总理（尚书令），高级咨询官（侍中）翟绍当国务院左执行长（左仆射）。

15 晋帝国全国武装部队总司令（太尉）刘裕，抵达阌乡（河南省灵宝市西），振武将军沈田子等，将攻击峣柳城（陕西省蓝田县东南）。后秦帝姚泓，准备亲自迎击刘裕主力大军，恐怕沈田子袭击他的背后，打算先把沈田子等消灭，再出动全国所有武力，东下决战，遂率步骑兵数万人，突然在青泥（蓝田县）出现。沈田子这支部队，本是一支虚张声势、困惑敌人的游击部队，兵力不过一千余人；听说姚泓御驾亲征，就打算迎战，建威将军傅弘之认为寡不敌众，竭力劝阻，沈田子说："军事行动，在于出奇制胜，不一定非人多不可。而且，今天双方兵力的众寡，相差太大，势不能并存。一旦他们的阵势和营垒，建立坚固，我们就没有地方可逃。不如乘他们刚刚到达，阵势和营垒都没有建立，我们主动挑战，可以立下大功。"遂率他的直属部队，先行前进，傅弘之作为后继。后秦大军把他们重重围住，沈田子激励他的士卒说："各位冒险犯难，出征万里，就是为了要打这一仗，生死对决，封侯升官的大业，就看今天。"士卒雀跃欢呼，大声呐喊，手持短小武器，奋勇肉搏，后秦军大败（后秦帝国已成了一群惊弓之鸟，民心已去，军心已散，所以数万人的庞大兵团，竟被不到一千人的晋军击溃，兵败诚如山倒）。晋军奋勇追击，杀一万余人，俘获姚泓的御车、御衣，以及皇家专用的器物。姚泓逃回霸上（陕西省西安市东灞河畔）。

最初，刘裕认为沈田子的兵力太少，派沈林子率军越过秦岭（晋军夺取潼关后，即可利用秦岭山道南下）增援，到达时，后秦帝国军已经溃败，于是联合追击，关中（陕西省中部）郡县，很多向沈田子暗中投降。

八月二日，全国武装部队总司令（太尉）刘裕抵达潼关（陕西省潼关县）；任命朱超石当河东郡（山西省夏县）郡长，派他跟振武将军徐猗之，以及河北郡（山西省芮城县）郡长薛帛，在河北（山西省芮城县）会师，共同攻击后秦帝国的蒲阪（山西省永济市）。后秦帝国平原公姚璞，跟姚和都（可能是姚成都），共同迎战。晋军大败，徐猗之阵亡，朱超石逃奔潼关（陕西省潼关县）。后秦帝国东平公姚赞派扬州州长（空头官衔）司马国璠，引导北魏大军紧随刘裕西征兵团主力之后。

龙骧将军王镇恶，请求率船舰由黄河进入渭水，直指后秦帝国首都长安（陕西省西安市），刘裕准许。后秦帝国恢武将军姚难，自香城（陕西省大荔县东黄河西岸）率军向西进发，王镇恶追击。后秦帝姚泓自霸上（陕西省西安市东灞河畔）率军再进驻石桥（长安洛门〔北城东头第一门〕东北），作姚难的声援；镇北将军姚彊，跟姚难会师合军，驻屯泾水（渭水支流）河畔，抵抗王镇恶的追击。王镇恶命毛德祖进攻，大破后秦军；姚彊战死，姚难奔回长安。

东平公姚赞，退守郑县（陕西省渭南市华州区），晋帝国全国武装部队总司令（太尉）刘裕进军，压迫姚赞大营。姚泓命姚丕防守渭桥（首都长安城北渭水大桥），胡翼度进驻石积（今地不详），东平公姚赞进驻灞东（灞水之东）；姚泓御营进驻逍遥园（陕西省西安市西）。

龙骧将军王镇恶舰队，进入渭水后，逆水而上，舰队由封闭式的小艇组成，划桨战士隐藏在舰身之内，后秦帝国人民只看见小艇前进，却看不见水手，大大惊奇，认为有神灵相助。

八月二十三日，凌晨，舰队抵达渭桥（长安城北渭水大桥），王镇恶令将士进餐，进餐之后，全副武装登陆，最后登陆的人，诛杀。部队登陆完毕，舰艇上空无一人，遂顺着渭水流速，缓缓离岸，随波东下，倏忽之间，完全消失。当时，后秦帝姚泓御营还有数万人，王镇恶向将士宣告："我们的家属，全在江南（长江以南），这里是长安北门，离我们的家有万里之远，舰艇、衣服、粮秣，都已随水而去。今天进攻，战胜自然立大功，显大名；战败则连尸首骨头，都不能运回，没有第二条路可走，你们勉励。"于是，自己在最前面

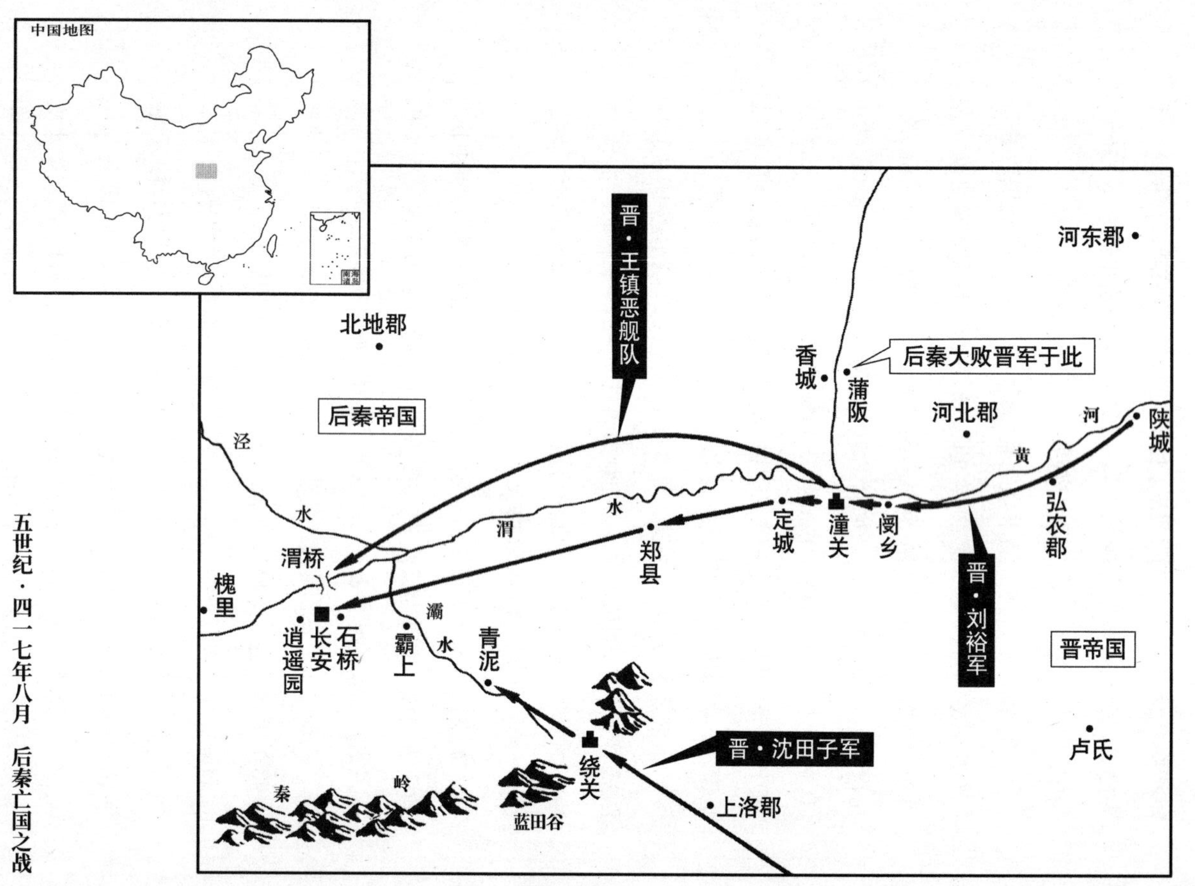

五世纪・四一七年八月　后秦亡国之战

五世纪·四一七年八月　后秦亡国·七国并立

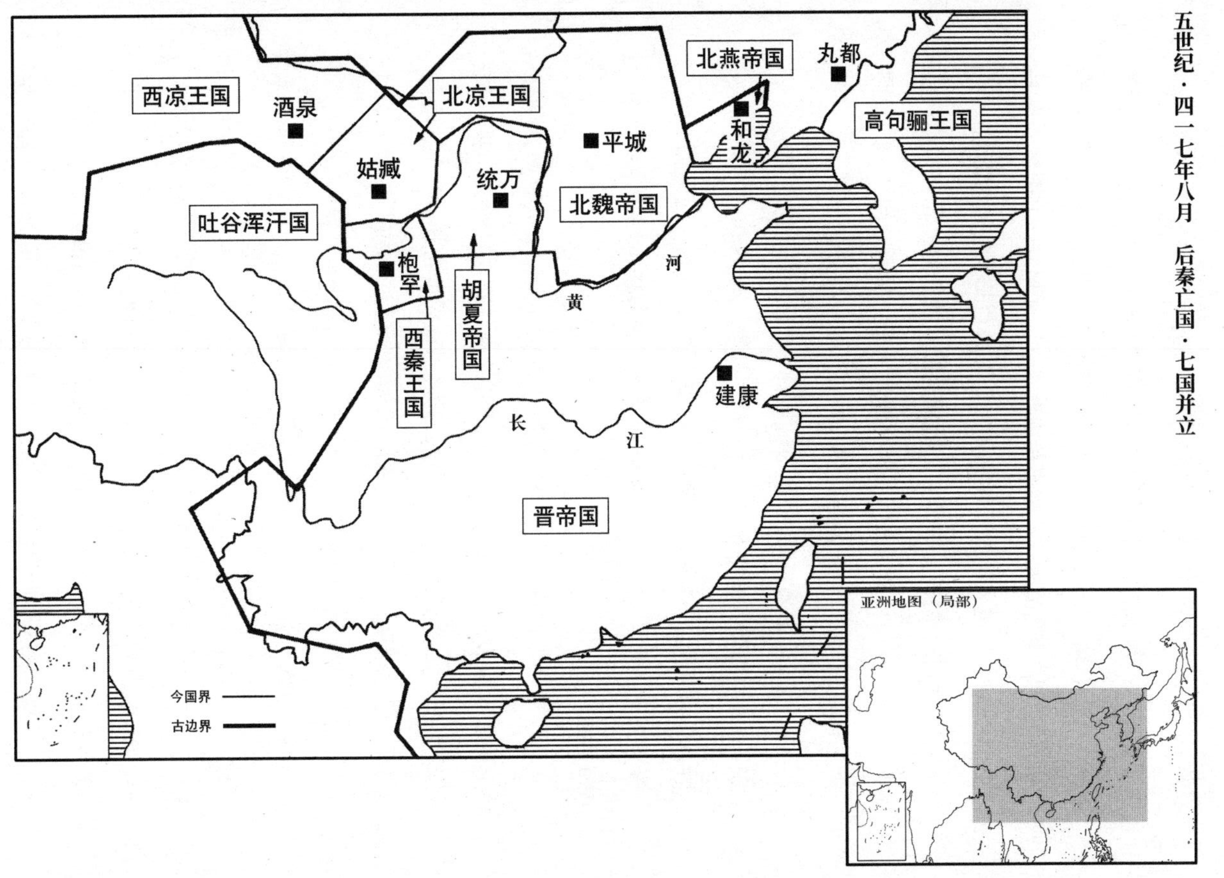

领导，士卒气势高昂，踊跃攻击，在渭桥（长安城北渭水大桥）大破姚丕守桥部队。姚泓率军援救渭桥，却被排山倒海溃退下来的姚丕败兵，冲击践踏，还没有接战，便告崩溃（这是后秦帝国最后一支军队）；镇西将军姚谌等全都死亡，姚泓单人匹马，逃回皇宫。王镇恶遂自平朔门（长安北门）进入长安。姚泓和姚裕等数百骑兵，逃奔石桥（长安城东北）。东平公姚赞（时驻灞东），听到姚泓兵败消息，急率军前来赴难，可是，军心已散，士卒霎时间逃走一空。胡翼度向晋帝国全国武装部队总司令（太尉）刘裕投降。

姚泓打算出来投降，皇子姚佛念，年十一岁，对老爹说："晋国（晋帝国）将领，势将在我们身上称心快意。就是投降，也不能免除，不如自杀。"姚泓内心悲伤，不作回答；姚佛念自己登上宫墙，投下摔死（我们对姚佛念的行为感到怀疑，因为他判断的正确和自杀的坚定，都超过他的年龄）。

八月二十四日，姚泓带着他的正妻皇后，和文武官员，前往王镇恶大营投降，王镇恶把他们逮捕，交付军法处投入监狱。长安城内汉人、蛮夷，有六万余户，王镇恶宣扬晋帝国的恩德，安抚慰问，号令严明，人民安居（在五胡乱华十九国中，后秦帝国是第十个兴起、第十四个灭亡的短命王国。立国三十四年〔三八四至四一七〕，共三任君王。后秦亡后，中国境内，七国并立：晋帝国、西秦王国、北魏帝国、北凉王国、西凉王国、胡夏帝国、北燕帝国）。

九月，晋帝国全国武装部队总司令（太尉）刘裕，抵达长安（陕西省西安市），王镇恶到霸上（陕西省西安市东灞河畔）迎接。刘裕慰劳说："完成我霸主大业的，全依仗你！"王镇恶一再叩头道歉说："这是明公的神威，各将领的努力，我有什么功劳？"刘裕笑说："你打算学冯异，是不是（冯异事，参考三〇年正月）？"然而，王镇恶人格卑鄙，贪得无厌，后秦帝国国库仓储，十分丰富，王镇恶明抢暗偷，下到自己腰包，为数之多，无法计算。刘裕因他建有大功，所以不去追问。有人向刘裕诬陷王镇恶："私藏姚泓的御用辇车，可能叛变。"刘裕派人侦查，原来王镇恶掳去姚泓御用辇车，剔取上面的金银珠宝之后，把辇车抛弃到墙外。刘裕心里才安。

刘裕收集后秦帝国皇家日常使用的饮食用具（彝器）、天体模型（浑仪）、测日仪器（土圭）、计程车（跟现代街头的"计程车"相同，不过现代计程用表，古代计程用鼓，称"鼓里车"，车有二层，行半公里，下层敲鼓，行五公里，上层敲锣）以及指南车，都送到建康（江苏省南京市）。其他金银璧玉、布匹绸缎、稀世珍宝，都赏赐给将士。后秦帝国平原公姚璞、并州（州政府蒲阪）州长（刺史）尹昭，献出蒲阪（山西省永济市）投降；东平公姚赞，率姚家皇族宗亲一百余人，向刘裕投降；刘裕把他们全部诛杀。又把姚泓送到建康（江苏省南京市），绑到刑场，斩首。

刘裕任命薛辩当平阳郡（山西省临汾市）郡长，使他镇守并捍卫帝国最北的边疆。

刘裕提议把首都迁回洛阳（河南省洛阳市东白马寺东），首席军事参议官（咨议参军）王仲德说："不平凡的事，固然不是平凡的人所能做到，但一旦宣布迁都，一定引起震骇骚动。现在，大军在外，时间已经很久，士卒都想念家园，迁都这件事，还不应该讨论。"刘裕才停止。

羌民族十余万人，向西逃命，投奔陇上（陇山以西），建武将军沈林子追击，追到槐里（陕西省兴平市），俘虏以万为计算单位（羌族政权覆亡，所以西奔）。

16 北凉王国首领、河西王沮渠蒙逊，听到晋帝国消灭后秦帝国的消息，大怒若狂。特务调查官（门下校郎）刘祥，进来作口头报告，沮渠蒙逊暴跳说：“你听说刘裕进关（函谷关），竟敢嬉皮笑脸！”斩刘祥（沮渠蒙逊此时心胆俱裂，仓惶失措）。

17 最初，胡夏帝国（首都统万〔陕西省靖边县北白城则村〕）天王（一任武烈帝）赫连勃勃（本年三十七岁），听到晋帝国全国武装部队总司令（太尉）刘裕，北征后秦帝国消息，对文武百官说：“姚泓不是刘裕的敌手，而且兄弟们纷纷在内部叛变，哪有力量对抗别人！刘裕夺取关中（陕西省中部），在意料之中。然而，刘裕夺取关中之后，势不能长期停留，一定要回到南方，而命他的儿子或老弟以及将领留守，那时候，我再去夺取，就好像弯腰捡片树叶。”遂喂饱战马，磨利武器，休养士卒，加强训练；进驻安定（甘肃省镇原县东南屯字镇），故后秦帝国岭北（九嵕山以北）各郡县及防卫指挥所，全都归降。

刘裕派使节送信给赫连勃勃，约定成为兄弟之国。赫连勃勃命立法院主任立法官（中书侍郎）皇甫徽，代写一封回信。事先把它背诵得滚瓜烂熟，然后当着刘裕使节的面，口授给随从官（舍人），命他照写。刘裕看到后，叹息说：“我不如他。”

18 晋帝国广州（州政府设番禺〔广东省广州市〕）州长（刺史）谢欣，逝世。东海郡（山东省郯城县）人徐道期，聚众起兵，攻陷州城（番禺），进攻始兴郡（广东省韶关市）。始兴郡郡长（相）、彭城郡（江苏省徐州市）人刘谦之，出军讨伐，斩徐道期。

晋帝司马德宗下诏，任命刘谦之当广州（州政府番禺）州长（刺史）。

19 九月四日，先后从晋帝国逃到后秦帝国的流亡政治人物：司马休之、司马文思、司马国璠、司马道赐、鲁轨、韩延之、刁雍、王慧龙，以及桓温的孙儿桓道度、桓道子，同族桓谧、桓璲，陈郡（河南省周口市淮阳区）人袁式等，再逃到北魏帝国（首都平城），晋见宰相（司徒）长孙嵩投降（刘裕对敌国君王将领，还要诛杀，对反对过自己的人，自不放手，司马休之等因之再降北魏）。后秦帝国匈奴堡（山西省临汾市境）防守司令、宁东将军姚成都，跟他的老弟姚和都，献出城池，投降北魏帝国。北魏帝拓跋嗣下诏：凡是抢救出姚姓皇家子弟，送到平城（山西省大同市）的人，有赏（姚兴的女儿西平公主嫁拓跋嗣，参考前年〔四一五〕十月）。

冬季，十月十一日，拓跋嗣命长孙嵩等班师。

司马休之不久在北魏帝国逝世，北魏帝国封司马国璠当淮南公、司马道赐当池阳子、鲁轨当襄阳公。刁雍上疏请求到南方边疆，为帝国效力（刁雍全家被屠，参考四〇四年三月，迄今已十四年，复仇心切），拓跋嗣任命刁雍当建义将军。刁雍在黄河、济水之间（山东省西部），集结武装部队，不断向晋帝国的徐州（北徐州，江苏省北部）、兖州（北兖州，山东省西部）发动攻击。晋帝国全国武装部队总司令（太尉）刘裕，派军讨伐，不能取胜。刁雍进驻固山（山东省济南市长清区东南），武装部众多达二万人。

20 晋帝司马德宗，下诏晋封宋公刘裕，升任宋王，采邑增加到十个郡。刘裕辞让，不肯接受。

21 西秦王国（首都枹罕）国王（三任文昭王）乞伏炽磐，派左丞相乞伏昙达等，攻击故后秦上邽（甘肃省天水市）防守司令姚艾，姚艾派使节前往晋见，自称臣属。乞伏炽磐遂任命姚艾当征东大将军、秦州全权州长（牧）。召回王松寿（秦州州长〔刺史〕王松寿逼上邽事，参考去年〔四一六〕十月）当国务院左执行长（尚书左仆射）。

22 十一月，北魏帝国征南大将军叔孙建等，讨伐西山（太行山）丁零部落酋长翟蜀洛支等，镇压平服。

23 十一月三日，晋帝国国务院左执行长（左仆射）兼监军将军府、中军将军府参谋长（军司）刘穆之逝世（年五十八岁）。全国武装部队总司令（太尉）刘裕，接到报告，一连几天都震惊哀痛。最初，刘裕打算留在长安（陕西省西安市），计划光复西北（此时西北尚有三国：胡夏帝国、西秦王国、北凉王国），而各将领家属都在江南（长江以南），远征太久，普遍思乡，很多人反对留下来。正好，刘穆之逝世，刘裕考虑中央没有可以托付大事的人，遂决定东返。

刘穆之逝世消息传出后，中央政府惊惶恐惧，打算由晋帝司马德宗发布诏书，命全国武装部队总司令部左军政官（太尉左司马）徐羡之接替刘穆之的职位。中军将军府首席军事参议官（中军咨议参军）张卲说："现在的情势，十分紧急，最后仍然是要委派徐羡之。但世子（刘义符）没有擅自决定的权力，应该请示（不是向皇帝司马德宗请示，而是向刘裕请示）。"而刘裕打算命王弘接替，参谋指挥官（从事中郎）谢晦说："王弘轻佻浮躁，不如徐羡之。"于是，任命徐羡之当国务院文官部长（吏部尚书）、建威将军、首都建康市长（丹阳尹），代理兼任全国武装部队总司令部留守司令（代管留任）。中央政府过去由刘穆之决定的大事，全都送到北方，请刘裕亲自决定。

刘裕作撤军准备，任命次子桂阳公刘义真，当雍梁秦军区司令长官（都督雍梁秦三州诸军事）、安西将军，兼雍、东秦二州（州政府长安）州长（刺史）。本年（四一七），刘义真十二岁。并命全国武装部队总司令部首席军事参议官（太尉咨议参军）京兆郡（陕西省西安市）人王修，当秘书长（长史）；王镇恶当军政官（司马），兼冯翊郡（陕西省大荔县）郡长；沈田子、毛德祖，都当大营军事参议官（中兵参军）；沈田子兼始平郡（陕西省兴平市）郡长，毛德祖兼秦州州长（刺史），又兼天水郡（侨郡）郡长；傅弘之当雍州（州政府设长安〔陕西省西安市〕）州政府人事官（治中从事史）。

原来，陇上（陇山以西）流亡到关中（陕西省中部）的难民，都希望晋帝国北征兵团乘胜西上，光复故乡。等到刘裕下令设置东秦州（原秦州州政府设上邽〔甘肃省天水市〕，此时属西秦王国，毛德祖当州长〔刺史〕，不过遥领。东秦州州政府设长安〔陕西省西安市〕，刘义真兼州长〔刺史〕；用以安抚统御秦州流亡人士），大家知道刘裕对西方已没有远略，叹息失望。

关中（陕西省中部）人民，一向尊敬王猛（故前秦帝国宰相），而晋帝国北征兵团攻克长安，王镇恶的功劳又最多，因之，原籍江南（长江以南）的将领，对王镇恶羡妒交加（王镇恶是王猛的孙儿，参考四〇九年三月）。振武将军沈田子，自认为峣柳（陕西省蓝田县东南）那场胜仗，是一次决定性战役（参考本年〔四一七〕八月），跟王镇恶互相争功，心中感到不平。刘裕将回建康（晋首都，江苏省南京市），沈田子、傅弘之，屡次警告刘裕说："王镇恶家在关中（陕西省中部），不可信赖。"刘裕说："今天留下你们文武官员将士，和精锐部队一万人，他如果要作乱的话，恰恰自取灭亡，不必多说。"刘裕又私下告诉沈田子说："钟会所以没有闹出大事，因有卫瓘的缘故（钟会、卫瓘事，参考二六四年）。俗话说：'一只猛兽，不如一群狐狸。'你们十几个人，怎么还怕王镇恶。"

司马光曰

古人有言："怀疑他，就不要交付给他任务。交付给他任务，就不要怀疑他。"刘裕既把关中（陕西省中部）交付给王镇恶，而又跟沈田子秘密图谋王镇恶，是挑拨他们斗争，制造混乱。可惜，百年之久的盗寇（指据守关中的一些短命王国），千里之大的疆土，得到是如此艰难，失去它不过转眼之间，使丰邑（商王朝时周部落聚居点之一，陕西省西安市鄠邑区东北）、镐京（周王朝首都，陕西省西安市长安区西），再落到强盗之手。荀卿说："兼并容易，凝结成一体难。"果然如此。

刘裕对王镇恶，从头到尾，没有一句肯定的话，当初贾充问司马昭："你是不是有点怀疑钟会？"司马昭回答说："现在我派你出征，难道也怀疑你！"（参考二六四年正月。）而刘裕连司马昭这几句话都没有，他对沈田子等的表态，无疑的已把王镇恶当作一条鲜鱼，活泼泼的托到厨师的砧板之上，要厨师下刀。

王镇恶一直认为他已获得一个英明领袖的欣赏，人头卖给识货的，他已找到买主。万想不到，买主不过是一个鱼贩！英雄事业之难，在此。

24 三秦（陕西省中部）人民父老，听说刘裕将回江南（长江以南），到大营门前，哭泣流涕，倾诉说："我们这些残留下来的汉人，没有接受中央政府圣王的教化，有百年之久，直到今天，才看到汉民族的衣帽装束，人人互相庆贺（三一六年十一月，汉赵帝国中山王刘曜攻陷长安，迄今整一百〇二年。之后桓温北伐，曾挺进至霸上，参考三五四年四月；但只不过停留两个月便撤退）。长安十座皇家陵园，都是你们刘家坟墓，咸阳皇宫宝殿，也是你们刘家的住宅（西汉王朝一任帝刘邦墓长陵、二任帝刘盈墓安陵、五任帝刘恒墓霸陵、六任帝刘启墓阳陵、七任帝刘彻墓茂陵、八任帝刘弗陵墓平陵、十任帝刘病已墓杜陵、十一任帝刘奭墓渭陵、十二任帝刘骜墓延陵、十三任帝刘欣墓义陵、十四任帝刘箕子墓康陵，都在关中〔陕西省中部〕，共十一座。咸阳，指西汉王朝未央宫。刘裕姓刘，父老们强调刘裕的皇家血统，希望他不离开）。放弃这里，你往哪里去？”刘裕也很伤感，向他们安慰解释说：“接到中央征召命令，不能随便停留。非常感激各位怀念祖国，现在，我命第二个儿子（刘义真），和贤能的文武官员，共同镇守这个地方，希望你们和平共处。”

十二月三日，刘裕自长安出发，经洛河口进入黄河，再开掘汴水东进。

25 氐民族酋长徐骇奴、齐元子等，在雍县（陕西省宝鸡市凤翔区）拥有三万篷帐，派人前往北魏帝国，请求投降。北魏帝拓跋嗣派将军王洛生、河内郡（河南省沁阳市）郡长杨声等，率军西上接应。

26 闰十二月五日，北魏帝拓跋嗣，前往大宁（河北省张家口市）、长川（内蒙古兴和县西北）。

27 秦州（甘肃省南部）、雍州（陕西省中部）逃荒难民一千余家，拥护故后秦帝国襄邑（河南省睢县）县长、上谷郡（河北省怀来县）人寇赞当盟主，向北魏帝国投降。北魏帝拓跋嗣任命寇赞当魏郡（邺城，河北省临漳县西南邺城镇）郡长。

很久之后（至少六年之后，四二三年，北魏帝国才取得虎牢关、洛阳），秦州、雍州难民，逃亡到北魏帝国河南郡（洛阳）、荥阳郡（河南省荥阳市）、河内郡（河南省沁阳市），户数以万为单位计算。拓跋嗣下令设南雍州（侨州），任命寇赞当州长（刺史），封河南公，州政府设洛阳，设立雍州直属郡县安抚。寇赞擅长招徕怀柔，难民投奔归附的，比最初多出三倍。

28 胡夏帝国（首都统万）天王赫连勃勃，听到晋帝国全国武装部队总司令（太尉）刘裕东返，大为高兴，询问智囊王买德说："我打算夺取关中（陕西省中部），请你谈谈方略。"王买德说："关中（陕西省中部）居于重要的地理位置，而刘裕却教一个小娃镇守，匆匆忙忙拔腿就走，不过是急于篡夺帝座，不再把中原放到心上。这是上天把关中赏赐给我们，不能错过这个机会。青泥（陕西省蓝田县）、上洛（陕西省商洛市商州区），是南北两大要塞，应该先派出别动部队，切断他们的补给和退路，然后，东方塞住潼关（陕西省潼关县），切断他们跟本国的水陆联系。这时，向三辅（大长安地区）发出政治号召，下达军事命令，威力胁迫，恩德感化，刘义真就等于掉到鸟网和鱼篓里，用不着伸手就可以活捉。"

赫连勃勃遂任命他的儿子、抚军大将军赫连璝，当前锋总司令长官（都督前锋诸军事），率二万人骑兵进攻长安（陕西省西安市）；前将军赫连昌，进军潼关（陕西省潼关县）。任命王买德当抚军大将军府右秘书长（右长史），进军青泥（陕西省蓝田县）。赫连勃勃率主力大军作为后继。

29 本年（四一七），北魏帝国全国部族政务总监（都坐大官）章安侯封懿，逝世。

四一八年 戊午

晋	义熙	十四年
西秦	永康	七年
北魏	泰常	三年
北凉	玄始	七年
西凉	嘉兴	二年
胡夏	凤翔	六年
	昌武	元年
北燕	太平	十年

1 春季，正月一日，北魏帝国（首都平城〔山西省大同市〕）皇帝（二任明元帝）拓跋嗣（本年二十七岁），返首都平城。命高车保安司令（护高车中郎将）薛繁，率高车部落军、丁零部落军，向北出击，推进到弱水（蒙古国土拉河）而回。

2 正月辛巳日（正月丁酉朔，没有辛巳），晋帝国（首都建康〔江苏省南京市〕）大赦。

3 胡夏帝国（首都统万〔陕西省靖边县北白城则村〕）抚军大将军赫连瓒，抵达渭水北岸，关中（陕西省中部）人民归降的，道路上前后相连。晋帝国龙骧将军、始平郡（陕西省兴平市）郡长沈田子，率军抵抗，畏惧胡夏军强大，不敢前进，退守刘迴堡（人民自行集结的城寨），派使节回长安（陕西省西安市），报告安西将军府军政官（安西司马）王镇恶，王镇恶对秘书长（长史）王修说："总司令（刘裕）把十岁小儿（刘义真）托付给我们，应当共同竭尽全力。沈田子却手握大军，不肯前进，什么时候才能削平强蛮！"使节回到前方，把这段话报告沈田子。沈田子跟王镇恶，平时已经互不相容，现在更是愤怒恐惧。不久，王镇恶和沈田子，同时出军北地郡（陕西省铜川市耀州区），抵抗胡夏，晋帝国部队中有谣言说："王镇恶打算杀光江南（长江以南）人，然后派数十人送刘义真回去，他自己则据守关中（陕西省中部）叛变。"

正月十五日，沈田子邀王镇恶到傅弘之大营，举行军事会议。沈田子请求摒除左右人员，秘密对话。摒除左右人员之后，沈田子使他的族人沈敬仁，就在虎帐之中，击斩王镇恶（年四十六岁），宣称奉全国武装部队总司令（太尉）刘裕密令行事。傅弘之大吃一惊，飞奔报告刘义真，刘义真跟秘书长王修，身穿铠甲，全副武装，登上横门（长安北城东头第一门），观察变化。顷刻之间，沈田子率数十人回来，声称："王镇恶谋反。"王修逮捕沈田子，指控他弄权杀人，斩首（年三十六岁）。而命冠军将军毛修之，代替王镇恶当安西将军府军政官（安西司马）。傅弘之在池阳（陕西省泾阳县）大破赫连瓒，追到寡妇渡（甘肃省庆阳市境）再大破赫连瓒军，斩杀及俘虏很多，赫连瓒撤退。

正月二十六日，全国武装部队总司令（太尉）刘裕，抵达彭城（江苏省徐州市。去年〔四一六〕十二月三日出发，船行一月零二十四日），下令解除戒严。琅邪王司马德文，提前先回建康（江苏省南京市）。

刘裕得到王镇恶被杀的消息，上疏晋帝（十六任安帝）司马德宗说："沈田子忽然发狂，杀害忠良。"追赠王镇恶"左将军"、青州州长（刺史）。任命彭城郡（江苏省徐州市）郡长（内史）刘遵考，当并州州长（刺史），兼河东郡（山西省夏县）郡长，镇守蒲阪（山西省永济市）。调回荆州（州政府设江陵〔湖北省江陵县〕）州长（刺史）刘道怜，当徐、兖二州（州政府设京口〔江苏省镇江市〕）州长（刺史）。

刘裕打算命世子刘义符当荆州（州政府设江陵〔湖北省江陵县〕）州长（刺史）；命徐州（北徐州，州政府彭城）州长（刺史）刘义隆当司州州长（刺史），镇守洛阳（河南省洛阳市东白马寺东）。中军将军府首席军事参议官（中军咨议参军）张卲劝阻说："世子是储君，维系四海人心，不应该派到外地。"刘裕遂改派刘义隆当荆益宁雍梁秦军区司令长官（都督荆益宁雍梁秦六州诸军事）、西翼警卫指挥官（西中郎将），兼荆州州长（刺史）；另命南郡（湖北省江陵县）郡长到彦之（到，姓），当南蛮保安司令（南蛮校尉。司令部设襄阳〔湖北省襄阳市〕）；张卲当军政官（司马），兼南郡（湖北省江陵县）郡长（相）；冠军将军府人事官（冠军功曹）王昙首当秘书长（长史）；北徐州（州政府设彭城〔江苏省徐州市〕）参谋官（从事）王华当西翼警卫指挥部主任秘书（西中郎主簿）；沈林子当西翼警卫指挥部军事参议官（西中郎参军）。刘义隆年龄还小（本年十二岁），总部事务，全由张卲裁决。王昙首，是王弘的老弟（王弘，参考前年〔四一六〕十一月）。刘裕告诉刘义隆说："王昙首稳重刚强，有器度见识，是宰相人才，你每件事都要向他请教。"

再任命南郡公刘义庆当豫州（州政府设寿阳〔安徽省寿县〕。消灭后秦帝国后，把豫州州政府从姑孰〔安徽省当涂县〕北移至此）州长（刺史）。刘义庆，是

五世纪·四一七年闰十二月至四一八年正月
胡夏首次进击关中

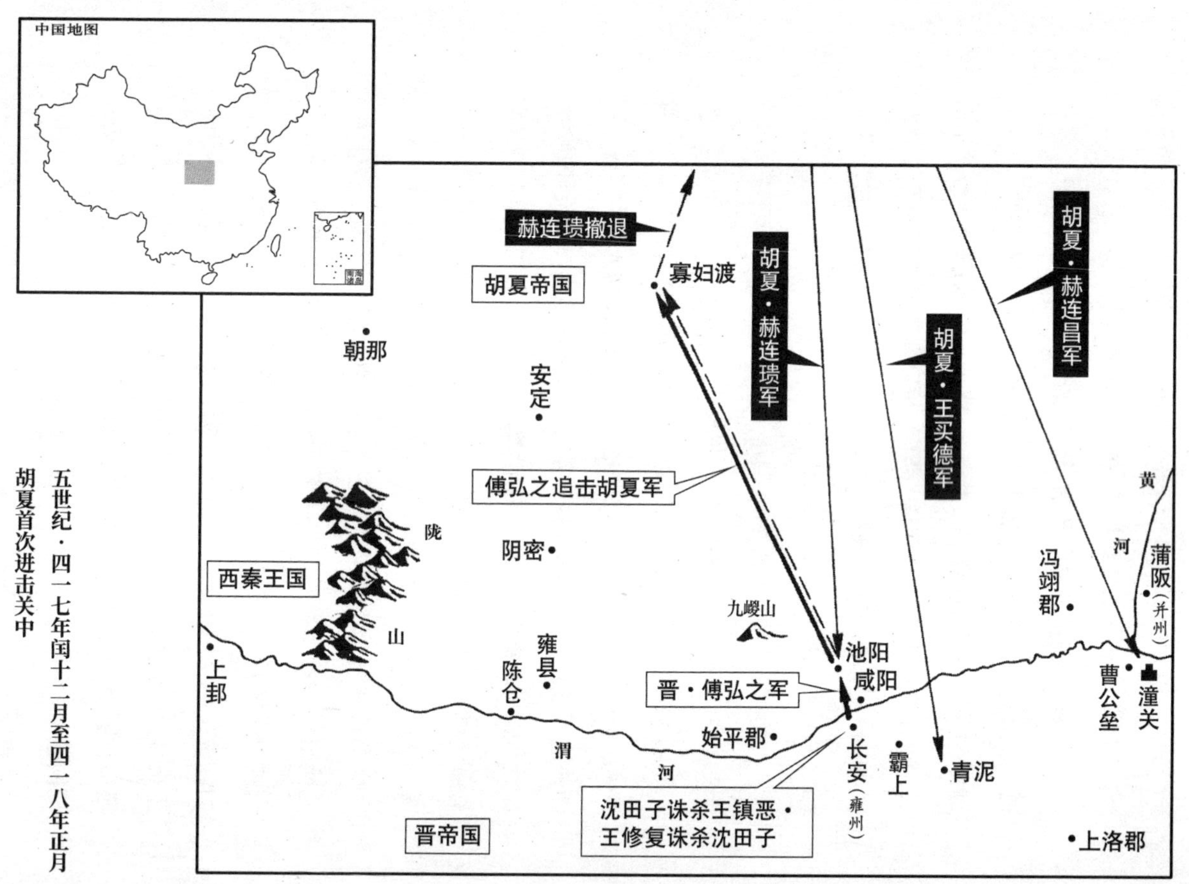

刘道怜的儿子。

刘裕解除司州（州政府洛阳）州长（刺史）职务，改为兼任徐（北徐，州政府彭城）、冀（侨州，州政府设东阳〔山东省青州市〕）二州州长（刺史）。

4 西秦王国（首都枹罕〔甘肃省临夏市〕）国王（三任文昭王）乞伏炽磐，任命乞伏木弈干当沙州州长（刺史），镇守乐都（青海省海东市乐都区）。

5 二月，乙弗部落（参考四一四年五月）、乌地延部落（均在青海湖西北一带）酋长，率二万户人家，归降西秦王国。

6 三月，晋帝国（首都建康）派使节前往北魏帝国（首都平城）聘问。

7 夏季，四月四日，北魏帝国把散住在冀州（州政府设信都〔河北省衡水市冀州区〕）、定州（州政府设中山〔河北省定州市〕）、幽州（州政府设蓟城〔北京市〕）的徒河（辽宁省锦州市）人（徒河，前燕帝国皇家祖居，参考二八九年五月。到了三五〇年三月，前燕二任帝慕容儁迁都蓟城〔北京市〕，稍后，徒河人随政府入关〔榆关，河北省秦皇岛市抚宁区东榆关镇〕，遂留住三州，迄今七十年），强迫迁移到京师（首都平城）。

8 最初，北燕帝国首都和龙（辽宁省朝阳市），忽然冒出红气，充满四方，冉冉上升，连太阳都被遮住。从清晨三时，直到下午四时。天文台长（太史令）张穆，报告天王（二任文成帝）冯跋说：“这是一种警告：将有战争。现在魏国（北魏帝国）正在强盛，而我们扣留他的使节（指扣留干什门，参考四一四年八月），使两国间的和好，不能完成，我私下十分恐惧。”冯跋说：“我正在想这个问题。”

五月，北魏帝拓跋嗣，向东方巡视，抵达濡源（濡水〔闪电河〕源头，河北省沽源县）及甘松（今地不详），派征东将军长孙道生、安东将军李先、禁宫咨询官（给事黄门侍郎）奚观，率精锐骑兵二万人，向北燕帝国发动袭击。又命骁骑将军延普、幽州（州政府设蓟城〔北京市〕）州长（刺史）尉诺，从幽州率军直指辽西（河北省迁安市），在声势上支援；拓跋嗣亲自进军到突门岭（辽宁省凌源市西北），等候捷报。长孙道生等攻陷乙连城（辽宁省喀喇沁左翼县境），遂包围和龙（辽宁省朝阳市），跟北燕帝国单于右辅官古泥会战，大破古泥军，斩北燕将领皇甫轨。北燕天王冯跋登城固守，北魏军进攻，不能攻克，据掠北燕人民一万余家，班师。

9 六月，晋帝国全国武装部队总司令（太尉）刘裕，接受相国、宋公、“九锡”的任命和封赐（前年〔四一六〕十二月发布，刘裕一直辞让）；下令赦免宋国（十个郡）死罪以下犯人；尊称继母兰陵郡（侨郡，江苏省常州市西北）人萧文寿为太妃；命全国武装部队总司令部参谋主任（太尉军咨祭酒）孔靖，当宋国国务院总理（尚书令）；左秘书长（左长史）王弘当执行长（仆射），主持官员的任免和升迁调补；参谋指挥官（从事中郎）傅亮、蔡廓，都当高级咨询官（侍中）；谢晦当首府西区卫戍司令（右卫将军）；右秘书长（右长史）郑鲜之当祭祀部长（奉常）；副军事参议官（行参军）殷景仁当王家图书馆管理官（秘书郎）。其他文武百官的官名和职掌，全比照帝国的编制。孔靖坚辞，不肯接受。傅亮，是傅咸的孙儿（傅咸是晋王朝建立初期的直臣，参考二九四年）。蔡廓，是蔡谟的曾孙（蔡谟，参考三一三年十二月）。郑鲜之，是郑浑的玄孙（郑浑，参考二一二年七月）。

殷景仁，是殷融的曾孙（殷融，参考三二八年五月）；殷景仁学识丰富，但不写文章；反应敏捷，思考精密；口中从不高谈仁义道德，心中却深刻了解是非情理；对国家的典故、政府的礼仪、旧有的法令规章、行政司法上的记录和注释，特别关心，都抄在身旁，准备随时检查，有见识的人看出他渴望掌握权柄。

10 北魏帝国天部总监（天部大人）、白马公（文贞公）崔宏病重，北魏帝拓跋嗣派侍从前去探病，一夜之间，往返数次。等到崔宏逝世，拓跋嗣下诏，命令文武百官以及直属部落酋长，都来参加葬礼。

11 秋季，七月二十四日，北魏帝拓跋嗣，返首都平城（山西省大同市）。

12 九月二十一日，北魏帝国政府下令各州：普遍征收田赋，每户缴纳五十石谷米，分别集中储存定州（州政府设中山〔河北省定州市〕）、相州（州政府设邺城〔河北省临漳县西南邺城镇〕）、冀州（州政府设信都〔河北省衡水市冀州区〕）。

13 北凉王国（首都姑臧〔甘肃省武威市〕）首领（二任武宣王）、河西王沮渠蒙逊，再度率军攻击西凉王国（首都酒泉〔甘肃省酒泉市〕）。西凉首领（二任）、凉公李歆，打算迎头痛击，左秘书长（左长史）张体顺坚决劝阻，才改为闭城自守。沮渠蒙逊把田里的庄稼收割一空，班师。

李歆派使节到晋帝国（首都建康），报告他已继承爵位。

冬季，十月，晋帝国政府任命李歆当七郡军区司令长官（都督七郡诸军事)、镇西大将军，封酒泉公(七郡，指酒泉郡〔甘肃省酒泉市〕、建康郡〔甘肃省酒泉市东南〕、西海郡〔内蒙古额济纳旗〕、凉兴郡〔甘肃省瓜州县西南万佛峡〕、晋昌郡〔甘肃省瓜州县〕、敦煌郡〔甘肃省敦煌市〕、高昌郡〔新疆吐鲁番市东〕)。

14 西秦王国秦州(州政府设上邽〔甘肃省天水市〕)全权州长(牧)姚艾叛变(姚艾屈服事，参考去年〔四一七〕十月)；向北凉王国(首都姑臧)首领、河西王沮渠蒙逊投降，沮渠蒙逊率军亲来迎接。

姚艾叔父姚儁，对大家宣布说："秦王(乞伏炽磐)宽厚仁爱，有胸襟雅量，我们可以安心的留下来事奉他，为什么要追随沮渠蒙逊，迁到西方？"大家认为有理，遂联合起来，驱逐姚艾，推举姚儁当盟主，再回归西秦王国(首都枹罕)。

西秦王乞伏炽磐征召姚儁到京师(首都枹罕〔甘肃省临夏市〕)，命他当高级咨询官(侍中)、立法院总立法长(中书监)，封陇西公。另行任命左丞相乞伏昙达当洮罕以东军区司令长官(都督洮罕以东诸军事)、征东大将军、秦州全权州长(牧)，镇守南安(甘肃省陇西县东南)。

15 晋帝国收复仅仅一年的关中(陕西省中部)，再度爆发大乱。安西将军，兼雍、东秦二州(州政府设长安〔陕西省西安市〕)州长(刺史)刘义真，年纪还小(本年十三岁)，对左右陪伴玩耍的人，赏赐没有节制。秘书长(长史)王修，每每加以限制。左右那批气质低劣的人物，怨气冲天，在刘义真面前陷害王修，说："王镇恶打算叛变，沈田子才杀掉他。王修却杀掉沈田子，他也打算叛变。"刘义真相信，派亲信刘乞等，诛杀王修。

王修突然被诛杀，人心惊骇离散，各自为政，没有人可以控制全局。刘义真大为不安，把驻防在外地的军队(驻蒲阪〔山西省永济市〕

防北魏帝国，驻渭河北岸防胡夏帝国），全部调回长安（陕西省西安市），紧闭城门自守（长安遂成一座孤城；城门之外，便是敌境）。关中（陕西省中部）各郡县，都投降胡夏帝国。胡夏帝国抚军大将军赫连璝，乘夜袭击长安，不能攻克。天王赫连勃勃率主力大军，进驻咸阳（陕西省咸阳市），长安陷于重围，对外交通线全被切断。

晋帝国宋公刘裕得到消息，派辅国将军蒯恩，前往长安（陕西省西安市），迎接刘义真回京（首都建康）。任命相国府右军政官（相国右司马）朱龄石，当关中军区司令长官（都督关中诸军事）、右将军、雍州（州政府长安）州长（刺史），接替刘义真的职位，镇守长安（陕西省西安市）。刘裕告诉朱龄石说："你到长安，要刘义真减轻装备，火速出发，必须等到出了函谷关（河南省新安县），才可以放慢脚步。如果关右（即关中）确实无法固守，就完全放弃，你跟刘义真一同回来。"又命立法院主任立法官（中书侍郎）朱超石，前往黄河、洛水一带，慰劳军队，安抚民心。

十一月，朱龄石抵达长安（陕西省西安市）。刘义真手下将士，贪婪横暴，知道要先行南归，于是大肆抢劫，每个人都满装抢劫到手的美女奴仆、金银财宝（人民日夜盼望，由汉人组成的"王师"，不但不如蛮夷，而且不如禽兽），两车并进，慢慢向东方撤退；雍州（州政府长安）州政府总务官（别驾）韦华，投奔胡夏帝国（首都统万）。赫连璝率大军三万人，追击刘义真。建威将军傅弘之警告刘义真说："公爵（刘裕）吩咐我们轻装备急行，现在却有这么多辎重，一天不过只走十华里。盗匪（胡夏帝国）的追兵，马上就到（一群人带着抢劫来的美女和财宝，逃回老巢，却诟骂追兵是强盗、是土匪，读史至此，掩卷长叹），我们用什么方法抵抗！应该放弃车辆，乘马飞奔，才能逃出灾难。"刘义真不接受。于是，刹那之间，胡夏大军涌到，傅弘之、蒯恩担任后卫，边战边退，一连数日，好不容易走到青泥（陕西省蓝田县），晋军崩溃，傅弘之、蒯恩，都被胡夏帝国抚军大将军府右秘书长（抚军右长史）王买德俘虏（王买德埋伏青泥事，参考去年〔四一七〕闰十二月）。晋军军政官（司马）毛修之，跟刘义真失散，也被生擒。刘义真因在大队最前，而天色又恰恰黄昏，胡夏军没有穷追不舍，才免一难。但左右侍从人员完全离散，刘义真独自逃命，躲在乱草之中。大营军事参议官（中兵参军）段宏，单人匹马沿途寻找，一面走一面呼唤，刘义真听出他的声音，出来相认，说："你是不是段宏？我在这里，如果带我上路，一定不能两全，请割下我的头，带到南方，教我爹不再想我。"段宏哭泣说："我怎能忍心做这种事，我们活一同活，死一同死。"用绳索把刘义真绑到自己背上，共骑一匹马，逃回。刘义真对段宏说："今天的事情，实在缺少谋略。但是大丈夫不经过这种失败，怎么知道人生艰难。"

胡夏帝国天王赫连勃勃，打算教傅弘之投降，傅弘之不肯；赫连勃勃把傅弘之衣服脱下，傅弘之全身赤裸，叫骂而死（年四十二岁）。赫连勃勃把死人头骨堆积成山，称"髑髅台"（京观）。长安（陕西省西安市）市民起兵抗暴，驱逐朱龄石，朱龄石纵火焚烧皇宫宝殿，逃往潼关（陕西省潼关县）。赫连勃勃遂进入长安，大举犒赏将士，向王买德举杯致敬，说："你当初说的话，只一年时间，竟完全应验，可以说计策精密，没有一点错误。这一杯酒，不敬你敬谁？"任命王买德当国务院法务部长（都官尚书），封河阳侯。

晋帝国龙骧将军王敬先，驻防曹公垒（陕西省潼关县境，三世纪时曹操所筑，参考二一一年八月），朱龄石前往投奔。朱超石已到蒲阪（山西省永济市），听到朱龄石消息，也前来会合。胡夏帝国前将军赫连昌攻击，切断曹公垒的水源，晋帝国守军无水可饮，大渴，不能作战。

城堡快要陷落，朱龄石对朱超石说："兄弟都死在异乡异土，父母将何等伤心，你想办法从小路逃回去，我死在这里，再没有遗恨。"朱超石拉住老哥的手说："人，谁能不死，怎么忍心把你遗弃在这里，单独逃走！"于是，兄弟二人，跟王敬先，以及右将军府军事参议官（右军参军）刘钦之，全被生擒，押到长安（陕西省西安市），赫连勃勃把他们一齐斩首（朱龄石年四十岁）。刘钦之的老弟刘秀之，悲哀流泪，十年之久，不参加宴会。刘钦之，是刘穆之的堂侄（刘穆之，参考去年〔四一七〕十一月）。

晋帝国宋公刘裕（此时仍驻彭城〔江苏省徐州市〕）得到青泥（陕西省蓝田县）败报，不知道刘义真的生死存亡，下令动员，指定日期，要大举西征。高级咨询官（侍中）谢晦劝阻说："士卒疲惫，请等到时机成熟。"刘裕不理。祭祀部长（奉常）郑鲜之上疏，认为："蛮虏（胡夏帝国）听说殿下亲自讨伐，一定全力把守潼关（陕西省潼关县），如果直接攻击，恐怕不容易攻克。如果停顿在洛阳（河南省洛阳市东白马寺东），则你又何必亲征？而且，主要的是，蛮虏虽然如愿以偿，但他们并不敢越过陕城（河南省三门峡市），什么缘故？为的是仍畏服你的威力，考虑到将来。如果我们推进到洛阳，即行班师，蛮虏看破我们的实力，一定生出较量的愿望，可能增加边疆的灾难。何况，大军出征，后患很多。从前西征司马休之，盗匪袭击冶亭，幸亏刘钟讨平（参考四一五年三月）；去年（四一七）北征兵团出发，广州陷落（指徐道期攻占州城，参考去年〔四一七〕九月）；过去的例证，是未来的借镜。现在，各州都发生大的水灾，人民缺少粮食，三吴（太湖流域及钱塘江流域）盗匪遍地，攻陷很多县城，都由于反抗兵役和差役而起。长江以南知识分子和普通小民，都伸长脖子，盼望等待你的归来。忽然听说又要北伐，既不了解内情，又不知道班师日期，我恐怕后方的忧患，会在心腹发生。如果担心西方蛮虏（胡夏帝国），可能危害河洛（河南省洛阳市一带中原地区），最好是跟北方蛮虏（指北魏帝国）结盟。跟北方蛮虏和解友好，则河南（黄河以南）自然安定；河南安定，济水、泗水流域（山东省西部南部及江苏省北部）自然平静。”

而就在这时候，接到段宏的报告，知道刘义真已经逃出，刘裕才停止军事行动。只不过登上彭城（江苏省徐州市）城楼，向西眺望，感慨交集，哭泣流泪而已。下令把刘义真贬降为建威将军、司州（州政府洛阳）州长（刺史），任命段宏当宋国禁宫咨询官（宋台黄门郎），兼太子宫右翼卫队长（太子右卫率）。刘裕再任命天水郡（侨郡）郡长毛德祖，当河东郡（山西省夏县）郡长，接替刘遵考（并州〔州政府蒲阪〕州长），镇守蒲阪（山西省永济市）。

16 胡夏帝国天王赫连勃勃，在霸上（陕西省西安市东灞河畔）兴建高台，登上皇帝宝座，改年号昌武（之前是凤翔六年，之后是昌武元年）。

17 西秦王乞伏炽磐，向东方巡视。

十二月，把上邽（甘肃省天水市）居民五千余家，强迫迁到首都枹罕（甘肃省临夏市）。

18 彗星从天津星座穿出，进入太微星座，经过北斗星座，联结紫微星座；八十余天，才归消失。北魏帝拓跋嗣再一次的召集儒家学派专家、巫师，问道：“而今，天下四分五裂，灾难祸害所作的显示，到底在哪一国？我十分畏惧。各位只管发言，不要有任何隐瞒。”大家公推崔浩代表回答，崔浩说：“灾难变异的发生，都会反映在人事上；人事上假如没有问题，有什么可以畏惧？从前，王莽将要篡夺西汉王朝政权时，彗星的行动，跟今天相同（《汉书·天文志》："纪元前五年，彗星在牵牛星座出现，历时七十余日。"是彗星相同，行动并不相同），但我国君王尊贵，臣属卑微，人民也没有变天的盼望。所以，晋国（晋帝国）显然将发生变化，司马皇家没落，危亡就在旦夕，彗星出现，莫非应验在刘裕篡夺宝座上！"大家没有不同的意见。

19 晋帝国宋公刘裕，认为神秘预言书（谶）上有句话："昌明之后，还有两个皇帝。"（《晋书·孝武帝纪》说，最初，十四任帝简文帝司马昱，看到神秘预言书上说："晋帝国政权，尽于昌明。"后来，小老婆李陵容怀孕，梦见神仙告诉她："你生这个男孩，应该别名昌明。"男孩生下时，东方初明，遂用作别名〔司马昌明正名司马曜〕。老爹司马昱后来想起神秘预言书上的话，忍不住伤心流涕。）于是派立法院主任立法官（中书侍郎）王韶之，担任杀手，跟随晋帝司马德宗左右，阴谋施毒，而改立琅邪王司马德文。但司马德文一直服侍在他老哥左右，饮食睡觉，都不肯离开。王韶之窥伺了很长一段时间，无法下手。恰好，司马德文患病，出宫疗养。

十二月十七日，王韶之用衣裳扭成绳索，在东堂把司马德宗勒死（年三十七岁）。王韶之，是王廙的曾孙（王廙，是王敦的堂弟，参考三一五年八月）。刘裕遂宣称遵奉遗诏，拥戴司马德文（本年三十三岁）继位皇帝（十七任恭帝）。大赦。

20 本年（四一八），北凉王国（首都姑臧）首领、河西王沮渠蒙逊，上疏晋帝国（首都建康）政府，自称藩属。晋帝国政府任命沮渠蒙逊当凉州州长（刺史）。

21 晋帝国国务院右执行长（右仆射）袁湛逝世。

四一九年 己未

晋	元熙	元年
西秦	永康	八年
北魏	泰常	四年
北凉	玄始	八年
西凉	嘉兴	三年
胡夏	昌武	二年
	真兴	元年
北燕	太平	十一年

1 春季，正月一日，晋帝国（首都建康〔江苏省南京市〕）改年号元熙。

2 晋帝国封琅邪王妃褚灵媛当皇后；褚灵媛，是褚裒的曾孙女（也是十任康帝司马岳正妻褚蒜子的侄孙女）。

3 北魏帝国（首都平城〔山西省大同市〕）皇帝（二任明元帝）拓跋嗣（本年二十八岁），前往犊渚（今地不详）打猎。

4 正月三日，晋帝（十七任恭帝）司马德文（本年三十四岁），征召宋公刘裕回京（首都建康）入朝，晋封宋王；刘裕辞让。

5 正月十二日，北魏帝拓跋嗣，返首都平城（山西省大同市）。

6 正月二十九日，晋帝国政府把前任皇帝（十六任安帝）司马德宗，安葬休平陵（建康城东蒋山西南）。

7 晋帝司马德文下诏，命刘道怜以最高监察长（司空）身份，出外镇守京口（江苏省镇江市）。

8 胡夏帝国（首都统万〔陕西省靖边县北白城则村〕）将领叱奴侯提，率步骑兵二万人，攻击晋帝国并州州长（刺史）毛德祖据守的蒲阪（山西省永济市）；毛德祖不能抵抗，撤退，全军返回彭城（江苏省徐州市）。

二月，宋公刘裕命毛德祖当荥阳郡（河南省荥阳市）郡长，镇守虎牢（河南省荥阳市西北汜水镇）。

9 胡夏帝（一任武烈帝）赫连勃勃（本年三十九岁），征召隐士京兆郡（陕西省西安市）人韦祖思。韦祖思既到长安，因恐惧过度，所以态度非常谦卑。赫连勃勃暴怒说："我把你当成国家的栋梁，请你前来；你却把我看成二流货色！你从前不向姚兴（后秦帝国二任帝）叩头，今天为什么向我叩头？我还活着，你就不把我当作帝王；我如果死了，你们这些知识分子，提起笔杆，会把我说成什么模样！”遂斩韦祖思。

文武官员请求迁都长安（陕西省西安市），赫连勃勃说：“我怎么不知道，长安是多少世纪以来帝王们的京都；土地肥沃，关山险要。然而，晋国（晋帝国）太远，对我们不可能造成伤害。魏国（北魏帝国）跟我们风俗习惯，大致相同，而疆土又相连接。自统万（胡夏首都，陕西省靖边县北白城则村）到魏国（北魏帝国）边界，只有一百余华里（统万城东距黄河〔胡夏与北魏国界〕航空距离一百四十公里），我留在长安，统万一定危险；我留在统万，魏军绝不敢贸然渡黄河西上，各位只是没有考虑到这一点。”大家一致说：“我们的见识，确实不能相比。”遂在长安设立留守政府（南台）；命赫连璝兼最高统帅（大将军）、雍州全权州长（牧），主管留守政府机要（录南台尚书事）。赫连勃勃遂返首都统万（陕西省靖边县北白城则村），大赦，改年号真兴（之前是昌武二年，之后是真兴元年）。

赫连勃勃性情骄傲暴虐，把人看成野草芥菜一样。常常登上城楼，身旁放着弓箭，每当对人猜忌讨厌，或忽然愤怒之时，就亲手格杀。文武官员胆敢侧眼看他的，凿出眼珠；胆敢随便发笑的，用刀豁开嘴唇；胆敢进言劝阻的，先切断舌头，再砍下人头。

10 最初，晋帝国益州（侨州，州政府设巴东郡〔重庆市奉节县东〕）州长（刺史）司马荣期被叛将暗杀（参考四〇六年九月），儿子司马楚之，把老爹灵柩运回首都建康（江苏省南京市）。而宋公刘裕正开始翦除司马皇族中有才干、有声望的人士。司马楚之的叔父司马宣期、老哥司马贞之，都被处死，司马楚之遂逃亡，躲在竟陵郡（湖北省钟祥市）。后来堂祖父司马休之自江陵（湖北省江陵县）投奔后秦帝国（参考四一五年五月），司马楚之遂逃到汝水、颍水流域一带（河南省中部），集结部众，准备复仇。司马楚之年纪轻轻，有英雄气概，能礼贤下士，拥有武装部队一万余人，据守长社（河南省长葛市）。刘裕派刺客沐谦（沐，姓）前往暗杀；司马楚之待沐谦十分亲厚，沐谦一直想动手，却一直找不到恰当的机会。于是半夜时忽然声称有病，他知道司马楚之一定会来探望，准备在病榻之旁，乘机行动。司马楚之果然亲自送来汤药，到身旁问候病情，情意诚恳，沐谦天良发现，不忍出击，于是，交出隐藏在席下的匕首，把实情告诉司马楚之，说："刘裕对将军，深为顾忌，请你不要轻率的跟人接近，用来保全自己。"沐谦遂投效作为部下，担任司马楚之的卫士。

王镇恶被诬杀时（参考去年〔四一八〕正月），沈田子斩草除根，一连诛杀王镇恶的兄弟七人，只有老弟王康逃走，投奔停留在彭城（江苏省徐州市）的宋公刘裕，刘裕任命王康当相国府副军事参议官（相国行参军），王康要求回洛阳（河南省洛阳市东白马寺东）探望娘亲。不久，长安（后秦故都，陕西省西安市）陷落，王康号召关中（陕西省中部）的难民，集结一百余人，裹挟侨居洛阳（河南省洛阳市东白马寺东）的外郡县人士七百余家，共同守卫金墉城（洛阳城西北角）。这时，晋帝国司马皇族很多人逃亡到河南（黄河以南），有位名叫司马文荣的，率领山西难民（乞活。参考三〇六年十二月）一千余家，驻防金墉城南。又有司马道恭，从东垣（河南省新安县）东下，率部众三千人，驻防金墉城西。另外，司马顺明率五千人驻防陵云台（今地不详），司马楚之则驻防柏谷坞（河南省洛阳市偃师区东南）。而北魏帝国河内镇（河南省沁阳市）防守司令（镇将）于栗磾的巡逻部队，南下渡过黄河，出现在邙山（洛阳城北）之上。

热战冷战，同时并至。王康坚守孤城六十天之久；刘裕任命王康当河东郡（山西省夏县）郡长，一面派军援救……平等都被驱散（不知“平”是什么人，上文可能有遗漏或错误）。王康勉励农家耕田种桑，人民对他都信任仰仗。

司马顺明、司马道恭，以及平阳郡（山西省临汾市）郡长薛辩，都投降北魏帝国（首都平城）。北魏帝国任命薛辩当河东郡（山西省夏县）郡长，拒抗胡夏帝国（首都统万）。

11 夏季，四月，西秦王国（首都枹罕〔甘肃省临夏市〕）征西将军乞伏孔子，率骑兵五千人，攻击吐谷浑汗国（青海省）酋长觅地的牧地弱水之南（应在青海湖北），大破觅地军，觅地率部众六千，投降西秦（是六千家？六千人？六千帐？没有说清楚）。

西秦王国任命觅地当弱水军事总监（弱水护军）。

12 四月二一十一日，北魏帝拓跋嗣，在白登山（山西省大同市东北）东皇家祖庙，祭祀祖先。（四一二年，拓跋嗣在白登山之东，为老爹一任帝拓跋珪建立祭庙，号烈祖〔四九一年七月改称太祖〕，称东庙。后来，又在白登山之西，给拓跋珪的曾祖父拓跋郁律、祖父拓跋什翼犍，老爹拓跋寔，分别建立三座祭庙，称“西庙”）应召前来陪祭的有数百个部落酋长。

四月二十二日，拓跋嗣向南方巡察，抵达雁门郡（山西省代县）。

五月一日，拓跋嗣在灅水（桑干河上游）观看捕鱼。

五月十日，返首都平城（山西省大同市）。

13 西凉王国（首都酒泉）首领（二任）凉公李歆，刑罚过度的严厉苛刻，又喜爱兴筑皇宫宝殿。参谋指挥官（从事中郎）张显，上疏劝告，说："古凉州（甘肃省）疆土，现在被三家分割（李家西凉王国、沮渠家北凉王国、乞伏家西秦王国），这种情形，不可能长久僵持。而吞并对方的力量，来自于农业丰收；招徕怀柔远方人士的方法，莫过于政治宽大、刑罚简单。自今年以来，阴阳失去秩序，风雨不能调和，正是国家元首减少饮食，撤除乐队，虔敬修身敬业的时候。（《穀梁传》：一种谷类不收称"嗛"，二种谷类不收称"饥"，三种谷类不收称"馑"，四种谷类不收称"康"，五种谷类不收称"大侵"。大侵之时，君王桌上不再有两样菜，亭台楼阁不再油漆，道路不再修整，文武百官只举行仪式，不再供养实物；祭祀鬼神，也只祈祷，不再宰杀牛羊。《白虎通》：一种谷类不收，撤除鹑鷃。二种谷类不收，撤除凫雁。三种谷类不收，撤除野鸡、兔肉。四种谷类不收，撤除动物园。五种谷类不收，祭祀时撤除牛猪羊三种供品。）可是，今天的情形，却是刑法更重，处罚更严，土木工程更不停止，这样做恐怕不能使国家兴隆。从前，姬昌（文王）只有一百华里土地，仍然兴起；嬴胡亥（秦王朝二任帝）拥有四海，却被消灭。前面车辆留下的轨迹，成功失败，非常明显。太祖（一任王李暠）以神圣的英姿，受到中国西部人民的推举（参考四〇〇年十一月），东方夺取酒泉（参考四〇一年九月），西方开拓西域（西凉王国威力远达高昌〔新疆吐鲁番市东〕；参考四〇〇年十一月）。殿下不能继承遗志，统一凉州（甘肃省），媲美张家（前凉王国），将来有什么面目，再见先王（李暠）？沮渠蒙逊（北凉现任首领），是蛮夷中的豪杰，对内政治修明，对外招贤纳士。无论攻击或防守，都身先士卒，领头杀敌，人民服从他，乐于受他驱使。我认为，殿下不但不能削平沮渠蒙逊，恐怕沮渠蒙逊还要削平我们。"李歆看到，大不高兴。

主任秘书氾称（氾，姓，音fán〔凡〕），也上疏劝告说："上天喜爱人主，像喜爱子女，照顾非常周到。所以当人主政治败坏时，上天就降下灾变，作为警告。如果能够改正，虽然已很危险，也会昌盛。

如果不能改正，虽然十分平安，也会灭亡。四一七年，三月癸卯日（四一七年三月癸酉朔，没有癸卯），敦煌（甘肃省敦煌市）谦德堂崩塌；八月，效谷（甘肃省敦煌市西）土地崩裂。四一八年，正月一日，天起大雾，四方弥漫；四月，太阳成为一团赤红，黯淡无光，二十天之久，才恢复原状；十一月，狐狸跑上南门城楼。今年（四一九）春、夏两季，已有过五次地震；六月，陨星坠落建康（甘肃省酒泉市东南）。我的学问虽然不能查考古书，但年龄已五十有九，请准许我向殿下大略陈述亲眼看到的一些异变，而不再在书本上寻找例证。记得三七一年，西平（青海省西宁市）土地崩裂，狐狸跑到姑臧（甘肃省武威市，当时前凉王国首都）的谦光殿（前凉二任王张骏所筑，参考三三五年十二月）；转眼之间，秦国（前秦帝国）大军发动攻击，姑臧陷落（前凉王国亡，参考三七六年八月）。梁熙既当凉州州长（刺史），不知道安抚人民，只知道贪污搜刮；三八三年，姑臧南门崩塌，陨石落到闲豫堂（皇宫殿名），第二年（三八四），梁熙就被吕光诛杀（《资治通鉴》记载此事于三八五年九月）。段业（北凉王国一任王）在此地称王的时候，三年之中，五十余处地震。不久，先王（一任王李暠）真龙，在瓜州（州政府设敦煌〔甘肃省敦煌市〕）兴起（参考四〇〇年十一月）；而沮渠蒙逊也在张掖（甘肃省张掖市）谋害君王（一任王段业），篡夺王位（参考四〇一年五月）。这都是眼前现成的事迹，殿下亲自目睹，知道得十分清楚。效谷（甘肃省敦煌市西），是先王（李暠）发祥之地（李暠任效谷县县长，参考四〇〇年四月）。谦德堂是登上宝座时的宝殿，现在竟然根基塌陷，土地崩裂，应是一种非常凶恶的征兆。日，是太阳的精英（“日”和“太阳”分而为二，不知有什么不同），象征中国，而今赤红，又失去光芒，中国人势力将更为衰败。俗话说：‘野兽跑到家里，主人就会逃亡。’狐狸爬上南门城楼，也属于大的变异，蛮族越发强盛，中国人越发微弱（李暠是汉人，汉人自居为中国人）。但愿殿下迅速停建皇宫宝殿，停止出游狩猎娱乐，延聘英才，爱护人民，来因应上天警告，防患于未然。”李歆不理（人话鬼话，全都说尽，毫无作用，西凉王国的爱国志士，已陷无力之境）。

14 秋季，七月，晋帝国宋公刘裕，接受晋封宋王的诏命。

八月，刘裕自彭城（江苏省徐州市）移驻寿阳（安徽省寿县）；任命国务院财政部长（度支尚书）刘怀慎，当淮河北战区司令官（督淮北诸军事）、徐州（北徐州）州长（刺史），镇守彭城（江苏省徐州市）。

15 八月十三日，北魏帝拓跋嗣，向东巡查。

八月二十六日，返首都平城（山西省大同市）。

16 九月，晋帝国宋王刘裕，自动辞去京畿总卫戍司令（扬州牧）职务。

17 西秦王国（首都枹罕）首都东区卫戍司令（左卫将军）乞伏匹达等，率军讨伐彭利和据守的漒川（甘肃省卓尼县），大破彭利和军，彭利和单人匹马，投奔仇池（甘肃省西和县南）。乞伏匹达俘虏彭利和的妻子儿女，把羌部落中强人家族三千户，迁到首都枹罕（甘肃省临夏市），但平民阶级的三万余户羌人，仍安居如初。

冬季，十月，西秦王国任命国务院右执行长（尚书右仆射）王松寿，当益州州长（刺史），镇守漒川。

18 晋帝国宋王刘裕，因河南（洛阳，河南省洛阳市东白马寺东）萧条破碎。十月二十八日，召回司州（州政府洛阳）州长（刺史）刘义真，当京畿总卫戍司令（扬州刺史），镇守石头（建康城西北）。刘裕的继母、太妃萧文寿说：“刘道怜是你从小穿开裆裤时的兄弟，应该当京畿总卫戍司令（扬州刺史）。”刘裕说：“我对于道怜，还有什么舍不得的（刘道怜是太妃萧文寿亲生）。但京畿（扬州）是根本所在，事务繁忙，不是道怜能力所能负担。”萧文寿说：“道怜已五十余岁（本年五十二岁），难道不如你十岁的儿子？”（本年，刘义真十四岁。）刘裕说：“义真虽然当京畿总卫戍司令（扬州刺史），事实上，事情无论大小，都由我决定。道怜年龄已大，如果也不亲自处理政事，在视听声望上，不能增加荣耀。”萧文寿无言可对。

刘道怜愚昧贪污，又纵情任性，所以刘裕不肯任用。

19 十一月一日，日蚀。

20 十二月七日，北魏帝拓跋嗣自西视察，抵达云中宫（内蒙古托克托县），自君子津（托克托县东南黄河渡口）西渡黄河，在薛林山（内蒙古准格尔旗东北）大举狩猎。

21 十二月辛卯日（十二月丁巳朔，没有辛卯），晋帝国政府加授宋王刘裕特殊礼仪：尊称王太妃萧文寿为太后，称世子刘义符为太子。

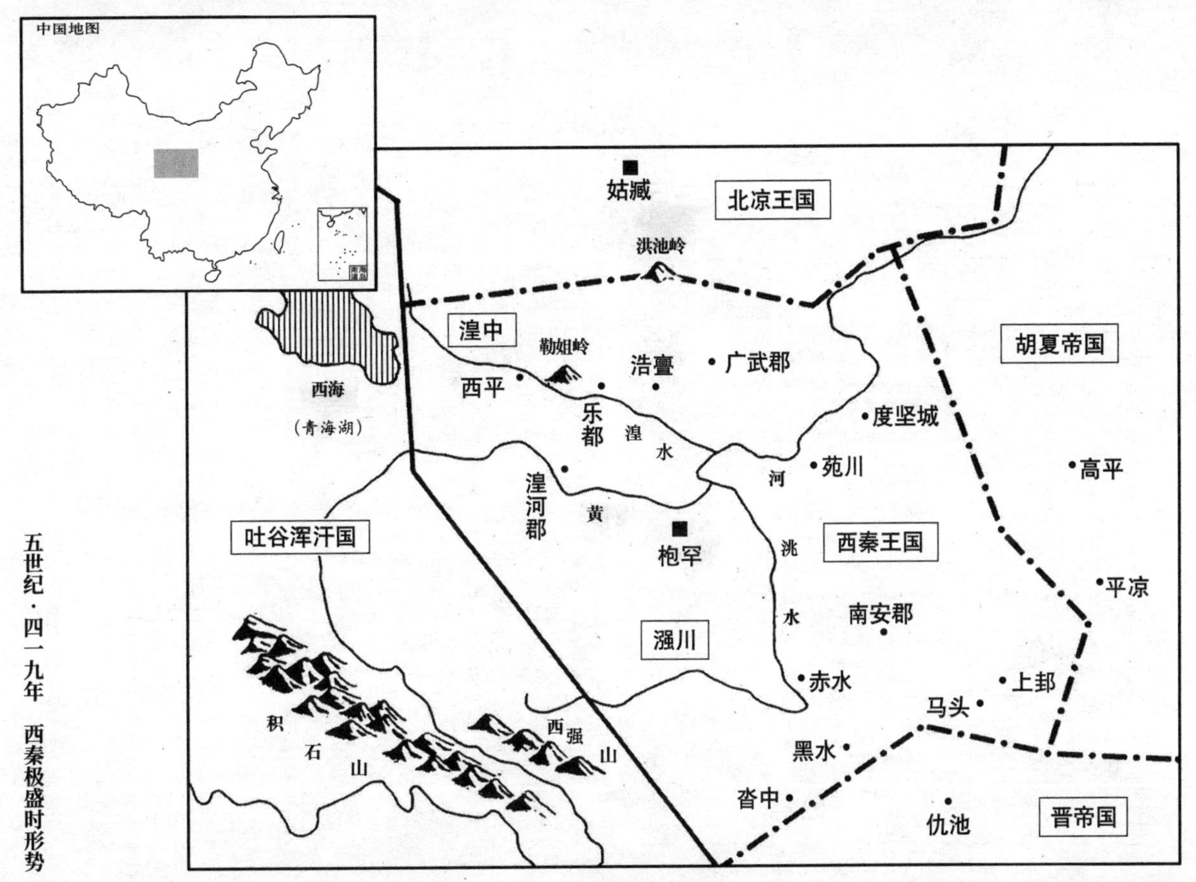

五世纪·四一九年　西秦极盛时形势

南北朝

- 晋帝国亡。
- 南宋帝国兴起。
- 西凉王国亡。
- 第一次南北大战。
- 南宋废杀皇帝刘义符。
- 北魏攻陷统万。

- 高句骊王国自丸都迁都平壤，国势全盛。

四二〇年 庚申

晋	元熙	二年
南宋	永初	元年
西秦	永康	九年
	建弘	元年
北魏	泰常	五年
北凉	玄始	九年
西凉	嘉兴	四年
	永建	元年
胡夏	真兴	二年
北燕	太平	十二年

1 春季，正月十四日，北魏帝国（首都平城〔山西省大同市〕）皇帝（二任明元帝）拓跋嗣（本年二十九岁）回宫。

2 西秦王国（首都枹罕〔甘肃省临夏市〕）国王（三任文昭王）乞伏炽磐，封儿子乞伏暮末当太子，仍兼抚军大将军、全国各军区总司令长官（都督中外诸军事），大赦，改年号建弘（之前是永康九年，之后是建弘元年）。

3 晋帝国（首都建康〔江苏省南京市〕）宋王刘裕（时驻寿阳〔安徽省寿县〕），打算教晋帝（十七任恭帝）司马德文（本年三十五岁），用儒家学派所歌颂的“禅让”模式，把帝位传给自己；可是，他自己又不便于直接表达；于是，集合宋国官员，一起饮酒欢宴，宴席之间，在气氛十分融洽的时候，刘裕说：“桓玄篡夺帝位，政权转移，是我第一个高呼大义，使皇帝复辟，接着南征北讨，平定四海，大功告成，大业建立，遂蒙皇上赐下‘九锡’(九锡，参考四年)。可是我年龄衰迈(本年，五十八岁)，地位却如此崇高，天下事物，都忌讳满盈，这样下去，不可能长久平安。我打算把爵位还给皇上，回到京师(首都建康)养老。”宋国那些臣属不知道刘裕的这段话的真正意向，只好一味歌功颂德。直到傍晚，席散，立法院最高立法长(中书令)傅亮，出来之后，才忽然间醒悟过来刘裕的目的何在，而这时，王宫宫门已经关闭。傅亮敲门，请求召见，刘裕即令开门。傅亮入宫，只说：“我想暂时返回京师(首都建康)。”刘裕了解他的意思，不再说别的话，而直接问：“要多少人护送？”傅亮说：“数十人就够了。”说罢告辞。傅亮出宫时，天已入夜，只见长星划过夜空(古天文学上，有三种星，在巫师占卦书上，大致相同。一是“孛星”，尾巴光芒短。二是“彗星”，尾巴光芒长，形状像扫帚，也称扫帚星。三是“长星”，尾巴光芒凝固成一条线，短的有一手指长，长的贯穿天际)，傅亮拍大腿叹息说：“我从前不相信天文，现在天文已经应验！”(巫师占卜书上说：孛星、彗星、长星出现，表示地上要除旧变新。)

傅亮抵达建康(江苏省南京市)。

夏季，四月，晋帝司马德文，下诏征召宋王刘裕返京(首都建康)。

刘裕留他的儿子刘义康，当豫司雍并军区司令长官(都督豫司雍并四州诸军事)、豫州州长(刺史)，镇守寿阳(安徽省寿县)。刘义康年纪还小，刘裕命相国府军事参议官(相国参军)、南阳郡(河南省南阳市)人刘湛当秘书长(长史)，全权处理州政府及军区司令部各事。

刘湛从小就有管理能力，平常自己比作管仲、诸葛亮；学识渊博，但不写文章，不喜爱谈论，刘裕对他十分器重。

4 五月二日，北魏帝国撤销一任帝拓跋珪的绰号宣武帝，改称道武帝（拓跋珪绰号原称宣武帝，参考四一〇年九月）。

5 北魏帝国淮南公司马国璠、池阳子爵司马道赐，阴谋叛变；被司马文思告发检举。

五月二十七日，北魏帝拓跋嗣，诛杀司马国璠、司马道赐，而封司马文思当郁林公。司马国璠等牵连到首都平城（山西省大同市）大批绅士流氓，全族被诛杀的有数十人。章安侯封懿（参考四一七年闰十二月）的儿子封玄之，也应斩首，拓跋嗣认为封玄之是燕国（前后燕帝国）的世家，打算饶恕他的一个儿子。封玄之说："我的侄儿封磨奴，从小死了老爹，求保全他的一命。"拓跋嗣遂斩封玄之的四个儿子，而赦免封磨奴。

6 六月九日，晋帝国宋王刘裕，抵达首都建康。立法院最高立法长（中书令）傅亮，用暗示或明示的强大压力，命晋帝（十七任恭帝）司马德文，把政权禅让给刘裕；呈上退位诏书的草稿，要司马德文亲笔书写。司马德文高兴的提起笔来，对左右说："桓玄的时候，晋国（晋帝国）已经失去天下，感谢刘公（刘裕），使它延长将近二十年（四〇四年至本年〔四二〇〕，共十七年），今天做这件事，本是我的心意。"遂把草稿照抄在诏书专用的红纸上。

六月十一日，司马德文出宫，回到他原来的住宅——琅邪王府，文武百官叩拜辞别。皇家图书馆长（秘书监）徐广，痛哭流涕，十分哀恸（晋帝国到此灭亡，立国一百五十六年〔二六五至四二〇〕，共十七任君王、十六位皇帝。二任、四任，同是司马衷）。

六月十四日，宋王刘裕在建康建立高台，登上皇帝宝座。典礼仪式完毕后，从石头（建康城西北）乘坐法驾（皇帝特用车队），进入建康宫（一个新的政府出现，传统史书上只称一个字：“宋。”而历史上却有四个“宋”，不得不分为：桀宋、宋、韩宋、南宋。此是南宋帝国）。徐广再度悲哀感慨，流涕哭泣。高级咨询官（侍中）谢晦对他说：“徐先生，你这样是不是有点过分！”徐广说：“你是宋国（南宋帝国）的佐命功臣，我是晋国（晋帝国）的遗老，悲欢之事，自不相同。”徐广，是徐邈的老弟（徐邈，参考三七五年九月）。

刘裕亲自到太极殿，大赦，改年号永初（之前是晋元熙二年，之后是南宋永初元年）。下诏：凡是受乡里舆论抨击的人，一律恢复名誉，使他们有改过自新的机会。

裴子野曰

从前，姚重华（虞舜）接受国家大任，首先流放“四凶”（四凶：共工、驩兜、三苗、姒鲧。参考一八四年五月注）。姬发（周王朝一任王武王）克服商王朝，把顽劣的遗民，迁到洛邑（河南省洛阳市）。只要是罪恶，到什么地方都是罪恶，冒犯乡里清议的人，竟然赦免，是一项过错（裴子野，南梁帝国人，著《宋略》）。

柏杨曰

裴子野先生的议论，暴露出他对孤寒骨鲠人士有一种迫害狂。“只要是罪恶，到什么地方都是罪恶。”话说得漂亮，桓玄篡夺是罪恶，刘裕篡夺为什么忽然不是罪恶，反而成了高祖武帝？姚重华之放逐“四凶”，是在一场激烈内斗中取得胜利后惩罚失败者的行为，只是为扫除将来篡夺政权时可能出现的绊脚石。姬发眼中的“顽民”，正是商王朝的孤臣烈士。所谓乡里清议，应是民间的公论，可是大分裂时代的清议，握在有钱有权的地主和知识分子之手，刘裕先生对“清议”的流弊，感觉深刻，所以一旦有权，立即废除。刘裕一生中很少有可敬的行为，洗刷乡里清议对孤寒骨鲠之士造成的伤害，应受赞扬。

7 南宋帝国封司马德文当零陵王，优待尊崇的礼节，都仿效晋王朝初年的前例（参考二六五年十二月），就在旧秣陵县（江苏省南京市江宁区南秣陵街道），给司马德文兴建王宫，派冠军将军刘遵考，率军保护防卫。皇后褚灵媛降号王妃。

刘裕追尊已逝世的老爹刘翘为孝穆皇帝、娘亲赵女士为孝穆皇后；尊奉继母王太后萧文寿为皇太后。刘裕侍奉继母，一向谨慎小心，等到登上皇帝宝座，年纪已老（本年，刘裕五十八岁），每天早上仍进太后宫朝见继母，从没有错过时刻。

刘裕下诏：晋帝国时代的爵位，应随着政权的转移，而作改变。只留始兴公、庐陵公、始安公、长沙公、康乐公，分别降级为县级公爵和县级侯爵，用以维系王导（始兴郡公降华容县公）、谢安（庐陵郡公降柴桑县公）、温峤（始安郡公降荔浦县侯）、陶侃（长沙郡公降醴陵县侯）、谢玄（康乐县公降康乐县侯）等的祭祀香火。凡是在“义熙起义”（反抗桓玄战役，参考四〇五年），出过力共过患难的人，爵位都不降级，仍保持原位。

六月十七日，刘裕擢升最高监察长（司空）刘道怜，当全国武装部队总司令（太尉），封长沙王。追封宰相（司徒）刘道规当临川王，命刘道怜的儿子刘义庆，继承临川王爵位。其余的功臣，如徐羡之等，依照等级，封爵升官。

追封刘穆之当南康郡公、王镇恶当龙阳县侯。刘裕时常思念刘穆之（参考四一七年十一月），说：“刘穆之如果不死，会帮助我治理天下，真是：‘这种人逝去／家国同时受到伤害。’”（《诗经·瞻卬》：“人之云亡／邦国殄瘁。”）又说：“刘穆之死后，人们低估我的能力。”

擢升皇子桂阳公刘义真当庐陵王、彭城公刘义隆当宜都王、刘义康当彭城王。

六月二十六日，取消《泰始历》（参考二六五年十二月），改用《永初历》（改年号同时改历法）。

8 北魏帝拓跋嗣，前往翳犊山（可能指内蒙古凉城县北蛮汉山），更向西去冯卤池（陕西省定边县盐池），听到刘裕篡夺成功消息，用驿马车征召崔浩到行宫，对他说：“你当年的预言（参考前年〔四一八〕十二月）完全应验，我到今天才相信天道。”

秋季，七月十五日，拓跋嗣抵达五原（内蒙古包头市）。

9 七月二十二日，南宋帝刘裕下诏，任命西凉王国（首都张掖）首领（二任）、凉公李歆，当高昌等七郡军区司令长官（都督高昌等七郡诸军事）、征西大将军，封酒泉公。

又任命西秦王（首都枹罕）乞伏炽磐，当安西大将军。

10 南宋帝国交州（州政府设龙编〔越南河内市东北北宁省〕）州长（刺史）杜慧度，攻击林邑王国（越南中部），大破林邑军，击杀一半以上的士卒。林邑王国请求投降，前后侵略中国所抢劫掳掠的人口和财产，完全归还。

杜慧度主持交州，处理公务，细密谨慎，好像治理自己的家事，无论官吏人民，对他都十分敬爱。城门在夜间都不关闭，遗失在道路上的东西，没有人捡。

11 七月二十五日，北魏帝拓跋嗣，前往云中宫（内蒙古托克托县）。

12 北凉王国（首都姑臧〔甘肃省武威市〕）首领（二任武宣王）、河西王沮渠蒙逊（本年五十三岁），打算进攻西凉王国（首都酒泉）。于是，先在东方攻击西秦王国的浩亹（甘肃省永登县西南），大军既抵达浩亹，立即秘密回军，暗中进驻川岩（甘肃省张掖市西南一百六十五公里）。

西凉王国（首都酒泉）首领（二任）、凉公李歆，得到沮渠蒙逊攻击浩亹消息，打算乘北凉王国西部防务空虚，进攻张掖（甘肃省张掖市）。右秘书长（右长史）宋繇、左秘书长（左长史）张体顺，恳切劝阻，李歆不理。李歆的娘亲、太后尹女士也警告李歆："你的王国，不过是一个刚刚建立的国家，地方小，人民少，自己守卫还怕力量不够，哪有余力讨伐别人！先王（李暠）临死时（参考四一七年二月），一再叮咛你，对军事行动，千万慎重，保境安民，等待时机。他的话仍在耳际，为什么就抛到一边。沮渠蒙逊精于作战，你不是他的对手，多少年以来，一直有吞并我们的志向。你的王国虽然很小，但足够推行善政，培养恩德，养育人民，冷静的盼望。沮渠蒙逊如果昏庸暴虐，人民自会归附于你；如果英明，你应该事奉于他。怎么可以轻举妄动，追求不是你的东西，只图侥幸成功。以我的判断，此次出战，不但军队受到损失，可能还要亡国。"李歆仍不接受。宋繇叹息说："到了这个地步，大势已去。"

李歆率步骑兵三万人自首都酒泉（甘肃省酒泉市），向东出发。沮渠蒙逊接到情报，说："李歆已跳进我的圈套，但是，如果他听说我回军埋伏，一定不敢继续前进。”于是在王国西境，发布庆祝攻克浩亹（甘肃省永登县西南）捷报，并声言还要攻击黄谷（应在浩亹附近）。李歆得到这个消息，大喜若狂，大军遂进入都渎涧（甘肃省张掖市西），沮渠蒙逊率军攻击，在怀城（张掖市西）会战，西凉王国军大败，有人劝李歆退回保守酒泉（甘肃省酒泉市）。李歆说：“我违背娘亲的教训，才受到挫败，不杀这个胡蛮（指沮渠蒙逊），有什么面目再见老母？”遂在蓼泉（张掖市西一百六十公里）作第二会战，西凉王国军再大败，李歆被杀（年龄不详）。

李歆的老弟、酒泉郡（甘肃省酒泉市）郡长李翻，新城（今地不详）郡长李预，兼羽林警卫军右翼总监（领羽林右监）李密，左将军李眺，右将军李亮，放弃首都酒泉（甘肃省酒泉市），向西逃奔敦煌（甘肃省敦煌市）。

沮渠蒙逊遂进入酒泉，禁止士兵侵夺抢劫，人民生活安宁。任命宋繇当国务院文官部文官司助理官（吏部郎中），处理全国文官的任免和升迁调补。西凉王国旧有臣僚中有才干声望的，都很礼貌的延聘当官。沮渠蒙逊任命他的儿子沮渠牧犍当酒泉郡郡长。西凉敦煌郡（甘肃省敦煌市）郡长李恂，是李翻的老弟，跟李翻等，放弃敦煌，一齐逃往敦煌北方山区。沮渠蒙逊命索嗣的儿子索元绪，代理敦煌郡郡长（索嗣事，参考四〇〇年四月）。

沮渠蒙逊返回首都姑臧（甘肃省武威市），见到所俘虏的西凉王国尹太后，当面安抚慰问。尹太后说：“李家被匈奴灭掉，还有什么可说（沮渠是张掖卢水胡，参考三九七年四月）。”有人对尹太后说：“而今，母子的性命，都握在别人手中，怎么可以如此傲慢！而且国家灭亡，儿子被杀，连一点忧愁的颜色都没有，又是因为什么？”尹太后说：“生死存亡，都是上天旨意，为什么要像一个平凡的人，去为子女悲恸？我，一个老太婆而已，国亡家破，怎么可以爱惜残留

五世纪·四二〇年七月　西凉之亡

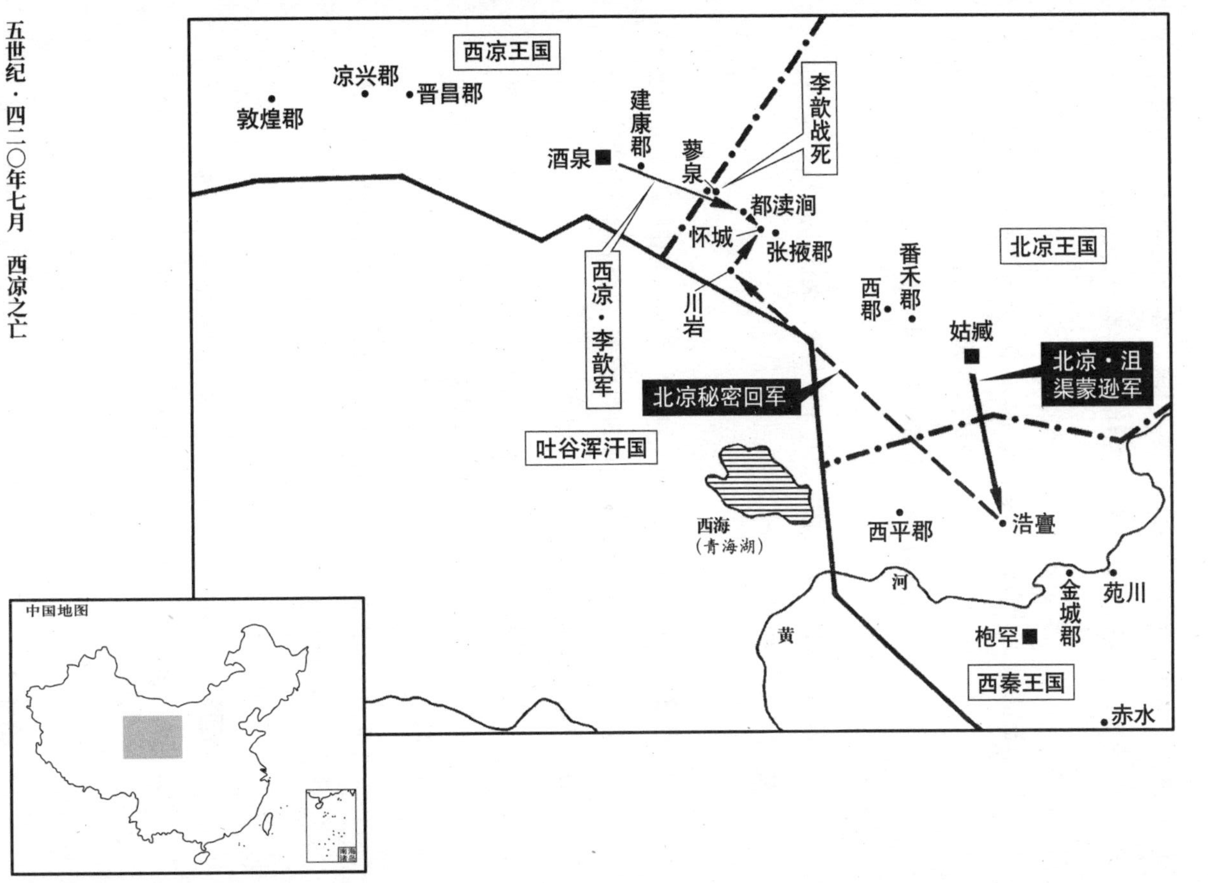

的几年生命，当人家的臣属奴隶？只求早死，也是幸运！”沮渠蒙逊称赞她，不再加罪；并为儿子沮渠牧犍，娶尹太后的女儿。

13 八月十九日，南宋帝刘裕，追赠亡妻臧爱亲绰号敬皇后。

八月二十一日，封王太子刘义符当皇太子（本年十五岁）。

闰八月一日，刘裕下诏：晋帝国历代皇帝坟墓，都设置警卫。

14 九月，西秦王国振武将军王基等，袭击北凉王国的胡园戍（今地不详），俘虏二千余人而回。

15 西凉王国敦煌郡（甘肃省敦煌市）郡长李恂在职的时候，对人民有德政，而北凉王国新派郡长索元绪，粗鲁凶险，喜爱诛杀，丧失人心。本郡人宋承、张弘，秘密招请李恂。

冬季，李恂率数十个骑兵，进入敦煌，索元绪向东逃奔凉兴（甘肃省瓜州县东南四十公里万佛峡）。宋承等推举李恂当冠军将军、凉州州长（西凉三任首领），改年号永建（之前是嘉兴四年，之后是永建元年）。

北凉王国首领、河西王沮渠蒙逊，派世子沮渠政德，攻击敦煌。李恂紧闭城门，不出来应战。

16 十二月七日，胡夏帝国（首都统万〔陕西省靖边县北白城则村〕）所属杏城（陕西省黄陵县）羌部落酋长狄温子，率三千余家，背叛胡夏，投奔北魏帝国（首都平城）。

17 本年（四二〇），北魏帝拓跋嗣的小老婆姚夫人逝世（姚夫人即后秦帝国的西平公主，参考四一五年十月），追赠绰号昭哀皇后。

四二一年 辛酉

南宋	永初	二年
西秦	建弘	二年
北魏	泰常	六年
北凉	玄始	十年
西凉	永建	二年
胡夏	真兴	三年
北燕	太平	十三年

1 春季，正月十二日，南宋帝国（首都建康〔江苏省南京市〕）皇帝（一任武帝）刘裕（本年五十九岁），到南郊圜丘，祭祀天神。大赦。

南郊祭祀天神，是每年的例行典礼；却赦免有罪的人，是什么用心！

2 南宋帝国擢升京畿总卫戍司令（扬州刺史）、庐陵王刘义真（本年十六岁）当宰相（司徒）；国务院副执行长（尚书仆射）徐羡之当国务院总理（尚书令），兼京畿总卫戍司令（扬州刺史）；立法院最高立法长（中书令）傅亮当国务院执行长（尚书仆射）。

3 正月二一十二日，北魏帝国（首都平城〔山西省大同市〕）皇帝（二任明元帝）拓跋嗣（本年三十岁），前往公阳（今地不详）。

4 北凉王国（首都姑臧〔甘肃省武威市〕）首领（二任武宣王）、河西王沮渠蒙逊（本年五十四岁），率军二万人，攻击西凉王国（首都敦煌〔甘肃省敦煌市〕）首领（三任）李恂据守的敦煌。

5 西秦王国（首都枹罕〔甘肃省临夏市〕）国王（三任文昭王）乞伏炽磐，派征北将军乞伏木弈干、辅国将军乞伏元基，攻击胡夏帝国所属的上邽（甘肃省天水市），遇到连绵大雨，班师。

6 三月十六日，北魏帝国阳平王拓跋熙（一任道武帝拓跋珪之子）逝世。

7 北魏帝拓跋嗣，征调首都平城（山西省大同市）居民六千人，兴筑御花园，东面包括白登（大同市东，西汉一任帝刘邦被困处，参考前二〇〇年十月），周围三十余华里。

8 北凉王国首领、河西王沮渠蒙逊，兴筑长堤，采用水攻，把敦煌团团围住。西凉王国首领（三任）李恂请求投降，沮渠蒙逊拒绝。当初迎接李恂的宋承，再度背叛，献出城池，李恂自杀（年龄不详）。沮渠蒙逊下令屠城。生擒李恂的侄儿李宝，送到姑臧（北凉首都，

五世纪·四二一年三月 西凉王国·六国并立

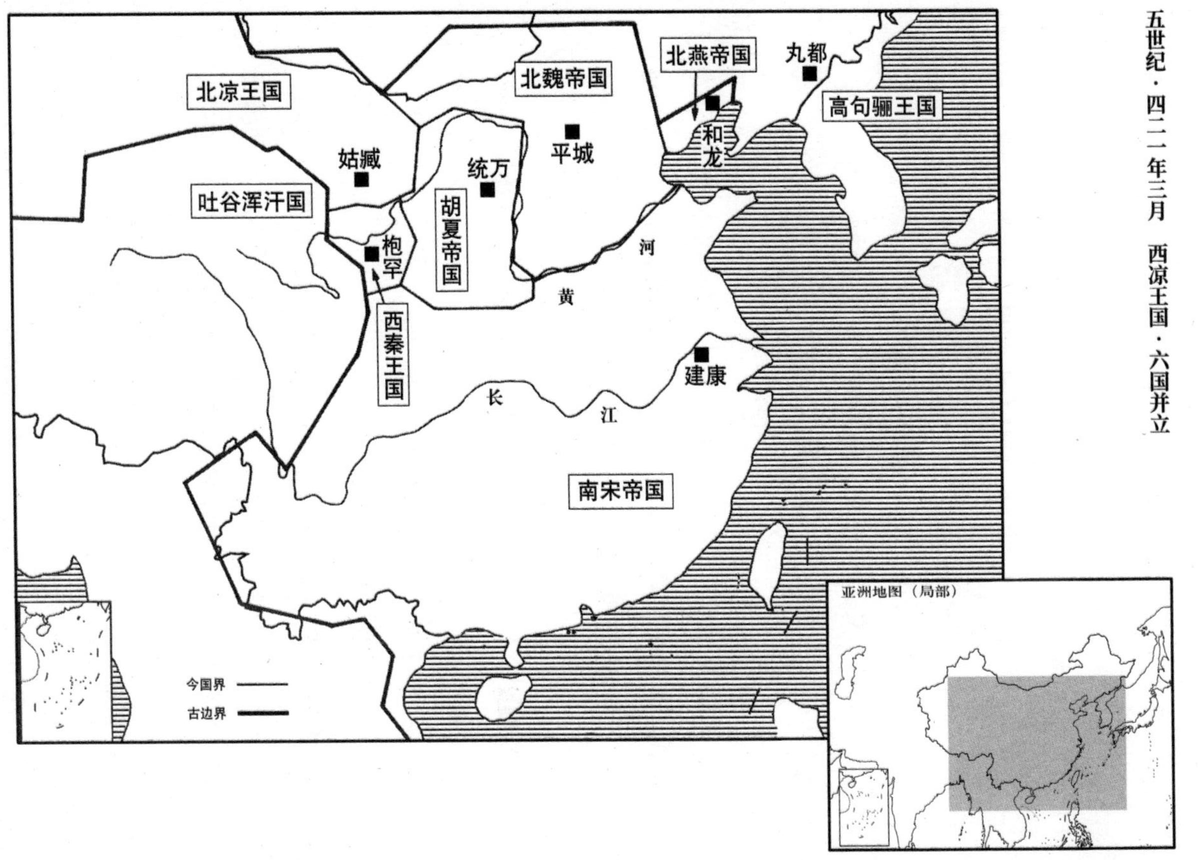

甘肃省武威市）囚禁。于是西域（新疆及中亚东部）各国，都请求归附，自称臣属，派使节进贡（西凉王国灭亡。在五胡乱华十九国中，西凉是第十六个兴起、第十五个覆灭的短命王国，立国二十二年〔四〇〇至四二一〕，共三任君王。西凉亡后，中国境内，六国并立：南宋帝国、西秦王国、北魏帝国、北凉王国、胡夏帝国、北燕帝国）。

9 夏季，四月一日，南宋帝刘裕下诏："所有乱七八糟的祭祀，包括蒋子文以下的庙院，一律撤除（蒋子文，参考四〇一年月二日注）。但是敬奉前辈圣贤，以及有功勋、有德望的庙院，仍可保存。"

10 吐谷浑汗国（青海省）可汗（九任）慕容阿柴，派使节向西秦王国（首都枹罕）投降；西秦王乞伏炽磐，任命慕容阿柴当征西大将军、开府仪同三司（宰相级）、安州（青海省）全权州长（牧），封白兰王。

11 六月八日，北魏帝拓跋嗣，向北巡视，抵达蟠羊山（内蒙古兴和县西南）。

秋季，七月，拓跋嗣向西巡视，抵达黄河。

12 北凉王国首领、河西王沮渠蒙逊，派首都西区卫戍司令（右卫将军）沮渠鄯善、建节将军沮渠苟生，率军七千人，攻击西秦王国。西秦王乞伏炽磐，派征北将军乞伏木弈干等，率步骑兵五千人抵抗；在五涧（甘肃省武威市与洪池岭〔乌鞘岭〕之间）击败沮渠鄯善军，俘虏沮渠苟生，杀二千人，班师。

13 最初，南宋帝刘裕，把一瓶毒酒，交给前琅邪国王府禁卫官司令（琅邪郎中令）张伟，命他毒死晋帝国被罢黜的皇帝、现在改封零陵王的司马德文。张伟叹息说："毒死君王而求保命，不如一死。"就在路上自己喝下，逝世。张伟，是张卲的老哥（张卲，参考四一六年八月）。祭祀部长（太常）褚秀之、高级咨询官（侍中）褚淡之，都是司马德文正妻褚灵媛的老哥。司马德文妻妾群中，有人生下男孩，刘裕就命褚秀之兄弟，乘便扼杀。所以司马德文自让出宝座后，非常恐惧自己也遭到毒手，跟褚灵媛同住一间房子，就在床前摆个火炉，自己煮饭烧汤；买菜买米都由褚灵媛出钱负责。刘裕派出的杀手，一时找不到机会，而刘裕不能等待。

九月，刘裕命褚淡之，跟老哥首都西区卫戍司令（右卫将军）褚叔度，前往探视妹妹，褚灵媛出来到另一间房子跟老哥相见。早已埋伏好的士卒，这时翻墙而入，把毒药递给司马德文，司马德文拒绝，说："佛教教规，自杀而死的，再世投胎时，不能得到人身。"士卒一拥上前，用棉被蒙住司马德文的头，闷死（本年，司马德文三十五岁，褚灵媛三十八岁）。刘裕率文武百官，亲临金殿三天，表示哀悼。

柏杨曰

中国历史上，政权的转移，只有两种方法，一是篡夺，一是革命。前者是：君王手下的高官大将，本来是向君王叩头朝拜的，有一天，时机成熟，君王下一道诏书，把宝座让他来坐。至于革命，则是叛徒率领大军，打进京城。君王或逃或死，变成罪犯；叛徒登极，变成君王。

然而，当篡夺被赞美为禅让时，新当权的君王对于被罢黜的君王，往往饶他一命。王莽不杀刘婴，曹丕不杀刘协，司马炎不杀曹奂，连桓玄都不杀司马德宗。多少还有一点文明气息，可是，这种保持四百余年之久的一点文明气息，却被地痞流氓出身的刘裕摧毁。刘裕是第一个在篡夺后杀害故君的人，他创下了恶例，只因他聪明过度，认为过去那种不开杀戒的办法，不足以保护政权。但是再也想不到，他创下的恶例，一直被后代篡夺同志效法，而且变本加厉。最讽刺的是，刘裕的子孙，最先受到这种残酷恶例的回报（参考四七九年五月）。传统的儒家政治思想中，没有提出一个可行的方法，指导政权如何转移，所以无论篡夺或革命，都要流血。

14 九月五日，北魏帝拓跋嗣回宫。

15 冬季，十月二十四日，南宋帝刘裕下诏，任命北凉王国首领、河西王沮渠蒙逊，当镇军大将军、开府仪同三司（宰相级）、凉州州长（刺史）。

16 十月二十四日，北魏帝拓跋嗣，前往代郡（河北省蔚县）。

17 十一月七日，南宋帝国把故晋帝国末任帝（十七任恭帝）司马德文，安葬冲平陵（建康城东蒋山西南）。南宋帝刘裕率领文武百官，亲自护送。

18 十二月二十二日，北魏帝拓跋嗣，西上视察，抵达云中宫（内蒙古托克托县）。

19 西秦王乞伏炽磐，派征西将军乞伏孔子等，奉二万人骑兵，攻击匈奴部落酋长契汗秃真据守的罗川（甘肃省正宁县北）。

20 北凉王国首领、河西王沮渠蒙逊任命的晋昌郡（甘肃省瓜州县）郡长唐契，据守郡城叛变。沮渠蒙逊派世子沮渠政德率军讨伐。唐契，是唐瑶的儿子（唐瑶叛北凉事，参考四〇〇年十一月）。

21 南宋帝刘裕，还是晋帝国的宋公时，谢瞻当宋国立法院主任立法官（宋台中书侍郎），他的老弟谢晦当首都西区卫戍司令（右卫将军）。当时，谢晦的权势，已经很重。从彭城（宋国首府，江苏省徐州市）回京（首都建康）迎接家属，宾客们从四面八方涌来，门前巷口，都挤满人群。谢瞻正在家里，大吃一惊，对谢晦说："你的声望和官位，得到没有很久，可是人们却对你奉承到这种程度！我们谢家对权力场合，一向恬淡，从不愿参与政治；来往交游，不是亲戚，就是朋友。可是你的权势，倾动朝野，这岂是家门之福！"就用篱笆把两家隔开，说："我不忍心看到这种场面。"等到回彭城（江苏省徐州市），向宋公刘裕报告说："我出身在一个清寒的知识分子之家，老爹祖父，官位不过二千石（郡长、部长级。谢瞻、谢晦，是晋帝国祭祀部长〔太常〕谢裒的玄孙、太保〔上三公之三〕谢安的侄孙，也是权势门第），我老弟谢晦，年才三十岁，志趣平凡，能力不高，却居于宋国高阶层位置，官大位尊，掌理机要。享福太过，灾难必生，应验就在眼前，请求你贬降谢晦的官阶，用以保护我们衰微的家族。"前后不断的陈情申述。谢晦有时把政府的高度机密，告诉谢瞻，谢瞻就故意向亲戚朋友传播，作为嬉笑取闹的资料，目的在于使谢晦闭口。

等到刘裕建立南宋帝国，登上皇帝宝座，谢晦因有帮助夺权的功劳，官位更高，责任更重，谢瞻越发恐惧。本年（四一二），谢瞻当豫章郡（江西省南昌市）郡长，患病，拒绝治疗，临逝世时，留一封遗嘱给谢晦，说："我能够保全四肢，还有什么恨事？你要思虑勉励，为国，也为家。"

四二二年 壬戌

南宋	永初	三年
西秦	建弘	三年
北魏	泰常	七年
北凉	玄始	十一年
胡夏	真兴	四年
北燕	太平	十四年

1 春季，正月一日，北魏帝国（首都平城〔山西省大同市〕）皇帝（二任太宗）拓跋嗣（本年三十一岁），从云中宫（内蒙古托克托县）向西方视察，抵达屋窦城（今地不详）。

2 正月十日，南宋帝国（首都建康〔江苏省南京市〕）擢升国务院总理（尚书令）徐羡之当最高监察长（司空）、主管政府机要（录尚书事），仍兼京畿总卫戍司令（扬州刺史）；江州（州政府设寻阳〔江西省九江市〕）州长（刺史）王弘，当首都卫戍司令（卫将军）、开府仪同三司（宰相级）；中央禁军总监（中领军）谢晦，当中央禁军总监（领军将军，地位比“中领军”要高），兼散骑侍从官（散骑常侍），入宫值班，统一指挥宫廷安全警卫系统。徐羡之从最低平民阶层崛起（《宋书·徐羡之传》：徐羡之是桓修的抚军将军府大营军事参议官〔抚军中兵参军〕，跟刘裕同事，成为好友，讨伐桓玄勤王军发动，刘裕对徐羡之更加信任），又没有受过教育，但有很大的志向和气度，一旦居于权力中枢，无论政府和民间，一致推崇敬佩，认为有宰相的声望。他沉默寡言，心里的喜忧，从不形诸脸色；相当精于下棋和戏剧欣赏，但观察外表，他又似乎不懂什么，当世的人因此对他十分推崇。傅亮、蔡廓常说：“徐羡之通晓万事，调解纠纷！”徐羡之曾经跟傅亮、谢晦酒筵聚会，傅亮、谢晦才学渊博，徐羡之风度庄重严肃，在适当的时候才发言。祭祀部长（奉常）郑鲜之叹息说：“观察徐羡之、傅亮的言论，不会再认为自己是一个有学问的人。”

3 西秦王国（首都枹罕〔甘肃省临夏市〕）征西将军乞伏孔子等，大破匈奴部落酋长契汗秃真（时驻罗川〔甘肃省正宁县北〕），俘虏男女二万人、牛羊五十余万头；契汗秃真率数千骑兵，向西逃走。旁支部落酋长契汗树奚，率五千户人家，归降西秦王国。

4 二月四日，南宋帝（一任武帝）刘裕下诏：分割豫州淮河以南土地，建立南豫州（安徽省中部），州政府设历阳（安徽省和县），任命彭城王刘义康当州长（刺史。淮河以北仍称豫州，州政府设悬瓠〔河南省汝南县〕）。又分割荆州（湖北省及湖南省）十个郡，建立湘州（湖南省），州政府设临湘（湖南省长沙市。四一六年撤销湘州，本年〔四二二〕恢复），任命首都东区卫戍司令（左卫将军）张邵当州长（刺史）。

5 二月十三日，北魏帝拓跋嗣回宫。

6 三月，南宋帝刘裕患病，全国武装部队总司令（太尉）、长沙王刘道怜，最高监察长（司空）徐羡之，国务院执行长（尚书仆射）傅亮，中央禁军总监（领军将军）谢晦，中央军事总监（护军将军）檀道济；同时进宫，照顾医药。文武官员请求向神灵祈祷，刘裕拒绝，而只派高级咨询官（侍中）谢方明，到祭庙把病情向祖先焚香报告。刘裕一向不相信怪力乱神，当他是平民的时候，曾有很多祥瑞，等到官位越来越高，负责历史的官员查证传闻的真实性，刘裕都不肯回答。

檀道济出任镇北将军、南兖州（原晋帝国的兖州，南宋帝国加"南"字；而把原来的北兖州改称兖州）州长（刺史），镇守广陵（江苏省扬州市），兼淮南军区司令（监淮南诸军）。

皇太子刘义符，常跟一些气质低劣的人物厮混，谢晦曾经警告刘裕说："陛下年龄已高，当然是想到把大业保存万世。神圣的皇帝宝座十分重要，不可以交给没有才能的人。"刘裕说："庐陵王（刘义真）怎么样？"谢晦说："容我前去观察！"出来后即拜访刘义真，刘义真盛大欢迎，想跟他谈，谢晦支吾其辞，不太高兴回答。回来后报告说："品德低于才能，不是理想的人主。"

三月五日，刘裕派刘义真出任南豫豫雍司秦并军区司令长官（都督南豫豫雍司秦并六州诸军事）、车骑将军、开府仪同三司（宰相级），兼南豫州（州政府历阳）州长（刺史）。

自此以后，大州的全权州长（牧）或州长（刺史），都加授军区司令长官。军区所辖，最多时甚至有五十州，已没有办法详细列出（南宋帝国建国时，全境只二十二州，直到六世纪初南梁帝国时，仍只有二十三州，参考五一一年十二月。迟至六世纪二〇年代以后，才增加到一百零七州、参考五二三年十一月）。

7 南宋帝刘裕的病，稍微转轻。

三月十七日，大赦。

8 秦州（西秦王国所属）、雍州（胡夏帝国所属），逃亡出来的难民，南下进入南宋帝国所属的梁州（州政府设南城〔陕西省汉中市南郑区南〕）。

三月十八日，南宋帝国政府送去绸缎一万匹分发御寒，并把荆州（州政府设江陵〔湖北省江陵县〕）、雍州（州政府设襄阳〔湖北省襄阳市〕）的粮食，运往救济。

9 当初，刁逵被诛杀时（参考四〇四年三月），他的儿子刁弥逃亡。

三月十九日，刁弥率数十人，突然攻入京口（江苏省镇江市）。南宋帝国全国武装部队总司令留守府军政官（太尉留府司马）陆仲元反击，斩刁弥（长沙王刘道怜当全国武装部队总司令〔太尉〕，镇守京口〔江苏省镇江市〕，当时，刘道怜在京师〔首都建康〕照顾老哥刘裕医药，所以京口有"留守府"之设）。

10 三月二十三日，北魏帝国河南王拓跋曜（一任道武帝拓跋珪子）逝世。

11 夏季，四月二日，北魏帝拓跋嗣，封皇子拓跋焘（本年十五岁）当太平王，担任相国，加授最高统帅（大将军）；拓跋丕当乐平王、拓跋弥当安定王、拓跋范当乐安王、拓跋健当永昌王、拓跋崇当建宁王、拓跋俊当新兴王。

12 四月三日，南宋帝国封“氐王”仇池公（首府仇池〔甘肃省西和县南〕）杨盛当武都王。

13 西秦王（三任文昭王）乞伏炽磐，任命折冲将军乞伏是辰，当西胡保安司令（西胡校尉），在汁罗（即罗川，甘肃省正宁县北）兴筑列浑城（今地不详）镇守。

14 五月，南宋帝刘裕，病势沉重，把太子刘义符叫到跟前，告诫说：“檀道济虽然有干才谋略，但没有野心，不像他的老哥檀韶，有一种难以驾驭的气质。徐羡之、傅亮，应该没有问题。谢晦很多次追随我出征作战，很能见风转舵，随机应变，如果有问题，一定是他。”又亲笔写下遗诏：“后世如果君王年幼，政府大事，一律委托给宰相，皇太后娘亲，不必临朝主政。”最高监察长（司空）徐羡之、立法院最高立法长（中书令）傅亮、中央禁军总监（领军将军）谢晦、镇北将军檀道济，一同接受遗命。

五月二十一日，刘裕逝世（年六十岁）。

刘裕生活简单，欲望很少，严肃整齐，生活规律，衣服和住所，都很节俭，衣服用布料，更是朴素，游逛欢宴，十分稀少，小老婆也不多；曾经获得后秦帝国二任天王（文桓帝）姚兴的侄女，对她万分宠爱，因之有时也耽误政事。谢晦稍微提及，刘裕立刻把姚女士送出。财产全在国库，宫内没有私藏。岭南（南岭以南）曾经进贡筒装细布，一筒之小，仅容纳八丈。刘裕嫌它过度精美，劳动人力，遂命有关单位，弹劾进贡这种细布的郡长，把布发还，禁止岭南（南岭以南）继续制作。公主出嫁，嫁妆不过二十万，另外再没有绸缎等贵重东西。宫内宫外，都严守规定，没有人敢奢侈浪费。

太子刘义符继承帝位（二任少帝），年十七岁，大赦。尊皇太后萧文寿（刘裕继母）为太皇太后；封太子妃司马茂英为皇后。司马茂英，是故晋帝国末任（十七任恭帝）司马德文的女儿海盐公主。

15 北魏帝拓跋嗣，一直服用"寒食散"（参考三九七年四月），一连几年，毒性发作，天上的变异和地上的灾难，屡次出现，自己深深感到忧虑。派宦官秘密询问白马公崔浩说："最近，赵代地区（河北省）发生日蚀，而我的病多年以来，都不能痊愈，恐怕万一去世，儿子们年纪还小，将怎么办？希望为我提出一个身后之计。"崔浩回答说："陛下正是壮年（本年，拓跋嗣三十一岁），可以确信，不久就会康复；一定要垂听意见的话，请允许我作多余的陈述。自从圣明的帝国，在世界上像真龙一样兴起，一向不太注重储君。所以有四〇九年的宫廷巨变（指拓跋绍弑父，参考四〇九年十月），帝国几乎倾覆。现在应做的是：早早确定太子，遴选贤能的部长级以上官员，当他的师傅；左右亲信臣僚，当他的宾客朋友。这位太子，在京师（首都平城）时主持政府，离开京师时统率大小三军。如此的话，陛下就可以身心悠闲，不问政事，在宫中养尊处优。万岁（逝世）之后，帝国有现成的君王，人民有正常的归附，奸邪平息，祸患无法产生。皇子拓跋焘，将满十五岁，聪明温和。由长子当合法继承人，是礼教最高的原则。如果非等到他们长大成人，再作决定，那就可能使人伦的秩序颠倒（指可能由幼子当合法继承人，长子反而屈居于下），是促使天下大乱的原因。"拓跋嗣再问南平公长孙嵩，长孙嵩回答说："长子当太子，名正言顺；贤能当太子，人心信服。拓跋焘年纪最长而又贤能，这是上天的旨意。”拓跋嗣同意。下诏封太平王拓跋焘当太子，使他正式坐上金銮宝殿，主持朝会，作为帝国的副皇帝。命南平公长孙嵩、山阳公奚斤、北新公安同，当左辅官，座位设在东厢，面向西方；白马公崔浩、全国武装部队总司令（太尉）穆观，跟散骑侍从官（散骑常侍）、鲜卑人（代人）丘堆，当右辅官，座位设在西厢，面向东方；文武百官的位置，则在左辅官、右辅官以下，听候差遣。拓跋嗣退隐西宫，但不时的悄悄出来，从旁窥探，审查事情如何裁决，大为高兴，对左右亲信说：“长孙嵩是德高望重的老臣，曾经侍奉过四代皇帝（四代：代王拓跋什翼犍、一任帝拓跋珪、现任帝拓跋嗣、太子拓跋焘），功在帝国。奚斤智足谋多，名闻远近。安同通达世情，了解民间疾苦，处世老练。穆观深通政治关键，能领悟我的心意。崔浩学问渊博，明确的看出天上的和世间的奥秘。丘堆虽然没有显著的专长，但他谨慎小心。由这六个人辅佐太子（拓跋焘），我跟你们只要巡视四方边境，对叛逆的加以讨伐，对臣服的加以安抚。天下之大，足可以称心快意。”

长孙嵩本姓拔拔，奚斤本姓达奚，穆观本姓丘穆陵，丘堆本姓丘敦。当时，北魏帝国文武官员，出身于代郡（河北省蔚县）以北（索头部落老根据地）的，仍保持多音节的姓。等到七任帝（孝文帝）拓跋宏，把首都迁到洛阳（参考四九四年十月）后，才改为单音节的姓。史学家厌恶多音节难以表达，所以即令是叙述改姓之前的事，也采用改姓之后的姓。《资治通鉴》接受这个原则（中国方块字对复音节的处理，毫无能力，因为方块字形体的独立特性，应连音时无法连音，应断音时又无法断音；应连字时无法连字，应隔字时又无法隔字。如丘穆陵观先生，我们就无法确定他姓什么名什么？他可能姓“丘”名“穆陵观”，可能姓“丘穆”名“陵观”，也可能姓“丘穆陵”名“观”。如果用字母拼音：qiū mù líng guān，便十分清晰。再如前燕帝国的可足浑翼先生，情形相似，他可能姓“可”名“足浑翼”，可能姓“可足”名“浑翼”，也可能姓“可足浑”名“翼”。如果用字母拼音：kě zú hún yì，便不会混淆。这种人名上的困扰，在《辽史》《元史》《金史》《清史稿》上满篇都是，简直无法阅读。专有名词如此，普通用词，则靠习惯断音断字，一旦无此习惯，同样茫然。中国方块字需要改革，刻不容缓）。

北魏帝拓跋嗣，又因宫廷收发官（典东西部）刘絜，咨询署奏事官（门下奏事）、鲜卑人（代人）古弼（原姓吐奚），咨询署助理咨询官（直郎）、徒河（辽宁省锦州市）鲜卑人卢鲁元（本姓吐伏卢），忠心谨慎，节俭勤劳，也派他们到太子宫服务，分别负责重要工作，传达政令和报告。太子拓跋焘聪明而胸襟开阔，文武官员有时就疑难问题向拓跋嗣表示，拓跋嗣就说：“这个我不知道，请你们的主人决定。”

16 六月一日，南宋帝国任命国务院执行长（尚书仆射）傅亮，当立法院总立法长（中书监）、国务院总理（尚书令）；中央禁军总监（领军将军）谢晦，兼立法院最高立法长（中书令）；高级咨询官（侍中）谢方明当首都建康市长（丹阳尹）。谢方明对于郡级政府，有特别强的行政能力，所当过主管的地方，都称赞他的才干。他继承前任还没有完成的工作，不改变已经拟就的计划；必须改变的，则渐渐改变，看不出痕迹。

17 六月十七日，南宋帝国全国武装部队总司令（太尉）、长沙王（景王）刘道怜逝世（年五十五岁）。

18 北魏帝国建义将军刁雍（刁雍是刁逵的侄儿，参考四〇四年三月），攻击南宋帝国的青州（州政府设东阳〔山东省青州市〕），州政府民兵击破刁雍军。刁雍集结残兵败将，进入大乡山（山东省菏泽市境）自保。

19 秋季，七月八日，南宋帝国把一任帝（武帝）刘裕，安葬在初宁陵（建康城东蒋山东南），祭庙称高祖。

20 北凉王国（首都姑臧〔甘肃省武威市〕）首领（二任武宣王）、河西王沮渠蒙逊（本年五十五岁），派前将军沮渠成都，率军一万人，到岭南（洪池岭〔甘肃省天祝县西北乌鞘岭〕以南）展示威力，回程中进驻五涧（甘肃省武威市南）。

九月，西秦王（首都枹罕）乞伏炽磐，派征北将军出连虔（出连，复姓）等，率骑兵六千人攻击。

21 当初，北魏帝拓跋嗣，听到当时尚是晋帝国全国武装部队总司令（太尉）的刘裕，克复长安（后秦帝国故都，陕西省西安市）的消息（参考四一七年八月），大为恐惧，派使节请求和解。从此，两国使节，每年互相访问，来往不断。等到刘裕逝世，南宋帝国殿中将军沈范，正好担任使节，在北魏帝国报聘，告辞返国，走到黄河，北魏帝国出动骑兵追赶，把他生擒而回。北魏帝国举行最高国防会议，打算出动军队，夺取黄河南岸三大城池——洛阳（河南省洛阳市东白马寺东）、虎牢（河南省荥阳市西北汜水镇）、滑台（河南省滑县）。白马公崔浩劝阻说：“陛下不认为刘裕是个暴发户，接纳他派遣的进贡使臣；而刘裕对陛下，也十分恭敬。不幸他今天死亡，而我们乘他们家有丧事，兴兵讨伐，即令得到手，也不是美事。何况，以今天帝国的实力，不可能一举平定江南（长江以南），只落得个‘攻打丧家’的恶名，我内心认为陛下不应该这么做。我的意思是，最好派使节前往吊丧，慰问孤儿寡妇，同情他们的悲伤，让我们的仁义名声，传播天下，长江以南土地，不攻自破。何况刘裕刚刚去世，党羽仍然团结，大军一旦压境，他们势将同心合力抵抗，我们未必一定成功；不如稍稍延后，等到他们有权力的高级官员内斗，变化和灾难，必定发生，然后再派将领出征，士卒可以没有什么疲劳，坐在那里，占领淮河以北土地。”拓跋嗣说：“刘裕利用姚兴之死的契机，灭掉秦国（后秦帝国）。我们今天利用刘裕之死的契机，灭掉宋国（南宋帝国），有什么不可以？”崔浩说：“不然，姚兴死后，儿子们拼命内斗，刘裕才能够利用机会。现在，江南（南宋帝国）没有机会，我们利用什么？”拓跋嗣拒不接受，加授最高监察长（司空）奚斤：皇帝符节（假节），兼晋兵大将军，代理扬州州长（空头官衔）；率领宋兵将军、交州州长（空头官衔）周幾，吴兵将军、广州州长（空头官衔）公孙表，向南宋帝国进攻。

22 九月五日，北魏帝拓跋嗣，前往灅南宫（山西省朔州市南）；再往广宁（河北省涿鹿县）。

九月十一日，在首都平城（山西省大同市）兴筑外城（外郭），周围三十二华里。

拓跋嗣前往桥山（河北省涿鹿县南），再东行，前往幽州（州政府设蓟县〔北京市〕）。

冬季，十月五日，拓跋嗣回宫。

23 北魏帝国南征大军将要出发，高级将领在监国（主持政府的太子）拓跋焘之前，举行会议，辩论应先进攻城池，或是先夺取土地？南征大军总司令、晋兵大将军奚斤，打算先进攻城池。白马公崔浩反对，说：“南方人擅长守城，从前苻家（前秦帝国）进攻襄阳（湖北省襄阳市），一年有余，都无法攻破（参考三七八年二月、三七九二月）。现在，用大军，攻小城，如果不能马上攻克，势将损伤军力。敌人气势正盛，可以慢慢增援，我们却陷于疲惫，这是危险的办法。不如分别派出军队，夺取土地，以淮河作为界限，委派郡长、县长，征收田赋税金；把洛阳（河南省洛阳市东白马寺东）、滑台（河南省滑县）、虎牢（河南省荥阳市西北汜水镇）隔在我们大军后方。他们对南方来的救兵既然绝望，一定沿黄河向东方撤退，否则的话，就成了我们兽园里的战利品，何必担心没有斩获？”吴兵将军公孙表仍然坚持先行攻城，拓跋嗣应许。

于是南征大军出发，奚斤等率步骑兵二万人混合兵团，渡黄河而南，在滑台之东扎营。这时候，南宋帝国司州（河南省中部）州长（刺史）毛德祖，驻防虎牢。东郡（滑台，河南省滑县）郡长王景度，向毛德祖紧急求救。毛德祖派军政官（司马）翟广等，率步骑兵三千人，前往协防。

之前，故晋帝国逃亡皇族司马楚之（参考四一九年二月）在陈留郡（河南省开封市东）境；集结武装部队，听到北魏军渡过黄河消息，派使节前往迎接投降。北魏帝国任命司马楚之当征南将军、荆州州长（刺史），教他侵略南宋帝国北部边疆。毛德祖派长社（河南省长葛市）县长王法政，率军五百人，驻防邵陵（河南省漯河市郾城区东）；将军刘怜，率骑兵二百人，驻防雍丘（河南省杞县），防备突击。司马楚之率军突袭刘怜，不能攻克。正巧，南宋政府送来辎重给养。刘怜出城迎接，酸枣（河南省延津县）居民王玉，飞奔通知北魏大军。

十月二十八日，北魏国务院执行官（尚书）滑稽（滑，姓），率军突袭仓垣（河南省开封市东北），守军翻城逃走，陈留郡郡长、冯翊郡（陕西省大荔县）人严棱，向奚斤投降。北魏帝国任命王玉当陈留郡郡长，拨付给他军队，镇守仓垣。

奚斤等围攻滑台（河南省滑县），不能攻克，请求增兵，拓跋嗣大为震怒，严厉斥责。

十月二十三日，拓跋嗣亲自率各部落联军五万余人南下，穿过天关（天门关，北京市西境），翻越恒岭（恒山，河北省曲阳县北），作为奚斤等的声援。

24 西秦王国征北将军出连虔，攻击五涧（甘肃省武威市南），生擒守将、北凉王国前将军沮渠成都。

25 十一月，北魏帝国太子拓跋焘（本年十五岁），率军进驻边塞（当全国南征时，北方严防柔然汗国〔瀚海沙漠群〕攻击）；使安定王拓跋弥和北新公安同，留守京师（首都平城）。

十一月十一日，奚斤等猛攻滑台（河南省滑县），攻克。守将南宋帝国委派的东郡（郡政府滑台）郡长王景度逃走；王景度的军政官（司马）阳瓒，被北魏军生擒，拒绝投降，斩首。北魏帝拓跋嗣，任命成皋侯苟儿（原姓若干），当兖州州长（刺史），镇守滑台（河南省滑县）。

奚斤等进攻翟广据守的土楼（河南省滑县西），大破翟广军，乘胜进逼虎牢（河南省荥阳市西北汜水镇）；镇守虎牢的南宋帝国司州（州政府虎牢）州长（刺史）毛德祖反攻，屡次击破北魏军。拓跋嗣另派黑稍将军于栗磾，率三千人驻防河阳（河南省孟州市），打算夺取金墉（洛阳城西北角）；毛德祖派振威将军窦晃等，沿黄河南岸布防拒抗。

十二月十八日，拓跋嗣抵达冀州（州政府设信都〔河北省衡水市冀州区〕），派楚兵将军、徐州州长（刺史）叔孙建，率军自平原郡（山东省平原县）南渡黄河，夺取青州（山东省北部）、兖州（山东省西部）土地。南宋帝国豫州（州政府设悬瓠〔河南省汝南县〕）州长（刺史）刘粹，派行政官（治中）

高道瑾，率步骑兵五百人，进据项城（河南省沈丘县）；徐州（州政府设彭城〔江苏省徐州市〕）州长（刺史）王仲德，率军进据湖陆（山东省鱼台县东南）。北魏于栗磾南渡黄河，跟奚斤合军攻击河防司令、振威将军窦晃，击破河防军。

北魏帝拓跋嗣，派中央禁军总监（中领军）、鲜卑人（代人）娥清、期思侯柔然人闾大肥，率军七千人，会同宋兵将军周幾、楚兵将军叔孙建，南渡黄河，在碻磝（山东省聊城市茌平区西南）构筑阵地。

十二月十五日，南宋帝国兖州州长（刺史）徐琰，放弃根据地尹卯（山东省东阿县西北），向南逃走。于是，泰山郡（山东省泰安市东）、高平郡（山东省巨野县东南大谢集镇）、金乡郡（山东省金乡县），全陷入北魏帝国之手。北魏楚兵将军叔孙建等，向东攻入青州（山东省北部）。故晋帝国皇族司马爱之、司马季之，早前在济水（今黄河）之东集结部众，先后向北魏帝国投降。

十二月二十日，北魏帝国南征军逼近虎牢（河南省荥阳市西北汜水镇）。南宋帝国青州（州政府东阳）州长（刺史）、东莞郡（山东省莒县）人竺夔，镇守东阳城（山东省青州市），派人向中央告急求救。

十二月二十一日，南宋帝（二任少帝）刘义符，命南兖州（州政府设广陵〔江苏省扬州市〕）州长（刺史）檀道济，统御各路大军，会同徐州（州政府设彭城〔江苏省扬州市〕）州长（刺史）王仲德，共同救援。庐陵王刘义真（南豫州州长，时驻寿阳〔安徽省寿县〕）派龙骧将军沈叔狸，率三千人，前往悬瓠（河南省汝南县）向豫州（州政府悬瓠）州长（刺史）刘粹报到，听候差遣。

26 西秦王乞伏炽磐，召回秦州全权州长（牧）乞伏昙达，当左丞相兼征东大将军。

第一次南北大战

五世纪·四二二年十月至四二三年十一月

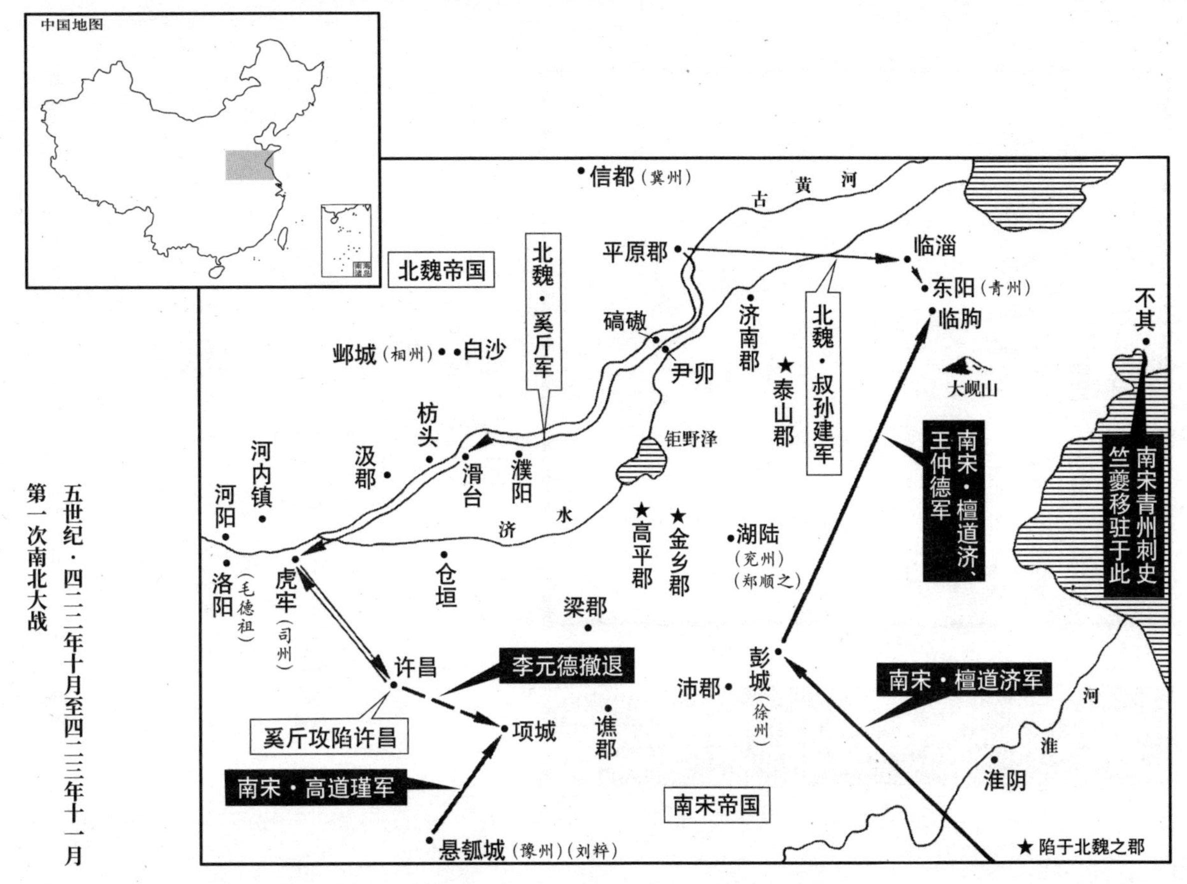

四二三年 癸亥

南宋	景平	元年
西秦	建弘	四年
北魏	泰常	八年
北凉	玄始	十二年
胡夏	真兴	五年
北燕	太平	十五年

1 春季，正月一日，南宋帝国（首都建康〔江苏省南京市〕）大赦，改年号（景平）。

正月三日，南宋帝（二任少帝）刘义符（本年十八岁）到南郊祭祀天神。

2 北魏帝国（首都平城〔山西省大同市〕）黑矟将军于栗䃅，进攻金墉（洛阳城〔河南省洛阳市东白马寺东〕西北角）。

正月五日，南宋帝国任命的河南郡（郡政府洛阳）郡长王涓之，放弃洛阳，逃走。北魏帝（二任明元帝）拓跋嗣（本年三十二岁），任命于栗磾当豫州州长（刺史），镇守洛阳。

拓跋嗣到南方巡察恒山（北岳，河北省曲阳县北）。

正月十八日，抵达邺城（北魏相州州政府所在城，河北省临漳县西南邺城镇）。

3 正月二十一日，南宋帝（二任少帝）刘义符，下诏征召豫章郡（江西省南昌市）郡长蔡廓当文官部长（吏部尚书）。蔡廓对国务院总理（尚书令）傅亮说："文职官员的任免和升迁调补，如果授给我全权，我可以接受；如果不能，我不接受。"傅亮告诉主管政府机要（录尚书事）徐羡之，徐羡之说："禁宫咨询官（黄门侍郎）、散骑侍从官（散骑常侍）以下官职，全权委托蔡廓，我们不说一句话。但这些官职以上的人选，应该共同研究办理。"蔡廓说："我不能专门在徐干木黄纸尾巴上签名！"遂予拒绝。干木，是徐羡之的乳名。文官任免和升迁调补的签呈稿件，一向都写在黄纸上（犹如十八世纪以来，各国对于某一类报告，往往用黄色封面或白色封面发表，称"黄皮书""白皮书"一样），主管政府机要（录尚书事）及文官部长（吏部尚书），同时签名，方才有效，而蔡廓认为应单独负责。

蔡廓坚决辞让人事行政工作，认为不能完全做主，是一项耻辱。他难道不知"选拔"和"录用"是二位一体？不能只重视其中之一！只不过君王昏庸，时势艰难，蔡廓一个人不打算担当疏通人才管道的责任而已，见识诚为远大。

4 正月二十二日，南宋帝国镇北将军檀道济军，进抵彭城（江苏省徐州市）。

北魏帝国楚兵将军叔孙建，攻入临淄（山东省淄博市东临淄区）；大军所指，南宋帝国城池，全都崩溃；青州（山东省北部）州长（刺史）竺夔，坚壁清野，把境内所有居民，集中东阳城（青州州政府所在城，山东省青州市），固守城垣；不能集中城里的，分别依据山势险要，构筑防御工事，把田野庄稼，全都割光。北魏军来到后，无法就地取得粮食。南宋帝国济南郡郡长垣苗，放弃郡城（山东省济南市），率部众投靠竺夔。

刁雍前往邺城（河北省临漳县西南邺城镇）晋见北魏帝拓跋嗣。拓跋嗣说："叔孙建在青州（山东省北部）作战，人民纷纷躲藏，而攻城又攻不下。青州人心一向敬服你的威信，现在派你前去助阵。"遂任命刁雍当青州（山东省北部）州长（刺史），拨付给他马匹，命他自己招募士卒，攻取青州。北魏帝国军南渡黄河后，指向青州的骑兵，有六万人。刁雍集结五千人，对境内的绅士平民，竭力安抚慰劳，大家都愿供应刁雍军的粮秣。

5 柔然汗国（瀚海沙漠群）南下侵略北魏帝国（首都平城）边境。

二月一日，北魏帝国开始修筑长城，从赤城（河北省赤城县）西行，直到五原（内蒙古包头市），连绵二千余华里；在各要塞配备边防军，抵御柔然。

6 二月十日，南宋帝（二任少帝）刘义符的祖母、太皇太后萧文寿逝世（年八十一岁）。

7 北凉王国（首都姑臧〔甘肃省武威市〕）首领（二任武宣王）、河西王沮渠蒙逊（本年五十六岁），以及吐谷浑汗国（青海省）可汗（九任白兰王）慕

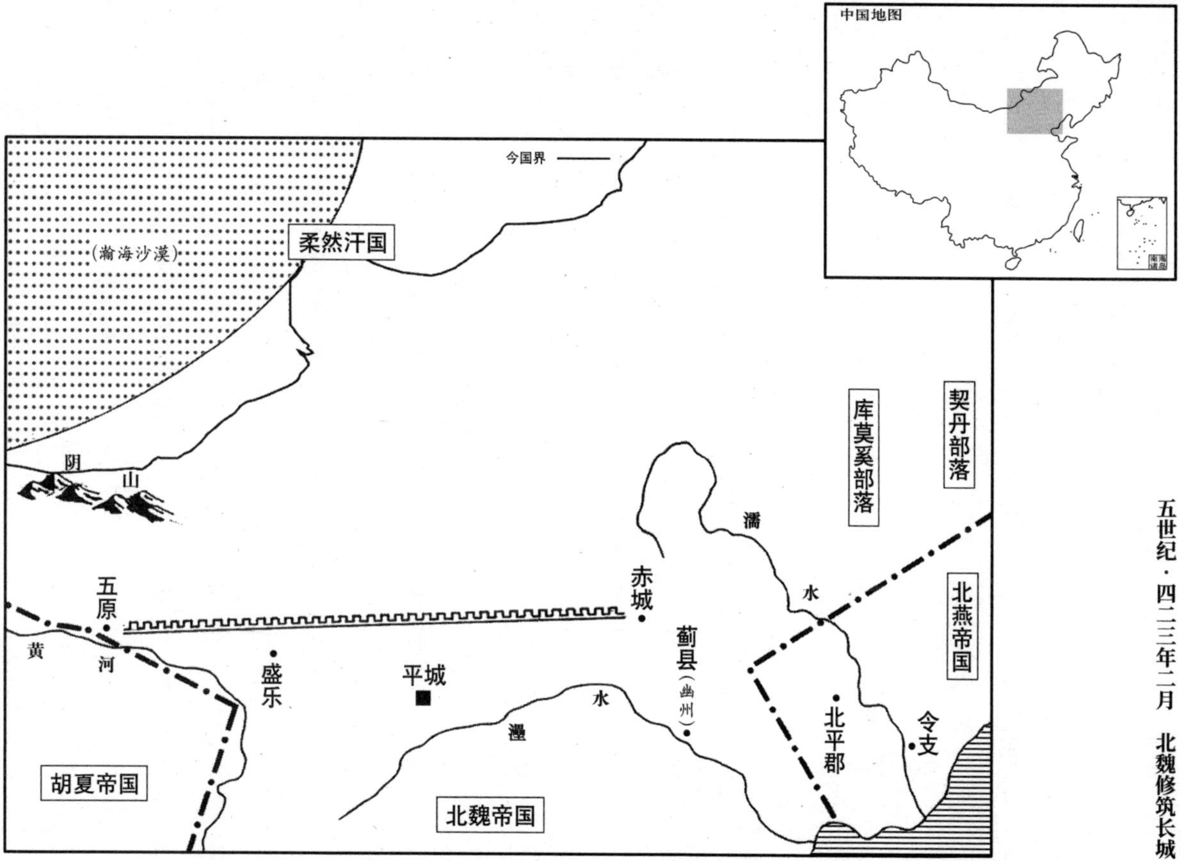

五世纪·四二三年二月　北魏修筑长城

中国地图

柔然汗国
(瀚海沙漠)
今国界
阴
山
五原
黄
河
盛乐
平城
赤城
蓟县(幽州)
㶟
水
濡
水
库莫奚部落
契丹部落
北燕帝国
北平郡
令支
胡夏帝国
北魏帝国

容阿柴，都派使臣向南宋帝国进贡。

二月十三日，南宋帝国下诏，任命沮渠蒙逊当凉秦河沙军区司令长官（都督凉秦河沙四州诸军事）、骠骑大将军、凉州全权州长（牧），封河西王。任命慕容阿柴当塞外军区司令官（督塞表诸军事）、安西将军、沙州州长（刺史），封浇河公。

8 三月十五日，南宋帝国把太皇太后萧文寿，安葬兴宁陵（江苏省镇江市东丹徒区东南），绰号孝懿皇后。

9 北魏帝国南征大军总司令、晋兵大将军奚斤，吴兵将军公孙表等，进攻虎牢（河南省荥阳市西北汜水镇）。北魏帝拓跋嗣自邺城（河北省临漳县西南邺城镇）派军增援。南宋帝国司州（州政府虎牢）州长（刺史）毛德祖，在虎牢城挖掘地道，深达七丈，分为六道，直通北魏军包围圈外，遴选敢死队四百人，由军事参议官（参军）范道基等率领，从地道出击北魏军后背，北魏军大为惊慌困扰，南宋军杀数百人，焚烧北魏军攻城用具，撤退。北魏军虽然一时溃散逃走，但随后即行集结，攻击更为猛烈。

奚斤自虎牢亲率步骑兵三千人，攻击南宋帝国颍川郡郡长李元德等据守的许昌（河南省许昌市东），李元德等战败，弃城逃走。北魏帝国任命颍川郡（河南省许昌市东）人庾龙，当颍川郡郡长，进驻许昌。

毛德祖乘虚发动攻击，出城跟吴兵将军公孙表决战，从早晨缠斗到午后，杀北魏军数百人。正巧，奚斤从许昌回军，前后夹击，毛德祖大败，丧失士卒一千余人，只好仍退回城中固守。北魏帝拓跋嗣又派出一万余人，从白沙（河北省临漳县东南）渡黄河南下，进驻濮阳（河南省濮阳市西南，在古黄河南岸）。

南宋帝国决策阶层，认为项城（河南省沈丘县）距北魏南征军太近，仅轻装备部队，无法抵抗攻击；遂命豫州（州政府悬瓠）州长（刺史）刘粹，召回行政官（治中）高道瑾（去年〔四二二〕十二月进驻项城），退守寿阳（安徽省寿县）。并且下令：如果龙骧将军沈叔狸已到达悬瓠（河南省汝南县。去年〔四二二〕十二月赴悬瓠增援刘粹），也应撤退。刘粹上疏力争，说："蛮虏（北魏帝国）正在攻击虎牢（河南省荥阳市西北汜水镇），大军并没有南下，轻率的放弃项城，淮河西北各郡，便失去依靠。沈叔狸已进驻肥口（今地不详），也不应马上回军。"当时，颍川郡（河南省许昌市东）郡长李元德，率残兵败将二百人，退到项城（河南省沈丘县），刘粹命李元德协助守将高道瑾，并向中央请求宽恕李元德许昌战败之罪，中央批准。

三月八日，北魏帝拓跋嗣，到韩陵山（河南省安阳市东北）狩猎，前往汲郡（河南省卫辉市），再前往枋头（河南省淇县东南淇门渡）。

最初，毛德祖在北方（毛德祖本荥阳郡〔河南省荥阳市〕人，参考四一六年十月。当时尚是晋帝国全国武装部队总司令〔太尉〕的刘裕，北伐后秦帝国，毛德祖才投奔刘裕），跟北魏帝国吴兵将军公孙表，是多年老友。公孙表有心机计谋，毛德祖深感忧虑，于是决定用反间手段，借刀杀人，遂写信给公孙表，公孙表也写信回答，双方互通旧日之情。而毛德祖秘密派出间谍，警告北魏大军总司令、晋兵大将军奚斤说，公孙表跟毛德祖心怀不轨，共商阴谋。毛德祖每次回答公孙表的信，在很多地方，故意涂改。公孙表心情坦荡，每次都把信呈给奚斤观看；奚斤却更怀疑，遂报告拓跋嗣。从前，公孙表跟天文台长（太史令）王亮，同在一个官署做事，公孙表对王亮很瞧不起，经常侮辱王亮。现在，王亮报复，奏称："公孙表把大营扎在虎牢（河南省荥阳市西北汜水镇）之东，方向不利，有意使盗贼（指毛德祖）不能马上覆灭。"拓跋嗣一向喜爱巫术，认为果是如此，再勾起从前的老账（公孙表抗命攻击刘虎事，参考四一六年八月），于是，派人到军营篷帐中，把公孙表绞死（年六十四岁）。

三月十八日，拓跋嗣从灵昌津（河南省延津县东北古黄河渡口）渡黄河南下，前往东郡（滑台，河南省滑县）、陈留郡（仓垣，河南省开封市东北）。

北魏帝国楚兵将军叔孙建，率骑兵三万人，进逼东阳城（山东省青州市），城中文武官兵才一千五百人；南宋青州（州政府东阳）州长（刺史）竺夔、济南郡（山东省济南市）郡长垣苗，竭力守卫，而且不时的用奇兵发动攻击，击败北魏兵团。北魏步骑兵联合，绕城排列，阵地纵深十多华里，扩大制造攻城武器。竺夔挖掘四道壕沟，北魏兵团填平三道，又用“橦车”捣击城墙（橦，音chōng〔冲〕。橦车即撞车，攻城专用），竺夔派人从地道中出击，用粗绳把橦车拉翻，使它摧折。北魏更构筑长墙，攻势越发凶猛。时间一久，东阳城墙纷纷崩塌，战士死伤惨重，残余的部众，又困又乏，陷落就在眼前。镇北将军檀道济抵达彭城（江苏省徐州市），因司州（州政府虎牢）、青州（州政府东阳）同时告急，所率军队人数太少，不能分别救援。而距青州（州政府东阳）道路较近，竺夔兵力又弱，檀道济遂跟徐州（州政府彭城）州长（刺史）王仲德，加速前进，先救东阳城。

三月二十七日，南宋帝国豫州（州政府设悬瓠〔河南省汝南县〕）州长（刺史）刘粹，派颍川郡郡长李元德，袭击许昌（河南省许昌市东），斩北魏帝国委任的颍川郡（郡政府许昌）郡长庾龙。李元德遂留驻许昌，安抚人民，并把田赋租税，呈缴上级。

北魏帝拓跋嗣抵达盟津（即孟津，河南省洛阳市孟津区东黄河渡口）；黑矟将军于栗磾，在冶阪津（河南省孟州市西黄河北岸）搭建黄河浮桥。

三月二十八日，拓跋嗣率军北渡黄河，向西前去河内镇（河南省沁阳市)。中央禁军总监(中领军)娥清、宋兵将军周幾、期思侯闾大肥，率军夺取土地，先后抵达湖陆(山东省鱼台县东南)。高平郡(山东省巨野县东南大谢集镇)居民聚集堡寨，发箭射击。娥清等大怒，攻破高平郡所属各县，屠杀数千家，俘虏一万余人。南宋帝国兖州州长(刺史)郑顺之，驻守湖陆(山东省鱼台县东南)，眼睁睁看着北魏军屠杀掳掠中国(南宋帝国)人民，因手下兵少，不敢出击。

拓跋嗣再派并州(州政府设晋阳〔山西省太原市〕)州长(刺史)伊楼拔(伊楼，复姓)增援奚斤，进攻虎牢(河南省荥阳市西北汜水镇)，毛德祖随机应变，百般抵抗，击斩很多北魏士卒，但自己的将士也日渐耗损。

夏季，四月一日，拓跋嗣御驾抵达成皋(虎牢)，切断虎牢水源，停留三日，亲自督促攻城，仍无法攻破；遂绕道前往洛阳(河南省洛阳市东白马寺东)，观看石经(石经，东汉王朝蔡邕所书；参考一七五年)。派专使祭祀嵩山(中岳，河南省登封市北)。

北魏楚兵将军叔孙建，攻击东阳(山东省青州市)，东阳北城崩塌三十余步，青州(州政府东阳)州长(刺史)刁雍请从此缺口冲进去，叔孙建不同意；而竺夔马上填补完成，遂不能攻克。同时消息传来，檀道济等援军又将来到，刁雍对叔孙建说："盗贼(竺夔)恐惧政府军(北魏帝国军)骑兵突击，所以把车辆锁在一起，构筑方阵。大岘山(山东省临朐县南沂山)以南，道路窄狭，车辆不能并行，我请求率领我所招募来的五千士卒，把守险要，设下埋伏，等他撤退时，拦腰攻击，一定可以击破。"当时天气炎热，北魏很多人染上瘟疫。叔孙建说："部队中一半以上有病，如果僵持下去，我们的士兵就会死光，何以作战？现在保全实力，安全撤退，是上等计谋。"

四月三日，檀道济率军抵达临朐(山东省临朐县)。

四月六日，叔孙建焚烧大营及各种器械，撤退。檀道济抵达东阳，军粮吃完，不能追击。青州州长（刺史）竺夔因东阳城墙颓毁，难以重建，遂移驻不其城（山东省青岛市即墨区）。

叔孙建自东阳（山东省青州市）前往滑台（河南省滑县），檀道济命王仲德向尹卯（山东省东阿县东北）挺进。檀道济驻军湖陆（山东省鱼台县东南），王仲德还没有到尹卯，听说北魏军已走得很远，遂回军跟檀道济会合。而北魏帝国青州州长（刺史）刁雍，却乘机进驻尹卯，招集谯郡（安徽省亳州市）、梁郡（河南省商丘市睢阳区）、彭城郡（江苏省徐州市）、沛郡（安徽省淮北市）等地难民五千余家，设立二十七个营寨，集中管理。

10 中原“蛮王”梅安，率部落酋长数十人，向北魏帝国（首都平城）进贡。

最初，本来居住长江、淮河之间地带，各种族各支派蛮夷，因人口繁衍，扩散到几个州之内，东自寿春（寿阳，安徽省寿县），西到巴蜀（四川省），北到汝水、颍水流域（河南省中部），往往都有。三世纪中期曹魏帝国时，还没有发生灾难；等到三世纪末期晋王朝时，蛮夷人口更多，遂逐渐凶暴。等到四世纪初，五胡乱华，中原混乱，蛮夷遂毫无忌惮，逐渐向北迁移；于是，洛阳（河南省洛阳市东白马寺东）以南，满山满谷。

11 北凉王国（首都姑臧）世子沮渠政德，攻击唐契据守的晋昌（甘肃省瓜州县。唐契叛北凉事，参考前年〔四二一〕十二月），攻克。唐契，跟老弟唐和、外甥李宝，一同逃往伊吾（新疆哈密市），招收逃亡的难民，归附的有二千余家，向柔然汗国（瀚海沙漠群）称臣；柔然汗国封唐契当伊吾王。

12 西秦王国（首都枹罕〔甘肃省临夏市〕）国王（三任文昭王）乞伏炽磐，对他的文武百官说："宋国（南宋帝国）虽然拥有江南（长江以南），夏国（胡夏帝国）虽然拥有关中（陕西省中部），都没有什么了不起。只有魏国（北魏帝国）皇帝，世代英明威武，能任用贤才，而且神秘预言书（谶）上说：'恒代（恒山及代郡）之北，真人出现。'我将献出王国，事奉真主。"派国务院助理官（尚书郎）莫者阿胡等，前往北魏帝国朝见；进贡黄金二百斤，呈献讨伐胡夏帝国（首都统万〔陕西省靖边县北白城则村〕）方略。

13 闰四月十一日，北魏帝拓跋嗣，前往河内镇（河南省沁阳市），登太行山，抵达高都（山西省晋城市）。

楚兵将军叔孙建，自滑台（河南省滑县）向西增援，跟南征大军总司令、晋兵大将军奚斤会师，继续猛烈攻击虎牢（河南省荥阳市西北汜水镇）。虎牢被围已二百天，没有一天没有战斗，守军精锐士卒几乎全都战死，而北魏围城军越战越多。北魏摧毁虎牢外城，南宋司州（州政府虎牢）州长（刺史）毛德祖更构筑三层内城拒抗，北魏再摧毁其中二城。毛德祖只保持最后一城，日夜奋战，将士们不能睡眠，眼都生疮（久不能睡，双眼干涩，长期缺水，而又用手揉擦，目疮自生）。毛德祖用恩义相结，大家始终没有离心。这时候，镇北将军檀道济驻军湖陆（山东省鱼台县东南），豫州（州政府悬瓠）州长（刺史）刘粹驻军项城（河南省沈丘县），龙骧将军沈叔狸驻军高桥（今地不详），可是大家畏惧北魏帝国南征兵团的强大，都不敢援救。

闰四月二十一日，北魏围城军挖掘地道，宣泄虎牢城里井水，井深四十丈，山势悬崖绝壁，险如刀削，无法防阻北魏围城军挖掘，城中开始缺水，人马干渴，受伤的人已流不出鲜血；再加上饥

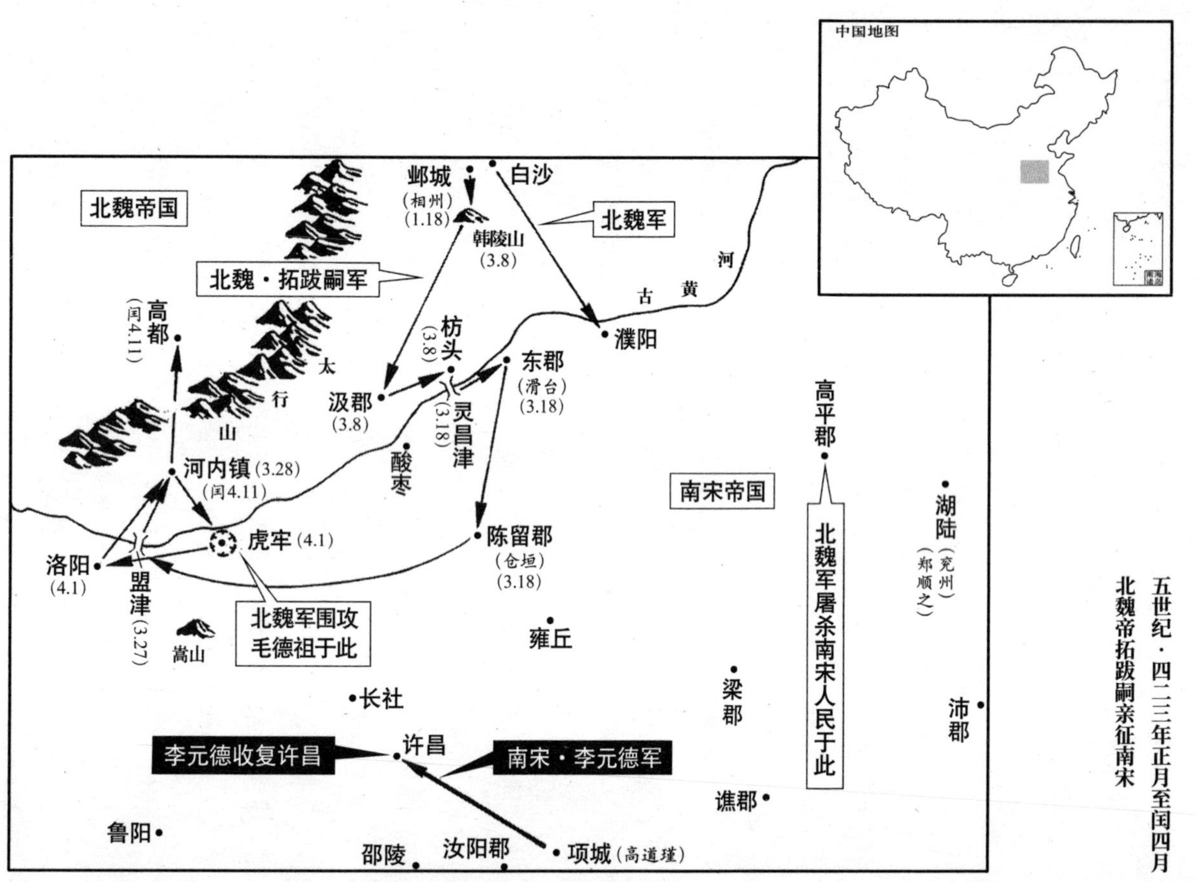

五世纪·四二三年正月至闰四月
北魏帝拓跋嗣亲征南宋

饿、瘟疫，实在不能支持，而北魏军突然发动最猛烈的一次攻击。

闰四月二十三日，城破，将士打算保护毛德祖撤退，毛德祖说：“我发誓跟此城同时覆亡，大义所在，不可以使城陷落而我仍然生存。”拓跋嗣下令：“对毛德祖，不可伤他性命。”将军鲜卑人（代人）豆代田（豆，姓），生擒毛德祖，呈献拓跋嗣。南宋将领及参谋官在虎牢城中的，都落入北魏之手。只有军事参议官（参军）范道基，率二百人突围，返抵江南（长江以南）；北魏帝国南征兵团死于瘟疫的，也有十分之二三。

中国历史上最多的是内战英雄，包括韩信、关羽、张飞等一系列将领，杀的都是汉人同胞。而对抗外国入侵的英雄，却寥若晨星。毛德祖和他麾下的几千无名战士，在真正的英雄谱上，写下血泪互映、最光辉的一页。虎牢以一座孤独的英雄之城，跟正兴旺中的北魏帝国对抗，北魏投下去全国兵力，一连三次增援，连他们的皇帝也都亲自出场。

二十世纪四〇年代，柏杨先生曾访问该地，凭吊昔日战场，万壑千山，仍隐约响起哀兵的哭声和杀声。英烈在此，千古同钦！

奚斤完全占领南宋帝国的司州（河南省中部）、兖州（山东省西部）、豫州（河南省东部）所属各郡县；委派郡长、县长，安抚治理。拓跋嗣命宋兵将军周幾镇守河南郡（郡政府洛阳），河南（黄河以南）人民心甘情愿的接受他的统治。

14 南宋帝国当权三高官：最高监察长（司空）徐羡之、国务院总理（尚书令）傅亮、中央禁军总监（领军将军）谢晦，因丧失国土，上疏南宋帝刘义符，请求处罚。刘义符下诏，不作追究。

徐羡之的侄儿、吴郡（江苏省苏州市）郡长徐佩之，经常干预中央政务，跟高级咨询官（侍中）王韶之、程道惠，立法院立法官（中书舍人）邢安泰、潘盛；结成一个小圈。当时，谢晦一直患病，不能接见宾客；徐佩之等怀疑谢晦假装，而另有什么阴谋；遂声称是老叔徐羡之的意思，告诉傅亮，打算命傅亮颁发皇帝诏书，诛杀谢晦。傅亮说："我们三个人，同时接受先帝（刘裕）托孤遗命，怎么可以互相残杀？你们一定要这样做，我只有换上平民衣服，徒步走出宫城侧门！"徐佩之才停止（官场翻云覆雨，生死荣辱，间不容发）。

15 五月，北魏帝拓跋嗣返首都平城（山西省大同市）。

六月四日，宜都王（文成王）穆观逝世（年三十五岁）。

六月二十一日，拓跋嗣向北视察，到参合陂（山西省阳高县东北）。

16 秋季，七月八日，南宋帝刘义符，尊娘亲张夫人为皇太后。

17 北魏帝拓跋嗣，前往三会屋侯泉（三会河，即今牧马河，流经山西省忻州市东南）。

八月七日，拓跋嗣再到马邑（山西省朔州市），参观灅水（桑干河上游）水源（灅源，山西省朔州市南）。

18 柔然汗国（瀚海沙漠群）攻击北凉王国（首都姑臧），北凉王国首领、河西王沮渠蒙逊，命世子沮渠政德迎战。沮渠政德率轻装备骑兵进攻，大败，被杀。

沮渠蒙逊封次子沮渠兴当世子。

19 九月十一日，北魏帝拓跋嗣回宫。命南征大军总司令、晋兵大将军奚斤，返首都平城（山西省大同市），留下军队镇守虎牢（河南省荥阳市西北汜水镇）；命中央禁军总监（中领军）娥清、宋兵将军周幾，镇守枋头（河南省淇县东南淇门渡）。命司马楚之率领追随他的部众，另行设立汝南、南阳、南顿、新蔡四郡（皆是侨郡），划归豫州（州政府洛阳）管辖。

20 冬季，十月十日，北魏帝国扩建首都平城（山西省大同市）皇城西宫外墙，周围二十华里。

21 当初，故南凉王国末任王（三任景王）秃发傉檀被毒死（参考四一四年七月），北凉王国首领、河西王沮渠蒙逊，派人引诱南凉太子秃发虎台，承诺把番禾（甘肃省永昌县）、西安（甘肃省张掖市东南）二郡租借给他，更租借给他军队，使他攻击西秦王国（首都枹罕），为父报仇，光复国土。秃发虎台秘密同意，但消息泄露，遂中止行动。西秦王乞伏炽磐的王后，是秃发虎台的妹妹，所以乞伏炽磐不加追究，对待秃发虎台，跟从前一样。但秃发王后跟老哥秃发虎台，仍暗中积极进行，做妹妹的说："秦国（西秦王国）本是我们的世仇，虽然结成姻亲关系，只不过一时权宜之计。老爹（秃发傉檀）之死，不是寿终天年；临死吩咐不要治疗，只是为了保全后裔。身为子女，怎么可以当仇人的臣仆姬妾，而不想复仇！"乃跟武卫将军越质洛城，阴谋刺死乞伏炽磐。秃发王后的妹妹，是乞伏炽磐的小老婆——左夫人，把这项阴谋，告诉乞伏炽磐，乞伏炽磐遂斩秃发王后、秃发虎台等十余人（骨肉姐妹，竟是两种恰恰相反的性格和人格。当秃发虎台兄妹二人被绑赴刑场斩首时，恐怕百感交集）。

22 十一月，北魏帝国宋兵将军周幾，攻击南宋帝国刚刚收复的许昌（河南省许昌市东），许昌崩溃，颍川郡郡长李元德投奔项城（河南省沈丘县）。

十一月五日，北魏军围攻汝阳（河南省商水县），南宋帝国委任的汝阳郡郡长王公度，也投奔项城（河南省沈丘县）。豫州（州政府悬瓠）州长（刺史）刘粹，派将领姚耸天等，率兵协防项城。

北魏帝国分别摧毁许昌（河南省许昌市东）及钟城（山东省济南市南）城墙，确定边界（摧毁许昌，确定南方边界；摧毁钟城，确定东方边界。北魏与南宋第一次大战结束，从许昌划一线到钟城，作为底边，南宋帝国丧失土地面积，约略在七万平方公里〔两个台湾岛〕以上，军人和人民的死伤，至为惨重）。

23 十一月六日，北魏帝（二任明元帝）拓跋嗣逝世（年三十二岁）。

十一月九日，太子拓跋焘登极（乳名佛狸，年十六岁。焘，音tāo〔涛〕），大赦。

十二月八日，把拓跋嗣安葬在故都盛乐（内蒙古和林格尔县）的金陵（盛乐城西北），祭庙称太宗。

北魏帝国新任皇帝（三任太武帝）拓跋焘，追称亡母杜贵嫔当密皇后（北魏传统，立子杀母），自宰相（司徒）长孙嵩以下，都擢升爵位。任命襄城公卢鲁元当立法院总立法长（中书监），会稽公刘絜当国务院总理（尚书令）；禁卫军司令（司卫监）尉眷、散骑顾问官（散骑侍郎）刘库仁等八人，分别担任四部（东西南北）总监。尉眷，是尉古真的侄儿（尉古真事，参考三八五年八月）。

北魏帝国任命河内镇（河南省沁阳市）防卫司令（镇将）、鲜卑人（代人）罗结（本姓“叱罗”），当高级咨询官、地方部族政务总监（外都大官），总管三十六部族。罗结本年一百零七岁，身体健康，精神焕发，拓跋焘因他忠心憨直，十分亲信，命他再兼皇后宫总管（长秋卿），负责皇家事务，出入寝殿卧室，一百一十岁时，才准许他退休还乡。但中央每有大事，仍派使臣快马向他请教，还乡后又过了十年才逝世。

左特级国务官（左光禄大夫）崔浩，对儒家学派经典及治世方法，研究十分深入，对政府功能及运作，尤其熟悉；凡是礼仪规章、军国诏令，全由他负责。崔浩不喜爱《老子》《庄子》等书，说："这些都是虚构的理论，跟人性违背。李耳研究礼仪，是孔丘的老师，怎么可能写出败坏礼教的文章，扰乱先王（古代圣贤君王）的治道？"尤其不信佛教，说："为什么崇拜这个外族的神？"拓跋焘当皇帝后，左右亲信很多人攻击崔浩，拓跋焘不得已，命崔浩保留公爵，返回私宅。但是，因为一向知道崔浩贤明智慧，所以每次遇到疑问，总是召见他，听取他的意见。崔浩肌肤雪白，漂亮得如同一个美女，他评估自己的才干，认为可以上比张良；而对古代知识的渊博，更超过张良。既退回私宅，遂学习吃药和养性方法。

最初，嵩山（中岳，河南省登封市北）道士（道家学派高级知识分子）寇谦之，是寇赞之的老弟（寇赞之即寇赞，参考四一七年闰十二月），修炼道家法术师张道陵传授的符咒。寇谦之声称，他曾经见过从天上复临人世的李耳，李耳吩咐他继承张道陵的法师系统，担任"天师"高位（张道陵创"五斗米教"，参考一九一年）。李耳又传授给寇谦之"不进饮食"（辟谷）、"飞腾升空"（轻身）的法术，及符咒《科戒》二十册，命寇谦之重整道教。后来，寇谦之遇到神仙李谱文，据说是李耳的玄孙，传授给寇谦之法术书《图箓真经》六十余册，命他辅佐另一神仙叫"北方太平真君"。又交给寇谦之一册《天宫静轮之法》，其中有几篇，出于李谱文的手笔。寇谦之把这部书呈献给拓跋焘（三任太武帝)；政府官员和民间人士，很多人不肯相信。只有崔浩把寇谦之当作教师尊奉，追随他学习道家法术，并且上疏皇帝，赞扬寇谦之，说:“我曾经听说，圣明的君王，接受天命，上天定有祥瑞响应。《河图》《洛书》，都由虫兽呈献，没有文字。不像今天，人神面对，手书笔迹，十分明晰，辞意深奥奇妙，自古以来，无与伦比。怎么可以因世俗的顾虑，忽视上天的旨意？使我感到恐惧。”拓跋焘大为高兴，派皇家礼宾官（谒者）携带璧玉、绸缎、猪牛羊，前往祭祀嵩山，迎接在山上修炼的寇谦之的门徒，到首都平城（山西省大同市)，崇拜天师，宣扬道法，公布天下周知。就在平城东南，建立“天师道场”，坛高五层，供给道士一百二十人衣服饮食，道场设置厨房，每月供应膳食，与会的有数千人。

司马光曰

《老子》《庄子》等书，主要的意思，是要人们超越生死，轻视世间的富贵。修炼神仙的人，靠吞服丹药，以求飞腾升天；谋取财富的人，靠烧炼草木石块，以求变成黄金白银。这跟《老子》《庄子》基本思想，恰恰相反。所以，刘歆（刘秀）著《七略》（参考前七年六月)，谈到道家，只当作一个派别；谈到神仙，只认为是一种法术。后来，更出现符水、咒语等；到寇谦之，以上种种，合而为一，因循到今天（十一世纪)，仍继承这种重大错误。崔浩不喜爱佛教，不喜爱《老子》，却相信寇谦之的话，不知道什么缘故。从前，臧文仲祭祀爰居鸟（古代传说中一种类似凤凰的鸟)，孔丘认为他的智商不高（《国语》：爰居鸟避风，暂时栖在鲁国〔山东省曲阜市〕东门外，鲁国国务官臧文仲命贵族们祭祀致敬)。像寇谦之这样的人，比起爰居鸟，可大得多了。《诗经》三百篇，一句话可以包括它的全部：“思想纯正，没有邪念。”（《论语》孔丘语）正常人物对于选择道路，岂可不谨慎。

五世纪·四二三年十一月

第一次南北大战结束·南宋失地

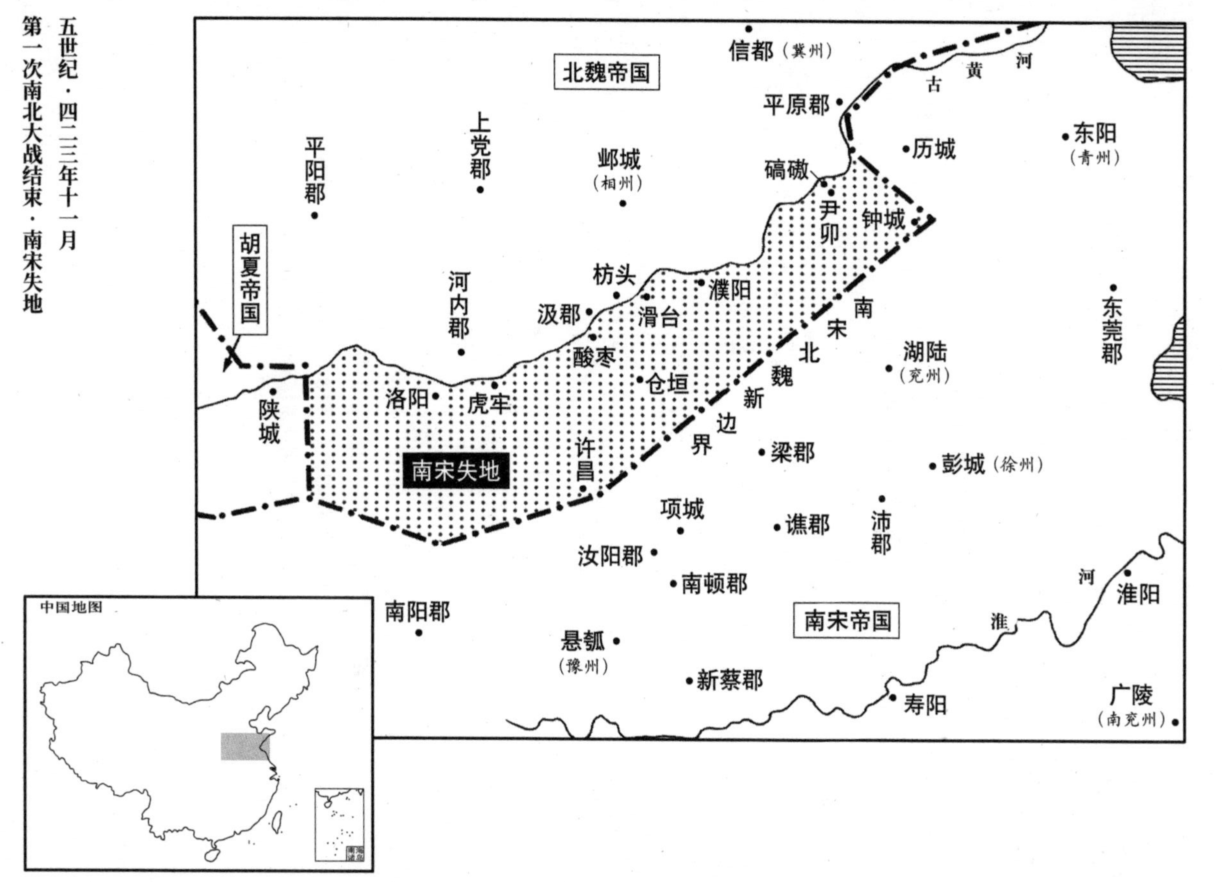

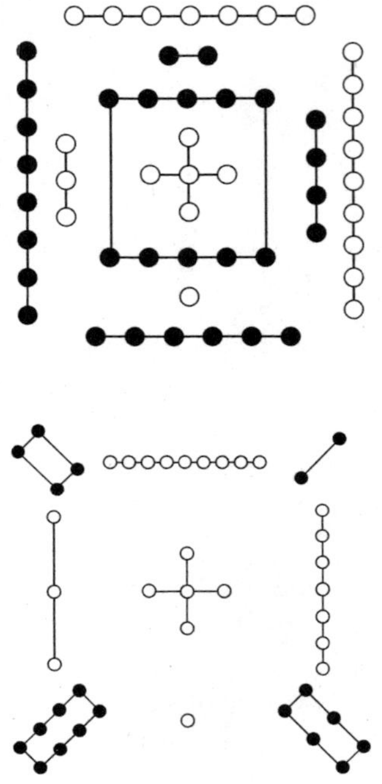

《易·系辞上》：“河出图，洛出书，圣人则之。”上图是“河出图”的“河图”；下图是“洛出书”的“洛书”。解释的书籍虽然很多，但内容玄而又玄，诸如《春秋纬》之类，可看出只不过是文字游戏而已，连作者都不懂到底是怎么回事。

四二四年 甲子

南宋	景平	二年
	元嘉	元年
西秦	建弘	五年
北魏	始光	元年
北凉	玄始	十三年
胡夏	真兴	六年
北燕	太平	十六年

1 春季，正月，北魏帝国（首都平城〔山西省大同市〕）改年号始光。正月四日，安定王（殇王）拓跋弥（北魏帝拓跋嗣子）逝世。

2 南宋帝国（首都建康〔江苏省南京市〕）皇帝（二任少帝）刘义符（本年十九岁），在给老爹一任帝（武帝）刘裕服丧期间，违背礼教行事，喜爱跟左右侍从，嬉戏玩耍，不能自我克制。退休的特进官（朝会时位置仅次于三公）范泰，上“亲启密奏”说：“我暗中听到消息，陛下时常到后花园，练习武艺。鼓架虽在宫中，鼓声却传到宫外。在禁宫深院，打闹砍杀；又在政府各机关之间，喧哗嘶喊；不但不能够威服四方蛮夷，反而使远近都感到怪诞。陛下自登上宝座以来，把政府交给宰相大臣，实际上跟子武丁（商王朝二十三任帝高宗）一样，同有闭口不言的美誉（子武丁为老爹二十二任帝子小乙守丧，三年不说话）。想不到却亲近气质低劣的一些人物，恐怕不是治理帝国的最好方法，和维持世道人心的最好策略。”刘义符不理。范泰，是范宁的儿子（范宁，参考三六一年十月）。

南豫州（州政府设历阳〔安徽省和县〕）州长（刺史）、庐陵王刘义真，聪明敏捷，喜爱文学，但性情轻浮。跟太子宫左翼卫队司令（左卫率）谢灵运、编制外散骑侍从官（员外散骑常侍）颜延之、道士慧琳，感情亲密。刘义真曾经说：“有一天我当了皇帝，就命谢灵运、颜延之当宰相，慧琳当西豫州（即豫州，州政府设寿阳〔安徽省寿县〕。第一次南北大战之后，州政府自悬瓠〔河南省汝南县〕南迁至此）军区司令长官（西豫州都督）。”谢灵运，是谢玄的孙儿（谢玄，参考三六三年五月），性情偏激傲慢，不遵守法令及世俗约束。中央当权高官，只把他看作一个普通知识分子，不认为他有才干从事实际行政工作。而谢灵运却自认为他的才能，应该参与政府机要，因之一直愤愤不平。颜延之，是颜含的曾孙（颜含事，参考三三八年十月），喜爱饮酒，行为放荡。

最高监察长（司空）徐羡之等，对刘义真跟谢灵运等结交，十分厌恶。刘义真的旧部范晏，在气氛融洽的时候，规劝刘义真，刘义真说：“谢灵运思想不切实际，又粗枝大叶。颜延之心胸狭窄，见识浅薄，正是曹丕（曹魏帝国一任帝）所说的：‘古今文化人，都不注意日常小节。’但性情相投，不能忘记他们。”于是，徐羡之等，指控谢灵运、颜延之挑拨中央与亲王之间的感情，诽谤国家领导人；贬谢灵运当永嘉郡（浙江省温州市）郡长，贬颜延之当始安郡（广西桂林市）郡长。

刘义真镇守历阳（安徽省和县），贪得无厌，不断要求政府供应，当权官员（徐羡之等）每每裁减，不完全听命。刘义真大为怨恨，经常有不满的话出口，又上疏请求返回京师（首都建康）。首席军事参议官（咨议参军）、庐江郡（安徽省舒城县）人何尚之，屡次劝阻，刘义真拒不接受。此时，徐羡之等已着手一项重大阴谋，打算罢黜皇帝（二任）刘义符。问题在于罢黜刘义符后，身为次子的刘义真，依照顺序，应该继位，而徐羡之等对刘义真印象恶劣。于是利用刘义真跟刘义符之间早已存在的宿怨，先行下手，上疏弹劾刘义真种种罪行。刘义符遂下诏：撤销刘义真王爵，贬作平民，放逐到新安郡（浙江省淳安县）看管。前吉阳（湖北省竹溪县西）县长、堂邑郡（江苏省南京市六合区）人张约之，上疏抗议说："庐陵王（刘义真）小时候就受到先帝（刘裕）优厚仁慈的相待，长大后又受到陛下和睦友谊的恩遇，所以他心中有话，一定说出；内心有什么，一定表现于外，或许有时违背臣属道理，招来因骄傲放纵而产生的灾祸。但他天生的英明气质，拥有高超的美好才华，应该对他包容教养，欣赏他的长处，宽恕他的缺点，以恰当的方法，教训引导，使他渐渐长进。想不到却突然间羞辱的剥夺他的爵位，囚禁遥远的边郡。对上伤害陛下的手足之情，对下使远近民心，仓皇失措。我暗中想到，帝国建立，时间还短，皇家枝叶，并不繁多，正应该广泛的树立藩属屏障，互相之间，关系和睦。人，谁没有过失，可贵的是知过能改。武皇帝（刘裕）最心爱的儿子，和陛下最要好的弟弟，怎么可以因一点点小错，而长期的舍弃放逐！"奏章呈上后，中央立即任命张约之当梁州州政府（设南城〔陕西省汉中市南郑区南〕）军事参议官（参军）；不久，即行诛杀。

3 夏季，四月十四日，北魏帝（三任太武帝）拓跋焘（本年十七岁），向东巡察，抵达大宁（河北省张家口市）。

4 西秦王国（首都枹罕〔甘肃省临夏市〕）国王（三任文昭王）乞伏炽磐，派镇南将军乞伏吉毗等，率步骑兵一万人，向南讨伐白苟、车孚、崔提、旁为四个部落，全部降服（四部落的所在地不详，传统史书往往有演员而没有舞台）。

5 南宋帝国爆发政变。最高监察长（司空）徐羡之等，因南兖州（州政府设广陵〔江苏省扬州市〕）州长（刺史）檀道济，是一任帝（武帝）刘裕时代的大将，威望震慑政府，而且手握强大的武装部队，遂征召檀道济，跟江州（州政府设寻阳〔江西省九江市〕）州长（刺史）王弘，入朝京师（首都建康）。

五月，二人先后抵达首都建康，徐羡之把废立计划，告诉二人。

五月二十四日，中央禁军总监（领军将军）谢晦声称：中央禁军总监部房屋破败，打算修建，把家人全部送到别的地方，而在府中集结将士；又派立法院立法官（中书舍人）邢安泰、潘盛，入宫作为内应。当天，入夜，谢晦邀请檀道济同住；谢晦情绪激动，不能合眼，而檀道济倒头便睡，十分香甜，谢晦对他大为敬服。当时，南宋帝刘义符在皇家华林园开了一排商店，亲自买入卖出，讨价还价；又跟左右一群气质低劣的人物，挤在一起，划船取乐。傍晚，游逛天渊池（曹魏帝国时代，在洛阳筑华林园〔芳林园〕、天渊池，参考二二七年二月。晋帝国时代，在建康仿建，华林园在建康北；天渊池是人工湖，当也在附近），就睡在龙船之上。

五月二十五日，凌晨，檀道济率军在前开道，徐羡之等随后继进，从云龙门（宫城〔台城〕东门）入宫。邢安泰等已先行说服皇家禁卫军，所以没有人出来阻止。刘义符还没有起床，政变军已经闯入，刘义符跳起来搏斗，政变军进击，砍杀两位侍从人员，砍伤刘义符手指，然后一拥而上，把刘义符制服，挟持出东阁，收缴皇帝印信。文武百官辞行，政变军把刘义符送回他的故居——太子宫。

高级咨询官（侍中）程道惠，劝徐羡之等拥立皇弟、南豫州（州政府设历阳〔安徽省和县〕）州长（刺史）刘义恭。徐羡之等认为宜都王、荆州（州政府设江陵〔湖北省江陵县〕）州长（刺史）刘义隆，素有很高声誉，而又有祥瑞出现（《宋书·符瑞志》："四二〇年八月，江陵两次出现青龙。本年〔四二四〕四月，江陵城上有五色云，望气家认为是帝王征兆。"另外，江陵之西，长江中连绵九十九个小岛〔洲〕，民间传说："小岛满一百时，帝王兴起。"而忽然生出一个新岛），遂宣称奉皇太后张女士（刘义符娘亲）命令，列举刘义符过失罪恶，撤除他的皇帝职位，贬作营阳王；而由刘义隆（本年十八岁）继承帝位，赦免死罪以下人犯。又宣称，奉皇太后张女士命令，收回皇帝印信，皇后司马茂英贬作营阳王妃，把刘义符送到吴郡（江苏省苏州市），由檀道济守护政府。刘义符抵达吴郡后，被软禁在金昌亭。

六月二十四日（距政变恰恰一个月），徐羡之等派杀手邢安泰，狙击刘义符；刘义符年轻力壮，奋战突围，逃出昌门（吴郡郡城西郭门，纪元前五世纪吴王国七任王吴夫差所建，称阊门。纪元前三世纪楚王国春申君黄歇时，改称昌门。金昌亭，在昌门之内），追兵围攻，用门闩捶击，把刘义符打翻在地，诛杀（年十九岁）。

古代君王养育儿子，儿子会说话的时候，由师傅教他文辞；会走路的时候，由师傅教他礼仪。南宋帝国的皇家教育，却跟这个大不一样；儿子们在家里，交给奴仆婢女；在外面，依靠左右跟班。太子也好、皇子也好，都有文武官员担任辅佐，而这两种官职，又全是部属。太子、皇子们的言谈行止、教育修养，以及行善作恶，无不由他们决定。而他们口中从不谈论礼义，见识更不知道古今。谨慎小心的人，教导太子皇子吝啬；狂妄愚昧的人，教导太子皇子凶暴。虽然也有师傅，多由年老力衰的大臣充任；虽然也有朋友及文化官员，多由高级官员的子弟充任；不过摆在那里当样品而已。何况，连这些人，太子皇子也不跟他们在一起相处。年纪幼小的亲王，当州长（刺史）或全权州长（牧），负实际责任的，则是秘书长（长史）；由秘书长推广教育，执行命令。而又特别设立签呈官（典签），往往窃弄权威，随意横行（签呈官〔典签〕本是州政府的小职员，负责汇集众官的签呈。后来，皇帝利用他控制亲王，遂掌握大权，威镇一州。皇帝诛杀亲王时，直接下令给签呈官，由签呈官动手；文武官员，噤若寒蝉）。所以，皇族根部虽然很茂盛，可是优良的枝叶却很稀少。继位的君王年纪太小，邪恶的人，世代不断。虽然说坏东西和丑东西，出自上天，可是目睹耳闻，成为习惯，源头却十分久远。到了刘彧（七任明帝），连帝国都抛弃！这都是亲近气质低劣人士的结果，咦，有国有家的人，应该明察。

6 南宋帝国国务院总理（尚书令）傅亮，率中央特遣政府（行台）百官，携带皇帝专用的法驾（参考前一八〇年闰九月），前往江陵（湖北省江陵县）迎接宜都王、荆州（州政府江陵）州长（刺史）刘义隆。到了寻阳（江西省九江市）后，随行的国务院内政部长（祠部尚书）蔡廓患病，不能继续前进。傅亮探望他，向他辞别，蔡廓说：“营阳王（刘义符）在吴郡（江苏省苏州市），政府的供应，应十分丰厚。万一发生不幸事件，你们几个人可摆不脱弑君的恶名。到那时候，而仍想活在世上，怎么能够？”当时，傅亮已跟徐羡之共谋，决定诛杀刘义符。听到蔡廓的话，傅亮急忙写信给徐羡之，阻止这项行动，但已来不及。徐羡之咆哮说：“跟朋友共同定计，怎么可以一转身就变卦，把罪恶推给朋友一人担当？”徐羡之等又派杀手刺死放逐到新安郡（浙江省淳安县）的前庐陵王刘义真（年十九岁）。

徐羡之认为荆州地位重要，恐怕宜都王、荆州州长（刺史）刘义隆抵达京师（首都建康）后，或许命别人继任，遂用主管政府机要（录尚书事）名义，命中央禁军总监（领军将军）谢晦，兼代荆湘等七州军区司令长官（行都督荆、湘等七州诸军事。七州：荆、湘、雍、益、宁、南秦、北秦），兼荆州州长（刺史）；希望谢晦居于外地，作为声援。于是，把精锐军队，和能征善战的将领，全部配备给谢晦。

秋季，七月，中央特遣政府抵达江陵，把象征性的宫城城门，设在江陵城南，上面题字：“大司马门”。傅亮率文武百官，前往这个“大司马门”，呈递奏章，和皇帝印信、器物，仪式盛大隆重。刘义隆本年十八岁，下令说：“我这个缺少才干德行的人，蒙受上天爱护，降下大命，非常恐慌惊悸，怎么有能力负起这项重大责任？现在暂时回到京师（首都建康），哀祭祖先坟墓，并跟贤能的大臣，互相交换意见，希望各级官员，体谅我的内心，不再勉强我做别的事。”军政总部官员，一律称“臣”（军政总部有三：荆州州政府、军区司令部、宜都国亲王府），请求下令仿效首都宫城，更改城门名称；刘义隆完全不准。而且指示州政府、军区司令长官部、亲王府：宽恕管辖下已判决的罪人，和无力还债的囚犯。

刘义隆左右将领及参谋官等，听到南宋帝刘义符、庐陵王刘义真，双双被杀，都感到疑心，劝告刘义隆不可以东下。军政官（司马）王华说：“先帝（刘裕）功盖天下，四海敬服。继承人虽然违法乱犯，而皇家声望，并没有受到伤害。徐羡之贫寒出身，中等才能；

傅亮一介平民，白面书生；并没有司马懿、王敦那种野心，至为明显。他们受托孤重任，一时不可能有背叛的想法。只因为恐惧庐陵王（刘义真）严格认真，将来一定不会受到包容，才下毒手。认为殿下仁慈宽厚，远近都知，所以超越辈份顺序，奉迎大驾，不过希望殿下对他们有一点感激之情。悠悠谣言（指将要杀害刘义隆），不可能是真。而且，徐羡之等五人（徐羡之、傅亮、谢晦、檀道济、王弘），功劳相同，地位相等，谁肯服谁？即令企图背叛，也无法背叛。被罢黜的君王（刘义符）如果活着，他们担心将来受到报复，才兴起杀机，由于胆小如鼠，过度的贪生怕死，才一错再错，怎么敢一时之间，就去谋反？只是打算掌握大权，保护自己，希望年轻的君王看他们的颜色罢了。殿下只管坐上六匹马拉的车辆，长驱直入，用来符合天心。”刘义隆说：“你莫非想当宋昌第二！”（宋昌劝刘恒事，参考前一八〇年九月。）秘书长（长史）王昙首、南蛮保安司令（南蛮校尉）到彦之（到，姓），都劝刘义隆动身。王昙首又分析天象和人间各种祥瑞征兆；刘义隆终于决定，说：“徐羡之受先帝（刘裕）遗诏辅政，不会有忘恩负义之事。而且功臣勇将，布满内外，现有的兵力，又足以克制叛军，还怀疑什么？”乃命王华负责总管荆州留守事务，镇守荆州（州政府设江陵〔湖北省江陵县〕）。刘义隆考虑派到彦之率军当前锋，先行出发开道，到彦之说：“如果判断他不反，就应穿上官服，堂堂皇皇，乘船顺流而下。如果有所顾忌，我这支微弱的先遣部队，并不能发生作用，反而容易产生误会，不是满足远近人民对我们期望的办法。”正好雍州州长（刺史）褚叔度逝世，刘义隆遂命到彦之暂时接任，镇守襄阳（雍州州政府及南蛮保安司令部所在县，湖北省襄阳市）。

七月十五日，刘义隆从江陵（湖北省江陵县）出发。接见傅亮时，悲号哀泣，左右侍从人员，都感动流泪。接着询问刘义真及二任帝刘义符被罢黜和被杀害的经过，一面放声大哭，唏嘘噎咽，两旁侍从都不敢抬头。傅亮汗流浃背，张口结舌，难以答对。于是乞灵于官场马屁动作，专心专意的结交到彦之、王华等，建立亲密厚重的友情。但刘义隆仍保持警觉，征召州政府、亲王府、军区司令部的军队，严密戒备，加强保护。从建康（南宋首都，江苏省南京市）随特遣政府派来的文武官员和部队，不准接近警戒线。大营军事参议官（中兵参军）朱容子，手抱佩刀，守卫在刘义隆所乘船舰舱房门外，疲倦时就坐在那里打盹，不上床睡觉长达一二十天。

7 北魏帝拓跋焘回宫。

8 西秦王国（首都枹罕〔甘肃省临夏市〕）国王（三任文昭王）乞伏炽磐，派太子乞伏暮末，统御征北将军乞伏木弈干等，率步骑兵三万人，从貂渠谷（今地不详）出击，进攻北凉王国（首都姑臧〔甘肃省武威市〕）的白草岭（青海省西宁市境）及临松郡（甘肃省张掖市南），全都击破，俘虏居民二万余人，班师。

9 八月八日，南宋帝国宜都王刘义隆，抵达京师（从江陵到首都建康，顺水东下，船行二十三日），中央政府文武官员，前往新亭（建康城西南）迎接叩拜。徐羡之问傅亮："大王（刘义隆）可以比谁？"傅亮说："在姬重耳（春秋时代晋国二十四任国君文公）、刘启（西汉王朝六任帝景帝）之上。"徐羡之说："那么，他一定明白我们一片忠心。"傅亮说："未必！"

八月九日，刘义隆前往老爹一任帝（武帝）刘裕陵前祭拜（刘裕葬初宁陵，在建康城东蒋山东南），回来，中途停在中堂（国立大学所在，位宫城〔台城〕南，秦淮河北）。文武百官呈上皇帝印信，刘义隆推辞了四次，才勉强接受，就在中堂登极称帝（三任文帝，年十八岁）；乘皇帝专用的法驾车队入宫，登太极前殿，大赦，改年号（之前是景平二年，之后是元嘉元年），文武百官，一律升级二等。

八月十日，刘义隆祭拜皇家祖庙。下诏：恢复刘义真的庐陵王封号，把刘义真的灵柩，以及刘义真的娘亲孙修华（修华，小老婆群第七级）、刘义真的正妻谢妃，迎回首都建康（江苏省南京市）。

八月十二日，刘义隆下诏，命兼代荆州（州政府江陵）州长（刺史）谢晦，改为实任（真除）。谢晦将要前往接事，向国务院内政部长（祠部尚书）蔡廓辞行，摒去左右侍从，秘密询问说："我是不是可以保住这条命？"蔡廓说："你接受先帝（刘裕）临终托孤大事，以帝国的兴衰，作为自己的责任，废除昏庸的主人，另立英明的君王，在大义上并不是不可以。可是，杀了别人的两个老哥，却面向北方，做他的臣属；拥有使人主震惧的威严，而据守长江上游重镇，从古代曾经发生过的前事，推测今天的演变，你要想逃命，恐怕困难。"谢晦开始时，还怕不准他离开，等到船只开航，回头顾望石头城（建康城西北），掩饰不住他的喜悦，说："今天才总算脱离虎口。"

八月十五日，刘义隆下诏：擢升最高监察长（司空）徐羡之当宰相（司徒）；江州（州政府设寻阳〔江西省九江市〕）州长（刺史）王弘当最高监察长（司空）；国务院总理（尚书令）傅亮加授开府仪同三司（宰相级）；荆州（州政府设江陵〔湖北省江陵县〕）州长（刺史）谢晦加授首都卫戍司令（卫将军）；镇北将军、南兖州（州政府设广陵〔江苏省扬州市〕）州长檀道济晋升征北将军。

有关单位上疏奏请刘义隆，依照前例，到华林园听取诉讼。刘义隆下诏说："我对刑法多半不太了解，应跟从前一样，仍请二位长官（徐羡之、王弘）主持。”

刘义隆任命王昙首、王华当高级咨询官（侍中），王昙首兼首都西区卫戍司令（右卫将军）、王华兼骁骑将军；又任命朱容子当右军将军。

八月十六日，刘义隆追尊亡母胡婕伃为章皇后；封皇弟刘义恭当江夏王、刘义宣当竟陵王、刘义季当衡阳王。仍命刘义宣当左将军，镇守石头（建康城西北）。

徐羡之等打算顺势任命到彦之实任雍州（州政府设襄阳〔湖北省襄阳市〕）州长（刺史），刘义隆不准，而征召到彦之当中央禁军总监（中领军），使他负责中央军事。到彦之自襄阳南下，此时谢晦已到荆州（州政府江陵），担心到彦之不会来看自己。到彦之既到杨口（湖北省潜江市北），下船，由陆地前往江陵（湖北省江陵县）探望谢晦，真挚的表达自己的诚意，谢晦也推心置腹，缔结友情。到彦之留下名马、利剑、宝刀，赠送给谢晦，谢晦直到这时候，才感到安全已有保障（到彦之、王华等是新皇帝的心腹亲信，傅亮、谢晦性命，握在二人之手）。

10 柔然汗国（瀚海沙漠群）可汗（四任纥升盖可汗）郁久闾大檀，听到北魏帝国二任帝（明元帝）拓跋嗣逝世消息，率骑兵六万人，进入云中郡（故都盛乐，内蒙古和林格尔县），屠杀俘虏人民，攻陷盛乐故宫。

北魏帝（三任太武帝）拓跋焘，亲率轻装备骑兵讨伐，从首都平城（山西省大同市）出发，三天两夜，即行抵达云中郡（内蒙古和林格尔县）。郁久闾大檀率骑兵把拓跋焘包围五十余重，铁骑直逼拓跋焘的马头，紧紧排列，如同城墙。北魏军将领士兵，大为恐惧，幸而拓跋焘十分镇静，脸色跟平常一样，军心才稍稍安定。郁久闾大檀命侄儿郁久间于陟斤，担任大军总指挥官；北魏军射杀郁久间于陟斤；郁久间大檀恐慌，撤退。国务院总理（尚书令）刘絜，对拓跋焘说：“郁久间大檀仗恃他们人多，一定还会再来。请等到秋季庄稼收割时，动员大军，分两道进攻，东西并进，加以讨伐。”拓跋焘同意。

11 九月十八日，南宋帝刘义隆，封王妃袁齐妫当皇后。袁齐妫，是袁耽的曾孙女（袁耽，参考三三五年三月）。

12 冬季，十月，吐谷浑汗国（青海省）可汗（九任）慕容阿柴逝世。

慕容阿柴有儿子二十人，患病时，把子弟们召集到病床之前，对他们说：“先帝（八任可汗慕容树洛干）因维持汗国大业的缘故，不教他的儿子慕容拾虔继位，而把责任放到我的肩头（参考四一七年二月），我怎么敢用私心，传位给我的儿子慕容纬代，而忘记先可汗（慕容树洛干）光明磊落的大志？我死之后，你们应拥戴慕容慕璝。”慕容纬代，是慕容阿柴的长子；慕容慕璝，是慕容阿柴的老弟，叔父慕容乌纥堤（七任可汗）的儿子（七任可汗慕容乌纥堤登位时，依北方游牧民族风俗，娶六任可汗、老哥慕容视罴的寡妻〔八任可汗慕容树洛干的娘亲〕，生二子：慕容慕璝〔十任可汗〕、慕容慕利延〔十一任可汗〕）。

慕容阿柴命所有的儿子，每人拿出一支箭，在其中抽出一支，教他的老弟慕容慕利延折断，慕容慕利延就把它折断。又把剩下的十九支箭合在一起，教慕容慕利延折断，慕容慕利延无法折断。慕容阿柴警告大家说：“你们知不知道，一支箭容易折断，很多箭就难摧毁，你们当努力一心，然后才可以保国保家。”言毕逝世。

团结的重要，天下皆知，从理论到实际，每人都可以写一本书；演起讲来，更是慷慨激昂，唾沫横飞。然而，到了最后，竟仍不能团结，原因何在？不仅中国人如此，西方人亦然，波兰之连遭三次瓜分，就是因为当时的掌权贵族，宁可亡国，也不肯息争。中国人在这方面的表现，更超越波兰，以致被譬喻为“一盘散沙”。最精彩的是：越是破坏团结的大头目，越高喊团结、越高举慕容阿柴的大旗。

这不是说中国人没有团结能力，只是说中国人的团结，总要弱势伙伴屈服。团结是平等的，并肩携手，应彼此尊重，必须先承认对方存在，而且跟自己一样的光荣存在。而我们目前正缺少这种文化，稍有权势，便只有我，没有你，因之把让步视为懦弱，把谈判视为说服，把忍耐视为畏惧，把坚持视为冥顽不灵，大家既缺少共识，就只好“我团你的结”，把对方团结在自己胯下；而不是肩并着肩。

“天无二日，民无二主”的单一观念，常使中国人要当“人上人”，而团结需要的，却是要每个人都当“人中人”。有平等，才有团结。必须互相尊重，才有平等。强梁的一方，必须不仗势欺人，才能互相尊重。

慕容慕璝（十任可汗）有才干谋略，安抚来自凉州（甘肃省中部西部）、秦州（甘肃省南部）的流亡难民，以及氐人部落、羌人部落，和其他各族五六百个部落，实力开始强大。

13 十二月，北魏帝拓跋焘，派安集将军长孙翰、安北将军尉眷，北上攻击柔然汗国（瀚海沙漠群）。拓跋焘亲自率军，进驻柞山（内蒙古和林格尔县东）。柔然汗国部众向北逃走，北魏各路兵马追击，大胜而回。长孙翰，是长孙肥的儿子（长孙肥，参考三九一年十月）。

14 南宋帝刘义隆下诏，封被罢黜的皇太后、二任帝（少帝）刘义符的娘亲张女士当营阳太妃。

15 林邑王国（越南中部）国王范阳迈，攻击南宋帝国所属日南（越南东河市）、九德（越南荣市）等郡。

16 宕昌王（时驻甘肃省宕昌县）梁弥忽，派儿子梁弥黄，前往北魏帝国（首都平城）朝见。

宕昌，是羌民族的一个支派。羌民族所住的地方，东方与中国相接，西方可通西域（新疆及中亚东部），东西广数千华里（从甘肃省东部起，包括青海省北部，直到新疆）。星罗棋布，各部落有各部落的酋长，部落与部落之间，不相管辖，而宕昌部落，最为强大，有两万余帐，其他蛮夷都对他们畏惧。

17 胡夏帝国（首都统万〔陕西省靖边县北白城则村〕）皇帝（一任武烈帝）赫连勃勃（本年四十四岁），准备罢黜太子赫连璝，改封幼子酒泉公赫连伦。赫连璝得到消息，率军七万人，自长安（陕西省西安市）出发，北伐赫连伦。赫连伦率三万人迎击，在高平（宁夏固原市）大战；赫连伦兵败，被杀。赫连伦同胞老哥、太原公赫连昌，率骑兵一万人，袭击赫连璝军，斩赫连璝，合并他的部众八万五千人，回到首都统万（陕西省靖边县北白城则村）。赫连勃勃大为高兴，封赫连昌当太子。

赫连勃勃有夸大狂，他给统万（陕西省靖边县北白城则村）的四门命名：东门称招魏门、南门称朝宋门、西门称服凉门、北门称平朔门。

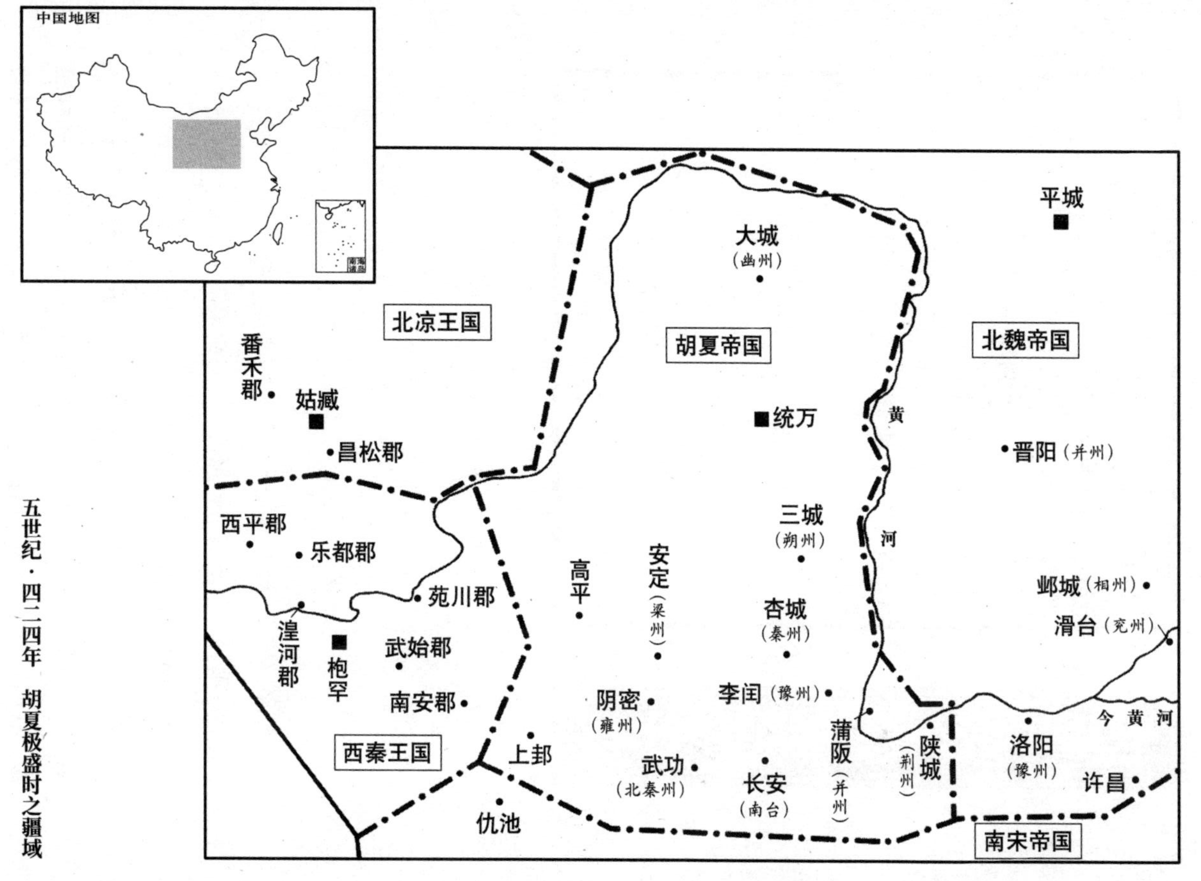

五世纪・四二四年　胡夏极盛时之疆域

四二五年

乙丑

南宋	元嘉	二年
西秦	建弘	六年
北魏	始光	二年
北凉	玄始	十四年
胡夏	真兴	七年
	承光	元年
北燕	太平	十七年

1 春季，正月，南宋帝国（首都建康〔江苏省南京市〕）宰相（司徒）徐羡之、国务院总理（尚书令）傅亮，上书南宋帝（三任文帝）刘义隆（本年十九岁），缴回政府大权；一连奏报三次，刘义隆才批准。

正月十日，刘义隆开始亲自处理帝国事务。徐羡之辞职，返回私宅。侄儿吴郡（江苏省苏州市）郡长徐佩之、高级咨询官（侍中）程道惠、吴兴郡（浙江省湖州市）郡长王韶之等，都认为辞职不合适，苦苦规劝，徐羡之遂接受诏书，再掌权力。（胡三省注："加速徐羡之、傅亮死亡的，正是徐佩之几位先生。")

正月十五日，刘义隆到首都建康南郊，祭祀天神；大赦。

2 正月二十三日，北魏帝国（首都平城〔山西省大同市〕）皇帝（三任太武帝）拓跋焘（本年十八岁），返首都平城。

3 二月，北燕帝国（首都和龙〔辽宁省朝阳市〕）有女子变成男子，天王（二任文成帝）冯跋，询问文武官员意见，国务院左秘书长（尚书左丞）傅权回答说："西汉王朝末年，母鸡变成公鸡，结果出现王莽篡夺帝位的大祸。何况今天发生的，竟是女子变成男子，正是臣属变成君王的先兆！"

4 三月二日，拓跋焘任命长孙嵩当全国武装部队总司令（太尉），长孙翰当宰相（司徒），奚斤当最高监察长（司空）。

三月十一日，北魏帝拓跋焘，尊奉他的乳娘窦女士当保太后。

拓跋焘娘亲杜贵嫔死时，拓跋焘年龄还小（杜贵嫔封密皇后，参考前年〔四二三〕十二月）。老爹二任帝（明元帝）拓跋嗣，因窦女士仁慈善良，有品德操行，所以教她喂养拓跋焘小娃。窦女士细心照顾，至为疼爱，教导也很得体，拓跋焘十分感激，所以奉上尊号，奉养她跟奉养亲娘一样。

5 夏季，四月，西秦王国（首都枹罕〔甘肃省临夏市〕）国王（三任文昭王）乞伏炽磐，派平远将军叱卢犍等，袭击北凉王国（首都姑臧〔甘肃省武威市〕）镇南将军沮渠白蹄据守的临松（甘肃省张掖市南），生擒沮渠白蹄；把居民五千余户强迫迁到首都枹罕。

6 北魏帝拓跋焘，派龙骧将军步堆等（本姓步鹿根），前往南宋帝国访问，两国恢复往日邦交（北魏南侵事，参考四二二年十月，敌对已三载）。

7 六月，半独立状态的“氐王”（首府仇池〔甘肃省西和县南〕）、受晋帝国封武都王（惠文王）的杨盛，逝世。

最初，杨盛听到晋帝国覆亡消息（参考四二〇年六月），仍然继续使用晋帝国的义熙年号（本年〔四二五〕是义熙二十一年），对世子杨玄说：“我已经老了，应当一直当晋国（晋帝国）的臣属，但你可以好好事奉宋国（南宋帝国）皇帝。”等到杨盛逝世，杨玄自称：陇右（甘肃省南部）军区司令长官、征西大将军、开府仪同三司（宰相级）、秦州州长（刺史）、武都王。派使节到南宋帝国奏报老爹死亡丧事。这时，才改用元嘉年号。

8 秋季，七月，西秦王乞伏炽磐，派镇南将军乞伏吉毗等，向南攻击黑水（甘肃省舟曲县西南）羌人部落酋长丘担，大破羌人部落军。

9 八月，胡夏帝（一任武烈帝）赫连勃勃逝世（年四十五岁），安葬嘉平陵（今地不详），绰号武烈皇帝，祭庙称世祖。太子赫连昌（年龄不详）即位（二任帝），大赦，改年号承光（之前是真兴七年，之后是承光元年）。

10 南宋帝国被擢升为最高监察长（司空）的王弘，因当初并没有参与罢黜旧皇帝、拥戴新皇帝的决策，所以拒绝接受最高监察长（司空）的任命，不断呈递奏章，辞让了一年，南宋帝刘义隆才下诏批准（王弘也因不贪图这项富贵，逃出大祸〔参考明年【四二六】正月〕。当富贵逼面而来时，拒绝不易）。

八月二日，刘义隆任命王弘当车骑大将军、开府仪同三司（宰相级）。

11 冬季，十月，黑水（流经甘肃省舟曲县西南）羌人部落酋长丘担，率领他的部众，归降西秦王国（首都枹罕）。西秦王国任命丘担当归善将军。另行任命折冲将军乞伏信帝当西羌保安司令（平羌校尉），镇守黑水。

12 十月二十一日，北魏帝拓跋焘，大规模攻击柔然汗国（瀚海沙漠群），五路兵马，同时并进：宰相（司徒）长孙翰等从东路，出黑沙漠。司法部长（廷尉卿）长孙道生等，从黑白沙漠之间北进。拓跋焘亲自率军，从中央直入。东平公娥清，出栗园。最高监察长（司空）奚斤等从西路，出尔寒山（各地均不详）。

五路大军抵达瀚海沙漠之南，抛弃辎重，改作轻装备骑兵，每人带十五日粮秣，深入瀚海沙漠攻击。柔然汗国大吃一惊，全体撤退，向北方逃跑得无影无踪。

13 十一月，南宋帝国任命“氐王”（首府仇池〔甘肃省西和县南〕）、武都王世子杨玄，当北秦州州长（刺史），继位武都王。

14 最初，南宋帝国会稽郡（浙江省绍兴市）人孔宁子，在南宋帝刘义隆尚是镇西将军时，担任镇西将军府首席军事参议官（镇西咨议参军），刘义隆登上宝座，命孔宁子当步兵指挥官（步兵校尉）。孔宁子跟高级咨询官（侍中）王华，对荣华富贵，都有强烈追求的愿望，因而痛恨徐羡之、傅亮不肯放松权柄，遂日夜在刘义隆面前，打二人的小报告。

正巧，谢晦的两个女儿，将分别嫁给彭城王刘义康、新野侯刘义宾；派他的妻子曹女士，跟长子谢世休，自江陵（湖北省江陵县）把两个女儿，送到首都建康。而刘义隆正阴谋发动一次大规模的流血整肃：诛杀徐羡之、傅亮，同时出军讨伐谢晦。于是宣称，要北伐北魏帝国，同时到京口（江苏省镇江市）兴宁陵（镇江市东丹徒区东南），祭拜祖母孝懿皇后萧文寿的墓园；下令长江舰队进入备战状态。被蒙在鼓里的傅亮，写信给谢晦说："讨伐黄河以北（北魏帝国），事情正往高峰发展，但无论政府民间，对此多半感到忧愁恐惧。"又说："多数官员们都不赞成这次军事行动，皇上（刘义隆）当会派宦官万幼宗，去荆州（州政府设江陵〔湖北省江陵县〕）听取你的意见。"

可是，政府一连串不寻常的举动，使大整肃阴谋，逐渐泄露。

四二六年 丙寅

南宋	元嘉	三年
西秦	建弘	七年
北魏	始光	三年
北凉	玄始	十五年
胡夏	承光	二年
北燕	太平	十八年

1 春季，正月，南宋帝国（首都建康〔江苏省南京市〕）荆州（州政府设江陵〔湖北省江陵县〕）州长（刺史）谢晦的老弟、禁宫咨询官（黄门侍郎）谢皭，派专人飞快警告谢晦，但谢晦仍认为绝不可能，把国务院总理（尚书令）傅亮的信，拿给首席军事参议官（咨议参军）何承天看，说："计算日期，万幼宗一二天内，就可到达，傅亮怕我喜爱惹事，所以先送此信。"何承天说："外面谣言纷纷，都说西征决策，已经确定，万幼宗岂有西上之理！"谢晦还认为谣言终是谣言，命何承天

先行起草回答诏书的奏章，建议如果北伐蛮虏（北魏帝国），最好是延到明年（四二七）。江夏郡（湖北省安陆市）郡长（内史）程道惠，接到一封寻阳（江州州政府所在县，江西省九江市）方面寄来的信，信上说："中央政府将采取非常行动，事情已成定案。"派辅国将军府大营军事参议官（辅国府中兵参军。程道惠武职是辅国将军）乐冏，秘密送信给谢晦。谢晦问何承天说："如果真有此事，你认为我怎么办？"何承天说："我受到将军特殊宠信，时常想到回报你的恩德，事情已起变化，怎么敢有所隐瞒。可是，一旦明天下令戒严，动用军法制裁，我心中要说的话，恐怕不能说完。"谢晦大为恐惧说："难道你教我自杀！"何承天说："还不到那个地步。不过要知道，以帝王的威严，倾全国的力量，去攻击一个州，大小既然相差，顺逆也有不同。所以，逃亡到国境之外，保全性命，是上等计谋。其次是，派心腹将领驻防义阳（河南省信阳市），将军亲率大军，到夏口（湖北省武汉市）迎战，如果失败，就从义阳出境，投奔魏国（北魏帝国），这是中等计谋。"谢晦沉默了很久，说："荆州（湖北省）是兵家必争之地，兵力和粮秣，都容易补充，不妨先来一次决战，打败了再走不晚。"遂命何承天撰写政治号召文告；又跟首都卫戍司令部首席军事参议官（卫军咨议参军。谢晦武职是首都卫戍司令〔卫将军〕）、琅邪郡（侨郡，江苏省句容市北）人颜邵，商讨起兵反抗；颜邵服毒自尽。

谢晦竖起大旗，下令戒严，问军政官（司马）庾登之说："我现在要亲自东下出征，打算委屈你率三千人镇守江陵，防备刘粹（雍州州长〔刺史〕，正驻襄阳〔湖北省襄阳市〕）。"庾登之说："我的双亲年纪已老，留在京师（首都建康），而我自己又没有私人部队，仔细考虑，不敢接受命令。"谢晦遂问其他将领及参谋官："战士三千人，够不够守城？"南蛮保安司令部（设襄阳）军政官（南蛮司马）周超说："不仅仅守城而已，如果外面有盗贼（政府军）攻击，还可以立功。”庾登之遂说：“周超一定能够担当，我愿解除军政官（司马）和南郡（郡政府江陵）郡长两个职务，转让给周超。”谢晦就在座位上任命周超当军政官（司马），兼南义阳郡（侨郡，湖南省安乡县）郡长；调任庾登之当秘书长（长史），仍兼南郡（湖北省江陵县）郡长。庾登之，是庾蕴的孙儿（庾蕴，参考三七一年十一月）。

南宋帝（三任文帝）刘义隆（本年二十岁），因王弘、檀道济，在开始时，没有参与罢黜和谋杀二任帝（少帝）刘义符的阴谋；而王弘的老弟王昙首，又是刘义隆最信任的心腹，所以，在采取行动之前，刘义隆秘密通知王弘，同时征召檀道济（时驻广陵〔江苏省扬州市〕），打算教檀道济讨伐谢晦。高级咨询官（侍中）王华等，全都坚决反对。刘义隆说：“檀道济当初不过是受到威胁，本不是他主动提出，而谋杀之事，更跟他没有关系，我安抚他，交给他任务，不必有其他顾虑。”

正月十五日，檀道济抵达建康（江苏省南京市）。

正月十六日，大整肃开始，南宋帝刘义隆下诏，宣布徐羡之、傅亮、谢晦谋杀二任帝刘义符、庐陵王刘义真的罪状，命有关单位逮捕诛杀。诏书特别强调说：“谢晦位居长江上游，或许不可能立即执行，我当亲率大军，前往讨伐。派中央禁军总监（中领军）到彦之，迅速攻击，征北将军檀道济随后继进。首都卫戍司令部、荆湘雍益宁南秦北秦军区司令部、荆州州政府，应立即逮捕谢晦。已命雍州（州政府襄阳）州长（刺史）刘粹等，切断他逃亡藏匿的道路。罪犯只限谢晦一身，其他的人一律不加追究。”

当天（正月十六日），刘义隆下诏召见徐羡之、傅亮。徐羡之走到建康城西明门（建康城〔都城〕西门）外，谢皭正巧值班，派人飞报傅亮说："宫内有非常措施！"傅亮马上借口说嫂嫂生病，暂时回家，派人通知徐羡之。徐羡之回到西城，乘坐宫廷出差的车辆，逃出建康，步行走到新林（江苏省南京市江宁区西，距建康十公里），在一个烧陶器的窑里，上吊身死（年六十三岁）。傅亮也坐车逃出建康，再乘马投奔老哥傅迪的墓园；骑兵指挥官（屯骑校尉）郭泓把他逮捕，押回广莫门（建康城〔都城〕北门）。刘义隆派立法院立法官（中书舍人），拿诏书给傅亮过目，对他说："因你当初在江陵迎接时，态度至为诚恳（参考前年〔四二四〕七月），当饶恕你的儿子们不死。"傅亮读过诏书，说："我出身平民，受到先帝（刘裕）垂爱，交付给托孤大任。罢黜昏君，另立明君，全是为了帝国百年大计。要加给罪名，还怕找不到说辞！"于是，斩傅亮（年五十三岁），而把他的妻子儿女，放逐到建安郡（福建省建瓯市）。斩徐羡之的两个儿子，而饶恕侄儿徐佩之。又斩谢晦的儿子谢世休，逮捕谢皭。

刘义隆将亲征谢晦，向檀道济询问策略。檀道济说："从前，我跟谢晦同时北伐（指灭后秦帝国之役，参考四一七年），当时得以入关（函谷关）的十项谋略，有九项由谢晦提出，他的计策精明老练，很少能有敌手。唯一的缺点是，他没有亲自指挥过军队作战，战场上军事行动，恐怕他不擅长。我知道谢晦智谋，谢晦知道我勇敢。现在奉中央命令讨伐，可以在他还没有摆开阵势前，就把他擒获。"

正月十七日，刘义隆召见王弘，命他当高级咨询官（侍中）、宰相（司徒）、主管政府机要（录尚书事）、京畿总卫戍司令（扬州刺史）；命彭城王刘义康当荆湘八州军区司令长官（都督荆、湘等八州诸军事。八州：荆、湘、雍、梁、益、宁、南秦、北秦，即原谢晦之辖区）、荆州（州政府江陵）州长（刺史）。

辅国将军府大营军事参议官（辅国府中兵参军）乐冏，再派人报告谢晦：徐羡之、傅亮、谢皭，已被诛杀。谢晦遂先发布徐羡之、傅亮的死讯，举行祭礼；再发布老弟及儿子的死讯。然后，亲自前往虎帐，下令进入战争状态。谢晦早年随从刘裕（一任武帝）东征西讨，经验丰富，所以发号施令，指挥调动，没有一件事不切实妥当。只几天时间，人们从四面八方，纷纷前来投效，集结精锐部队三万人。于是，上疏赞扬徐羡之、傅亮等，都是忠贞之士，而竟受到横暴的冤杀，并且说："我们如果想长久的掌握权柄，不为帝国着想，当初罢黜少帝（二任帝刘义符）之时，陛下远在天边。而武皇（一任帝刘裕）的儿子群中，还有年纪更小的幼童，我们满可以拥戴他们登上宝座，号令四方，谁敢说半个不字！怎么会逆流西上三千华里，使宫廷空虚七十天，去迎接陛下绣着鸾鸟的大旗！故庐陵王（刘义真）跟少帝（二任帝刘义符）之间，积有犯上的旧恨，是他自己死于非命。如果没有罢黜，哪里来的兴起！耿弇不把贼寇遗留给君王（耿弇急攻张步事，参考二九年十月），我又怎敢辜负帝国（说明所以诛杀刘义符及刘义真，纯是为了解除刘义隆的困扰）！这都是王弘、王昙首、王华，阴险急躁，猜忌挑拨造成的灾祸，我现在动员大军，用以清除陛下身旁邪恶之徒。"

2 西秦王（首都枹罕〔甘肃省临夏市〕）乞伏炽磐，再派使臣前往北魏帝国（首都平城〔山西省大同市〕），请求对胡夏帝国（首都统万〔陕西省靖边县北白城则村〕）采取军事行动。

3 最初，南宋帝刘义隆正妻袁齐妫，生皇子刘劭，袁齐妫凝视很久，派人飞快报告刘义隆，说："这小娃相貌特别，一定会搞得家破国亡，不可养他！"就要把小娃处死。刘义隆上气不接下气的跑到寝殿门外，用手拨开门帘阻止，这才留下一命（刚生的小娃，怎么能看出他会搞得家破国亡？这种事后圣人之言，史书却把它写在事前）。只是，在为老爹守丧期间生子，违犯礼教，所以保守秘密（儒家学派的“守三年之丧”，不仅仅穿麻布衣而已，还要三年不吃肉，不睡床，不说话，不跟妻子同房。刘义隆不能做到，并不稀奇）。

闰正月六日，才宣布刘劭诞生。

4 南宋帝刘义隆，下诏戒严，大赦，中央西征各军，依照次序出发，讨伐谢晦。

谢晦任命老弟谢遁当竟陵郡（湖北省钟祥市）郡长（内史），率一万人担任留守司令。而自己率二万人，从江陵出发，船舰排列，自江津（湖北省江陵县东南十公里）到破冢（江陵县东南），旌旗招展，遮蔽天日，谢晦叹息说：“恨不得这是一支拯救皇家的勤王大军。”

谢晦打算派军袭击湘州（州政府设临湘〔湖南省长沙市〕）州长（刺史）张邵，首席军事参议官（咨议参军）何承天，认为张邵的老哥、益州（州政府设成都〔四川省成都市〕）州长（刺史）张茂度，跟谢晦友情深厚，遂说：“张邵的态度我们还不知道，不应该轻率的就发动攻击。”谢晦写信请张邵合作，张邵不理。

二月九日，刘义隆任命特级资政官（金紫光禄大夫）王敬弘，当国务院左执行长（尚书左仆射）；建安郡（福建省建瓯市）郡长郑鲜之，当国务院右执行长（尚书右仆射）。王敬弘，是王廙的曾孙（王廙，参考三一五年八月）。

二月十一日，刘义隆从建康（江苏省南京市）出发。命宰相（司徒）王弘，与彭城王刘义康，坐镇京师（首都建康），进住立法院联合办公厅（中书下省）；高级咨询官（侍中）殷景仁，参与留守政府工作。刘义隆的姐姐会稽长公主刘兴弟，进住皇宫，总管大小事务。

谢晦率反抗军自江陵顺流东下，何承天留守江陵，没有跟从。谢晦抵达西江口（湖北省监利市），政府军前锋官、中央禁军总监（中领军）到彦之，已进抵彭城洲（湖南省岳阳市东北二公里）。反抗军秘书长（长史）庾登之据守巴陵（湖南省岳阳市），胆怯畏惧，不敢前进，正巧大雨连绵，几天都不晴，军事参议官（参军）刘和之警告庾登之："我们有雨，敌人也有雨，檀道济马上就要来到，东军（政府军）十分强大，唯一办法是速战速决。"庾登之不敢大举进击，只命初级军官陈祐，制造大型口袋，满装茅草，挂在桅杆之上，声称用来烧毁敌人船舰；但火攻必须天晴，用这些理由延缓会战日期。谢晦也同意这项计划，逗留十五日之久，才派大营军事参议官（中兵参军）孔延秀，攻击政府军将军萧欣据守的彭城洲，击破萧欣军；又攻击彭城洲口政府军营垒阵地，攻克。政府军受到挫败，将领都认为应退回夏口（湖北省武汉市）；到彦之反对，遂退守隐矶（湖南省临湘市东北）。谢晦再上疏为自己辩护，并且夸耀军事上的大捷，说："陛下如果把'四凶'斩首，把'三监'的人头挂上宫墙（黄帝王朝六任帝尧帝伊祁放勋在位时，掌权的姚重华排除四位政敌，称之为"四凶"，参考一八四年五月注。"三监"，纪元前十二世纪，周王朝灭商王朝，特别在东方设立三个封国：管国〔河南省荥阳市〕国君姬鲜、蔡国〔河南省开封市〕国君姬度、霍国〔山西省霍州市〕国君姬处；监视商王朝残余部落，称"三监"。后来，周王朝一任王武王姬发逝世，二任王成王姬诵继位，年幼，周公姬旦摄政，"三监"竟跟被监视的商王朝残余部众结合，起兵叛变。姬旦把他们击平后，斩姬鲜，放逐姬度，贬姬处当平民），我立刻就停止进军，回转旌旗，折返我的任所。"

最初，谢晦跟徐羡之、傅亮，为了保护自己，特地把谢晦安置在长江上游，把檀道济安置在广陵（江苏省扬州市），使他们拥有强大的武装部队，足以克制中央。而徐羡之、傅亮在中枢掌握权柄，可以维持长久平安。所以，谢晦忽然听到檀道济站在中央那一边，率军西上，不禁大为惶恐，束手无策。

檀道济既到隐矶（湖南省临湘市东北），跟到彦之合军，船舰沿岸停泊。谢晦最初看到船舰不多，毫不在意，不马上发动攻击。到了晚上，东风大起，中央军船舰，帆篷满张，陆续抵达，前后相连，塞满江面。反抗军面对强大阵容，军心离散，没有斗志。

二月十九日，中央军舰队挺进到忌置洲尾（湖南省岳阳市北，在巴陵与彭城洲之间），直冲反抗军船舰，反抗军霎时崩溃。谢晦在夜色掩护下，投奔巴陵（湖南省岳阳市），找到一艘小艇，急回江陵（湖北省江陵县）。

当初，刘义隆命雍州（州政府襄阳）州长（刺史）刘粹，用步骑兵自陆地袭击江陵；刘粹率军抵达沙桥（江陵北），反抗军军政官（司马）周超，率一万余人迎战，大破刘粹军，刘粹军死伤超过一半，可是不久，传来谢晦败报。最初，谢晦跟刘粹友情深厚，谢晦任命刘粹的儿子刘旷之当军事参议官（参军）。南宋帝刘义隆对刘粹的态度，感到怀疑。王弘说："刘粹没有野心，不要忧虑。"后来刘粹接到命令，南下攻击江陵，丝毫没有顾忌，刘义隆因此对刘粹十分嘉许。而谢晦也没有诛杀刘旷之，反而送他回到老爹那里。

二月二十七日，刘义隆自芜湖（安徽省芜湖市）东回建康。

谢晦逃回江陵（湖北省江陵县），没有做任何部署，只惭愧的向周超道歉。当天（二月二十七日）晚上，周超知道大势已去，舍弃他指挥下的反抗军，单人独舟，晋见到彦之，投降。谢晦部属几乎全都星散，谢晦遂携带老弟谢遁等，共七匹马，向北逃走。可是谢遁既肥又壮，无法骑马，谢晦等只好不断停下来等候，以致速度缓慢。

二月三十日，才逃到安陆（湖北省安陆市）延头（湖北省武汉市黄陂区西），被驻军司令（戍主）光顺之（光，姓）逮捕，用囚车送到首都建康（江苏省南京市）。

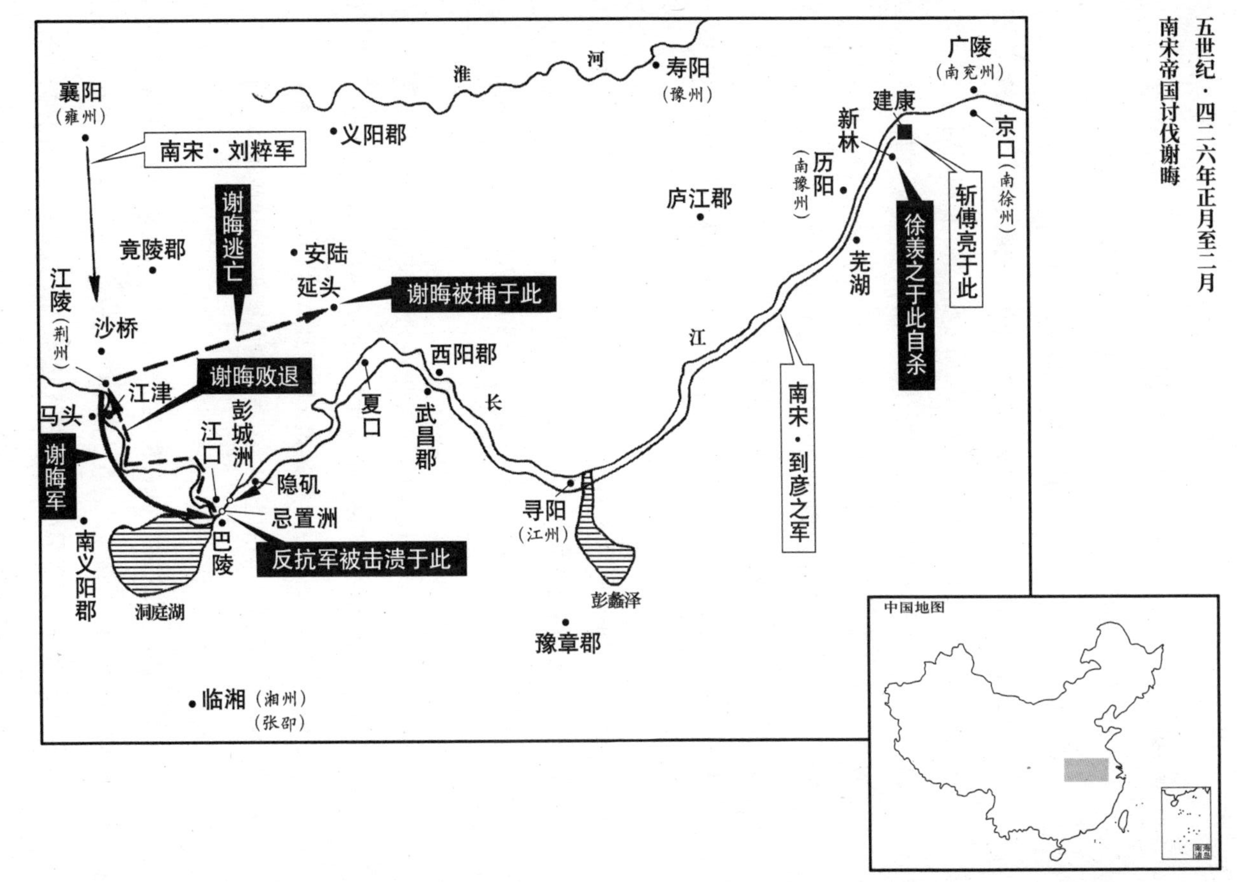

五世纪·四二六年正月至二月
南宋帝国讨伐谢晦

到彦之进抵马头（湖北省公安县东北），反抗军首席军事参议官（咨议参军）何承天投降。到彦之遂主持荆州州政府，任命周超当军事参议官（参军）。稍后，刘粹把沙桥战败情形提出报告，遂逮捕周超。于是，斩谢晦（年三十七岁）、谢皭、谢遁，以及所有侄儿，和党徒孔延秀、周超等。谢晦的女儿、彭城王刘义康王妃，披散头发，光着双脚，向老爹哭别，说："大丈夫应当为国战死，怎么狼狈到刑场处决！"庾登之在反抗军中没有实权，所以仅免除官职，剥夺政治权利。何承天和南蛮保安司令部副军事参议官（南蛮行参军）、新兴郡（山西省忻州市）人王玄谟等，都被原谅赦免。谢晦逃走时，左右官员侍从，全都抛弃他，各奔前程，只有延陵盖（延陵，复姓）一人，追随不肯离去，刘义隆任命延陵盖当镇军将军府人事官兼大营指挥官（镇军功曹督护）。

谢晦起兵时，联络北魏帝国南蛮保安司令（南蛮校尉）王慧龙，作为外援。王慧龙率军队一万人，攻陷思陵戍（河南省开封市西北），再向前推进，包围项城（河南省沈丘县）；听到谢晦失败消息，只得回军。

益州（州政府成都）州长（刺史）张茂度，接到皇帝诏书，命他袭击江陵。可是，直到谢晦失败，张茂度军才抵达白帝（重庆市奉节县东）；遂有人指控张茂度三心二意。刘义隆因张茂度的老弟张邵（湘州〔州政府临湘〕州长）有显明的忠贞，不再追究，把张茂度召回京师（首都建康）。

三月二日，刘义隆回到建康（江苏省南京市），召回谢灵运当皇家图书馆长（秘书监），颜延之当立法院主任立法官（中书侍郎），赏赐和礼遇，非常优厚。又因慧琳道人擅长谈论分析，刘义隆时常跟他探讨国家大事，慧琳道人遂参与政府权力，宾客从四面八方，拥到门庭，门前经常停留马车数十辆，各地来的贿赂和礼物，前后相接；每天筵席七八桌，座位常满。慧琳道人脚穿高齿木屐，身披貂皮外衣，设立传达官（通呈）、书记官（书佐）。会稽郡（浙江省绍兴市）人孔觊，曾经前往拜访，宾客拥挤，两人仅只能寒暄两句，不能多说别的话。孔觊感慨叹息，说："现在连黑衣服的人（道士穿黑色道袍）都当了宰相，冠帽鞋子，全错了地方。"（谢灵运、颜延之、慧琳道人事，参考前年〔四二四〕正月。）

夏季，五月十七日，擢升檀道济当征南大将军、开府仪同三司（宰相级）、江州（州政府设寻阳〔江西省九江市〕）州长（刺史）；到彦之当南豫州（州政府设历阳〔安徽省和县〕）州长（刺史）。刘义隆派散骑侍从官（散骑常侍）袁渝等十六人，分别视察各州郡县，考察官员操守，采访民间无处申诉的痛苦；又命各郡县政府上疏报告行政得失。

五月二十八日，刘义隆亲到延贤堂（华林园中），听取人民诉讼。从此，每年前来三次。

国务院左执行长（左仆射）王敬弘，性格恬淡，拥有举世钦佩的名望；可是在核定方案文稿时，他却从不肯作一次阅读。有一次，陪同皇帝听取人民诉讼，刘义隆对一件有疑问的刑案，询问王敬弘，王敬弘回答不出。刘义隆脸色大变，问左右说："为什么不把副本送给执行长（王敬弘）？"王敬弘说："我已看到了副本，可是看不懂。"刘义隆很不高兴，虽然对他仍维持尊敬礼貌，但不再跟他谈论国家事务。

六月，任命首都西区卫戍司令（右卫将军）王华当中央军事总监（中护军），仍担任高级咨询官（侍中）。王华看出宰相（司徒）王弘，辅佐皇帝，而高级咨询官（侍中）王昙首，又是皇帝的亲信，二人地位，跟自己相等；自己的能力，无法完全施展，每每叹息说："一时之间，宰相有数人之多，帝国怎么能够治理！”事实上，当时并没有固定的宰相，只要皇帝跟谁谈论过国家大事，而把机要大事交给谁办，谁就是宰相，所以王华有这种感慨。当时情形是，有人虽当了高级咨询官（侍中），却仍不是宰相。不过，国务院总理（尚书令）、执行长（仆射）、立法院最高立法长（中书令）、总立法长（中书监）、高级咨询官（侍中）、立法院主任立法官（侍郎）、御前监督官（给事中），都是当时的重要高官。

王华，跟刘湛、王昙首、殷景仁，同时都当高级咨询官（侍中），风采胸襟，以及格局才干，都是当时杰出人选。刘义隆曾经在合殿设宴款待他们，心情愉快；筵席结束后，四人告辞，刘义隆一直望着他们的背影，叹息说：“这四位贤才，是当今的俊秀，同时在我左右辅佐，恐怕后世再难出现。”

禁宫咨询官（黄门侍郎）谢弘微，跟王华等四人一样，也受到刘义隆的器重，当时号称“五臣”。谢弘微，是谢琰的侄孙（谢琰，是谢安的儿子，参考三八三年九月）；态度严肃，在适当的时机，才会发言，婢女奴仆之前，从不随便说笑，因此无论高贵的或低微的，年纪大的或年纪小的，都把他当作神明一样尊敬。堂叔谢混，对他尤其推崇，常说：“谢弘微跟人相异时不会伤害人，跟人相同时也不会妨碍人，我对他没有什么可以批评。”（谢弘微叔侄这一套，就是大分裂时代害人最深的“穷嚼蛆”：清谈。）

刘义隆打算封王昙首、王华爵位，抚摸着御座说：“这个座位，如果不是你们兄弟，我就没得坐。”把已核定了的诏书草稿拿给他们看，王昙首坚决辞让，说：“近来的事，幸靠陛下英明，使罪人得到惩罚，我们怎么可以因为国家的灾难，而自己得到好处！”刘义隆才停止。

5 北魏帝国（首都平城〔山西省大同市〕）皇帝（三任太武帝）拓跋焘（本年十九岁），下诏询问文武官员："现在我们要出军讨伐，赫连（胡夏帝国）、蠕蠕（柔然汗国），哪一国优先？"（蠕，音rú〔如〕。蠕形动物，是没有脊椎动物中的一大类，像蛔虫。柔然汗国对北魏帝国的威胁，跟匈奴汗国对两汉王朝的威胁，同样严重。北魏帝国采取精神胜利方略，三任帝拓跋焘把"柔然"改成"蠕蠕"，形容他们无知无识，跟虫蛆一样。可是，贬低敌人，也就是贬低自己。连虫蛆都无法战胜，说明自己不如虫蛆。中国文化中最得意的一件事就是把敌人诟骂得一文不值，而忘了自己。）全国武装部队总司令（太尉）长孙嵩、宰相（司徒）长孙翰、最高监察长（司空）奚斤，都说："赫连家（胡夏帝国）土生土长，还没有成为灾患，不如先攻击蠕蠕（柔然汗国），如果能够追到，可以大获全胜，如果追不到，则到阴山作一次扩大狩猎，至少可以夺取禽兽的毛皮骨角，充实军用物资。"祭祀部长（太常）崔浩说："蠕蠕（柔然汗国）来的时候，像飞鸟一样，霎时集结；去的时候，像野兽一样，霎时逃散。用大军追击，不会追上；用轻装备部队追击，又无法把他们制服。赫连家（胡夏帝国）土地不过一千华里，政治凶暴，刑法残酷，上天跟世人，同时对他们唾弃，应该先行讨伐。"国务院执行官（尚书）刘絜、武京侯安泉，则请先行攻击北燕帝国（首都和龙〔辽宁省朝阳市〕）。

于是，拓跋焘从云中宫（内蒙古托克托县）向西视察，抵达五原（内蒙古包头市），遂到阴山狩猎；又向东直到和兜山（首都平城〔山西省大同市〕西北）。

秋季，八月，拓跋焘才返平城（山西的大同市）。

6 南宋帝刘义隆下诏，派殿中将军吉恒，出使北魏帝国。

7 北燕帝国（首都和龙〔辽宁省朝阳市〕）太子冯永逝世，天王（二任文成帝）冯跋，封次子冯翼当太子。

8 西秦王国（首都枹罕〔甘肃省临夏市〕）国王（三任文昭王）乞伏炽磐，攻击北凉王国（首都姑臧〔甘肃省武威市〕），大军挺进到廉川（青海省民和县），派太子乞伏暮末等，率步骑兵三万人，进攻西安（甘肃省张掖市东南），不能攻克，于是转攻番禾（甘肃省永昌县）。

北凉王国首领（二任武宣王）、河西王沮渠蒙逊（本年五十九岁），出军迎战，并且派使节游说胡夏帝（二任）赫连昌，请利用西秦国内空虚机会，袭击枹罕（甘肃省临夏市）。胡夏帝国反应迅速，立即派征南大将军呼卢古，率骑兵二万人，攻击西秦的苑川（甘肃省榆中县东北）；车骑大将军韦伐，率骑兵三万人，攻击南安（甘肃省陇西县东南）。乞伏炽磐得到情报，回军应变。

九月，乞伏炽磐把国境内的老弱妇孺和家畜，集中到浇河郡（青海省贵德县），和莫河郡（青海省同仁市）仍寒川（西顷山北），而命左丞相乞伏昙达留守枹罕（甘肃省临夏市）。胡夏帝国车骑大将军韦伐，攻陷南安（甘肃省陇西县东南），俘虏西秦王国任命的秦州州长（刺史）翟爽、南安郡郡长李亮（互相攻击的结果，引起骨牌性的衰亡。西秦王国从此不振，死于胡夏帝国之手。而胡夏帝国和北凉王国，也因此敞开门户，先后被北魏帝国消灭。一群目光如豆、称帝称王的恶酋土霸，最后自食其果）。

9 属于西秦王国的吐谷浑部落酋长慕容握逵，率部众二万帐叛变，逃到昴川（四川省阿坝县。昴，音mǎo〔卯〕），归附吐谷浑汗国（青海省）可汗（十任）慕容慕璝。

10 大旱，蝗虫成灾。

11 南宋帝国左最高资政官（左光禄大夫）范泰上疏说："女子有'三从'的大义（《仪礼》：在家从父母，结婚后从丈夫，丈夫死后从儿子），没有自作主张的道理。谢晦家的妇女，仍被羁押在皇家御库房（尚方）做苦工，敬请陛下考虑。"刘义隆下诏把她们赦免。

12 北魏帝拓跋焘，听到胡夏帝（一任武烈帝）赫连勃勃逝世、儿子们内斗、民心不安的消息，打算讨伐。全国武装部队总司令（太尉）长孙嵩等，一致反对，说："他们如果登城固守，以逸待劳。郁久闾大檀（柔然汗国四任可汗）得到情报，乘我们空虚，发动攻击，这可是危险的策略。"祭祀部长（太常）崔浩说："想起当年，荧惑星（火星）紧傍羽林星和钩己星运转，算卦占卜，显示秦国（后秦帝国）一定灭亡（参考四一五年九月）。今年，金木水火土五星，同时出现东方天际，显示西征一定胜利。上天旨意和世间人心，互相呼应，机会不可失去。"长孙嵩态度坚决，反对到底，引起强烈争辩。拓跋焘暴跳如雷，斥责长孙嵩做官贪赃枉法，命武士抓住长孙嵩的头发，把头按到地上碰撞，殴打侮辱（本年，拓跋焘十九岁。而在拓跋焘的曾祖父拓跋什翼犍时，长孙嵩便当南部总监〔参考三七六年十二月〕，是一位四朝〔代王拓跋什翼犍、一任帝拓跋珪、二任帝拓跋嗣、三任帝拓跋焘〕元老，本年六十九岁）。于是，派最高监察长（司空）奚斤，率四万五千人，袭击胡夏帝国的蒲阪（山西省永济市）；宋兵将军周幾，率一万人，袭击胡夏帝国的陕城（河南省三门峡市）；命河东郡（山西省夏县）郡长薛谨当向导。薛谨，是薛辩的儿子（薛辩降北魏事，参考四一九年二月）。

拓跋焘打算请立法院事务官（中书博士）、平棘（河北省赵县南）人李顺，当前锋司令，征求崔浩的意见。崔浩说："李顺诚然很有谋略，但我们两家有婚姻关系（崔浩的老弟娶李顺的妹妹，侄儿又娶李顺的女儿），深知道他的为人，责任感太轻，不可以信任。”拓跋焘才停止。自此，崔浩跟李顺之间，发生裂痕。

冬季，十月十一日，拓跋焘从平城（山西省大同市）出发。

13 西秦王国左丞相乞伏昙达，跟胡夏帝国征南大将军呼卢古，在嵻崀山（甘肃省榆中县南马衔山）会战，乞伏昙达兵败。

十一月，呼卢古、韦伐，联合攻击西秦王国首都枹罕（甘肃省临夏市）；西秦王乞伏炽磐，把首都迁到定连（甘肃省临夏市东南）。呼卢古遂进入枹罕（甘肃省临夏市）南城。西秦镇京将军赵寿生，率敢死队三百人，浴血抵抗，击退呼卢古。呼卢古、韦伐，合军攻击西秦沙州州长（刺史）出连虔驻防的湟河（青海省化隆县），出连虔派后将军乞伏万年，把胡夏军击败。呼卢古、韦伐，率军再攻西平（青海省西宁市），生擒西秦安西将军库洛干，活埋西秦战士五千余人，裹挟居民二万余家，班师。

14 仇池（甘肃省西和县南）氐部落酋长杨兴平，向南宋帝国（首都建康）要求归降。南宋帝国梁州及南秦州（二州州政府同设南城〔陕西省汉中市南郑区南〕）州长（刺史）吉翰，派始平郡（侨郡，湖北省丹江口市西北）郡长庞咨，进军到武兴（陕西省略阳县）。

“氐王”杨玄，派他的老弟杨难当率军迎击南宋军，被庞咨击退。

15 北魏帝拓跋焘，进抵君子津（内蒙古托克托县东南黄河渡口），正巧，天气严寒，气温突然剧烈下降，黄河冰封。

十一月三日，拓跋焘率轻装备骑兵二万人，踏冰渡过黄河，直

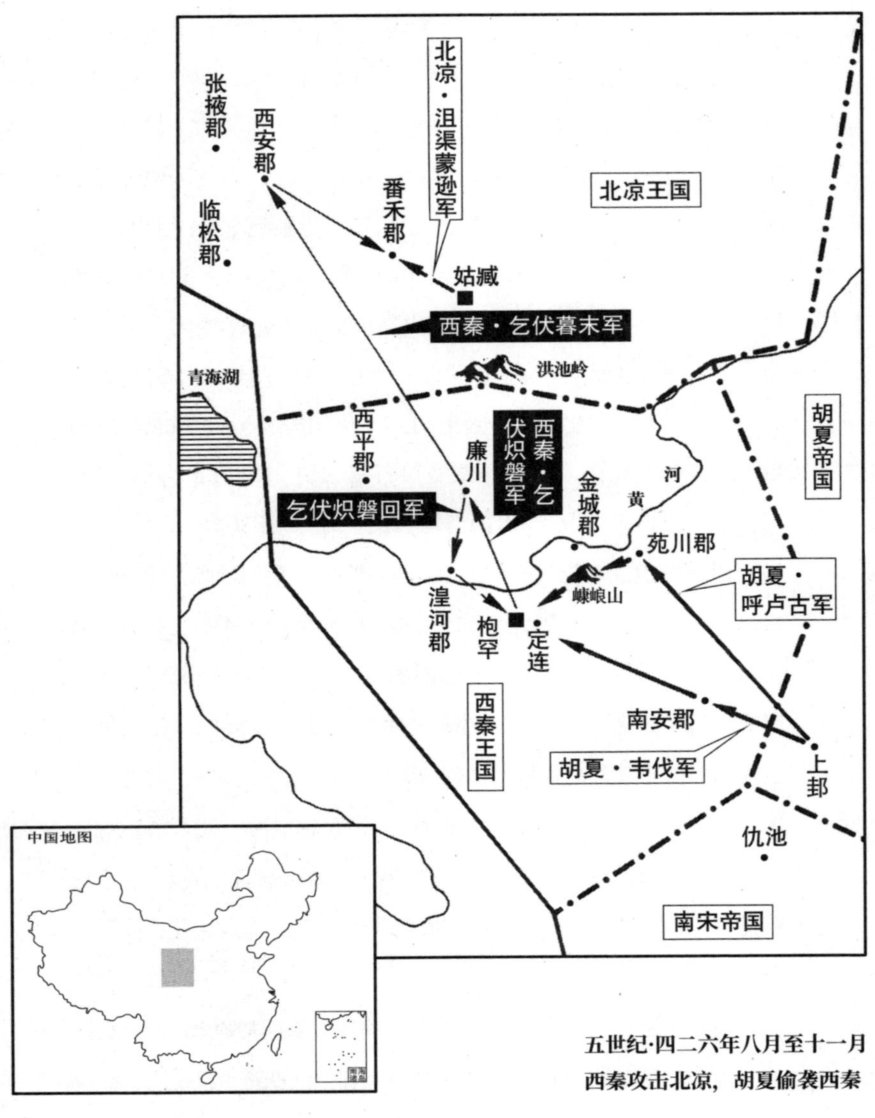

五世纪·四二六年八月至十一月

西秦攻击北凉，胡夏偷袭西秦

接袭击胡夏帝国首都统万（陕西省靖边县北白城则村）。

十一月七日，冬至，胡夏帝（二任）赫连昌，正在大宴文武百官，庆祝佳节，北魏军忽然出现，胡夏帝国上下惊恐骚动。北魏在黑水扎营，距统万（陕西省靖边县北白城则村）城三十余华里。赫连昌出战，战败，急向城中撤退，城门来不及关闭，北魏帝国禁军卫士官（内三郎）豆代田，率军乘势突入西宫，纵火焚烧西宫城门；胡夏帝国政府下令关闭所有宫门，豆代田跳出宫墙撤退。拓跋焘擢升豆代田当勇武将军。是夜，北魏军在统万（陕西省靖边县北白城则村）城北扎营。

十一月八日，北魏军分别出动，到四方抢夺掳掠，斩杀及俘虏数万人，牛马十余万头。拓跋焘对各将领说："统万不容易得到，来年跟各位再来夺取。"裹挟当地居民一万余家，班师。

胡夏帝国弘农郡（河南省灵宝市东北）郡长曹达，听到北魏帝国宋兵将军周幾大军就要到达，不敢迎战，放弃郡城逃走；北魏军乘胜追击，所向无敌，遂深入胡夏帝国南部腹地三辅（大长安地区）；不意周幾在行军中逝世。胡夏帝国镇守蒲阪（山西省永济市）的东平公赫连乙斗，听说北魏最高监察长（司空）奚斤的大军就要到达，派使节飞快向首都统万（陕西省靖边县北白城则村）报告紧急情况，使节抵达统万时，统万正被北魏军包围；他马上奔回，报告赫连乙斗："统万已经完结！"赫连乙斗魂不守舍，放弃蒲阪，向西逃回长安；奚斤遂占领蒲阪。

胡夏帝赫连昌的老弟赫连助兴，镇守长安（陕西省西安市），赫连乙斗到后，赫连助兴心胆俱裂，放弃长安，向西逃到安定（甘肃省镇原县东南屯字镇）。

十二月，奚斤进入长安，胡夏帝国秦州（州政府设杏城〔陕西省黄陵县〕)、雍州(州政府设阴密〔甘肃省灵台县西南〕)所属的氐人部落、羌人部落，全向奚斤投降。北凉王国(首都姑臧〔甘肃省武威市〕)首领、河西王沮渠蒙逊，以及"氐王"(首府仇池〔甘肃省西和县南〕)杨玄，得到消息，也都派使节向北魏帝国归附。

16 南宋帝国前吴郡(江苏省苏州市)郡长徐佩之，集结变民一百余人，阴谋明年(四二七)元旦朝会时，在金銮宝殿上发动突击，事情泄露。

十二月十七日，逮捕徐佩之，斩首。

17 南宋帝国二任帝(少帝)刘义符的娘亲、营阳太妃张女士逝世。

18 西秦王国征南将军乞伏吉毗，镇守南漒(甘肃省卓尼县南)。陇西郡(甘肃省陇西县)人辛澹，率部众三千家，占据南漒城，驱逐乞伏吉毗，乞伏吉毗逃回枹罕(甘肃省临夏市)，辛澹向东南撤退，投奔仇池(甘肃省西和县南)。

19 北魏帝国刚占领中原时，人民多半逃亡藏匿。本世纪(五)〇〇年代时，一任帝(道武帝)拓跋珪下诏清查这些没有纳入户籍的人家，命他们缴纳绸缎布匹；这些人家很多自己申报职业，分别成为"绸缎纺织户"或"精密纺织户"，所缴的绸缎布匹，直接呈送中央，不属郡县；赋税差役，极不公平。

本年(四二六)，北魏帝拓跋焘下诏废止，户籍转给郡县。

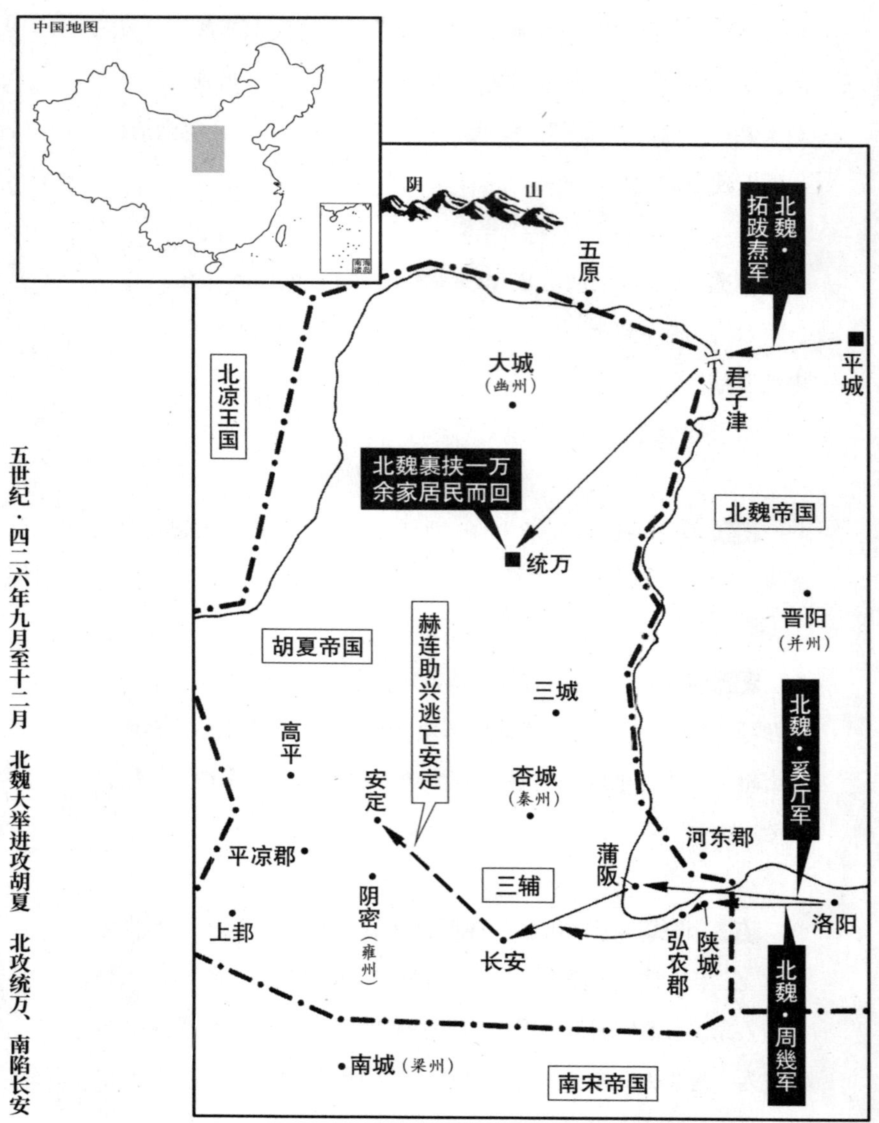

五世纪·四二六年九月至十二月　北魏大举进攻胡夏　北攻统万、南陷长安

四二七年 丁卯

南宋	元嘉	四年
西秦	建弘	八年
北魏	始光	四年
北凉	玄始	十六年
胡夏	承光	三年
北燕	太平	十九年

1 春季，正月七日，南宋帝国（首都建康〔江苏省南京市〕）皇帝（三任文帝）刘义隆（本年二十一岁），到建康南郊，祭祀天神。

2 正月十一日，北魏帝国（首都平城〔山西省大同市〕）皇帝（三任太武帝）拓跋焘（本年二十岁），返首都平城。从统万（胡夏首都，陕西省靖边县北白城则村）强迫迁到平城的移民，很多人在中途死亡，能够到达平城的，不过十分之六七。

正月二十五日，拓跋焘前往幽州（州政府设蓟城〔北京市〕）。胡夏帝国（首都统万〔陕西省靖边县北白城则村〕）皇帝（二任）赫连昌，派平原公赫连定，率军二万人南下，准备收复长安（陕西省西安市）。拓跋焘得到消息，下令砍伐阴山林木，大量建造攻城工具，准备对胡夏帝国作第二次攻击。

3 山区羌部落（居住武始郡〔甘肃省临洮县〕南方山区的羌族，称山羌），背叛西秦王国。

二月，西秦王国（首都枹罕〔甘肃省临夏市〕）国王（三任文昭王）乞伏炽磐，派左丞相乞伏昙达，安抚武始山区羌部落；征南将军乞伏吉毗，安抚洮阳（甘肃省临潭县西南）山区羌部落。武始山区羌部落生擒乞伏昙达，献俘给胡夏帝国。乞伏吉毗则受到洮阳山区羌部落攻击，大败而回，士卒马匹死亡伤残的，占十分之八九。

4 北魏帝拓跋焘，返首都平城（山西省大同市）。

5 二月十一日，南宋帝刘义隆，前往丹徒（江苏省镇江市东丹徒区）。

二月二十五日，祭拜祖先坟墓（兴宁陵，在丹徒城东南）。

最初，一任帝（武帝）刘裕在富贵之后，下令把他幼年贫穷微贱时的耕田农具，陈列故居，展示给子孙。刘义隆抵达故宫（物以人贵，刘裕当皇帝后，破烂的故居，即修缮成故宫），看见之后，满脸羞惭。身旁最亲近的侍从中，有人进言说："姚重华（黄帝王朝七任帝）亲身在历山（山西省永济市境）耕种田地，姒文命（夏王朝一任帝）治理天下洪水，更亲自担水挖土。陛下不看到遗物，怎么能知道先帝（刘裕）的伟大、耕种的艰难！”

6 三月三日，北魏帝拓跋焘，派高凉王拓跋礼，镇守长安（陕西省西安市）。拓跋礼，是拓跋斤的孙儿（拓跋斤挑拨拓跋寔刺杀老爹拓跋什翼犍；参考三七六年十二月）。

又下诏：命首都平城警备区司令（执金吾）桓贷，在君子津（内蒙古托克托县东南黄河渡口）兴建大桥（准备向胡夏帝国进军）。

三月四日，广平王拓跋连（一任道武帝拓跋珪子）逝世。

7 三月十四日，南宋帝刘义隆，返首都建康（江苏省南京市）。

三月十五日，国务院右执行长（尚书右仆射）郑鲜之逝世（年六十四岁）。

8 西秦王乞伏炽磐，任命辅国将军段晖，当凉州州长（刺史），镇守乐都（青海省海东市乐都区）；平西将军麹景当沙州州长（刺史），镇守西平（青海省西宁市）；宁朔将军出连辅政当梁州州长（刺史），镇守赤水（甘肃省临夏市南）。

9 夏季，四月四日，北魏帝国派编制外散骑侍从官（员外散骑常侍）步堆等，到南宋帝国（首都建康）报聘。

10 四月七日，南宋帝国任命最高法院院长（廷尉）王徽之当交州（州政府设龙编〔越南河内市东北北宁省〕）州长（刺史），征召现任州长（刺史）杜弘文回京（首都建康）。杜弘文正患重病，立即雇车，出发上路。

有人劝他等到病体痊愈，杜弘文说：“我们杜家，三代镇守边疆（祖父杜瑗、老爹杜慧度，三代都是交州州长），一直渴望能去中央，何况又奉征召！”遂启程，走到广州（州政府设番禺〔广东省广州市〕），逝世。杜弘文，是杜慧度的儿子（杜慧度，参考四二〇年七月）。

11 北魏帝国最高监察长（司空）奚斤，跟胡夏帝国平原公赫连定，在长安（陕西省西安市）对峙。北魏帝拓跋焘打算乘胡夏帝国后方空虚，攻击统万（胡夏首都，陕西省靖边县北白城则村），遂遴选战士，加以严格训练，分配给各将领担负作战任务；命宰相（司徒）长孙翰等，率骑兵三万人，作为前锋；常山王拓跋素等，率步兵三万人，作为后备，尾随前进；南阳王拓跋伏真等，率步兵三万人，护送攻城工具；将军贺多罗，率三千人精锐骑兵，担任斥候，在前锋兵团之前，搜索侦察。拓跋素，是拓跋遵的儿子（拓跋遵，参考三九五年九月）。

五月，拓跋焘自平城（山西省大同市）出发；命龙骧将军、鲜卑人（代人）陆俟，统御北方各路兵马，镇守大碛（今地不详），防备柔然汗国（瀚海沙漠群）。

五月九日，拓跋焘自君子津（内蒙古托克托县东南黄河渡口）渡黄河西上。

12 五月十日，南宋帝国中央军事总监（中护军）王华逝世（年四十三岁）。

13 北魏帝拓跋焘，抵达拔邻山（内蒙古准格尔旗），兴筑城堡，留下辎重，亲自率领轻装备骑兵三万人，加倍速度，先行进发。文武官员一致劝阻说："统万（胡夏首都，陕西省靖边县北白城则村）城墙坚固，不是早晚之间就能攻克，现在用轻装备部队讨伐，如果不能马上破城，撤退的时候，又没有粮食；不如配合步骑兵和攻城工具，一齐行动。"拓跋焘说："军事攻击，最笨拙的是攻击城堡，非到万不得已，不可使用。我们如果集结步兵，携带攻具，浩浩荡荡前进，他们一定恐惧，必然登城固守。如果不能攻克，到时候粮食吃完，士卒筋疲力尽，而又无处可以抢掠夺取，我们就陷于进不能进，退不能退的窘境。不如用轻装备骑兵，发动突袭，他们发现步兵还没有赶到，一定不太在意。我们再故意暴露弱点，引诱他们动手。他们如果出击，就正好跳进圈套，被我们生擒。为什么会这样？只因为我们士卒离家二千余华里，又隔着一条巨流黄河，正是所谓：'把他放到必死的地方，他反而会活。'三万人的轻装备骑兵部队，攻城的力量当然不够，但用来决战，绰绰有余。"大军遂动。

14 六月一日，日蚀。

15 北魏帝拓跋焘抵达统万（胡夏首都，陕西省靖边县北白城则村），把大部分主力，埋伏在城外深谷之中，只率少数部队，进逼城池。胡夏帝国将领狄子玉向拓跋焘投降，报告说："皇上（赫连昌）听说魏国（北魏帝国）军队前来，派人征召正在南方进攻长安（陕西省西安市）的平原公赫连定回军。赫连定说：'统万城池坚固，不容易攻破，等我捉住奚斤，然后慢慢北返，内外夹击，没有不成功之理。'所以皇上（赫连昌）专心守城，等待赫连定。"拓跋焘对赫连昌不出战的决策，大为烦恼，乃下令撤退，故意显示力量微弱；一面派中央禁军总监（中领军）娥清，和永昌王拓跋健，率骑兵五千人，向西大肆劫掠居民。

北魏军有一位犯罪逃亡，投奔胡夏帝国的士卒，向胡夏帝国报告北魏军粮食已经用尽，士卒每天只吃蔬菜，而辎重补给，都远在后方，步兵也还没有抵达；建议应该掌握这个机会，急行攻击；赫连昌同意（胡三省注：“纵是拓跋焘派出的专业间谍，也不能运作得如此之理想。”柏杨按：这就是我们所称的“命运”，再高的智慧都无法安排）。

六月二日，赫连昌率步骑兵三万人出城。北魏宰相（司徒）长孙翰等，向拓跋焘提出警告：“夏国（胡夏帝国）兵团的阵势难以攻破，我们应躲开锋锐。”拓跋焘说：“我们遥远的前来追捕盗贼（胡夏帝国军），唯恐怕他们不出城。今天，他们出城，我们反而躲开，不敢攻击，鼓励他们的斗志，削弱我们的力量，不是好的计谋。”遂集结部队，假装逃走，引诱胡夏兵团追赶，使他们疲惫。

胡夏帝国兵团在胡夏帝赫连昌亲自指挥下，分成两路纵队，像两只翅膀一样，左右包抄；战鼓如雷，杀声震天，追击紧迫；奔驰五六华里；忽然之间，大风雨从东南方涌到，尘土灰沙，布满天地，一片黑暗，伸手不见五指。北魏帝国宦官赵倪，相当通晓神鬼法术，对拓跋焘说：“风雨从贼寇（胡夏帝国）头上吹过来，我们逆风，他们顺风，是上天不肯帮助我们。而且将领士卒，无不又饥又渴，但愿陛下收兵，暂时避他们一避，等到以后再说。”祭祀部长（太常）崔浩厉声喝止，说：“这是什么话，我们大军深入敌国千里，有必胜的策略，怎么可以只一天工夫，就全盘推翻。贼寇贪图胜利的战果，不断追击，不肯停止，根本没有后继部队。现在应该发动埋伏，对他们作意外的突击。刮风下雨，只看人们怎么利用，岂有刻板的认为一定对我们不利！”拓跋焘说：“对极！”于是，把骑兵分成东西两个纵队，互相呼应。就在这时，拓跋焘马失前蹄，摔下马背，胡夏士卒一拥而至，几乎生擒；北魏皇族拓跋齐，用身体掩护拓跋焘，决心一死，拼命拒战，胡夏军才被击退。拓跋焘翻身上马，直刺胡夏帝国国务院执行官（尚书）斛黎文，一槊毙命，又杀胡夏骑兵十余人。拓跋焘身中流箭，但仍苦战不休，胡夏兵团竟告崩溃。拓跋齐，是拓跋翳槐的玄孙（拓跋翳槐，是拓跋什翼犍的老哥。参考三二九年十二月）。

北魏帝国乘胜反攻，追击赫连昌，追到统万（陕西省靖边县北白城则村）城北，斩赫连昌的老弟、河南公赫连满，跟侄儿赫连蒙逊，杀胡夏士卒一万余人。赫连昌抱头鼠窜，来不及逃回统万，而直奔上邽（甘肃省天水市）。拓跋焘身穿普通士兵的铠甲，追杀四散逃亡的胡夏士卒，竟闯进统万（陕西省靖边县北白城则村）；拓跋齐再三再四阻止，拓跋焘不理。而胡夏帝国已发觉侵入城中的一位士卒，是北魏帝冒充，于是下令关闭所有城门。拓跋焘跟拓跋齐等，无路可逃，最后溜进皇宫，抢到女人的长裙，撕成细条，绑到铁槊之上，拓跋焘用来爬上城墙，再从城墙上爬下，仅仅逃出一命。这时天已黄昏，胡夏帝国国务院执行长（尚书仆射）问至（问，姓），保护赫连昌的娘亲，打开城门向西南逃走。北魏宰相（司徒）长孙翰，率八千骑兵，追赶赫连昌，追到高平（宁夏固原市），没有追上，班师。

六月三日，拓跋焘进入统万（陕西省靖边县北白城则村），俘虏胡夏帝国的亲王、公爵、高级文官、将领、指挥官，以及胡夏帝国一任帝（武烈帝）赫连勃勃的正妻皇后和小老婆群妃妾，以及现任皇帝赫连昌的正妻皇后和小老婆群妃妾、姐妹公主、宫女，有数万人之多；另外，马三十余万匹、牛羊数千万头，国库中的奇珍异宝、车辆、旌旗、器物，多得数都数不完。依照阶级，分别赏赐给将士。

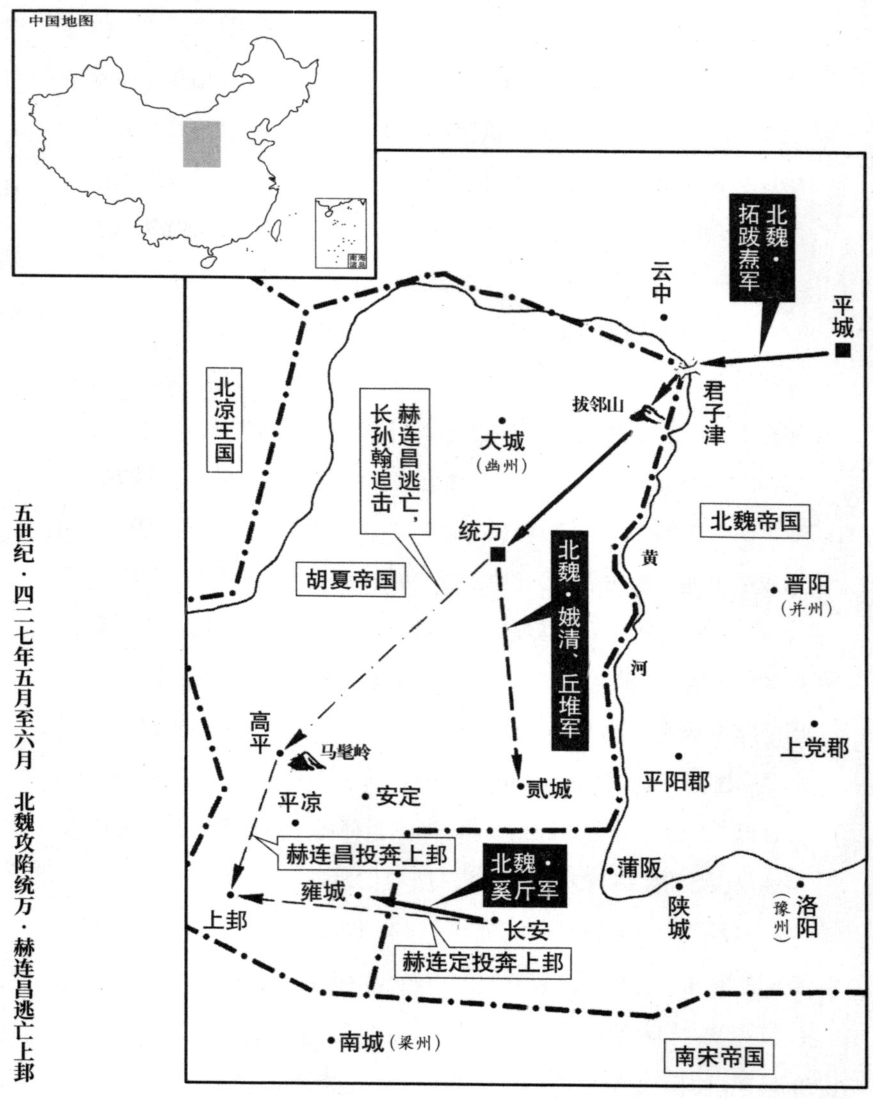

五世纪·四二七年五月至六月　北魏攻陷统万·赫连昌逃亡上邽

最初，胡夏帝国一任帝赫连勃勃，性情奢侈，兴筑统万城（陕西省靖边县北白城则村），城高七十尺，基厚三十步，上宽十步；宫墙高三十五尺，坚硬得可以用来磨砺刀斧。亭台楼阁，十分雄伟壮丽，全部雕刻图画，用锦绣装饰，精致豪华，无以复加（赫连勃勃筑统万城，参考四一三年三月）。拓跋焘转头对左右侍从官员说：“巴掌大的小国，竟把人民奴役到这种程度，要想不亡，怎么能够！”

北魏俘虏胡夏帝国天文台长（太史令）张渊、徐辩，任命他们仍当天文台长（太史令）；召见故晋帝国将领毛修之（毛修之被俘，参考四一八年十一月），和西秦王国将领库洛干（库洛干被俘，参考去年〔四二六〕十一月），把库洛干送回西秦王国；毛修之是一位有高度技巧的烹饪家，拓跋焘命他当御厨房管理官（太官令）。拓跋焘看到一篇对赫连勃勃作过分赞美的文章，大怒说：“写这文章的小子，真无耻之极，怎么胆敢如此，他是谁？给我查出来。”文章是胡夏帝国国史编撰官（著作郎）、天水郡（甘肃省天水市）人赵逸的作品。祭祀部长（太常）崔浩说：“摇尾分子写文章，无论是赞扬或是抨击，大多言过其实，只不过不得不这么做，用不着惩罚。”事情才停止。拓跋焘把赫连勃勃的三个女儿，收入后宫当小老婆。

《统万碑文》：

功劳大而品德高的人，一定会建立不可抹杀的基业。仁爱累积而善心广布的人，一定享受没有止境的祝福。从前，伊祁放勋（尧帝）时代，屡次遭到厄运，我皇上（赫连勃勃）祖先大禹（姒文命。赫连勃勃自称是姒文命的后裔，参考四〇七年五月），以最高圣贤的资格，掌握天下万机。凿开龙门（山西省河津市西北），劈出伊阙（河南省洛阳市南），挖通三江淤塞的阻碍，引导九河泛滥的洪水（三江，重要江河的泛称。九河，参考前一八年)。解除天下最大的灾难，拯救世上众多的生灵；贡献恢弘，可比天地神祇；功德高厚，更超过创造世界万物的主宰。所以上天降下洪福，日、月、星辰，发出赞美。虽然一再谦恭推辞，而终于不得不接受禅让。开创夏王朝大统，传位二十世（夏王朝共十九任君王)，历时四百年（四百四十年)，无数贤才，代代相承。圣哲的君王，遵守祖先走的道路，光荣盖过最早的上古；高贵的典范，照耀过去。想不到大道并不一直是那么平坦，也曾数度遇到危险。最后一任君王姒履癸(桀)，败坏国家法纪，竟被漏网之鱼的商王朝灭亡；遂使万丈金光，在天际绝迹；神圣车辆，在世上无影无踪。然而，纯正的英灵并没有泯灭，洪福隐藏在万世之后，真龙在沙漠之南飞升，金凤在朔方（黄河河套地区)之北崛起。长缰驭马，西到昆仑山之外；密网捕鱼，东到沧海之滨。从皇祖(姒履癸)失去宝座，迄今已二千余年。虽然皇家正统，被限制在崤山、函谷关之内；仁义礼智信五种高贵的道德，不能在伊水、洛水流域(河南省中部)培植深厚根基；秦州、雍州，成为犯上作乱篡夺的场所；周王朝故都(镐京，陕西省西安市长安区西)和古豫州，也成为战场。然而，远在幽暗的朔方地区，上有受人长久尊敬的人主，境内一片欢乐升平；下有广大人民，忠心不贰。所拥武装部队，多达一百余万。战马欢腾，长驱直入，战鼓直指秦地(后秦帝国)、赵地(北魏帝国)，使中原疲于奔命。各国不敢凭枕高卧，为时已经很久。

于是，派出一支游击部队，接近泾阳(陕西省泾阳县)，摧毁日正中天的周王朝（指晋帝国征服后秦帝国后长安的留守政府)精锐；而平阳（山西省临汾市)一战，更打击西汉王朝（指北魏帝国)兴旺的气焰。虽然霸王继起，好像早上太阳在扶桑(指日本)初升；豪杰相接，犹如晚月登上蒙汜(太阳所落山谷)。可是，自从盘古开天辟地，从来没有人听说过这种盛况。假如不是世代相传，可以跟乾坤比长久；庞大的基业，可以跟山岳同样稳固，怎么能够在一个树根之上，生出千百枝叶？又怎么能够在断绝万年之后，再恢复对祖先的祭祀？脚踏寒霜，冠冕越发荣耀；身披浓雾，光辉越发四射！于是上天赐下祥瑞，大道指出目标，我皇上（赫连勃勃）隆重诞生之日，也正是天纵英明之时。上体天心，下从民望。真龙在北京（统万，陕西省靖边县北白城则村）出现，大义风范，覆盖九州（古九州，全中国）；凤凰在天庭翱翔，声威所及，震动八方。现在是一个奸雄并立的时代，和恶徒对抗的世局。我皇上（赫连勃勃）早晚两次，出席金銮宝殿，主持帝国事务；每天都工作到很晚，甚至忘记进餐。在虎帐之中，遣兵派将，完全控制局势，从没有一次失误。御驾亲自统率三军，兵锋所及，只有讨伐，没有战争（讨伐令下，对方即行屈服，用不着战争），所以僭伪的秦国（后秦帝国），以三世雄厚的资本（三世：一任帝姚苌、二任帝姚兴、三任帝姚泓），在关陇（陕西省中部及甘肃省东部）地区，失魂丧胆。河源（西秦王国）看到我们的旌旗，立即送来人质；北虏（北魏帝国）听到我们的风声，就进贡金银珠宝。恩德遥远的传到九千华里之外的蛮荒，威严切实的在讨伐叛逆上，向世人显示。文化教育，跟武功勋业，同有成就，礼仪音乐，跟刀枪剑戟，一齐运转。只不过五年时间，天下大治；等到七年期满，圣王的道理，更使帝国一片融洽，到那时候，才效法姬昌（周文王），开始经营首都：勘查山川、考查形势；兴建城郭，构筑高台；背靠名山，面对巨流。东方有黄河、西方有要塞；城高可以遮蔽太阳，屋大可以阻遏雨云。墙坚如石，壕深好像天池，周围绵延一千余华里。可以单独据守的形势，和惊险奇绝的位置，远胜过咸阳（陕西省咸阳市），更超越洛阳（河南省洛阳市东白马寺东）。于是，推广郊区范围，提高皇家祭庙尊严，制定祭祀天神的规矩，重建叩拜农神的礼仪。我皇上（赫连勃勃）亲自登临太乙（太乙山，在陕西省眉县南），修建皇家会堂；兴筑金銮宝殿上帝王的宝座，装饰深宫后院中人主休息的卧房。天门高耸云霄，出现山亭；楼阁插入太空，互相对峙。御花园有灵秀池水，高台上有密径可通密室。屋屋相连，路路平坦。树荫遮盖万邦，光芒覆照四海。庄严肃穆，应有尽有。有如紫微星高悬苍穹，又好比秋风横扫大地。然后高级官员、重要干部，以及知识分子和平民，全认为在重大的威严上，跟从前君王相比，似乎不够。于是，延请奇技特巧的工程人员，招揽媲美公输班（春秋时代鲁国最精巧的土木工程师）那样的设计专家，从邓林砍伐坚实的木材，（邓林，神话中的森林。《淮南子》："夸父追日，丢下他的手杖，手杖生长，遂成森林。"）在恒山（北岳，河北省曲阳县北）开凿美丽的玉石。九州（古九州，全中国）进贡金银，八方呈献珠宝。我皇上（赫连勃勃）亲自作神奇的设计，指示细则。在陪都（长安，陕西省西安市）之南，兴建离宫；在永安（陕西省三原县北）之北，构筑宝殿。殿高八千尺，连同基础，共有七万尺。黑色栋梁，和雕刻图案花纹的书桌，像五彩之虹，在天上扬眉吐气；房檐上耸，如同向天飞跃，好像正在修啄翅膀，准备振翼而起。东墙西墙既已奠基，而五个神庙同时动工（五神庙：秦王朝建四庙：密畤祭祀青帝、上畤祭祀黄帝、下畤祭祀炎帝、畦畤祭祀白帝；西汉王朝建一庙：北畤祭祀黑帝）。四个角落陈设完备，唯一的御座尊位，正式完成。温暖的宫室，空气新鲜；清凉的殿堂，架构峥嵘。用珍珠编成帷帐帘幕，上面镶嵌五彩缤纷的钻石翡翠。虽然外面的日月有升有降，可是里面的昼夜并无分无别。虽然外面的世界有寒有暑，可是里面却四季如春。再细心的观察家，也找不到适当的词汇形容；再渊博的学者，也无法查出它们的名称。因为，这些都是神灵的规划，不是人类的创造。如果一定要找出它们的名称，把它们分别归类，用它们外表形状，推断来源；根据实际资料，追究来源；势将感到困惑，无法解释。即令是如来菩萨的宝塔，释迦牟尼的神宫，都不足以形容我皇上（赫连勃勃）宫殿的华丽，和装饰的美妙。从前，姬靖（周王朝十一任王宣王）重建巨厦，诗人吟咏“闷宫有侐”，引起广大歌颂（闷，音bì〔必〕。侐，音xù〔序〕。“闷宫有侐”，是《诗经·闷宫》的首句。闷宫，是关闭的祖先祭庙。周王朝时，鲁国祖先祭庙，久已无人照料，直到纪元前七世纪，十九任国君僖公姬申，重新修缮，受到赞扬）。何况神明开创，京师（首都统万）落成。天下制度，从此统一；法令规章，重新开始，祭祀百神，征服万国。人民的耳目一新，世界都庆幸得到拯救。有人遂问：为什么不把它谱入乐章之中，刻在石碑之上！这才在首都写下文章，歌颂功德，以便皇家风范，永传万世，圣王伟业，不朽千古。下列，是我们的赞美之歌：

神灵的赐福　跟上天一样兴隆
伟大的大禹（姒文命）　伟大的丰绩圣功
仁爱普及天下人民　恩德上感苍穹
上天赐给你荣耀　在谦让中接受权柄
圣哲的君王继续不断　光辉的后嗣保持遗风
无奈道路不能永远平坦　幸运在最后告终
太阳南照　光辉北映
神灵再度赐福　后代林叶更加茂盛
幸而有祖父（刘务桓）和老爹（刘卫辰）　努力克制厄运坏命
像日月并明一样　光芒如一面金镜
不断出现符箓　天运有归
特别钟爱皇上（赫连勃勃）　平地龙飞
神圣的武功　庄严的圣贤英雄
名分教化在国内生根　蛮夷野人被逐出国境

王化普及四方　威信来自九重
封国、京畿的制度　是君主的常制
遂降下神匠鬼工　开创帝王京师
大漠肥土　拥有优胜形势
人民踊跃欢欣的投入　完成不需要几日
高台云霄相望　华亭天际对峙
千间房舍相连　万栋楼阁充斥
光芒好像早晨的日出　排列又似晚上的星池
离宫既然兴建　其他工程也相继实施
结构光明正大　标准无愧天使
风起响起丁冬　云绕屋檐骋驰
温室建在险峰　城墙层层相对
梁栋都有雕刻　接头处更龙螭聚会
装潢璧玉　每处都是金银宝贝
名声因受到赞扬而更提高
荣誉由于跟实质相符而更光辉
伟大的皇家　至情的文章
道义高尚可比灵台　技巧美妙可比未央（西汉未央宫）
超越三皇五帝　洪福归于霸王
永世典范　亿年荣光

我一面翻译统万这份碑文，一面汗流浃背。《资治通鉴》上说，北魏帝拓跋焘看到一篇马屁文章，气得发疯。所看到的，大概就是此文，《资治通鉴》认为是赵逸手笔，《魏书》认为是胡方回手笔，而《晋书》则认为是胡方回的老爹胡义周手笔。不管是谁，史书之所以录下全文，用心良苦，显然的，它留下了历史上最完整、也最奋不顾身的一篇马屁作品典范，供后人鉴赏。

我从不反对歌功颂德，但必须对方有功有德。英雄豪杰，圣人贤才，以及对人类有贡献的君王、官员、将领、士兵、工匠，以及各色人等，只要他有功有德，我们就应歌颂，毫不掩饰内心的崇拜敬佩之情。但是，如果他无功无德，我们就不该把他当作有功有德的人看待；如果他作恶多端，我们就应有道德勇气，予以唾弃。马屁精文章的特质是：对应赞美的，抨击；而对应唾弃的，反而赞美。为了一个官，或为了几两银子，能把恶汉形容为圣徒，把杀人蜂形容为可爱的家鸽。

写马屁文章的知识分子，固是无耻，接受马屁文章的有权有钱大爷，同样无耻——他竟然信以为真，囫囵下肚，而面不改色。两个无耻一拍即合后，乃完成一个双倍无耻。

一旦双倍无耻问世，辨别是非善恶、评断功过得失的客观标准，便被毁坏。有权有钱的大爷，会飘飘然乐不可支，不可避免的自傲自满，最后智力枯竭，做出许多马屁文章歌颂前，他绝不会做出的蠢事。

16 北魏帝国最高监察长（司空）奚斤，跟胡夏帝国平原公赫连定，在长安（陕西省西安市）对峙，北魏帝拓跋焘命皇族事务部长（宗正）娥清、交通部长（太仆）丘堆，率骑兵五千人，向关右（函谷关以西）夺取土地。赫连定听到首都统万（陕西省靖边县北白城则村）陷落消息，也投奔上邽（甘肃省天水市）。奚斤追击，追到雍城（陕西省宝鸡市凤翔区），没有追上，回军。娥清、丘堆联合攻击胡夏帝国的贰城（陕西省黄陵县西北），攻克。

拓跋焘下诏，命奚斤等班师。奚斤上疏说："赫连昌（胡夏帝国皇帝）逃到上邽（甘肃省天水市）自保，集结残余的灰烬，但是还没有巩固根据地的实力。现在，乘他危急，消灭他十分容易，请增加铠甲马匹，我当削平赫连昌而回。"拓跋焘不许，奚斤一再请求，拓跋焘才批准，拨给奚斤一万人，派将军刘拔，送去战马三千匹；并命娥清、丘堆，留在前方，配合奚斤，向胡夏帝国作最后一击。

六月十九日，拓跋焘自统万（陕西省靖边县北白城则村）返回东方。任命常山王拓跋素当征南大将军，"假节"，跟首都平城警备区司令（执金吾）桓贷、莫云，留在统万镇守。莫云，是莫题的老弟（莫题，参考三九七年二月）。

17 西秦王乞伏炽磐，返首都枹罕（甘肃省临夏市）。

18 秋季，七月七日，北魏帝拓跋焘，走到柞岭（内蒙古和林格尔县东），柔然汗国（瀚海沙漠群）攻击云中郡（北魏故都盛乐，内蒙古和林格尔县），听到北魏已攻陷统万（陕西省靖边县北白城则村），遂撤退而去。

19 西秦王乞伏炽磐，对文武官员说："我早就知道赫连家（胡夏帝国）一定一事无成，所以冒险归降魏国（北魏帝国；参考四二三年四月），而今，我的话应验。"

八月，乞伏炽磐派叔父、平远将军乞伏渥头等，到北魏帝国进贡。

20 八月十一日，北魏帝拓跋焘，返首都平城（山西省大同市），把战利品依照等级分别赏赐给留守政府的官员。

拓跋焘这个人，雄壮勇敢，沉着稳重，无论登城防御，或身在战场，短兵相接，都站到第一线，亲自冒犯乱箭飞石；左右死伤不断，而拓跋焘神色跟平常一样。因之将领士卒，无不畏惧佩服，都愿尽力效死。而他性情节俭，衣服饮食，够用就已满足。文武官员请求加强京师（首都平城）城墙防御功能，并改善皇宫，说："《易经》说：'王公设立险要，保卫家国。'萧何也说：'天子以四海为家，假如不够壮丽豪华，便不能显示威严。'（参考前二〇〇年二月。）"拓跋焘说："古人也有句话：'只在恩德，不在险要。'（吴起语，参考前三八七年。）赫连屈丐用蒸过煮过的土筑城，而我把他灭掉，问题岂在坚固不坚固（赫连屈丐，即赫连勃勃，北魏帝国称"柔然"为"蠕蠕"，称"勃勃"为"屈丐"〔《魏书》的记载则称"屈孑"，也是贬词〕，表示轻视，属于精神胜利法）！而今，天下还没有太平，正需要人力的时候，土木工程之类的事，我从来不愿去做。萧何的话，并不正确。"拓跋焘认为，财政是军事国事的基础，不可以轻易浪费。至于所发赏赐，都是为国死难、有功人士的遗属；皇亲国戚，从来没有过。派遣将领，调动军队，都亲自指示机宜；违背的人，大多失败。又有知人之明，或者在士卒行列之中，选出将领，所任用的人，只看他的才干，不看他的关系背景。拓跋焘观察敏锐，洞察部属的隐情，部属不能对他欺瞒。虽然贫贱，该赏仍赏；虽然权贵，该罚仍罚。对平常最宠爱的人，也绝不宽纵包庇；经常说："法律，我跟人民共同遵守，怎敢轻视？"然而，拓跋焘性情残忍，说杀就杀；不过，杀人之后，又往往十分后悔。

21 九月二十六日，胡夏帝国所属安定郡（甘肃省镇原县东南屯字镇）居民，献出郡城，投降北魏帝国（首都平城）。

22 “氐王”（首府仇池〔甘肃省西和县南〕）杨玄，派将军苻白作，攻击西秦王国梁州州长（刺史）出连辅政所驻守的赤水（甘肃省临夏市南）。城中粮秣吃完，居民生擒出连辅政投降。出连辅政被押送途中，走到骆谷（今地不详），逃回。

冬季，十月，西秦王国擢升骁骑将军吴汉，当平南将军，兼梁州州长（刺史），镇守南漒（甘肃省卓尼县南）。

十一月，北魏帝拓跋焘，派作战军政官（军司马）公孙轨，兼藩属事务部长（大鸿胪），“持节”，携带诏书，前往仇池（甘肃省西和县南），任命“氐王”（首府仇池）杨玄，当荆梁四州军区司令长官（都督荆梁四州诸军事。四州：荆梁益宁）、梁州州长（刺史），封南秦王。公孙轨入境之后，杨玄不出来迎接，公孙轨责备他，打算带着诏书回去。杨玄才感到恐惧，亲自赶到郊外。拓跋焘认为公孙轨处理的态度严正，任命他当国务院执行官（尚书）。公孙轨，是公孙表的儿子（公孙表被诬陷，参考四二三年三月）。

23 十二月，西秦王国梁州州长（刺史）吴汉，受到羌人部落攻击，无法抵御，放弃南漒（甘肃省卓尼县南），率居民二千家，返回首都枹罕（甘肃省临夏市）。

24 北魏帝拓跋焘前往中山（定州州政府所在城，河北省定州市）。

十二月四日，返首都平城（山西省大同市）。

四二八年 戊辰

南宋	元嘉	五年
西秦	建弘	九年
	永弘	元年
北魏	始光	五年
	神䴥	元年
北凉	玄始	十七年
	承玄	元年
胡夏	承光	四年
	胜光	元年
北燕	太平	二十年

1 春季，正月二日，北魏帝国（首都平城〔山西省大同市〕）京兆王拓跋黎（一任道武帝拓跋珪子）逝世。

2 南宋帝国（首都建康〔江苏省南京市〕）荆州（湖北省）州长（刺史）、彭城王刘义康，聪明敏锐，荆州大为治理。

左最高资政官（左光禄大夫）范泰，警告宰相（司徒）王弘说："天下大事，责任沉重，权要位置，很难在上面久坐。你们弟兄（王弘老弟王昙首）的官位和权力，已达到巅峰，应该有一旦受到贬降时的心理准备。彭城王（刘义康），是皇上（刘义隆）的第二个弟弟，最好是征召他回到中央，共同参与决策。”王弘接受，这时正在大旱，瘟疫疾病流行，王弘上疏承认是自己过失，请求辞职。南宋帝（三任文帝）刘义隆（本年二十二岁）不准。

3 西秦王国（首都枹罕〔甘肃省临夏市〕）商州州长（刺史）兼浇河郡（青海省贵德县）郡长姚濬，叛变，投降北凉王国（首都姑臧〔甘肃省武威市〕）。西秦王（三任文昭王）乞伏炽磐，命国务院执行官（尚书）焦嵩，当商州州长（刺史）兼浇河郡郡长，率三千人讨伐姚濬（据《晋书·州郡志》，前凉王国五任威王张祚设置商州，州政府设敦煌〔甘肃省敦煌市〕。所以姚濬、焦嵩所担任的商州州长〔刺史〕，都是空头官衔）。

二月，焦嵩被吐谷浑汗国（青海省）酋长慕容元绪生擒。

4 北魏帝国（首都平城）改年号神䴥（䴥，音jiā〔家〕。之前是始光五年，之后是神䴥元年）。

5 北魏帝国平北将军尉眷，围攻胡夏帝国皇帝（二任）赫连昌所在的上邽（甘肃省天水市），赫连昌退守平凉（甘肃省华亭市）。北魏最高监察长（司空）奚斤，进抵安定（甘肃省镇原县东南屯字镇），跟皇族事务部长（宗正）娥清、交通部长（太仆）丘堆会师。而奚斤军中，瘟疫流行，战马大批死亡，士卒又缺乏粮食，无法攻击，只得兴筑营垒固守。派丘堆到乡村征粮逼租，北魏士卒凶暴成性，奸淫烧杀，无所不为，没有戒备。赫连昌出军袭击，丘堆大败，士卒很多被杀，丘堆只剩下数百名骑兵，逃回安定（甘肃省镇原县东南屯字镇）。赫连昌乘胜追击，每天到城下抢掠。北魏军得不到粮秣，将领们开始不安。监军官兼执法监察官（监军侍御史）安颉（音節〔节〕）说："我们奉到的命令是消灭盗贼（指胡夏帝国），现在反而被盗贼围住，困守孤城。即令不被盗贼屠杀，也会受军法审判，斩首处死，进退都无法活命，可是各位王爷爵爷（奚斤封宜城王），却舒舒服服坐在那里，没有一点方略？"奚斤说："我们军队没有马匹，用步兵攻击骑兵，无法取胜，只有等中央救兵来到，前后夹击！"安颉说："凶猛的盗贼（指赫连昌）就在城外，我们的士卒已筋疲力尽，粮食又快吃完，如果不决一死战，灭亡就在早晚，哪有时间等到救兵？反正是死，不如战死，难道不行？"奚斤又以战马太少作为理由，推辞不肯。安颉说："把将领们所有的战马，集中起来，可凑到二百匹。我自愿招募敢死队出击，即令不能击破敌人，也可以摧挫他们的锐气。而且，赫连昌自大骄傲，有勇无谋，喜爱斗狠，行动轻率，每每亲自出马挑战，大家都认识他的模样，如果用伏兵偷袭，赫连昌可能被我们活捉。"奚斤仍然面有难色。安颉遂暗中跟尉眷秘密进行，遴选战马骑士，严阵以待。不久，胡夏帝（二任）赫连昌亲自攻城，安颉出军。赫连昌到阵前交锋，北魏敢死队认出他的面貌，全力围攻。正巧，狂风突起，尘沙飞扬，白天如同黑夜，昏暗不清。赫连昌败退，安颉追击，而赫连昌的坐骑突然栽倒，从鞍上摔下来，遂被安颉生擒。安颉，是安同的儿子（安同，参考三八六年八月）。

胡夏帝国最高统帅（大将军），兼宰相（领司徒）、平原王赫连定，招收残兵败将，还有数万人，逃回平凉（甘肃省华亭市），继任皇帝（三任）。大赦，改年号胜光（之前是承光四年，之后是胜光元年）。

三月十三日，赫连昌被押解到平城（北魏首都，山西省大同市）。北魏帝（三任太武帝）拓跋焘（本年二十一岁），招待他住进西宫，房间里的日常用具，都跟供应皇帝使用的一样。拓跋焘又把妹妹始平公主嫁给他，命他当荣誉常忠将军，封会稽郡公（人生有幸有不幸，同是大分裂时代，同是亡国之君，慕容超〔南燕帝国末任帝〕、姚泓〔后秦帝国末任帝〕，被绑赴刑场，斩首示众。李势〔成汉帝国末任帝〕、赫连昌，却仍继续保持荣华富贵)。

擢升安颉当建节将军，封西平公；尉眷当宁北将军，晋封渔阳公。

拓跋焘常命赫连昌侍从在自己身边，打猎时，还单独跟他两马相并，追逐麋鹿，深入高山危谷。赫连昌的勇猛，一向有名，北魏各将领都认为不可对赫连昌如此信任。拓跋焘说："有天命在，什么事值得担心！"对赫连昌的亲切，跟开始时一样。

奚斤是大军总司令，平凉之战，自己束手无策，而手下小将(指安颉、尉眷)却生擒敌国皇帝，建立盖世奇功，深感羞耻。于是，下令全军放弃辎重，只带三日粮秣，进攻胡夏帝国新任皇帝(三任)赫连定据守的平凉(甘肃省华亭市)。娥清建议沿泾水(渭水支流)前进，奚斤不同意，遂从北方上道，打算切断赫连定的退路。大军抵达马髦岭(即马毛山，前秦帝国五任帝苻登战死处，参考三九四年七月。宁夏固原市西南二十公里)，胡夏兵团就要逃走，正巧，北魏军一个初级军官有罪逃亡，投奔胡夏兵团，泄露北魏军窘困情形——既无粮，又无水。赫连定遂派出别动部队，前后夹攻，北魏军瓦解，奚斤、娥清、刘拔等，全被赫连定生擒，士卒也被杀六七千人。

丘堆留守安定(甘肃省镇原县东南屯字镇)，看管军用物资，听到奚斤失败消息，立刻放弃辎重城池，逃奔长安(陕西省西安市)。到长安后，惊魂不定，又跟镇守长安的高凉王拓跋礼，放弃长安，逃往蒲阪(山西省永济市)。胡夏帝国军遂收复长安。拓跋焘怒不可遏，命安颉斩丘堆，代替丘堆职务，镇守蒲阪拒敌。

夏季，四月，赫连定派使节到北魏帝国，请求和解；拓跋焘下诏，命赫连定投降。

四月十五日，拓跋焘到西方巡察。

四月二十一日，在河西（陕西省北部）打猎。大赦。

6 五月，西秦王（三任文昭王）乞伏炽磐逝世（年龄不详），太子乞伏暮末继位（四任），大赦，改年号永弘（之前是建弘九年，之后是永弘元年）。

7 南宋帝国平陆（山东省汶上县）县长、河南郡（河南省洛阳市东白马寺东）人成粲，再度劝宰相（司徒）王弘急流勇退，王弘同意，一再上疏请求，南宋帝刘义隆不得已。

六月十四日，调任王弘当首都卫戍司令（卫将军）、开府仪同三司（宰相级）。

8 六月十八日，北魏帝拓跋焘，前往长川（内蒙古兴和县西北）。

9 西秦王国把前任国王（三任文昭王）乞伏炽磐，安葬在武平陵（今地不详），绰号称文昭王，祭庙称太祖。

西秦王（四任）乞伏暮末，任命右丞相乞伏元基，当高级咨询官（侍中）、相国、全国各军区总司令长官（都督中外诸军事）、主管政府机要（录尚书事）；又任命镇军大将军、河州（州政府及中央政府同在首都枹罕〔甘肃省临夏市〕）全权州长（牧）乞伏谦屯，当骠骑大将军。召回安北将军、凉州（州政府设乐都〔青海省海东市乐都区〕）州长（刺史）段晖，当辅国大将军、总监察长（御史大夫）；任命叔父、右禁将军乞伏千年，当镇北将军、凉州全权州长（牧），镇守湟河（青海省化隆县）；征北将军乞伏木弈干，当国务院总理（尚书令）、车骑大将军；征南将军乞伏吉毗，当国务院执行长（尚书仆射），兼卫大将军。

北凉王国（首都姑臧〔甘肃省武威市〕）首领（二任武宣王）、河西王沮渠蒙逊（本年六十一岁），因西秦王国发生大丧，遂攻击西秦王国所属的西平（青海省西宁市）。西平郡郡长麴承，对沮渠蒙逊说："你如果能先攻下乐都（青海省海东市乐都区），西平一定归附于你。如果望风投降，英明的君王也瞧不起这种守将。"沮渠蒙逊遂撤除包围，转头攻击乐都（青海省海东市乐都区）。西秦相国乞伏元基率骑兵三千人，赴乐都协防，刚刚进城，北凉王国大军已到城下，开始攻击；攻陷外城，切断水源，全城陷于饥渴，死亡超过大半。东羌部落酋长乞提，原来率军追随乞伏元基入城，但暗中却跟北凉围城军勾结，从城上抛下绳索，北凉围城军士卒，攀登而上，共计爬上一百余人，大声呐喊，纵火焚烧城门。乞伏元基率左右亲军，苦战反扑，好不容易把北凉围城军逐退。

最初，乞伏炽磐患病，对太子乞伏暮末说："我死之后，你能够保护国境，已经很好了。沮渠成都最受沮渠蒙逊的亲敬尊重（沮渠成都被俘事，参考四二二年十月），你应该送他回国。"时到现在，乞伏暮末派使节晋见沮渠蒙逊，表示愿送回沮渠成都，请求和解。沮渠蒙逊同意，遂解围班师，派使节前往西秦王国祭悼乞伏炽磐灵坛。乞伏暮末用厚重的礼物，送回沮渠成都，并派将军王伐护送。沮渠蒙逊仍疑心其中有诈，命恢武将军沮渠奇珍，在扪天岭（甘肃省兰州市西）埋伏突击，俘虏王伐跟他手下的士卒三百人而回。稍后，才派国务院助理官（尚书郎）王杼，送王伐返西秦王国，致赠乞伏暮末马一千匹，以及其他绫罗绸缎。

秋季，七月，西秦王乞伏暮末派记录参谋官（记室郎中）马艾，前往北凉王国（首都姑臧）报聘。

10 北魏帝拓跋焘回宫。

八月，拓跋焘再往广宁（河北省涿鹿县）观看温泉。

柔然汗国（瀚海沙漠群）可汗（四任纥升盖可汗）郁久闾大檀，派他的儿子率一万余骑兵，攻击北魏帝国边塞。拓跋焘自广宁折返追击，追赶不上。

九月，拓跋焘回宫。

冬季，十月十日，拓跋焘到北方巡察。

十月十八日，到牛川（内蒙古兴和县西）狩猎。

11 西秦王国凉州（州政府湟河）全权州长（牧）乞伏千年，酗酒、残暴，虐待部属人民，不理公务。西秦王乞伏暮末派使节前往责备，乞伏千年害怕，投奔北凉王国（首都姑臧）。

乞伏暮末任命叔父、特级国务官（光禄大夫）乞伏沃陵当凉州全权州长（牧），镇守湟河（青海省化隆县）。

12 南宋帝国徐州（州政府设彭城〔江苏省徐州市〕）州长（刺史）王仲德，派步骑兵二千人，攻击北魏帝国所属的济阳（河南省兰考县东北堌阳镇）、陈留（浚仪，河南省开封市）。

13 北魏帝拓跋焘回宫。

定州（州政府设中山〔河北省定州市〕）丁零部落酋长鲜于台阳等，两千余家叛变，逃入西山（太行山），州郡政府没有力量制服。

闰十月，拓跋焘命镇南将军叔孙建讨伐。

14 十一月一日，日蚀。

15 北魏帝拓跋焘，前往西河（内蒙古托克托县一带）举行狩猎竞赛。

十二月二十一日，拓跋焘返宫。

16 北凉王国首领、河西王沮渠蒙逊，攻击西秦王国，大军抵达磐夷（青海省西宁市西南）。西秦相国乞伏元基等，率骑兵一万五千人阻截。沮渠蒙逊回军攻击西平（青海省西宁市）；西秦征虏将军出连辅政等，率骑兵二千人救西平。

17 南宋帝国皇家图书馆长（秘书监）谢灵运，自认为无论就名望、辈分、资格、才能，他都应掌握实权，负实际政治责任。可是南宋帝刘义隆却一直把他当作一个普通文化人看待，每次参加御前宴会，只跟他谈论文章诗词。王昙首、王华、殷景仁，原来的名声地位，都在谢灵运之下，现在却受到皇帝宠爱信任，升作高官。谢灵运心里愤愤不平，经常声称有病，不参加朝会。有时候出城远行，甚至走二百华里之遥，十数天都不回来。既不上书奏报，又不请事假病假。刘义隆不想使帝国重要高官没有面子，婉转命他自己解释。谢灵运才上疏自称有病，刘义隆遂批准给他休假，教他回会稽郡（浙江省绍兴市）养病。谢灵运回会稽后，仍然游逛欢宴，毫不在意，被司法单位弹劾，遂被免职。

18 本年（四二八），师子王国（斯里兰卡岛）国王刹利摩诃，跟天竺（印度半岛）迦毗黎王月爱，都派使节，携带奏章，向中国（南宋帝国）进贡，奏章上用辞，类似佛经上的话。

19 北魏帝国镇远将军平舒侯燕凤逝世（燕凤历事四位君王，参考三三八年十一月）。

四二九年 己巳

南宋	元嘉	六年
西秦	永弘	二年
北魏	神䴥	二年
北凉	承玄	二年
胡夏	胜光	二年
北燕	太平	二十一年

1 春季，正月，南宋帝国（首都建康〔江苏省南京市〕）京畿总卫戍司令（扬州刺史）王弘，上疏请求辞去京畿总卫戍司令（扬州刺史）及主管政府机要（录尚书事）本兼各职，而转让给彭城王刘义康。南宋帝（三任文帝）刘义隆（本年二十三岁）下达一份褒扬的诏书，但拒绝批准。

正月二十日，刘义隆任命刘义康当高级咨询官（侍中）、扬南徐兖军区司令长官（都督扬南徐兖三州诸军事）、宰相（司徒）、主管政府机要

（录尚书事），兼南徐州（州政府设京口〔江苏省镇江市〕）州长（刺史）。王弘跟刘义康二人的总部，都设有助理官员及警卫部队，共同辅佐政府。王弘身体衰弱，本来经常患病，再加上他又决心远离大权，所以每件事都推给刘义康。刘义康遂负起全部责任，总管内外事务。

刘义隆再任命抚军将军、江夏王刘义恭，当荆湘等八州军区司令长官（都督荆、湘等八州诸军事。八州：荆、湘、雍、益、梁、宁、南秦、北秦），兼荆州（州政府设江陵〔湖北省江陵县〕）州长（刺史）；高级咨询官（侍中）刘湛，当南蛮保安司令（南蛮校尉），负责处理军区司令部及州政府事务。刘义隆写信给刘义恭，说：

“管理天下，至为艰难。家国事务，十分重大。虽然不是开创，而只是继承现成基业，但要想保守它不致败坏，也不简单。是兴隆或是衰退？是安全或是危险？全靠我们自己。怎么能不感觉到王业不易，对我们肩头的重担，深觉畏惧！

“你性情褊急暴躁，愿望稍稍受到阻挠，就一定用强硬手段，非达到目的不可。至于心里本来没有某种想法的，外面稍稍引导，你也会立刻就有某种想法。这最容易招灾惹祸，应该时常提醒自己，竭力克制。卫青对知识分子礼貌周到，对气质低劣的一些人物，也有恩惠（参考前一一九年）。西门豹性情刚急，身上常佩苇草；董安于性情和缓，身上常带弓弦；都用以警告自己，改正缺点（《韩非子·观行》）。而关羽、张飞，却恰恰相反，二人性格，各趋极端（关羽亲近武官，而轻视知识分子；张飞敬重知识分子，却看不起地位比他低贱的人；参考二二一年六月）。你做人做事，要深刻体会这些故事的教训。如果事情忽然发生巨变（暗示自己死亡），我的儿子年纪还小，你身为宰相（司徒），势必负起姬旦的责任（周王朝一任王武王姬发逝世，老弟周公姬旦，辅佐年幼的侄儿、二任王成王姬诵。参考前一一一六年），所以，你不可以不了解责任的内涵。到那个时候，帝国是安是危，掌握在你们叔侄二人之手。

“你每月的私人开支，不准超过三十万。如果用不到三十万，那就更好。荆州（州政府江陵）总部房舍（包括宰相府、军区司令部、州政府），我略微了解，看情形还不需要重新整修，去追求新异。至于审问诉讼案件，多数都要当时裁决，无法事先准备，这是一项大的困难。所以你要更加留意，在审问的时候，应该摒除成见，虚心听取当事人陈述，千万不可以受自己喜怒支配。平常做事，能够听从别人的建议，自己就会享受美好的声誉。不可以一意孤行，用来炫耀自己的决断和英明。

“名份和官职（参考前四〇三年）都应深切珍惜，不可以随意给予别人。对亲近的人封爵赏官，尤其要再三斟酌，特别慎重。我对于左右侍奉的人，很少特别恩赏，如果外边有人用这种话来批评，我并不认为他们的批评不当。凭权势欺凌别人，别人不会心服。用威力压制别人，别人不会接受。这种事情，至为简单明了。

“声色犬马、嬉戏游荡，都不要过分。饮酒赌博、捕鱼打猎，一切都不应去做。生活上必需要的开支，都应有节制限度；奇装异服、古玩珍宝，都不可喜爱。最迫切的是，要不断接见助理官员和部属。接近的次数太少，彼此间便没有感情。没有感情，心灵便无法交通。心灵无法交通，你又怎么知道人民的需要？”（本年，刘义恭十七岁。）

2 胡夏帝国（首都平凉〔甘肃省华亭市〕）酒泉公赫连俊，从平凉（甘肃省华亭市）出奔，投降北魏帝国（首都平城）。

3 丁零部落（时驻太行山）酋长鲜于台阳等，向北魏帝国投降。

北魏帝（三任太武帝）拓跋焘（本年二十二岁）下诏赦免（鲜于台阳等叛入太行山事，参考去年〔四二八〕十月）。

4 西秦王国（首都枹罕〔甘肃省临夏市〕）征虏将军出连辅政大军，还没有抵达西平（青海省西宁市），北凉王国首领（二任武宣王）、河西王沮渠蒙逊（本年六十二岁）已攻陷城池，生擒西秦政府任命的郡长麴承（沮渠蒙逊去年〔四二八〕十二月攻西平）。

二月，西秦王（四任）乞伏暮末，封正妻梁女士当王后，王子乞伏万载当太子。

5 三月二十五日，南宋帝刘义隆，封皇子刘劭（本年四岁）当太子。

三月二十六日，大赦。

三月二十九日，任命首都东区卫戍司令（左卫将军）殷景仁，当中央禁军总监（中领军）。

刘义隆因娘亲胡道安早死（《宋书·后妃传》：胡道安生刘义隆，刘义隆五岁时，不知道什么缘故，刘裕把她处死。刘义隆登极后，尊她为“章太后”），所以对外祖母苏女士，最是亲昵。苏女士逝世，刘义隆常到灵前哭泣，还打算追加爵位，命文武官员讨论。殷景仁认为古代没有封外祖母爵位的前例，刘义隆才停止。

6 最初，西秦王国国务院执行官（尚书）、陇西郡（甘肃省陇西县）人辛进，随从三任王（文昭王）乞伏炽磐，在陵霄观游猎，用弹弓射击飞鸟，一不小心，竟射中乞伏暮末的娘亲，更不幸的是伤害到她美丽的容貌。等到乞伏暮末登上西秦王（四任）宝座，询问娘亲面部受伤的原因，娘亲告诉他，乞伏暮末大发雷霆，斩辛进，并斩辛进五族内有关系的二十七人。

7 夏季，四月二日，南宋帝国擢升国务院左执行长（尚书左仆射）王敬弘，当国务院总理（尚书令）；临川王刘义庆当国务院左执行长（左仆射）；国务院文官部长（吏部尚书）、济阳郡（河南省兰考县东北堌阳镇）人江夷当国务院右执行长（右仆射）。

8 最初，北魏帝国（首都平城〔山西省大同市〕）一任帝（道武帝）拓跋珪，命国务院执行官（尚书）邓渊，撰写《国记》十余卷，没有完成，即行停止。三任帝（太武帝）拓跋焘改命祭祀部长（太常）崔浩，跟立法院主任立法官（中书侍郎）邓颖等，继续编撰，称《国书》，共三十卷。邓颖，是邓渊的儿子（邓渊，参考三九八年十一月）。

9 北魏帝拓跋焘，将对不断骚扰北方边境的柔然汗国（瀚海沙漠群），作一次灭国性的大规模攻击，在首都平城（山西省大同市）南郊，举行阅兵大典。先行祭拜天神，然后下令进入紧急状态。内外官员，都不愿意发动这次军事行动，连保太后（拓跋焘的乳娘）都一再劝阻，只有祭祀部长（太常）崔浩，极力赞成。

国务院总理（尚书令）刘絜等，共同推举天文台长（太史令）张渊、徐辩，由他们向拓跋焘分析反对北伐的理由，说："今年是'己巳'年，恰恰是三个'阴气'聚集在一起的年份（十个天干中，奇数为阳：甲、丙、庚、戊、壬；偶数为阴：乙、丁、己、辛、癸。十二个地支中，同样的奇数为阳：子、寅、辰、午、申、戌；偶数为阴：丑、卯、巳、未、酉、亥。己是一阴，巳是一阴，己巳合是一阴，共三阴）。木星突然遮住月亮，金星出现西方，地上不可以有军事行动。如果北伐，一定失败。即令取胜，也对皇上不利。”文武官员异口同声，一致赞成，说：“张渊等年轻时候，曾经警告过苻坚（前秦帝国三任帝宣昭帝）不可以南征；苻坚不肯接受，结果失败（淝水之战，参考三八三年十一月）。他们的判断没有一件事不应验，不可以违背。”拓跋焘心里大不高兴，命崔浩跟张渊等，举行御前辩论。

崔浩质问张渊、徐辩说：“阳刚是恩德，阴柔是刑杀；所以日蚀时要累积恩德，月蚀时要注意刑杀。帝王使用刑杀，对犯小罪的人，则绑赴刑场处决；对犯大罪的人（指敌国），则动员军队，在战场上把它消灭。今天，出兵讨伐犯大罪的人，正是加强刑罚。我观察天象，近年以来，月亮运行，遮盖昴星，到今天仍是如此。卜卦的结果显示：三年之内，天子（拓跋焘）大破旄头星之国。（旄，音máo〔毛〕。旄头星，就是昴星。胡三省注：“旄头星，蛮夷之星。”）蠕蠕（柔然汗国）、高车（高车部落），都是旄头星的臣民，盼望陛下不要怀疑。”张渊、徐辩说：“蠕蠕（柔然汗国），是荒野外没有用的东西，得到他们的土地，不能耕种收割粮食；得到他们的人口，不能当作臣民驱使。而且行动飘忽，出没无常，很难把他们制服，有什么事迫不及待，劳动人马讨伐？”崔浩说：“张渊、徐辩如果谈论天文，还算是他们的职责。至于人事和形势，他们就更不知道。二位所说的那一套话，原是西汉王朝人士挂在嘴边上的话（对于匈奴汗国的态度，韩安国、主父偃、严尤等，都是如此），可是用在今天，完全不切实际。为什么？蠕蠕（柔然汗国）本来是帝国北方的藩属，后来背叛而去（参考三九四年十月），现在诛杀他们的头目，收回裹挟下的善良人民，使他们得以为帝国效力，并不是毫无用处。世上的人都信服张渊、徐辩深通天文奥秘，预知成败。那么，我提出一个问题，在统万（胡夏故都，陕西省靖边县北白城则村）没有陷落之前，他们（胡夏帝国）有没有溃败的征兆？如果你不知道，是你没有这种能力；如果你知道而没有说出来，是你对你的主人不忠。”（张渊、徐辩原是胡夏帝国天文台长〔太史令〕；参考四二七年六月。）当时，会稽公赫连昌（胡夏帝国二任帝）也在座，张渊等因当时确实没有说过，十分惭愧，不能回答。拓跋焘大为高兴。

御前会议散后，三公、部长级高级官员中，有人抱怨崔浩说："而今，南方盗匪（指南宋帝国）正在我们背后虎视眈眈，把他们抛在一旁，却去北伐，如果蠕蠕（柔然汗国）逃得无影无踪，我们的大军，前进没有收获，后面又有强大贼寇（南宋帝国），那将怎么办？”崔浩说："事情不是这样，今天的形势是，如果不能先击破蠕蠕（柔然汗国），就没有能力处理南方盗匪（指南宋帝国）。南方盗匪自从得到帝国攻克统万（胡夏故都，陕西省靖边县北白城则村）的消息，才真正开始恐惧。为了壮胆，所以扬言要出动军队，保卫淮河以北疆土。但我敢保证，等到我们击败蠕蠕（柔然汗国），凯旋而归，南方盗匪（南宋帝国），连动静都不会有。而且，他们是步兵，我们是骑兵，他们能北来，我们也可南下。他们已累得要死，我们却没有多大疲劳。何况，南方和北方的风俗习惯，全不一样，南方河道纵横，北方一片平原，帝国即令把黄河以南疆土，交给他们（南宋帝国），他们也守不住。为什么敢这么肯定？试看，像刘裕那样的英雄豪杰，吞并关中（陕西省中部），留下他心爱的儿子（刘义真）镇守，配备给他优良的将领，和数万人的精良部队，而仍镇守不住，最后落得全军覆没（参考四一八年十一月），民间号哭之声，到现在仍没有平息。何况今天的刘义隆，无论君臣，都不能跟刘裕时代相比。而我们的皇上（拓跋焘），英明雄武；我们的部队，人强马壮。他们（南宋帝国）如果攻击，就跟刚出生的小马小牛，搏斗虎狼一样，有什么使我们担心！蠕蠕（柔然汗国）

则情形不同，仗恃距离太远，一直认为帝国没有力量对他们制裁，所以防备至为松懈。夏季把部众解散，到各地逐水草畜牧。秋季之后，才再集合。背后是寒冷荒原，面对南方温暖地带，自会不时抢劫。而今出军，正是他们毫无防备之时，一看到飞扬的尘沙，就会大为惊骇，四散逃走。公马护着母马，母马护着小马，行动缓慢，难以控制，势不能迅速找到水草。只不过几天工夫，他们必定再行聚集，穷苦困顿，将更艰难，我们就可以一举歼灭。短时间的辛劳，换来长远的和平，机会不可丧失。最大的忧虑是：皇上没有这种决心！皇上既有这种决心，为什么阻挠！”道士寇谦之问崔浩说：“对蠕蠕（柔然汗国）真的能够制服？”崔浩说：“一定可以。但是，只恐怕将领们目光如豆，没有远见，顾虑多端，不肯乘胜追击，深入敌土，以致不能获得彻底的胜利。”

在这件事之前，南宋帝刘义隆，乘北魏帝国使节北返，带口信给北魏帝拓跋焘，说：“你应该赶快还我们黄河以南的土地（北魏攻取黄河以南土地事，参考四二三年）！不肯的话，我们的将军只好竭尽全力。”拓跋焘正在讨论讨伐柔然汗国，听到这项报告，失声大笑，对高级官员说：“这群鱼鳖虾蚧！连救自己老命都来不及，有屁作为！即令能来，蠕蠕（柔然汗国）就更重要，如果不先消灭蠕蠕（柔然汗国），可是坐在这里等强盗临门，腹背同时受到攻击，不是优良的谋略！我决定立即北伐。”

四月二十九日，拓跋焘率大军从首都平城（山西省大同市）出发，命北平王长孙嵩、广陵公楼伏连，留守京师（首都平城）。拓跋焘向东取道黑山（内蒙古呼和浩特市境）；而派平阳王长孙翰，从西方直指大娥山（今地不详），二路大军，约定在柔然汗国的王庭（设蒙古国哈拉和林市）会师。

10 五月一日，日蚀。

11 南宋帝国国务院总理（尚书令）王敬弘，坚决辞职，上疏请求返回故乡会稽郡（浙江省绍兴市）。

五月二日，南宋帝刘义隆任命王敬弘当高级咨询官（侍中）、特进（朝会时位置仅次于三公）、左最高资政官（左光禄大夫）；准许回乡。

12 五月十六日，北魏帝拓跋焘，前进到瀚海沙漠南界，下令抛弃所有辎重，亲率轻装备骑兵，每位骑兵另备一匹副马，袭击柔然汗国。骑兵抵达栗水（蒙古国翁金河），柔然可汗（四任纥升盖可汗）郁久闾大檀，果然没有戒备，人民满布原野，正在安静的牧猪放羊，突然发现北魏大军从天而降，惊慌恐怖，霎时四散，逃跑一空，无法集结。郁久闾大檀纵火焚烧房屋（此时王庭设蒙古国哈拉和林市），向西方逃走，谁都不知道逃到什么地方。他的老弟郁久闾匹黎先，原来主持东方疆土，听到北魏侵入国境消息，率领部众西上，打算跟老哥会师，中途却跟北魏平阳王长孙翰兵团遭遇，长孙翰兵团拦腰痛击，大破柔然军，斩酋长、总监等数百人。

13 胡夏帝国（首都平凉）皇帝（三任）赫连定，打算收复统万（胡夏故都，陕西省靖边县北白城则村），率军东下，抵达侯尼城（平凉东），不敢前进，回军。

14 北凉王国（首都姑臧〔甘肃省武威市〕）首领（二任武宣王）、河西王沮渠蒙逊，讨伐西秦王国（首都枹罕〔甘肃省临夏市〕）。西秦王（四任）乞伏暮末，留相国乞伏元基，镇守枹罕，自己退保定连（甘肃省临夏市东南）。

西秦政府任命的南安郡（甘肃省陇西县东南）郡长翟承伯等，镇守罕幵谷（甘肃省临夏市西南。幵，音jiān〔坚〕），叛变，响应北凉王国的攻击。乞伏暮末击破翟承伯军，推进到冶城（临夏市西北六十公里）。西安郡（甘肃省山丹县西）郡长莫者幼眷，据守汧川（今地不详）叛变（每一个政权，在灭亡时所呈现的都是一样景观：众叛亲离），乞伏暮末出军讨伐，被莫者幼眷击败，退回定连（甘肃省临夏市东南）。

沮渠蒙逊大军包围枹罕（甘肃省临夏市），派世子沮渠兴国，攻击定连（甘肃省临夏市东南）。

六月，乞伏暮末在冶城（临夏市西北六十公里）迎战，生擒沮渠兴国；沮渠蒙逊迅速撤退，乞伏暮末追击，追到谭郊（甘肃省临夏市西北）。

吐谷浑汗国（青海省）可汗（十任）慕容慕璝，派他的老弟慕容没（慕）利延，率骑兵五千人，跟沮渠蒙逊会师，攻击西秦王国。乞伏暮末派辅国大将军段晖等迎击，大破北凉、吐谷浑联军。

15 柔然汗国可汗（四任纥升盖可汗）郁久闾大檀，既向西逃亡，所有部落，四分五散，躲藏荒山深谷；牛马等牲畜，分布原野，没有人敢出来照顾。北魏帝拓跋焘，沿栗水（蒙古国翁金河）西进，抵达菟园水（蒙古国图音河，流经巴彦洪戈尔市东），派出军队搜索，并加强扫荡：东西五千华里，南北三千华里，俘虏和斩杀很多人。而高车部落（蒙古国北部）又趁火打劫，利用北魏北伐大军的声势，深入柔然汗国心脏，奸淫烧杀。柔然汗国各部落和各支派人民，前后投降北魏帝国的，有三十多万帐，北魏北伐军俘获战马一百余万匹，家畜牲口，车辆帐篷，堆满山旁水畔，战利品多到不能胜数，恐怕有几百万。

拓跋焘再沿弱水（今地不详）前进，到涿邪山（蒙古国古尔班察汗山）。

各将领恐怕再继续深入的话，可能会遇到埋伏，都劝拓跋焘停止。寇谦之把崔浩当初讲的那段话，告诉给拓跋焘；但拓跋焘也不愿冒险深入。

秋季，七月，拓跋焘班师，到了黑山（内蒙古呼和浩特市境），依照等级，把战利品赏赐给将士。不久，听到稍后投降的人报告："可汗（郁久闾大檀）前些时，害病卧床，听到魏国（北魏帝国）大军将到，不知如何是好，仓猝之间，下令焚烧房舍，躺到车上，率数百人逃往南山（南边山岭通称），人和家畜挤在一起，没有人领导，距涿邪山（蒙古国古尔班察汗山）只有一百八十华里。因魏国（北魏帝国）军队不再追击，才慢慢再向西逃亡，得以幸免。"后来，听凉州（北凉王国）匈奴商人说："大军如果再向前挺进两天，柔然（柔然汗国）就被彻底摧毁。"拓跋焘深为后悔。

郁久闾大檀忧悲交集，逝世，儿子郁久闾吴提继位，号敕连可汗（五任）。

16 接受南宋帝国武都王（孝昭王）封爵的"氐王"（首府仇池〔甘肃省西和县南〕）杨玄，患病，打算把位置传给老弟杨难当。杨难当坚决辞让，请杨玄指定儿子杨保宗当继承人，自己愿当辅佐，杨玄同意。杨玄逝世后，杨保宗继位。可是杨难当正妻姚女士抱怨丈夫是个呆瓜，劝丈夫夺权。杨难当遂罢黜侄儿杨保宗，而自称雍凉秦军区司令长官（都督雍凉秦三州诸军事）、征西大将军、开府仪同三司（宰相级）、秦州刺史、武都王。

17 北凉王国首领、河西王沮渠蒙逊，派使臣送谷米三十万斛给西秦王乞伏暮末，请赎回世子沮渠兴国，乞伏暮末拒绝。沮渠蒙逊遂改封沮渠兴国同一个娘亲生的弟弟沮渠菩提当世子。

乞伏暮末任命沮渠兴国当散骑侍从官（散骑常侍），把妹妹平昌公主嫁给他。

18 八月，北魏帝拓跋焘，班师抵达瀚海沙漠群之南，听说高车部落东方游牧区，紧傍巳尼陂大水（西伯利亚贝加尔湖），人口和家畜，都十分兴盛，距当时的大军，有一千余华里。于是派国务院左执行长（左仆射）安原等，率骑兵一万人，发动袭击。高车各部落投降的，有数十万帐，俘虏马牛羊等一百余万头。

冬季，十月，拓跋焘返首都平城（山西省大同市）。把柔然汗国、高车部落降附的人民，强迫迁到瀚海沙漠以南，东到濡源（濡水〔闪电河〕源头，河北省沽源县），西到五原（内蒙古包头市）阴山，宽达三千华里，命他们耕田畜牧，而由政府征收赋税。任命平阳王长孙翰、国务院总理（尚书令）刘絜、国务院左执行长（左仆射）安原，以及高级咨询官（侍中）、鲜卑人（代人）古弼，共同镇守安抚。从此之后，北魏帝国民间的马牛羊和皮货价格下降。

拓跋焘加授崔浩：高级咨询官（侍中）、“特进”（朝会时位置仅次于三公）、抚军大将军，酬庸他策划的功劳。崔浩对天文学的素养很高，他常把生铜放到装醋的罐子里。夜晚观察天象，如果有什么发现，就用那块生铜，在纸上写下记录。拓跋焘常到崔浩家，询问灾变异象。有时候突然驾到，崔浩仓猝出来迎接，甚至连官服上的腰带都来不及束上。崔浩所呈献的饮食酒席，也没有足够的时间烹调，使食物精美，但拓跋焘接受这份诚意，总要举起筷子多少吃一点，或者就站在那里，尝一口再回宫。拓跋焘曾经命崔浩出入他的寝殿卧室，在气氛融洽时，对崔浩说：“你有高度的智慧，学识渊博，事

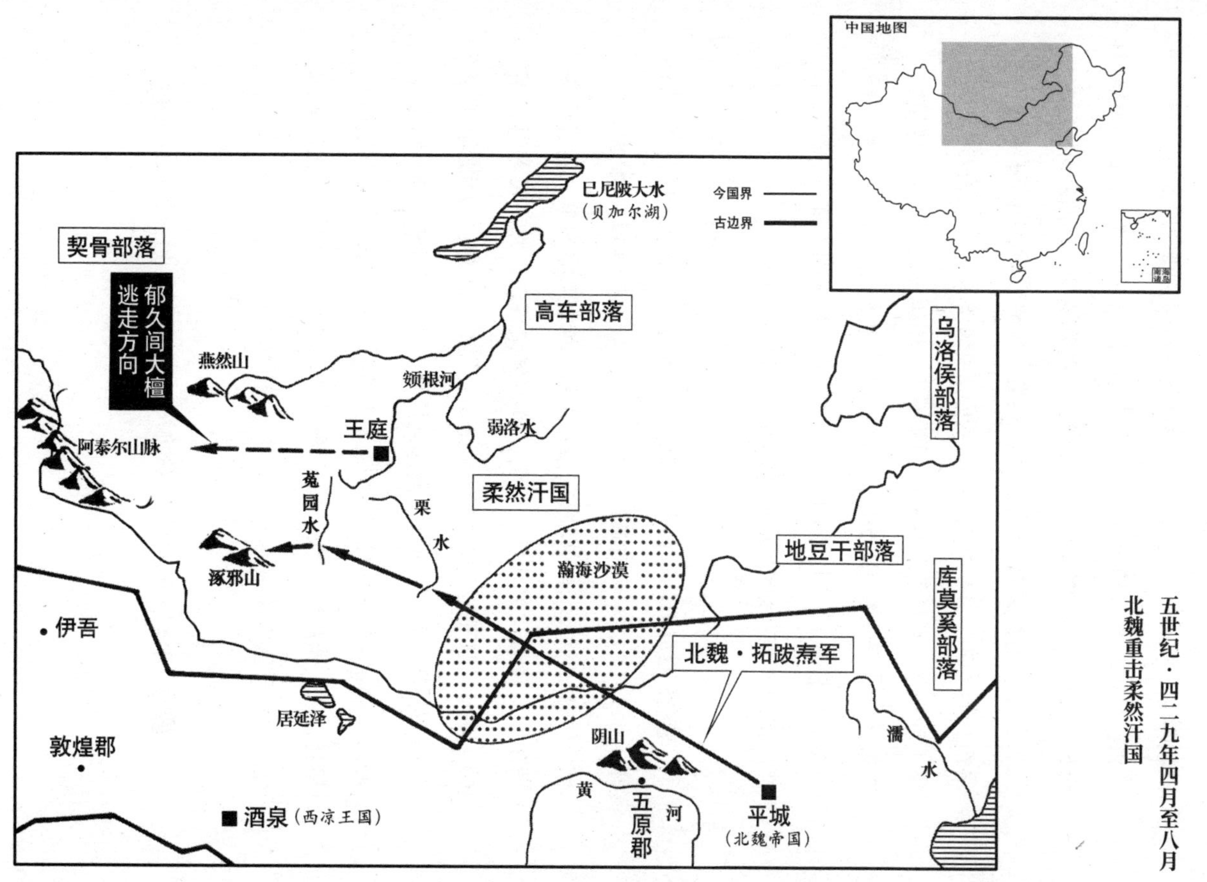

五世纪·四二九年四月至八月
北魏重击柔然汗国

奉我祖父（一任帝拓跋珪）、老爹（二任帝拓跋嗣），忠心耿耿，三世闻名，所以我把你当作最信任的亲近。你应该竭尽忠心，直言直语，不要有什么隐瞒。我有时候可能会生气，不听你的话，然而，到最后我仍然会思考你的意见。”曾经指着崔浩，介绍给新近归降的高车部落酋长们，说：“你们看这个人，表面上细小瘦弱，既不会弯弓，又拿不动铁矛。可是蕴藏在他心里的威力，却超过百万大军。我虽然有征伐的意思，却不能决断，而每次都能建立大功的缘故，都是受这位先生教导。”下令给国务院（尚书）：“所有军国大事，你们所不能决定的，都应该向崔浩请教，然后实施。”

19 西秦王乞伏暮末的老弟乞伏轲殊罗，跟庶母秃发女士通奸（这位秃发女士就是三任王武昭王乞伏炽磐的左夫人，因她检举而使姐姐和弟弟被处死。参考四二三年十月），乞伏暮末得到报告，加强安全措施。乞伏轲殊罗恐惧，跟叔父乞伏什寅，阴谋杀害乞伏暮末，然后带着沮渠兴国，投奔北凉王国（首都姑臧）；于是使秃发女士偷窃寝殿钥匙。阴差阳错，偷错了钥匙，守门人报告乞伏暮末，乞伏暮末逮捕所有参与的同党，全体斩首，而只赦免乞伏轲殊罗。又逮捕叔父乞伏什寅，鞭打，乞伏什寅说：“我欠你一条命，但不欠你一顿鞭。”乞伏暮末大怒，剖开乞伏什寅的肚子，把尸首投到河中。

20 胡夏帝赫连定，小的时候凶恶残暴，是一个地痞无赖，老爹一任帝（武烈帝）赫连勃勃对他印象，至为恶劣。

本月（十），赫连定在阴槃（甘肃省平凉市东）打猎，登上苛蓝山（甘肃省平凉市境），遥望故都统万（陕西省靖边县北白城则村），悲恸哭泣，说：“先帝（赫连勃勃）如果早教我继承大业，怎么会有今天的事！”

21 十一月一日，日蚀，只剩下像钩一样的一小部分；虽在白天，仍可以看到天上星辰；直到下午，终于全蚀。黄河以北地区，一片黑暗。

22 北魏帝拓跋焘，向西巡视，抵达祚山（内蒙古和林格尔县东）。

23 十二月，北凉王国（首都姑臧）首领、河西王沮渠蒙逊，吐谷浑汗国（青海省）可汗慕容慕璝，都派使节到南宋帝国（首都建康）进贡。

24 本年（四二九），北魏帝国京畿部族政务总监（内都大官）、中山公（文懿公）李先，以及青、冀二州（州政府设信都〔河北省衡水市冀州区〕）州长（刺史）安同，先后逝世。李先年九十五岁（李先由西燕降后燕，再由后燕降北魏；参考三九六年十月）。

25 西秦王国地震，野草自行倒地。

自毁长城

导读

大分裂时代前期"五胡乱华十九国时代"在本册结束，后期"南北朝时代"，同时在本册开始。再一次的感谢司马光先生，中国只有这一部书——《资治通鉴》，把五胡乱华十九国的关系位置，整理得清清楚楚。假使没有《资治通鉴》，时到今天，恐怕全世界没有一个人再能提供一个轮廓；作一个读者，我们是何等幸运。

问题是，读史者的幸运，不一定是当时人的幸运，甚至往往是当时人的悲哀。五胡乱华十九国时代人如此，南北朝时代人也如此。我们听到太多官员的假话、谎话，和太多平民的哭声、喊声。

而南北朝人，比五胡乱华时代的人，处境更为悲惨。

柏杨　一九八六·三·一五

五世纪

三〇年代

四三〇—四三九年

南北朝

- 第二次南北大战。
- 北燕流血政变。
- 西秦王国亡。
- 胡夏帝国亡。
- 南宋诬杀檀道济。
- 北燕帝国亡。
- 北凉王国亡。
- 五胡乱华十九国时代终。

- 侵入西方的匈奴可汗阿提拉凶悍残暴，罗马人称之为“上帝之鞭”。
- 汪达尔王国在迦太基原地建立。

四三〇年 庚午

南宋	元嘉	七年
西秦	永弘	三年
北魏	神䴥	三年
北凉	承玄	三年
胡夏	胜光	三年
北燕	太平	二十二年

1 春季，正月六日，南宋帝国〔首都建康（江苏省南京市）〕皇帝（三任文帝）刘义隆（本年二十四岁），任命吐谷浑汗国（青海省）可汗（十任）慕容慕璝，当征西将军、沙州州长（刺史），封陇西公。

2 正月十三日，北魏帝国（首都平城〔山西省大同市〕）皇帝（三任太武帝）拓跋焘（本年二十三岁）回宫（去年〔四二九〕十一月前往柞山〔内蒙古和林格尔县东〕）。

正月十五日，大赦。

正月十六日，再去广宁（河北省涿鹿县），住宿温泉。

二月十日，平阳王（威王）长孙翰逝世。

二月十一日，拓跋焘回宫。

3 南宋帝刘义隆，自从登上帝位以来，就有收复黄河以南土地的雄心。

三月二日，刘义隆下诏：挑选全副武装士卒五万人，交给右将军到彦之，任命到彦之担任北伐军前锋司令官，率安北将军王仲德、兖州（州政府设湖陆〔山东省鱼台县东南〕）州长（刺史）竺灵秀，乘水上船舰，进入黄河。另派骁骑将军段宏，率精锐骑兵部队八千人，直指虎牢（河南省荥阳市西北汜水镇）；豫州（州政府设寿阳〔安徽省寿县〕）州长（刺史）刘德武，率军一万人，随后进发。另命后将军、长沙王刘义欣，率军三万人，担任北伐大军总司令（监征讨诸军事）。刘义欣，是刘道怜（一任帝刘裕的老弟）的儿子。

大军出动前，先礼后兵，刘义隆派殿中将军田奇，出使北魏帝国，告诉北魏帝拓跋焘说："黄河以南土地，本来是宋国（南宋帝国）疆域，后来被强行夺取（参考四二三年），现在我们只要求恢复旧日疆界，并不关心黄河以北。"拓跋焘暴跳如雷，说："我生下来，头发还没有干，就知道黄河以南土地是我们的疆域，你们怎么乱开黄腔！一定要军事解决，现在正是春天，我们会暂时撤军，避上一避，等到冬天，土地干燥，黄河结冰，我们会再夺回来。"

三月八日，刘义隆任命前南广平郡（侨郡）郡长尹冲当司州（侨州）州长（刺史）。命长沙王刘义欣（时任南兖州〔州政府广陵〕州长），镇守彭城（江苏省徐州市），作为各路大军的声援。再命游击将军胡藩，驻防广陵（江苏省扬州市），兼南兖州（州政府广陵）州政府及将军府总部执行官（行府州事）。

4 三月十六日，北魏帝拓跋焘，封会稽公赫连昌（胡夏帝国二任帝）当秦王（赫连昌被俘事，参考前年〔四二八〕二月）。

5 北魏帝国塞北移民屯垦区（内蒙古乌兰察布市一带）新移民敕勒部落一千余家，不堪北魏将领、官吏们的暴虐迫害，口出怨言，暗中约定，等野草茂盛，牧马肥壮时，即行逃回他们瀚海沙漠北的故乡。国务院总理（尚书令）刘絜、国务院左执行长（左仆射）安原，奏请："在黄河冰封还没有融解之前，把他们强迫迁移到河西（黄河河套地区）。等到野草茂盛，牧马肥壮之时，黄河冰封融解，他们便无法逃亡。"北魏帝拓跋焘说："他们这些东西，游牧放荡，生活散漫，已成了习惯，现在放到屯垦区，好像关到栅栏里的野鹿，逼得太急，就乱闯乱跑，稍稍和缓一点，自会平定。我自有办法，不必强迫他们再往南迁。"刘絜等一再要求，拓跋焘遂命分出一部分——三万余帐，迁到河西（黄河河套地区）。可是敕勒移民走到白盐池（宁夏盐池县北）时，忽然惊恐震骇，说："政府把我们圈到河西（黄河河套地区），是要灭我们的种（河套地带，东北西三面，黄河环绕；南边则是最坚强的边疆防御线）。"遂阴谋投奔凉州（甘肃省中部西部，此时是北凉王国）。刘絜率军驻防五原河（流经内蒙古包头市境）北岸，安原率军驻防悦拔城（即代来城，内蒙古伊金霍洛旗西北），严密防备。

三月十七日，敕勒移民数千人，骑马向北逃走，刘絜追击。敕勒移民深入瀚海沙漠群，无水无粮，先后惨死。

6 北魏帝国南方边防军各将领上疏说："宋国（南宋帝国）已经戒严，马上就要向我们侵犯，请增援三万人，在他们还没有出动之前，先发制人，足可以摧毁他们的锐气，不敢深入我们国土。"因而请求把逃到边境一带谋生的黄河以北的难民，全部屠杀，免得他们充当南宋帝国的向导。北魏帝拓跋焘命高阶层官员讨论，大家全都同意。高级咨询官（侍中）崔浩反对，说："不行。南方地势低洼潮湿，夏季之后，雨水增加，草木茂盛，地气闷热，容易生病，不利于军事行动。而且，他们既然已经戒严，城防一定坚固。我们停顿在坚城之下，围攻的日子一久，粮秣补给，难以供应。如果分出一部分军队，四处抢劫，则主力受到削弱，无法应付大敌。所以，现在出击，看不到利益。他们如果真的北上，最好是用部分兵力，跟他们周旋，拖到他们劳苦疲惫；那时，秋季天凉，战马肥壮；然后夺取敌人的粮食，慢慢的出来反攻，这是万全之策。中央官员和西北边防军将领，追随陛下出征，西方削平赫连（胡夏帝国，参考四二七年六月），北方击破蠕蠕（柔然汗国，参考去年〔四二九〕六月），抢夺到不少美女、珠宝，和成群的牛马，南方边防军看到眼里，十分羡慕，也打算南下抢夺掳掠，财色双收。都是为了自己利益，不惜为帝国增添麻烦，不可以听从。"拓跋焘才停止。

南方边防军再上疏："南方盗寇（南宋帝国）已经发动，我们的兵力太少，请遴选幽州（州政府设蓟城〔北京市〕）以南精锐部队，南下增援；并请在漳水（流经邺城〔河北省临漳县西南邺城镇〕西北）建造船舰，准备抵抗。"三公及部长级官员都认为应该批准这项请求，并任命司马楚之、鲁轨、韩延之等，分别担任将领、元帅，使他们引诱南宋帝国人民归附（司马楚之等都是故晋帝国的流亡政客，参考四一七年六月、四一九年二月）。高级咨询官（侍中）崔浩反对，说："这不是长远的谋略！司马楚之等，都是宋国（南宋帝国）最畏惧和最忌惮的人物，一旦听到我们动员幽州（河北省北部）以南所有精锐部队，大量建造船舰，再配合轻装备骑兵，一定认为帝国打算恢复司马家政权，屠杀刘姓家族，势必全国震动惊骇，恐惧灭亡，准会出动所有精锐，同心合力，拼死作战。到那时候，我们南方边防军各将领，恐怕无法抵御。高阶层官员本打算用声威击退敌人，却恰恰刺激敌人提前攻击。贪图虚名，而受实祸，正是指此。所以，司马楚之等前去，他们（南宋帝国）一定北来；不去，他们（南宋帝国）一定停止；形势如此。而且，司马楚之等，都是只看到眼皮底下一点小利的人物，集结的全是见识浅薄的无赖之徒，不能成就大事，徒使帝国兵连祸结。从前，鲁轨说服姚兴（后秦帝国二任帝），派军夺取荆州（州政府设江陵〔湖北省江陵县〕），军队刚进入晋国（晋帝国）疆土，大军突然瓦解，士卒四散逃命（参考四一六年正月），被南蛮（晋帝国人民）捕捉，纷纷卖作奴隶，而灾难甚至绵延到姚泓（后秦帝国三任帝），这是过去活生生的例证。”

拓跋焘不同意，崔浩就再分析天象变异，说明南宋帝国如果发动军事攻击，一定损兵折将，非常不利。崔浩说：“今年的‘害气’，正在扬州（南宋帝国京畿地区），这是其一。今年是‘庚午’年，‘庚’跟‘午’互相克制，先发动战争的，先受伤害，这是其二。日蚀、白天昏暗，太阳停留在斗、牛星座，这是其三。火星隐藏在翼、轸星座，预告大乱和丧亡，这是其四。金星没有出现，军事上的攻击，一定失败，这是其五（以上完全不懂）。一个振兴国家的君王，应先整顿人事，再开发资源，最后顺应天心，所以做什么事都可以成功。而今，刘义隆领导的是一个刚刚建立的国家，人事上并不融洽；各地河水干涸，船行困难，地利上也不顺畅；自然灾变，不断出现，可见天心更不喜悦。三项中没有一项使人满意，刘义隆一定要发动一次战争的话，我保证他一定失败，毫无疑问。”

但拓跋焘不能太拒绝大家的要求，乃下诏冀州（州政府设信都〔河北省衡水市冀州区〕）、定州（州政府设中山〔河北省定州市〕）、相州（州政府设邺城〔河北省临漳县西南邺城镇〕），建造战舰三千艘；征调幽州（州政府设蓟城〔北京市〕）以南各地驻军，沿黄河北岸集结戒备。

7 西秦王国（首都枹罕〔甘肃省临夏市〕）国王（四任）乞伏暮末的叔父、前将军乞伏白养，镇卫将军乞伏去列，因老哥乞伏什寅被剖腹处死（参考去年〔四二九〕十月），口发怨言。乞伏暮末索性把二人也一并诛杀。

8 夏季，四月八日，北魏帝拓跋焘，前往云中（内蒙古托克托县）。

9 北魏帝国塞北移民屯垦区（内蒙古乌兰察布市一带）敕勒部落一万余帐，再度叛变，逃走。北魏帝拓跋焘派国务院执行官（尚书）封铁追击，把他们消灭。

10 六月二十四日，南宋帝国任命“氐王”（首府仇池〔甘肃省西和县南〕）杨难当，为冠军将军、秦州州长（刺史），封武都王。

11 北魏帝拓跋焘，派平南大将军、丹阳王拓跋大毗，沿黄河驻防；命司马楚之当安南大将军，封琅邪王，在颍川郡（河南省许昌市东）扎营，戒备南宋帝国攻击。

12 吐谷浑汗国（青海省）可汗（十任）慕容慕璝，率军一万八千人，袭击西秦王国的定连（甘肃省临夏市东南），被西秦辅国大将军段晖等击退。

13 南北（南宋帝国跟北魏帝国）第二次大战，序幕揭开（南北第一次大战，参考四二二年十月）。南宋帝国北伐大军前锋司令官、右将军到彦之，从淮河进入泗水，天旱水浅，舰队每天才走十华里，自四月走到秋季七月，才到须昌（山东省东平县西北），进入黄河，逆流而上。

北魏帝拓跋焘，因黄河南岸四镇的兵力太少（四镇：金墉〔洛阳，河南省洛阳市东白马寺东〕、虎牢〔河南省荥阳市西北汜水镇〕、滑台〔河南省滑县〕、碻磝〔山东省聊城市茌平区西南〕），下令放弃黄河以南所有土地；各路兵马，全部撤回黄河以北。

七月四日，碻磝（山东省聊城市茌平区西南）守军弃城。

七月十四日，滑台（河南省滑县）守军弃城。

七月十六日，拓跋焘任命藩属事务部长（大鸿胪）、阳平公杜超，当冀定相军区司令长官（都督冀定相三州诸军事）、太宰（上三公之一），晋封阳平王，镇守邺城（河北省临漳县西南邺城镇），统御前方各军。杜超，是拓跋焘乳娘密太后杜女士的老哥。

七月二十六日，洛阳（河南省洛阳市东白马寺东）及虎牢（河南省荥阳市西北汜水镇）守军弃城。

南宋帝国北伐大军前锋司令官、右将军到彦之，留下宰相府参谋次官（司徒从事郎中）朱修之守滑台（河南省滑县），司州州长（刺史）尹冲守虎牢（河南省荥阳市西北汜水镇），建武将军杜骥守金墉（洛阳）。杜骥，是杜预的玄孙（杜预，参考二六四年二月）。各军挺进到灵昌津（河南省卫辉市东古黄河渡口），沿黄河南岸构筑阵地营垒，直到潼关（陕西省潼关县）。不费吹灰之力，没有经过战斗，司州（河南省中部）、兖州（山东省西部），全都收复，各军官兵，都大为兴奋，只安北将军王仲德，满面忧愁，说："各位将军对北方敌人（指北魏帝国）到底是怎么回事，全不了解，一定会跳进圈套。蛮虏（北魏帝国）虽然没有仁义，但是十分凶暴狡猾。现在撤退所有的边防军，集结整顿，保持实力。如果黄河冰封，势将再次南下，怎么不使人担心！"

柏杨曰

南北第二次大会战前的情势如此，稍微有点头脑的人，都会有王仲德这种忧虑！敌人仍然强大，对千里江山，岂有轻易撒手不管之理？可是，也只有王仲德一人（或少数人），有这种警觉，包括前锋司令官到彦之在内，所有高级将领，不过群猪，诗云："一将功成万骨枯！"骨枯固然可悲，但总算造就一位名将。而一群猪出名万骨枯，面对群猪，骨枯得岂不更加可悲。

14 七月三十日，林邑王国（越南中部）国王范阳迈，派使臣到南宋帝国进贡，报告跟南宋所属的交州（州政府设龙编〔越南河内市东北北宁省〕），有怨恨摩擦，请求原谅（林邑王国自范文以来〔参考三三六年十二月〕，跟交州世代都有战争）。

15 八月，北魏帝拓跋焘，派冠军将军安颉，统御各路人马，反击南宋帝国北伐大军。

八月十二日，到彦之派副将军吴兴郡（浙江省湖州市）人姚耸夫，渡黄河北上，攻击冶坂（河南省孟州市西南），跟安颉会战，姚耸夫军大败，死亡惨重。

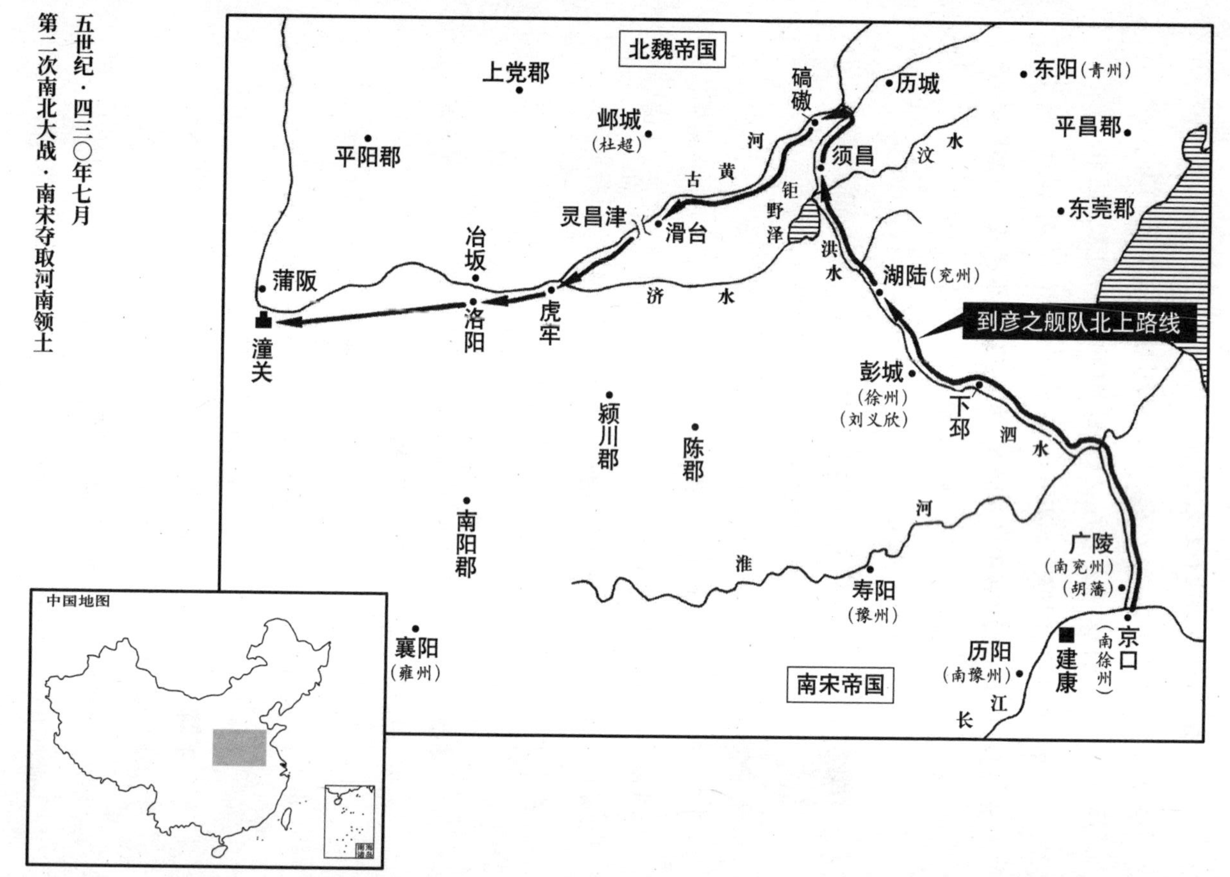

五世纪·四三〇年七月
第二次南北大战·南宋夺取河南领土

八月二十四日，拓跋焘派征西大将军长孙道生，前往黄河北岸，跟丹阳王拓跋大毗的河防部队会师，防备到彦之。

16 北燕帝国（首都和龙〔辽宁省朝阳市〕）发生流血政变。天王（二任文成帝）冯跋患病，召见立法院总立法长（中书监）申秀、高级咨询官（侍中）阳哲，进入寝室，交代身后之事。

九月，冯跋病势沉重，已不能走动，乘辇车到金銮宝殿，命太子冯翼接管政府，下令武装部队进入紧急状态，防范意外。冯跋小老婆之一的宋夫人，阴谋使她生的儿子冯受居继承王位，对冯翼接管政府，深感厌恶，于是警告冯翼说："皇上的病就要痊愈，你何必急于代替老爹君临天下！"冯翼性情仁慈软弱，认为庶母的话很有道理，遂退回到太子宫，只每天三次进宫向老爹问安。冯翼既出，宋夫人假传圣旨，断绝内外交通，无论什么事，都派宦官传话。冯翼和冯跋其他的儿子、大臣，都不能见冯跋的面。只寝宫差役（中给事）胡福，可以出入，负责安全警卫。

胡福对宋夫人的阴谋，心存反感，忧虑如此下去，阴谋可能成功，遂把这种情形报告宰相（司徒）、主管政府机要（录尚书事）、中山公冯弘。冯弘抓住机会，立刻率领武士数十人，全副武装，突袭后宫，禁卫军不肯抵抗，一哄而散。宋夫人这才发现她不能控制局势，急下令关闭东阁，冯弘的家僮库斗头，敏捷勇猛，翻墙跳过阁门，进入寝殿，一箭射死一位惊慌的宫女。冯跋这时正躺在床上，震骇恐惧，霎时气绝而死（年龄不详）。冯弘遂乘势到金銮宝殿，登上天王宝座（三任昭成帝），派人到大街小巷宣告："上天降下大祸，先王（二任冯跋）驾崩，太子（冯翼）不在病榻侍奉，高级官员不来哀悼，恐怕有什么阴谋，帝国将陷于危境。我以天王（冯跋）幼弟的身份，登上大位，安定家国。文武百官到政府报到的，连升二级。”

太子冯翼率太子宫卫队攻击冯弘，战败；卫队溃散，冯弘派人强迫冯翼自尽。冯跋的儿子有一百余人，冯弘把他们全部屠杀。尊冯跋绰号为文成皇帝，祭庙称太祖，安葬长谷陵（今地不详）。

17 九月六日，胡夏帝国（首都平凉〔甘肃省华亭市〕）皇帝（三任）赫连定，命他的老弟赫连谓以代，攻击北魏帝国的鄜城（陕西省洛川县东南）。北魏帝国平西将军、始平公拓跋隗归等迎击，杀胡夏军一万余人，赫连谓以代逃走。赫连定亲自率数万人，在邦城东方，拦腰攻击拓跋隗归，而留老弟上谷公赫连社干、广阳公赫连度洛孤，据守首都平凉（甘肃省华亭市）；派使节到南宋帝国（首都建康）要求和解，约定同时出军讨伐北魏，预先瓜分黄河以北地区，以太行山为分界线，太行山之东（河北省）属南宋帝国，太行山之西（山西省）属胡夏帝国。

北魏帝拓跋焘得到消息，下令动员，决心一举把胡夏帝国消灭。文武官员一致说：“刘义隆（南宋帝国）的军队仍停留在黄河中游，我们却放弃南方防御，而去西征，面前的敌人（胡夏帝国）未必能够削平，刘义隆却乘我们后方空虚，北渡黄河，山东（崤山以东）将全部丧失。”拓跋焘询问高级咨询官（侍中）崔浩的意见，崔浩回答说：“刘义隆跟赫连定，隔着千山万水，遥远的互相勾搭，用空虚的声音，一唱一和，共同从门缝里窥探强邻。刘义隆希望赫连定先发，赫连定希望刘义隆先发，结果没有一个人敢先发。好像两只捆绑在一起的鸡，不能同飞，根本造不成伤害。我当初认为，刘义隆的军队北伐，应该据守黄河中游，分军两路，深入进攻。东路军直指冀州（州政府设信都〔河北省衡水市冀州区〕），西路军直指邺城（河北省临漳县西南邺城镇)，如此的话，陛下自当亲身讨伐，不可以怠慢。现在的情形却完全不同，宋国(南宋帝国)野战军成了河防部队，东西防线，长达二千华里，一个据点，守军不过数千，形势分散，力量孤弱(南宋沿河设防，自灵昌津〔河南省卫辉市东古黄河渡口〕至潼关〔陕西省潼关县〕，二地航空距离三百七十公里)。我们可以看出白痴小娃(指刘义隆)想的是什么，不过打算以黄河为界而已，所以只求巩固边防，并没有北渡黄河进攻的意图。而赫连定是一个已受重伤的树根，容易摧折，只要一碰，立刻仆倒。消灭赫连定之后，东出潼关(陕西省潼关县)，像卷草席一样，一卷到底，声威将震撼'南极'(指广州)；长江、淮河以北，将没有一根草还可以活。陛下圣明的策略，和睿智的真知灼见，不是一般愚劣的人，或目光如豆的人，所能了解，请不要迟疑。"拓跋焘接受。

九月二十一日，拓跋焘前往统万镇(陕西省靖边县北白城则村)，袭击胡夏帝国首都平凉(甘肃省华亭市)。任命卫兵将军王斤，镇守蒲阪(山西省永济市)。王斤，是王建的儿子(王建，参考三八六年正月)。

18 西秦王国(首都枹罕〔甘肃省临夏市〕)自从正月，直到九月，天不降雨，大旱成灾，人民纷纷逃亡、叛变。

19 冬季，十月，南宋帝国任命竟陵王刘义宣当南徐州(州政府设京口〔江苏省镇江市〕)州长(刺史)，但仍镇守石头(建康城西北)。

20 南宋帝国北伐大军前锋司令官、右将军到彦之，安北将军王仲德；沿黄河南岸布防妥当之后，司令部移驻东平郡(须昌，山东省东平县西北)。

十月二十二日，北魏帝国冠军将军安颉，自委粟津(河南省范县东古黄河渡口）渡黄河南下，进攻金墉（洛阳城西北角），金墉很久以来，没有整修，防御工事破败，而南宋帝国的守军，又没有粮秣。防守司令、建武将军杜骥，打算放弃城池撤退，却恐惧受军法惩治。当初，刘裕消灭后秦帝国时（参考四一七年八月），把留在洛阳（河南省洛阳市东白马寺东）的皇家巨钟，连同庞大的钟架，运回江南（长江以南）；中途，一只巨钟沉入洛水（流经洛阳城南）。南宋帝刘义隆派副将军姚耸夫率工兵一千五百人，前往打捞。杜骥骗他说："金墉城已修缮完竣，粮秣充足，所缺乏的，只是兵力。而今蛮虏（北魏帝国）的骑兵南下，我们应同心合力抵抗，等到建立了大功，再打捞不晚。"姚耸夫信以为真。可是，既到金墉，发现金墉根本无法据守，立即退出。而杜骥却乘此机会，放弃城池，向南逃走。

十月二十三日，北魏冠军将军安颉，攻克洛阳，屠杀南宋留守将士五千余人。

杜骥回到京师（首都建康），报告刘义隆说："我本来要拼死守城，可是姚耸夫刚一进城，回头就逃，打击军心士气，不能挽救。"刘义隆大怒，逮捕已撤退到寿阳（安徽省寿县）的姚耸夫，就地斩首。姚耸夫勇敢雄壮，其他将佐，都赶不上。

北魏帝国黄河北岸各军，在黄河北岸七女津（河南省台前县古黄河渡口）集结。南宋帝国前锋司令官、右将军到彦之恐怕北魏军南下，派副将军王蟠龙逆流而上，掠夺北魏船舰，北魏镇守邺城（河北省临漳县西南邺城镇）的阳平王杜超等，击斩王蟠龙；冠军将军安颉、龙骧将军陆俟，联军进攻虎牢（河南省荥阳市西北汜水镇）。

十月二十八日，攻克虎牢。南宋帝国守将、司州（州政府虎牢）州长（刺史）尹冲，以及荥阳郡（河南省荥阳市）郡长、清河郡（山东省临清市）人崔模，投降。

21 西秦王（首都枹罕）乞伏暮末，无法解除北凉王国（首都姑臧〔甘肃省武威市〕）的压力。于是，向北魏帝国（首都平城）投降，派他的臣僚王恺、乌讷阗，到北魏帝国，请求派遣军队，前来迎接。北魏政府承诺把平凉（甘肃省华亭市）、安定（甘肃省泾川县）两郡封给乞伏暮末（此时两郡在胡夏帝国之手）。乞伏暮末遂纵火焚烧城池（西秦王国首都是枹罕〔甘肃省临夏市〕，而乞伏暮末此时在定连〔临夏市东南〕，不知焚烧的是哪一个城池？记载含糊不清），捣毁王国所有宝物，率残余部众一万五千家，向东出发，准备前往上邽（甘肃省天水市。此时属胡夏帝国）。走到高田谷（应在上邽之西），禁宫咨询官（给事黄门侍郎）郭恒，阴谋劫走沮渠兴国叛变（沮渠兴国被俘事，参考去年〔四二九〕六月），事情被发觉，乞伏暮末诛杀郭恒。

胡夏帝赫连定听到乞伏暮末入境消息，出军迎战；乞伏暮末不能前进，遂留在南安（甘肃省陇西县东南）据守，西方故有的国土，全被吐谷浑汗国占领。

22 十一月三日，北魏帝拓跋焘，抵达胡夏帝国首都平凉（甘肃省华亭市）城下。胡夏上谷公赫连社干，登城固守。拓跋焘命秦王赫连昌（胡夏帝国二任帝）出面招降，赫连社干拒绝。拓跋焘派安西将军古弼等，率军直指安定（甘肃省泾川县）。胡夏帝赫连定，自鄜城（陕西省洛川县东南）刚回安定，得到消息，立即率步骑兵二万人，出发援救平凉（甘肃省华亭市）；跟由平凉东下的古弼，在中途遭遇；古弼假装兵力微弱，向后撤退，引诱赫连定追击；赫连定果然追击。拓跋焘派高车兵团飞奔增援，胡夏军大败，阵亡数千人。赫连定退到鹑觚原（甘肃省灵台县东南），结成方阵自保。北魏军团团围住。

23 十一月十日，南宋帝国加授征南大将军檀道济北伐大军总司令官（都督征讨诸军事），率军攻击北魏帝国。

十一月十二日，北魏帝国寿光侯叔孙建、汝阴公长孙道生，渡黄河南下。

驻防须昌（山东省东平县西北）的南宋前锋司令、右将军到彦之，听到洛阳（河南省洛阳市东白马寺东）、虎牢（河南省荥阳市西北汜水镇）陷落，各军相继失败消息，打算撤退。殿中将军垣护之写一书面报告劝阻，并提出积极建议，认为：最好是命兖州（州政府湖陆）州长（刺史）竺灵秀增援朱修之，共守滑台（河南省滑县）。到彦之亲率大军，渡黄河北上，攻击北魏本土。垣护之指出："从前，有些人年复一年，不停的攻战讨伐，丧失大军，丢掉粮秣，可是仍奋勇出击，不肯轻易向后撤退。何况今天，青州（山东省北部）丰收，济河粮运畅通，士卒强健，战马肥壮，战斗力并没有受到伤害。如果白白的放弃滑台（河南省滑县），坐在这里眼看着成功的大业瓦解，岂是政府交付重任的原意！"到彦之不接受。垣护之，是垣苗的儿子（垣苗，边防名将，参考四〇九年七月。刘裕西征后秦帝国时，命垣苗驻防黄河、济水之间，修建的城堡，民间称垣苗城。参考四二三年三月。祖父、老爹、孙儿，三代都在边疆建立功业）。

到彦之打算烧毁船舰，徒步南下。安北将军王仲德说："洛阳（河南省洛阳市东白马寺东）陷落之后，虎牢（河南省荥阳市西北汜水镇）势难固守，这是自然的形势。而今，蛮虏（北魏军）离我们还有千里之遥，我们在滑台（河南省滑县）还拥有强大的兵力，怎么吓成这个样子？如果仓猝之间，决定舍弃船舰，改为徒步行军，士卒势将纷纷逃走。目前应该率领舰队，从清口（汶水注入济水处，山东省梁山县）进入济水，等到抵达马耳谷（今地不详），再作进一步的决定。"到彦之原先就眼睛有病，现在目疾更一发不可收拾，而且将士们也很多人生病，到彦之遂决心撤退。亲率舰队从清口进入济水，南下抵达历城（山东省济南市），把船舰全部焚毁，抛弃重装备铠甲，徒步撤退到彭城（江苏省徐州市）。兖州（州政府湖陆）州长（刺史）竺灵秀，放弃须昌（山东省东平县西北），向南逃往湖陆（山东省鱼台县东南）；青州（山东省北部）、兖州（山东省西部）陷于混乱。长沙王刘义欣镇守彭城，将领们恐怕北魏兵团大量涌到，不能脱身，劝刘义欣放弃彭城（江苏省徐州市），返回京师（首都建康），刘义欣拒绝（此处地理位置混乱，到彦之从清口入济水，历城在清口东北航空距离一百公里之外，由清口"南下"，不可能抵达历城）。

北魏军进攻济南郡（历城，山东省济南市），南宋委任的济南郡郡长、武进（江苏省常州市西北）人萧承之，率数百人抵抗；而北魏各路兵马，在城外集合。萧承之命部队隐藏，大开城门。部属们说："贼寇（北魏帝国军）人数多，我们人数少，怎么可以轻视他们？"萧承之说："我们困守一座被抛弃在敌人背后的孤城，情势危急，如果再暴露力量单薄的弱点，定被敌人屠杀。唯一的希望是，摆出强大的姿态，等待变化。"北魏军疑心城中设有埋伏，撤退。

24 北魏帝国西征兵团，把胡夏帝赫连定，包围在鹑觚原（甘肃省灵台县东南），几天之后，北魏军切断所有水源，胡夏人马饥渴。

十一月十五日，赫连定率军从鹑觚原冲出重围。北魏武卫将军丘眷阻截，胡夏军完全崩溃，被杀一万余人。赫连定身负重伤，单人匹马，落荒而逃；集结残余的部众，裹挟居民五万（不知是五万人或五万家），向西投奔上邽（甘肃省天水市）。北魏西征军生擒赫连定的老弟、丹阳公赫连乌视拔，武陵公赫连秃骨，以及公爵、侯爵以下贵族官员一百余人。

当天（十一月十五日），北魏军乘胜进攻安定（甘肃省泾川县），守将胡夏东平公赫连乙斗，放弃城池，逃往长安（陕西省西安市），再裹挟居民数千家，也投奔上邽（甘肃省天水市）。

25 十一月十六日，北魏帝国南征兵团寿光侯叔孙建，攻击南宋帝国兖州（山东省西部）州长（刺史）竺灵秀据守的湖陆（山东省鱼台县东南）。竺灵秀大败，士卒死亡五千余人。

叔孙建回军驻屯范城（山东省梁山县西）。

26 十一月十七日，北魏帝拓跋焘，由平凉（甘肃省华亭市）前往安定（甘肃省泾川县）。

十一月十八日，返抵平凉城外，在平凉四周，挖掘深沟，重重包围。安抚新近归降的居民，免除秦州（古秦州，甘肃省南部）、雍州（古雍州，陕西省中部）人民的田赋捐税七年。

胡夏帝国陇西郡（甘肃省陇西县）守将，向北魏军投降。

27 十一月十九日，北魏帝国冠军将军安颉，督促各军进攻仍在南宋帝国手中的滑台（河南省滑县）。

28 北凉王国（首都姑臧〔甘肃省武威市〕）首领（二任武宣王）、河西王沮渠蒙逊（本年六十三岁），派国务院助理官（尚书郎）宗舒等，到北魏帝国（首都平城）进贡。北魏帝拓跋焘，设宴招待；席间拉住高级咨询官（侍中）崔浩的手，对宗舒等说："你们所听说的崔先生，这位就是。才华之高、谋略之深，当世没有人可跟他相比。我一举一动，都要听他的意见。他预测战场上的成败，好像合在一起的符信一样，不差分毫，从来没有差误。"

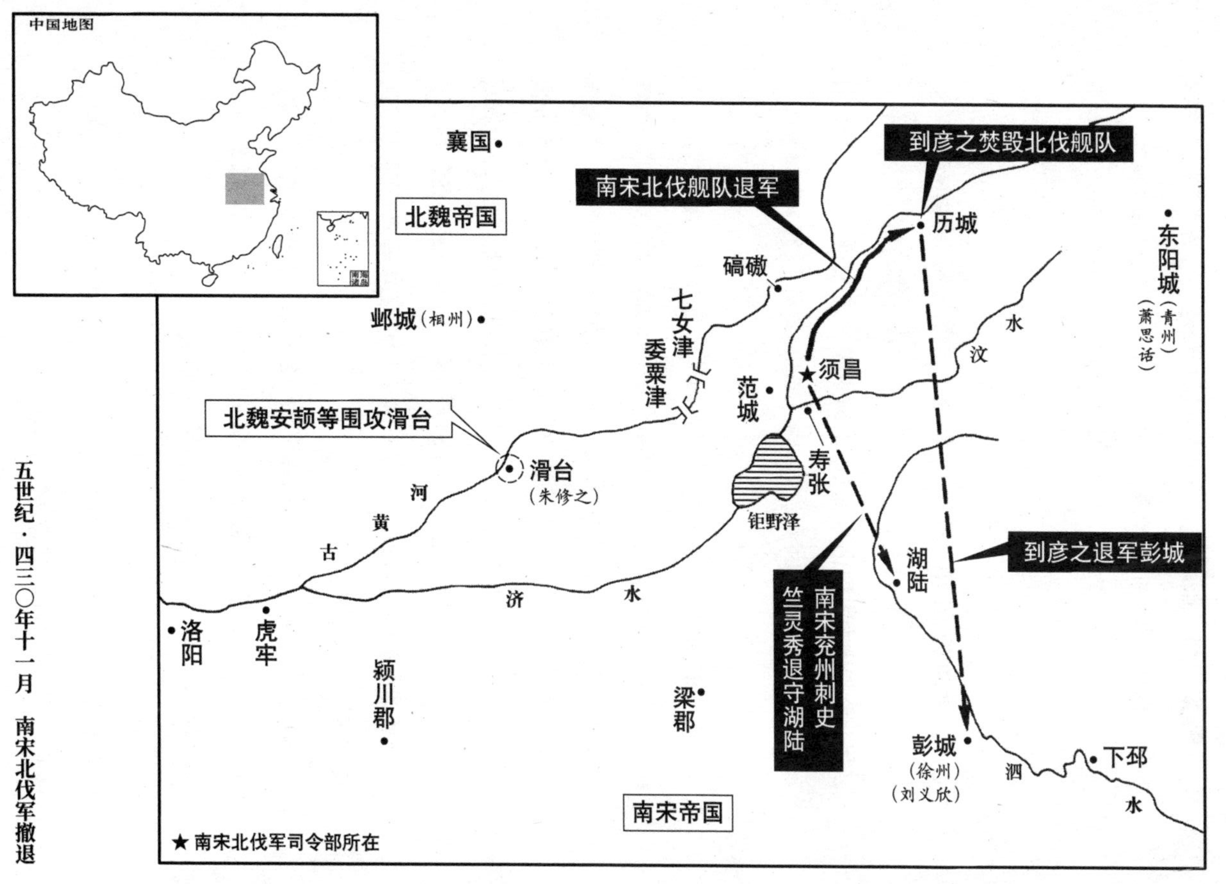

五世纪·四三〇年十一月　南宋北伐军撤退

29 北魏帝国政府，任命寿光侯叔孙建，当冀青等四州军区司令长官（都督冀青等四州诸军事。四州：冀青徐济。此时青州〔山东省北部〕、徐州〔江苏省北部〕仍是南宋帝国领土。四二三年，北魏于碻磝〔山东省聊城市茌平区西南〕设置济州）。

30 北魏帝国国务院执行官（尚书）库结（库结，本姓库傉官），率骑兵五千人，西上迎接西秦王乞伏暮末。西秦首都卫戍司令（卫将军）乞伏吉毗，认为大局仍有可为，不应投靠北魏，迁往内地。乞伏暮末同意，库结空手而回（人生变数太多，前途往往难测，因之，第三者的建议，一言可以兴邦，一言可以丧邦）。

南安郡（甘肃省陇西县东南）羌民族部落一万余人，背叛西秦王国统治；推举安南将军、八郡军区司令官（督八郡诸军事）、广宁郡（甘肃省漳县）郡长焦遗当盟主，焦遗拒绝。大家乃劫持焦遗的族侄、长城军事总监（长城护军）焦亮当盟主，率军进攻南安。西秦王乞伏暮末向"氐王"（首府仇池〔甘肃省西和县南〕）杨难当求救。杨难当派将军苻献，率骑兵三千人来援，乞伏暮末跟氐军联合攻击羌民族各部落，羌民族各部落溃散；焦亮逃回广宁（甘肃省漳县）。乞伏暮末遂围攻广宁，要求焦遗诛杀焦亮。

十二月，焦遗斩焦亮，出城投降，乞伏暮末擢升焦遗当镇国将军。但叛离无法遏止，略阳郡（甘肃省天水市东）郡长、弘农郡（河南省灵宝市东北）人杨显，献出郡城，投降胡夏帝国。

31 十二月九日，南宋帝国政府任命长沙王刘义欣当豫州（河南省东部）州长（刺史），镇守寿阳（安徽省寿县）。

寿阳田地荒芜，人民流散，城墙倒塌，光天化日之下，盗贼公然抢劫。刘义欣针对不同情况，采取不同方法治理。境内逐渐安定，最后成绩斐然，遗失在路上的东西，都没有人捡，城池重新修建，仓库充实，遂成为一个强大富庶的军区。芍陂（寿县西南安丰塘镇）也早已残破不堪，刘义欣修建堤防，把淮河的水注入，灌溉农田一万余顷，以后再没有旱灾。

32 十二月十五日，胡夏帝国平凉（甘肃省华亭市）守将、上谷公赫连社干，广阳公赫连度洛孤，出城投降。北魏帝国占领平凉（甘肃省华亭市）。

北魏关中侯豆代田，救出被胡夏俘虏的最高监察长（司空）奚斤、皇族事务部长（宗正）娥清（奚斤、娥清被俘事，参考前年〔四二八〕三月），呈献给北魏帝拓跋焘。拓跋焘把赫连定的皇后，赏赐给豆代田当小老婆；又命奚斤跪下来，用膝盖走路，双手捧酒，向豆代田致敬。拓跋焘对奚斤说："保全你性命的，是豆代田。"擢升豆代田当井陉侯（"关中侯"有爵位而没有采邑，井陉侯则有采邑），加授豆代田散骑侍从官（散骑常侍）、首都西区卫戍司令（右卫将军），兼京师高级禁卫军司令（内都幢将）。

胡夏帝国所属的长安（陕西省西安市）、临晋（陕西省大荔县）、武功（陕西省武功县西）等地守将，都放弃城池逃走，于是关中（陕西省中部）全部纳入北魏帝国版图。北魏帝拓跋焘留下巴东公拓跋延普，镇守安定（甘肃省泾川县），镇西将军王斤，镇守长安。

十二月二十日，拓跋焘班师东返。任命奚斤当御厨房伙夫（宰士），管理酒类和饭菜，随从左右（因奚斤兵败被俘，加以惩罚）。

王斤骄傲不可一世，贪赃枉法，信任左右亲近，强迫人民充当差役，人民忍无可忍，向南投奔南宋帝国汉川（汉水流域）的，有数千

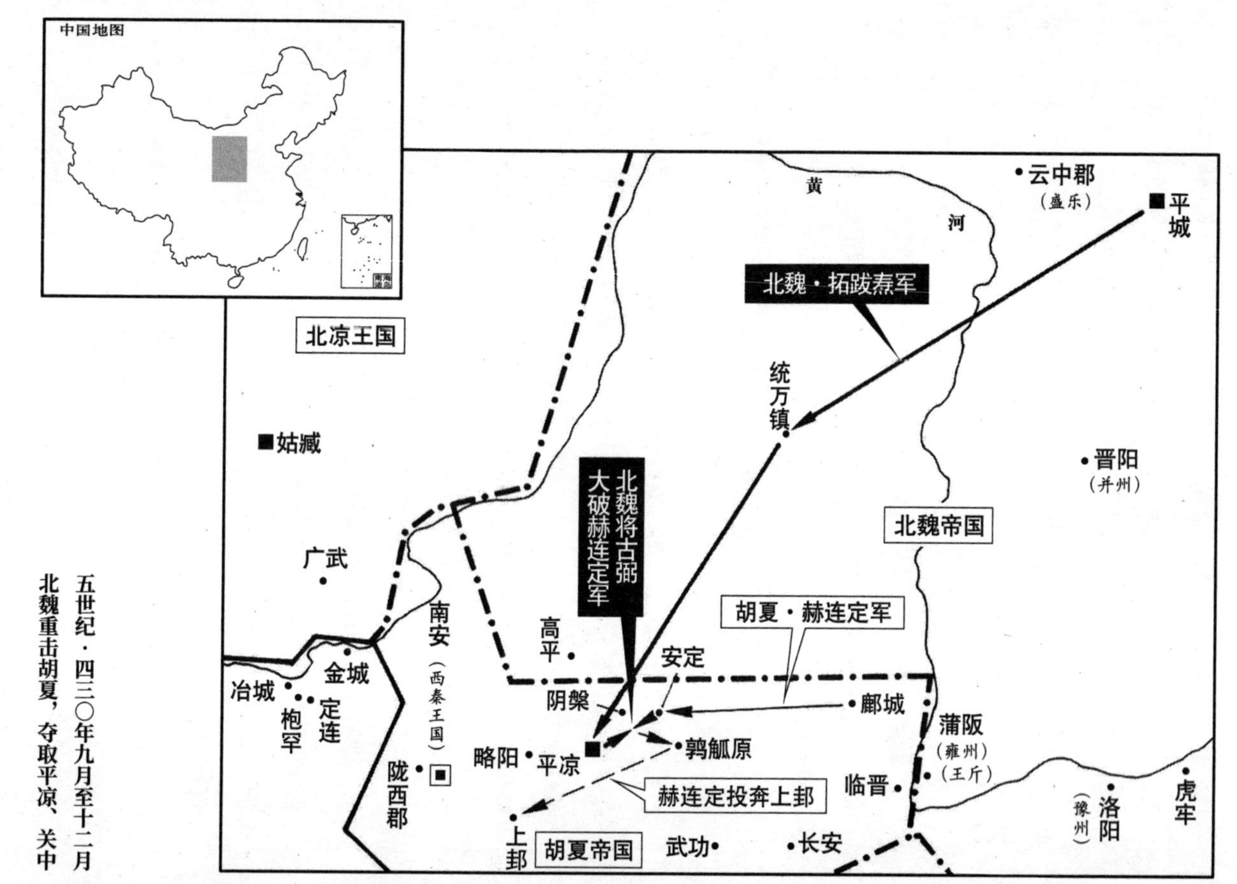

五世纪·四三〇年九月至十二月
北魏重击胡夏，夺取平凉、关中

家。拓跋焘调查证实，斩王斤示众。

33 南宋帝国北伐军前锋司令、右将军到彦之，安北将军王仲德；全被撤职，逮捕入狱。兖州（山东省西部）州长（刺史）竺灵秀，被指控抛弃军队逃亡，斩首，南宋帝刘义隆看到殿中将军垣护之的建议，大为称许，命他当北高平郡（山东省济宁市东南）郡长。

到彦之率大军北伐时，武器以及军用物资，十分充实。等到失败撤退，抛弃罄尽；以致政府粮仓和军械库，几乎全空。有一天，刘义隆跟文武官员饮宴，有国境外归附的人在座，刘义隆问国务院法务部军需司司长（尚书库部郎）顾琛说："军械库里还有多少武器？"顾琛说："足够十万人使用。"刘义隆发问之后，立刻后悔；听到顾琛回答，大为欢喜。顾琛，是顾和的曾孙（顾和，参考三一八年四月）。

34 南宋帝国彭城王刘义康，跟宰相（司徒）兼京畿总卫戍司令（扬州刺史）王弘，同时主管政府机要（录尚书）。刘义康因未能掌握全权，心里十分不快；一直打算兼任京畿总卫戍司令（扬州刺史），言辞中毫不隐瞒。而又因王弘的老弟王昙首，当高级咨询官（侍中），深受南宋帝刘义隆的宠爱信任，而更不高兴。王弘因老弱多病，屡次请求退休，王昙首主动请求当吴郡（江苏省苏州市）郡长，刘义隆全都不准。刘义康对别人说："王弘患病已久，帝国大事，怎么能躺在床上治理？"

王昙首劝老哥王弘把总部（包括宰相府及总卫戍司令部）文武官员，拨出一半给刘义康；刘义隆批示可拨付二千人。刘义康这才高兴。

四三一年
辛未

南宋	元嘉	八年
西秦	永弘	四年
北魏	神䴥	四年
北凉	承玄	四年
	义和	元年
胡夏	胜光	四年
北燕	大兴	元年

1 春季，正月一日，北燕帝国（首都和龙〔辽宁省朝阳市〕）大赦，改年号大兴。

2 正月十五日，南宋帝国（首都建康〔江苏省南京市〕）征南大将军檀道济等，由清水（济水）逆流西上，援救滑台（河南省滑县）。北魏帝国（首都平城〔山西省大同市〕）寿光侯叔孙建、征西大将军长孙道生，率军抵抗。

正月十六日，檀道济军进抵寿张（山东省东平县西南）；跟北魏帝国安平公乙旃眷（乙旃，复姓）的军队发生遭遇战。檀道济率宁朔将军王仲德（去年〔四三〇〕十二月下狱）、骁骑将军段宏，奋勇进击，大破乙旃眷军，转战而前，抵达高梁亭（今地不详），斩北魏委派的济州（州政府设碻磝〔山东省聊城市茌平区西南〕）州长（刺史）悉烦库结。

3 胡夏帝国（已经没有首都）皇帝（三任）赫连定，在故地不能立足，向西攻击西秦王国（首都南安）将领姚献，击败姚献后，派叔父北平公赫连韦伐，率军一万人，进攻西秦最后一城南安（甘肃省陇西县东南）。南安城中发生严重饥馑，人与人之间互相击杀吞食（人间惨事），西秦高级咨询官（侍中）、征掳将军出连辅政，高级咨询官（侍中）、首都西区卫戍司令（右卫将军）乞伏延祚，国务院文官部长（吏部尚书）乞伏跋跋，先后翻出城墙，向胡夏投降。西秦王（四任）乞伏暮末，穷途末路，只好用车辆载着空棺，出城投降（西秦王国到此覆亡。五胡乱华十九国中，西秦王国第十一个兴起，第十六个消灭。立国三十九年〔三八五至四〇〇，四〇九至四三一〕，共四任君王。西秦亡后，中国境内五国并立：南宋帝国、北魏帝国、北凉王国、胡夏帝国、北燕帝国）。赫连韦伐把乞伏暮末，连同沮渠兴国，一并押送上邽（甘肃省天水市）。

故西秦王国太子宫执行官（太子司直）焦楷，逃奔广宁（甘肃省漳县），向老爹、广宁郡郡长焦遗，哭求说：“您身受王国的宠爱，身居方面大员。而今，王国倾覆，您怎么能不登高一呼，用大义号召，领导大家消灭仇寇（胡夏帝国）？”焦遗说：“主上（乞伏暮末）已陷入贼人（胡夏帝国）之手，我并不是恐惧死亡，而忘记忠贞，只是，此时用大军追击，是加速主上（乞伏暮末）的死亡。不如遴选皇族中贤能人士，拥护他继承正位，然后起兵讨伐，或许能渡过难关。”焦楷遂

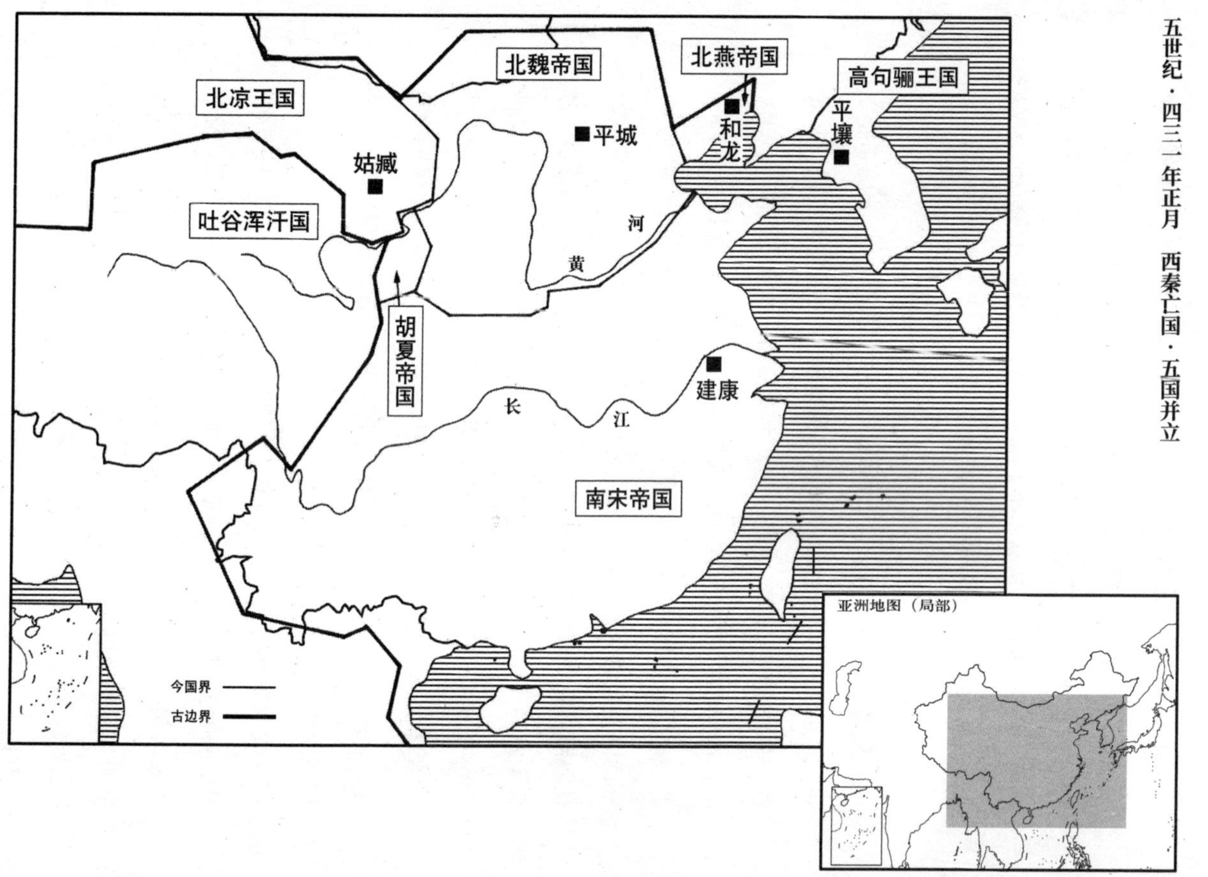

五世纪·四三一年正月　西秦亡国·五国并立

建筑高台，集结部众盟誓，二十天时间，远近前来投奔的有一万余人。然而，不幸的是，焦遗一病而死。焦楷不能单独承担这项大事；遂逃往北凉王国（首都姑臧〔甘肃省武威市〕）。

4 二月七日，南宋帝国任命国务院右执行长（尚书右仆射）江夷，当湘洲（州政府设临湘〔湖南省长沙市〕）州长（刺史）。

5 南宋帝国征南大将军檀道济等舰队进入济水（今黄河），二十余日之间，跟北魏军先后会战三十余次，一面作战，一面前进，而檀道济多半传出捷报。大军抵达历城（山东省济南市），北魏寿光侯叔孙建等，派轻装备骑兵，发动游击战，出没在檀道济兵团前后，焚烧粮食草料。不久，檀道济的粮食，开始缺乏，不能再向前推进。北魏冠军将军安颉、安南大将军司马楚之等，没有后顾之忧，得以全力进攻滑台（河南省滑县）。北魏帝拓跋焘，再派楚兵将军王慧龙增援。

南宋帝国滑台守将、宰相府参谋次官（司徒从事郎中）朱修之，坚守数月之久，粮食吃完，跟士卒用烟熏出老鼠，烧来果腹。

二月十日，北魏军攻破城池，俘虏朱修之、东郡（郡政府滑台）郡长申谟，以及南宋士卒一万余人。申谟，是申钟的曾孙（申钟事，参考三三四年十一月）。

6 二月二十二日，北魏帝拓跋焘，返首都平城（山西省大同市），举行盛大典礼，祭告皇家祖庙；武官将领以及所有文官，都受到赏赐；士卒一律免除田赋捐税十年。

北魏帝国南方边境，大水成灾，人民多半饿死（人间惨事），国务院总理（尚书令）刘絜，报告拓跋焘说："不久之前，界外盗匪（南宋帝国）入侵，御驾不断亲征。上天嘉许圣上（拓跋焘）英明，大军所指，无不克服。现在，动乱全被削平，有功将士，都受到赏赐，州郡和封国的平民，虽没有参加征讨，但是辛勤耕田播种，努力种桑养蚕，供应国家和军队的需要，实在是治理天下的根本，更是国库薪饷的来源。而今，自崤山以东，遍地洪水成灾，人民悲苦，应加哀怜，用以发扬光大陛下保护万民的恩德。"拓跋焘同意，下诏免除灾区人民一年的田赋捐税。

7 南宋帝国征南大将军檀道济等，粮食吃尽，遂自历城（山东省济南市）撤退。部队中有逃亡投降北魏军的，把这项机密透露。北魏军遂尾随追击，檀道济兵团人心惶惶，恐怕被抓住，为了逃命，军纪已不能维持，眼看就要崩溃。檀道济利用夜晚，命士卒把沙子当作粮食，一斗一斗的量，一面量一面高声报出数字（截至二十世纪，北方农村买卖粮食时，仍然一面量一面高唱斗数，取信于在场的人），然后用少数的谷米，覆盖沙上。等到天亮，北魏军遥遥望见，判断檀道济兵团粮食不但足够，而且还有剩余。认为降卒欺骗，斩首。当时，檀道济兵团人数少，而北魏军人数多，骑兵部队，更从四面八方，向历城（山东省济南市）集合，情势危急。檀道济命士卒全副武装，而自己身穿白色衣服，率领军队，缓缓出城。北魏军认为定有埋伏，不敢逼近，并且向后稍稍撤退；檀道济兵团得以保全实力而还。

青州（州政府设东阳〔山东省青州市〕）州长（刺史）萧思话，得到檀道济兵团向南撤退消息，打算放弃州城，退到险要地带自保。济南郡（山东省济南市）郡长萧承之，一再劝阻，萧思话不理。

二月二十六日，萧思话放弃州城（东阳〔山东省青州市〕），投奔平昌（山东省安丘市）；军事参议官（参军）刘振之驻防下邳（江苏省睢宁县北古邳镇），得到消息，也放弃城池逃走。可是，北魏军并没有到，而东阳（山东省青州市）聚集的物资，已被人民焚毁。萧思话被控有罪，召回京师（首都建康），逮捕下狱。

8 北燕帝国（首都和龙〔辽宁省朝阳市〕）天王（三任昭成帝）冯弘，封正妻慕容女士当王后。

9 三月三十日（原文误置于二月，据《魏书·世祖纪》改），北魏帝国冠军将军安颉等，返首都平城（山西省大同市）。北魏帝拓跋焘，嘉许滑台（河南省滑县）守将朱修之坚守不屈，把一位皇族的女儿嫁给他。

最初，南宋帝刘义隆派右将军到彦之出发北伐时，警告说："如果魏国（北魏帝国）动员备战，应在他们大军还没有到达之前，先行渡过黄河北上，发动攻击。如果对方没有动静，就留在彭城（江苏省徐州市），不要前进。"等到安颉呈送生擒的南宋俘虏，拓跋焘才听到这句话。对部长级以上官员说："你们从前认为我依照崔浩的计划行事，是上了大当，以致惊惶恐惧，坚决劝阻（崔浩主张先伐柔然汗国，参考前年〔四二九〕四月）。一直打胜仗的人，开始时总认为自己超过别人，到了最后，才知道并赶不上。"

安南大将军司马楚之上疏，认为各方面主要敌人，已经削平，请求对南宋帝国，发动总攻。拓跋焘认为军队在外时间太久，身心疲惫，难以作战，不准。征召司马楚之回京（首都平城）当散骑侍从官（散骑常侍）；任命王慧龙当荥阳郡（河南省荥阳市）郡长。

王慧龙在荥阳（河南省荥阳市）十年，农田耕种和武装备战，双管齐下，成绩斐然，声名传播。归附投奔的，多达一万余家。南宋帝刘义隆派出反间谍，在北魏政府中散布谣言，说：“王慧龙自以为功高劳苦，可是官位却低，打算引诱宋国（南宋帝国）入侵，乘势生擒司马楚之叛变。”（时司马楚之率军驻防颍川〔河南省许昌市东〕。）拓跋焘听到这个消息，下诏给王慧龙，说：“刘义隆畏惧将军，像畏惧老虎，阴谋陷害，我自然知道这种诡计。捕风捉影的言语，想你不会在意。”刘义隆再派杀手吕玄伯行刺，承诺说：“砍下王慧龙人头，封二百户人家的男爵，赏绸缎一千匹。”吕玄伯假装前来投降，晋见王慧龙时，要求摒除左右侍卫，准备当面讨论机密。王慧龙有点疑心，派人搜查他的腰怀，搜出短刀。吕玄伯叩头，请求处死。王慧龙说：“各人为各人的主人尽力！”下令释放。左右劝告说：“宋国（南宋帝国）阴谋不会停止，不杀吕玄伯，不能阻止将来再发生同样的事。”王慧龙说：“生死都是命中注定，他（指刘义隆）怎么能害死我？我用仁义作为保护网，有什么忧虑！”终于释放吕玄伯。

10 夏季，五月十一日，北魏帝拓跋焘，前往云中宫（内蒙古托克托县）。

11 六月十六日，南宋帝国大赦。

12 胡夏帝赫连定，诛杀投降的西秦王国末任王（四任）乞伏暮末（年龄不详），以及乞伏皇族五百人（赫连定死在眼前，还如此凶残）。

13 胡夏帝赫连定，畏惧北魏帝国的逼迫，裹挟故西秦王国投降的部落十余万人，自治城（甘肃省临夏市西北六十公里）渡黄河，打算攻击北凉王国首领（二任武宣王）、河西王沮渠蒙逊，夺取北凉所属土地。

吐谷浑汗国（青海省）可汗（十任）慕容慕璝，派益州州长（刺史）慕容慕利延、宁州州长（刺史）慕容拾虔，率骑兵三万人，乘胡夏兵团过河过了一半，拦腰突击，生擒赫连定，班师（胡夏帝国亡，距它消灭西秦王国，只五个月。立国二十五年〔四〇七至四三一〕，在五胡乱华十九国中，第十八个兴起，第十七个灭亡，共三任君王。胡夏帝国最重要的贡献，莫过于留下一篇《统万碑文》，供后人用来检验文人和文妖的区别。胡夏帝国亡后，中国境内，四国并立：南宋帝国、北魏帝国、北凉王国、北燕帝国。五胡乱华十九国时代，已近尾声）。沮渠兴国身受重伤而死（北凉世子沮渠兴国被西秦俘虏，参考前年〔四二九〕六月）。慕容拾虔，是慕容树洛干（八任可汗）的儿子。

14 北魏帝国边防官员，捕获柔然汗国（瀚海沙漠群）巡逻兵二十余人。北魏帝拓跋焘赏赐给他们衣服，释放送还。柔然汗国大为感动喜悦。

闰六月十六日，柔然可汗（五任敕连可汗）郁久闾吴提，派使臣到北魏帝国；拓跋焘盛大招待。

15 北魏帝拓跋焘，派散骑顾问官（散骑侍郎）周绍，前往南宋帝国报聘，要求皇家通婚，南宋帝刘义隆含糊其辞的回答。

16 南宋帝国荆州（州政府设江陵〔湖北省江陵县〕）州长（刺史）江夏王刘义恭，年龄逐渐长大（本年十九岁），打算亲自处理政事，而秘书长（长史）刘湛，总是阻挠，遂深恨刘湛（刘裕创立一种制度，命怀中娃儿拥有州长虚名，而由秘书长行使州长实权。参考四一〇年五月十四日）。南宋帝刘义隆

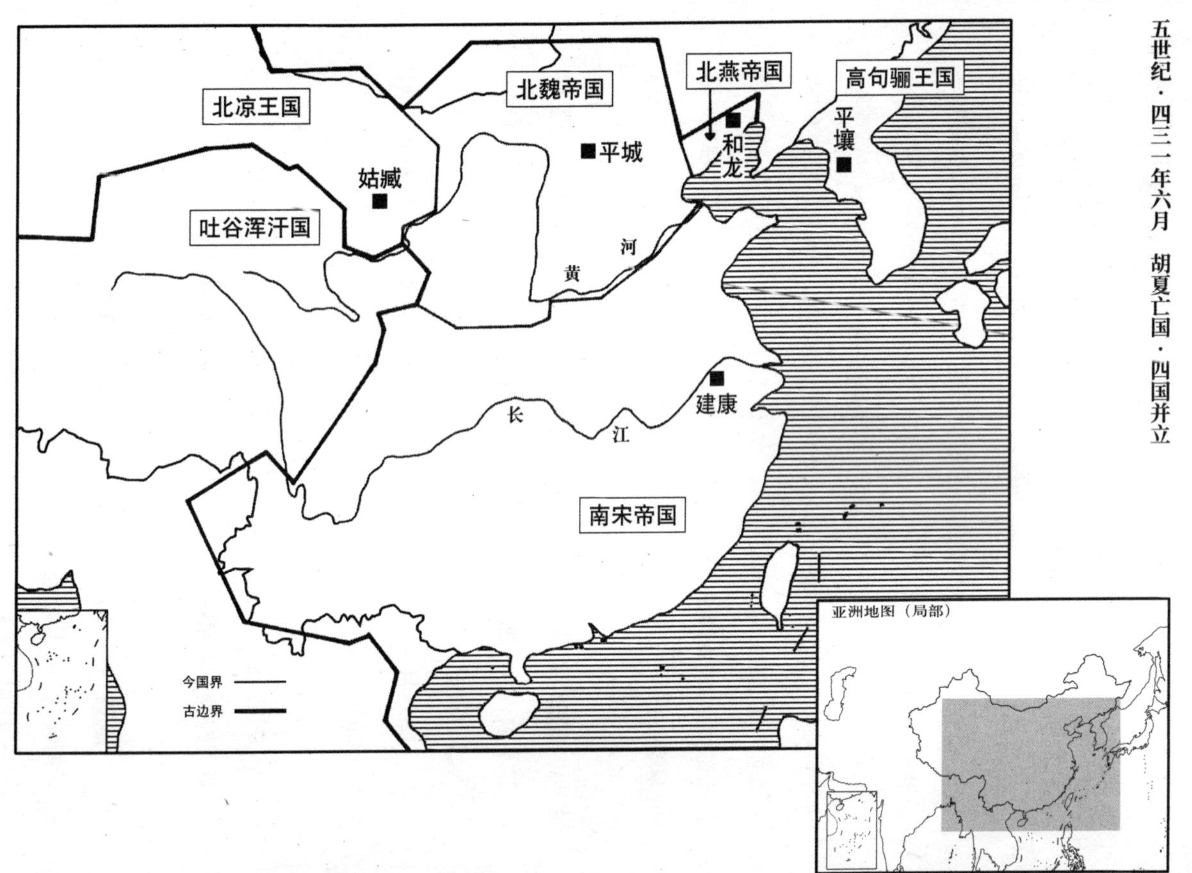

五世纪·四三一年六月　胡夏亡国·四国并立

十分尊重刘湛，遂派使臣盘问并责备刘义恭，居中调解。这时，王华、王昙首，全都逝世，中央禁军总监（领军将军）殷景仁，一向跟刘湛友善，提醒刘义隆说："当代贤才，纷纷凋零！"遂由刘义隆下诏，征召刘湛入京（首都建康）当太子宫总管（太子詹事），加授：御前监督官（给事中），跟殷景仁共同参与中央决策。又任命雍州（州政府设襄阳〔湖北省襄阳市〕）州长（刺史）张邵，接替刘湛的职位：抚军大将军府秘书长（抚军长史），兼南蛮保安司令（南蛮校尉）。

不久，张邵被检举在雍州（州政府襄阳）时，贪赃枉法，营私舞弊，赃款高达二百四十五万钱，逮捕囚入最高法院监狱（廷尉），依法应处死刑。首都东区卫戍司令（左卫将军）谢述，上疏强调：张邵是一任帝（武帝）刘裕时代的元老干部（晋帝国时代，刘裕反抗桓玄时，张邵就劝老爹张敞，表示拥护。而又从来不附和刘毅，参考四〇九年正月），应蒙受大恩宽恕。刘义隆采纳谢述建议，亲手写下诏书，仅免除张邵官职，撤销爵位（张邵封临沮伯爵），收回采邑。谢述对他的儿子谢综说："主上怜恤张邵从前的忠诚，特地加以赦免，我所作的建议，不过是恰巧碰上时机，所以蒙受采纳，如果我做的事被宣扬出来，则是掠夺主上的恩德，这是不可以中的最大不可以。"教谢综在他面前，把奏章烧掉。后来，刘义隆对张邵说："你所以能死里逃生，谢述出了很大的力。"

谢述真是官场高手，他既逢迎皇帝（刘义隆），又施恩贪官（张邵，他可是钱多如山），又得到"温柔敦厚"的美誉。然而，却没有一个人提起雍州人民在苦刑拷打下，用卖儿卖女钱行贿的断肠哭声！

17 秋季，七月一日，北魏帝拓跋焘，前往河西（黄河河套地区）。

18 八月七日，北凉王国（首都姑臧〔甘肃省武威市〕）首领（二任武宣王）、河西王沮渠蒙逊，派他的儿子沮渠安周，前往北魏帝国充当人质。

19 吐谷浑汗国（青海省）可汗（十任）慕容慕璝，派顾问官（侍郎）谢太宁，到北魏帝国（首都平城）呈送奏章，表示愿意献出所俘虏的胡夏帝（三任）赫连定。

八月十一日，北魏政府任命慕容慕璝当最高统帅（大将军），封西秦王。

20 南宋帝国国务院左执行长（左仆射）、临川王刘义庆，坚决请求辞职。

八月二十六日，任命刘义庆当立法院最高立法长（中书令），仍兼首都建康市长（丹阳尹）。

21 九月六日，北魏帝拓跋焘回宫。

九月十三日，加授全国武装部队总司令（太尉）长孙嵩：柱国大将军（"柱国"二字从此出现）。擢升左最高资政官（左光禄大夫）崔浩当宰相（司徒）；征西大将军长孙道生当最高监察长（司空）。

长孙道生节俭清廉，一个用熊皮做的遮泥障（遮住马身），数十年都不更换。拓跋焘使皇家乐队谱出对文武官员的赞歌："绝顶智慧有崔浩／清白廉洁有长孙道生！"

拓跋焘打算选派使节前往北凉王国报聘，崔浩推荐国务院执行官（尚书）李顺。拓跋焘遂擢升李顺当祭祀部长（太常），用诏书任命北凉首领、河西王沮渠蒙逊，当高级咨询官（侍中）、凉州西域羌戎军区司令长官（都督凉州西域羌戎诸军事）、太傅（上三公之二），代理征西大将军、凉州全权州长（牧），封凉王（北凉王。沮渠蒙逊折腾了三十一年，至此才折腾到"凉王"）。采邑包括武威、张掖、敦煌、酒泉、西海、金城、西平七郡（此七郡是晋王朝时代之郡名，涵盖河西走廊全境）。封爵诏书上说："凉王（沮渠蒙逊）的盛衰存亡，命运跟大魏（北魏帝国）合为一体，同升同降。北方到荒凉不毛之地，南方到上庸（湖北省竹山县西南上庸镇）、岷山（位四川省九寨沟县南坪镇，甘肃省与四川省界山），西方到昆仑山，东方到河曲（甘肃省兰州市一带的黄河流域），在这个范围之内，如果发生叛乱，凉王（沮渠蒙逊）应立刻讨伐，用心辅佐皇家。凉王（沮渠蒙逊）并且可以设立将军、宰相、部长、文武百官，代表皇帝，径行任命。还可以竖起天子专用的旗帜，无论出入，都戒严净街，不准有人走路，依照西汉王朝初期各亲王特权前例。"

九月二十五日，拓跋焘下诏："而今，两个盗匪集团（南宋帝国及胡夏帝国），分别被击败或消灭，我们将停止战争，提高文化，举办从前被忽略的事，物色从前隐居不出来当官的人。范阳郡（河北省涿州市）人卢玄、博陵郡（河北省安平县）人崔绰、赵郡（河北省赵县）人李灵、河间郡（河北省献县）人邢颖、勃海郡（河北省南皮县）人高允、广平郡（河北省鸡泽县）人游雅、太原郡（山西省太原市）人张伟等，都是贤人的后裔，才干冠于州郡。《易经》说：'我有美好的酒杯，愿跟大家同醉。'（《易经·中孚》）凡是能跟卢玄相比的人才，州郡政府对他们都应非常礼敬，护送到中央政府。"于是征召卢玄和各州县所保送高级知识分子数百人，依照他们的能力，委派官职。崔绰因娘亲太老，坚决辞让；卢玄等都当立法院政务官（中书博士）。卢玄，是卢谌的曾孙（卢谌，参考三一八年五月）。李灵，是李顺的堂兄（李顺，参考四二六年九月）。

宰相（司徒）崔浩，是卢玄的舅父，每次跟卢玄谈话，都叹息说："面对卢玄，使我发思古之幽情。"当时，崔浩打算严厉执行九品中正评定的等级，辨明官员们的出身阶级和姓氏高低（门第观念，在大分裂时代中成熟稳固）。卢玄劝阻说："创立一个新的制度，改革一种既成的规章，必须把握适当的时机。欢迎这项变动的，能有几个人？应该多作思量！"崔浩不接受，因此，引起大家愤恨。

22 最初，北魏帝国部落时代的酋长、代王拓跋什翼犍（一任帝拓跋珪的祖父）才制定法令："谋反叛逆，屠杀全族。其他死刑犯，可以缴纳金钱马匹赎罪。杀人凶手，政府允许他赔偿苦主牛马棺材等，私下和解。偷盗政府财产，赔五倍；偷盗私人财产，赔十倍。"（拓跋什翼犍制定法律，参考三三八年十一月）四部总监（东南西北大人），共同坐在公堂之上，听取讼辞，下达判断，随时结案，从没有羁押、囚禁、拖延不决的痛苦，全国安定。一任帝（道武帝）拓跋珪，进入中原后，不满意前代法令严峻细密，命文官部狱政司司长（三公郎）王德，重新检查删改，务求简单明了（参考三九八年十一月）。然而，拓跋珪到了晚年，发生心病，刑法残酷（参考四〇〇年十二月）。二任帝（明元帝）拓跋嗣继承这项暴政，法官执行法律，多方设法使人有罪。

冬季，十月一日，北魏帝（三任太武帝）拓跋焘，命宰相（司徒）崔浩，重新制定法令规章，删除五年、四年有期徒刑，增加一年有期徒刑条款。用巫术符咒害人的，背上绑羊，胸前绑狗，投入河川。新订条例：阶级在九品以上的官员犯法，可以用他的官爵赎罪。女人处死而有孕在身，等她生下娃儿，过了一百天再行斩首。又规定各级政府大门左边设立“登闻鼓”，让有冤屈的人，擂鼓申冤。

23 北魏帝拓跋焘，前往瀚海沙漠南。

十一月十日，北方敕勒部落酋长库若干，率部众骑兵数万人，驱赶群鹿数百万头，抵达拓跋焘停留地。拓跋焘遂作大规模狩猎，赏赐随从官员。

十二月一日，回宫。

24 本年（四三一），北凉王国（首都姑臧〔甘肃省武威市〕）改年号义和（之前是承玄四年，之后是义和元年）。

25 林邑王国（越南中部）国王范阳迈，攻击南宋帝国的九德郡（越南荣市），南宋交州（州政府设龙编〔越南河内市东北北宁省〕）州政府军把林邑军击退。

四三二年 壬申

南宋　元嘉　九年
北魏　延和　元年
北凉　义和　二年
北燕　大兴　二年
（蜀王程道养泰始元年）

1 春季，正月一日，北魏帝国（首都平城〔山西省大同市〕）皇帝（三任太武帝）拓跋焘（本年二十五岁），尊乳娘保太后窦女士当皇太后。封贵人赫连女士（胡夏帝国一任帝赫连勃勃的女儿，参考四二七年三月）当皇后；儿子拓跋晃（本年五岁）当皇太子；大赦，改年号延和。

2 北燕帝国（首都和龙〔辽宁省朝阳市〕）天王（三任昭成帝）冯弘，封慕容皇后生的儿子冯王仁当太子。

3 三月六日，南宋帝国（首都建康〔江苏省南京市〕）首都卫戍司令（卫将军）王弘，晋升太保（上三公之三），加授立法院总立法长（中书监）。

三月十三日，征南大将军檀道济（江州〔州政府寻阳〕州长）晋升最高监察长（司空），回到他的防地寻阳（江西省九江市）。

4 三月二十八日，吐谷浑汗国（青海省）可汗（十任）慕容慕璝，把胡夏帝国末任帝（三任）赫连定，献俘给北魏帝国；北魏斩赫连定（年龄不详）。

慕容慕璝上疏说："我生擒活捉僭伪叛徒（赫连定），把捷报呈献陛下。陛下所赏赐的爵位和官阶，虽然崇高（参考去年〔四三一〕八月），可是疆土并没有增加，车辆旗帜，虽然准许有荣耀装饰，可是在财物上并没有奖励；请求俯察下情。"北魏帝拓跋焘把奏章交付高官会议讨论，三公、部长们认为："慕容慕璝的功劳，不过俘虏赫连定一人而已，塞外人民，都已归他们（吐谷浑汗国）所有，而仍然贪得无厌，不可以允许。"拓跋焘遂下诏说："西秦王（慕容慕璝）所攻克的金城（甘肃省兰州市）、枹罕（甘肃省临夏市）、陇西（甘肃省陇西县）地方，我同意永久归你，作为你爵位的采邑，何必再去增加？西秦王（慕容慕璝）诚心归附，我们赏赐的绵布绸缎，依照你所派使节前来次数多少，临时调整，并不是只赏赐这一次，以后就不再有。"

自此，慕容慕璝派到北魏帝国的使节，稍稍减少。

5 北魏帝国巫术师（方士）祁纤，奏请把代郡（首都平城，山西省大同市）改称万年特别市，平城市长（代尹）改称万年市长（万年尹），代县（首都平城）县长当万年县长（北魏迁都平城不久，即把平城改称"代郡"）。宰相（司徒）崔浩反对，说："从前，太祖（一任帝拓跋珪）顺应人心，接受天命，效法‘殷’‘商’称呼，而兼称‘代’‘魏’（参考三九八年六月十六日），累积下来的恩德，当使帝国寿命，长达万亿年代，不必靠美好的名称，才有福气。祁纤所奏报的，都不是正当大义，最好仍恢复原来的称谓。”拓跋焘同意。

6 夏季，五月二十九日，南宋帝国太保（上三公之三）、华容公（文昭公）王弘，逝世（年五十四岁）。

王弘聪明敏捷，有特殊的见解，平易近人，没有官员们那种架势。但性情褊狭，喜欢侮辱别人，因之人们对他也很少称道。他虽然地位显贵，可是从不营私舞弊，等到逝世，家中没有多余的财产。南宋帝刘义隆（本年二十六岁）得到报告，特别赏赐钱一百万、米一千斛。

7 北魏帝拓跋焘，在首都平城（山西省大同市）南郊，训练兵马，准备攻击北燕帝国（首都和龙）。

8 南宋帝刘义隆，派使节赵道生，前往北魏帝国报聘。

9 六月五日，南宋帝国宰相（司徒）、南徐州（州政府设京口〔江苏省镇江市〕）州长（刺史）、彭城王刘义康，兼任京畿总卫戍司令（扬州刺史。刘义康想这个位置已经很久，参考前年〔四三〇〕十二月。王弘逝世，终于到手）。

10 南宋帝国政府下诏，把青州（山东省北部）一部分郡县分割出来，另行设立冀州（山东省西北部。新设的冀州共九郡：广川郡〔山东省邹平市东〕、平原郡〔梁邹城，邹平市北〕、乐陵郡〔山东省博兴县〕、河间郡〔山东省寿光市东〕、顿丘郡〔山东省济南市东〕、清河郡〔盘阳城，山东省淄博市南〕、魏郡〔淄博市东北〕、高阳郡〔淄博市东北〕、勃海郡〔被阳城，山东省高青县东南〕。全是侨郡），州政府设历城（山东省济南市）。

11 吐谷浑汗国（青海省）可汗（十任）慕容慕璝，派军政官（司马）赵许叙，到南宋帝国（首都建康）进贡，并奏报军事上的大捷（指生擒赫连定）。

12 六月十七日，北魏帝拓跋焘，攻击北燕帝国（首都和龙），命太子拓跋晃主管政府机要（录尚书事）。本年（四三二），拓跋晃才五岁。又派国务院左执行长（左仆射）安原、建宁王拓跋崇等，驻防瀚海沙漠南，防备柔然汗国（瀚海沙漠群）突袭。

六月十八日，派散骑侍从官（散骑常侍）邓颖，出使南宋帝国（首都建康）报聘。

13 六月二十二日，南宋帝国任命吐谷浑汗国可汗（十任）慕容慕璝，当西秦河沙三州军区司令长官（都督西秦河沙三州诸军事）、征西大将军、西秦及河州二州州长（刺史），晋爵陇西王。且命慕容慕璝送还晋帝国时代被胡夏帝国俘虏的将领士卒；慕容慕璝送还约一百五十余人（四一八年，关中〔陕西省中部〕被胡夏帝国夺取，迄今十四年）。

又加授"氐王"（首府仇池〔甘肃省西和县南〕）、北秦州州长（刺史）杨难当征西将军；杨难当的侄儿杨保宗当镇南将军，镇守宕昌（甘肃省宕昌县）；杨难当的儿子杨顺当秦州州长（刺史），镇守上邽（甘肃省天水市。胡夏覆亡时，杨难当乘机占据上邽）。杨保宗阴谋袭击杨难当，消息走漏，杨难当囚禁杨保宗。

14 六月二十九日，南宋帝国政府任命江夏王刘义恭，当南兖等六州军区司令长官（都督南、兖等六州诸军事。六州：南兖徐兖青冀幽）、开府仪同三司（宰相级），兼南兖州（州政府设广陵〔江苏省扬州市〕）州长（刺史）；临川王刘义庆，当荆雍等七州军区司令长官（都督荆、雍等七州诸军事。七州：荆、雍、益、宁、梁、南秦、北秦），兼荆州（州政府设江陵〔湖北省江陵县〕）州长（刺史）；竟陵王刘义宣，当立法院总立法长（中书监）；衡阳王刘义季，当南徐州（州政府设京口〔江苏省镇江市〕）州长（刺史）。

最初，一任帝（武帝）刘裕，认为荆州（州政府设江陵〔湖北省江陵县〕）位居长江上游，地位重要，土地辽阔，军用物资及武装部队实力，占帝国的一半，所以遗诏规定：必须由皇子镇守（自晋帝国末年至南宋帝国，荆州州长〔刺史〕所管辖的军区，多至七八个州，包括荆梁雍益宁秦各州〔如湘州设置的话，也包括湘州〕，范围北方及西方至国界，南至南岭，东至罗霄山脉〔今江西省与湖南省省界〕，占南宋一半国土）。南宋帝（三任文帝）刘义隆认为堂弟刘义庆在皇族中享有美好声誉，而且老爹刘道规（刘裕的老弟），对帝国有极大功劳，所以特别擢用。

15 秋季，七月十七日，北魏帝拓跋焘，率长征大军抵达濡水（闪电河）。

七月十八日，派安东将军奚斤，调发幽州（州政府设蓟城〔北京市〕）人民，以及密云郡（提携城，北京市密云区东北古北口镇）境内丁零部落一万余人，运送攻城武器，穿过南道（即曹操北征乌桓部落时的卢龙道；参考二〇七年），跟主力部队在北燕帝国首都和龙（辽宁省朝阳市）城下会师。

拓跋焘抵达辽西（河北省迁安市），北燕天王（三任昭成帝）冯弘，派执法监察官（侍御史）崔聘，运送牛肉美酒，前来劳军。

七月二十七日，拓跋焘抵达和龙。

16 七月二十八日，南宋帝国政府任命中央禁军总监（领军将军）殷景仁，当国务院执行长（尚书仆射），太子宫总管（太子詹事）刘湛，当中央禁军总监（领军将军）。

益州（州政府设成都〔四川省成都市〕）州长（刺史）刘道济，是刘粹的老弟（刘粹，参考四一〇年五月）；任用秘书长（长史）费谦、总务官（别驾）张熙等，贪赃枉法，营私舞弊，破坏政府威信，损害人民生计。设立“开矿炼铁专卖局”，禁止民间私自采矿炼铁。于是，提高铁器价格，用高价把铁器卖给人民。商人失业，境内人民都叹息怨恨。

流亡难民许穆之，改名换姓，自称司马飞龙，声言是故晋帝国皇家苗裔，投靠“氐王”（首府仇池）杨难当。杨难当知道人民的怨恨，遂拨一部分军队给他，使他扰乱益州（四川省中部）。司马飞龙号召益州人上，集结一千余人，击斩巴兴（四川省蓬溪县）县长，驱逐阴平郡（侨郡，四川省德阳市西北）郡长。刘道济派军击斩司马飞龙。

刘道济打算任用五城（四川省中江县）人帛氐奴（帛，姓）、梁显，当军事参议指挥官（参军督护），秘书长（长史）费谦坚决反对。帛氐奴等遂跟同乡赵广，煽动县民，宣称：“司马殿下（司马飞龙）仍在阳泉山（四川省绵竹市境）。”群众集结到数千人，攻击广汉（四川省三台县）。刘道济派军事参议官（参军）程展，跟行政官（治中）李抗之，率五百人攻击，军败，二人阵亡。巴西郡（四川省阆中市）人唐频，聚众起兵，响应帛氐奴。赵广等进攻涪城（四川省绵阳市），攻克。涪陵郡（四川省涪陵市）、江阳郡（四川省泸州市）、遂宁郡（四川省射洪市南沱牌镇）等郡郡长，全都放弃郡城逃走。于是，州境内原住民和外来侨居民，一时之间，全体起兵。

17 北燕帝国石城（辽宁省建昌县西）郡长李崇等十个郡，投降北魏长征大军。北魏帝拓跋焘，征发北燕居民三万人，兴筑长墙，挖掘壕沟，重重包围和龙（北燕首都，辽宁省朝阳市）。李崇，是李绩的儿子（李绩因直言被贬，参考三六〇年十一月）。

八月，北燕天王冯弘，派数万人出城作战；北魏昌黎公拓跋丘，把北燕军击败，杀一万余人。北燕国务院执行官（尚书）高绍，率一万余家，保守羌胡固（今地不详）。

八月九日，拓跋焘攻击，斩高绍。北魏平东将军贺多罗，攻击带方（侨郡，辽宁省义县境）；抚军大将军、永昌王拓跋健，攻击建德（白狼城，辽宁省喀喇沁左翼县西南）；骠骑大将军、乐平王拓跋丕，攻击冀阳（辽宁省建平县）；全都攻克。

九月十四日，拓跋焘班师西返，把营丘（辽宁省凌海市境）、成周（辽宁省锦州市南）、辽东（侨郡，辽宁省北镇市）、乐浪（侨郡，辽宁省义县境）、带方（侨郡，辽宁省义县境）、玄菟（侨郡，辽宁省北镇市境）六郡人民三万家，强迫迁移幽州（州政府设蓟城〔北京市〕）。

北燕帝国国务院执行官（尚书）郭渊，劝天王冯弘，向北魏呈递降书，献出女儿，充当藩属。冯弘说："两国之间，早就结怨，互相痛恨的程度至深，投降仍不免一死，不如艰苦支持，等待变化。"

拓跋焘包围和龙（辽宁省朝阳市），保护御驾的禁卫将士，都开到前方，投入战场，留在行宫的人很少，防御力量单薄。云中郡（故都盛乐，内蒙古和林格尔县）防守司令（镇将）朱修之，阴谋策动来自南方的汉人，袭斩拓跋焘，然后投奔和龙，再乘船回到南方（朱修之守滑台被俘，参考去年〔四三一〕二月）。把计划告诉冠军将军毛修之；毛修之拒绝参加，遂停止行动（毛修之于晋帝国时代被俘，参考四一八年十一月）。不久，阴谋泄漏，朱修之逃奔北燕帝国。北魏不断对北燕攻击，北燕天王冯弘，派朱修之南返，请求南宋帝国（首都建康）援救。朱修之乘船在

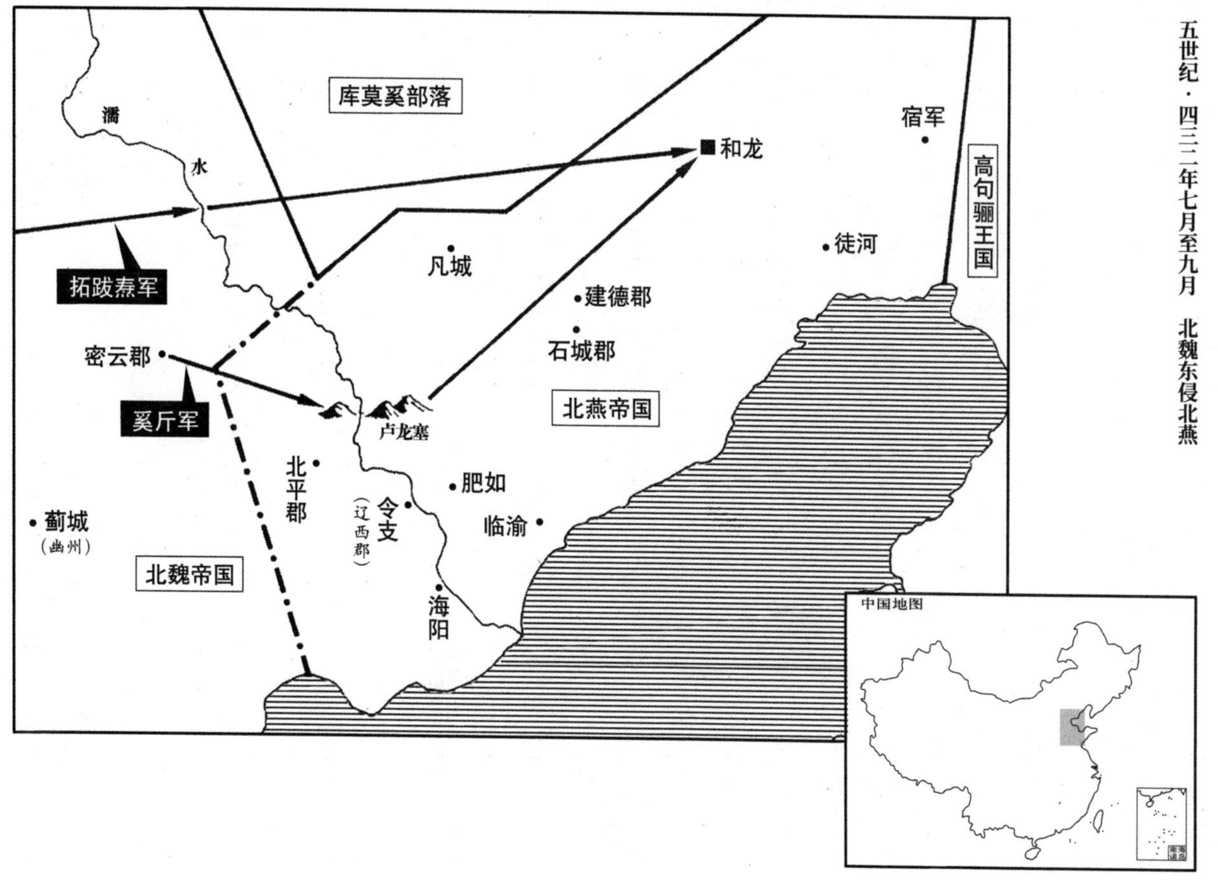

五世纪·四三二年七月至九月　北魏东侵北燕

东莱郡（山东省莱州市）登陆，遂回到建康（南宋首都，江苏省南京市）。南宋政府任命他当禁宫咨询官（黄门侍郎）。

18 南宋帝国益州（四川省中部）变民首领赵广等，进攻成都（四川省成都市），益州（州政府成都）州长（刺史）刘道济，登城固守。变民军集结日子已久，却看不到首领司马飞龙，军心生疑，打算四散。赵广恐惧，乃率三千人和迎接圣驾的仪仗队，前往阳泉寺（阳泉山山上庙宇），宣称迎接司马飞龙。到阳泉寺后，对寺中道士、枹罕（甘肃省临夏市）人程道养说："你只要承认你是司马飞龙，就稳享荣华富贵。如果不肯，砍下人头。"程道养惊慌畏惧，只好应允。赵广遂推举程道养当蜀王、车骑大将军、益梁二州全权州长（牧），改年号泰始，设立文武百官。任命程道养老弟程道助当骠骑将军，封长沙王，镇守涪城（四川省绵阳市）。赵广、帛氏奴、梁显，以及党羽张寻、严遐，都当将军。前呼后拥，奉戴程道养回到成都郊外。此时群众已集结至十余万，四面八方，把成都密密围住。派人告诉刘道济说："只要交出费谦、张熙，我们就会解围撤退。"刘道济派大营军事参议官（中兵参军）裴方明、任浪之，各率一千余人，出城挑战，二人先后败回。

19 冬季，十一月四日，北魏帝拓跋焘，返首都平城（山西省大同市）。

20 十一月十一日，南宋帝国政府任命宫廷供应部长（少府）、中山郡（河北省定州市）人甄法崇，当益州（州政府成都）州长（刺史。接替刘道济）。

21 最初，北燕帝国（首都和龙）天王冯弘的原配王女士，生长乐公冯崇；所以冯崇在兄弟中，年纪最大。冯弘当天王之后，王女士不能当王后，冯弘反而封慕容女士当王后；又罢黜冯崇，派他出去镇守肥如（河北省卢龙县）。冯崇的同母老弟、广平公冯朗、乐陵公冯邈，互相商量说：“王国就要覆灭，无论是聪明人或愚昧人，全都知道。而老爹（冯弘）再听慕容王后的谗言，我们兄弟随时会死，一天也等不及。”于是，一同逃往辽西（河北省迁安市），劝说老哥冯崇投降北魏帝国（首都平城），冯崇同意。正巧，北魏帝拓跋焘，派御前监督官（给事中）王德，向冯崇招降。

十二月十九日，冯崇派冯邈前往北魏帝国，献出全郡投降。天王冯弘得到报告，派将领封羽，把冯崇所在的辽西（河北省迁安市）包围。

22 北魏帝拓跋焘，征求天下没有当官的知名人士，各郡县政府多用强迫手段，勉强遣送。拓跋焘听到报告，下诏说：“各州郡首长应该很礼貌的转达我的旨意，尊重对方自己的决定，或是应聘，或是拒绝，不可以强迫。”

23 最初，南宋帝刘义隆，把最小的儿子刘绍，过继给庐陵王（孝献王）刘义真当儿子。命江夏王刘义恭的儿子刘朗，过继给营阳王（二任少帝）刘义符当儿子（刘义真、刘义符被杀，参考四二四年六月）。

十二月二十日，封刘绍当庐陵王、刘朗当南丰县王。

24 南宋帝国益州（州政府设成都〔四川省成都市〕）州政府大营军事参议官（中兵参军）裴方明等，再度出击变民首领、蜀王程道养军营，击破变民军，焚毁变民军的辎重和军用物资。

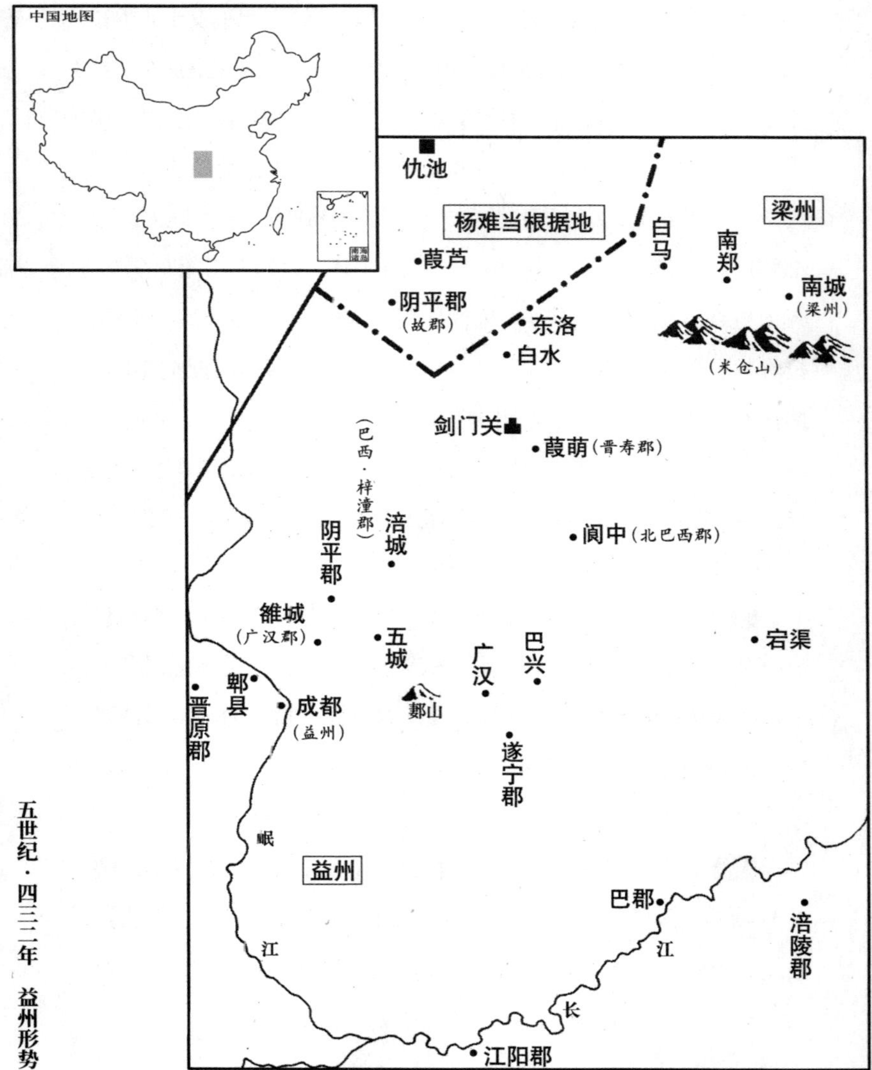

五世纪·四三二年　益州形势

变民军将领、江阳郡（四川省泸州市）人杨孟子，率一千余人驻防成都城南；益州州政府军事参议官（参军）梁儁之，驻防成都南城城楼，写信给杨孟子，劝杨孟子归降。杨孟子同意，遂入城晋见益州州长（刺史）刘道济，刘道济暂时指派他当主任秘书（主簿），约定日期，向变民军内外夹击。变民军首领赵广，得到密报，杨孟子大为恐惧，率领他的部众，投奔晋原郡（四川省崇州市）；晋原郡郡长文仲兴，开城接纳，共同登城据守。变民军首领赵广派帛氏奴攻击晋原，攻克，斩文仲兴、杨孟子。裴方明再度出击，屡战屡破变民军，变民军遂崩溃。程道养集结残兵败将七千人，返回广汉（四川省三台县）；赵广另率五千余人，返回涪城（四川省绵阳市）。

之前，总务官（别驾）张熙，建议州长（刺史）刘道济出售仓库粮食，所以自九月末围城，到十二月围解，剩余的粮食，已经吃光。裴方明率二千人，出城寻找粮食，被变民军击败，裴方明单人匹马逃回，而变民军乘胜会合，再包围成都。裴方明半夜逃到城下，城上垂下绳索救回，刘道济摆下菜饭请他进餐，裴方明流泪哭泣，不能下咽。刘道济说：“你简直不是大丈夫！这一点小小失败，何至这么想不开！贼寇（变民军）的声势已经衰竭，中央援军不久就会来到，只要你活着回来，何必担心匪徒（变民军）！”就把自己的直属部队，拨出一部分给裴方明。变民军在城外扬言：“裴方明已死！”城中大为恐慌。刘道济下令燃起火把，让大家看到裴方明，人心才归安定。刘道济把州政府所有财产，都搬到北射堂，命裴方明招募新军。当时，城中谣言四起，有人坚称刘道济已寿终正寝，所以没有人肯去应征。梁儁之建议刘道济，告诉侍奉左右的三十余位奴仆：“我的病稍微减轻，你们可以回家休息！”奴婢既回到各人家里，谣言遂告平息。应募的每天有一千余人。

25 最初，晋帝国国务院执行长（尚书仆射）谢混，娶晋帝国晋陵公主（十五任帝司马昌明的女儿）。后来，谢混死（谢混被刘裕诬杀，参考四一二年九月），十六任帝（安帝）司马德宗下诏（刘裕诏），命晋陵公主跟谢家断绝婚姻关系；晋陵公主遂把家事全部委托给谢混的侄儿谢弘微。谢混几世都是宰相级重要官员，家产庞大，仅奴仆就有一千人，可是没有儿子，只有两个女儿，年仅数岁。谢弘微尽心经营，一文钱或一尺布，都记有账簿。过了九年，刘裕称帝（四二〇年六月），晋陵公主降号称东乡君，南宋帝国政府准许她再回谢家。晋陵公主进门之后，房屋粮仓，跟过去完全一样，开垦荒地，再加上不断购买，农田比从前还多。晋陵公主叹息说："谢混在世时，特别重视这个孩子，可以说有知人之明，他不能算死！"亲戚旧友，看到这种情形，都感动流泪。

本年（四三二），晋陵公主逝世。无论政府或谢家，一致认为：金银财宝应归二位女儿，而农田、住宅、奴仆，应归谢弘微。然而，谢弘微一样也不要，并且用自己的俸禄，安葬晋陵公主。

谢混的女婿殷叡喜爱赌博，知道谢弘微拒绝接受谢家财产，于是，把妻子的妹妹、伯母，和两位姑母应得的谢家财产，全部夺取，用来偿还赌债。妻子谢女士受堂兄谢弘微的感化，对丈夫的挥霍，毫不表示意见。有人曾指责谢弘微，说："谢家累世积蓄，不过供给殷先生下一次赌注，不合理的事，莫过于此。你亲眼看见，不说一句话，好像把东西抛进江海，还认为自己廉洁。假使为了博取一个清白的名声，而使家庭生活困难，并不值得称赞。"谢弘微说："亲戚们夺取财产，实在卑鄙可耻。现在，殷叡的妻子（谢混的女儿）都不干预，我怎么可以教导她去争执？家产分得多、分得少，总不会不够用。身死之后，谁还关心身外之物！"

26 投奔北凉王国（首都姑臧〔甘肃省武威市〕）的秃发保周（参考四一四年七月），本年（四三二），逃出北凉，投奔北魏帝国（首都平城）。

北魏帝国封秃发保周当张掖公。

27 北魏帝国祭祀部长（太常）李顺，再度出使北凉王国。北凉王（二任武宣王）沮渠蒙逊（本年六十五岁）派大营安全官（中兵校郎）杨定归，对李顺说："我年纪已老，身体又多病，四肢不太灵活，恐怕不能下跪叩拜。等三五天病势好转，再请相见。"李顺说："大王年老多病，中央早就知道，怎么可以自己偷懒，不接见钦差大臣！"第二天，沮渠蒙逊请李顺到大庭，而沮渠蒙逊却在茶几后面，摊开腿坐在那里（古人席地而坐），没有移动的表示。李顺态度严肃，高声大叫说："再也想不到，你这个老家伙，竟傲慢到这种程度，不怕国家覆亡，竟敢侮辱天地，灵魂早已没有了，用不着相见！"带着符节，转身就要出去。沮渠蒙逊教杨定归追上阻止，说："部长（李顺是祭祀部长）既然已宽恕我们主上衰老有病，而且，听说中央特准不行叩拜大礼，所以敢于偷懒。"李顺说："姜小白（春秋时代齐国十六任国君桓公）召集各封国国君聚会，有九次之多；还有一次拯救中央政府。周王朝天子赏赐给他祭祀用的祭肉，命他不要叩拜，但姜小白不敢失去臣属的立场，仍在台下叩拜，再登台接受。大王的功劳虽高，不如姜小白；中央对你虽很尊重，却并没有下诏教你不必叩拜。你自己却端起架子，这岂是贵国（北凉王国）之福！"沮渠蒙逊乃起身，叩拜，接受诏书。

李顺回到平城（北魏首都，山西省大同市），北魏帝拓跋焘询问北凉王国的事。李顺说："沮渠蒙逊控制河右（河西走廊），超过三十年（沮渠蒙逊杀一任王段业夺权，参考四〇一年五月，迄今三十二年）。历经艰难危险，多少也知道随机应变。怀柔远方蛮夷，部属对他既畏惧而又尊敬服从。虽然不能给子孙创下完善的基业，但终他一生，政权仍能保持。不过，礼仪是恩德的桥梁，敬畏是修身的基础。沮渠蒙逊既无礼而又不敬，以我的观察，恐怕过不了一年。”拓跋焘说：“下一代登台后，什么时候会亡？”李顺说：“沮渠蒙逊的所有儿子，我大致上都有一点印象，全是庸才。听说敦煌郡（甘肃省敦煌市）郡长沮渠牧犍，还像个样子，继承王位的，当是此人。但比起老爹，都说相差很远，这大概是上天用他来帮助圣明（拓跋焘）建立伟大功业。”拓跋焘说：“我正在东方有事（指攻击北燕帝国），没有工夫向西发展。如果事情像你判断，不过就在数年之后，并不算晚。”

最初，罽宾王国（首都善见城〔印度喀什米尔斯利那加市〕。罽，音jì〔记〕）佛教和尚昙无谶，自称能驱使鬼神，医治百病，而且有秘密法术（如使女子多生儿子之类）。北凉王沮渠蒙逊对他十分尊重，称他“圣人”，沮渠蒙逊的女儿和儿媳，都向昙无谶学习该项法术。拓跋焘听到消息，派李顺去北凉王国，征召昙无谶，沮渠蒙逊不肯放行，为了斩草除根，竟诛杀昙无谶。因之，拓跋焘对北凉王国，大为愤怒。

沮渠蒙逊荒唐淫乱，猜忌暴虐，部属深感痛苦。

权力是一种巫蛊，无论大头目、小头目、不大不小的头目，中蛊的时间越久，变形的速度越快，不是变得昏庸，就是变得残暴，二者必居其一，或者二者兼备。三十年的手握大权，纵是华盛顿先生，都会成为昏主暴君，何况沮渠蒙逊之类，本来就是一个匪徒。

四三三年 癸酉

南宋 元嘉 十年
北魏 延和 二年
北凉 义和 三年
永和 元年
北燕 大兴 三年
（蜀王程道养泰始二年）

1 春季，正月十五日，北魏帝国（首都平城〔山西省大同市〕）皇帝（三任太武帝）拓跋焘（本年二十六岁），派永昌王拓跋健，率领各路兵马，前往援救辽西（河北省迁安市。冯崇请援事，参考去年〔四三二〕十一月）。

2 正月十九日，南宋帝国（首都建康〔江苏省南京市〕）大赦。

3 正月二十六日，北魏帝国任命乐安王拓跋范，当秦雍等五州军区司令长官（都督秦、雍等五州诸军事。五州：秦雍泾梁益）、卫大将军、开府仪同三司（宰相级）、长安镇（陕西省西安市）防守总司令官（长安镇都大将）。拓跋焘因拓跋范年纪还小（年龄不详），特别挑选才德兼备的前辈、平西将军崔徽，征北大将军、雁门郡（山西省代县）人张黎，当他的副总司令官，共同镇守长安。崔徽，是崔宏的老弟（崔宏，参考四一八年六月）。拓跋范谦卑宽厚，崔徽能识大体，张黎清廉公正；政事简单，刑法公平，减少差役，降低赋税，关中（陕西省中部）遂告安定。

4 二月一日，北魏帝拓跋焘，任命冯崇当幽平东夷军区司令长官（都督幽平东夷诸军事）、车骑大将军，幽（州政府蓟城）、平（州政府肥如）二州全权州长（牧），封辽西王，主管辽西封国政府机要（录其国尚书事），指定辽西郡（河北省迁安市）等十个郡作为采邑；行使皇帝职权，可以直接委派封国国务院执行官（尚书）、州长（刺史）、征虏将军以下杂号将军。

5 北魏帝国平凉（甘肃省华亭市）匈奴族休屠部落人、征西将军金崖，羌族人、泾州（州政府设安定〔甘肃省泾川县〕）州长（刺史）狄子玉；跟安定镇（甘肃省泾川县）防守司令（镇将）延普，争夺权力。金崖、狄子玉动员军队，攻击延普，不能取胜，退到胡空谷（即胡空堡所在地，陕西省彬州市西南）。拓跋焘擢升虎牢镇（河南省荥阳市西北汜水镇）防守司令官（虎牢镇大将）陆俟，当安定镇防守司令官（安定镇大将），攻击金崖等，把二人生擒。

拓跋焘征召陆俟当散骑侍从官（散骑常侍），再派出任怀荒镇（河北省张北县）防守司令官（怀荒镇大将）；不到一年，北方高车部落（内蒙古乌兰察布市一带）各酋长，向拓跋焘控告陆俟行事苛刻，性情急躁，没有恩德；请求准许前任防守司令官郎孤复职。拓跋焘征召陆俟返京（首都平城），派郎孤接任。陆俟回到京师（首都平城），报告拓跋焘说："最多一年，郎孤一定失败，高车一定叛变。"拓跋焘大怒，对陆俟严厉责备，不再派任官职，命他以建业公身份，返回私宅。

明年（四三四），高车部落各酋长，果然击斩郎孤，叛变。拓跋焘大为吃惊，立即召见陆俟，问他说：“你怎么料事如此正确？”陆俟说：“高车部落不知道上下礼仪，所以我才用威严的手段统治，用法律的手段制裁，打算渐渐教育他们，把他们引上正途，知道尊卑。而各酋长厌恶我的作为，控告我没有恩德，而称赞郎孤。我因为有罪，受到罢黜，郎孤却得以恢复官位；郎孤复位后，感谢各酋长对他的称道，盼望自己的声誉更为美好，对他们就越发宽厚。没有教养的人，容易骄傲怠慢，最多不过一年，胡闹放肆，上下尊卑，无法保持。郎孤忍无可忍，势必用法律纠正。一旦如此，大家心生怨恨，就会产生祸乱。”拓跋焘笑说：“你身材虽很短，思虑却很长！”即日任命他当散骑侍从官（散骑常侍）。

6 二月十三日，北魏帝拓跋焘，前往河西（黄河河套地区）；派兼任散骑侍从官（散骑常侍）宋宣，到南宋帝国（首都建康）报聘，并且为太子拓跋晃求婚。南宋帝（三任文帝）刘义隆（本年二十七岁）不置可否，含糊回答。

7 南宋帝国益州（州政府设成都〔四川省成都市〕）州长（刺史）刘道济逝世。军事参议官（参军）梁儁之、大营军事参议官（中兵参军）裴方明等，把尸体秘密掩埋在书房后面，用刘道济的笔迹，批示下属呈递的签呈或文书，连他的娘亲、妻子，都不知他已过世。

变民军首领、蜀王程道养在毁金桥，登上高台，祭祀天神（只有天子，才可以祭祀天神）；裴方明率三千人出击，程道养等大败，退回固守广汉（四川省三台县）。

荆州（州政府设江陵〔湖北省江陵县〕）州长（刺史）、临川王刘义庆，任命巴东郡（重庆市奉节县东）郡长周籍之，当巴西（四川省阆中市）等五郡军区司令官（督巴西等五郡诸军事），率二千人援救成都（四川省成都市）。

8 三月，故晋帝国皇族司马天助，投降北魏帝国（首都平城），自称是晋帝国会稽王世子司马元显的儿子（司马元显事，参考四〇二年三月）。

北魏帝国任命司马天助当青、徐二州州长（空头官衔），封东海公。

9 三月十三日，北魏帝拓跋焘回宫。

10 南宋帝国益州（四川省中部）变民首领赵广等，自广汉（四川省三台县）到郫县（四川省成都市郫都区。郫，音pí〔皮〕），构筑阵地，连营数百座。周籍之跟裴方明等会师，联合攻击郫县，攻克。再攻击广汉，赵广等放弃广汉，退守涪城（四川省绵阳市）及五城（四川省中江县）。

夏季，四月十日，裴方明等发布刘道济的死讯。

11 南宋帝刘义隆，得悉梁、南秦二州（州政府设南城〔陕西省汉中市南郑区南〕）州长（刺史）甄法护，措施乖张，逼使氐人和羌人纷纷叛变。于是，擢升正在服刑的囚徒萧思话（参考前年〔四三一〕二月）当梁、南秦二州州长（刺史）。甄法护，是甄法崇的老哥（甄法崇，参考去年〔四三二〕十一月）。

12 北凉王国（首都姑臧〔甘肃省武威市〕）国王（二任武宣王）沮渠蒙逊，病势沉重，贵族们共同商议，认为世子（王位合法继承人）沮渠菩提，年纪还小（北凉因世子沮渠兴国被俘，改立沮渠菩提当世子，参考四二九年七月）；于是，罢黜沮渠菩提，拥护沮渠菩提的老哥、敦煌郡（甘肃省敦煌市）郡长沮渠牧犍当世子，加授全国总司令长官（中外都督）、最高统帅（大将军）、主管政府机要（录尚书事）。沮渠蒙逊不久逝世（年六十六岁），绰号称武宣王，祭庙称太祖。沮渠牧犍遂称河西王（三任哀王），大赦，改年号永和（之前是义和三年，之后是永和元年）；封儿子沮渠封坛当世子，加授抚军大将军、主管政府机要（录尚书事）。派使节前往北魏帝国（首都平城），请求任命。沮渠牧犍喜爱读书，宽厚而有度量，所以贵族们拥护他坐上宝座。

之前，北魏帝拓跋焘，派祭祀部长（太常）李顺迎接沮渠蒙逊的女儿当夫人（小老婆群），正逢沮渠蒙逊逝世，沮渠牧犍宣布老爹的遗命，派国务院左秘书长（左丞）宋繇，送妹妹兴平公主，前去北魏帝国。拓跋焘封沮渠女士为右昭仪（小老婆群第二级）。

拓跋焘对李顺说："你说沮渠蒙逊会死，已经应验；又说沮渠牧犍继任，也已经应验；真是奇妙（李顺事，参考去年〔四三二〕十二月）。我征服凉州（古凉州，指北凉王国），日子就在眼前。"于是赏赐李顺绸缎一千匹、御马一匹，进号安西将军；特别宠爱尊重，政府事情，无论大小，都听取李顺的意见。拓跋焘派李顺再往北凉王国，任命沮渠牧犍当凉沙河三州及西域羌戎蛮族军区司令长官（都督凉沙河三州、西域羌戎诸军事）、车骑将军、开府仪同三司（宰相级）、凉州州长（刺史），封河西王；任命宋繇当河西王府右宰相（右相）。沮渠牧犍认为没有功劳，不应接受赏赐，留下李顺，上疏表示，只要被任命当安西将军或平西将军，便心满意足。拓跋焘下诏，措辞温和，婉转不许。

沮渠牧犍尊崇敦煌郡人刘昞，当作"国师"，亲自叩拜。命官属以下，也都北面向他叩拜，接受教训。

13 五月一日，北魏帝拓跋焘，前往山北（山指武周山，位于首都平城〔山西省大同市〕之西，东西数百公里，南北二十五公里。山有云冈〔大同市西北十公里〕，悬崖绝壁，陡削千仞。佛教和尚昙耀，在悬崖上凿石开窟，雕刻佛像，就是有名的石窟寺）。

14 林邑王国（越南中部）国王范阳迈，派使节到南宋帝国（首都建康）进贡，要求兼任交州（州政府设龙编〔越南河内市东北北宁省〕）州长（刺史）。南宋帝刘义隆，下诏说因林邑距交州太远，不便准许。

15 南宋帝国益州（州政府设成都〔四川省成都市〕）大营军事参议官（中兵参军）裴方明，向变民军据守的涪城（四川省绵阳市）攻击，击破变民首领张寻、唐频；生擒程道助，斩严遐。于是，赵广领导的变民军瓦解。

16 六月，北魏帝国永昌王拓跋健、国务院左执行长（左仆射）安原，率领各路兵马，攻击北燕帝国首都和龙（辽宁省朝阳市）；将军楼勃，率领别动骑兵部队五千人，包围凡城（河北省平泉市南），北燕守将封羽，献出凡城，投降。

北魏军裹挟居民三千余家，班师。

17 六月十四日，北魏帝国征调秦州（州政府设蒲阪〔山西省永济市〕。故秦州〔州政府上邽〕在胡夏帝国灭亡后，被仇池“氐王”杨难当夺取，所以仍未是北魏领土）、雍州（州政府设长安〔陕西省西安市〕）士卒一万人，在长安（陕西省西安市）城内，再筑一个小城。

18 秋季，八月，北魏帝国辽西王冯崇，上疏北魏帝拓跋焘，请准许他前往和龙（北燕首都，辽宁省朝阳市），劝说老爹、北燕帝国天王（三任昭成帝）冯弘投降。拓跋焘不准。

19 九月，南宋帝国新任益州（四川省中部）州长（刺史）甄法崇，抵达成都（四川省成都市），逮捕费谦，斩首。变民首领、蜀王程道养，和将军张寻等，率二千余家，逃入郪山（四川省射洪市南）。其他残余党徒，各率部众，躲藏到深山峻谷，不时的出来抢劫，始终不能消灭。

20 九月二十二日，北魏帝拓跋焘，派兼藩属事务部长（大鸿胪）崔赜，“持节”，前往仇池（甘肃省西和县南），任命“氐王”（首府仇池）杨难当，当征南大将军、开府仪同三司（宰相级）、秦梁二州州长（牧），封南秦王。崔赜，是崔逞的儿子（崔逞因傲慢被杀，参考三九九年八月）。

杨难当乘南宋帝国梁、南秦二州（州政府设南城〔陕西省汉中市南郑区南〕）新任州长（刺史）萧思话，还没有到任；旧州长（刺史）甄法护，就要出发东下之际，发动攻击。西方攻陷白马（陕西省勉县西），东方生擒南宋任命的晋昌郡（陕西省西乡县）郡长张范，击败甄法护的军事参议官（参军）鲁安期等。南下攻击葭萌（四川省广元市西南），生擒南宋任命的晋寿郡（郡政府葭萌）郡长范延朗。

冬季，十一月十二日，甄法护放弃州城，逃到设置在洋川（汉水支流，流经陕西省西乡县）的西城（陕西省安康市）。杨难当遂完全占领汉中（指广义的汉水上游）区域，任命军政官（司马）赵温，当梁、秦二州（州政府南城）州长（刺史）。

21 十一月十九日，北魏帝拓跋焘回宫。

十二月五日，大赦。

十二月七日，拓跋焘往阴山之北。

拓跋焘派宁朔将军卢玄，前往南宋帝国报聘。

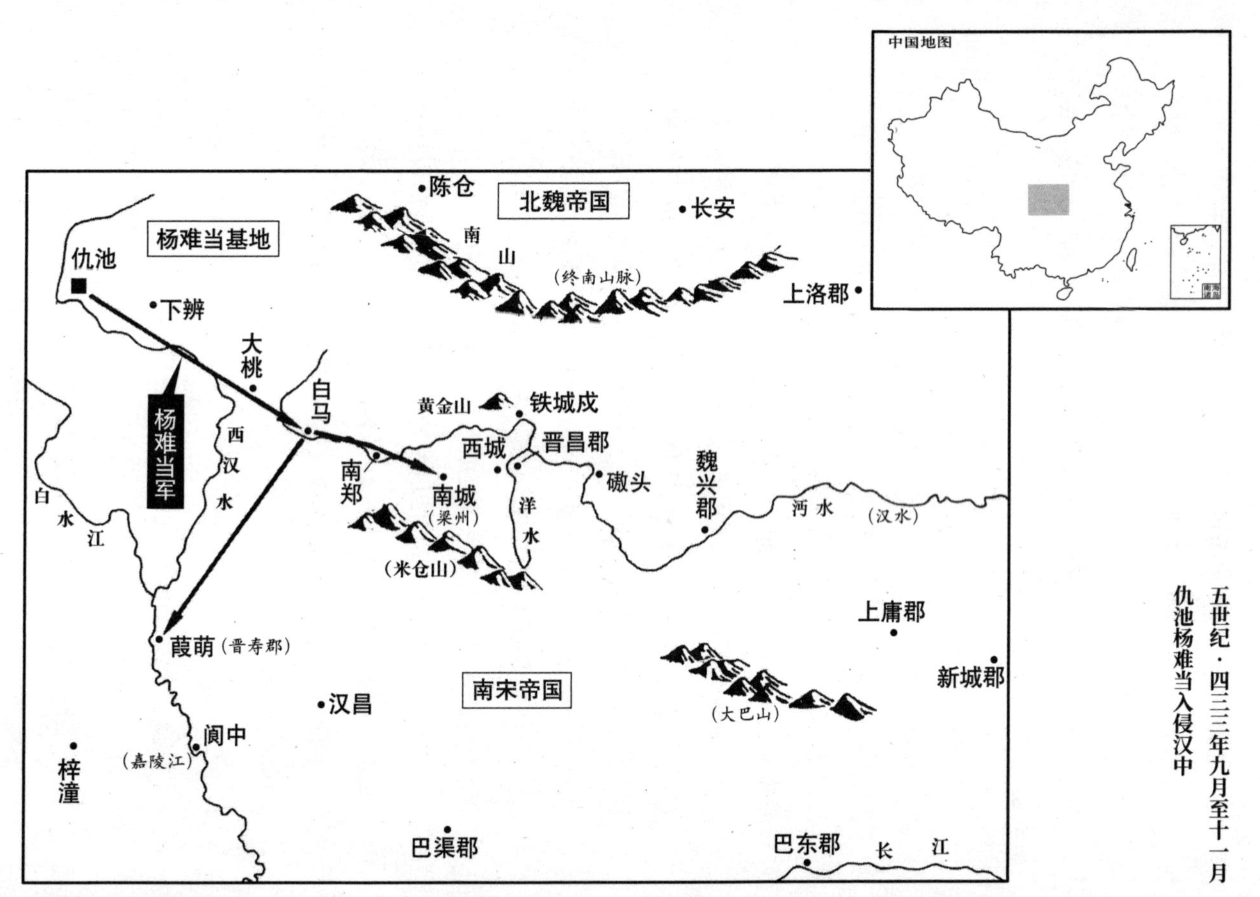

五世纪·四三三年九月至十一月

仇池杨难当入侵汉中

22 南宋帝国前皇家图书馆长（秘书监）谢灵运，返回会稽郡（浙江省绍兴市）后（参考四二八年十二月），喜爱游山玩水，探险搜奇，深入蛮荒，前呼后拥，跟从他的有几百人，砍伐树木，开凿道路；农民惊恐骚乱，认为山贼暴动。会稽郡郡长孟𫖮，跟谢灵运有仇，上疏中央，指控谢灵运心怀不轨，有叛乱阴谋；一面紧急动员军队戒备。谢灵运亲到首都建康宫门前，陈述被诬陷情形。南宋帝刘义隆任命他当临川郡（江西省抚州市临川区）郡长（内史）。

然而，谢灵运放荡任性，跟过去一样，对郡政府公务，一概不管，被有关单位提出弹劾。本年（四三三），宰相（司徒）刘义康，派使节随同江州（州政府设寻阳〔江西省九江市〕）参谋官（州从事）郑望生，逮捕谢灵运（临川郡属江州）。谢灵运反而囚禁郑望生，率领军队逃走，写下诗句说："韩国灭亡／张良奋击／秦王称帝／鲁仲连认为可耻。"（"韩亡子房奋，秦帝鲁连耻。"张良事，参考前二一八年。鲁仲连事，参考前二五八年注。）政府军追击，生擒谢灵运。最高法院（廷尉）奏称：谢灵运率领变民反叛，应判处死刑。南宋帝刘义隆爱惜谢灵运文学上的才华，打算仅只免除他的官职。彭城王刘义康坚持不应该宽恕，遂减罪一等，流放到广州（广东及广西）。

过了一些日子，又有人告发谢灵运命人购买武器，集结武士，打算在取得三江口（广西梧州市西南）后叛变，幸而没有结果。刘义隆下诏：逮捕谢灵运，就在广州，绑赴刑场，斩首示众（年四十九岁）。

谢灵运自认为才华盖世，态度傲慢，看不起别人，所以才招来大祸。

23 北魏帝国设立徐州，州政府设外黄（河南省民权县西北黄集村），任命刁雍当州长（刺史）。

四三四年 甲戌

南宋　元嘉　十一年
北魏　延和　三年
北凉　永和　二年
北燕　大兴　四年
（蜀王程道养泰始三年）

1 春季，正月四日，北燕帝国（首都和龙〔辽宁省朝阳市〕）天王（三任昭成帝）冯弘，派使节到北魏帝国（首都平城〔山西省大同市〕），请求和解，北魏帝（三任太武帝）拓跋焘（本年二十七岁）拒绝。

2 “氐王”（首府仇池〔甘肃省西和县南〕）杨难当，把占领南宋帝国（首都建康〔江苏省南京市〕）汉中郡（陕西省南部）的捷报，奏报北魏帝国，并押解雍州（陕西省中部）逃亡到汉中的难民七千家，回到长安（陕西省西安市）。

南宋帝国任命的梁、南秦二州（陕西省南部及四川省东北部）州长（刺史）萧思话，抵达襄阳（湖北省襄阳市），派横野将军府军政官（横野司马）萧承之（萧思话武职是横野将军）当前锋司令。萧承之一面前进，一面招兵买马，征募到一千人，进驻磝头（陕西省安康市境）。杨难当纵火焚烧，大肆抢掠，率主力军返基地仇池（甘肃省西和县南）；而留赵温守卫梁州（州政府设南城〔陕西省汉中市南郑区南〕）。又命他的魏兴郡（陕西省安康市）郡长薛健，据守黄金山（陕西省洋县东南四十公里）。萧思话派阴平郡（侨郡，四川省德阳市西北）郡长萧坦，攻击铁城戍（黄金山下），攻克。

二月，“氐王”杨难当部将赵温、薛健，会同他们的冯翊郡（侨郡）郡长蒲甲子，联合攻击南宋帝国萧坦的营垒，被萧坦击败，赵温等撤退到西水（今地不详）自保。南宋帝国临川王刘义庆，派龙骧将军裴方明，率三千人增援萧承之，攻破黄金戍（即黄金山据点），作为前进基地。赵温放弃州城（南城，陕西省汉中市南郑区南），退保小城；薛健、蒲甲子退保下桃城（南郑区东南）。萧思话主力大军随后到达，跟前锋司令萧承之会师，一同进攻赵温等，屡破赵温等军。副军事参议官（行参军）王灵济，另率别动部队，直指洋川（洋水，流经陕西省西乡县），攻击南城（此非梁州州政府所在。陕西省城固县），攻克，生擒守将赵英。南城人民穷苦，军队得不到粮食，王灵济只好撤退，跟萧承之会合。

3 北魏帝拓跋焘，把西海公主（不知谁的女儿）嫁给柔然汗国（瀚海沙漠群）可汗（五任敕连可汗）郁久闾吴提；又娶郁久闾吴提的妹妹当小老婆；派颍川王拓跋提前往，同时送亲迎亲。

二月四日，郁久闾吴提派他的异母老哥郁久闾秃鹿傀，护送妹妹南下，并献马两千匹。拓跋焘封郁久闾吴提的妹妹郁久闾女士当“左昭仪”（小老婆群第一级）。拓跋提，是拓跋曜的儿子（拓跋曜是一任道武帝拓跋珪之子）。

二月二十八日，拓跋焘回宫。

三月二十一日，拓跋焘再往河西（黄河河套地区）。

4 “氐王”杨难当派儿子杨和，率军增援蒲甲子等，合军攻击南宋帝国军、前锋司令萧承之，相持四十余天，包围萧承之数十层，两军用短兵器肉搏血战，弓箭飞石都没有用。氐兵团士卒都穿“犀甲”——牛皮做的铠甲，刀砍不入，枪刺不进。萧承之下令折断长矟（蛇矛），仅长数尺，再用大斧把折断处砍尖；于是，一矟下去，可以洞穿几个人。氐兵团不能抵挡，焚烧营垒撤退，据守大桃（陕西省略阳县东）。

闰三月，萧承之等追击，抵达南城（陕西省汉中市南郑区南），氐兵团失败逃走，南宋军屠杀及俘虏很多人，汉中地区，全部收复；在葭萌水（白水江，嘉陵江支流）留军驻防。

当初，桓希失败（参考四〇四年六月），“氐王”杨盛占领汉中（陕西省南部），晋帝国的梁州（陕西省南部及四川省东北部）州长（刺史）范元之、傅歆，都把州政府设在魏兴（陕西省安康市），所属不过魏兴、上庸（湖北省竹山县西南上庸镇）、新城（湖北省房县）三郡。等到索邈当州长（刺史。参考四一三年十一月），才迁到南城（陕西省汉中市南郑区南）。而今，南城被氐人烧毁，不能再恢复原状，萧思话遂把州政府迁回南郑（陕西省汉中市。梁州州政府流浪三十年，始回原始地）。

5 闰三月十一日，北魏帝国秦王赫连昌（胡夏帝国二任帝）叛离，向西逃走（赫连昌被俘事，参考四二八年二月）。

闰三月十三日，河西（黄河河套地区）边防将领斩赫连昌（年龄不详）；北魏政府下令屠杀赫连昌所有兄弟。

闰三月十六日，北魏帝拓跋焘回宫。

6 闰三月十八日，北燕帝国天王冯弘，派国务院执行官（尚书）高颙，上疏北魏帝拓跋焘，自称藩属，承认自己罪行，请求处罚，并愿呈献最小的女儿，充实后宫。拓跋焘允许，下诏征召北燕太子冯王仁到首都平城（山西省大同市）朝见。

冯弘送北魏使节于什门，返回平城；于什门在北燕帝国囚禁二十一年，始终不肯屈服（参考四一四年八月）。拓跋焘下诏褒扬于什门，比作苏武（参考前八一年）；任命他当执法监察官（治书御史）。赏赐羊一千只、布一千匹。用正式奏章，到皇家祖庙，祭告列祖列宗，并向全国公告。

7 闰三月二十五日，北魏帝国变民首领、平凉（甘肃省华亭市）匈奴民族休屠部落（匈奴贵族）人金当川（金崖事，参考去年〔四三三〕二月），包围阴密（甘肃省灵台县西南）。

夏季，四月三日，北魏政府征西大将军、常山王拓跋素，率军攻击。

四月十五日，北魏帝拓跋焘，前往河西（黄河河套地区）。

四月三十日，生擒金当川，斩首。

8 南宋帝国前任梁、西秦二州（州政府南城）州长（刺史）甄法护，被控弃城逃亡，逮捕下狱，强迫自杀。

“氐王”（首府仇池）杨难当派使节到南宋帝国呈递奏章，对汉中（陕西省南部）争夺战一事，表示道歉，请求降罪，南宋帝刘义隆下诏赦免。

9 北凉王国（首都姑臧〔甘肃省武威市〕）首领（三任哀王）、河西王沮渠牧犍，派使节到南宋帝国（首都建康），上疏奏报他继承老爹王位。

五月十六日（原文误置于四月，据《南史 · 宋文帝纪》改），南宋帝（三任文帝）刘义隆（本年二十八岁）下诏，任命沮渠牧犍当凉秦等四州军区司令长官（都督凉、秦等四州诸军事。四州：凉秦河沙）、征西大将军、凉州州长（刺史），封河西王。

10 六月十三日，北魏帝拓跋焘回宫。

11 北燕帝国（首都和龙）天王冯弘，忽然懊悔，拒绝把太子冯王仁送到北魏帝国（首都平城）当人质。散骑侍从官（散骑常侍）刘滋警告说："从前，刘禅帝国（蜀汉）拥有重山之险，孙皓帝国（东吴）拥有长江之阻，结果都被晋王朝生擒活捉（刘禅事参考二六三年十月，孙皓事参考二八〇年三月），为什么？只因为强弱相差太大。而今，我们的衰弱，比蜀汉、东吴更甚，而魏国（北魏帝国）的强大，远超过当时的晋王朝。如果不能满足他们的要求，恐怕王国会面对覆亡的灾难。但愿早日送出太子（冯王仁）；然后奋发图强，整顿政府，安抚人民，招收离散逃亡的人民，赈济饥苦穷困，奖励耕田种桑，减轻或免除差役赋税，王国或许还可以保全。"冯弘勃然大怒，斩刘滋。

六月二十日，北魏帝拓跋焘，派抚军大将军、永昌王拓跋健等，攻击北燕帝国，收割田里庄稼，强迫居民迁移，班师。

12 秋季，七月二十一日，北魏帝拓跋焘，前往美稷（内蒙古准格尔旗），再到隰城（此指故隰城县，山西省柳林县西）；派阳平王拓跋他，率各军攻击变民首领、山胡部落（匈奴族）酋长白龙据守的西河（山西省吕梁市离石区）。拓跋他，是拓跋熙的儿子（阳平王拓跋熙，参考四二一年三月）。

拓跋焘颇瞧不起山胡，每天率数十个骑兵，登山瞭望。白龙派出武士，在十余个拓跋焘可能出现的地方，设下埋伏。于是发动突袭，拓跋焘从马背跌下来，几乎被山胡的伏兵生擒。幸而皇宫护卫官（内入行长）、鲜卑人（代人）陈建，用身体保卫他，大声呼喊，奋勇抵挡，斩杀山胡军数人，身负十余伤，拓跋焘才算逃出一命。

九月二十八日，北魏政府军大破山胡部落，攻陷西河（山西省吕梁市离石区），击斩白龙，屠城。

冬季，十月五日，北魏政府军又攻击白龙余党所据守的五原（应指今山西省忻州市一带），屠杀数千人，把他们的妻子、儿女，分别赏赐给将士。

十一月，拓跋焘回宫。

十二月十六日，再去云中宫（内蒙古托克托县）。

四三五年 乙亥

南宋　元嘉　十二年
北魏　延和　四年
　　　太延　元年
北凉　永和　三年
北燕　大兴　五年
（蜀王程道养泰始四年）

1 春季，正月一日，日蚀。

2 正月三日，南宋帝国（首都建康〔江苏省南京市〕）大赦。

正月十三日，南宋帝（三任文帝）刘义隆（本年二十九岁）到南郊祭祀天神。

3 北燕帝国（首都和龙〔辽宁省朝阳市〕）天王（三任昭成帝）冯弘，因不断受到北魏帝国（首都平城〔山西省大同市〕）的攻击，为了建立外援，派使节前往建康（南京首都，江苏省南京市）进贡，自称藩属。

正月十五日，南宋政府下诏封冯弘当燕王；江南称之为“黄龙国”。（胡三省注：“因首都称和龙之故，今〔十三世纪〕北方人仍称和龙为黄龙府。”）

4 正月二十六日，北魏帝国（首都平城）大赦，改年号太延（之前是延和四年，之后是太延元年）。

5 北凉王国（首都姑臧〔甘肃省武威市〕），有位老父，把一封信放到敦煌（甘肃省敦煌市）东门之内。政府派人追查这位老父，已没有踪影。信上写：“凉王三十年好像七年。”北凉首领（三任哀王）、河西王沮渠牧犍请教祭祀部长（奉常）张慎，张慎说：“从前，虢国（河南省三门峡市）将亡之时，有神仙降临莘原（三门峡市硖石乡西。《左传》前六六一年：有神降于莘）。盼望陛下推广恩德，励精图治，用来享受三十年的祝福。如果一味沉醉于狩猎，荒唐于醇酒美女，我恐怕七年之后，将有大变。”沮渠牧犍大不高兴。

6 二月二十日，北魏帝（三任太武帝）拓跋焘（本年二十八岁）回宫。

7 二月六日，北燕帝国（首都和龙）派大将汤烛，前往北魏帝国（首都平城）进贡，并声称太子冯王仁有病，所以没有遣送。

8 南宋帝国中央禁军总监（领军将军）刘湛，跟国务院执行长（仆射）殷景仁，友谊素来深厚，而刘湛之所以能进入中央，接近皇帝，全是殷景仁大力推荐（参考四三一年闰六月）。但是，刘湛既掌握大权，认为殷景仁的官职，本不超过自己，现在竟然位在自己之上，心中愤愤不平。当时，二人同受皇帝刘义隆信任，而殷景仁专管内部政务，刘湛又认为殷景仁会离间皇帝对他的感情，于是猜忌怨恨，渐渐产生。刘湛知道刘义隆对殷景仁十分信任依赖，已无法改变，而宰相（司徒）刘义康，在政府中专权独断，刘湛曾经当过刘义康的高级部属（参考四二〇年四月），遂用尽心计，跟刘义康结交，打算用宰相（司徒）的压力，去改变刘义隆的心意，排斥驱逐殷景仁，而由自己独当一面。

夏季，四月十九日（原文“己巳”，据《建康实录》改），刘义隆加授殷景仁立法院最高立法长（中书令）、中央军事总监（中护军），总部就设在自己私宅；而只加授刘湛太子宫总管（太子詹事）一职。刘湛妒恨交集，越发愤怒，怂恿刘义康在皇帝面前，诬陷殷景仁，但刘义隆待殷景仁更加优厚。殷景仁对旧亲故友叹息说：“是我把他引荐到中央，到了中央就吃人！”遂声称有病，辞职，奏章报告，不断呈递，刘义隆不准，只命他留在家里养病。

刘湛向刘义康建议：派人冒充强盗，乘殷景仁外出时，发动袭击；事后即令皇帝知道内情，可以再想办法化解，预料皇帝不会因一个殷景仁，伤了跟刘义康之间的手足之情。刘义隆隐约听到这项阴谋，下令把中央军事总监部（中护军府），迁到皇宫西掖门外，使殷景仁私宅，紧傍皇宫禁地；刘湛的毒计，遂不能执行。

刘义康的部属，跟归附刘湛的摇尾系统，暗中互相约束，不上殷景仁的家门。彭城王府（刘义康封彭城王）主任秘书（彭城主簿）、沛郡（安徽省淮北市）人刘敬文的老爹刘成，弄不清官场倾轧的玄机，贸贸然去见殷景仁，请求当一个郡长。刘敬文大起恐慌，急忙晋见刘湛，请求恕罪，说："我家老爹，糊涂荒唐，竟去找殷铁（殷景仁乳名）那小子求官，都怪我愚昧肤浅，辜负大恩，全家羞惭恐惧，无地自容。"只有后将军府军政官（后将军司马）庾炳之，同时跟殷景仁、刘湛，来往交游，二人对他也都信任，但庾炳之暗中效忠皇帝刘义隆。殷景仁卧病在家，不参加金銮宝殿的朝会，刘义隆常派庾炳之传递秘密消息，刘湛也不疑心。庾炳之，是庾登之的老弟（庾登之事，参考四二六年正月）。

9 北燕帝国天王冯弘，派首都西区卫戍司令（右卫将军）孙德，前往南宋帝国（首都建康），请求派遣救兵。

10 五月四日，北魏帝拓跋焘，晋封宜都公穆寿当宜都王、汝阴公长孙道生当上党王、宜城公奚斤当恒农王、广陵公楼伏连当广陵王（奚斤原封宜城王，四二八年三月，被胡夏帝国俘虏，被救回国后，王爵降为公爵，北魏帝国六任帝献文帝名拓跋弘，以后为了避这个"弘"的讳，"弘农郡"〔河南省灵宝市东北〕遂成了"恒农郡"。此时虽然仍是"弘农郡"，但史书只记载最后定名）。再加授穆寿：征东大将军。穆寿辞让说："我的祖父穆崇，所以能在前朝立功，而把福气留到后世的缘故，全因梁六眷忠心耿耿（梁六眷命部属穆崇救一任帝拓跋珪事，参考三八五年八月，迄今已五十年）。而今，梁六眷第一等功劳，还没有录用，我却单独受到赏赐，心中深感惭愧。"拓跋焘大为高兴，下令寻访梁六眷的后代；找到他的孙儿，加封郡级公爵。穆寿，是穆观的儿子（穆观事，参考四二二年五月）。

11 西域（新疆及中亚东部）龟兹王国（首都延城〔新疆库车市〕）、疏勒王国（首都疏勒〔新疆喀什市〕）、乌孙王国（首都赤谷城〔中亚伊赛克湖东南〕）、悦般王国（首都列普西〔中亚巴尔喀什湖东南〕）、渴槃陁王国（首都渴槃陁城〔新疆塔什库尔干县〕）、鄯善王国（首都扜泥〔新疆若羌县〕）、焉耆王国（首都员渠〔新疆焉耆县〕）、车师王国（首都交河城〔新疆吐鲁番市〕）、粟特王国（中亚巴尔喀什湖西北），向北魏帝国（首都平城）进贡。北魏帝拓跋焘认为："两汉王朝虽然打开西域大门，但西域各国有求的时候，言语固然谦恭，向中国归降；可是平常日子，每个国家都态度傲慢，不把中国当一回事。他们深知距离中国太远，中国军队无法前往。而今让使节互相往来，劳民伤财，最后一点用处都没有。"不准备反应。有关单位一再请求，认为："九国不避艰险荒远，仰慕中国（北魏帝国）的道德仁义，前来朝贡，最好不要拒绝，那样会阻止未来的发展。"

北魏帝国政府遂派使臣王恩生等二十人，出使西域（新疆及中亚东部）。王恩生等西上，刚渡过沙漠，就被柔然汗国俘虏（柔然汗国完全代替匈奴汗国位置，王恩生等遭遇，犹如张骞〔参考前一二六年〕）。王恩生被押送王庭（设蒙古国哈拉和林市），晋见可汗（五任敕连可汗）郁久闾吴提，手拿代表皇帝的符节，不肯屈服。拓跋焘得到报告，派使节严厉责备郁久闾吴提，郁久闾吴提送王恩生等回国，最后仍是到不了西域（纪元前一世纪至纪元后二世纪〔两汉王朝〕时的西域国家，都是城邦，最多不过数城。而今〔五世纪〕，西域各城邦互相吞并的结果，国家领土大增。除首都外，所属城池林立、像鄯善王国、乌孙王国、于阗王国〔首都于阗，新疆和田市〕、疏勒王国，面积都比台湾岛要大数倍。间或也有残余的城邦国家，如渴槃陁王国，但为数已少）。

12 五月十八日，北魏帝拓跋焘，前往云中宫（内蒙古托克托县）。

六月八日，拓跋焘认为，风调雨顺，庄稼丰收，吉祥的征兆纷纷出现。于是，下诏准许全国人民人吃大喝五天；并祭拜所有神祇，报答上天的赐福。

五世纪·四三五年　西域形势

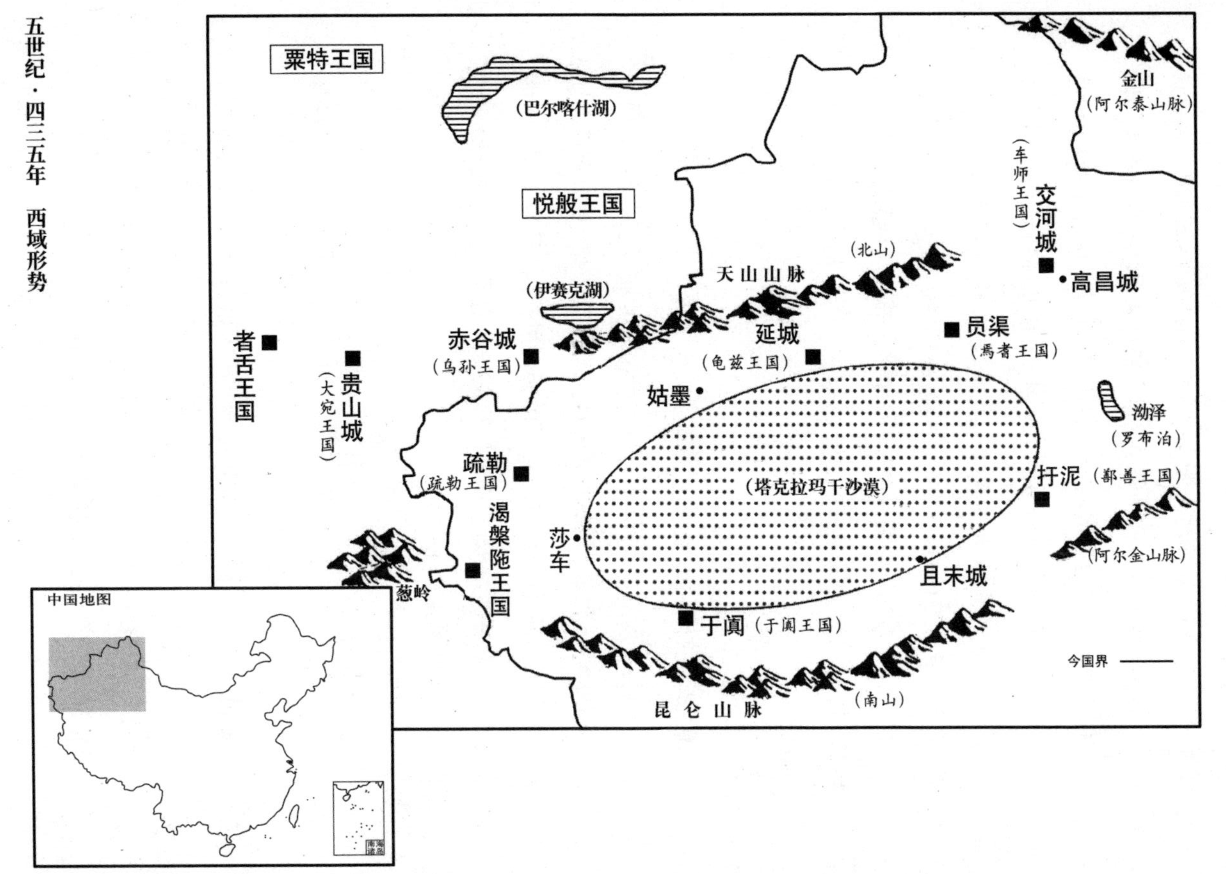

六月二十日，高句骊王国（首都平壤〔朝鲜半岛平壤市〕）国王（二十任长寿王）高琏，派使节到北魏帝国进贡，同时请求示知现任皇帝，以及现任皇帝祖先们的名字，以免书写奏章时冒犯（中国的“避讳”文字游戏，远传外国）。拓跋焘下令把皇家世系和名字抄给他们。任命高琏当辽海军区司令长官（都督辽海诸军事）、征东将军，封辽东郡公、高句骊王。高琏，是高钊（十六任故国原王）的曾孙（高钊事，参考三四二年十一月）。

六月二十二日，拓跋焘命骠骑大将军、乐平王拓跋丕，镇东大将军、徒河（辽宁省锦州市）人屈垣等，率骑兵四万人，攻击北燕帝国（首都和龙）。

13 南宋帝国京畿（扬州）各郡，大水成灾。

六月二十三日，把徐州（江苏省北部）、豫州（安徽省北部中部）、南兖州（江苏省中部）的粮食，运到京畿赈济。京畿总卫戍司令部人事主任秘书（扬州西曹主簿）沈亮，建议说：“酿酒都用谷米，不能解饥，而徒浪费粮食，请暂时禁酒。”南宋帝刘义隆下诏同意。沈亮，是沈林子的儿子（沈林子，参考四一〇年五月）。

14 秋季，七月，北魏帝拓跋焘，在稒阳（内蒙古包头市东）狩猎。

15 七月二十四日，北魏帝国北伐军总司令、乐平王拓跋丕等，抵达北燕帝国首都和龙（辽宁省朝阳市）城下。北燕天王冯弘派人送大批牛只和美酒，犒赏三军，并呈献铠甲三千副。镇东大将军屈垣责备冯弘不送人质，掳掠男女六千人，班师。

16 八月一日，北魏帝拓跋焘，前往河西（黄河河套地区）。

九月二十日，拓跋焘回宫。

17 北魏帝国国务院左执行长（左仆射）、河间公安原，仗恃北魏帝拓跋焘对他的宠爱，态度傲慢，不可一世。于是，有人告发安原阴谋叛变。

冬季，十月十九日，屠杀安原全族。

18 十月二十日，北魏帝拓跋焘，前往定州（州政府设中山〔河北省定州市〕）。

十一月十二日，再往冀州（州政府设信都〔河北省衡水市冀州区〕）。

十一月十六日，到广川（河北省枣强县东北）打猎。

十一月二十三日，前往邺城（河北省临漳县西南邺城镇）。

19 北魏帝国北伐军，对北燕帝国（首都和龙）作不断的攻击。北燕疆土日益缩小，国势日益危险，上下忧愁恐惧。祭祀部长（太常）杨岷，再劝天王冯弘立即送出太子冯王仁到北魏当人质。冯弘说："我不忍心做这种事，如果紧急，我打算暂且去东方依靠高骊（高句骊王国，首都平壤），等待以后机会。"杨岷说："魏国（北魏帝国）集中天下所有力量，攻击一个角落，按道理不可能攻不下。高骊（高句骊王国）不守信义，开始时可能很是亲善，最后恐怕会发生变化。"冯弘不相信，派国务院执行官（尚书）阳伊，充当密使，去请求高句骊王国派军迎接。

20 南宋帝国首都建康市长（丹阳尹）萧摹之，上疏说："佛教传入中国，已经历四个王朝（东汉王朝、曹魏帝国、晋帝国、南宋帝国），佛像、宝塔、寺庙的数目，都以千为单位计算（佛教传入中国，参考六五年十月）。最近以来，世俗崇尚浮华，认为正心诚意并不重要，重要的是要在奢侈竞赛中获胜。木材、竹竿、铜铁、绸缎，消耗浪费，无穷无尽。对神祇并没有益处，对人世却有伤害。如果不加禁止，流弊不会自停。请规定：自今天起，凡是打算铸造佛像，和兴建宝塔寺庙的，都应先行呈报，等批准后才可以动工。”南宋帝刘义隆下诏同意。萧摹之，是萧思话的堂叔。

21 北魏帝国秦州（东秦州，州政府设蒲阪〔山西省永济市〕）州长（刺史）薛谨，攻击吐没骨部落（不知在什么地方），把它消灭。

22 “氐王”（首府仇池）杨难当，释放侄儿杨保宗（囚杨保宗事，参考四三二年六月），命他镇守童亭（甘肃省天水市东北）。

四三六年 丙子

南宋　元嘉　十三年
北魏　太延　二年
北凉　永和　四年
北燕　大兴　六年
（蜀王程道养泰始五年）
（大秦王杨难当建义元年）

1 春季，正月一日，南宋帝国（首都建康〔江苏省南京市〕）皇帝（三任文帝）刘义隆（本年三十岁）患病，不再到金銮宝殿主持朝会。

2 正月二日，北魏帝国（首都平城〔山西省大同市〕）皇帝（三任太武帝）拓跋焘（本年二十九岁）回宫（去年〔四三五〕十一月，前往邺城〔河北省临漳县西南邺城镇〕）。

3 二月六日，北燕帝国（首都和龙〔辽宁省朝阳市〕）天王（三任昭成帝）冯弘，派人到北魏帝国进贡，声称马上就送太子冯王仁充当人质；北魏帝拓跋焘拒绝（对冯弘的小把戏，已经厌倦），准备出兵讨伐。

二月十日，拓跋焘派十余个使节，分别前往东方高句骊王国（首都平壤〔朝鲜半岛平壤市〕）等国，解释北魏对北燕，不得不采取军事行动的原因。

4 南宋帝国最高监察长（司空）、江州（州政府设寻阳〔江西省九江市〕）州长（刺史）、永修公檀道济，在前两任皇帝在位时代，建立大功，享有威名，左右心腹将领，都身经百战，儿子们又都有才能。中央对这位元老大臣，怀疑畏惧。南宋帝刘义隆一直患病，很久不能痊愈，中央禁军总监（领军将军）刘湛，游说宰相（司徒）刘义康，认为："皇上一旦逝世，就再没有人可以控制檀道济。"正巧，刘义隆病情转重，刘义康报告老哥，遂征召檀道济前来京师（首都建康）。檀道济的正妻向女士对丈夫说："拥有高过当世所有人的大功，自古以来，都会受到猜忌。而今，国内外并没有什么大事，却教你入朝，大祸一定临头。"檀道济既到京师（首都建康），逗留一个多月，刘义隆病势稍轻，打算仍命檀道济返回任所。檀道济已经到了长江码头，下船，还没有出发。而刘义隆病情却忽然转重，刘义康遂假传圣旨，命檀道济回城，参加为他举行的盛大饯别宴会。檀道济遵命回城，遂被逮捕。

三月八日，刘义隆下诏，说："檀道济暗中变卖他的财产，招募地痞流氓，乘我卧病在床，阴谋叛变。"把檀道济送交最高法院（廷尉），连同他的儿子、禁宫咨询官（给事黄门侍郎）檀植等十一人，一并诛杀，仅只饶恕年幼的孙儿辈不死。又斩最高监察府军事参议官（司空参军）薛彤、高进之；二人都是檀道济的心腹爱将，勇猛过人，民间把他们比作三国时代的关羽、张飞。

檀道济被逮捕时，怒不可遏，目光好像火炬，把头巾投到地上，恨恨的说："竟然摧毁你们的万里长城。"北魏帝国得到檀道济被诬杀的消息，大喜若狂，庆祝说："檀道济死，东吴（南宋帝国）的那群娃儿，没有一个值得我们在意。"

本年（四三六），《资治通鉴》写到第五世纪，史迹历历证明一件事：中国传统专制政治下，任何一个爬到高位的野心家，无不想把帝王挤下宝座，而由自己的屁股去坐，为了防备旧帝王死灰复燃，还要用残忍的手段斩草除根。坐在宝座上的帝王，自然也用同样残忍的手段，去对付爬到高位上的野心家，以免他们的屁股发痒。所以中国统治阶级对于现实权力，具有高度的敏感和紧张。消耗帝王精力最多的，不是治理国家，而是防止一些爬到高位上的野心家。爬到高位的家伙，也特别用不揽权，事实上也就是不负责任，来表示自己并不是野心家，屁股从不发痒，希望帝王宽心，不下毒手，这就是明哲保身哲学的理论基础。

事实上，帝王屁股底下坐的，并不是一个宝座，而是一颗定时炸弹（"自古没有不亡之国"），所以他也是世界上危机意识最敏锐的人，恐惧之情，已到歇斯底里的程度。结果产生两种奇异的反应，一是鼓励贪污，刘裕对王镇恶之所以容忍（参考四一七年九月），由此。另一则是制造冤狱，刘义隆之诬杀檀道济，由此。

三月九日，大赦，任命中军将军、南谯王刘义宣，当江州（州政府设寻阳〔江西省九江市〕）州长（刺史）。

5 三月二十日，北魏帝国平东将军娥清、安西将军古弼，率精锐骑兵一万人，再度攻击北燕帝国（首都和龙）。平州（州政府设肥如

〔河北省卢龙县〕）州长（刺史）拓跋婴，率辽西（河北省东北部）各军，跟娥清等军会师。 306

6 “氐王”（首府仇池〔甘肃省西和县南〕）杨难当，自称大秦王，改年号建义。封正妻当王后，世子当太子，仿效天子制度，设立文武百官。然而，仍继续向北魏帝国和南宋帝国进贡，并不停止。

7 夏季，四月，北魏帝国平东将军娥清、安西将军古弼，攻击北燕帝国白狼城（辽宁省喀喇沁左翼县西南），攻克。

高句骊王国（首都平壤）派将领葛卢孟光，率骑兵数万人，迎接冯弘；跟随阳伊（去年〔四三五〕十一月北燕所派使节），抵达和龙（北燕首都，辽宁省朝阳市），驻扎临川（和龙东）。北燕国务院总理（尚书令）郭生，因人民全都不愿被强迫迁移到千里之外的异国异土，于是，打开城门，迎接北魏军入城，可是北魏军对突如其来的好运，深为怀疑，不敢进入。郭生就集结军队，攻击冯弘，冯弘急招引高句骊军，自东门进城，跟郭生在皇宫门前格斗，郭生身中流箭，阵亡。葛卢孟光率军夺取国库及军械库，命士兵脱掉身上粗旧而又破烂的军服，换上新的装备，抛弃手中武器，挑选精良刀枪剑戟，对全城人民大肆抢掠。

五月五日，冯弘率领龙城（首都和龙都城，辽宁省朝阳市）现有居民，在高句骊军保护下，向东迁移（北燕帝国立国三十年〔四〇七至四三六〕，共三任君王，在五胡乱华十九国中，北燕最后一个〔十九〕兴起，而倒数第二个灭亡，“五胡乱华十九国”时代，已近尾声，只剩下北凉一国。中国境内，三国并立：南宋帝国、北魏帝国、北凉王国）。冯弘下令焚毁宫殿，大火十天不熄。妇女们身穿铠甲，集结在大军中间，国务院执行官（尚书）阳伊，率精兵在外围巡逻，高句骊军将领葛卢孟光，率骑兵殿后，两车相并，同时前进，前后长达八十余华里。北魏安西将军古弼的部将高苟子，率骑兵打算追击，正巧，古弼酩酊大醉，拔出佩刀制止，冯弘遂平安逃掉。北魏帝拓跋焘听到这个报告，火冒三丈，把古弼以及平东将军娥清，装入囚车，押返平城（山西省大同市）；二人都被贬降为看门士卒。

五月八日，拓跋焘派散骑侍从官（散骑常侍）封拨，前往高句骊王国（首都平壤），命他们把冯弘送回北魏帝国。

五月十七日，拓跋焘前往河西（黄河河套地区）。

8 六月，南宋帝刘义隆下诏：命宁朔将军萧汪之，率军讨伐变民首领、蜀王程道养，大军抵达郪口（郪水注入涪江口，四川省遂宁市西北），变民首领之一的帛氐奴投降。程道养战败，退回郪山（四川省射洪市南）。

9 当胡夏帝国末任帝赫连定被吐谷浑汗国（青海省）俘虏，送往西方时（参考四三一年六月），已称大秦王的“氐王”（首府仇池〔甘肃省西和县南〕）杨难当，乘机占领上邽（甘肃省天水市）。

秋季，七月，北魏帝拓跋焘，派骠骑大将军、乐平王拓跋丕，国务院总理（尚书令）刘絜，统御河西（河西走廊）、高平（宁夏固原市）地区各路兵马，讨伐杨难当。在发动攻击前，派平东将军崔赜，携带皇帝诏书，先去说服。

10 北魏帝国散骑顾问官（散骑侍郎）游雅，前往南宋帝国（首都建康）报聘。

11 七月十日，南宋帝国零陵王（晋帝国末任帝司马德文的儿子）的娘亲、太妃褚灵媛逝世（年五十三岁。司马德文如果仍在人世，本年五十岁）。

五世纪·四三六年五月　北燕亡国·三国并立

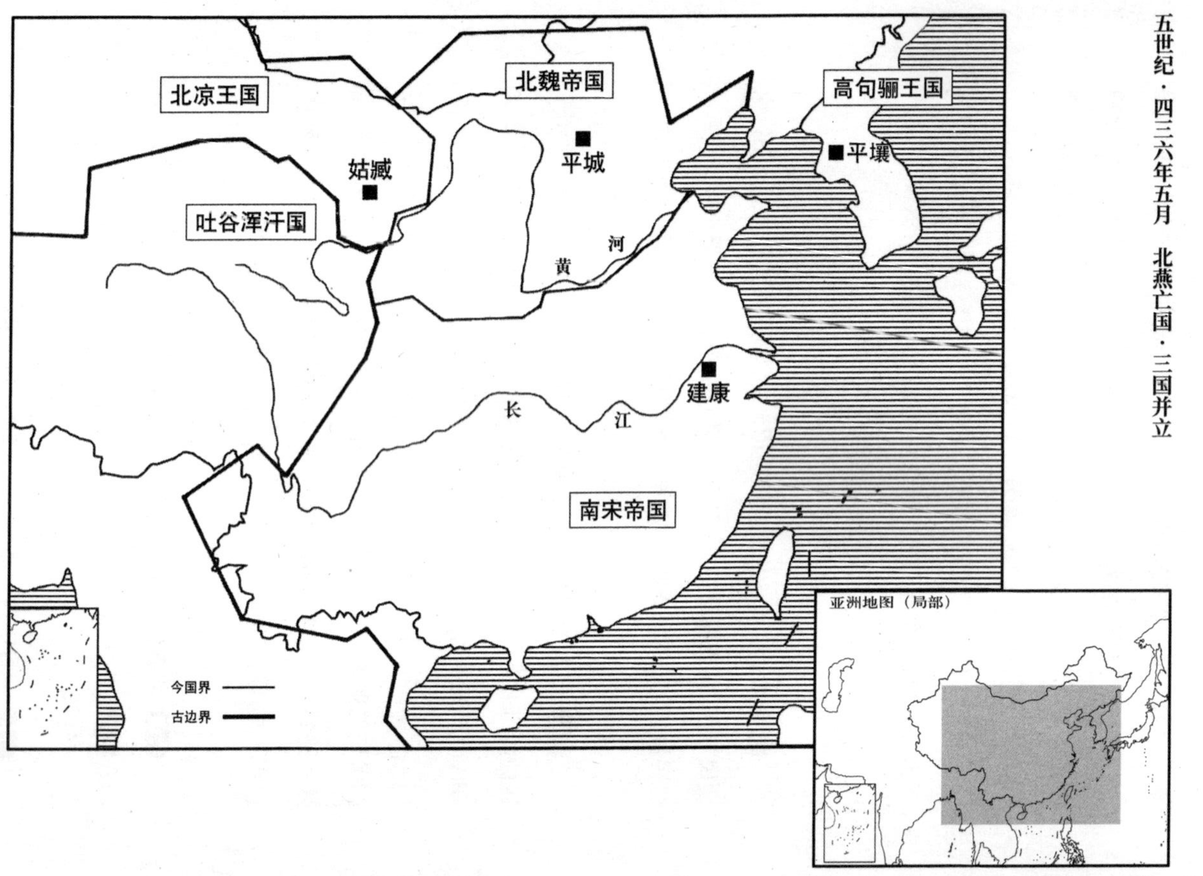

南宋政府追赠绰号：晋恭思皇后（司马德文没有儿子〔生子即被扼死〕，参考四二一年七月、本年的零陵王不知是什么人？《宋书》《晋书》《南史》都没有姓名，也未注明由什么人入继）。用晋帝国皇家礼仪，把她安葬。

12 八月，北魏帝拓跋焘，到河西（黄河河套地区）打猎。

拓跋焘派广平公张黎，征调定州（州政府设中山〔河北省定州市〕）州政府军一万二千人，开凿莎泉公路（莎泉县，今山西省灵丘县西）。

13 九月二日，北魏帝国骠骑大将军、乐平王拓跋丕等，攻击“氐王”（首府仇池）大军，抵达略阳郡（甘肃省天水市东），“氐王”杨难当恐惧，声言接受诏令，把驻防上邽（甘肃省天水市）的军队，撤回仇池（甘肃省西和县南）。北魏军各将领讨论，认为：“不诛杀他们的凶悍头目，大军一旦班师，必然再度叛乱。而且，大军远征，如果没有大肆抢掠，军用物资就无法充实，也没有东西赏赐将士。”拓跋丕考虑接受这项建议，立法院主任立法官（中书侍郎）高允，正担任拓跋丕的军事参议官（参军事），劝阻说：“如果听从各将领的意见，就伤害他们归化中央的初衷。大军班师之后，叛乱将来得更快。”拓跋丕才停止。安抚慰问新近归附的部落，军纪严明，不拿人民一针一线，秦陇（甘肃省南部）遂告安定。

杨难当命儿子杨顺，当雍州州长（刺史），镇守下辨（甘肃省成县西）。

14 高句骊王国（首都平壤）拒绝把请求政治庇护的北燕帝国天王冯弘，送交北魏帝国；派遣使节，携带奏章，到平城（北魏首都，山西省大同市）请求：“准许跟冯弘同时接受教化。”拓跋焘认为高句骊王国违抗命令，准备征调陇右（陇山以西）地区的骑兵部队，向高句骊王国发动攻击。国务院总理（尚书令）刘絜说："秦陇（甘肃省南部）新近才并入版图，人民应该优先免除差役才对，不妨等到民间富庶充实，然后使用。"乐平王拓跋丕说："和龙（北燕故都，辽宁省朝阳市）也是新近平定，最好是推广农耕，充实军用物资，然后再出军攻击，一次就可以把高骊（高句骊王国）消灭。"拓跋焘乃停止。

15 九月五日，南宋帝刘义隆，封皇子刘濬当始兴王、刘骏当武陵王。

16 冬季，十一月一日，北魏帝拓跋焘，前往稒阳（内蒙古包头市东），驱逐野马到云中郡（故都盛乐，内蒙古和林格尔县），设立野马场。

闰十二月五日，拓跋焘回宫。

17 当初，身为晋帝国全国武装部队总司令（太尉）的刘裕，攻克长安时（参考四一七年八月），得到古人制造的浑天仪（古代研究天文的一种测量仪器），架构虽然完整，但七星已经残缺（七星：日、月、金、木、水、火、土）。

本年（四三六），南宋帝刘义隆下诏给天文台长（太史令）钱乐之，重新制造浑天仪：直径六尺八分，用水作为动力，可以观察日出、日落，和日中时的天象群星。

18 柔然汗国（瀚海沙漠群）跟北魏帝国邦交决裂（两国和解事，参考四三一年闰六月）。柔然汗国恢复攻击北魏边塞。

19 吐谷浑汗国（青海省）可汗（十任）慕容慕璝逝世。老弟慕容慕利延继位（十一任）。

四三七年 丁丑

南宋　元嘉　十四年
北魏　太延　三年
北凉　永和　五年
（蜀王程道养泰始六年）
（大秦王杨难当建义二年）

1 春季，正月十二日，北魏帝国（首都平城〔山西省大同市〕）北平王（宣王）长孙嵩逝世（年八十岁）。

2 正月十五日，南宋帝国（首都建康〔江苏省南京市〕）大赦。

3 二月九日，北魏帝（三任太武帝）拓跋焘（本年三十岁），前往幽州（州政府设蓟城〔北京市〕）。

三月二日，拓跋焘任命南平王拓跋浑，当镇东大将军、仪同三司（宰相级），镇守和龙（故北燕首都，辽宁省朝阳市）。

三月四日，拓跋焘回宫。

4 南宋帝（三任文帝）刘义隆（本年三十一岁），派散骑侍从官（散骑常侍）刘熙伯，前往北魏帝国讨论皇女出嫁事宜。正巧，皇女逝世，因告停止（两国通婚事，参考四三三年二月）。

5 夏季，四月，南宋帝国变民首领赵广、张寻、梁显等，各率部众，向政府投降。政府别动部队将领王道恩，击斩蜀王程道养，呈献人头，民变全部平定（程道养自四三二年九月称王，于本年消灭，历时六年）。

四月二日，南宋帝国政府任命辅国将军周籍之，当益州（州政府设成都〔四川省成都市〕）州长（刺史）。

6 北魏帝拓跋焘，因地方政府官员（郡长、县长），多数都贪污不堪，五月十五日，下诏：准许官吏或人民检举郡长、县长贪赃枉法的行为。于是奸猾的官吏和人民，专找郡长、县长的过失，勒索要挟，遂在地方上横行霸道，地方首长全都降低身份，和颜悦色的跟他们结交，照样贪赃枉法。

严刑峻法只是惩治贪污的一种手段，如果当作惩治贪污的唯一手段，结果就跟北魏帝国的吏治一样，反而使贪污更为严重，明王朝初期，对贪污官员处剥皮酷刑，结果中国历史上以明王朝的官员贪污最烈。

往深处探讨北魏帝国官员，如果不贪污，简直就没有天理，因为他们全都没有俸禄。耶稣曾告诉门徒，传道的人有接受俸禄的权利，偏偏北魏帝国认为官员既可以没有俸禄，而又必须不贪污。北魏帝国和明王朝，民变发生的次数最多，场面也最大（北魏帝国是无待遇政策，明王朝是低待遇政策）。他们既要马儿跑，又要马儿不吃草。最后，马儿变成怪兽，不但吃草，连皇帝都吃下肚。

只治枝节，不治根源，越治越糟。

7 五月二十二日，北魏帝拓跋焘，前往云中宫（内蒙古托克托县）。

秋季，七月十五日，永昌王拓跋健等，前往西河（黄河河套地区），讨伐山胡酋长白龙余党（白龙被击斩，参考四三四年九月），全部消灭。

八月一日，拓跋焘前往河西（黄河河套地区）。

九月十二日，回宫。

九月二十五日，拓跋焘派使节，封吐谷浑汗国（青海省）可汗（十一任）慕容慕利延，当镇西大将军、仪同三司（宰相级），改封西平王。

冬季，十月一日，拓跋焘前往云中宫（内蒙古托克托县）。

十一月一日，回宫。

8 北魏帝拓跋焘，再派散骑顾问官（散骑侍郎）董琬、高明等，携带大量金钱绸缎，前往西域（新疆及中亚东部），安抚宣慰西域九国（龟兹王国、疏勒王国、乌孙王国、悦般王国、渴槃陁王国、鄯善王国、焉耆王国、车师王国、粟特王国；参考四三五年五月）。董琬等抵达乌孙王国（首都赤谷城〔中亚伊赛克湖东南〕），乌孙国王大为欢喜，说：“破落那王国（即前二世纪的大宛王国，首都贵山城〔中亚纳曼干市西北卡散赛城〕）、者舌王国（首都者舌〔中亚塔什干市〕），都想向魏国（北魏帝国）称臣进贡，只是没有渠道，你们应该绕道安抚！”遂派向导及翻译，送董琬去破落那王国，送高明去者舌王国。邻近其他国家得到消息，争先恐后的派遣使臣，追随董琬等到中国（北魏帝国）进贡，有十六国之多。

自此，各国每年都有使臣入朝进贡，没有断绝。

9 北魏帝拓跋焘，把他的妹妹武威公主，嫁给北凉王国（首都姑臧〔甘肃省武威市〕）首领（三任哀王）、河西王沮渠牧犍。沮渠牧犍派右宰相（右相）宋繇，携带奏章，前往平城（北魏首都，山西省大同市）谢恩，并请示将来怎么称呼武威公主。拓跋焘交文武百官讨论，都说：“娘亲随同儿子显贵，妻子比同丈夫爵位。沮渠牧犍的娘亲，应称‘河西国太后’，武威公主在她的王国（北凉王国）称‘王后’，在京师（首都平城）称‘公主’。”拓跋焘批准。

最初，沮渠牧犍娶西凉王国一任王（武昭王）李暠的女儿（参考四二〇年七月），现在，北魏强把武威公主下嫁，李后只好退位，随同娘亲尹女士，迁居遥远的酒泉（甘肃省酒泉市）。不久，李后逝世（年不详），尹女士抚摸女儿尸体，不哭一声，只说：“你国破家亡，今天才死，死得太晚！”沮渠牧犍的老弟沮渠无讳，镇守酒泉（甘肃省酒泉市），向尹女士说：“太后（尹女士是故西凉王国太后）的几个孙儿，都在伊吾（新疆哈密市。李宝奔伊吾事，参考四二三年四月），你是不是去投奔他们？”尹女士不敢确定沮渠无讳什么用意，欺骗他说：“我的子孙四散逃亡，流浪天涯地角，我还能活几天？只有死在这里，不再去野蛮地区当鬼了。”没有多少时候，尹女士秘密逃向伊吾（新疆哈密市），沮渠无讳派骑兵追赶，追到后，尹女士对追兵说：“沮渠郡长允许我回北方，为什么还要追赶？你们可以拿我的人头报命，我却不能回去。”追兵不敢逼迫，退回。尹女士死在伊吾（新疆哈密市）。

尹女士身历各种哀伤：丈夫病死，儿子战死，女儿被遗弃死；王国覆亡，家庭破碎，骨肉流散，从太后高峰跌下来，跌成一个无依无靠的软禁囚犯。这是一场悲剧，在大分裂时代中，比这更惨的悲剧，固然很多。然而，不同的是，她不哭一声，不掉一滴眼泪，内心有一种强韧的刚烈，不向恶势力（包括死亡）屈服，她倔强的接受挑战，给人生留下一段悲凉榜样。

沮渠牧犍派将军沮渠旁周，到北魏帝国进贡。拓跋焘派高级咨询官（侍中）古弼、国务院执行官（尚书）李顺，到姑臧（北凉首都，甘肃省武威市）报聘，赏赐给北凉文武侍从官员穿着的衣裳，并征召世子沮渠封坛，到京师（首都平城）充当人质。

本年（四三七），沮渠牧犍送沮渠封坛到北魏帝国，也同时派使节到南宋帝国首都建康（江苏省南京市）呈献各种书籍，和敦煌郡（甘肃省敦煌市）人赵𢾺所撰写的《甲寅元历》，并索取杂书数十种，南宋帝刘义隆照单发给。

李顺自北凉王国回到首都平城（山西省大同市），拓跋焘问他说：“你当年曾提出攻取凉州（北凉王国）的策略，我因为东方正在有事（指攻击北燕帝国），抽不出时间。而今，和龙（故北燕首都，辽宁省朝阳市）已经平定，我打算就在今年西征，你以为如何？”李顺说：“我从前说的话（参考四三二年十二月），以今天的形势判断，仍没有错误，然而，帝国不断出动大军，人困马乏，西征计划，是不是可以再等几年？”拓跋焘乃停止。

四三八年 戊寅

南宋 元嘉 十五年
北魏 太延 四年
北凉 永和 六年
（大秦王杨难当建义三年）

1 春季，二月七日，南宋帝国（首都建康〔江苏省南京市〕）任命吐谷浑汗国（青海省）可汗（十一任）慕容慕利延，当西秦河沙军区司令长官（都督西秦河沙三州诸军事）、镇西大将军、西秦及河州二州州长（刺史），封陇西王。

2 三月十三日，北魏帝国（首都平城〔山西省大同市〕）皇帝（三任太武帝）拓跋焘（本年三十一岁），下诏：佛教和尚，年在五十岁以下的，一律还俗（主要是为增加兵源和供应政府差役）。

3 最初（参考四三六年五月），北燕帝国天王冯弘，被高句骊兵团迎接到辽东（辽宁省辽阳市），高句骊王国（首都平壤〔朝鲜半岛平壤市〕）国王（二十任长寿王）高琏，派使节慰劳，说："龙城王冯先生，光临敝国郊野，人马想都疲劳！”冯弘对这种把自己当作宾客，甚至当作部属，而不当作主子的态度，既惭愧又愤怒，于是，以天王身份，下诏斥责高琏。高琏把冯弘安置到平郭（辽宁省盖州市），不久，再送到北丰（辽宁省瓦房店市）。冯弘一向瞧不起高句骊王国，随时随地，肆意侮弄。所以，虽然寄人篱下，仍以独立王国自居，行政司法，跟和龙（辽宁省朝阳市）时代一样。高琏不能忍受，派出军队，强行夺走冯弘身旁的美丽侍女，又拘捕太子冯王仁，充当人质。冯弘大为怨恨，派使节到南宋帝国（首都建康），请求出军迎接。南宋帝刘义隆派使节王白驹等，北上高句骊王国，命高句骊王国准备行装，送冯弘南下。高琏不愿冯弘脱离自己手掌，于是，命将领孙漱、高仇等，就在北丰（辽宁省瓦房店市）诛杀冯弘（年龄不详），并诛杀冯弘的子孙十余人，追称冯弘绰号昭成皇帝。

王白驹等反应强烈，率领南宋迎接冯弘的军队七千余人，攻击孙漱、高仇；斩高仇，生擒孙漱。高琏因王白驹等擅自诛杀高句骊王国大将，遂囚禁王白驹，押解送回建康（南宋首都，江苏省南京市）。刘义隆因高句骊王国地处天涯，不愿使这个遥远的盟邦失望，遂把王白驹等，囚入监狱。但不久又把他们释放。

冯弘的行动，使人想起田地（参考前二八四年），简直是一个窑里烧出来的烂货：“愚而好自用，贱而好自专。”忘了自己是谁！而这世界上忘了自己是谁的人，触目皆是，所以，闹剧、丑剧、悲剧，才一出又一出的演出。

4 夏季，四月，南宋帝国给太子刘劭，娶故禁宫咨询官（黄门侍郎）殷淳的女儿当太子妃。

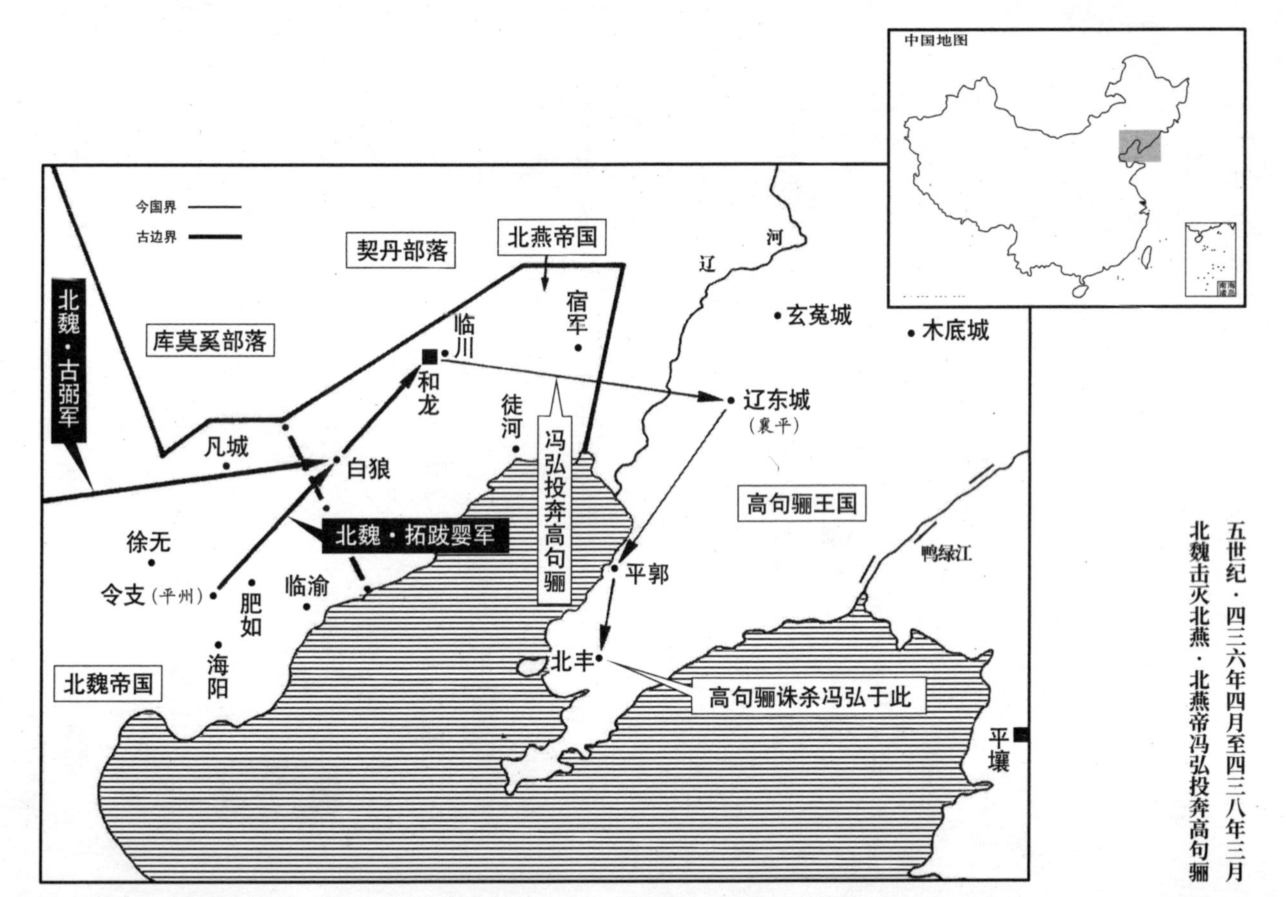

五世纪·四三六年四月至四三八年三月
北魏击灭北燕·北燕帝冯弘投奔高句骊

5 五月九日，北魏帝国大赦。

6 五月二十七日，北魏帝拓跋焘，前往五原（内蒙古包头市）。

秋季，七月，自五原向柔然汗国（瀚海沙漠群）发动三路并进的总攻击。命乐平王拓跋丕，率十五个将领从东路，永昌王拓跋健，率十五个将领从西路，拓跋焘亲率主力大军，作中央突破。

拓跋焘抵达浚稽山（蒙古国肯特山），再分二路：陈留王拓跋崇，沿着大泽（蒙古国鄂罗克泊，图青河南源头的大湖），直指涿邪山（蒙古国古尔班察汗山）；拓跋焘从浚稽山再向北挺进，抵达天山（即燕然山，蒙古国杭爱山），再向西，攀登白阜山（杭爱山主峰之一），看不到柔然汗国的部落，班师。

当时，瀚海沙漠之北，久未下雨，大旱，无水无草，将士、战马，很多死亡。

7 冬季，十一月一日，日蚀。

8 十二月二十二日，北魏帝拓跋焘，返首都平城（山西省大同市）。

9 南宋帝国豫章郡（江西省南昌市）人雷次宗，喜爱学问，隐居庐山（江西省九江市南）。南宋政府曾任命他当散骑顾问官（散骑侍郎），雷次宗辞让。本年（四三八），雷次宗以隐士的身份，被征召到首都建康（江苏省南京市），政府特地在鸡笼山（建康城北）兴建学校，让他招收学生，讲授学业。南宋帝（三任文帝）刘义隆（本年三十二岁），十分喜爱文学，命首都建康市长（丹阳尹）、庐江郡（安徽省舒城县）人何尚之，讲授玄学；太子宫禁卫司令（太子率更令）何承天，讲授史学；宰相府军事参议官（司徒参军）谢元，讲授文学；加上雷次宗讲授的儒学，称为“四学”。谢元，是谢灵运的族弟（谢灵运，参考四二四年正月）。刘义隆很多次到雷次宗主持的学馆，命雷次宗穿平常穿的便服，讲解儒家经典。物资上的供应，十分优厚。再度任命雷次宗当御前监督官(给事中)，雷次宗拒绝就职。很久之后，雷次宗才返庐山。

《易经》说："当一个君子，要多了解前人的言行，使自己的品德增加。"孔丘说："语文，求它能够表达。"这就可以看出：史学是儒学的一部分，文学是儒学中的小事。至于《老子》《庄子》——玄学，则崇尚虚无，根本就不可以用作教材。求学就是追寻真理，天下没有第二个真理，怎么会有"四学"！

司马光"可以看出"的结论，我们却实在"看不出"怎么会有那种结论，他所引用《易经》和孔丘的话，更跟他"可以看出"的结论无关。可是司马光却硬生生推出那种结论，意识形态一旦坚硬如铁，就会把所有的幻境当作磐石，在上面猛盖亭台楼阁。

10 南宋帝刘义隆，仁爱忠厚，谦恭节俭，殷勤守法，对人不苛刻，而又能包容，但不放纵。文武百官，都长久在位。郡长、县长以六年为一个任期。官吏从不轻易免职，人民有一种安定感。三十年间(指四二四年至四五三年)，四海之内，平安无事，人口增加，赋税差役，只限于正常规定(没有额外需索)，人民早上出外耕作，晚上回家休息，安分工作，乡里街巷之间，读书的声音，到处都可听到。知识分子重视操守，连乡下人都认为轻佻是一种耻辱。江左(江东，江苏省南部太湖流域)的风俗，以这个时代，最为美好。后世谈论前朝政治的，都称道"元嘉(四二四年至四五三年)时代"。

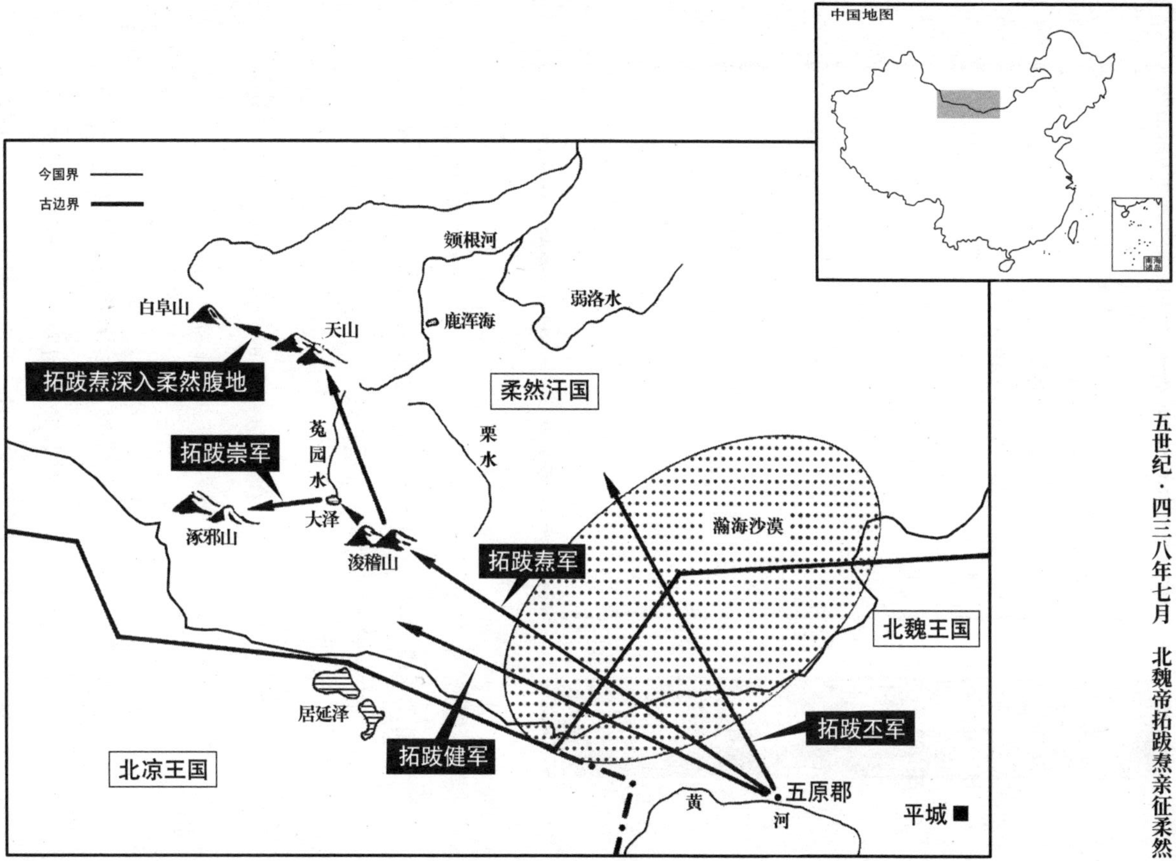

五世纪·四三八年七月　北魏帝拓跋焘亲征柔然

四三九年 己卯

南宋　元嘉　十六年
北魏　太延　五年
北凉　永和　七年
（大秦王杨难当建义四年）

1 春季，正月二十五日，南宋帝国（首都建康〔江苏省南京市〕）宰相（司徒）刘义康，晋升最高统帅（大将军），兼宰相（司徒）；南兖州（州政府设广陵〔江苏省扬州市〕）州长（刺史）、江夏王刘义恭，晋升最高监察长（司空）。

2 北魏帝国（首都平城〔山西省大同市〕）皇帝（三任太武帝）拓跋焘（本年三十二岁），前往定州（州政府设中山〔河北省定州市〕）。

3 最初，南宋帝国一任帝（武帝）刘裕遗诏，命他自己的亲生儿子，依照长幼次序，当荆州（州政府设江陵〔湖北省江陵县〕）州长（刘裕遗诏，参考四三二年六月）。临川王刘义庆，在荆州长达八年（参考四三二年六月）；中央打算物色一位继任人选。依照顺序，应轮到南谯王刘义宣。南宋帝（三任文帝）刘义隆（本年三十三岁），因刘义宣才能平凡，人格卑鄙，不肯教他担任。

二月五日，刘义隆命衡阳王刘义季，当荆湘等八州军区司令长官（都督荆、湘等八州诸军事。八州：荆、湘、雍、益、梁、宁、南秦、北秦）、荆州（州政府江陵）州长（刺史）。刘义季曾经在春天出去打猎，看到一个老农夫穿着用树叶编成的蓑衣，在田中耕种，不肯躲避，左右侍卫官员大声诟骂，老农夫说："打猎的快乐，古人深以为戒。今日，天朗气清，一天不耕田，人民就失去收获的时机，为什么为了享受打猎的快乐，驱逐衰弱的老汉？"刘义季立刻停住马蹄，说："他是贤人！"赏赐给他饮食，老农拒绝说："大王只要不剥夺农人耕田的时间，等于一州人民都饱吃大王的饮食，我一个老汉，怎么敢单独领取赏赐！"刘义季问他姓名，老农不肯问答，告退（史书没有记载：刘义季是否因老农之言，停止打猎）。

4 三月，北魏帝国雍州（州政府设长安〔陕西省西安市〕）州长（刺史）葛那，攻击南宋帝国的上洛郡（陕西省商洛市商州区）；上洛郡郡长镡长生（镡，音tán〔谈〕），放弃郡城逃走。

5 三月七日，北魏帝拓跋焘回宫。

6 "氐王"（首府仇池〔甘肃省西和县南〕）杨难当的侄儿、童亭（甘肃省天水市东北）防卫司令杨保宗，跟老哥杨保显，投奔北魏帝国（杨保宗被释放事，参考四三五年十一月）。

三月二十六日，北魏帝拓跋焘，任命杨保宗当陇西（陇山以西）军区司令长官（都督陇西诸军事）、征西大将军、开府仪同三司（宰相级）、秦州全权州长（牧），封武都王，镇守上邽（甘肃省天水市。北魏一任帝名拓跋珪，“珪”“邽”同音，所以在四三六年九月北魏夺取上邽后不久，便把上邽改名上封。上封之名维持至六世纪末的隋王朝，才改回上邽，但一般史书仍称“上邽”，想是上邽之名太有名之故），把公主嫁给他当正妻。杨保显当镇西将军，封晋寿公。

7 北凉王国（首都姑臧〔甘肃省武威市〕）首领（三任哀王）、河西王沮渠牧犍，跟他的嫂嫂李女士通奸，兄弟三人，轮流上床。李女士跟沮渠牧犍的姐姐合谋，向王后、北魏帝国武威公主下毒。拓跋焘派解毒医生，乘坐政府驿马车，不分昼夜奔驰营救，才把武威公主救活。拓跋焘下诏索取李女士，沮渠牧犍不肯交出，给李女士很多财产，送到酒泉（甘肃省酒泉市）居住。

北魏每派使节前往西域（新疆及中亚东部），经常命沮渠牧犍派出向导，护送渡过流沙（指新疆塔克拉玛干沙漠）。使节从西域回来，经过北凉首都姑臧（甘肃省武威市），沮渠牧犍左右，有人告诉使节说：“我家大王听到蠕蠕（柔然汗国〔瀚海沙漠群〕）可汗吹牛说：‘去年，魏国（北魏帝国）天子，御驾亲自前来攻打，人马害上瘟疫，死得很多，大败而回，我们生擒他年纪最大的弟弟乐平王拓跋丕。’我家大王兴高采烈，在国内大肆宣传。又听说，蠕蠕（柔然汗国）可汗派使节告诉西域（新疆及中亚东部）各国，说：‘魏国（北魏帝国）已经削弱，天下只有我最强大。如果魏国（北魏帝国）使节再来，不要供应他们。’因此，西域各国，很多已有二心。”使节回国后，具实奏报。拓跋焘派国务院执行官（尚书）贺多罗，前往北凉王国，观察虚实。贺多罗回来，也证实沮渠牧犍外表虽然谨慎的当帝国的藩属，内心却叛离乖张。

拓跋焘打算一举消灭北凉王国，询问宰相（司徒）崔浩的意见，崔浩说：“沮渠牧犍叛逆心理，已经外露，不可不杀。帝国前几年北伐（指攻击柔然汗国），虽然没有斩获，但实力也没有损失。战马三十万匹，路上死亡的，不满八千，而每年正常死亡的，也不少于一万。远方（指北凉王国）对此不能了解，就一口咬定我们的国力不能复原。现在，帝国西征，大军突然到达，他们一定惊骇混乱，不知道如何是好，我们就准把敌人生擒。”拓跋焘说：“好计谋，我也有如此想法。”于是在太极殿西堂，举行高官会议。

在高官会议上，弘农王奚斤等三十余人，异口同声说：“沮渠牧犍，是西方边陲附庸，臣服的心理虽然不纯，但是，自从继承老爹（沮渠蒙逊）王位以来，从来没有断过进贡。帝国把他当作藩臣，把公主嫁他为妻。而今，他的罪状并不明显，最好是加以宽恕原谅。帝国刚刚讨伐蠕蠕（柔然汗国），人马疲惫，没有力量发动大规模攻击。而且，听说他们那里的土地，碱性太重，十分贫苦，难以找到水草。西征军一旦抵达，他们必定登城固守。攻城攻不破，原野又掠夺不到粮食，这是危险的计谋。”

最初，崔浩厌恶国务院执行官（尚书）李顺（参考四二六年九月）。李顺出使北凉王国十二次，拓跋焘认为李顺能力极强。北凉二任王（武宣王）沮渠蒙逊，常跟李顺在一起游玩饮酒，面对自己部属，沮渠蒙逊有时会说些荒谬傲慢的大话，恐怕李顺打他的小报告，就用金银财宝贿赂李顺，李顺遂隐恶扬善，为沮渠蒙逊消灾。崔浩得到消息，秘密报告拓跋焘，拓跋焘并不相信。现在，讨论西征北凉，李顺跟另一国务院执行官（尚书）古弼，都坚持说：“自温圉水（流经宁夏中卫市，注入黄河）以西，直到姑臧（北凉首都，甘肃省武威市），地面全是岩石，寸草不生，滴水不见。当地人说：‘姑臧（甘肃省武威市）城南，有天梯山（甘肃省武威市西南冷龙岭），每逢冬季，山上积雪，厚达一丈有余，春夏两季，山上雪融，下流成河，居民用来灌溉农田。’他们得到帝国西征大军出发消息，一定把灌溉用的沟渠决开，使储水流尽，水源就完全断绝。姑臧（甘肃省武威市）环城四周，一百华里以内，不生草木。到时候，人马同时陷于饥渴，不能久停，奚斤等的见解正确。”拓跋焘乃命崔浩跟奚斤等互相盘问，一一被崔浩驳倒，闭口无言，但最后仍然坚持："那里没有水草。”崔浩说："《汉书·地理志》说：'凉州（西汉时的凉州，今甘肃省）畜产，全国最为丰富。'如果没有水草，畜产怎么繁殖？而且，西汉王朝的人，毕竟不会在没有水草的地方，兴筑城郭，建立郡县。积雪融化的水，只不过压压灰尘而已，怎么能够挖掘沟渠，灌溉农田？这些话是一种欺骗。”李顺说："耳朵听见，不如眼睛看见，我是亲眼看见，你怎么有资格跟我讨论？”崔浩说："你接受人的钱财，自然为人说话，只因为我不曾亲眼看到，难道就能被你蒙蔽！”拓跋焘在屏风后面，隐约的听到这些问答，遂出来见奚斤等，声音和面色，都十分严厉，高阶层官员不敢再多说话，只唯唯诺诺。

文武官员出宫后，振威将军、鲜卑人（代人）伊馛（音bá〔拔〕），对拓跋焘说："凉州（甘肃省中部西部）如果真的没有水草，他们怎么建立王国？大多数人的意见，都不可采用，应该听崔浩的话。”拓跋焘认为正确。

夏季，五月十四日，拓跋焘在首都平城（山西省大同市）西郊，检阅武装部队。

六月十一日，西征大军从平城出发。派高级咨询官（侍中）、宜都王穆寿，辅佐太子拓跋晃，主持中央留守政府，裁决留守政府事务，内外一律遵从。又命最高统帅（大将军）、长乐王稽敬（此时尚姓太洛稽），辅国大将军、建宁王拓跋崇，率二万人驻防瀚海沙漠之南，对柔然汗国（瀚海沙漠群）严加戒备。又命有关高级官员发布文告，指控沮渠牧犍十二项大罪，最后警告沮渠牧犍说："你如果能率领文武百官，呈献贡物，远远出来恭迎，在马头之前，跪拜晋见，这是上策。帝国西征大军抵达之后，你如果双手反绑，携带空棺，出城投降，这是次策。如果困守孤城，不及时悔过醒悟，则身被杀、族被灭，将受到世上最大的刑罚！你要考虑利害，自己追求自己的福分。"

8 六月十六日，南宋帝国把已封陇西王的吐谷浑汗国（青海省）可汗（十一任）慕容慕利延，改封河南王。

9 北魏帝拓跋焘，自云中郡（故都盛乐，内蒙古和林格尔县）渡过黄河。

秋季，七月七日，抵达上郡（陕西省榆林市东南鱼河镇）移民特区（西汉王朝置上郡属国于龟兹，今陕西省榆林市北）。

七月二十日，留下重装备武器铠甲，调整各军战斗序列，命抚军大将军永昌王拓跋健、国务院总理（尚书令）刘絜，跟常山王拓跋素，担任前锋，两路并肩挺进；骠骑大将军、乐平王拓跋丕，太宰（上三公之一）、阳平王杜超，随后出发；由平西将军源贺，担任向导（源贺，是南凉王国末任王秃发傉檀的儿子，入北魏帝国后，改姓"源"。参考四一四年七月）。

拓跋焘向源贺询问征服北凉王国的方略，源贺说："姑臧（北凉首都，甘肃省武威市）城外，有四个鲜卑部落，都是祖父（部落时代酋长秃发思复鞬）的旧部，我愿在大军到达之前，先行到达那里，宣扬帝国威信，向他们分析祸福利害，定会相继投降。外围既然瓦解，然后夺取孤城，易如反掌。"拓跋焘说："好极。"

八月二日，永昌王拓跋健，俘虏北凉王国牲畜二十多万头。

北凉首领、河西王沮渠牧犍，得到北魏大军出征消息，大吃一惊，说："怎么会发生这种事！"用王府左秘书长（左丞）姚定国的计谋，拒绝出城迎接，而向柔然汗国（瀚海沙漠群）紧急求救。派老弟征南大将军沮渠董来，率军一万余人，在城南迎战，一万余人望风崩溃。刘絜听信巫师卜卦之言，认为日子不利，召回军队，不肯追赶。沮渠董来遂逃回姑臧（甘肃省武威市）城中，拓跋焘从此痛恨刘絜。

八月四日，拓跋焘抵达姑臧（甘肃省武威市）城下，派使节通知沮渠牧犍，教他出城投降。沮渠牧犍听说柔然打算对北魏边塞发动攻击，希望拓跋焘领军东还，回救"心脏"，遂登城固守。而沮渠牧犍的侄儿沮渠祖，却翻出城墙投降，拓跋焘遂完全了解北凉的虚实，派出一部分西征大军，包围姑臧（甘肃省武威市）。源贺率军招抚祖父（秃发思复鞬）旧日部众三万余帐。所以，拓跋焘得以集中全力攻城，不再有外围的顾虑。

拓跋焘亲眼看到姑臧（甘肃省武威市）城外，水草茂盛，遂深恨李顺，对崔浩说："你从前的话，今天果然应验。"崔浩说："我的话不敢不实在，一向都是如此。"

拓跋焘出发前，太子拓跋晃也认为姑臧（甘肃省武威市）城外没有水草。现在，拓跋焘用诏书告诉儿子："姑臧城（甘肃省武威市）西门之外，有涌出的泉水，跟北门外涌出的泉水会合，势如江河，除供农田灌溉外，余水从沟渠流入沙漠，这一带根本没有干田旱地。特地发此诏书，消除你的疑虑。"

10 八月八日，南宋帝国封皇子刘铄当南平王。

11 九月二十五日，北凉王国（首都姑臧）首领、河西王沮渠牧犍的侄儿沮渠万年，率领部众，投降北魏帝国围城军，于是，姑臧城（甘肃省武威市）霎时崩溃。沮渠牧犍自行反绑双臂，率领文武官员五千人，向北魏帝国围城军投降。拓跋焘解开沮渠牧犍的绳索，仍保持礼遇。计接收姑臧城内居民二十余万户，和仓库中所贮藏的无数异物奇宝（北凉王国到此灭亡，在五胡乱华十九国中，北凉王国是第十四个兴起、第十九个〔最后一个〕覆亡的短命王国，立国四十三年〔三九七至四三九〕，共有三任君王。北凉王国亡后，历时一百三十六年〔三〇四至四三九〕的"五胡乱华十九国时代"结束。大分裂时代后期，历时一百五十一年的"南北朝时代"〔四三九至五八九〕开始，中国境内，南北两国对峙：南宋帝国、北魏帝国）。

北凉王国灭亡，北中国统一，五胡乱华十九国时代结束。一百三十六年中，几乎一支军队就能建立一个帝国。蓦然间，一批人马集结在一起，组织政府、封官拜爵，发表文告，自称圣君贤相，而称别人是盗匪贼寇。还没有等别人弄清楚怎么回事，它已风消云散；圣君贤相霎时成了盗匪贼寇，下跪的下跪，砍头的砍头。结局是：匈奴民族、羯民族、氐民族，几乎全部灭绝，羌民族也几乎全部灭绝。只鲜卑民族，仍保持一个北魏帝国，等到下世纪（六）末，这一支才完全汉化。从此，中国本土再没有发生过少数民族问题。而五胡乱华时期大批流亡客的南迁，使人口稀少的南中国——长江以南，得到充实，逐渐开发。这是非常重要的一件事，二百年后的第七世纪的唐王朝，能有那么强大的扩张力量，就是靠富庶的江南的支援。

12 北魏帝拓跋焘，命张掖王秃发保周（源贺的老哥，南凉王国末任王秃发傉檀的儿子，投降北魏时，初封张掖公；参考四一四年七月）、龙骧将军穆罴、安远将军源贺，分别出军到各郡，夺取土地，各蛮夷纷纷投降，又有数十万。

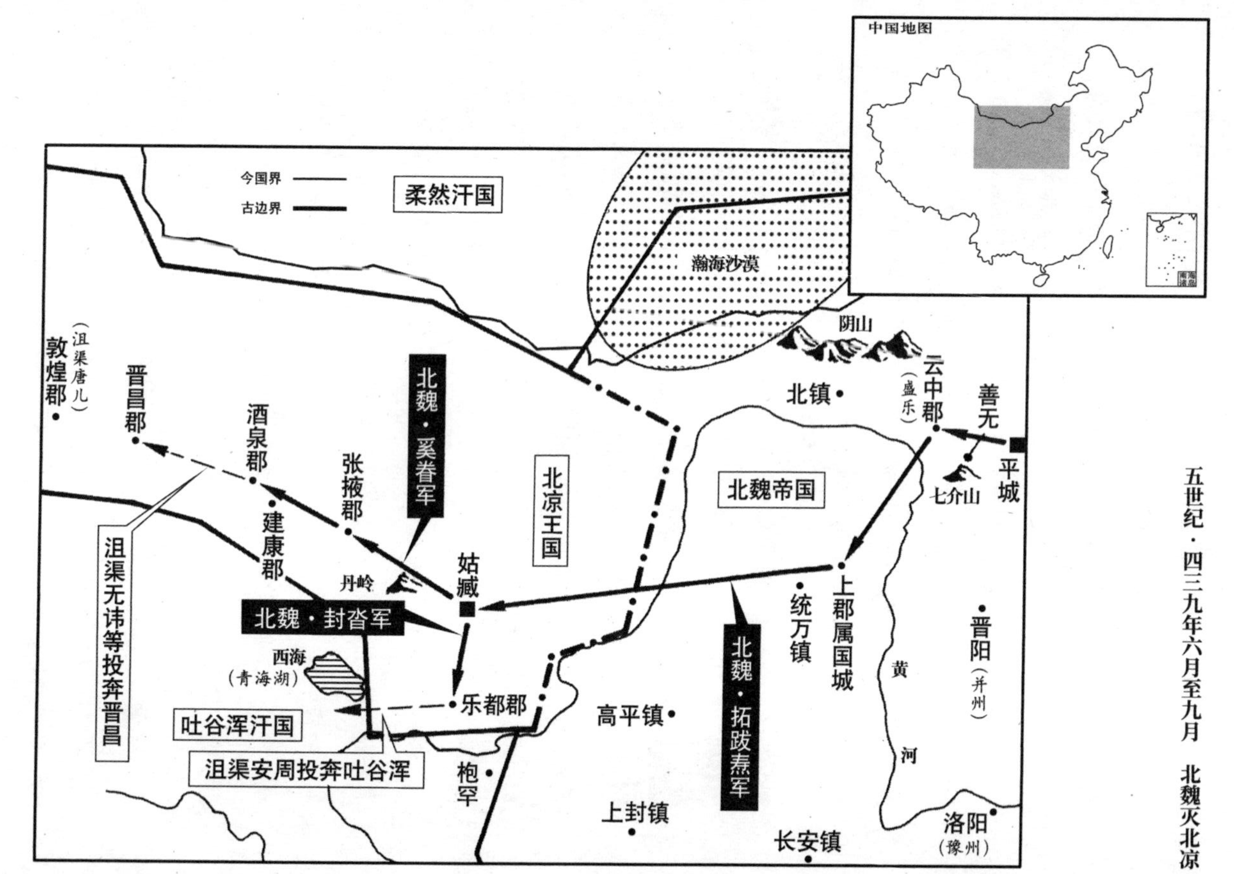

五世纪·四三九年六月至九月　北魏灭北凉

最初，北凉王国首领（三任哀王）、河西王沮渠牧犍，任命老弟沮渠无讳，当沙州州长（刺史）、建康（甘肃省酒泉市东南）以西军区司令长官（都督建康以西诸军事），兼酒泉郡（甘肃省酒泉市）郡长；沮渠宜得当秦州州长（刺史）、丹岭（山丹岭）以西军区司令长官（都督丹岭以西诸军事）兼张掖郡（甘肃省张掖市）郡长；沮渠安周当乐都郡（青海省海东市乐都区）郡长；堂弟沮渠唐儿当敦煌郡（甘肃省敦煌市）郡长。等到姑臧（北凉故都，甘肃省武威市）陷落，北魏帝拓跋焘派镇南将军、鲜卑人（代人）奚眷，攻击张掖；镇北将军封沓，攻击乐都。沮渠宜得焚烧张掖仓库，向西投奔酒泉；沮渠安周放弃乐都，向南投奔吐谷浑汗国（青海省）。北魏镇北将军封沓，掳掠数千户人家而回；镇南将军奚眷攻击酒泉，沮渠无讳、沮渠宜得，放弃酒泉，集结残余的部众，投奔晋昌（甘肃省瓜州县），再投奔沮渠唐儿镇守的敦煌。拓跋焘命弋阳公元絜，镇守酒泉，另派将领镇守武威（姑臧）、张掖。

拓跋焘在姑臧（甘肃省武威市）摆下筵席，大宴文武百官，对大家说：“崔公（崔浩）的智慧和谋略，足足有余，我已经不惊奇。惊奇的是伊馛（音bó〔拔〕），不过一个骑马射箭的武夫，见解竟然跟崔公（崔浩）相同，出人意外。”伊馛射箭百发百中，力气极大，可以拖着牛倒走；奔跑起来，能赶上飞马；而性情忠厚谨慎，所以拓跋焘对他十分喜爱。

拓跋焘西征兵团出发时，宜都王穆寿送到黄河岸边，拓跋焘下令给他：“郁久闾吴提（柔然汗国五任敕连可汗）跟沮渠牧犍的交情很深，得到我讨伐沮渠牧犍消息，郁久闾吴提一定攻击我们沿边要塞，所以我留下强壮的战马和武装战士，使你辅佐太子（拓跋晃）。等到田间收割的事情完毕，就要命军队立即前往漠南（瀚海沙漠南），分别进入防御阵地；等待蛮虏（柔然汗国）攻击时，引诱他们南下深入，

五世纪·四三九年九月

北凉亡国·两国并立　南北朝开始

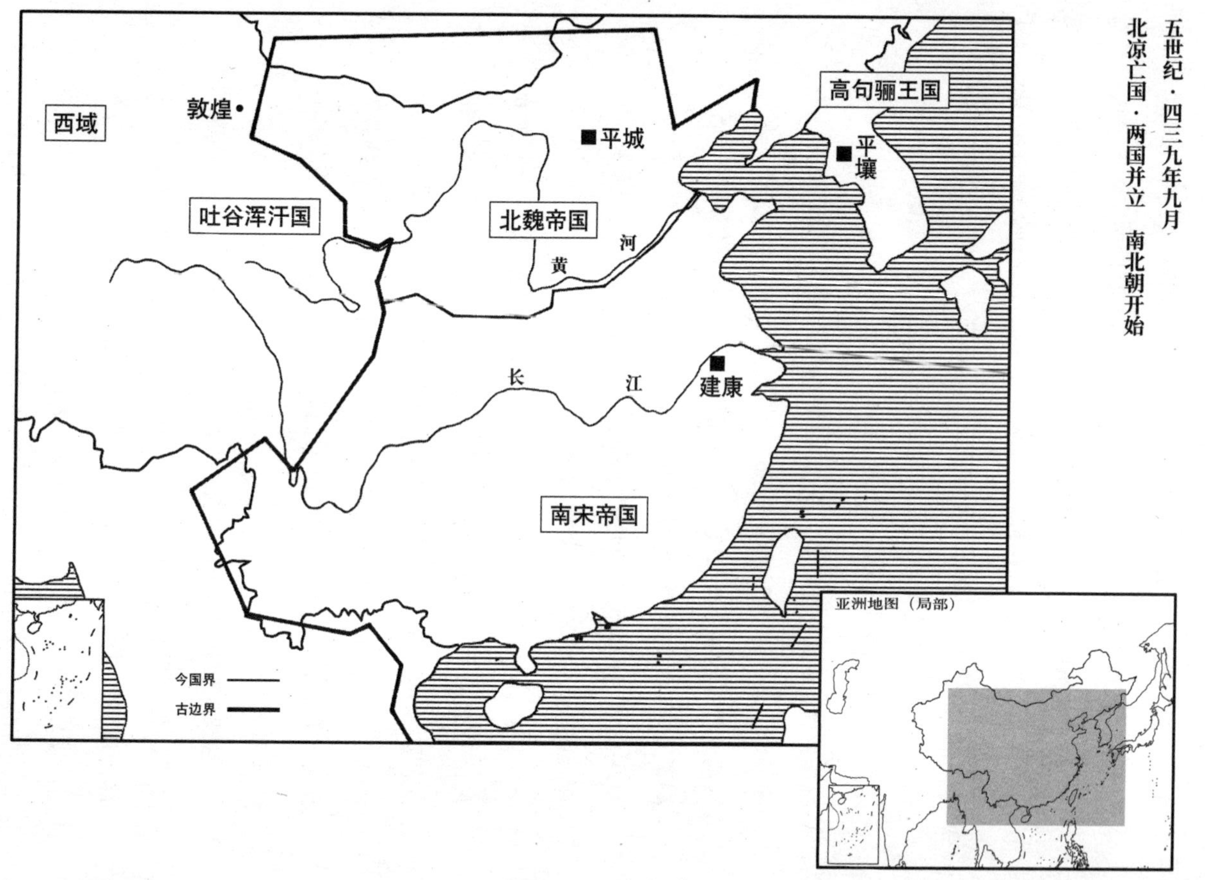

然后夹攻，一定胜利。凉州（北凉王国）距离首都（平城），路途遥远（山西省大同市至甘肃省武威市，航空距离一千公里），我不能救你的危难，不要违背我的吩咐。”穆寿叩头，接受指示。然而，穆寿十分信任立法院政务官（中书博士）公孙质，把公孙质当作智囊。穆寿、公孙质同时又都相信巫术卜卦，认为柔然汗国绝对不会南下，所以毫无戒备。公孙质，是公孙轨的老弟（公孙轨事，参考四二七年十一月）。

柔然汗国（瀚海沙漠群）可汗（五任敕连可汗）郁久闾吴提，得到拓跋焘讨伐北凉王国消息，抓住北魏帝国国内空虚的机会，发动大规模南征。命老哥郁久闾乞列归，牵制驻防在北镇（怀朔镇，内蒙古固阳县）的北魏长乐王稽敬、建宁王拓跋崇。而亲率精锐骑兵，穿过边塞，深入北魏，直到善无（山西省右玉县）的七介山（右玉县西南）。首都平城（山西省大同市）接到情报，大为震骇，四郊居民，纷纷向城中逃命。穆寿惊恐仓皇，不知道如何是好，打算关闭西门，护送太子拓跋晃逃往南山（平城南方山区）固守，窦太后（拓跋焘乳娘）坚决反对，才算停止。于是派最高监察长（司空）长孙道生、征北大将军张黎出城，在吐颓山（山西省朔州市西北）迎战。正巧，稽敬、拓跋崇在阴山之北，击败并生擒郁久闾乞列归，同时俘虏可汗郁久闾吴提的伯父郁久闾他吾无鹿胡，以及将领五百人，杀一万余人。郁久闾吴提得到消息，撤退。北魏军追击，追到瀚海沙漠南边而回。

冬季，十月一日，拓跋焘东返，命乐平王拓跋丕，跟征西将军贺多罗，镇守凉州（州政府设姑臧〔甘肃省武威市〕）；把沮渠牧犍家族，以及北凉官员和居民三万户人家，强迫迁移到首都平城（山西省大同市）。

13 十月三日，北魏帝国张掖王秃发保周叛变，据守张掖（甘肃省张掖市），宣布独立（企图恢复故国〔南凉王国〕）。

14 十二月十六日，南宋帝国太子刘劭（本年十四岁），举行加冠礼，大赦。刘劭眉清目秀，喜爱读书，精于骑马射箭，喜爱结交宾客，只要他想做什么，皇帝老爹刘义隆，一定听从。特准东宫（太子宫）建立武装部队，组织羽林军等。

15 十二月二十三日，北魏帝拓跋焘，返抵首都平城（山西省大同市），因柔然汗国（瀚海沙漠群）的突击没有造成重大损失和伤亡，所以宜都王穆寿，得免一死。拓跋焘仍把北凉王国亡国之君沮渠牧犍，当妹婿看待，命他仍当征西大将军和河西王，跟过去一样。沮渠牧犍的娘亲逝世，用太妃的礼仪埋葬。并且给二任王（武宣王）沮渠蒙逊的陵墓，设立守墓专户三十家（三十家不再向政府缴纳及负担赋税差役，只负责陵墓的祭祀和修护）。

凉州（甘肃省中部西部）自从前凉王国以来，被称为人才济济（五胡乱华，中原沸腾，知识分子逃难到河西〔河西走廊〕的很多）。而北凉王国末任首领、河西王沮渠牧犍，尤其喜爱文学。任命敦煌郡（甘肃省敦煌市）人阚骃（阚，音kàn〔看〕；骃，音yīn〔音〕），当首都姑臧市长（姑臧太守）；张湛当国防部长（兵部尚书）；刘昞、索敞、阴兴，当国师助教；金城郡（甘肃省兰州市）人宋钦，当世子宫图书管理官（世子洗马）；赵柔当财务助理官（金部郎）；广平郡（河北省鸡泽县）人程骏、程骏的堂弟程弘，当世子宫教师（世子侍讲）。拓跋焘攻克凉州（北凉王国），对他们也都礼遇任用。命阚骃、刘昞，当乐平王拓跋丕的参谋指挥官（从事中郎）。安定郡（甘肃省镇原县东南屯字镇）人胡叟，自幼就有才华，前往姑臧（甘肃省武威市），投奔沮渠牧犍，沮渠牧犍对他并不重视。胡叟对程弘说："贵国主人，身在偏远简陋的国度，冒犯礼教，超越本分，竟然称王；以小国事奉大国，却没有诚心；外表上讲究仁义，内在缺少道德，灭亡就在眼前。良鸟选择树木安栖，我先到魏国（北魏帝国）等待！跟你不过暂时告辞，不是久别。”遂往北魏帝国。一年之后，北凉灭亡。拓跋焘认为胡叟有先见之明，命他当虎威将军，封始复男爵。河内郡（河南省沁阳市）人常爽，世代居住凉州（甘肃省中部西部），从来没有受到礼遇或被任命担任官职，拓跋焘委任他当宣威将军。北凉王国右宰相（右相）宋繇，随从拓跋焘到平城（山西省大同市），不久即行逝世。

拓跋焘任命索敞当立法院政务官（中书博士）。这时，北魏疆土正在扩张，崇尚武功，贵族子弟不把读书当一回事。索敞担任立法院政务官十余年，用心诱导，态度严肃，且行动有礼，贵族子弟们对他都很敬畏，向他学习，后来很多人都有成就，当官当到国务院执行官（尚书），和全权州长（牧）、郡长（守）的，有数十人。常爽在温泉（首都平城〔山西省大同市〕西南八十公里）之西，兴建学校，招收学生七百余人。订立赏罚规则，学生们事奉这位教师，犹如事奉严厉的君王。北魏帝国读书风气，从此推广振兴。立法院主任立法官（中书侍郎）高允，一直称赞常爽的教学，严厉而有方法，说：“文翁用柔和的方法取胜（《汉书·循吏传》：文翁，纪元前二世纪西汉王朝六任帝刘启在位末年时，当蜀郡〔四川省成都市〕郡长，当时，蜀郡尚是蛮荒，文翁遴选低级官员张叔等十余人，亲自教课，送他们到京师〔首都长安〕留学，又在成都〔蜀郡郡政府所在县〕建立学校，招收各县学生受业。自此之后，蜀郡人民知识水准之高，上比齐国、鲁国），常爽则用刚直的方法取胜。方法虽不一样，造就人才的功效，却是一样。”

陈留郡（河南省开封市东）人江强，寄住凉州（州政府设姑臧〔甘肃省武威市〕），向北魏政府呈献儒家学派经典、史书，以及其他学派书籍，共一千余卷，另外还有研究文学的书籍，遂被任命当立法院政务官（中书博士）。拓跋焘命宰相（司徒）崔浩，兼任皇家图书馆长（秘书监），负责整理历史资料。另任命立法院主任立法官（中书侍郎）高允、散骑顾问官（散骑侍郎）张伟，参与工作。崔浩奏称：“阴仲逵、段承根，都是凉州美好的人才，请准许聘请他们，一同编写帝国历史。”二人都被任命当国史编撰官（著作郎）。阴仲逵，是武威郡（郡政府姑臧）人；段承根，是段晖的儿子（段晖，是西秦王国的大臣，参考四一五年五月）。

崔浩收集各家历法，考订核对西汉王朝以来的日蚀、月蚀，以及金、木、水、火、土，五星运行的度数；对从前史籍的记载，十分不满。而另行撰写《魏历》，请高允过目。高允说：“纪元前二〇六年十月，五星在东井星座聚集，这是历法上的小小错误，我们讥笑西汉王朝的史官，却不知道这项错误，恐怕后人讥笑我们，跟我们讥笑古人一样。”崔浩说：“错误在什么地方？”高允说：“按照《星传》：‘金星、水星，常环绕太阳运转。’十月，太阳早晨在尾宿、箕宿二星座之间，黄昏则在申时南方消失。而东井星座，才从寅时北方升起（古天文学：“申”“寅”直线相对）！两星怎么能够背着太阳运行！只是史官为了显示它的神奇，而忘了于理难通。”崔浩说：“天际变异，也不是没有可能！”高允说：“这不是靠辩论就可以解决的问题，应该更深入观察。”在座的人对高允的主张，都感奇异，只有太子教师（东宫少傅）游雅说：“高允先生对历法，推算至为精密，应该不是胡说八道。”过了一年多，崔浩对高允说：“上一次所谈论的，没有经过大脑，后来仔细推断，证明你说得正确。五星三个月前在东井星座集结，果然不在十月。”（以上天文，完全不懂。）大家才赞叹佩服。高允虽然深明天文历法，但从来不为人推断吉凶，也不向人谈论，所以只有游雅知道他的功力。游雅很多次向他请教灾难变化，高允说：“阴阳灾变，很难了解。一旦了解，又怕泄漏天机，不如根本不了解。天下奥秘太多，何必问这一项！”游雅才不再问。拓跋焘问高允说：“治理国家，什么是第一优先？”当时，北魏查封很多肥沃的农田，高允说："我自幼贫贱，只知道农家琐事，帝国如果推广农耕，储蓄粮食，使政府与人民都有储备，以后就不必再忧虑饥馑。"拓跋焘下诏解除禁令，把良田全部交付人民耕种。

16 吐谷浑汗国（青海省）可汗（十一任）慕容慕利延，听到北魏帝国击灭北凉王国消息，大为恐惧，率领部众，越过沙漠（应是新疆塔克拉玛干沙漠），向西逃走。北魏帝拓跋焘，因他老哥慕容慕璝（十任可汗）有生擒并呈献赫连定的功劳（参考四三一年六月），派使节追踪而往，加以安慰。慕容慕利延才回故土。

17 "氐王"（首府仇池〔甘肃省西和县南〕）杨难当，率军数万人，攻击北魏帝国的上邽（上封，甘肃省天水市）；秦州（甘肃省南部）人民，很多响应。东平郡（山东省东平县）人吕罗汉，警告上封镇防守司令（镇将）拓跋意头说："杨难当人多势众，我们如果不出来应战，正好显示我们力量弱小，民心一旦瓦解，就无法守城。"拓跋意头派吕罗汉率精锐骑兵一千余人，出城冲锋，直入氐军，所向如同摧枯拉朽，杀杨难当左右骑兵卫士八人，杨难当大为震惊。

正巧，北魏帝拓跋焘下诏斥责杨难当，杨难当遂退回仇池（甘肃省西和县南）。

18 南宋帝国南丰太妃（晋帝国海盐公主）司马茂英逝世（年四十七岁），司马茂英是故营阳王（二任少帝）刘义符的皇后（刘义符被迫退位事，参考四二四年五月）。

19 南宋帝国已投降政府的变民首领赵广、张寻等，再度叛变，被杀（赵广、张寻投降事，参考前年〔四三七〕四月）。

南北朝

- 北魏杀刘絜，屠三族。
- 北魏盖吴起兵。
- 北魏屠杀佛教徒（佛教三武之祸一）。
- 北魏屠酒泉、潞城。

- 萨克逊人、盎格鲁人、朱特人，先后侵入不列颠定居，成为现代英国人的祖先。

四四〇年 庚辰

南宋　元嘉　十七年
北魏　太延　六年
　　　太平真君　元年
（大秦王杨难当建义五年）

1 春季，正月二十日，逃亡到敦煌（甘肃省敦煌市）、故北凉王国任命的沙州州长（刺史）沮渠无讳，反攻已被北魏帝国夺取的酒泉（甘肃省酒泉市）。北魏弋阳公元絜，颇瞧不起亡国残余，出城跟沮渠无讳对话。

正月二十三日，沮渠无讳生擒元絜，包围酒泉。

2 二月，北魏帝国（首都平城〔山西省大同市〕）中级散骑侍从官

（通直常侍）邢颖，前往南宋帝国（首都建康〔江苏省南京市〕）报聘。

3 三月，沮渠无讳攻克酒泉（甘肃省酒泉市）。

4 夏季，四月一日，日蚀。

5 四月二十三日，沮渠无讳攻击北魏帝国占领下的张掖（甘肃省张掖市）。背叛北魏的秃发保周（参考去年〔四三九〕十月），驻屯删丹（甘肃省山丹县）。

四月二十九日，北魏帝（三任太武帝）拓跋焘（本年三十三岁），派抚军大将军、永昌王拓跋健，率各军讨伐。

6 南宋帝国（首都建康〔江苏省南京市〕）宰相（司徒）刘义康，总揽中央大权。而南宋帝（三任文帝）刘义隆（本年三十四岁），多少年来，一直患病，稍微有点劳累，病就发作，好几次面临死亡。刘义康尽心侍候，药物非经亲口尝过，绝不使老哥服用，有时一连几晚，都不睡觉。无论宫内宫外，都独专断专行。性情喜爱行政工作，阅读公文，审查方案，都十分精细。刘义隆因此把很多事情，交付给他。刘义康所有奏章，只要送进皇宫，立刻就被批准。州长以下官员，全授权给刘义康直接任命。关于赦免或诛杀大事，刘义康就以“主管政府机要”（录尚书事）身份裁决。威势倾动远近，四面八方的朝野人士，对他奉承逢迎，无微不至。每天早上，宰相府门外，经常停车数百辆。刘义康亲自接待来访的宾客，从来不觉怠倦，而且记忆力很强，耳朵听过的或眼睛看过的，一辈子都不忘记。他最爱在大庭广众之中，展示他的记忆，炫耀自己的聪明。有能力才干的知识分子，很多人受到重视和被委派官职。曾经对中央禁军总监（领军将军）刘湛说：“王敬弘、王球之流，有什么能力，坐在那里享福，教人怎么想也想不通！”（王敬弘和王球，都是“穷嚼蛆”清谈人物，以不工作为荣，却名闻全国，身居高位。）然而，刘义康读书太少，不识大体，政府中有才能的官员，都延聘到宰相府，而宰相府没有能力或冒犯他的官员，都贬逐到政府其他机构任职。他认为，兄弟是骨肉至亲，对皇帝老哥刘义隆，不太拘束于君臣之间那种礼仪形式，做事坦诚率性，从没有想到有些行为触犯禁忌。私自设立卫士六千余人，未曾报告政府。各地进贡物品，都把上等的呈献刘义康，而把次等的呈献刘义隆。冬季的一天，刘义隆吃广柑，叹息它外表难看，味道也很差，刘义康说：“今年广柑，也有好的。”命人到东府（宰相府，建康城南）去取，比皇帝吃的，直径要大三寸。

中央禁军总监（领军将军）刘湛，跟国务院执行长（仆射）殷景仁，结怨已深（参考四三五年三月）。刘湛打算利用刘义康的力量，倾覆殷景仁。刘义康权势已经够大，刘湛再灌他更多迷汤，刘义康就越发膨胀，对皇帝老哥刘义隆，已不能维持作为臣属的最低礼节，刘义隆心里愤愤不平。刘湛刚从荆州（州政府设江陵〔湖北省江陵县〕）调到中央时（参考四三一年闰六月），刘义隆待他十分优厚。刘湛对于如何治理国家，谈论起来，头头是道；更熟悉前代的法令规章，叙述分析，能使听的人忘记疲劳。刘湛每次进云龙门（宫城〔台城〕东门），车夫就解开车马，左右侍从人员和仪仗队，也都四散走开；因为他们知道主人晋见皇帝对话，不到黄昏，不会出来；这种情形，习以为常。但是，到了后来，刘湛煽动刘义康为非作歹，刘义隆心里虽然已经疏离，可是表面上的礼遇，仍一如往昔，曾经对亲近的人说：“刘班刚从西方回京师（首都建康）时，跟他谈话，常看时间早晚，唯恐怕他走。最近，我也常看时间早晚，唯恐怕他不走。”(刘湛，乳名班虎。)

殷景仁秘密警告刘义隆：“相王(宰相兼亲王刘义康)的权力太大，不是国家之福，最好是稍稍压制。”刘义隆心中同意。

宰相府左秘书长(司徒左长史)刘斌，是刘湛的同宗；最高统帅府参谋指挥官(大将军从事中郎)王履，是王谧的孙儿(王谧，对刘裕有知遇之恩；参考四〇四年三月)；以及主任秘书(主簿)刘敬文，办公所主任(祭酒)、鲁郡(山东省曲阜市)人孔胤秀；都因阴险和谄媚，深受刘义康的宠信。看到皇帝刘义隆体弱多病，一致认为：“皇上一旦逝世，应该拥护年纪稍长的人当君王。”刘义隆曾经一度病危，命刘义康当托孤大臣，命他立即返回政府。刘义康眼泪不止，告诉刘湛、殷景仁。刘湛说：“天下事，万分艰难，岂是幼主管得了的！”刘义康、殷景仁并不回答。但孔胤秀等，已到国务院(尚书)内政部集会礼仪司(议曹)，索取三四二年晋帝国九任帝(成帝)司马衍逝世、改立老弟十任帝(康帝)司马岳时的法令规章。但这些行为，刘义康却一点也不知道。刘义隆病愈后，略微听到一点消息。刘斌等的阴谋是，准备使帝王宝座，最后归于刘义康；遂结党组派，严密注视宫廷动静，有人不肯跟自己同心的，一定千方百计，加以陷害。又搜集殷景仁的资料，甚至捏造情报，告诉刘湛。从此，皇帝和宰相，感情决裂。

刘义康打算用刘斌当首都建康(江苏省南京市)市长(丹阳尹)，先向刘义隆报告刘斌家境贫穷，还没有说完，刘义隆说：“派他当吴郡(江苏省苏州市)郡长。”后来，会稽郡(浙江省绍兴市)郡长羊玄保请求调回京师(首都建康)，刘义康又想教刘斌接替，报告刘义隆说：“羊玄保走后，不知道用谁？”刘义隆本来没有决定人选，仓猝之间，回答说：“我已用王鸿！”自去年(四三九)秋季起，刘义隆不再去东府(宰相府，建康城南)。

五月六日，刘湛的娘亲逝世，刘湛离职，回家守丧。他也知道自己的恶行已经显露，不可能保全性命，对亲近的人说："今年一定失败！过去只是靠口舌言谈，支吾拖延而已，现在事情已发展到尽头，再没有别的希望。灾难就要到来，不会等得太久。"（刘湛的唯一希望是刘义隆死，刘义康坐上宝座。刘义隆既然康复，以刘湛的聪明，他会想到不义的回报。）

7 五月十八日，故北凉王国沙州（州政府敦煌）州长（刺史）沮渠无讳，再度包围张掖（甘肃省张掖市），不能攻克，退守临松（张掖市南）。

北魏帝拓跋焘，不再出军讨伐，只颁发诏书，命沮渠无讳投降。

8 六月二十一日，北魏帝国皇孙拓跋濬诞生，大赦，改年号太平真君（之前是太延六年，之后是太平真君元年）。因道士寇谦之呈献的神秘预言书（《图箓真经》）上，有句"辅佐北方太平真君"，所以使用（寇谦之事，参考四二三年十二月）。

9 南宋帝国太子刘劭（本年十七岁）前往京口（江苏省镇江市），祭拜京陵（即兴宁陵，一任帝刘裕的老爹、娘亲、继母，都葬在那里，今镇江市东丹徒区东南）；宰相（司徒）刘义康、竟陵王刘诞等，全都随从。南兖州（州政府设广陵〔江苏省扬州市〕）州长（刺史）、江夏王刘义恭，从江都（江苏省扬州市南）前来会合。

10 秋季，七月三日，北魏帝国永昌王拓跋健，攻陷秃发保周据守的番禾（甘肃省永昌县）；秃发保周逃走，北魏派安南将军尉眷追击。

11 七月十日，北魏帝国皇太后窦女士（拓跋焘的乳娘）逝世。

12 七月二十六日，南宋帝国皇后袁齐妫（太子刘劭的娘亲）逝世（年三十六岁）。

13 七月二十七日，秃发保周（时驻山丹）走投无路，自杀（秃发保周背叛北魏，参考去年〔四三九〕十月）。

八月二十九日，沮渠无讳派他的首都酒泉警备区司令（中尉）梁伟，晋见北魏帝国永昌王拓跋健，请求投降，归还酒泉郡（甘肃省酒泉市）以及所俘虏的北魏将领元絜等。

北魏帝拓跋焘，命尉眷镇守凉州（州政府设姑臧〔甘肃省武威市〕）。

14 九月二十七日，南宋帝国把皇后（元皇后）袁齐妫安葬。

15 南宋帝国政府发动第二次流血大整肃（第一次流血大整肃，诛杀徐羡之、谢晦事；参考四二六年正月）。

南宋帝刘义隆认为宰相（司徒）、彭城王刘义康，对自己的恨意，已非常明显，势将闯出大祸。

冬季，十月三日（原文“戊申”，据《宋书·文帝纪》改），命刘义康进宫，立即软禁在立法院（中书省）；又命青州（州政府设东阳〔山东省青州市〕）州长（刺史）杜骥，率军在金銮宝殿戒严备战，防范非常事变。当天晚上，分别逮捕刘湛等，交付最高法院（廷尉），立即发表诏书，宣布刘湛的罪状，就在监狱中处死（年四十九岁），并诛杀刘湛的三个儿子：刘黯、刘亮、刘俨；以及党羽刘斌、刘敬文、孔胤秀等八人；把国务院法务部军需司司长（尚书库部郎）何默子等五人，贬逐到广州（州政府设番禺〔广东省广州市〕)。大赦。派人向刘义康说明刘湛等罪状，刘义康上疏请求辞职。刘义隆下诏任命刘义康当江州（江西省及福建省）州长（刺史）；仍保持高级咨询官（侍中）、最高统帅（大将军）旧有官衔，出京（首都建康）镇守豫章（江西省南昌市。江州州政府自寻阳〔江西省九江市〕南迁至此）。

最初，国务院执行长（尚书仆射）殷景仁，患病卧床，长达五年之久（参考四三五年四月），虽然没有晋见过刘义隆，可是秘密函件，每天来往，都有十数次之多，中央政府大事小事，刘义隆都征求殷景仁的意见，行踪十分秘密，没有一个人发觉异样。逮捕刘湛那天，殷景仁命家人把冠帽衣裳，准备妥当，左右人员都不晓得什么意思。当天夜晚，刘义隆前往华林园延贤堂，召见殷景仁。殷景仁仍声称患有脚病，用小椅子抬着进宫入座。刘义隆把所有逮捕诛杀等处分，交给殷景仁全权处理。

最初，最高监察长（司空）檀道济，推荐吴兴郡（浙江省湖州市）人沈庆之：忠心谨慎，而又有军事才能，南宋帝刘义隆命他率军守卫皇城东掖门。中央禁军总监（领军将军）刘湛，曾对他说："你逗留这个职位上，已经很久，最近当考虑这个问题。"沈庆之脸色严肃，回答说："我在宫廷服务十年，依照规定，自应该调职，不敢再麻烦你。"逮捕刘湛当晚，刘义隆先开宫门召见沈庆之，沈庆之全副武装，紧绑裤管而入（全副武装时，一定"紧缚裤管"〔缚袴〕，才有利于搏击）。刘义隆说："你怎么想到这般装束？"沈庆之说："三更半夜，召见禁卫军司令（队主），定有急事，不可以宽衣大袖。"刘义隆命他逮捕刘斌，斩首。

骁骑将军徐湛之，是徐逵之的儿子（徐逵之是刘裕女婿，战死，参考四一五年二月），跟刘义康感情十分亲厚，刘义隆心中暗暗气愤。大整肃开始后，徐湛之也跟着被捕，罪当斩首。他娘亲会稽公主刘兴弟，在兄弟姐妹群中，是嫡母（刘裕原配臧爱亲）所生，年龄又最大，一向受刘义隆尊敬礼遇，家中人事小事，都先征求她的意见，然后实行。老爹一任帝（武帝）刘裕贫贱时，曾经到新洲（江苏省南京市北长江中小岛）砍割荻草，所穿补丁过的布衫、棉袄，都是臧爱亲亲手缝制。后来，享受富贵荣华，臧爱亲把它交给女儿刘兴弟说："后世子孙，万一有人骄傲奢侈，就把这些衣服拿给他们看。"现在，事情紧急，刘兴弟进宫，看到皇帝老弟刘义隆，放声大哭，也不跪下叩拜行臣属姬妾的礼仪，而把用绸缎口袋包装的破烂布衫、棉袄，扔到他面前，哭号说："你们家本来贫贱，这是我娘给你爹做的衣裳，才吃了一天饱饭，就要杀我的儿子！"刘义隆乃赦免徐湛之不死。

国务院文官部长（吏部尚书）王球，是王履的叔父，生活简单，性情恬淡，享有美好的名声，深受刘义隆的尊敬。王履却追求名利，千方百计结交刘义康、刘湛。王球常常劝告他，他不肯听。大整肃那天晚上，王履从家中逃出，赤着双脚，投奔王球。王球命左右仆人先拿鞋子给王履穿，端上温酒压惊，对他说："我平常向你说的话怎么样？"王履恐怖畏惧，不能回答。王球慢慢说："有阿叔在，你不要担忧！"刘义隆因为宠爱王球的缘故，也特别赦免王履不死，仅止剥夺政治权利，不能再出来做官。

刘义康正当权时，人们争着跟他接近。只宰相府主任秘书（司徒主簿）江湛，很早就主动的跟刘义康疏远，请求出任武陵郡（湖南省常德市）郡长（内史）。最高监察长（司空）檀道济，曾经替儿子向江湛求亲，江湛坚决推辞。檀道济更请刘义康出面，江湛拒绝的态度，更为坚定。所以刘义康、檀道济的大祸，江湛没有受到牵连。刘义隆得到消息，对他嘉勉。江湛，是江夷的儿子（江夷事，参考四二九年四月)。

彭城王刘义康，软禁在立法院（中书省）十余日。最后，晋见老哥皇帝刘义隆辞行后，就直接前往码头。刘义隆看到他时，悲伤痛哭，没有说一句话。刘义隆派佛教和尚慧琳，去探望刘义康，刘义康问说:“弟子（佛教信徒自称）有没有再回京师（首都建康）的希望？”慧琳说:“深恨你不读数百卷书！”

最初，吴兴郡（浙江省湖州市）郡长谢述，是谢述的老弟（谢述，参考四三一年闰六月)，一直辅佐刘义康，时常进言规劝，但很早逝世。刘义康将离开京师（首都建康）南下，前往豫章郡（江西省南昌市）到任，叹息说:“从前，谢述一味劝我退让，而刘湛一味劝我争取。刘湛活着，谢述却死，我的失败，岂不应该！”刘义隆说:“谢述如果仍在人世，义康一定不会到这个地步。”

刘义隆任命征虏将军府军政官（征虏司马）萧斌，当刘义康的首席军事参议官（咨议参军)，兼豫章郡（江西省南昌市）郡长，所有事情，不管大小，都由萧斌全权处理。萧斌，是萧摹之的儿子（萧摹之，参考四三五年十一月)。又命龙骧将军萧承之，率军驻防戒备。刘义康左右旧有僚属，有愿追随的，都准一块前往豫章。刘义隆送给老弟的东西，十分丰富，而且信件不断，政府中大事，都告诉刘义康。

过了一段时间，刘义隆到姐姐会稽公主刘兴弟家宴会，十分愉快，刘兴弟离开座席，向刘义隆下拜叩头，无限悲伤。刘义隆不了解什么意思，亲自扶她起来，刘兴弟说:“车子（刘义康乳名）晚年时，陛下一定不能容他，特地求你饶他一命。”因而哀痛悲哭，刘义隆也不禁流泪，遥指蒋山说:“不要担心，我如果违背今天的誓言，就等于辜负初宁陵（一任帝刘裕墓园称初宁陵，位于蒋山东南)！”遂把正在饮用的酒封起来，送给远在千里外的刘义康，附一封信说:

“我跟会稽姐（刘兴弟）一块饮宴，想起吾弟，把剩下的酒送上！”所以，刘兴弟在世之日，刘义康生命安全。

司马光曰

刘义隆对于刘义康，手足友爱之情，开始时并不是不重。而兄弟终于决裂失和，使君臣大义都受到亏损，追寻造成祸乱的原因，只不过由于刘湛一个人利欲熏心，贪得无厌而已。《诗经》说：“贪婪的人 / 残害自己人。”（贪人败类。）岂不正是指此。

刘湛是官场中一个典型人物：典型的忘恩负义、典型的摇尾拍马、典型的嗜血鲨鱼。形式上，他对彭城王刘义康忠心耿耿，甚至主动的设计把刘义康推上宝座，实际上，那是一种狼性的忠，他不过把刘义康当作一根烧火棍，东挥西舞，南打北砸，替自己报仇雪恨，铲除前途路上的潜在敌人而已。天下本无事，是自以为聪明的蠢材，搞出大灾难来的。

刘湛之类的人越多，社会越乱。一个当领袖的人，在干部群中分辨谁是刘湛，应是第一要务。如果看不清、认不明，他就要付出刘义康所付的代价，失败，甚至死亡。

16 南宋帝国征召南兖州（州政府设广陵〔江苏省扬州市〕）州长（刺史）、江夏王刘义恭，当宰相（司徒），主管政府机要（录尚书事）。

十月二十三日，任命临川王刘义庆，当南兖州州长（刺史）。殷景仁当京畿总卫戍司令（扬州刺史），原有的国务院执行长（仆射）、文官部长（吏部尚书）等官职，仍然保持。

刘义恭接受老哥刘义康失败的教训，所以，虽然担任“主管政府机要”（录尚书事），并不敢过问政事，只是在文书上签字而已，刘义隆这才对他放心。

刘义隆每年拨付给宰相府的钱，有二千万，其他物品跟此差不多。但刘义恭性情奢侈，仍不够用；刘义隆另外再给他的钱，每年也有一千万。

17 十一月三日，北魏帝拓跋焘，再去山北（山西省大同市西武周山之北）。

18 南宋帝国京畿总卫戍司令（扬州刺史）殷景仁，到职之后，病势更转沉重。南宋帝刘义隆下令，禁止西州（首都建康以西）路上车马通行，以免发出声音（京畿总卫戍司令部〔扬州刺史府〕设建康宫城西，故称西州）。

十一月二十九日，殷景仁逝世（年五十一岁）。

十二月九日，皇帝刘义隆任命最高资政官（光禄大夫）王球，当国务院执行长（仆射）。

十二月十四日，任命始兴王刘濬，当京畿总卫戍司令（扬州刺史）。只因刘濬年纪还小（本年十二岁），司令部的事，全权交给后军将军府秘书长（后军长史）范晔（音yè〔业〕）、主任秘书（主簿）沈璞。范晔，是范泰的儿子（范泰，参考四二四年正月）。沈璞，是沈林子的儿子（沈林子，参考四一〇年五月）。范晔不久就升任首都东区卫戍司令（左卫将军）；而国务院文官部考选司司长（吏部郎）沈演之，也升任首都西区卫戍司令（右卫将军），共同掌握京师（首都建康）皇家禁卫军。又任命庾炳之当国务院文官部考选司司长（吏部郎），同时参与中央机密决策。沈演之，是沈劲的曾孙（沈劲战死洛阳，参考三六五年三月）。

范晔才华非凡，但行为不太检点，常常冒犯当时的“名教”——儒家学派重视的名份身价和人伦规范，受到知识分子的鄙视；范晔热衷名利，急于上进，自认为才华不能发挥，经常闷闷不乐，遂更掌不到大权。国务院文官部长（吏部尚书）何尚之，报告刘义隆说：“范晔的志向兴趣，不同常人，最好是派他出去当广州（州政府设番禺〔广东省广州市〕）州长（刺史）。如果留在中央，闯出大祸，就不能不诛杀。不断诛杀，不是帝国的美事。”刘义隆说：“刚刚杀了刘湛，如果再把范晔赶出京师（首都建康），别人将认为你们不能包容人才，也将认为我听信挑拨离间。只要大家都知道范晔的毛病，他就制造不出灾害。”

19 本年（四四〇），北魏帝国宁南将军王慧龙逝世（年五十岁）。吕玄伯留守他的墓园，终身不肯离去（吕玄伯当刺客事，参考四三一年二月）。

20 北魏帝拓跋焘，打算任命伊馛（音bá〔拔〕），当国务院执行官（尚书），封郡级公爵（酬庸他对征服北凉王国所作贡献，参考去年〔四三九〕三月）。伊馛辞让说：“国务院执行官（尚书）工作繁重，公爵位置崇高，不是像我这样年轻愚鲁的臣属，所应得到。”拓跋焘问他想干什么？伊馛说：“立法院（中书省）、皇家图书馆（秘书省）中，官员多是高级知识分子，如果仍蒙赏赐的话，请准我参加他们行列。”拓跋焘十分称赞，任命他当中央军事总监（中护军将军）、皇家图书馆长（秘书监）。

21 自称为大秦王的“氐王”（首府仇池〔甘肃省西和县南〕）杨难当，恢复称武都王（称大秦王事，参考四三六年三月）。

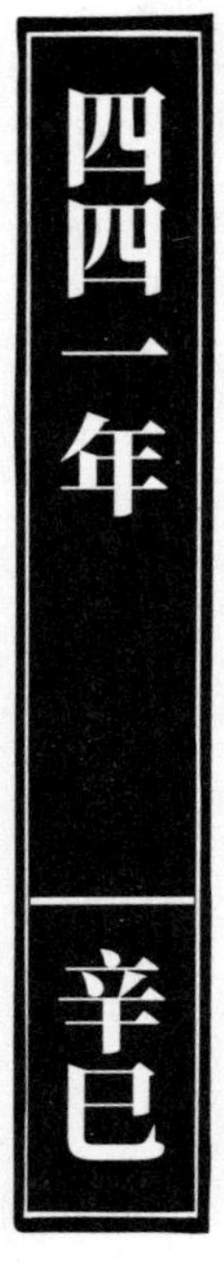

南宋　元嘉　十八年
北魏　太平真君　二年

1 春季，正月二十日，北魏帝国（首都平城〔山西省大同市〕）任命沮渠无讳（时驻酒泉〔甘肃省酒泉市〕）当征西大将军、凉州全权州长（牧），封酒泉王。

2 南宋帝国（首都建康〔江苏省南京市〕）彭城王刘义康，抵达豫章（江西省南昌市），辞让江州（州政府豫章）州长（刺史）。

正月二十一日，南宋帝（三任文帝）刘义隆（本年三十五岁），任命刘义康当江交广军区司令长官（都督江交广三州诸军事）。

前龙骧将军府军事参议官（龙骧参军）、巴东郡（重庆市奉节县东）人扶令育（扶，姓），到皇宫门前，呈递奏章，说：“从前，袁盎警告刘恒（西汉王朝五任文帝）说：‘刘长如果在路上遇到风霜而死，陛下就会背上杀弟的恶名。’刘恒不能接受，后悔已来不及（参考前一七四年）。彭城王刘义康，是先帝（一任帝刘裕）最亲爱的儿子、陛下的二弟，如果因迷失而犯错误，就应该乘这个机会，使他分辨善恶，引他走上正义之路。为什么相信可疑的罪行，一旦罢黜，遂贬谪到南方边疆！荒野小民，都为陛下痛心。庐陵王（刘义真）被迁被杀往事（参考四二四年正月），足以产生警惕。深怕刘义康天年已穷，性命已尽，死在南方。我虽然身份低微卑贱，但暗中为陛下感到羞耻。陛下只知道坏枝叶应该砍掉，岂知道砍掉枝叶，会伤到树干！盼望陛下把刘义康召回京师（首都建康），兄弟友爱，君臣和睦，则四海的怨恨可以解除，诽谤的言辞可以绝迹，并不一定要用他当宰相（司徒）、当京畿总卫戍司令（扬州牧），才算安置他。假使认为我说的话对帝国有害，我愿接受重刑，向陛下赎罪。”奏章呈上，刘义隆下令逮捕扶令育，交付建康监狱，逼他自杀。

在上位的人做善事，好像乌云四集，降下霖雨，宇宙万物，都受到恩惠。在上位的人做恶事，好像天庭崩裂，大地震动，宇宙万物，都惊慌恐惧。这种现象，谁不知道？谁看不见？岂是杀一个人的身体，箝一个人的口舌，就能逃避，就能消灭？这都是无法忍耐自己的忿恨怒火，而使罪恶更重。以刘义隆的度量宽厚，还用流血掩饰他诛杀刘义康的行为，从此之后，谁还敢再说一句话？南宋帝国开国以来，很少听到正直的声音，岂是骨鲠之士，不如古人？还是当时的政治、刑法，造成那个局面？张约之死于当权官员之手（参考四二四年正月），扶令育被圣明的君王处决。南宋帝国杀人法网，噢，可畏。

3 北魏帝国（首都平城〔山西省大同市〕）新兴王拓跋俊（二任明元帝拓跋嗣子），荒淫犯法。

三月二十八日，降为公爵。拓跋俊的娘亲早就因触怒北魏帝（三任太武帝）拓跋焘，被杀。拓跋俊累积怨恨，阴谋叛变，事情被发觉。拓跋焘（本年三十四岁）下令拓跋俊自杀。

4 三月二十九日，北魏帝国封郁久闾乞列归当朔方王，封沮渠万年当张掖王（郁久闾乞列归于前年〔四三九〕九月被俘；沮渠万年同于去年〔四四〇〕九月归降，使姑臧〔甘肃省武威市〕陷落，北凉王国亡）。

5 夏季，四月，敦煌郡（甘肃省敦煌市）郡长沮渠唐儿（参考前年〔四三九〕九月），叛离被北魏帝国封为酒泉王的沮渠无讳。沮渠无讳命堂弟沮渠天周，留守酒泉（甘肃省酒泉市），自己跟老弟沮渠宜得，率军攻击沮渠唐儿，沮渠唐儿兵败身死。

北魏政府认为沮渠无讳终究是边疆祸患。

四月二十八日，派镇南将军奚眷，包围酒泉。

6 秋季，八月一日，北魏帝国派散骑顾问官（散骑侍郎）张伟，到南宋帝国报聘。

7 九月十九日，北魏帝国永昌王拓跋健（二任明元帝拓跋嗣子）逝世。

8 冬季，十一月十日，南宋帝国国务院执行长（仆射）王球逝世（年四十九岁）。

十一月二十一日，任命首都建康市长（丹阳尹）孟顗当国务院执行长（尚书仆射）。

9 酒泉（甘肃省酒泉市）城中粮食吃完，人民一万余口饿死，守将沮渠天周，杀掉妻子，分割妻子的尸体，分送战士吞食。

十一月二十二日，北魏围城军总司令、镇南将军奚眷，攻陷酒泉，生擒沮渠天周，送到平城（山西省大同市），斩首。沮渠无讳（时在敦煌）缺乏粮食，而且畏惧北魏军力，准备西渡流沙，前往西域（新疆及中亚东部）；先派他的老弟沮渠安周，向西攻击鄯善王国（首都扜泥〔新疆若羌县〕），鄯善国王打算投降，正巧北魏使节来到，劝他抵抗固守，沮渠安周不能攻克，退保东城（鄯善王国的东城，若羌县东）。

10 "氐王"（首府仇池〔甘肃省西和县南〕）杨难当，动员所有可能动员的兵力，倾国而出，向南宋帝国（首都建康）发动攻击，打算占领蜀土（四川省中部）。派他的建忠将军苻冲，从东洛（四川省青川县东北）出兵，抵御南宋帝国梁州（州政府设南郑〔陕西省汉中市〕）部队。南宋帝国梁、秦二州州长（刺史）刘真道迎击，斩苻冲。刘真道，是刘怀敬的儿子（刘怀敬的娘亲喂刘裕吃奶，参考三九九年十二月）。杨难当攻陷葭萌（四川省广元市西南），生擒晋寿郡（郡政府葭萌）郡长申坦，遂进围涪城（四川省绵阳市）。巴西、梓潼二郡（郡政府皆设涪城）郡长刘道锡，登城固守，杨难当攻城十余日，不能攻克，只好撤退。刘道锡，是刘道产的老弟（刘道产时任雍州〔州政府襄阳〕州长〔刺史〕）。

十二月十五日，南宋帝刘义隆下诏，命龙骧将军裴方明等，率武装部队三千人，又命动员荆州（州政府设江陵〔湖北省江陵县〕）、雍州（州政府设襄阳〔湖北省襄阳市〕）二州兵力，讨伐杨难当，都受刘真道指挥。

11 南宋帝国晋宁郡（云南省昆明市晋宁区）郡长爨松子叛变。宁州（州政府设味县〔云南省曲靖市〕）州长（刺史）徐循，讨伐平定。

天门郡（湖南省石门县）蛮夷酋长田向求叛变，攻陷溇中（湖南省慈利县西）。荆州（州政府设江陵〔湖北省江陵县〕）州长（刺史）、衡阳王刘义季，派副军事参议官（行参军）曹孙念，讨伐平定。

爨松子和田向求，是含冤难申逼反，或是野心勃勃造反，或是作恶多端，收不了摊子，铤而走险？传统史书，对此没有说明，而只称之为“反”为“叛”。我们读者，应该三思。

12 北魏帝国道士寇谦之，告诉北魏帝拓跋焘说：“陛下是以‘真君’（道教中的天神）之体，统治世界，建立‘净轮天宫’（道教术语）大法；自从开天辟地，从来没有过这种盛况。应该登台接受‘符箓’（天书），用以表扬圣明的恩德。”拓跋焘同意。

四四二年 壬午

南宋 元嘉 十九年
北魏 太平真君 三年

1 春季，正月七日，北魏帝国（首都平城〔山西省大同市〕）皇帝（三任太武帝）拓跋焘（本年三十五岁），乘坐法驾（皇家仪仗，参考前一八〇年闰九月），登上道教神坛，接受“符箓”（天书）；全国旌旗，都用青色。自此之后，北魏帝国新皇帝登极时，一律接受“符箓”（天书），成为传统（“符箓”，也称“法箓”。和基督徒一定受洗一样，道士一定受“箓”。最初受《五千文箓》，再受《三洞箓》，再受《洞玄策》，最后受《上清箓》。“箓”音lù〔路〕，是文言文中一个死字，现代语言称“符”，道教用的魔纸称“符”，如“催命符”之类，“符”用白纸，上面文字龙飞凤舞，不易认识，更无法了解）。寇谦之又奏请兴筑静轮宫，宫要建得极高，高到听不见人间鸡鸣狗叫，用以接近上界天神；宰相（司徒）崔浩也劝拓跋焘兴建。于是，无论人工和金钱，都以万为单位计算，大量投入，经年累月，不能完成。

太子拓跋晃劝阻说："上天和人世，不同一条道路；卑贱跟高贵，命中注定的有重大分别。二者不可能结合在一起，是理所当然。而今，浪费国库，使人民疲惫穷困，做出这种没有益处的事，有什么用？如果非用寇谦之的方法，不能达到目的，就请利用东山（城东之山）的万丈高度，工程比较容易。"拓跋焘不接受。

2 夏季，四月，据守敦煌（甘肃省敦煌市）的沮渠无讳，放弃城池，率一万余家，前往西域（新疆及中亚东部），跟沮渠安周会师（参考去年〔四四一〕十月）。还没有抵达，鄯善国王比龙，大为恐惧，放弃首都扜泥（新疆若羌县），率领所有国民，投奔且末（新疆且末县）。世子向沮渠安周投降。沮渠无讳遂占领鄯善王国，手下士卒穿过流沙时，渴死一半。

逃亡到伊吾（新疆哈密市）的李宝（参考四二三年四月），从伊吾率部众二千人，东下占领敦煌，修建城墙官府，安抚集结西凉王国的遗民。

北凉王国灭亡时（参考四三九年九月），凉州（甘肃省中部西部）人阚爽（阚，音kàn〔看〕）据守高昌郡（新疆吐鲁番市东），自称郡长。

仍留在伊吾、被柔然汗国（瀚海沙漠群）封为伊吾王的唐契（跟李宝一同投奔伊吾），受柔然汗国压迫，不能立足，率领部众西行，打算夺取高昌。柔然汗国派将领阿若追击；唐契战败，被杀。唐契的老弟唐和，集结残余部众，投奔车师王国（首都交河城〔新疆吐鲁番市〕）国王伊洛。这时，唐和攻陷沮渠安周驻防的横截城，又攻陷高宁、白力二城（高昌王国共有四十六城：交河、田地、高宁、白力等；横截是其中之一）。派使节前往北魏帝国（首都平城），请求归降。

3 四月二十八日，南宋帝国（首都建康〔江苏省南京市〕）皇帝（三任文帝）刘义隆（本年三十六岁），久病痊愈，大赦。

4 五月，南宋帝国向“氐王”（首府仇池〔甘肃省西和县南〕）进击的派遣军司令、龙骧将军裴方明等，率军抵达汉中（陕西省汉中市），跟梁州（州政府设南郑〔陕西省汉中市〕）州长（刺史）刘真道等，分别攻击武兴（陕西省略阳县）、下辨（甘肃省成县）、白水（四川省青川县东沙州镇），全部攻克。“氐王”杨难当派建节将军苻弘祖，把守兰皋（甘肃省康县），派儿子抚军大将军杨和，率主力作为后继。裴方明跟苻弘祖在浊水（甘肃省成县西）会战，大破氐军，斩苻弘祖。杨和撤退，裴方明追击，追到赤亭（甘肃省陇西县东），再大破氐军。杨难当投奔上邽（上封，甘肃省天水市，时属北魏），裴方明生擒杨难当的侄儿、建节将军杨保炽。之前，杨难当派儿子杨虎，当益州州长（刺史），镇守阴平（甘肃省文县）。得到老爹杨难当逃走消息，率军后退，退到下辨（甘肃省成县），裴方明派儿子裴肃之拦腰攻击，生擒杨虎，送到航空距离一千二百公里外的建康（南宋首都，江苏省南京市），斩首，对仇池（甘肃省西和县南）完全征服（无论是国家或是个人，横挑强邻，都等于给自己制造灾难，只有忘了自己是谁的人物，才贸然以赴）。

南宋政府任命辅国将军府军政官（辅国司马）胡崇之，当北秦州州长（刺史），镇守仇池（甘肃省西和县南）。再命杨保炽继承杨玄王位，驻防仇池（杨难当罢黜杨保宗，参考四二九年七月）。北魏帝国派中山王拓跋

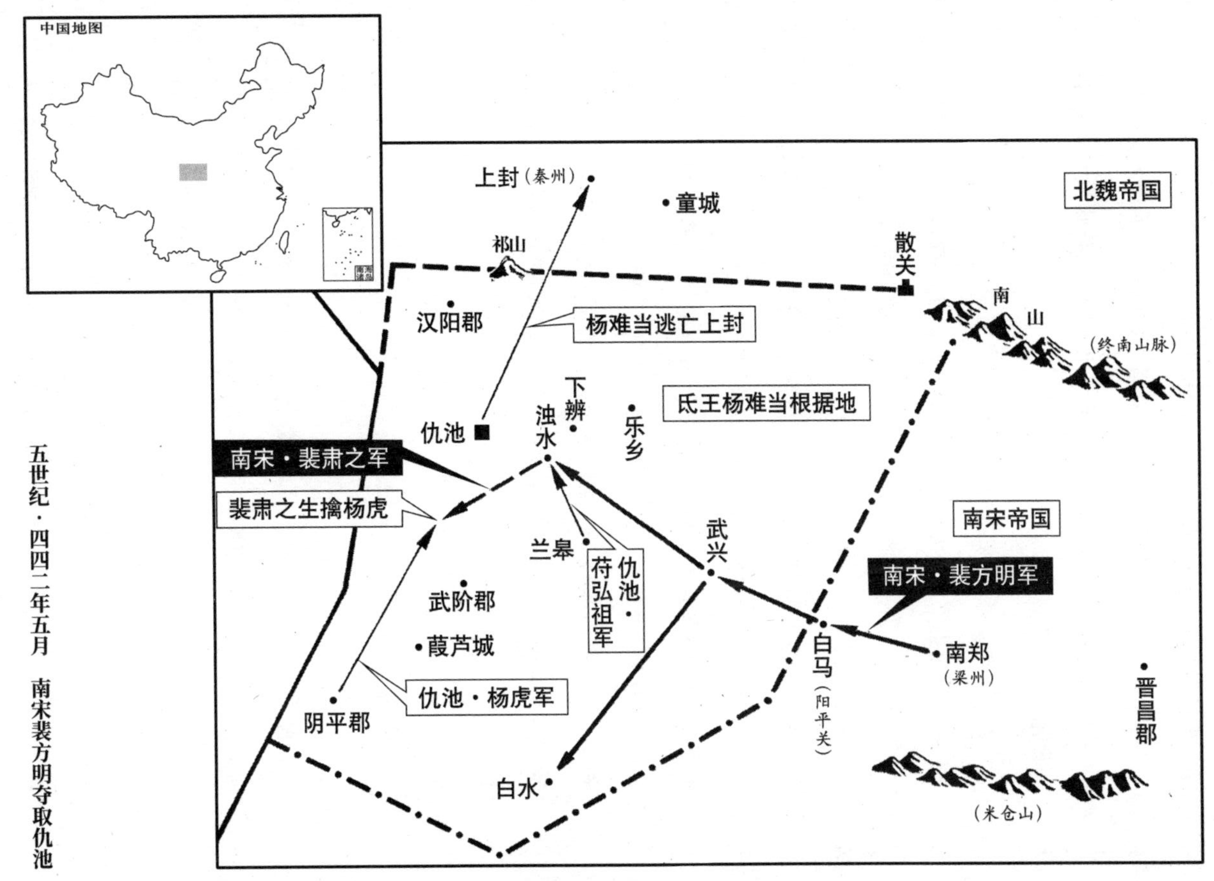

五世纪·四四二年五月　南宋裴方明夺取仇池

辰，把杨难当迎接到首都平城（山西省大同市）。

秋季，七月，南宋政府任命刘真道当雍州（州政府设襄阳〔湖北省襄阳市〕）州长（刺史），裴方明当梁、南秦二州（州政府南郑）州长（刺史）；裴方明辞让，不肯就职。

七月二十二日，北魏帝拓跋焘，对南宋帝国占领仇池（甘肃省西和县南），反应强烈。派安西将军古弼（此时姓吐奚）率陇右（甘肃省陇山以西）各路兵马，及宫廷虎贲禁卫军，会同武都王杨保宗（秦州〔州政府设上封，甘肃省天水市〕州长，参考四三九年三月），自祁山（甘肃省礼县东北）南下；征西将军、渔阳郡（北京市密云区）人皮豹子，跟琅邪王司马楚之，率关中（陕西省中部）各路兵马，穿过散关（陕西省宝鸡市西南）西上；各军在仇池（甘肃省西和县南）会师。又命谯王司马文思，指挥洛州（州政府设洛阳〔河南省洛阳市东白马寺东〕）、豫州（州政府设虎牢〔河南省荥阳市西北汜水镇〕）各军，南下攻击襄阳（湖北省襄阳市）。征南将军刁雍，在东方攻击广陵（江苏省扬州市），文告传布到徐州（古徐州，江苏省北部），声称替杨难当报仇。

5 七月三十日，日蚀。

6 唐契攻击阚爽占据的高昌（新疆吐鲁番市东）时，阚爽派使节到沮渠无讳处，诈称投降，打算共同抵御唐契。

八月，沮渠无讳，率军北上援救高昌，快要到时，唐契已经阵亡，阚爽紧闭城门，拒绝沮渠无讳。

九月，沮渠无讳部将卫兴奴，向高昌发动夜袭，攻克，屠城；阚爽投奔柔然汗国（瀚海沙漠群），沮渠无讳遂进驻高昌。派他的侍从官（常侍）氾隽，携带奏章，前往建康（江苏省南京市）。南宋帝刘义隆下

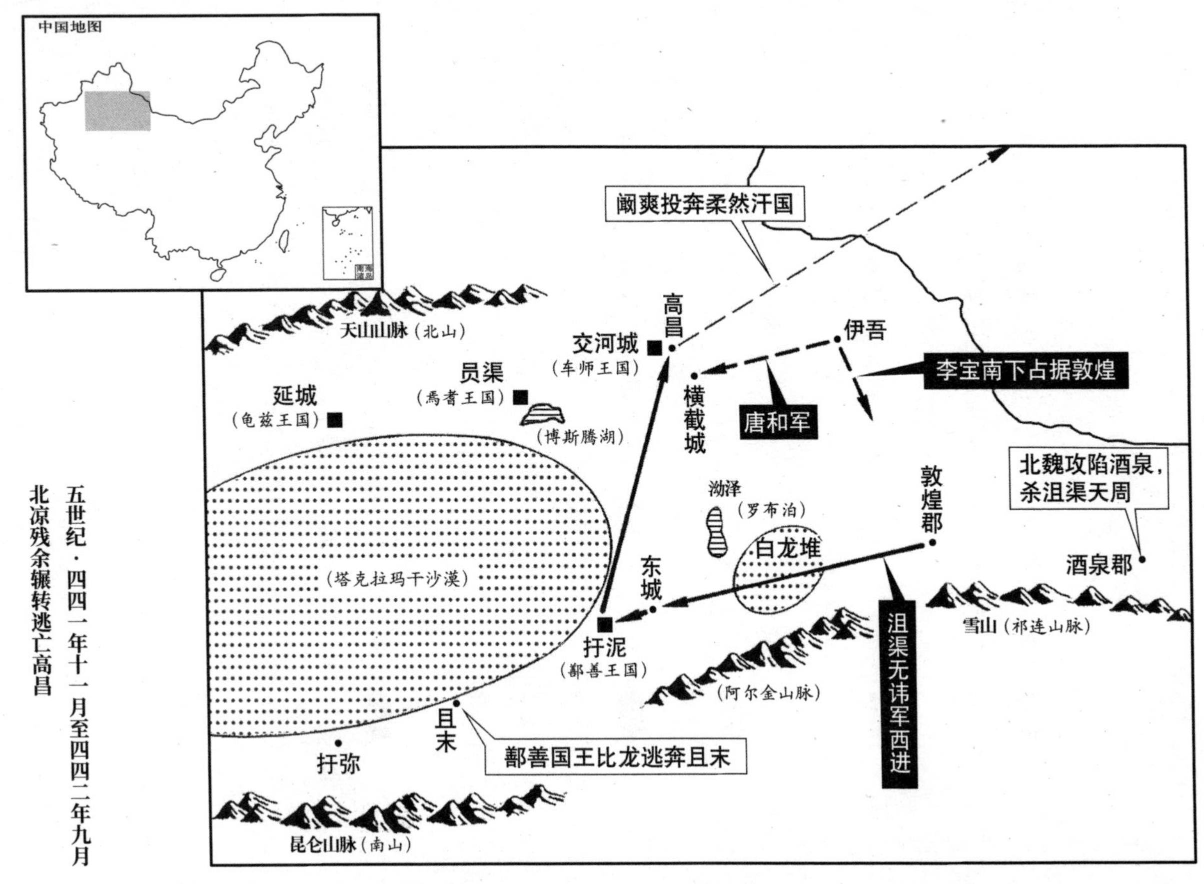

五世纪·四四一年十一月至四四二年九月

北凉残余辗转逃亡高昌

诏任命沮渠无讳当凉河沙军区司令长官（都督凉河沙三州诸军事）、征西大将军、凉州州长（刺史），封河西王。

7 冬季，十月六日，北魏帝国封皇子拓跋伏罗当晋王、拓跋翰当秦王、拓跋谭当燕王、拓跋建当楚王、拓跋余当吴王。

8 十月十一日，柔然汗国（瀚海沙漠群）派使臣前往南宋帝国首都建康（江苏省南京市）。

9 十二月九日，北魏帝国襄城王（孝王）卢鲁元逝世。

10 十二月二十四日，南宋帝刘义隆，下诏命鲁郡（山东省曲阜市）整修孔子庙，以及学校房舍（孔子故乡曲阜，即鲁郡郡政府所在城）。免除孔子坟墓附近五户人家的赋税差役，使他们负责孔子庙及学校的清洁及维护。

11 占领敦煌（甘肃省敦煌市）的李宝，派老弟李怀达、儿子李承，携带奏章，前往平城（北魏首都，山西省大同市）归降。北魏政府任命李宝当西方军区司令长官（都督西陲诸军事）、镇西大将军、开府仪同三司（宰相级）、沙州全权州长（牧），封敦煌公。四品以下官员，他全权代表皇帝委派。

12 南宋帝国雍州（州政府设襄阳〔湖北省襄阳市〕）州长（刺史）、晋安侯（襄侯）刘道产逝世。刘道产有极强的行政能力，人民安居乐业，无论是大户或小户人家，全都富庶，因之，民间有《襄阳乐歌》，叙述生活幸福。一向躲藏在山里、从来无法制服的“山蛮”，都走出深山，沿着汉水定居，结成村庄，户口殷实繁盛。刘道产死后，蛮夷把他的灵柩，一直送到沔口（汉水注入长江处，湖北省武汉市）。

不久，各地蛮夷，纷纷叛变。征西将军府军政官（征西司马）朱修之，出军讨伐，失利。南宋帝刘义隆下诏，命建威将军沈庆之接替，斩杀及俘虏蛮夷一万余人（贪官污吏把那些纯朴老实、心存感恩的“蛮族”逼反，然后再讨伐杀戮，可痛）。

13 北魏帝拓跋焘，命国务院执行官（尚书）李顺，评估文武百官的等级，用作封赏爵位的标准。李顺接受贿赂，评估不能公平。

本年（四四二），凉州（甘肃省中部西部）人徐桀，向中央告发。拓跋焘勃然大怒，追溯李顺包庇北凉王国往事（参考四三九年三月），认为他当面欺骗皇帝，贻误国家；命李顺自杀。

四四三年

癸未

南宋　元嘉　二十年
北魏　太平真君　四年

1 春季，正月，北魏帝国（首都平城〔山西省大同市〕）征西将军皮豹子，进击乐乡（甘肃省成县东北），南宋帝国（首都建康〔江苏省南京市〕）将军王奂之等全军覆没。北魏兵团挺进到下辨（甘肃省成县），南宋将军强玄明等战败，被杀。

二月，南宋帝国北秦州（州政府设仇池〔甘肃省西和县南〕）州长（刺史）胡崇之，在浊水（甘肃省成县西）迎战，大败，被北魏生擒，残余部众逃回汉中（陕西省汉中市）；另一位将军姜道祖也大败，投降北魏兵团。

北魏帝国遂占领仇池（甘肃省西和县南）。“氐王”（首府仇池）杨保炽逃走。

2 二月五日（原文“丙午”，据《魏书·世祖纪》改），北魏帝（三任太武帝）拓跋焘（本年三十六岁），前往恒山（北岳，河北省曲阳县北）南麓。

三月二十日，拓跋焘回宫。

3 三月二十二日，乌洛侯部落（内蒙古东北部大兴安岭东麓）派使节到北魏帝国。

最初，北魏帝国还是原始部落时，居住在北方荒凉地带（索头部落迁徙过程，参考二六一年），敲凿山上石头，建立庙院（在今内蒙古鄂伦春旗嘎仙洞），在乌洛侯部落的西北方，祭祀祖先。高七十尺，深九十步。乌洛侯部落（内蒙古东北部大兴安岭东麓）使节到达平城（山西省大同市），告知石庙还在。拓跋焘派立法院主任立法官（中书侍郎）李敞，前往石庙祭祀，在石壁上刻下祝祷文而回。

石庙（在今内蒙古鄂伦春旗嘎仙洞）距平城（山西省大同市）四千余华里（航空距离一千三百五十公里）。

4 北魏帝国河间公拓跋齐，跟武都王杨保宗，分别驻守骆谷（陕西省周至县西南）两旁，营垒遥遥相对。杨保宗的老弟杨文德，煽动杨保宗据守险要，背叛北魏。消息走漏，有人报告拓跋齐。

夏季，四月，拓跋齐引诱杨保宗见面，生擒，解送首都平城（山西省大同市），斩首。“氐王”过去部属：前镇东将军府军政官（镇东司马）苻达、征西将军府参谋指挥官（征西从事中郎）任朏等（朏，音fěi〔翡〕），遂聚众起兵，拥护杨文德当盟主，据守白崖（陕西省宁强县东北四十公里），派出军队，分别夺取据点，遂包围仇池（甘肃省西和县南），自称征西将

五世纪·四四二年七月至四四三年二月
北魏重夺仇池

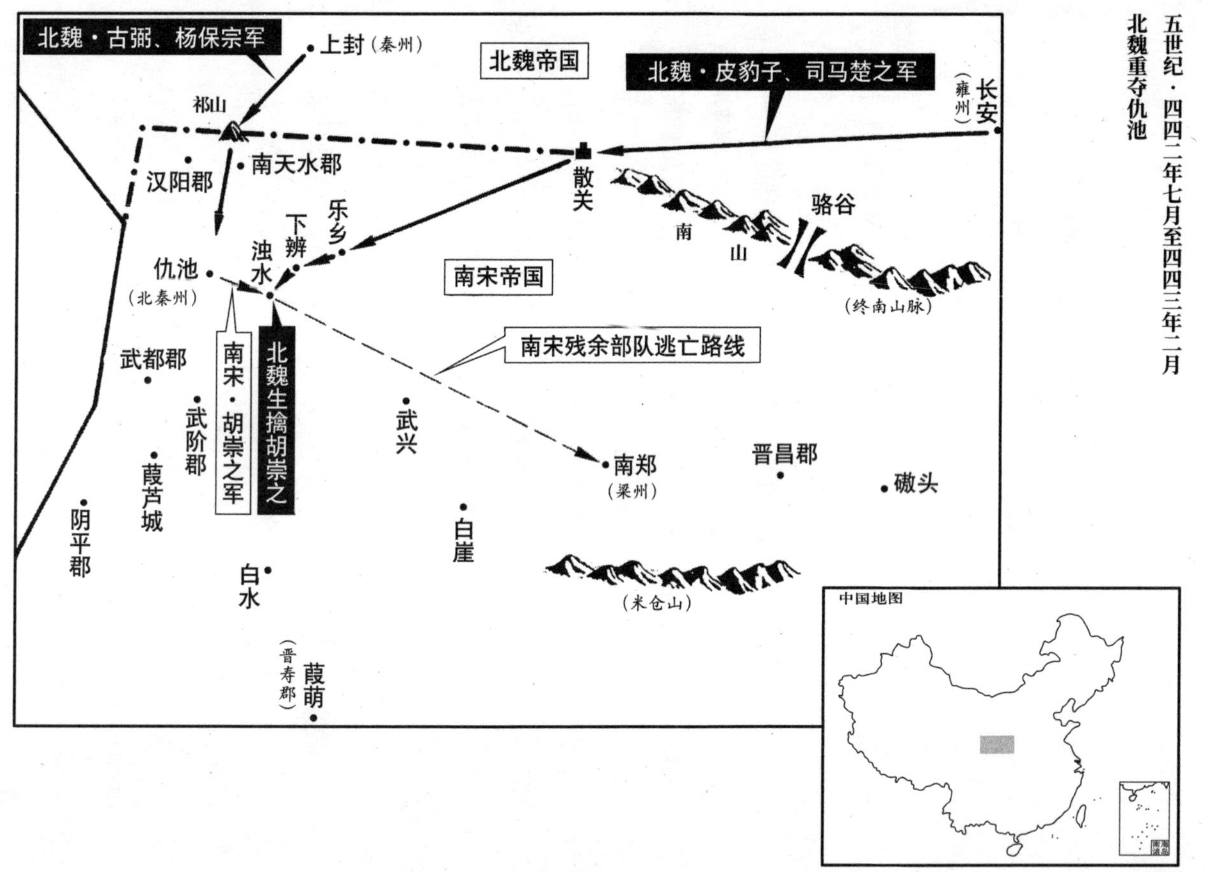

军，秦、河、梁三州全权州长（牧），仇池公。

5 四月二十四日，南宋帝国（首都建康）封皇子刘诞当广陵王。

6 四月二十七日，北魏帝国大赦。

四月二十九日，北魏帝拓跋焘前往阴山。

7 五月，北魏帝国安西将军古弼，动员上邽（上封，甘肃省天水市）、高平（宁夏固原市）、汧城（陕西省陇县）各地军队，攻击杨文德，杨文德撤退。征西将军皮豹子率关中（陕西省中部）各路兵马，抵达下辨（甘肃省成县），听说仇池（甘肃省西和县南）已经解围，打算回军。古弼反对，派人对皮豹子说："宋国（南宋帝国）对于这次战败，一定认为是场奇耻大辱，势将卷土重来。你的大军撤退之后，要想再发，十分困难，不如暂时停留，一面训练，一面养精蓄锐，等待他们攻击。我预料，不会超过秋冬两季，宋军（南宋帝国军）必然抵达。我们以逸待劳，无往而不利。"皮豹子同意。北魏政府任命皮豹子当仇池镇（甘肃省西和县南）防守司令（镇将）。

杨文德派使节向南宋帝国（首都建康）请求援救。

秋季，七月十四日，南宋帝（三任文帝）刘义隆（本年三十七岁）下诏，任命杨文德当北秦雍军区司令长官（都督北秦雍二州诸军事）、征西大将军、北秦州州长（刺史），封武都王。杨文德驻军葭芦城（甘肃省陇南市武都区东南），任命任朏当左军政官（左司马），武都郡（甘肃省陇南市武都区）、阴平郡（甘肃省文县）一带氐民族，很多人归附。

8 七月二十五日，南宋帝国前雍州（州政府设襄阳〔湖北省襄阳市〕）州长（刺史）刘真道，梁、南秦二州（州政府设南郑〔陕西省汉中市〕）州长（刺史）裴方明，被指控仇池（甘肃省西和县南）之役，吞没金银财宝及名马；下狱，处死。

南宋帝国舍弃功劳不记，专记过失，自己诛杀自己的良将，怪不得受北魏帝国打击。

9 九月三日（原文“辛巳”，据《魏书·世祖纪》改），北魏帝拓跋焘，前往瀚海沙漠之南。

九月六日，拓跋焘放弃辎重，率轻装备骑兵，向柔然汗国（瀚海沙漠群）发动突袭。分军四路：乐安王拓跋范、建宁王拓跋崇，各率十五个将领，东路进山。乐平王拓跋丕，率十五位将领，西路进击。拓跋焘中路进击；中山王拓跋辰，率十五位将领，当后备部队。

拓跋焘抵达鹿浑谷（蒙古国哈拉和林市北），恰恰跟柔然汗国敕连可汗（五任）郁久闾吴提遭遇，这是难得的良机，太子拓跋晃对老爹说：“盗贼（柔然汗国）再也想不到我们大军突然出现，应该乘他们没有防备，急速进击。”国务院总理（尚书令）刘絜，坚决劝阻，认为柔然军营之中，尘土飞扬，人数一定很多，一旦在平地接战，恐怕反被包围，不如等各路大军集结之后，再行攻击。拓跋晃说：“尘土所以飞扬，是他们的士卒惊慌恐惧，奔跑骚动引起；一个平静的营区上空，怎么会有尘土？”但拓跋焘怀疑，不敢放手攻击，而郁久闾吴提遂乘机逃走。拓跋焘追赶，追到石水（蒙古国色楞格河上游楚鲁特河），无法追及，班师。不久，俘虏柔然汗国斥候，斥候说：“柔然不知道魏军（北魏军）突然开到跟前，上下恐惧成一团，可汗（郁久闾吴提）率部众向北逃走，一连奔跑六七天，知道背后没有追兵，才慢慢步行。”拓跋焘自己怨恨自己。自此之后，军中或国家大事，拓跋焘都听取太子拓跋晃的意见。

琅邪王司马楚之另率别动部队督运军粮。镇北将军封沓逃亡，投降柔然汗国，劝柔然袭击司马楚之，断绝北魏大军粮食供应。司马楚之军营之中，忽然一只驴的耳朵被割掉，不知去向，所有将领都不知道什么缘故，司马楚之说：“这定是盗贼（指柔然汗国）派间谍暗中入营侦察，割掉一只驴耳，作为证明。盗贼（柔然汗国）大军马上就要对我们攻击，火速戒备。”砍伐附近柳树，建立城垒，上面浇水，使它结成厚冰。刚刚完成，柔然兵团果然抵达，冰坚而滑，无法进攻，只好撤退。

10 十一月，南宋帝国将军姜道盛，跟“氐王”（首府葭芦城）杨文德会师，合军二万人，攻击北魏军据守的浊水（甘肃省成县西）指挥所。北魏仇池镇（甘肃省西和县南）防守司令（镇将）皮豹子、河间公拓跋齐，率军增援，斩姜道盛。

11 十一月二十七日，北魏帝拓跋焘南下回京（首都平城），抵达朔方（黄河河套地区），下诏授权太子拓跋晃：总管全国事务，统御文武百官。诏书上说：“各功臣勤劳辛苦太久，一律保持原来封爵，从官位上退休，但仍随时出席政府高阶层官员会议，参加在我面前举行的欢宴，谈论治国道理，贡献优良谋略；唯不再担任烦杂艰巨的任务。另外重新推荐贤能人才，补充缺额。”

十二月一日，拓跋焘返首都平城（山西省大同市）。

四四四年

甲申

南宋　元嘉　二十一年
北魏　太平真君　五年

1 春季，正月三日，南宋帝国（首都建康〔江苏省南京市〕）皇帝（三任文帝）刘义隆（本年三十八岁），到民间行耕田仪式。大赦。

2 正月六日，北魏帝国（首都平城〔山西省大同市〕）太子拓跋晃，开始总管全国文武百官。北魏帝（三任太武帝）拓跋焘（本年三十七岁），命高级咨询官（侍中）、立法院总立法长（中书监）穆寿，宰相（司徒）崔浩，高级咨询官（侍中）张黎、古弼；辅佐太子裁决万机。上书给太子时，都自称“臣”，用“臣”的礼仪。

古弼这个人，忠厚谨慎，朴实正直。曾经认为上谷郡（河北省怀来县）皇家林园，面积太大，打算削减一半，赏赐给贫民，而入宫晋见拓跋焘，准备当面奏请这件事。可是拓跋焘正跟御前监督官（给事中）刘树，在那里下棋，全神贯注，顾不得理会古弼。古弼呆坐一旁很久，没有机会开口。忽然间，他大发脾气，跳起来抓住刘树的头发，拉到床下，揪住他的耳朵，揍他的脊背，喊叫说：“政治所以不上轨道，都是你的罪过！”拓跋焘大吃一惊，推开棋盘说：“不听报告，是我的错，跟刘树有什么关系，放了他！”古弼遂说明来意，拓跋焘批准。古弼说：“当人的臣属，竟无礼到这种程度，罪过太大。”出宫后，前往公车门，脱下冠帽，不穿鞋袜，请求处罚。拓跋焘命他入宫，对他说：“我曾经听说，兴筑神坛时，光脚赤臂挑土；神坛落成后，穿衣戴帽祭祀，神灵照样赐给他福分。那么，你有什么罪？快穿鞋戴帽，去做你的事。只要对国家有利，对人民方便，就应竭尽全力，不要有什么顾虑。”

太子拓跋晃督导农民耕种，规定：没有牛的农家，可以向有牛的农家借牛耕田，然后再替有牛农家耕田，作为偿还；凡自耕二十二亩，就为牛主代耕七亩，大概以这种比例计算。命农民在地亩前标出姓名，用来考察他们的勤快懒惰；又禁止人民饮酒和从事休闲活动，于是耕地的数目大增。

3 正月十二日，北魏帝拓跋焘下诏：“王爵、公爵以下，直到平民，凡是私自在家供养佛教僧侣，或男女巫师的，应把他们全体送交政府。二月十五日之后，如果仍留在家中，僧侣、巫师处死，主人全家斩首。”

正月十四日，又下诏："王爵、公爵、部长级官员、政务官（大夫）级官员的儿子，一律送到国立大学（太学）。工匠、商人的儿子，应继承老爹老哥的行业，不可以私自设立学校读书。凡有违背，教师处死，当事人全家斩首。"

4 二月六日，北魏帝国中山王拓跋辰、京畿及全国部族政务总监（内都坐大官）薛辨、国务院执行官（尚书）奚眷等八将领，被指控攻击柔然汗国（瀚海沙漠群）军事行动中，没有在预定时间抵达目的地，绑赴平城（山西省大同市）南郊，全部斩首。

最初，国务院总理（尚书令）刘絜，长期主管政府机要（拓跋焘当太子时，刘絜、古弼、崔浩，都担任辅佐，主管机要，迄今二十余年。参考四二二年五月），仗恃皇帝的宠信，做事专断独行，拓跋焘心里早不高兴。等到突击柔然汗国，刘絜劝阻说："蠕蠕（柔然汗国）东迁西移，没有常性，上次出军（指四三八年七月之役），劳而无功。不如推广农耕，积蓄粮秣，等待他们送到门口。"而宰相（司徒）崔浩，却一再劝拓跋焘御驾亲征，拓跋焘采纳崔浩建议。刘絜对自己的建议竟被拒绝，感觉没有面子，认为是一项奇耻大辱，打算想办法使远征军失败，用来证实自己的智慧高人一等。拓跋焘本来跟各路军将领，约定某一天在鹿浑谷（蒙古国哈拉和林市北）会师，刘絜假传圣旨，变更会师日期。所以，拓跋焘在鹿浑谷等候六天之久，各路人马，竟没有到达。柔然汗国部众遂得远远逃走，追赶已来不及。班师途中，穿过瀚海沙漠群，粮食吃完，士卒很多饿死。刘絜又暗中煽风点火，军心大为惊扰，刘絜劝拓跋焘抛弃大军，自己先行轻装奔回，拓跋焘不接受。刘絜认为此次出军，又一次的劳而无功，请求惩罚崔浩。拓跋焘说："是各路将领不能如期会师，而我自己碰上盗贼（指郁久闾吴提），又没有攻击，崔浩有什么罪！”崔浩遂向拓跋焘检举刘絜假传圣旨之事，拓跋焘大怒，抵达五原（内蒙古包头市）后，逮捕刘絜，囚禁。拓跋焘北伐时，刘絜暗中对他的亲信说：“如果皇上不能回来（战死或病死），我就拥护乐平王（拓跋丕）。”刘絜听说国务院右秘书长（尚书右丞）张嵩家，藏有神秘预言书（图谶），便说：“魏国（北魏帝国）之后，姓刘的应该当王，有没有我的姓名？”张嵩说：“有姓无名。”拓跋焘听到这个消息，命主管机关穷追细查，搜索张嵩家，果然搜出神秘预言书。审问中，口供牵连到南康公狄邻。于是刘絜、张嵩、狄邻，一律屠杀三族，处死的有一百余人。刘絜在位时，傲慢不可一世，作威作福，将领们击败敌人，抢夺到金银财宝，都要分一份给刘絜。刘絜既死，没收他的家产，有亿万之多。拓跋焘每谈到刘絜，就痛恨入骨，咬牙切齿。

二月八日，乐平王（戾王）拓跋丕（拓跋焘的老弟）因忧虑过度，逝世。最初，拓跋焘兴筑白台，高二百余尺（《魏书·大宗纪》：四一七年七月十五日，二任帝拓跋嗣在首都平城南郊，建白台），拓跋丕梦见登到台下，四下张望，看不见人。命巫术师董道秀卜卦，董道秀说：“大吉大利。”拓跋丕虽不说话，但脸上有喜悦的表情。等到拓跋丕逝世，董道秀也被指控有罪，绑赴刑场斩首。高允听到这件事，说：“凡卜卦的人，部应该依照卜卦书上指示，劝人尽忠国家，孝顺父母。大王（拓跋丕）询问董道秀时，董道秀应该说：‘高到不能再高，称“亢”，《易经》说：“亢龙有悔”；又说：“高而无民”；都是不祥预兆，大王不可以不存戒心。’如此，大王（拓跋丕）在上位得到平安，董道秀在下位保住性命。他的回答却恰恰相反，怪不得会死。”

5 二十五日，北魏帝拓跋焘，前往庐柳（山西省临猗县西北）。

6 二月二十四日，南宋帝国江夏王刘义恭，晋升全国武装部队总司令（太尉），兼任宰相（司徒）。

二月二十五日，南宋政府任命高级咨询官（侍中），兼首都西区卫戍司令（右卫将军）沈演之，当中央禁军总监（中领军）；首都东区卫戍司令（左卫将军）范晔，当太子宫总管（太子詹事）。

二月二十六日，封皇子刘宏当建平王。

7 三月九日，北魏帝拓跋焘，回宫。

三月十八日，拓跋焘命最高监察长（司空）长孙道生，镇守统万镇（陕西省靖边县北白城则村）。

夏季，四月十一日，高级咨询官（侍中）、太宰（上公）、阳平王杜超，被部下刺死。

8 六月，北魏帝国北部蛮夷屯垦区移民，击斩立义将军、衡阳公拓跋莫孤，集结五千余帐，向北逃走。北魏政府派军追击，追到瀚海沙漠南，斩变民军首领，把剩下来的部众，强行迁到冀州（州政府设信都〔河北省衡水市冀州区〕）、相州（州政府设邺城〔河北省临漳县西南邺城镇〕）、定州（州政府设中山〔河北省定州市〕），作为“营户”。（《通典》：营户就是“军营户口”，直属军方，生活比民户更苦，不属地方政府。史书上所载人口户数，仅指民户，不包括营户。本年后不久，太子拓跋晃建议撤销，才划归地方政府。）

9 吐谷浑汗国（青海省）可汗（十一任）慕容慕利延的侄儿慕容纬世，跟北魏帝国使节，秘密讨论投降北魏事宜（慕容纬世，即慕容纬代，是九任可汗慕容阿柴的长子，参考四二四年十月），慕容慕利延斩慕容纬世。

本月（六），慕容纬世的老弟慕容叱力延等八人，投奔北魏帝国

(首都平城);北魏政府封慕容吐力延当归义王。

10 占领高昌(新疆吐鲁番市东)、接受南宋帝国封爵河西王的沮渠无讳(参考前年〔四四二〕九月),逝世。老弟沮渠安周,接替王位。

11 北魏帝国自从进入中国(指中原),虽然也经常使用古代礼仪,祭祀天地和皇家祖庙,以及中国传统中的各种神祇;但是,同时也遵守旧有的风俗习惯,仍祭祀鲜卑民族固有的很多神祇(一任帝拓跋珪祭祀的各种神祇,参考三九八年十二月二日)。宰相(司徒)崔浩建议:仅保存符合祭祀规章的五十七座寺庙,其余重复的以及太小的神祇,一律取消。北魏帝拓跋焘批准。

12 秋季,七月十日,北魏帝国东雍州(州政府设禽昌〔山西省临汾市〕)州长(刺史)沮渠秉,叛变,被诛杀。

13 八月三日,北魏帝拓跋焘,到河西(黄河河套地区)打猎,国务院总理(尚书令)古弼,留守京帅(首都平城)。拓跋焘下诏,命他把肥壮的马送给狩猎部队;但古弼送去的,却全是老弱。拓跋焘大发雷霆,吼叫说:"笔头奴,胆敢改变我的命令;等我回去,先砍他的人头。"古弼的头,形状尖削,拓跋焘常把它比作笔头。国务院人小官员听到消息,立刻陷于恐怖,深怕受到牵连诛杀。古弼说:"我当人的臣属,不让君王沉迷游荡打猎,罪小。不防备万一事变,使国家军用物资缺乏,罪大。而今,蠕蠕(柔然汗国)国势正强,南方盗贼(南宋帝国)还没有消灭。我把肥马供应国防军,把弱马供应打猎部队,是为了国家的长久利益,死又何妨?而且,这是我自作主张，你们不应该忧虑。”拓跋焘听到报告，叹息说：“有这样的部属，是国家珍宝！”赏赐古弼礼服一套、马二匹、鹿十头。

后来又有一天，拓跋焘再到山北（山西省大同市西武周山之北）打猎，格杀及活捉麋鹿数千头，下诏国务院派车五百辆运送。使节已经出发，拓跋焘对左右说：“笔头公（古弼）一定不肯给车，你们不如早点用马运走。”遂回宫。走了一百余华里，古弼的奏章已到，说：“今年秋季庄稼，谷穗已经下垂，颜色已经变黄（“下垂”“变黄”言谷穗成熟），桑麻、大豆，布满原野，山猪野鹿，出来偷啃，鸟雀飞雁，落下啄食，再加上风吹雨打，损耗量至为巨大。早上收割，比晚上收割，能多出三倍，请暂缓运鹿，使车辆载送食粮。”拓跋焘说：“果然不出我所料，笔头公（古弼）可真是国家栋梁。”

14 北魏帝国派编制外散骑侍从官（员外散骑常侍）高济，到南宋帝国报聘。

15 八月六日，南宋帝国政府任命荆州（州政府设江陵〔湖北省江陵县〕）州长（刺史）、衡阳王刘义季，当征北大将军、开府仪同三司（宰相级）、南兖州（州政府设广陵〔江苏省扬州市〕）州长（刺史）；另命南谯王刘义宣，当荆州州长（刺史）。

最初，南宋帝刘义隆，认为刘义宣没有才干，所以不用他当官（刘义隆拒用刘义宣当荆州州长事，参考四三九年正月）。老姐会稽公主刘兴弟，不断向刘义隆推荐，刘义隆不得已，才发表任命。在人事命令发表之前，先亲笔写一份诏书，警告他说：“师护（刘义季乳名）因在荆州（州政府设江陵）的时间太久，最近上疏，要求返回京师（首都建康），我批准他的请求，而由你接替他的职位。师护（刘义季）虽然没有卓越的政绩，但洁身自好，清廉节俭，待人诚恳，不欺压属下。声誉在西方传播，受到知识分子和小民的接纳，评估功过的人，从不认为他会调动。而今既然更换，更为了你跟师护（刘义秀）同一辈份（本年，刘义季二十岁，刘义宣三十二岁），打算考察你们的能力。你往荆州（州政府设江陵），如果有一件事处理不当，既伤害西夏人民（大分裂时代，江南称荆州为西夏），还一定讥笑这次调动，把责任归到我身上。我交代你的事，很容易做到，不要使人议论纷纷。”刘义宣到州城，事事小心，政务推行，也都正常。

八月十八日，刘兴弟逝世。

16 北魏帝国归义王慕容吐力延等，请求政府出军讨伐吐谷浑汗国（青海省）可汗慕容慕利延。北魏帝拓跋焘派晋王拓跋伏罗，统御各路兵马攻击。

17 九月十二日，南宋政府任命沮渠安周（时驻高昌〔新疆吐鲁番市东〕）当凉河沙军区司令长官（都督凉河沙三州诸军事）、凉州州长（刺史），封河西王。

18 九月十五日，北魏帝拓跋焘，前往瀚海沙漠南，准备袭击柔然汗国（瀚海沙漠群）。柔然可汗（五任敕连可汗）郁久闾吴提，得到消息，逃到远方，拓跋焘才停止军事行动。

郁久闾吴提不久逝世，儿子郁久闾吐贺真继位，称处罗可汗（六任）。

19 北魏帝国晋王拓跋伏罗，抵达乐都（青海省海东市乐都区），率军从捷径小路，袭击吐谷浑汗国（青海省），进军到大母桥（今地不详）。可汗慕容慕利延大吃一惊，逃奔白兰（通天河流域）。慕容慕利延侄儿慕容拾寅，逃奔河西（青海省兴海县西）；北魏军杀吐谷浑汗国五千余人，慕容慕利延堂弟慕容伏念等，率一万三千余帐，投降北魏军。

20 冬季，十月十七日，南宋帝国任命左军将军徐琼，当兖州（山东省西部）州长（刺史）；最高统帅府军事参议官（大将军参军）申恬，当冀州（山东省西北部）州长（刺史）。把兖州州政府迁到须昌（山东省东平县西北。据万斯同《宋方镇年表》，四三九年，赵伯符兼任徐、兖二州州长，兖州州政府当在此时迁至徐州州政府所在的彭城〔江苏省徐州市〕。如今，二州州长非同一人，兖州州政府返回州境），冀州州政府迁到历城（山东省济南市。冀州设于历城，参考四三二年六月。但自四三三年四月起，历任冀州州长都由青州〔山东半岛〕州长兼任，冀州州政府遂搬至东阳〔山东省青州市〕。如今，搬回历城）。申恬，是申谟的老弟（申谟，参考四三一年二月）。

21 十二月，北魏帝拓跋焘，返回平城（山西省大同市）。

22 本年（四四四），北魏帝国沙州（州政府设敦煌〔甘肃省敦煌市〕）全权州长（牧）李宝，到首都平城（山西省大同市）朝见皇帝。北魏政府不让他回任（阻止割据势力），留在京师（首都平城），当地方部族政务总监（外都大官）。

23 南宋帝国太子宫禁卫官司令（太子率更令）何承天，制定《元嘉新历》，呈献南宋帝刘义隆。认为从月蚀时的日月对冲关系，可推测太阳位置。又用“中星”检查，可推测伊祁放勋（黄帝王朝六任帝）时代，“冬至”那天，应该位于须女星十度，而它现在却位于斗星十七度。又测量日影，用以校正“冬至”和“夏至”，发现有三天的误差。于是，肯定现在的“冬至”日，应位于斗星十三四度。何承元遂重新制定新的历法：“冬至”往前移动三天五个时辰。太阳的方向，也从原来位置，移动四度。又因月亮运转，有快有慢（指月份有大有小），用从前的历法，对照初一、十五，发现日蚀月蚀，都不在初一、十五。现在察考每月天数多寡，推断闰月，使初一、十五，调整到正确位置。

刘义隆下诏，命有关单位详细研究讨论。天文台长（太史令）钱乐之等奏称：同意何承天的见解，但月份有一连三个月都是大月，一连两个月都是小月，比旧时历法，更为错误，这方面应该仍用旧历。刘义隆批准。

四四五年

乙酉

南宋　元嘉　二十二年

北魏　太平真君　六年

（天台王盖吴元年）

1 春季，正月一日，南宋帝国（首都建康〔江苏省南京市〕）实行《元嘉新历》（南宋帝国用《元嘉历》，而北魏帝国仍用《景初历》，两国历法不同〔《景初历》，参考二三七年〕，直到五八九年，南朝被北朝并吞，大分裂时代结束，历法才统一）。

最初，西汉王朝京房（参考前三七年），认为十二音律中的“中吕”“上生”“黄钟”，不满九寸，遂扩充到六十音律。南宋天文台长（太史令）钱乐之，更扩充到三百六十音律，每一天使用一种乐器。太子宫禁卫官司令（太子率更令）何承天认为：“上下相生，三分损益其一。(上减一，下加一。) 乃是古人办法，至为简陋。好像古历三百六十五度四分之一。”京房在这方面没有醒悟，误把它扩充到六十。何承天更制造新的音律，“林钟”长六寸一厘，从“中吕”转到“黄钟”十二寸，“旋宫”声韵，毫无损失 (天文、音律，完全不懂)。

正月二日，南宋帝 (三任文帝) 刘义隆 (本年三十九岁)，任命武陵王刘骏，当雍州 (州政府设襄阳〔湖北省襄阳市〕) 州长 (刺史)。刘义隆打算收回关河 (关指函谷关，河指黄河) 失土，所以派刘骏镇守襄阳。

2 北魏帝国 (首都平城〔山西省大同市〕) 皇帝 (三任太武帝) 拓跋焘 (本年三十八岁)，派散骑侍从官 (散骑常侍) 宋愔，前往南宋帝国报聘。

二月 (此根据北历，南宋历则是三月。《资治通鉴》一向以南朝历作为“正朔”，此处忽然出现北朝历，以致混乱)，拓跋焘前往上党 (山西省长治市北)，西到吐京 (山西省石楼县)，讨伐叛变的匈奴部落，把他们发配到各郡县。

3 二月十四日，南宋帝国封皇子刘祎当东海王，刘昶当义阳王。

4 三月一日 (北魏历，南宋历是四月一日)，北魏帝拓跋焘回宫。

拓跋焘下诏说：“所有引起争议、有疑问的诉讼案件，都交付立法院 (中书)，用儒家学派经典裁决。”

夏季，四月二十二日 (北魏历，南宋历是五月二十二日)，拓跋焘派征西大将军、高凉王拓跋那等，攻击吐谷浑汗国 (青海省) 可汗慕容慕利延逃亡地白兰 (青海省中部通天河流域)。秦州 (州政府设上封〔甘肃省天水市〕) 州长 (刺史)、鲜卑人 (代人) 封敕文，安远将军乙乌头；先攻击慕容慕利延的侄儿慕容什归所据守的枹罕 (甘肃省临夏市)。

5 北凉王国灭亡时（参考四三九年九月），西域鄯善王国（首都扜泥〔新疆若羌县〕），发现自己的国土，将跟北魏相接，大为恐惧，说："准许他们的使节到我们国家，知道我们国家的虚实，我们很快就会灭亡。"遂封锁边界，跟北魏断绝来往。北魏使节经过时，鄯善王国就抢劫他的财物，甚至把使节囚禁。因此，西域（新疆及中亚东部）跟中国（北魏帝国）隔绝，有数年之久。

北魏帝拓跋焘，派散骑侍从官（散骑常侍）万度归，动员凉州（甘肃省中部西部）以西的武装部队，攻击鄯善王国。

六月五日，拓跋焘到北方巡视。

6 南宋帝刘义隆，准备进攻北魏帝国，收复过去两次战役中所丧失的疆土，为了集中力量，于是，撤销南豫州（安徽省中部），并入豫州（河南省东部）；命南豫州（州政府设历阳〔安徽省和县〕）州长（刺史）、南平王刘铄，当豫州（州政府设寿阳〔安徽省寿县〕）州长（刺史）。

秋季，七月二日，任命国务院执行长（尚书仆射）孟顗，当左执行长（左仆射）；中央军事总监（中护军）何尚之，当右执行长（右仆射）。

7 南宋帝国武陵王刘骏，将去襄阳（湖北省襄阳市）就任雍州（州政府襄阳）州长（刺史）。当时，沿沔水（汉水）两岸，蛮夷反抗军仍然四处攻击，水陆交通，全部难行。刘骏分出一部分车队，派抚军将军府大营军事参议官（抚军中兵参军）沈庆之，乘对方不备，发动奇袭，大破蛮夷反抗军。刘骏到襄阳后，蛮夷反抗军切断襄阳对外交通线，打算进攻随郡（湖北省随州市）。随郡郡长、河东郡（侨郡，湖北省松滋市西北）人柳元景，招募六七百人，埋伏狙击，再大破蛮夷反抗军。各地蛮夷战乱，遂全部平息，俘虏七万余人。

涢山蛮族，最是强悍（随州市西，有大洪山。涢水发源于大洪山南麓，人们遂称它涢山），沈庆之率军讨伐，平定，俘虏三万余人，强迫一万人余移民到首都建康（江苏省南京市）。

8 吐谷浑汗国枹罕（甘肃省临夏市）守将慕容什归，听说北魏兵团就要到达消息，大为恐慌，放弃城池，乘夜逃走。

八月一日，北魏秦州（州政府上封）州长（刺史）封敕文占领枹罕，把部分居民一千家，迁回上邽（上封，甘肃省天水市），留安远将军乙乌头，镇守枹罕。

9 北魏帝国西域（新疆及中亚东部）远征军司令官、散骑侍从官（散骑常侍）万度归，由首都平城（山西省大同市），抵达敦煌（甘肃省敦煌市）。留下辎重，亲率轻装备骑兵五千人，西渡流沙，袭击鄯善王国（首都扜泥〔新疆若羌县〕）。

八月六日，鄯善国王真达，反绑双臂，出城投降。万度归留一部分军队在鄯善王国协防，自己带着真达，返首都平城（山西省大同市）。西域（新疆及中亚东部）道路，再度通行无阻。

10 北魏帝拓跋焘，前往阴山之北，下令各州三分之一的武装部队，进入战斗状态，在本州执行戒严，等待后命。而把各地少数民族五千余家，强迫迁移到北方边陲，命他们向北游牧，抢夺水草，引诱柔然汗国（瀚海沙漠群）出击。

11 八月十六日，北魏帝国高凉王拓跋那，率军抵达曼头城（青海省共和县西南），吐谷浑汗国可汗慕容慕利延，率领部众，渡过沙

五世纪·四四五年四月至八月
北魏重击吐谷浑、鄯善

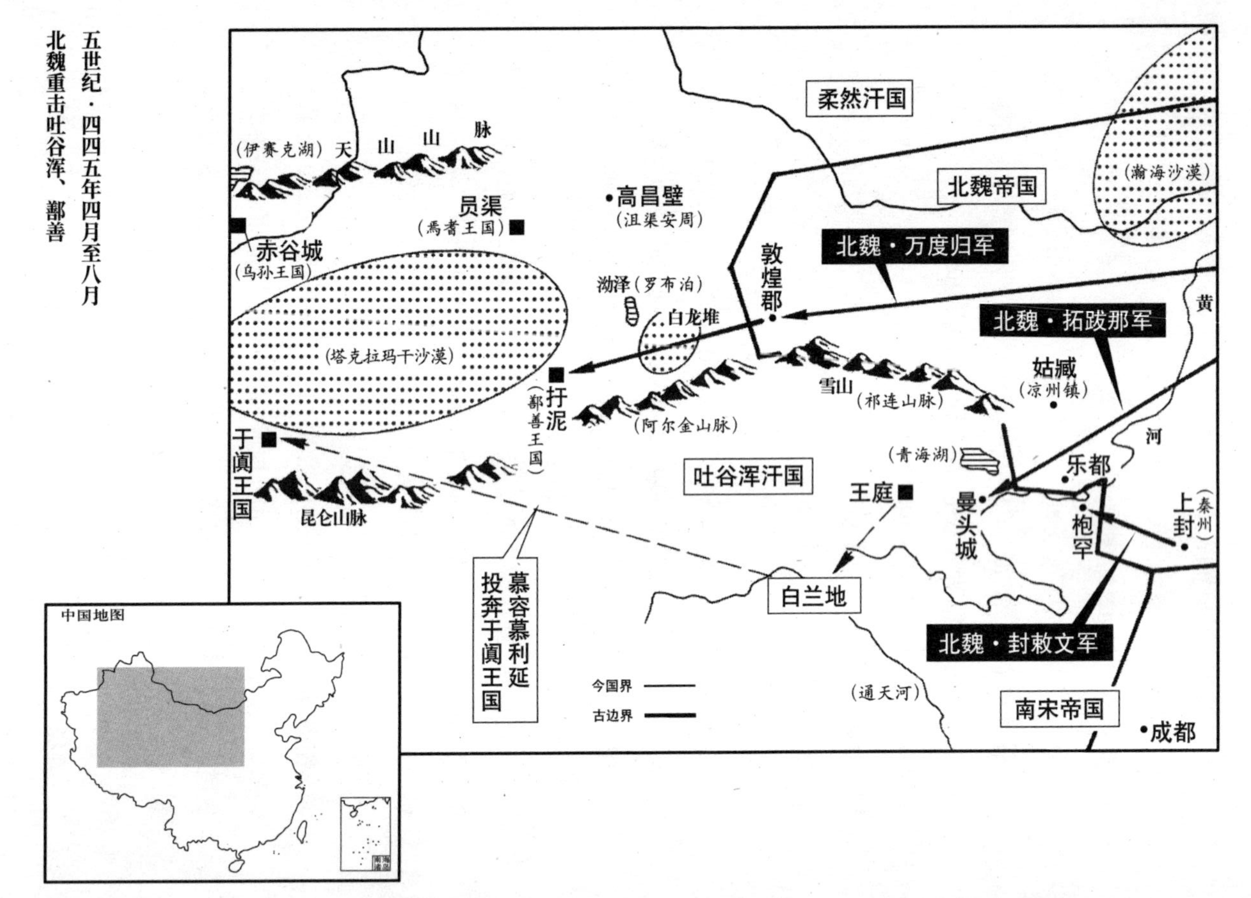

漠（此指青海省西北部柴达木盆地的风蚀区），向西逃亡。前任可汗（十任）慕容慕璝的儿子慕容被囊，率军迎战，被拓跋那击败，慕容被囊逃走。中山公杜丰，率精锐骑兵尾追，穿过三危山（甘肃省敦煌市东，地望疑误），抵达雪山（祁连山），生擒慕容被囊和慕容什归，以及西秦王国三任王（武昭王）乞伏炽磐的儿子乞伏成龙（胡夏帝国覆亡时〔参考四三一年六月〕，乞伏成龙也被掳到吐谷浑汗国），全部押送首都平城（山西省大同市）。

慕容慕利延再向西逃，侵入于阗王国（首都于阗〔新疆和田市〕），击斩于阗国王，占领国土，死数万人（不知哪方面死数万人）。

12 九月十七日，南宋帝刘义隆，在武帐冈（首都建康广莫门外宣武场），摆设筵席，为衡阳王刘义季饯行（刘义季将就任南兖州〔州政府设广陵，江苏省扬州市〕州长〔刺史〕）。刘义隆离开皇宫时，吩咐儿子们不要吃饭，等抵达武帐冈参加宴会时，再行进餐。可是，抵达武帐冈后，直到太阳偏西，筵席还没有摆上，每人都饿得脸色发白。刘义隆这才告诉说：“你们从小生长在富足的家庭之中，看不见人民贫困。现在让你们了解饥饿的痛苦，才会知道节约俭朴，爱惜物力！”

太好了，刘义隆这番训话。奢侈，在富裕的生活下，自然发生。节俭，在不够吃不够用的贫穷中，自然走上这条路。要求人们主动的自我约束，不如环境本来贫贱。在艰难困苦中成长，才能担当重大责任。只是偶尔演习一次，不如换为长期训练。刘义隆如果能真的了解他的教训，就应该让儿子们的志向和操守，受到艰难的磨炼，降低他们的官位，减少他们所受的荣耀，教育他们，使他们成长；然后交给他们工作，他们就不会懈怠荒唐；走遍天下，都能胜任愉快。

刘裕（一任武帝）打算巩固根本，皇家襁褓中的婴儿，都把他推上高位，后世也都仿效这个方法，遂使一儿童，不断成为独当一面的地方政府首长。等到四六六年（七任帝刘彧时），和四七九年（九任帝刘準时），亲王幼小，在乳娘怀抱中，被扼断咽喉的，动不动就有数十人。可知国家存亡，并不依靠那些早早就封爵任官的儿童。但人民受到的苦难，却因这些儿童之早早就封爵任官，而提前降临。可看出刘义隆这种教训，没有意义。

13 北魏帝国民间流传一项谣言，说："灭魏（北魏帝国）的，是'吴'。"卢水（石平河，流经甘肃省武威市及永昌县）匈奴人（卢水胡）盖吴，在杏城（陕西省黄陵县）聚众起兵（盖吴随部落迁居杏城），叛离帝国，各地匈奴部落，纷纷响应，集结部众十余万。盖吴派同党赵绾到南宋帝国，上疏南宋帝刘义隆，请求准许归降。

冬季，十月三日，长安镇（陕西省西安市）防守副司令（副将）拓跋纥，率军讨伐；拓跋纥战败，被杀。盖吴的变民军，越发扩张，人民眼看将有一场不可避免的战争和屠杀，都纷纷南下，渡过渭水，逃入南山（终南山）。北魏帝拓跋焘征调高平镇（宁夏固原市）敕勒骑兵部队，前往长安镇（陕西省西安市）。又命将军叔孙拔，统率并州（山西省中部）、秦州（甘肃省南部）、雍州（陕西省中部）三州军队，进驻渭水北岸。

十一月，北魏政府征调冀州（河北省东部）人民，在黄河碻磝津（山东省聊城市茌平区西南黄河渡口），建造浮桥。

盖吴派别动部队司令官（别部帅）白广平，向西劫掠新平（陕西省彬州市）、安定（甘肃省泾川县），各地匈奴人都起兵响应。盖吴又派出一支军队，向东劫掠临晋（陕西省大荔县）以东地区；北魏将军章直，击破这项攻势，变民军被河水淹死三万余人。盖吴又派军向西劫掠，抵达长安（陕西省西安市）；北魏将军叔孙拔，在渭水北岸迎战，大破变民军，杀三万余人。

“河东蜀”首领薛永宗（“河东蜀”，跟“卢水胡”一样，“卢水胡”指卢水一带定居的匈奴人；“河东蜀”，指河东郡〔蒲阪，山西省永济市〕定居的来自巴蜀〔四川省〕的汉人），聚集部众，响应盖吴，袭击闻喜（山西省闻喜县）。闯喜县没有军队，县长恐慌忧虑，不知道如何是好；县民裴骏，集结乡间绅士豪杰，攻击变民军，薛永宗撤退。

拓跋焘命薛谨的儿子薛拔（薛谨父薛辩当河东郡郡长事，参考四一九年三月），号召家族乡人，在黄河岸上兴筑营垒阵地，切断盖吴跟薛永宗之间的交通线。

十一月十五日，拓跋焘派宫廷安全部长（殿中尚书）拓跋处直等，率二万骑兵，讨伐薛永宗；另一宫廷安全部长（殿中尚书）乙拔（乙原姓乙弗），率骑兵三万人，讨伐盖吴；西平公寇提（寇原姓若口引），率一万余骑兵，讨伐白广平。

盖吴自称天台王，设立文武百官。

14 十一月十六日，北魏帝拓跋焘回宫（自阴山回宫）。

15 北魏政府，在六个州中（胡三省注：“六州：冀州、定州、相州、并州、幽州、平州。”即今河北及山西两省），遴选骁勇骑兵二万人，命永昌王拓跋仁、高凉王拓跋那，分别率领，分为两路，深入南宋帝国北边疆土，大肆掳掠淮河、泗水以北地区，把青州（山东半岛）、徐州（江苏省北部）居民，强行迁到黄河以北地区，用以充实农业生产及国防。

16 十一月二十八日，北魏帝拓跋焘，向西巡视。

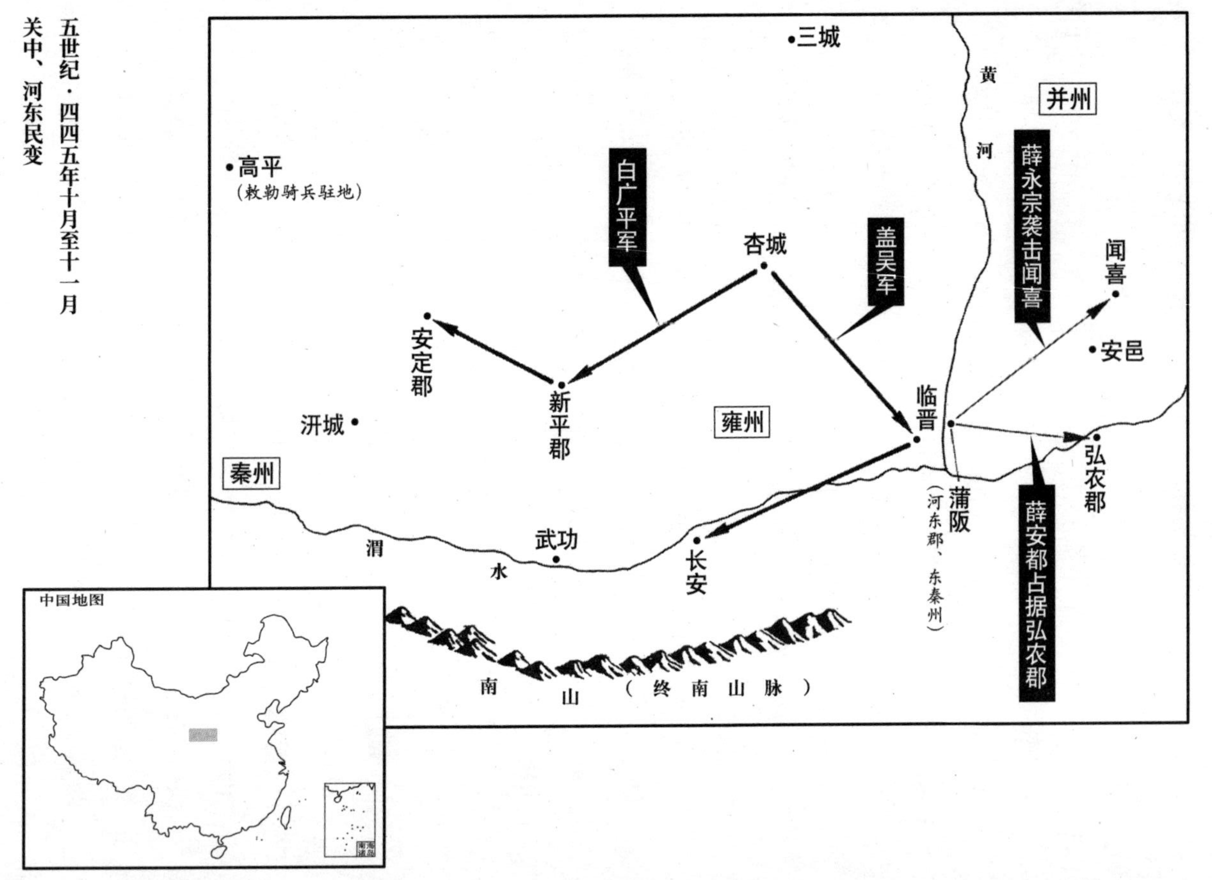

五世纪·四四五年十月至十一月
关中、河东民变

17 南宋帝国政府又发生流血大整肃(这已是第三次)。

最初，鲁国(山东省曲阜市)人孔熙先，对文学、历史的知识，十分渊博，同时也精通阴阳巫术，野心勃勃；担任编制外散骑顾问官(员外散骑侍郎)，受不到当世人的欣赏，很不得意，心中愤愤不平。老爹孔默之，当广州(州政府设番禺〔广东省广州市〕)州长(刺史)，因被控贪赃枉法，判刑。全国最高统帅(大将军)、彭城王刘义康，加以营救，才免于执行(到底是什么刑？没说清楚)。等刘义康贬到豫章(江西省南昌市。参考四四〇年十月)，孔熙先心存感激，暗中盼望报恩。而且，他上观天文，下看神秘预言书，肯定皇帝刘义隆，最后一定死于非命；更显示这项凶杀，由骨肉动手；并进一步显示下一任的皇帝，将在江州(州政府设豫章〔江西省南昌市〕)兴起。孔熙先发现范晔对现状并不满意，打算结成一党。但是，孔熙先在范晔眼中，没有分量。太子宫贴身侍从官(太子中舍人)谢综，是范晔的外甥。孔熙先不顾身份，百般奉承，谢综遂引见孔熙先跟范晔相识。

孔熙先家庭富有(全是老爹孔默之贪污来的钱)，常常跟范晔一起赌博。孔熙先假装自己技术低劣，故意输钱给范晔(这种模式，在官场中，称"政治牌"。不但必输，而且还要输得天衣无缝，使对方以及旁观者〔假如有旁观者的话〕，都确信对方技高一着，赢得高明。输家往往还会赞叹："输了钱，输得心服口服，因为学了一手。"或者故作憨状，缠战不休，输钱不止。在"政治牌"中，输家是事实上的赢家，赢家是事实上的输家)，范晔既贪图孔熙先的钱财，又喜爱他的才华，二人感情，遂越来越亲密。于是，在一个气氛融洽的场合，孔熙先对范晔说："最高统帅(刘义康)英明决断，地上人民及天上神灵，全都敬佩，自从失去职位，被贬到南方边疆，天下人心愤怒。我接受老爹临终时的遗命，用一死去报答最高统帅(刘义康)的大恩。最近，人心骚动，天上星辰混乱，说明时机已经成熟，无法推开，也无法后延。如果上应天心，下顺民意，广结英雄豪杰，里应外合，在皇宫之内，发动政变，然后诛杀反对我们的人士，拥护圣明的天子（刘义康），号令全国，谁敢不从？我愿意以七尺高的身躯，三寸长的舌头，建立大功，成就大事，而把成果献给各位长官，前辈认为如何？”范晔因吃惊过度，霎时间呆在那里。孔熙先说：“从前，毛玠忠心事奉曹操，张温竭力附和孙权，这两位都是国家的人才，岂仅仅是言行不当，才招来大祸（毛玠同情崔琰冤狱，曹操逮捕毛玠下狱；参考二一六年五月。张温引荐暨艳不当，被孙权免职；参考二二四年八月）？都是因为太廉洁、太正直，受到排斥。前辈所受皇上（刘义隆）的宠爱，不比曹操、孙权对毛玠、张温的宠爱更深。而前辈所受的赞美，却超过毛玠、张温。鲨鱼群斜眼看着你，为时已久，而你想跟他们以平等的地位，并肩竞争，怎么能够！最近，殷铁（殷景仁乳名）一句话，刘班（刘湛乳名）头颅粉碎（参考四四〇年十月），他们岂是真的有杀父杀兄之仇，或百世不解之怨？事实上所争的，不过名望和权力，谁先谁后而已。等斗到最后，陷害对方，唯恐陷得不深，动手不早。诛杀一百口人，还认为不能出气消恨；真是令人寒心，怎么能仅靠坐在那里读书，就可以远离麻烦？现在，建立伟大勋业，拥护圣明，在危险中寻求安全，用安全代替危险，享受厚利，博取美名。这些益处全都呈现时，怎么可以放弃，而不争取？”范晔犹豫不敢决定。孔熙先说：“有比这更严重的原因，我不敢出口。”范晔说：“只管告诉我。”孔熙先说：“前辈世代清白煊赫（范晔曾祖父范汪、祖父范宁、老爹范泰，都有名声），可是，却不能跟皇家通婚，以致世人把你们当作猪狗看待，前辈却不认为是一种耻辱，还打算为皇家效死，岂不是有点糊涂。”范晔家庭有伤风败俗的丑闻，所以孔熙先用它激起范晔的羞愤。范晔不再作声，但决定参与发动政变计划。

范晔跟国务院文官部长（吏部尚书）沈演之，同时受南宋帝刘义隆的宠信，入宫的时候，范晔如果先到，一定在宫门口等候沈演之，一同入宫。可是沈演之先到，却往往单独被刘义隆召见，范晔遂心生怨恨。

范晔担任过刘义康总部的助理官，曾触怒刘义康。但外甥谢综，及谢综的老爹谢述（范晔的姐夫），都受刘义康厚待。谢综的老弟谢约，又娶刘义康的女儿。谢综现在当刘义康的记录军事参议官（记室参军），自豫章（江西省南昌市）返首都建康（江苏省南京市），传达刘义康对范晔的歉意，要求化解过去的恩怨，于是二人感情，恢复昔日亲密。

全国最高统帅府秘书长（大将军府史）仲承祖，受刘义康的宠信，听到孔熙先的阴谋，二人遂秘密相结合。首都建康市长（丹阳尹）徐湛之（会稽公主刘兴弟的儿子），受舅父刘义康宠爱，仲承祖因此更结交徐湛之，把阴谋告诉徐湛之。道士法略、尼姑法静，也都感激刘义康往日的恩德，同时都跟孔熙先来往。法静的妹夫许曜，在宫廷担任禁卫军军官，承诺作为内应。法静前往豫章（江西省南昌市），孔熙先托她带一封信给刘义康，对神秘预言书加以说明。于是，一项宫廷政变计划秘密实施，并着手调查平常他们所不喜欢的人，列入黑名单，等待政权到手后，一一诛杀。孔熙先命老弟孔休先，撰写文告，宣称："叛徒赵伯符，罪大恶极，率军冒犯皇上（刘义隆），大祸延及储君（赵伯符当时是中央禁军总监〔领军将军〕；孔熙先等要无辜的赵伯符当替死鬼，连同太子刘劭，一起铲除）。徐湛之、范晔，不顾性命危险，挥刀奋战，斩赵伯符和他的叛乱党羽。现在，派中央军事总监（护军将军）臧质，携带皇帝印信，前往迎接彭城王（刘义康），正式登极。"孔熙先认为，发动这样的大事，应有刘义康的命令，才可以团结人心。范晔又模仿刘义康的笔迹，写给徐湛之一信，命他肃清皇上（刘义隆）左右的恶官。大家就把这封伪造的信，让同党们过目。

刘义隆在武帐冈给刘义季饯行时（参考本年〔四四五〕九月十七日），范晔等本来准备当天发动。许曜站在刘义隆身旁担任侍卫，把佩刀微微拔出刀鞘，向范晔使出眼色，范晔临时恐惧，不敢抬头。而一会工夫，宴席结束。徐湛之恐怕事情不能成功，遂把全盘阴谋，向刘义隆告密。刘义隆命徐湛之搜集证据，于是搜集到政变文告，以及参与政变者的名单，呈报皇帝。刘义隆遂命有关单位逮捕，彻底追查。当夜，传唤范晔进宫，被软禁在国务院外交司（客省）。在软禁范晔之前，先行逮捕谢综跟孔熙先弟兄，他们全部承认参与政变。刘义隆派人审问范晔，范晔仍隐瞒拒抗。孔熙先听到消息，笑说："所有行动计划、印信、文告、信件，都是范晔手笔，为什么现在却去撒赖！"刘义隆把范晔亲自写的笔迹拿给他看，范晔才低头承认，全部招供。

第二天，武装士卒把范晔送到最高法院监狱（廷尉）。孔熙先一经询问，全部说出，侃侃而谈，十分坦荡。刘义隆对他的才华，大为惊奇，派人慰勉他说："以你的才能，在顾问署（集书省）埋没那么久，应该有这项非常举动，这是我亏待你。"又责备前任国务院文官部长（吏部尚书）何尚之说："教孔熙先年将三十岁，而仍当编制外散骑顾问官（员外散兵侍郎），怎么不变成叛徒！"孔熙先在狱中上书刘义隆，表示感谢；但同时根据神秘预言书，警告刘义隆小心骨肉之间的灾祸。孔熙先说："希望不要把这份奏章抛弃，而要保存在立法院（中书）。如果我死之后，能有人追查防范，也好使我在九泉之下，稍稍减轻闯下大祸的责任。"

范晔在狱中作诗说："虽没有嵇康的琴，但媲美夏侯玄的从容不迫。”（“虽无嵇生琴，庶同夏侯色”。嵇康被司马昭诛杀时，临斩，低头观察日影，命拿琴来，弹完一曲《广陵散》；参考二六二年。夏侯玄被司马师所害，押解东市刑场时，面色不变；参考二五四年二月。）范晔预料，入狱当天，就会处死。但刘义隆要彻底调查这桩失败政变的内幕，所以二十天没有行动，范晔遂燃起一线希望。看守员戏弄他说：“外边谣传：总管（太子宫总管〔太子詹事〕范晔）可能判无期徒刑。”范晔乍听之下，惊喜交集。谢综、孔熙先失笑说：“范晔想当初是什么模样，卷袖搯胸，眼喷怒火；跨马奔驰，左顾右盼，豪气万丈，自认为是一代英雄。现在却心乱如麻，怕成这个样子！即令赦免不死，而作人臣属，反而图害人主，还有什么面目活着？”

十二月十一日，范晔、谢综、孔熙先，跟他们的老弟和儿子，以及同党，全部诛杀。范晔的娘亲赶到刑场，哭泣流泪，斥责范晔，用手击打范晔脖颈，范晔脸上没有惭愧颜色，妹妹和小老婆们前来辞别，范晔悲不自胜，眼泪如雨。谢综在旁提醒说：“阿舅，你的脸色可跟夏侯玄的不一样。”范晔才停止哭泣（范晔死年四十八岁）。

谢约没有参加政变阴谋，看见老哥谢综跟孔熙先，经常聚会，常规劝他：“孔熙先这个人把天下事看得太简单，喜爱出奇制胜，不走正当途径，进取心太强，做出的事太绝，从不检讨自己的行为，不可以跟他过度亲密。”谢综不接受，结果失败。谢综的娘亲，因儿子和老弟全陷叛逆，不肯前去法场，见最后一面。范晔对谢综说：“我姐姐（谢综的娘亲）不来，见识高过别人！”

没收范晔的家产，乐器、衣服、玩物，全都非常珍贵华丽，小老婆们有戴不完的珍珠翡翠，可是，娘亲所住的地方，却孤单简陋，只有一个厨房，满堆烧火用的木材，侄儿冬天没有棉被，叔父冬天只有单布衣。

有超越人群的才能，一定想一飞冲天。有超越世俗的抱负，一定不愿久居低位。要这样的人，严守普通规则和正道，行为受礼教约束，恐怕绝无仅有。刘湛、范晔，都心志骄傲，贪图权力，自负才能，不惜叛逆，多少代累积下来的名门世家，霎时之间，崩溃瓦解，平常日子所谓的智慧能力，反而成了自杀的工具。

王鸣盛曰

范晔的曾祖父范汪、祖父范宁、老爹范泰，三世都是儒家学派学者。范晔更精通儒家经书，及历代史籍，擅长写作，在南宋帝国当官，地位崇高，享有大名却忽然被指控谋反，连同四个儿子、一个弟弟，一齐绑赴刑场，斩首示众。研究案情，范晔性情轻率急躁，行为不知道检点，跟妄人孔熙先来往，他的罪恶不过如此，绝不可能做出谋反之事。只因范晔生于三九九年，南宋帝国夺取政权时，他二十二岁。当刘裕最初建立宋国封国政府时（参考四一九年七月），便拥护刘家，已没有丝毫故国（晋帝国）之思，而新兴王朝（南宋帝国）的恩宠，又十分优厚。孔熙先因刘义康被逐往豫章（江西省南昌市），打算谋杀现任皇帝刘义隆，迎立刘义康登极，一片胡思乱想，事情之必然不能成功，连白痴都会知道，范晔怎么可能跟他同谋？而且，刘义康当权时，范晔曾因饮食上的小小过失，被罢黜驱逐（刘义康娘亲安葬的前一天晚上，范晔在宰相府酗酒，打开北窗，听唱挽歌，大为快乐），对刘义康一定怨恨。孔熙先勾引范晔的外甥谢综，谢综曾经从中调解，即令怨恨可以消除，怎么能变得甚至反过来还要杀身以报？范晔跟刘义隆之间的关系，份属君臣，在游乐场合，奉命弹琵琶陪歌，因不肯尽情演奏，受到弹劾（范晔喜弹琵琶，能弹出新调，刘义隆很想一听，屡次暗示，范晔都假装听不懂。有一天，刘义隆摆下御宴，饮酒嬉笑，气氛至为欢乐，对范晔说："我打算唱一首歌，请你伴奏。"范晔遵命。可是刘义隆歌声刚刚住口，范晔也立刻停止拨弦）。刘义隆爱他的才华，并不加罪，反而任命他当首都东区卫戍司令（左卫将军），掌握保卫皇家的禁卫军，参与政府高阶层决策，深受信任，应是一种奇遇。却忽然之间，翻脸倒戈，除非他已丧心病狂，怎么竟会如此！孔熙先游说范晔，最大的煽动是：皇家不肯跟范家结亲。当时，南宋帝国门第高于范晔的，非常之多，难道都跟皇家结亲？范晔竟因此一点之怨，图谋弑君，不合情理。

范晔最初意志坚定，最后闭口不答，他之拒绝，至为明显，竟然说他谋反的意志因此而定，难道不是诬陷？范晔曾对刘义隆说："刘义康奸谋已露，恐怕有变。"（范晔说："我考察两汉王朝故事，亲王犯了诅咒大罪，就应依照大逆条款处罚，何况刘义康邪心恶行，已经显露，却到今天都平安无事，我深感困惑。大的树干一直放在那里，一定会把人绊倒，兄弟骨肉之间，外人难以发言，我因受恩深重，冒险陈述。"刘义隆不理。）这种尖锐的警告，反而变成他不过在那里试探皇帝态度的罪状。这些指控，乃是收集范晔叛变证据，无法收到，只好对这些话加以曲解。甚至又指控：衡阳王刘义季等出京（首都建康）前赴任所，刘义隆在武帐冈饯行，范晔等竟预定在那天发动政变。一个渺小的文化人，打算使出寿寂之（参考四六五年十一月）手段，这是什么逻辑？何况，孔熙先明明是主谋，弄到后来，范晔反而成了主谋；徐湛之告密，也称："贼臣范晔。"真是不能了解。

范晔刚被捕时，拒不承认，答辩说："而今，皇家稳固得如同磐石，藩篱四方竖立，假设仅在中央政府发动，追求侥幸，各地军区司令，起兵讨伐，能维持几天不被消灭？而且，我的官位已经够高，再往上擢升一级两级（位至宰相），自然会有那一天，为什么用灭族的行动，去交换一定可以得到的东西！”又说：“我早就想报告皇上，只因孔熙先叛逆的行迹还没有显明，而又盼望把此事消灭于无形，所以，延误到今。”然则，范晔不过知情不报而已，而竟然认定他是叛乱的领导人！为什么？范晔善弹琵琶，刘义隆想听一次，他都始终不肯，耿介倔强，大都类此。他所撰写的《香方序》，对政府权贵，一一讽刺（《香方序》中，讽刺庾炳之嫉妒，何尚之虚伪，沈演之谄媚，羊玄保昏聩，徐湛之庸俗，慧琳道人滑头），可以推想范晔平日自恃才华，待人骄傲；痛恨他和厌恶他的，一定很多，最后终于联手陷害。《宋书》所有记载，全是当时苦心编织出来的文章，但仍录出他答辩的话，而《南史》连这些话，全都删掉，范晔遂永蒙难以昭雪的奇冤。

范晔跟沈演之同时受皇帝（刘义隆）的知遇，沈演之每次都先行入宫晋见，不肯等待范晔，史书说范晔因此对沈演之怨恨，才有叛变之意。我认为范晔未必为这件事怨恨，但可以肯定，沈演之正是嫉妒范晔的才华，嫉妒范晔的宠爱，所以加以陷害，可参考《宋书・沈演之传》。范晔又告诉何尚之说：“谋逆这件事，孔熙先曾经说过，因为看不起他这个小娃，根本没有放在心上。而今忽然受到责备，才发觉自己有罪。你用正道辅佐政府，使天下没有冤苦，我就是在身死之后，仍望你看顾此心。”而何尚之，却正是陷害范晔的鲨鱼之一，也见《宋书・何尚之传》。范晔竟然向他诉冤，不过是情势已急，不能选择。范晔又告诉自己：外人传言庾部长（尚书）憎恨他，而他想不出被憎恨的理由。庾部长（尚书）者，指庾炳之。范晔虽自认为没有对不起庾炳之的地方，但《宋书・徐湛之传》说：“刘湛伏诛，太祖（三任帝刘义隆）委任沈演之、庾炳之、范蔚宗等。”争权妒宠，庾炳之陷害范晔，在情理上必是事实。范晔在狱中给外甥、侄儿写信，论及他所撰写的《后汉书》，说：“‘赞’是我的文思精华，没有一个字没有用处，这部书流行之后，理应有知音人士。自古以来，内容这么庞大，思考这么精密，还从来没有过。”他是这样的自负，危难之中，牢房之内，仍津津乐道，使人深感悲叹。

18 首都建康市长（丹阳尹）徐湛之向南宋帝刘义隆所作的告密，并不详尽，仍有隐瞒；而在很多地方，范晔在供词中又咬定他是同谋。刘义隆下令赦免徐湛之，不再追问。臧质，是臧熹的儿子（臧熹，是臧焘的老弟，参考四〇四年三月）；之前，当徐、兖二州（州政府设彭城〔江苏省徐州市〕）州长（刺史），跟范晔最是亲厚。范晔被处死，调任臧质当义兴郡（江苏省宜兴市）郡长。

有关单位奏请削除彭城王刘义康爵位，逮捕交付最高法院（廷尉）定罪。

十二月十三日，刘义隆下诏：剥夺刘义康和他的儿子、女儿所有封爵，全家贬为平民，注销皇家户籍，押解安成郡（江西省安福县），软禁看管。任命宁朔将军沈邵，当安成郡郡长（相），率军防守。沈邵，是沈璞的老哥（沈璞，参考四四〇年十二月）。刘义康在安成郡，闲时读书，读到西汉王朝淮南王（厉王）刘长事（参考前一七四年），不禁放下书本，叹息说：“原来古时候就有这种事，我竟然不知道。弄到今天这个地步，也是应该。”

十二月二十六日，任命前任豫州（州政府设寿阳〔安徽省寿县〕）州长（刺史）赵伯符，当中央军事总监（护军将军）。赵伯符，是孝穆皇后赵女士（一任帝刘裕娘亲）的侄儿（老爹赵伦之，参考四一五年三月二十九日）。

19 最初，自从晋帝国政府南迁建康（江苏省南京市）以来，皇帝南郊祭天神，北郊祭地神，都没有音乐。皇家祖庙虽然有祭祀的歌曲，却没有“文”“武”二种舞蹈。

本年（四四五），南宋帝刘义隆到南郊祭祀天神，才有歌曲。

20 北魏帝国安南将军府，跟平南将军府，用正式公文，通知南宋帝国兖州（州政府设须昌〔山东省东平县西北〕）州政府，指责南宋帝国所设立侨州，乱用北魏帝国各州名号；同时，要求前往具区（具区泽，战国时代太湖的名称。此处泛指江东〔太湖流域〕，即南宋帝国京畿地区）游玩打猎。南宋兖州州政府也用正式公文回答说：“如果要有土地才能设立州郡，你们设置徐州（州政府设外黄〔河南省民权县西北黄集村〕）、扬州（州政府所在不详），难道就有这块土地？又知道你们有人要到具区（太湖流域）游玩狩猎，观光南方教化。我们设置有旅馆、招待所，由有关单位负责办理。呼韩邪单于入朝西汉王朝政府（参考前五一年），所用的仪式，仍然存在。而我们招待所设的筵席，一向十分盛大。”

四四六年 丙戌

南宋　元嘉　二十三年
北魏　太平真君　七年
（天台王盖吴二年）

1 春季，正月六日，南宋帝国（首都建康〔江苏省南京市〕）国务院左执行长（尚书左仆射）孟颛，免职。

2 正月十四日，北魏帝国（首都平城〔山西省大同市〕）皇帝（三任太武帝）拓跋焘（本年三十九岁），亲率大军，讨伐变民首领“河东蜀”薛永宗，抵达东雍州（州政府设禽昌〔山西省临汾市〕），紧逼薛永宗军营，宰相（司徒）崔浩说：“薛永宗不知道陛下御驾亲征，军心一定松懈。现在，乘北风强劲，应立即攻击。”拓跋焘接受。

正月十六日，包围薛永宗军营。薛永宗出战，大败，跟家人一同投汾水自杀。他的族人薛安都，早先占领弘农郡（河南省灵宝市东北），得到兵败消息，放弃城池，投奔南宋帝国（首都建康）。

正月十七日，拓跋焘前往汾阴（山西省万荣县西南荣河镇），西渡黄河，抵达洛水桥（陕西省的洛水）。听到变民集团首领、天台王盖吴，驻屯长安（陕西省西安市）北郊消息。拓跋焘认为渭河之北，田没有粮，野没有草，打算到渭河南岸，沿渭河向西；询问崔浩的意见，崔浩回答说：“打蛇，要先打它的头，头如果粉碎，尾巴毫无力量。而今，盖吴军营跟我们的距离，只六十华里，用轻装备骑兵袭击，一天就可到达，一到就会把他击破。击破盖吴之后，南下长安（陕西省西安市），不过一日路程，多一日行军，没有伤害。如果到渭河南岸，则盖吴从容不迫的进入北山（陕西省礼泉县北九嵕山），短期内不容易剿平。”拓跋焘不接受，遂沿渭河南岸，向长安进发。

正月二十六日，抵达戏水（流经陕西省西安市临潼区）。盖吴部众得到消息，化整为零，逃入北山（陕西省礼泉县北九嵕山），北魏军毫无所获，拓跋焘大为后悔。

二月二日，拓跋焘抵达长安。

二月十二日，前进到盩厔（陕西省周至县），再前进到陈仓（陕西省宝鸡市东陈仓镇），回军，抵达雍城（陕西省宝鸡市凤翔区）。所经过的地方，对于跟盖吴互通声息的汉人或蛮夷，大肆诛杀。宫廷安全部长（殿中尚书）乙拔等诸军，大破据守杏城（陕西省黄陵县）的盖吴变民军。

盖吴再派使节到南宋帝国（首都建康）上疏南宋帝（三任文帝）刘义隆，请求派军援救。刘义隆（本年四十岁）下诏，任命盖吴当关陇（陕西省中部及甘肃省南部）军区司令长官（都督关陇诸军事）、雍州州长（刺史），封北地公。下令雍州(州政府设襄阳〔湖北省襄阳市〕)、梁州(州政府设南郑〔陕西省汉中市〕),出动武装部队,驻防边疆,作为盖吴声援。派使节送给盖吴印信一百二十一颗,让盖吴相机代表中央政府任官封爵。

3 最初,林邑王国(越南中部)国王范阳迈,虽然派使节向南宋帝国进贡,但侵犯抢劫事,仍然不断,而使节进贡的物品,也十分简陋。南宋帝刘义隆,派交州(州政府设龙编〔越南河内市东北北宁省〕)州长(刺史)檀和之,出军讨伐。南阳郡(河南省南阳市)人宗悫(音què〔确〕),世代都是知识分子,只宗悫喜爱军旅生涯,常说:"愿乘长风破万里浪。"现在,檀和之讨伐林邑王国,宗悫自己请求从军。中央任命宗悫当振武将军,檀和之派宗悫当前锋司令官。范阳迈听到交州大军出动消息,派使节请求送回他所掳掠的日南郡(越南东河市)郡民,并呈献黄金一万斤、白银十万斤。刘义隆下诏给檀和之说:"范阳迈如果真的有诚意,应允许他归顺。"檀和之南征兵团抵达朱梧(日南郡郡政府所在县),派交州州政府民政军事参议官(府户曹参军)姜仲基等,前往林邑,晋见范阳迈。范阳迈把他们逮捕。檀和之遂进军,包围林邑将领范扶龙据守的区粟城(今地不详)。范阳迈派将领范毗沙达,前往增援。宗悫秘密行军,迎击范毗沙达,击破林邑军。

4 北魏帝拓跋焘,跟宰相(司徒)崔浩,都崇信尊敬道士寇谦之,信奉道教。崔浩素来厌恶佛教,不断向拓跋焘抨击佛教虚无怪诞,在世上浪费太多资源和财产,应该铲除。等到拓跋焘讨伐变民首领、天台王盖吴,抵达长安(陕西省西安市),偶尔进入佛教寺庙,和尚请侍从官员饮酒,侍从官员到和尚住的房间,发现有

五世纪·四四六年正月至二月

北魏帝拓跋焘亲征河东、关中变民

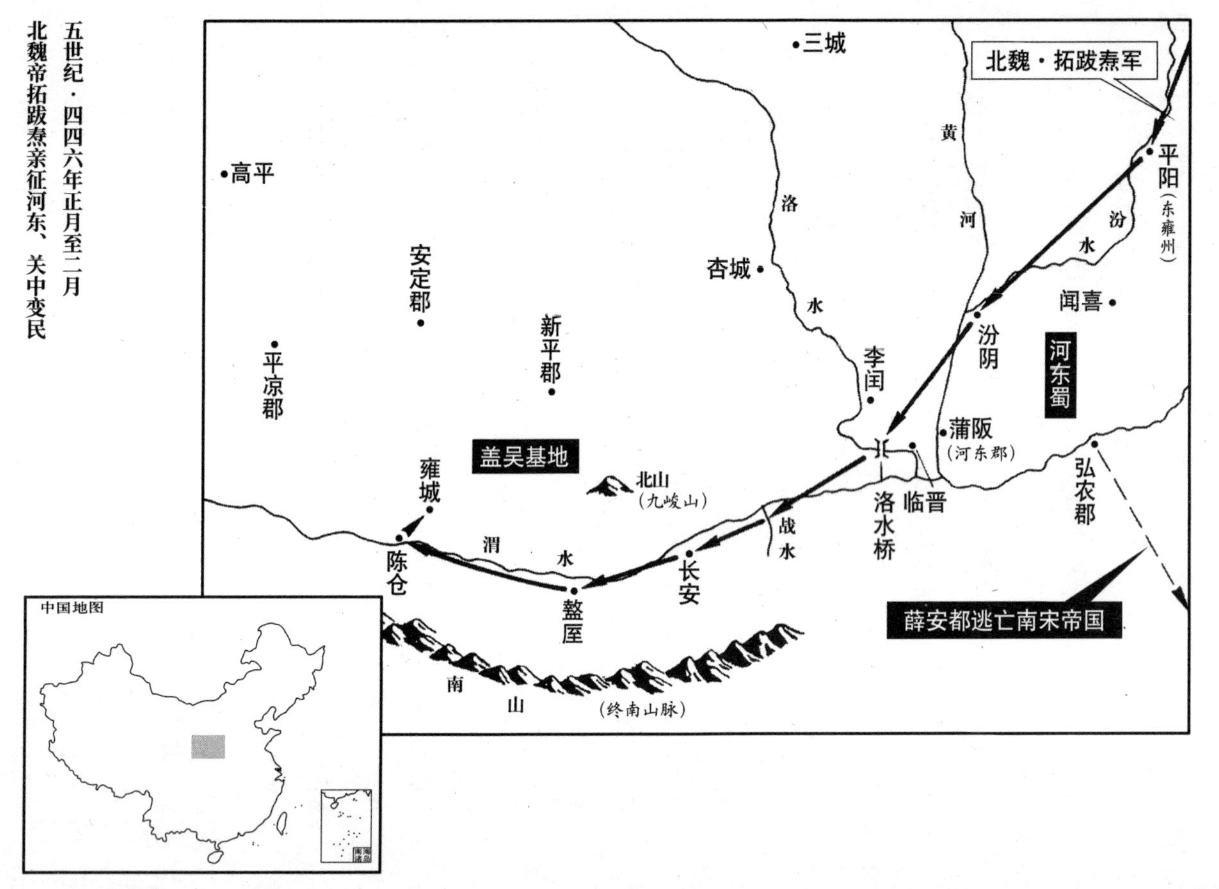

相当多的武器，出来报告拓跋焘。拓跋焘暴跳如雷，喊叫说：“这不是和尚用的东西，一定跟盖吴勾结，打算暴动。”命有关单位逮捕庙门之内所有和尚，全体诛杀。没收财产时，又发现酿酒的炉灶工具，和州长、郡长，以及大富豪所委托寄存的东西，数目之多，以万为计算单位（不知是指件数或指价值）；更发现窝藏妇人美女的地下密室。崔浩乘机游说拓跋焘诛杀天下所有佛教和尚，焚烧佛经，摧毁佛像。拓跋焘同意。但寇谦之反对，向崔浩竭力劝阻，崔浩不接受。于是，先行诛杀长安（陕西省西安市）一城和尚，焚烧佛经，摧毁佛像。下诏给首都平城（山西省大同市）的中央留守政府（留台），命中央留守政府通令全国各地，仿效长安模式，展开屠杀。诏书上说：“从前，东汉王朝的昏君，迷惑邪恶的假神，破坏伦常（东汉二任帝刘阳时，佛教传入，参考六五年十月）。自从古代以来，九州（古九州，全中国）之内，从没有过这种事情：言语荒唐，空话连篇，不合人情，在不安定的社会中，使人们眼花缭乱，受到迷惑。因此之故，政治教育，不能推行，礼乐仁义，跟着败坏，天下之大，全成废墟。我继承天命，打算铲除虚伪，保护真主，恢复伏羲氏（五氏时代第三氏）、神农氏（五氏时代第五氏）太平世界，其他的全都清扫干净，消灭得不留一点痕迹。从今以后，胆敢仍事奉蛮夷神祇，以及塑造偶像、捏泥人、铸铜人的，全家诛杀。有非常的人，才可以做非常之事，除了我，谁能除去这个多少年代留下的假神！有关单位应通告全国各军区、各镇、各州，对辖区内所有佛教寺庙、佛像，以及经典（指佛经），全部击碎、摧毁、焚烧。所有僧侣，不管老少，一律活埋坑杀。”太子拓跋晃恰恰是佛教徒，崇信佛法，过去不断向老爹进言劝阻，老爹都不接受。现在只好尽量拖延颁布诏书的时间，使远近寺庙先得到风声，各自逃生，很多僧侣都因早早躲藏，或早早把佛像、佛经收起，而幸免大祸。可是，宝塔、寺庙，在北魏帝国境内的，全都铲平，一座都没有留下（历史上，佛教曾受过三次大规模的流血迫害，因执行迫害的皇帝绰号或庙号，都有一个“武”字〔拓跋焘绰号太武皇帝〕，所以称“三武之祸”。本年，是第一祸）。

5 北魏帝拓跋焘，把长安（陕西省西安市）高级技术工匠二千家，强行迁移到首都平城（山西省大同市）。班师途中，抵达洛水（陕西省洛水），派出一支军队，屠杀李闰（陕西省大荔县北）叛变的羌民族部落。

6 南宋帝国太原郡（侨郡，山东省济南市长清区西南）人颜白鹿，私自进入北魏帝国边境（不知道什么缘故），被北魏地方政府捕获，就要斩首，颜白鹿惶恐，信口开河说：“青州（州政府设东阳〔山东省青州市〕）州长（刺史）杜骥，派我来请示归降事宜。”北魏地方政府把颜白鹿送到首都平城（山西省大同市），北魏帝拓跋焘大喜，说：“杜骥，可是我外婆家的人（拓跋焘娘亲姓杜）。”命宰相（司徒）崔浩写信给杜骥，一面下令永昌王拓跋仁、高凉王拓跋那，率军东下，迎接杜骥；遂攻击南宋冀州（山东省西北部）州长（刺史）申恬据守的历城（山东省济南市）。杜骥派总部军政官（司马）夏侯祖欢（夏侯，复姓）等，援救历城，北魏军遂攻击兖州（山东省西部）、青州（山东半岛）、冀州（山东省西北部），前锋直到清水（泗水上游）之东才退。所到之处，烧杀劫掠，惨不忍睹，南宋北方边境，骚动不安。

南宋帝刘义隆，对北魏帝国的不断侵略，深感忧虑，征求文武百官的意见。总监察官（御史中丞）何承天上疏，认为：

“当初，西汉王朝防备匈奴汗国的策略，不外两项：一是武装部队尽力征战，一是文官谋求和解。现在，要效法卫青、霍去病轰轰烈烈的壮举，就非在淮河、泗水流域，大肆推广农耕不可。必须使青州（山东半岛）、徐州（江苏省北部）粮库充实，人民有丰富的储蓄，郊野都堆积米谷，然后动员精锐士卒十万人，才可以一举扫荡蛮夷，成功非常容易。如果仅只派军追击，不过报复侵略暴行，他们的轻装备骑兵，准会逃走，不肯在战场上一决胜负。白白浪费巨额军费，对他们没有损失，反而再引起他们的重来，恶性循环，应是最末等的策略。

“最好的办法，莫过于巩固边防。我私下判断，曹操（曹魏帝国一任帝曹丕的老爹）、孙权（东吴帝国一任帝），所以能各霸一方，在于他们的才能和智谋，互相匹敌。长江、淮河间的真空地带，双方各数百华里，没有人烟。为什么如此？只因斥候侦探出没之区，不是农夫耕田牧羊之地。所以整修防御工程，清除原野居民，等待敌人发动攻击；加强士卒训练，磨利作战武器，严密监视敌人，注视敌人暴露出来的弱点。保护人民，安定国家，不会超出这条道路。

“以上建议，可以归纳出四项措施：第一，把远处的居民，迁到近处。现在，青州（山东半岛）、兖州（山东省西部）的居民，以及冀州（山东省西北部）新归附的居民，在边界上的，有三万余家。可以全部迁到大岘山（山东省临朐县南沂山）之南，使内地的实力增加。第二，大量兴筑城池，容纳移民定居，由政府借贷给他们生产费用。春夏两季，耕田放牧，秋冬两季，进入堡垒。贼寇（北魏帝国军）前来攻击时，每一个城池有一千家的话，有资格担任战士的，不会少于两千人，其他老弱幼小，仍能登城呐喊助威，足可以跟蛮虏（北魏帝国）三万人对抗。第三，把居民的车辆和牛马，编队成组，必要时用来运输粮秣武器。计算一千家的资产，至少有一千头牛、五百辆车，经过精密调配，足够保卫自己。假使城池无法支持，也可以从平地迁入险要，敌人不能干扰，一旦情况紧急，临时动员，最多不过一个晚上，就可以集合。第四，计算战士数目，准备武器。一个城池平均有两千名战士，依照各人的能力，各有自己的武器，加强练习，运用自如，还可以把自己名字刻到上面。平时缴回军械库保管，战争爆发，则拿出来把它磨利。弓箭和利铁，民间不容易得到的，政府应逐渐补充。几年工夫，军事准备，就可奠定基础。京师（首都建康）附近各郡民兵，开拔到遥远的清水（泗水上游）、济水驻防，军费支出既大，人民痛苦怨恨也深。以我的观察，不如就用当地民众，比较容易。现在，应该顺应人民的盼望，领导他们去做，兵力加强而敌人不会惊慌，国家富有而人民并不劳苦。比起来坐吃粮食的军队，不可同日而语。”

7 北魏帝国金城郡（甘肃省兰州市）人边固、天水郡（甘肃省天水市）人梁会，联合秦州（州政府上封）、益州（侨州）境内各种蛮夷一万余户，占领上邽（应称上封，秦州州政府所在县，甘肃省天水市）东城，叛变；进攻西城；北魏秦、益二州州长（刺史）封敕文，把他们击退。

氐民族和羌民族一万余人，匈奴民族休官部落及屠各部落二万余人，全起兵响应边固、梁会。封敕文反攻，斩边固。余下来的变民部众，推举梁会当盟主，跟封敕文互相攻击。

8 夏季，四月一日，北魏帝拓跋焘，抵达长安（陕西省西安市）。

9 四月二十四日，南宋帝国大赦。

10 仇池（甘肃省西和县南）人李洪，集结民众，宣称他应该当王。

北魏帝国境内变民集团首领梁会，向“氐王”（首府葭芦城〔甘肃省陇南市武都区东南〕）杨文德求救，杨文德说：“两雄不并立，你如果需要我，就请你先杀李洪。”梁会遂甜言蜜语引诱李洪，斩首，把人头送给杨文德。

五月十一日，北魏帝拓跋焘，派安丰公拓跋闾根，率骑兵进击上邽（上封，甘肃省天水市），还没有到达，梁会已放弃上邽东城逃走。封敕文早就在外围挖掘重重壕沟，严密防守，两军肉搏格斗，从夜晚战到天亮，变民军战斗不息。封敕文说：“盗贼（变民军）知道没有生路，跟我们死拼，杀死我们太多士卒，不容易制服！”遂举起白虎幡（代表皇帝执法的军旗），向变民军宣告：投降的一律赦免，变民军遂告崩溃。封敕文分别派出军队追击讨伐，全部平定。

略阳郡（甘肃省天水市麦积区东）人王元达，集结部众，据守松多川（源出陇山）；封敕文也把他平定。

11 北魏帝国变民首领、天台王盖吴，集结被击溃的残余部众，驻军杏城（陕西省黄陵县），改称秦地王，声势再度大振。北魏帝拓跋焘，派永昌王拓跋仁、高凉王拓跋那，统御北方（长安以北）各路人马讨伐。

12 南宋帝国交州（州政府设龙编〔越南河内市东北北宁省〕）州长（刺史）檀和之等，攻占区粟（今地不详），斩守将范扶龙，乘胜进入象浦（今地不详）。林邑国王范阳迈，抽空全国兵力迎战，出动象阵，象身披挂马用铠甲，浩浩荡荡北上，从前面望不见后面。宗悫（音què〔确〕）说：“我听说，外国有一种‘狮子’，十分凶猛，威力震服百兽。”乃依照狮子模样，大量制造，运到阵前跟象阵对抗，象群果然惊恐逃窜，林邑军大败，檀和之遂占领林邑王城（典冲城，越南茶荞城）。范阳迈父子，狼狈逃走。掳获不知道名称的宝物，不可胜数；宗悫不取一件，回家时候，衣服以及梳头用具，跟过去一样，仍十分简朴。

13 六月一日，日蚀。

14 六月二日，北魏帝国征调冀州、相州、定州（三州包括河北省中南部）民兵二万人，扼守长安（陕西省西安市）南山（终南山）各个谷口，防备变民军首领、秦地王盖吴失败后逃亡。

六月四日，再征调司州（山西省北部）、幽州（河北省北部）、定州（河北省中部）、冀州（河北省东部）民兵十万人，修筑京畿（首都平城）外围要塞防御工程。东自上谷郡（河北省怀来县），西到黄河，长度及纵深都有一千华里。

15 南宋帝刘义隆，修筑北方堤防，挖掘玄武湖（这就是迄今二十世纪仍在的玄武湖，在建康城北），在华林园堆砌景阳山。

秋季，七月二十日，刘义隆任命散骑侍从官（散骑常侍）杜坦，当青州（州政府设东阳城〔山东省青州市〕）州长（刺史）。杜坦，是杜骥的老哥。最初，晋王朝名将杜预的儿子杜耽，逃避中原之乱，移住河西（河西走廊），在前凉王国供职（杜耽拥戴张轨，参考三〇八年二月）。前秦帝国灭前凉王国（参考三七六年八月），杜家子孙，才回到关中（陕西省中部）。晋帝国灭后秦帝国（参考四一七年八月），杜坦兄弟才追随当时的全国武装部队总司令（太尉）刘裕，到达江南（长江以南）。这时，江东（江苏省南部太湖流域）“王谢”两大家族，势力正达高峰。同是北方人，可是有人因逃到江南（长江以南）太晚，无论是晋帝国政府或南宋帝国政府，都把他们当作“伧荒”（来自蛮荒的贱货。参考三二七年十二月），即令有能力才华，也不可能进入高阶层官位。刘义隆曾经跟杜坦谈论到金日磾，说：“深恨现在再看不到这样人才！”杜坦说：“金日磾假如生在今天，忙着养马都来不及，怎么能受到尊重！”刘义隆脸色大变，说：“你未免把政府看得太浅薄。”杜坦说：“请允许我说完，像我，本来是中国的高贵世家，只因晋王朝动乱，迁到凉州（甘肃省中部西部），可是世代相传，一直从事官宦，没有更改。只因为渡长江南下的日子稍后，就把我们当作‘伧荒’，受到隔离，而金日磾，却是匈奴人，又在马厩管马，竟然能超越上升，身入皇宫，充当侍从，地位跟当时有名的贤才并列（金日磾事，参考前八七年）。圣明的主上虽然有意选拔人才，恐怕未必能办得到。”刘义隆沉默很久，不说一句话。

16 八月，北魏帝国高凉王拓跋那等，大破变民首领盖吴，生擒盖吴的两个叔父。各将领打算送到首都平城（山西省大同市）献功。长安镇（陕西省西安市）防守司令（镇将）陆俟说：“长安地势险要，城垣坚固，人民风俗强悍，平时都不可以忽略，何况大荒乱之后！现在，如果不诛杀盖吴，长安的动乱，就没有结束的一天，盖吴孑然一身，无论隐藏一地或暗中逃亡，不是他的亲信，谁能跟他接近？十万大军留在这里，去追捕一个人，不是长久之策。不如跟盖吴的叔父，秘密协定，赦免他们跟他们的妻子、儿女，教他们自己去找盖吴，就一定可以生擒。”将领们异口同声说：“贼党（变民军）已经溃散，只剩下盖吴一个人逃亡，他能逃到哪里？”陆俟说：“各位难道没有看见过毒蛇？只要没有把它的头砍断，它就可能再去咬人。盖吴天性凶恶狡狯，如果得以逃脱，一定自我宣传，说‘王者不死’，去迷惑愚昧的民众，灾难可能更大。”各将领说：“你说得对，可是，捉到贼寇不杀，反而放他回去，如果他一去不返，谁来承当这个责任？”陆俟说：“这个责任，我替各位负起。”高凉王拓跋那，也同意陆俟的策略。于是，赦免盖吴的两个叔父，约定返回的日期，把他们释放。约定日期已到，盖吴的两位叔父还没有返回，各将领都归罪陆俟。陆俟说：“他们只是还没有机会下手而已，决不会辜负。”过了几天，盖吴二位叔父果然携带盖吴的人头回来，遂即用驿马车把人头送到平城。永昌王拓跋仁，讨伐盖吴的同党、另一变民首领白广平、路那罗，完全平定。北魏帝国政府擢升陆俟当京畿部族政务总监（内都大官）。

正巧，在安定（甘肃省泾川县）定居的卢水胡人刘超等，集结一万余人叛变。拓跋焘因陆俟的威望和恩德，在关中享有盛名，再加授陆俟秦雍军区司令长官（都督秦、雍二州诸军事），镇守长安。对陆俟说：“关中（陕西省中部）接受帝国的教化，日子还短（四三〇年，北魏才自胡夏帝国手中夺取关中。参考该年十二月），恩德和信誉，还没有建立，所以官吏平民，屡次叛乱（屡次叛乱不是因为教化的日子还短，而是因为官员贪暴的日子太长。官场式的检讨，总是不敢触及真正原因）。我今天如果交你一支大军，刘超等听到消息，一定同心合力，据守险要，不容易攻破。如果交你的军队太少，对盗贼（变民军）又无法克制。盼望你用你的方法取胜。”陆俟遂单身匹马，到长安就职。刘超等得到消息，大喜过望，认为陆俟是无能之辈。

陆俟既到任所，派人向刘超分析成败利害，为了表示一片诚心，又娶刘超的女儿为妻，跟刘超结成姻亲，用来招降。但刘超仗恃自己部众强大，并没有归降之意。陆俟遂率他的左右将领，亲自前往安定（甘肃省泾川县），跟刘超会晤，刘超派人迎接，对陆俟说：“随从部队超过三百人，我们弓箭侍候。不超过三百人，当酒席招待。”陆俟遂率二百人骑兵，拜访刘超，刘超戒备森严，陆俟尽量饮酒，酩酊大醉而回。

不久，陆俟遴选敢死队五百人，出去打猎，下令说：“看我喝醉时发动！”顺道转到刘超军营，在刘超军营中，刘超设筵招待，如同往日，酒过三巡，陆俟假装饮醉，跳上马背，大声呐喊，挥刀一击，砍下刘超人头，敢死队应声攻击，杀伤数千人，遂完全平定。

17 本年（四四六），吐谷浑汗国返回旧土（去年〔四四五〕向西逃亡）。

四四七年 丁亥

南宋　元嘉　二十四年
北魏　太平真君　八年

1 春季，正月二十六日，南宋帝国（首都建康〔江苏省南京市〕）大赦。

2 北魏帝国（首都平城〔山西省大同市〕）“吐京胡”（在吐京〔山西省石楼县〕定居的匈奴人）及“山胡”（山居匈奴人）酋长曹仆浑等叛变。

二月，征东将军、武昌王拓跋提等讨平。

3 二月五日，北魏帝（三任太武帝）拓跋焘（本年四十岁），前往中山（河北省定州市）。

4 最初，北魏帝国西征大军，攻克姑臧（北凉故都，甘肃省武威市）时（参考四三九年九月），北凉王国末任王沮渠牧犍，派人砍开国库门户，抢夺金玉宝物，秩序大乱，再没有关闭。街市小民，争先恐后闯进去盗取，有关机关搜捕盗贼，无法找到。直到本年（四四七），沮渠牧犍的亲信，以及看管负责的国库官员，向北魏帝拓跋焘检举，并且揭发沮渠牧犍和他的老爹沮渠蒙逊（北凉二任武宣王），储存很多毒药，秘密毒死的人，以百为计算单位，而沮渠牧犍的姐妹，又都会邪门左道法术。主管机关搜查沮渠牧犍家，查出原属国库中的金玉宝物。拓跋焘大怒，命小老婆沮渠昭仪自杀（沮渠昭仪原是北凉王国兴平公主，参考四三三年四月），诛杀姓沮渠的一族。只有沮渠祖因投降最早（参考四三九年八月），免死。不久，有人告密说："沮渠牧犍跟故国官员和人民，仍有交往，并且有叛变阴谋。"

三月，拓跋焘派宰相（司徒）崔浩前去拜会，就在沮渠牧犍家，强迫沮渠牧犍自杀（年龄不详），绰号哀王。

5 北魏帝国把定州（州政府设中山〔河北省定州市〕）境内丁零部落三千家，强迫迁到平城（山西省大同市）。

6 六月，北魏帝国讨伐盖吴各军将领、扶风公拓跋处真等八人，被控盗卖及吞没军用物资，跟抢夺掳掠赃物各以千万计算，一齐斩首。

7 最初，南宋帝（三任文帝）刘义隆（本年四十一岁），认为钱的价值太高，货的价格太低，另行改铸新四铢钱（四三〇年铸的四铢钱，称旧四铢钱），钱币价值下降，人民遂把旧钱销毁，暗中盗铸新钱。刘义隆大为头痛。主管政府机要（录尚书事）、江夏王刘义恭建议：“一个大钱，兑换两个小钱。”国务院右执行长（右仆射）何尚之说：“钱币的兴起，由于交易行为，关键在货物买卖，岂跟钱多钱少有关？数量少则钱值钱，数量多则货值钱。多少虽不一样，功用完全相同。更何况用一钱兑换两钱，只不过是个虚价。如果采用此法，富人的财产将增加一倍，穷人就更贫苦，恐怕不是使社会财富均匀的方法。”刘义隆最后仍采取刘义恭的建议（富人越富，穷人越穷）。

8 秋季，八月二十日，南宋帝国徐州（州政府设彭城〔江苏省徐州市〕）州长（刺史）衡阳王（文王）刘义季逝世（年三十三岁）。刘义季自从彭城王刘义康被贬谪（参考四四〇年十月），每天酗酒，不问政事。南宋帝刘义隆写信给他，嘲弄指责，并且劝诫，刘义季酗酒如故，以至染病而死。

9 北魏帝国乐安王（宣王）拓跋范（皇帝拓跋焘老弟）逝世。

10 冬季，十月八日，南宋帝国故太子宫左翼卫队司令（太子左卫率）胡藩的儿子胡诞世，击斩豫章郡（江西省南昌市）郡长桓隆之，占领郡城，反抗中央（胡藩家在豫章郡），打算拥护前彭城王刘义康当皇帝。

前交州（州政府设龙编〔越南河内市东北北宁省〕）州长（刺史）檀和之，辞职回京（首都建康）途中，经过豫章，击斩胡诞世。

11 十一月十日，南宋帝国封皇子刘浑当汝阴王。

12 十二月（北魏历；南宋历是四四八年正月），北魏帝国晋王拓跋伏罗（皇帝拓跋焘子）逝世。

13 接受南宋帝国“武都王”封号的“氐王”杨文德，占领北魏帝国的葭芦城（甘肃省陇南市武都区东南），号召氐民族及羌民族反抗北魏统治（杨文德占领葭芦城，参考四四三年七月）；武都等五个郡的氐民族，都响应归附（五郡：武都郡〔甘肃省陇南市武都区〕、天水郡〔南天水郡，甘肃省礼县东〕、汉阳郡〔甘肃省礼县〕、武阶郡〔甘肃省陇南市武都区东南〕、仇池郡〔甘肃省西和县南〕）。

四四八年 戊子

南宋　元嘉　二十五年
北魏　太平真君　九年

1 春季，正月（北魏历；南宋历是二月），北魏帝国（首都平城〔山西省大同市〕）仇池镇（甘肃省西和县南）防守司令（镇将）皮豹子，率各路兵马，攻击"氐王"（首府葭芦城〔甘肃省陇南市武都区东南〕）杨文德。杨文德战败，放弃基地，投奔南宋帝国（首都建康〔江苏省南京市〕）的汉中（陕西省汉中市）。皮豹子逮捕杨文德的妻子儿女、僚属部下，掳掠军用物资。又逮捕杨保宗所娶的北魏公主，班师。

最初，杨保宗还在犹豫是不是叛离北魏帝国时（参考四四三年三月），北魏公主竭力劝他叛离。有人问她："你怎么能够背弃父母之邦？"北魏公主说："事情成功，我就是一国之母；现在不过一个小县的公主，怎么能比？"（公主的采邑往往只有一个县。）北魏帝（三任太武帝）拓跋焘（本年四十一岁），命她自杀。

南宋政府认为杨文德丧军失士，下令免职，撤除爵位。

2 二月一日（北魏历；南宋历是闰二月一日），北魏帝拓跋焘，前往定州（州政府设中山〔河北省定州市〕），停止京畿外围要塞工程（参考前年〔四四六〕六月）；再往上党郡（山西省长治市北），屠杀变民两千余家；把西河（山西省汾阳市）、离石（山西省吕梁市离石区）居民五千余家，强迫迁到平城（山西省大同市）。

3 闰二月七日，南宋帝国（首都建康）皇帝（三任文帝）刘义隆（本年四十二岁），在宣武场（皇城北）举行阅兵大典。

最初，刘湛被诛杀时（参考四四〇年十月），国务院文官部考选司司长（吏部郎）庾炳之，逐渐受到宠信，官位节节上升，终于升到国务院文官部长（吏部尚书），权势压盖朝野。但庾炳之没有学识，性情倔强，急躁轻浮。既掌握全国官员人事大权，而又喜爱诟骂登门拜访的宾客，更大肆接受贿赂；知识分子普遍对他十分讨厌。

庾炳之命国务院初级助理官（令史）二人，住在他的私宅，被有关单位弹劾（依照规定，"令史"因管档案之故，不应在"尚书"私宅留宿）。刘义隆认为这是一项小过失，打算不作处理。国务院执行长（仆射）何尚之，竭力揭发庾炳之的缺点，说："庾炳之看见别人有好的蜡烛盘子、好的驴子，都要索取到手。升迁调补的不公平，更不是三言两语，可以说完。他结党组派，搬弄是非，伤风败俗，比范晔（参考四四五年十一月）还要严重。唯一不同的，庾炳之还没有谋反而已。即令不处罚，也应该把他逐出国务院。”刘义隆打算用庾炳之当首都建康市长（丹阳尹）。何尚之说：“庾炳之身犯国法，辜负皇恩，反而使他担任煊赫高贵的京师（首都建康）首长，是更增加他的声势。古人说：‘有功不赏，有罪不罚，纵是伊祁放勋（尧）、姚重华（舜）再世，都不能治理天下。’（西汉王朝十任宣帝刘病已诏书中用语。）我当初评论范晔（参考四四〇年十二月），也曾经担心冒犯陛下，可是，只要能把心中的话完全表白，即令处死，也不后悔。从古到今，从没有见过一个恶名昭彰，受大家交相指责、贪赃枉法数百万，而仍当高官、享荣华，像庾炳之这样的人。”刘义隆这才把庾炳之免职。任命徐湛之当首都建康市长（丹阳尹）。

彭城郡（江苏省徐州市）郡长王玄谟，上疏说：“彭城位居水陆要冲，请任命皇子主持州政。”

夏季，四月十四日，刘义隆任命皇子武陵王刘骏，当安北将军、徐州（州政府彭城）州长（刺史）。

4 五月四日，北魏帝国任命交趾公韩拔（此时姓步大汗），当鄯善国王，镇守鄯善（首都扜泥〔新疆若羌县〕），鄯善人民缴粮纳税，把鄯善王国比作内地郡县。

5 南宋帝国一个大钱折合两个小钱，行使一年有余（参考去年〔四四七〕六月），公私都不堪困扰。

五月九日，废除这项规定。

六月二十六日，荆州（州政府设江陵〔湖北省江陵县〕）州长（刺史）、南谯王刘义宣，晋升最高监察长（司空）。

6 六月二十一日，北魏帝拓跋焘，前往广德宫（宫在阴山北麓）。

7 秋季，八月二十五日，南宋帝国封皇子刘彧（音yù〔玉〕）当淮阳王。

8 西域（新疆及中亚东部）悦般王国（首都列普西〔中亚巴尔喀什湖东南〕）距北魏帝国（首都平城〔山西省大同市〕）一万余华里（航空距离二千九百公里），派使臣到北魏，请求共同出军，东西夹击柔然汗国（瀚海沙漠群）。

北魏帝拓跋焘允许，下令中外戒严。

9 九月二日，南宋帝国任命国务院右执行长（尚书右仆射）何尚之，当国务院左执行长（尚书左仆射）；中央禁军总监（领军将军）沈演之，当国务院文官部长（吏部尚书）。

10 九月十七日，北魏帝拓跋焘，前往阴山。

成周公万度归，攻击西域（新疆及中亚东部）焉耆王国（首都员渠〔新疆焉耆县〕），大破焉耆王国军，焉耆国王鸠尸卑那，逃奔龟兹王国（首都延城〔新疆库车市〕）。拓跋焘命唐和（伊吾王唐契的老弟，时驻车师；参考四四二年四月），会同车师前王国（新疆吐鲁番市）国王车伊洛，率所领军队，跟万度归会师，向西追击。唐和一连游说柳驴（今地不详）等六个城池，全都归降。于是，组织西征联军，攻击婆居罗城（今地不详），攻克。

冬季，十月三日，弘农王（昭王）奚斤逝世（年八十岁），儿子奚它观，应该继承王位。拓跋焘说：“奚斤在关西大败（参考四二八年二月），罪行本当处死，我因他在先帝（二任帝拓跋嗣）时就担任辅佐，所以恢复他的爵位和采邑，使他得以寿终天年。君臣的情份，已足够了。”降奚它观当公爵。

十月二十五日，大赦。

十二月，成周公万度归，自焉耆王国（首都员渠〔新疆焉耆县〕）向西攻击龟兹王国（首都延城〔新疆库车市〕），命唐和留守焉耆王国。柳驴城（今地不详）驻军司令（戍主）乙直伽起兵反抗，唐和击斩乙直伽。于是，各蛮夷全都屈服。西域（新疆及中亚东部）再一次平定。

皇太子拓跋晃前往行宫（阴山广德宫）朝见老爹拓跋焘，追随老爹北上攻击柔然汗国（瀚海沙漠群），进军到受降城（蒙古国南部边境），看不到柔然汗国部众踪迹，遂在受降城留下军队，设立前进指挥所，储存粮秣，班师。

四四九年 己丑

南宋　元嘉　二十六年
北魏　太平真君　十年

1 春季，正月一日，北魏帝国（首都平城〔山西省大同市〕）皇帝（三任太武帝）拓跋焘（本年四十二岁），在瀚海沙漠南，大宴文武百官。

正月七日，再度向柔然汗国（瀚海沙漠群），发动攻击。高凉王拓跋那，从东路前进。略阳王拓跋羯儿，从西路前进，拓跋焘跟太子拓跋晃，从中路前进，穿过涿邪山（蒙古国古尔班察汗山），前进数千华里。柔然汗国可汗（六任处罗可汗）郁久闾吐贺真，大为恐惧，远远逃走。

2 二月三日，南宋帝国（首都建康〔江苏省南京市〕）皇帝（三任文帝）刘义隆（本年四十三岁），前往丹徒（江苏省镇江市东丹徒区），晋谒京陵（即兴宁陵，一任帝刘裕老爹娘亲坟墓，在丹徒区东南）。

三月丁巳日（三月丁卯朔，没有丁巳），大赦。招募各州乐意迁移到京口（江苏省镇江市）的人数千家，使京口繁荣充实。

3 三月二十四日，北魏帝拓跋焘，返首都平城（山西省大同市）。

4 夏季，五月十七日，南宋帝刘义隆，返首都建康（江苏省南京市）。

5 五月二十五日，北魏帝拓跋焘，再往阴山。

6 南宋帝刘义隆，准备收复中原（黄河南疆土被北魏帝国夺取，参考四二二年，迄今二十八年），文武官员纷纷提出计划，全都迎合皇帝意思，希望受到赏识。彭城郡（江苏省徐州市）郡长王玄谟，尤其喜欢呈递条陈，刘义隆对侍从官员说："读了王玄漠的方略，使人兴起'封狼居胥山'的万丈豪情。"（狼居胥山〔蒙古国乌兰巴托市东肯特山〕，霍去病北伐匈奴汗国，登狼居胥山祭祀天神。参考前一一九年。）总监察官（御史中丞）袁淑对刘义隆说："陛下马上就要像卷席一样，卷起赵魏故土（河北省）；而去泰山祭祀天神地神（封禅）。我正面对千年难逢的奇遇，愿呈献封禅书，歌颂功德。"刘义隆大为喜悦。袁淑，是袁耽的曾孙（袁耽，参考三二八年八月）。

秋季，七月七日，任命广陵王刘诞，当雍州（州政府设襄阳〔湖北省襄阳市〕）州长（刺史）。刘义隆因为襄阳（湖北省襄阳市）重镇，对外紧接函谷关、黄河，为增强雍州（湖北省北部）的实力，遂撤销江州（州政府设豫章〔江西省南昌市〕）军区司令部，把所属的文武官员，全数配备给雍州。湘州（州政府设临湘〔湖南省长沙市〕）应缴纳给中央政府的田租捐税，也全数转交给雍州。

7 九月，北魏帝拓跋焘，再次北伐柔然汗国（瀚海沙漠群）。高凉王拓跋那，由东路进军；略阳王拓跋羯儿，由中路进军。柔然汗国可汗（六任处罗可汗）郁久闾吐贺真，动员全国所有精锐，把拓跋那包围数十重，拓跋那挖掘深沟坚守；郁久闾吐贺真不断挑战，但每一次挑战，都被拓跋那击败。拓跋那部众不多，而死战不屈，郁久闾吐贺真顿时疑心这是一个陷阱，主力大军可能就要抵达，于是解围，乘夜撤退。拓跋那率军尾追，九日九夜不停，郁久闾吐贺真无法脱离战场，越发恐惧，遂把辎重抛弃，越过穹隆岭（蒙古国杭爱山山脉东段一峰），远远逃走。拓跋那俘获全部辎重，撤退，跟拓跋焘在广泽（蒙古国博格多城南鄂罗克泊）会师。略阳王拓跋羯儿，掳获柔然人民、牲畜一百余万。

从此，柔然汗国一蹶不振，屏声静息，不敢侵犯北魏帝国边塞。

冬季，十二月十七日，拓跋焘返首都平城（山西省大同市）。

8 南宋帝国沔水（汉水）以北山中定居的蛮夷，攻击雍州（湖北省北部）。建威将军沈庆之，率后军将军府大营军事参议官（后军中兵参军）柳元景、随郡（湖北省随州市）郡长宗悫（音què〔确〕）等二万人讨伐，分兵八路，同时攻击。

最初，凡是讨伐蛮夷的将领，都在山下筑营，建立阵地，压迫蛮夷出降。蛮夷遂得以占据险要山势，飞石射箭，向政府军反击，政府军往往战败。沈庆之说：“去年（四四八），蛮夷的农作物，大为丰收，把粮食囤积在悬崖绝壁上，不可以跟他们长久对抗。不如出其不意，直捣他们的心脏，一定能够攻破。”遂命各路人马，砍伐树木，攀山而上，战鼓声和呐喊声惊天动地，直前攻击，各蛮夷大为恐慌；沈庆之利用他们惊魂未定，攻势更烈，蛮夷崩溃，四散逃命。

南北朝

导读

大分裂时代，是中国历史上大黑暗时代，而五世纪五〇年代，更是大黑暗时代中的大黑暗时代（东西相映，西方的罗马帝国，也同样正陷黑暗），在这十年之中，一件空前绝后的文字冤狱发生，崔浩先生等数千人死亡。第二，恐怖的战争屠杀发生，拓跋焘几乎把淮河中游一带所有中国人杀光。第三，在北朝，两个皇帝死于非命；在南朝，也是两个皇帝死于非命。皇帝是一种被保护得最严密的动物，而竟受到一连串诛杀，说明人心思乱。

面对暴君的暴行，我们如果沉思，会忽然间汗流浃背。因为，如果换一下位置，我们真的可能就是他！这是多么可怕，权力能改变人性、扭曲人性、消灭人性，喝了不受制衡的权力的毒酒，圣贤都会变成畜生，何况本来就有一颗邪恶的心灵，我们痛恨他们之余，还为他们难过：为什么灌他们这种毒酒！

柏杨　一九八六·四·一五

五世纪

五〇年代

四五〇—四五九年

南北朝

- 拓跋焘诬杀崔浩。
- 第三次南北大战。
- 北魏宫廷政变，杀拓跋焘。
- 第四次南北大战。
- 南宋宫廷政变，杀刘义隆。
- 南宋屠广陵城。

- 匈奴可汗阿提拉，攻入意大利半岛，围罗马。阿提拉死，诸子争位，汗国亡。
- 汪达尔国王格撒立克，攻陷罗马，大掠十四昼夜，掳西罗马皇后、公主，三万人而去。

四五〇年 庚寅

南宋　元嘉　二十七年
北魏　太平真君　十一年

1 春季，正月二十四日，北魏帝国（首都平城〔山西省大同市〕）皇帝（三任太武帝）拓跋焘（本年四十三岁），前往洛阳（河南省洛阳市东白马寺东）。

2 南宋帝国（首都建康〔江苏省南京市〕）建威将军沈庆之，自去年（四四九）冬季，到本年（四五〇）春季，不断击破雍州（湖北省北部）蛮夷反抗军，夺取他们囤积的粮食，作为自己的军粮；前后杀三千人，俘虏二万八千余人，收降二万五千余家。幸诸山（今地不详）大羊蛮反抗军，利用险要山势，构筑城堡，十分坚固，防守严密。沈庆之发动攻击，在山中连营扎寨，各营营门互相接通，营中挖掘水池，大量储水，无论早晚，士卒都不出营。不久，大风忽起，反抗军夜间偷袭，放火烧营。沈庆之用池水灭火，用大量弓箭，前后夹射，反抗军败退。但反抗军所据守的山寨，坚强险要，无法攻克。沈庆之遂设立六个前进基地，日子一久，反抗军粮食吃完，渐渐有人投降。最后，把他们全部强行迁到首都建康（江苏省南京市），作为“营户”（营户直隶军府，负担较普通户籍沉重）。

3 北魏帝国南侵。

二月三日，北魏帝拓跋焘先在梁川（地望应在河南省商丘市境）举行大规模狩猎。南宋帝（三任文帝）刘义隆（本年四十四岁）接到报告，下令淮河、泗水一带各郡：“如果魏国贼寇（北魏帝国军）只作低度的攻击，你们坚守城池。如果大军出动，你们则率领居民，退保寿阳（安徽省寿县）。”但沿边情报混乱，情势不明。

二月二十日，拓跋焘亲自率十万人步骑兵混合兵团，越过边界，深入南宋帝国，南宋任命的南顿郡（河南省沈丘县）郡长郑琨、颍川郡（侨郡，河南省漯河市郾城区东）郡长郑道隐，放弃城池，逃走。当时，豫州（安徽省）州长（刺史）、南平王刘铄，镇守寿阳（安徽省寿县），派左军将军府副军事参议官（左军行参军）陈宪，代理汝南郡郡长，保卫郡城悬瓠（河南省汝南县。瓠，音hù〔户〕）。悬瓠城战士不到一千人，拓跋焘把它团团围住。

三月，南宋帝国因全国抗战，减少内外文武官员俸禄三分之一。

北魏步骑兵混合兵团包围悬瓠（河南省汝南县），日夜不停的攻打，建立很多高楼，逼近城池射击，万箭齐发，势如倾盆大雨。南宋守城军，身背门板，到井上取水。北魏使用冲城车，抛出巨大铁钩，抓住城楼墙垛，猛烈拉动，悬瓠南城，遂被摧毁。陈宪在倒塌处再筑小墙，小墙外设立木栅拒马，继续抵抗。北魏军总攻，把护城的壕沟填平，发动人海战术，用肉体冲锋，像蚂蚁一样，攀登城墙。陈宪指挥将士，艰苦应战，尸首堆积得跟城墙一样高。北魏士卒踏尸而上，双方用短兵器肉搏，陈宪越战越勇，战士以一当百，杀死及杀伤北魏将士，以万计算，南宋守城军，死亡也超过一半。

拓跋焘派永昌王拓跋仁，率步骑兵一万余人，裹挟在六郡中所掳掠的平民，北上驻屯汝阳（河南省商水县）。当时，南宋帝国徐州（州政府彭城）州长（刺史）、武陵王刘骏，镇守彭城（江苏省徐州市），南宋帝刘义隆派特别使节，命刘骏出动骑兵，带三天粮秣，袭击北魏兵团。刘骏搜刮一百华里以内人民所有的马匹，搜刮到一千五百匹，分成五路：命军事参议官（参军）刘泰之，率安北将军府（刘骏武职是安北将军）骑兵副军事参议官（安北骑兵行参军）垣谦之、屯垦区副军事参议官（田曹行参军）臧肇之、民政副军事参议官（集曹行参军）尹定、武陵王府左侍从官（武陵左常侍）杜幼文、殿中将军程天祚等，分别率领各人部队，直接攻击汝阳（河南省商水县）。北魏军唯恐怕来自寿阳（安徽省寿县）的援军，再想不到彭城（江苏省徐州市）会发动攻击，所以，对东方毫无戒备。

三月丁酉日（三月辛酉朔，没有丁酉），刘泰之等奇袭，击斩北魏军三千多人，焚烧辎重，北魏军四散逃走，被俘虏的南宋士卒和人民，乘机向东逃生。但北魏军侦察到刘泰之仅只一支孤军，没有后继，于是反攻。垣谦之首先撤退，南宋士卒受到惊恐，放弃武器，四散逃亡。刘泰之被北魏军击斩，臧肇之在河中溺死，程天祚被北魏军俘虏。垣谦之、尹定、杜幼文，包括士卒在内，逃出来的只有九百余人，马四百匹。

北魏帝拓跋焘围攻悬瓠（河南省汝南县）四十二天，南宋帝刘义隆，派南平郡（湖北省公安县）郡长（内史）臧质，前往寿阳（安徽省寿县），会同安蛮保安司令部军政官（安蛮司马）刘康祖（镇守寿阳的南平王刘铄，兼安蛮保安司令〔安蛮校尉〕），共同率军增援悬瓠。拓跋焘派宫廷安全部长（殿中尚书）、任城公拓跋乞地真，率军迎战，臧质等斩拓跋乞地真。刘康祖，是刘道锡的堂兄（刘道锡守涪城〔四川省绵阳市〕，参考四四一年十一月）。

夏季，四月，拓跋焘解除悬瓠（河南省汝南县）之围，率军撤退。

四月十三日，拓跋焘返抵平城（山西省大同市）。

四月二十二日，刘义隆颁发赏罚令：安北将军、武陵王刘骏，贬号镇军将军。斩垣谦之。把尹定、杜幼文交付军械制造厂（尚方），罚作苦工。擢升陈宪当龙骧将军，兼汝南、新蔡二郡（郡政府同设悬瓠）郡长。

拓跋焘写信给刘义隆，警告说：

“从前，盖吴叛逆，扰乱关中（陕西省中部）、陇西（陇山以西）。你派人找到他，加以引诱（参考四四六年二月）。对男人赠送弓箭，对女人赠送耳环手镯。他们那些人不过用诈欺手段，勒索你的金银财宝，岂有距离这么远，却服从你的道理！你既然自称大丈夫，为什么不亲自前来夺取，却用贿赂引诱我国边陲人民？你下令说，凡是投奔到你那里的，免除七年田赋捐税，这明明是鼓励奸邪叛逆。我这次到你们国土上，掳掠人口的数目，比你从前引诱我们人口的数目，哪一个多？

“你假如还想保存刘姓家族的祖庙祭祀，应该把长江以北土地，全部割让给我，把所有武装部队，撤回长江以南，我会放弃江南，让你居住。不然的话，你就应该严格的命令你的军区司令（方

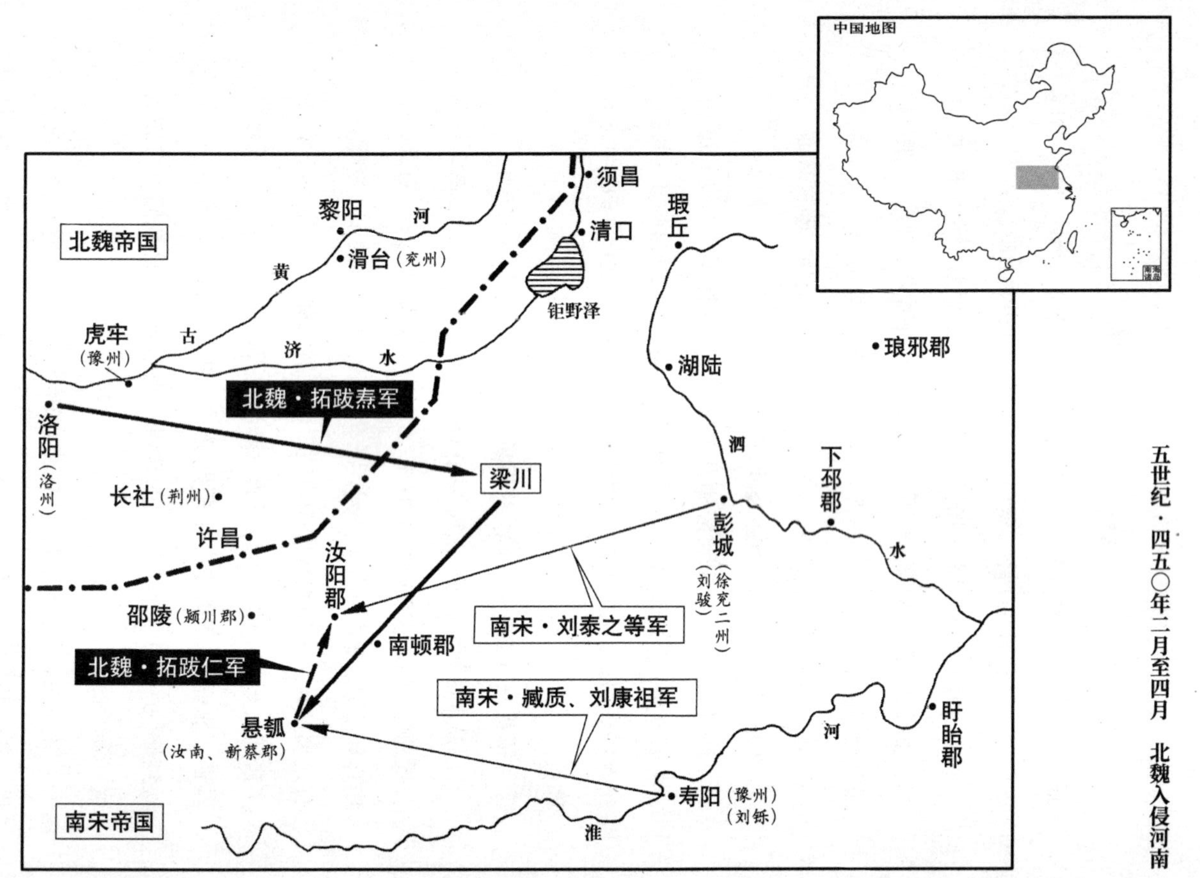

五世纪・四五〇年二月至四月　北魏入侵河南

镇)、州长(刺史)、郡长(守)、县长(宰),恭恭敬敬,准备饮食器具。明年(四五一)秋天,我当前往夺取扬州(南宋帝国心脏地带京畿)。大势所趋,我不会放过你。从前,你北方勾结蠕蠕(柔然汗国);西方勾结赫连(胡夏帝国)、沮渠(北凉王国)、吐谷浑(吐谷浑汗国);东北勾结冯弘(北燕帝国)、高骊(高句骊王国)。而这几个国家,我都把它们消灭。以此推测,你怎么能够独存?

"蠕蠕(柔然汗国)可汗郁久闾吴提(五任敕连可汗)、郁久闾吐贺真(六任处罗可汗),全都死亡(郁久闾吐贺真仍健在)。我现在就要北伐,先铲除'有脚'的贼寇(柔然汗国以骑兵为主,"脚",指马)。你如果拒抗命令,明年(四五一)秋天,我会亲去夺取;因你'无脚',所以不先征讨。等我发动攻击的那一天,试问,你有什么办法?不管你挖掘壕沟坚守也好,兴建城堡阻挡也好,我反正是堂堂皇皇,接收扬州(南宋帝国心脏地带京畿),不像你那样的鬼鬼祟祟,搞一些小动作。你派来的侦探间谍,我已经生擒,而且放他回去,他看到了不少东西,你可以仔细盘问。

"你从前,曾派裴方明夺取仇池(甘肃省西和县南),既已攻克(参考四四二年五月),却嫉妒他的勇敢和功劳,不能包容,如此良将,竟把他杀掉(参考四四三年七月),你这个蠢才,怎么有资格跟我较量?你不是我的对手。你常常打算跟我交战,我既不是白痴,又不是苻坚(前秦帝国三任帝),何必跟你硬拼(指苻坚当时自大)?我白天派骑兵包围你的基地,夜间则撤退到一百华里以外扎营。东吴(指南宋帝国)自然有夜袭那一套,可是,你招募的敢死队,前进不到五十华里,天色已亮,敢死队的人头,怎能不被我们砍下?

"你老爹(一任帝刘裕)时代的旧有臣僚,虽然年纪已老,但智略仍在。可是,已被你诛杀净光(指谢晦、檀道济等),岂不是上天有意帮助我？其实，活捉你并不需要动刀动枪，我这里有婆罗门教士，会念咒语，等他念咒之后，自有鬼魂上门，把你捆绑，送到我面前。”

4 南宋帝国高级咨询官（侍中）、首都东区卫戍司令（左卫将军）江湛，升任国务院文官部长（吏部尚书）。江湛性格公正廉洁，跟国务院执行长（仆射）徐湛之，同时受南宋帝刘义隆宠信；时称“江徐”。

5 北魏帝国发生空前文字狱，大肆诛杀。

宰相（司徒）崔浩，仗恃自己的才华和智略，以及深受北魏帝拓跋焘的宠爱信任，在政府中独揽大权。曾经推荐冀州、定州、相州、幽州（以上四州即今河北省）、并州（山西省中部）五州的知识分子数十人；第一次任官，都当郡长。太子拓跋晃抗议说：“在此之前，征召延聘的隐士人才（指游雅、李灵、高允、卢玄、邢颖等，参考四三一年九月），同样是州郡的一时之选，担任现在的职位，已经很久，他们的辛苦勤劳，还没有收到回报，应该由他们优先调任郡长、县长；崔浩所推荐的新人，则接替他们留下的空缺。而且郡长、县长，主要的工作是治理人民，最好由有过行政经验的人担任。”崔浩坚持他的建议，终于分派他们到任。立法院主任立法官（中书侍郎）、兼国史编撰官（领著作郎）高允，听到这件事，对太子宫教育官（东宫博士）管恬说：“崔浩恐怕难以避免大祸临头！为了满足自己的私心，而跟有权势在上位的人对抗，怎么承受得住！”

拓跋焘命崔浩兼皇家图书馆长（监秘书事），教他跟高允等共同撰写《国记》（参考四二九年四月），告诫说：“一定要真实，是什么，就写什么（务从实录）。”国史编撰初级助理官（著作令史）闵湛、郗标，反应迅速，工于谄媚，深受崔浩宠爱信任。崔浩曾经注解《易经》《论语》，以及《诗经》《尚书》，闵湛、郗标上疏说："过去马融、郑玄、王肃、贾逵，所作的注解，都没有崔浩的精确深入，请陛下没收他们所注各书，而颁布崔浩所注各书，使天下知识分子学习。并请陛下命崔浩继续注解《礼经》《左传》，使后学的人，得到正确的指引。"崔浩也推荐闵湛、郗标："有著书立说的才能。"闵湛、郗标又建议崔浩，把他所撰写的《国史》，刻在石碑之上，用来炫耀作者正直无私的大无畏精神。高允听到这个建议，对国史编撰官（著作郎）宗钦说："闵湛、郗标搞的那一套，只要有一个字的差错，恐怕就会为崔家带来万世难遇的灾难，而我们这些人一个也剩不下来。"但崔浩仍是采用闵湛、郗标的意见，把《国史》刻到石碑上，竖立在首都平城（山西省大同市）南郊、皇帝祭天神坛的东侧，方一百步，共使用三百万人的劳力，才告竣工。崔浩记载北魏帝国部落时代酋长，也就是拓跋焘祖先们的身世，非常详尽真实。石碑排列在交通要道的十字路口，来来往往，凡是看到的人，都十分震撼。而鲜卑人更是大为愤恨，纷纷向拓跋焘控告，认为崔浩故意暴露祖先的罪恶（国恶），破坏帝国形象。拓跋焘大怒若狂，命主管机关侦查处理崔浩和皇家图书馆所有官员们（秘书郎吏）的罪状。

最初，辽东公翟黑子，受拓跋焘宠爱，奉派出使并州（山西省中部），接受绢布一千匹的贿赂。被人检举，翟黑子向高允请教说："主上问我时，我应该说实话？还是死不承认？"高允说："你是宫中宠臣，犯罪应该实话实说，或许会被原谅，不可作第二次欺骗。"立法院主任立法官（中书侍郎）崔览、公孙质警告翟黑子说："你如果自首，先承认罪行，灾祸难以预测，不如死不承认。"翟黑子埋怨高允说："你怎么引诱我去死？"入宫晋见拓跋焘，不依照实际情形回答，拓跋焘大怒，斩翟黑子。而派高允教授太子拓跋晃儒家学派经典。

等崔浩被捕，太子拓跋晃把高允叫到东宫（太子宫），留他住一夜。第二天天亮，拓跋晃携带高允，一同进宫朝见，走到宫门，拓跋晃对高允说："进去晋见至尊，我自会引导方向，假如至尊有什么问话，只管照我的暗示回答。"高允说："好像出了什么事？"拓跋晃说："进宫后自然晓得。"拓跋晃看到老爹，说："高允小心谨慎，而且地位卑微，身份低贱，一切不能做主，文章都是崔浩所写，请饶他一命。"拓跋焘召见高允，问说："《国书》都是崔浩写的？"高允说："《太祖记》（一任帝拓跋珪传），是前任国史编撰官（著作郎）邓渊所写，《先帝记》（二任帝拓跋嗣传），及《今记》（现任帝拓跋焘传），是我跟崔浩一同执笔。可是，崔浩兼职太多，对撰写《国书》事，不过总揽大纲而已。至于实际工作，我比崔浩多出两倍。"拓跋焘暴跳说："高允的罪比崔浩更大，怎么能不死？"拓跋晃恐惧，解释说："皇上盛怒之下，高允一个小官，惊慌过度，失去条理，我从前曾问过他，他说全是崔浩所作。"拓跋焘问高允："太子的话对不对？"高允说："我的罪应该全族屠灭，不敢说谎。太子只因我很久以来，都在他身旁伺候讲书，怜悯我的遭遇，放我一条生路。其实并没有问过我，我也没有说过那种话，并不是失去条理。"拓跋焘对太子拓跋晃说："这就是正直！人情上很难做到，而高允却做到。面对死亡，不改变常态，是信义。当一个臣属，不欺骗君王，是忠贞。赦免他的罪，作为褒扬。"遂赦高允。

于是，召见崔浩，亲自审问。崔浩惶恐迷惑，不能回答。而高允对每件事，都叙述分明，有条不紊。拓跋焘遂命高允起草诏书：斩崔浩，以及崔浩的部属宗钦、段承根（参考四三九年十二月）等，以及他们的部属和奴仆，共一百二十八人，全都诛杀五族。高允迟疑，不敢下笔。拓跋焘派人催促，高允请求晋见皇帝之后，再开始起草。拓跋焘教他到面前，高允说：“崔浩的罪状，如果还有别的原因，我不敢多说。如果仅只是为了对皇家的冒犯，罪不应死。”拓跋焘暴跳如雷，命武士逮捕高允，太子拓跋晃替他求情，拓跋焘的怒气才逐渐平息，说：“没有你，多出数千人死亡。”

六月十日，拓跋焘下诏：诛杀清河郡（山东省临清市）所有跟崔浩有血缘关系的崔姓男女老幼，即令血缘关系再疏远，也包括在内（崔浩是清河郡人）。同时，跟崔浩有姻亲关系的范阳郡（河北省涿州市）卢家、太原郡（山西省太原市）郭家、河东郡（山西省永济市）柳家，一律屠灭全族；其他的人，只诛杀当事者一身。把崔浩装在一个四周都是栏杆的囚车中，送到平城（山西省大同市）南郊，摆在十字路口，任凭行人参观，守卫士兵几十个人，撒尿撒到崔浩的头上、脸上、身上；崔浩悲号呼喊，发出“嗷嗷”哀叫，行路的人，都听得清楚（“呼声嗷嗷，闻于行路”）。宗钦临斩首时，叹息说：“高允，莫非是圣人！”

过了几天，拓跋晃责备高允说：“人，应该见机行事，我打算救你不死，既然有了好的开始，而你却不听我的，使皇上（拓跋焘）生气到那种程度，每次回想起来，心都乱跳。”高允说：“历史的功用是，记载君王的善恶，作为后人的鼓励或警戒，所以君王心存畏惧，一举一动，都会因之十分谨慎。崔浩辜负圣上（拓跋焘）的大恩，以致他自己的欲望，盖住他的廉洁；他私人的爱恨，遮蔽他的公正，这是崔浩的错误。至于记载皇帝的起居行动，叙述政府的行政得失，这是撰写史书的主要任务，不能算是不对。我跟崔浩同时从事这项工作，生死荣辱，都不应该两样。接受殿下再生之恩，如果违背良心，只求幸免，不是我的意愿。”拓跋晃感动叹息。高允退出后，对人说：“我不愿听从太子的引导，为的是怕辜负翟黑子。”

最初，冀州（州政府信都）州长（刺史）崔赜、武城男爵崔模，跟崔浩同一个祖先，但不同一个支派，崔浩一直瞧他们不起，而且还时常对他们欺侮，双方感情恶劣。等到崔浩被杀，两家崔姓，得以免祸。崔赜，是崔逞的儿子（崔逞，参考三九七年二月）。

六月十二日，拓跋焘到北方阴山视察。拓跋焘既诛杀崔浩，心中立刻后悔，正巧，北方政务执行官（北部尚书）、宣成公李孝伯病重，传言已经逝世，拓跋焘哀悼说：“李孝伯可惜！”接着更正说，“我说错了，崔浩可惜，李孝伯可哀！”李孝伯，是李顺的堂弟（李顺，参考四四二年十二月）。自崔浩死后，军国大事，都由李孝伯裁决，拓跋焘对他的宠爱和信任，仅次于崔浩。

魏收曰

崔浩才华盖世，博古通今，了解天际奥秘，通达人间世情，军事谋略和政治方案，当时没有人能跟他相比，这正是他把自己当作张良的缘故。正值二任帝（明元帝）拓跋嗣励精图治之时，又逢三任帝（太武帝）拓跋焘开疆拓土之日。对于崔浩，言听计从，终于扫平北部中国。宠遇既然尊贵，辛勤也随之增加。计谋虽然盖世，权威却没有使人主感到不安。万不料到了最后，竟不能保全，岂不是飞鸟已被射尽，良弓就要收藏！人民的怨恨太多，才使盆罐满盈；个人的阴谋太多，才会招来灾祸。为什么这样智慧的人，而竟受到这样的酷刑！可悲。

崔浩之狱，是中国历史上最大的疑狱之一。如果只为了他暴露“国恶”，则仅只《资治通鉴》记载，便漏洞百出，高允已经承认是他写的，跟崔浩并无关系，可是刀光血影，仍一直罩住崔浩不放！于是有人认为可能是一场汉民族反抗鲜卑民族统治之战，崔浩密谋起义。这可是罗曼蒂克的想法，一个信奉"明哲保身"哲学的儒家高级知识分子，在一个日正东升、强大无匹的政府中，担任言听计从的宰相高位，他就永不会谋反。帝王杀人，对不是谋反的人，还要诬以谋反；对真正谋反的人，反而隐瞒，逻辑的轨迹，岂不奇怪？而拓跋焘又怎么会在叛徒处死之后，立刻感到后悔？又有人认为，这是崔浩鼓励屠杀佛教徒的报应，就更不知所云，当是出自佛教徒之口，非佛教徒的人，不敢多嘴。

崔浩之狱，我们认为有两个原因，其一，仍是官方宣布的暴露国恶。其二，则是宫廷斗争。

问题在于，"国恶"是什么？和暴露了什么样的"国恶"?《资治通鉴》上一字不提,《魏书》上一字不提,《北史》上也一字不提，使人无法了解拓跋焘何以大怒若狂。但我们可以肯定，这个"恶"一定是一个使任何人都会唾弃的恶，史学家才不敢透露半点风声。不过，天网恢恢，疏而不漏，在史书的夹缝中，仍可以找到该"恶"。该"恶"是惊人的，所有史书都记载杀害老父拓跋什翼犍的凶手是拓跋寔君，而事实上凶手却是拓跋珪。《晋书 · 苻坚载记》说：三七六年，前秦帝国在消灭前凉王国后，派安北将军苻洛，向当时尚是代王的拓跋什翼犍进攻。拓跋什翼犍大败，向北逃亡，苻洛追击，拓跋什翼犍走投无路，逃入阴山。他的儿子拓跋珪，用暴力把老爹制服，投降。苻坚对这件悖逆行为，大为震骇，遂把拓跋什翼犍送到国立大学读书，而把拓跋珪放逐到巴蜀（四川省）。直到淝水战后（参考三八三年十月），拓跋珪才追随舅父慕容垂，进入中山（河北省定州市）。而拓跋珪，正是北魏帝国的开国皇帝（太祖道武帝），也正是拓跋焘的祖父。面对创业始祖和敬爱的祖父竟是一个卖父求荣的逆子，而且刻石立碑，宣扬得全世界都知道，孝子贤孙像爆炸了似的急于报复，心情可以理解。

关于拓跋珪出卖老爹的行为，在一群文妖的设计下，就忽然冒出一个来历不明的“拓跋寔君”，充当凶手；再冒出一个来历不明的“拓跋寔”（二人名字几乎相同），充当现场目击证人，使拓跋什翼犍跟拓跋珪之间的父子关系，变成祖孙。拓跋皇族对这件事好像病牙一样，十分敏感，不但伪造一个拓跋寔当拓跋珪的爹，还一口否认拓跋什翼犍曾被前秦帝国俘虏过；因之顺理成章的也隐瞒了拓跋珪卖父求荣的事实。《宋书·索虏传》记载：“拓跋什翼犍被苻坚击破，掳往长安。”北魏帝国为什么坚不吐实？只因一漏口风，数恶并发。崔浩相信拓跋焘的“务从实录”保证，而竟真的“是什么，就写什么”！高允所以没有事，因为《太祖记》（《拓跋珪传》）是邓渊所写，而拓跋珪老爹《拓跋什翼犍传》——出毛病的那篇，是谁写的？高允闭口不谈，他晓得问题出在哪里，所以他知道他不会死。何况，他因站对了边，此时正在上风。

崔浩显然得罪了太子拓跋晃，任何一个宝座法定继承人，都注定的会有一个摇尾系统，以崔浩的聪明，他当然了解不能跟正在受宠的太子对抗，但每个人都有盲点，而崔浩却有两个，一是他竟然真的相信专制头目的保证，另一是他竟然认为他可以击败拓跋晃的摇尾系统。高允已经一语道破他的危机：“为了满足自己的私心，而跟有权势在上位的人对抗。”

有一件反常的事是，崔浩自被捕到处决，当中经过皇帝拓跋焘的亲自审讯，他却始终没有说一句话，史书形容他“惶惑不能对”，而高允却条理分明；这可真是把读史的人，全当成呆头鹅，有人怎么说，我们就会怎么信！一个小人物受到控告，没有理还要说出一箩筐理，以崔浩的能力和口才，又面对五族屠灭的威胁，正是他申诉、辩解，甚至请求宽恕，或甚至表明严正立场的唯一机会，怎么反无一语？他又不是没有见过拓跋焘，又怎么会怕成那个样子？人在绝望之际，虽然因性格的不同，而反应不一，但不外是破口大骂，或侃侃而谈，或哀求呼冤，或吞声不语，悲愤抗议。而崔浩不然，他在被卫士撒尿到他头上、脸上、身上时，只能发出“嗷嗷”悲号，原因何在？我们认为，崔浩的口腔，恐怕是受到酷刑破坏，已不能言语。历史上有同类型的例证，可供参考，十九世纪二〇年代，清王朝远征军在新疆生擒变民首领张格尔，清帝（八任宣宗）绵宁亲自询问他叛变原因，官员们恐惧他讲出官逼民反的黑幕，于是灌下毒药，使他的口舌溃烂。等到晋见时，张格尔口角吐沫，情状悲苦，对于绵宁所提的问题，一字不能回答，遂寸寸磔死。很显然的，崔浩一开始便遭到毒手。

凶暴的流氓——不管他是君主，或是黑社会头目，最大的变数是一样的，翻脸比翻书还要快，上一分钟还对你推心置腹，作出千金一诺，使你感动得愿为他效死，下一分钟他已把利刃插入你的胸膛。

6 最初，车师王国（新疆吐鲁番市西交河城）军团司令（大帅）车伊洛，世代做北魏帝国的藩属，北魏政府任命车伊洛当平西将军，封前部王。车伊洛打算到首都平城（山西省大同市）朝见。据守高昌（新疆吐鲁番市东）的沮渠无讳，遮断交通道路，车伊洛不断攻击沮渠无讳，击破沮渠军。稍后，沮渠无讳逝世（参考四四四年六月），老弟沮渠安周，强迫沮渠无讳的儿子沮渠乾寿，交出所率领的军队。车伊洛派人游说沮渠乾寿，沮渠乾寿遂率他的部众五百余家，投奔北魏帝国。车伊洛又游说李宝（四四二年四月奔敦煌）的老弟李钦等五十余人，全部归附，都送到北魏。

车伊洛向西攻击焉耆王国（首都员渠〔新疆焉耆县〕），命他的儿子车歇，留守车师城（吐鲁番市西交河城）。沮渠安周引导柔然汗国（瀚海沙漠群）部队，抄小路袭击，攻破车师城。车歇逃走，投奔老爹车伊洛，共同招收残余部众，驻守焉耆镇。派人前往京师（首都平城）上书北魏帝拓跋焘，说："受到沮渠军攻击，首尾八年（沮渠无讳于四四二年九月袭据高昌），人民穷苦饥饿，自己不能生存。我今放弃国土，出奔在外，生存的仅三分之一，抵达焉耆东境，请求中央救济。"拓跋焘下诏，命打开焉耆粮仓，救济车师部众。

7 吐谷浑汗国（青海省）可汗（十一任）慕容慕利延，无法承受北魏帝国的压力，上书南宋帝刘义隆，请求准予迁移到越嶲郡（四川省西昌市。嶲，音xī〔西〕），刘义隆批准；但最后慕容慕利延并没有南下。

8 南宋帝刘义隆，准备反攻北魏帝国。首都建康市长（丹阳尹）徐湛之、国务院文官部长（吏部尚书）江湛、彭城郡（江苏省徐州市）郡长王玄谟，全部都赞成。只有左军将军刘康祖，认为："今年已过了一半，请等到明年！"刘义隆说："北方人民，受不了蛮虏（北魏帝国）的暴政迫害，反抗力量，不断兴起。军事行动延后一年，对他们的向心力，是一个打击，不可这么做。"

太子宫步兵指挥官（太子步兵校尉）沈庆之反对，劝告说："我们用步兵，敌人用骑兵，战斗力已不是他们的敌手。檀道济两度出军，都没有立功（四二三年四月，檀道济挺进到东阳〔山东省青州市〕；四三一年二月，檀道济挺进到历城〔山东省济南市〕）；到彦之一次攻击，也受到挫败撤退（参考四三〇年十一月）。现在，考察王玄谟等，能力未超过前面两位将领；武装部队的壮大，也不如昔日，恐怕为帝国军队，再一次招来羞辱。”刘义隆说：“帝国大军两次失败，另有其他原因：檀道济不肯全力出击，豢养盗匪，提高自己身价；而到彦之恰巧眼疾转重，影响他的谋略和作战。蛮虏（北魏帝国）所仗恃的，只有一项——马；可是今年夏季，各地大雨，河流畅通无阻，乘船北上，魏国（北魏帝国）碻磝（山东省聊城市茌平区西南）守军，一定逃走；滑台（河南省滑县）只驻一小支部队，容易攻取。只要克复这两个城池，就利用敌人积蓄的粮秣，招抚人民，虎牢（河南省荥阳市西北汜水镇）、洛阳（河南省洛阳市东白马寺东），他们自然都保不住。等到冬季初临，城池之间，互相连接，蛮虏的战马，如果越过黄河南下，立即就会被我们生擒活捉。”沈庆之仍坚持不可发动攻击，刘义隆命徐湛之、江湛和他辩论。沈庆之说：“治国好像治家，对于耕田种地，应问农奴；对于纺纱织布，应问婢女。陛下而今攻击一个强大帝国，却跟不知道军旅的白面书生讨论，事情怎能成功！”刘义隆大笑。太子刘劭，及中央军事总监（护军将军）萧思话，也都劝阻，刘义隆都不接受。

北魏帝拓跋焘，听到南宋帝国将大举进攻消息，再一次写信给刘义隆，说：“我们两国，和好的日子，已经很久，想不到你却贪心不止，引诱我国沿边居民（指盖吴）。今年春季，我南下巡察，顺便看看我的那些逃亡客，驱逐他们回归祖国。现在，听说你打算亲自送上门来，假如你能走到中山（河北省定州市）、桑干河，就请随意行止，你来我不迎接，你去我不相送。假如你已厌倦你的国土，不妨来平城（北魏首都，山西省大同市）定居，我也前往扬州（南宋帝国心脏地带京畿），双方不妨换换地方。你年纪已经五十岁，从来没有出过大门，虽然不是别人把你抱来——你自己已会走路，可是，你的心路历程，不过三岁小娃，比起我们生长马上的鲜卑人，你该是什么模样！没有多余的东西送给你，且送上猎马十二匹，以及毛毡、药材等物。你远道而来，马力不足，可乘我送的马。水土不服害病，可吃我送的药。”

秋季，七月十二日，反攻战争爆发。刘义隆下诏北伐，说：“蛮虏（北魏帝国）近来虽然受到挫折（指攻悬瓠失败），但禽兽心肠，并没有改变。近来，河朔（华北大平原）、秦州（甘肃省南部）、雍州（陕西省中部）一带，汉人、蛮夷，纷纷上疏，陈诉困苦，渴望拯救，秘密结合，等候帝王仁爱大军。蠕蠕（柔然汗国）也派使节，从小路南来，遥远的表达他们的诚心，誓言互相呼应。北伐的最好机会，正在今天。现在，命宁朔将军王玄谟，率太子宫步兵指挥官（太子步兵校尉）沈庆之，镇军将军府首席军事参议官（镇军咨议参军）申坦，率水上舰队，进入黄河，接受青、冀二州州长（刺史）萧斌（时驻东阳）指挥。再命太子宫左翼卫队司令（太子左卫率）臧质、骁骑将军王方回，直指许昌（河南省许昌市东）、洛阳（河南省洛阳市东白马寺东）。徐、兖二州（州政府彭城）州长（刺史）武陵王刘骏，豫州（州政府寿阳）州长（刺史）南平王刘铄，各率自己的部队，分别在东西两方，同时出发。梁、南秦、北秦三州（州政府南郑）州长（刺史）刘秀之，骚扰汧（陕西省西部）、陇（甘肃省南部）。全国武装部队总司令（太尉）、江夏王刘义恭，进驻彭城（江苏省徐州市），担任北伐各路大军总司令。”申坦，是申钟的曾孙（申钟事，参考三三四年十一月）。

当时，全国动员，亲王、公爵、王妃、公主，以及政府所有官员、州长、郡长，和富有居民，每人都捐出金银绸缎和其他杂物，呈献国库。又因兵力不足，再征召青州（山东半岛）、冀州（山东省西北部）、徐州（江苏省北部）、豫州（安徽省）、兖州（山东省西部）、南兖州（江苏省中部）——六个州所有青年，“三五发丁”（家有三人，抽调一人；家有五人，抽调二人），也可雇人代替出征。军令到达之后，给予十天时间，治装安家。沿长江五郡青年，在广陵（江苏省扬州市）集合；沿淮河三郡青年，在盱眙（江苏省盱眙县）集合（盱眙，音xū yí〔虚移〕）。又招募全国马术精良、健步如飞，或会使用武器的壮士，都厚厚赏赐。主管单位又奏：军事费用及军用物资，都不充足；于是，刘义隆下令调查京畿（扬州，江苏省南部及浙江省）、南徐州（江苏省南部）、南兖州（江苏省中部）、江州（江西省及福建省）四个州中，家产满五十万钱的富家，或私财满二十万钱的和尚、尼姑，一律强行借贷四分之一，等到战事结束，即行归还。

建武将军府军政官（建武司马）申元吉，率军直指碻磝（山东省聊城市茌平区西南）。

七月十七日，北魏帝国济州（州政府碻磝）州长（刺史）王买德，放弃州城，逃走。南宋青（州政府东阳）、冀（州政府历城）二州州长（刺史）萧斌，派将军崔猛，攻击乐安（山东省广饶县），北魏帝国青州（州政府乐安）州长（刺史）张淮之，也放弃州城，逃走。萧斌遂跟太子宫步兵指挥官（太子步兵校尉）沈庆之，进驻碻磝（山东省聊城市茌平区西南），命王玄谟进攻滑台（河南省滑县）。南宋雍州（州政府襄阳）州长（刺史）随王刘诞，派大营军事参议官（中兵参军）柳元景、振威将军尹显祖、奋武将军曾方平、建武将军薛安都、略阳郡（侨郡）郡长庞法起，率军进攻弘农（河南省灵宝市东北）；后军将军府野战军事参议官（后军外兵参军）庞季明，年七十余，因为自己是关中（陕西省中部）豪族，请求准许他暗中进入长安（陕西省西安市），集结汉人和蛮夷，刘诞同意。庞季明遂从赀谷（河南省卢氏县南）进入卢氏（河南省卢氏县）；卢氏县人赵难收容他，庞季明遂游说及煽动知识分子和乡民，响应他号召的人，风起云涌，薛安都等遂乘势过熊耳山（河南省卢氏县东）；柳元景率军，随后继

五世纪·四五〇年七月　南宋帝刘义隆下诏北伐

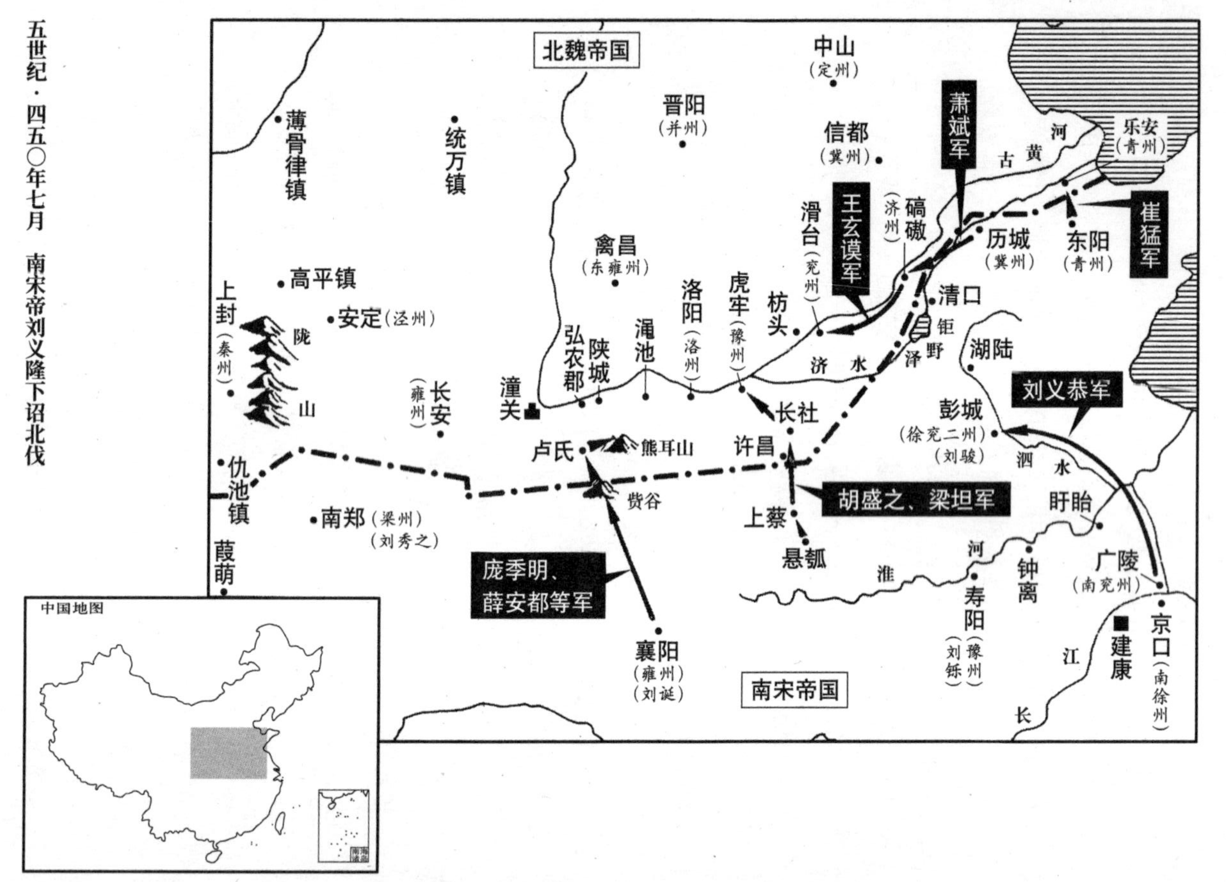

续前进。豫州（州政府寿阳）州长（刺史）、南平王刘铄，派大营军事参议官（中兵参军）胡盛之，从汝南（河南省汝南县）出发；梁坦从上蔡（河南省上蔡县）出发，攻击长社（河南省长葛市）。北魏帝国荆州州长（刺史）鲁爽，镇守长社（河南省长葛市），放弃城池，逃走；鲁爽，是鲁轨的儿子（鲁轨，参考四一五年二月）。南宋帝国北伐军支队司令（幢主）王阳儿，攻击北魏豫州（州政府虎牢）州长（刺史）仆兰，击破仆兰军，仆兰逃往虎牢（河南省荥阳市西北汜水镇）。刘铄又派安蛮保安司令部军政官（安蛮司马）刘康祖，增援梁坦，进逼虎牢（河南省荥阳市西北汜水镇）。

北魏帝国政府官员，听到南宋发动攻击消息，报告北魏帝拓跋焘，请求派军抢救沿黄河囤积的粮食和布匹。拓跋焘说："现在，战马还没有养肥，天气还正在炎热，立刻反应，不会胜利。如果宋国（南宋帝国）不肯停止，继续北进，我们不妨撤退到阴山，暂时躲避。鲜卑人本来就穿羊皮做的裤子，要棉布绸缎干什么？能拖到十月，我就不再忧虑。"

九月四日（南宋十月四日），拓跋焘率军南下，援救滑台（河南省滑县），命太子拓跋晃，驻军瀚海沙漠南，防备柔然汗国（瀚海沙漠群）入侵；又命吴王拓跋余，留守首都平城（山西省大同市）。

九月十三日（南宋十月十三日），北魏政府征集各州郡青年五万人，分配给各野战军。

南宋帝国北伐主谋、宁朔将军王玄谟，军队声势旺盛，武器精良，本是一支强劲的战斗部队，但王玄谟刚愎自用，贪得无厌，性情凶暴，喜爱诛杀。初围滑台（河南省滑县）时，城中多半都是茅屋，大家要求用火箭攻击（滑台是五世纪时重镇，仍满城茅屋，人民贫苦可知）。王玄谟说："那些都是我们的财产，为什么一下子烧掉。"而城中的北魏守军，立即把茅屋撤光，挖掘洞穴，转入地下。当时，沿黄河、洛水一带居民，都向南宋大军送缴粮秣；而手拿武器，成群结队，投奔南宋大军的青年，每天都有数千人。王玄谟不维持这些群众的原来组织，却把他们拆散，分别配属给自己亲信的将领。发给每家一匹布，作为慰劳，但命每家交出八百个大梨，于是民心全失。王玄谟围攻滑台数月，不能攻克，听到北魏援军就要抵达；部属请求建立车阵——用车辆作为墙堡，王玄谟不理。

冬季，十月七日（南宋闰十月七日），拓跋焘抵达枋头（河南省淇县东南淇门渡），派关内侯、鲜卑人（代人）陆真，于深夜时分，暗中穿过南宋军重围，进入滑台（河南省滑县），安抚守城军民，并且登上城墙，察看王玄谟阵营措施情形，再暗中出城，回报拓跋焘。

十月九日（南宋闰十月九日），拓跋焘渡黄河南下，大军号称一百万，战鼓如雷，天地震动，王玄谟肝胆俱裂，急行撤退。北魏军追击，屠杀一万余人，王玄谟部队几乎逃亡得一人不剩，丧失的军用物资及武器，堆积如同山丘。

之前，王玄谟派钟离郡（安徽省凤阳县东北临淮关镇）郡长垣护之，率一百只小艇组成的舰队，充当前锋，占领石济（河南省卫辉市东古黄河渡口），位于滑台（河南省滑县）西南一百二十华里（二地航空距离二十七公里）。垣护之得到北魏军就要到达的消息，飞函劝王玄谟发动猛攻，说："从前，武皇（一任帝刘裕）围攻广固（南燕帝国首都，山东省青州市），死亡惨重（参考四一〇年二月）。何况今天的事，比那时更为紧急，怎么可以考虑到士卒的生死疲惫，第一要务是攻克滑台，立即屠城。"王玄谟不接受。等王玄谟撤退，来不及通知垣护之，北魏军团把俘虏王玄谟的战舰，用铁链连起，连接黄河南北两岸，一连三重，阻断垣护之退路。黄河水势湍急，垣护之把舰队驶到河中心，顺流而下，遇到封锁铁链，就用长柄大斧把它砍断，北魏军无法阻止，垣护之只损失一只小艇，其他安全返回。

南宋帝国北伐中原的政治号召，是拯救水深火热、日夜盼望“祖国王师”的人民。而垣护之第一想到的，却是屠城。当滑台攻防战激烈之时，城中居民，暗祷上苍，保佑“祖国王师”获胜，好拯救他们逃出灾难，却再也料不到，如果“祖国王师”胜利，一城男女老幼，都要死在他们的钢刀之下。当一个中国人，好苦！

南宋帝国青（州政府东阳）、冀（州政府历城）二州州长（刺史）萧斌，派太子宫步兵指挥官（太子步兵校尉）沈庆之，率五千人，增援王玄谟。沈庆之说：“王玄谟的部队，士气低落，身体疲劳，而蛮虏（北魏帝国军）已经逼近，必须有数万人的兵力，才可以前进。五千人一支弱小部队，轻率应战，没有用处。”萧斌勉强他非出发不可，正巧，王玄谟逃回，萧斌要判处王玄谟死刑，沈庆之一再劝阻说：“拓跋焘威震天下，战斗部队，有百万人之多，王玄谟岂能抵挡！而且，诛杀战将，恰恰暴露自己的弱点，不是好的办法。”萧斌才停止。

王玄谟的嘴脸，一向严肃，不苟言笑，俨然“君子不重则不威”。所贡献的北伐谋略，使南宋帝刘义隆怦然心动，兴起封狼居胥山的壮志。则王玄谟的智慧聪明，以及才干能力，定有过人之处，刘义隆才把北伐大业，交他之手。再料不到，他真正关心的原来只不过“八百大梨”。当大军溃败，那些扶老携幼，成群结队，而又缴了“八百大梨”的起义人民，被杀被屠时，恐怕怎么也不了解死因何在。使人悲痛！

萧斌打算坚守碻磝（山东省聊城市茌平区西南），沈庆之说："现在，青州（州政府东阳）、冀州（州政府历城），防务空虚，而我们坐在这里独守一座孤城，如果蛮虏（北魏帝国军）向东攻击，清水（济水）以东地区（山东半岛），不会再是帝国的领土。碻磝（山东省聊城市茌平区西南）四面被围，朱修之守滑台一幕，恐怕再演（参考四三一年二月）。"正巧，南宋帝刘义隆诏书下达，不准萧斌撤退。萧斌再召集军事会议，各将领都认为应留下来固守。沈庆之说："宫城外的国家大事，军事指挥官可以独断独行。诏书从遥远的京师（首都建康）颁发，不知道实地情况。阁下有一个范增（参考前二〇八年三月）却不能用，只坐在那里空谈，有什么意思！"萧斌跟在座的将领，忍不住同声大笑，说："沈公，你可真有学问呀！"沈庆之厉声说："你们虽然读了很多书，博古通今，可是，不像我用耳朵细心的学习。"萧斌遂命王玄谟驻防碻磝（山东省聊城市茌平区西南）；命申坦、垣护之驻防清口（山东省梁山县，汶水注入济水处），而亲自率大军，返回历城（山东省济南市）。（以上东战场）

闰十月，南宋帝国略阳郡（侨郡）郡长庞法起等各路人马，进入卢氏（河南省卢氏县），斩北魏帝国委任的县长李封，命赵难当卢氏县县长，由赵难率领他的部众，担任向导。大营军事参议官（中兵参军）柳元景，从百丈崖（地望应在卢氏县南），随同大军，也进入卢氏。庞法起等遂进攻弘农（河南省灵宝市东北）。

闰十月三十日，庞法起向潼关（陕西省潼关县）推进。（以上西战场）

北魏帝拓跋焘，展开全面反攻，下令各路人马，同时出击：永昌王拓跋仁自洛阳（河南省洛阳市东白马寺东）攻寿阳（安徽省寿县），国务院执行官（尚书）长孙真攻马头（安徽省蚌埠市西南马城镇），楚王拓跋建攻钟离（安徽省凤阳县东北临淮关镇），高凉王拓跋那自青州（州政府乐安）攻下邳（江苏省睢宁县北古邳镇）；拓跋焘自己从东平（山东省东平县）攻邹山（山东省邹城市东南）。

十一月五日，拓跋焘抵达邹山，生擒南宋帝国任命的鲁郡（山东省曲阜市）郡长崔邪利。拓跋焘看到嬴政（秦王朝一任帝）的歌功颂德的石碑，命人把它推倒在地（前二一九年，嬴政上邹山，刻石立碑，歌功颂德）。同时命人用太牢祭祀孔丘（太牢：猪、牛、羊各一只）。

北魏帝国楚王拓跋建，自清河（泗水上游）西进，驻军萧城（安徽省萧县）；将军步尼公，自清河（泗水上游）东进，驻军留城（江苏省沛县东南）。南宋帝国武陵王刘骏（徐兖二州〔州政府彭城〕州长）派军事参议官（参军）马文恭，率军增援萧城；江夏王刘义恭派带兵官（军主）嵇玄敬，率军增援留城。马文恭被北魏军击败，步尼公在中途遇上嵇玄敬，率军直向苞桥（泡河桥，江苏省沛县西），打算向清水（泗水上游）西撤退，沛县人民纵火焚烧苞桥（泡河桥，江苏省沛县西），于深夜在树林中猛擂战鼓，北魏军认为南宋帝国主力军抵达，大为惊恐，争先跳入苞水（泡河，连接汴河与泗水）逃命，淹死的几乎有一半之多。（以上东战场）

南宋帝刘义隆下诏，任命柳元景当弘农郡（河南省灵宝市东北）郡长。柳元景命薛安都、尹显祖，率领庞法起等，向陕县（河南省三门峡市）推进，柳元景则在后方征收粮秣捐税。陕城防守坚固，南宋各军围攻，不能攻克。北魏洛州（州政府洛阳）州长（刺史）张是连提，率战斗部队二万人，渡过崤山险要，增援陕城。薛安都等在陕城南迎战，北魏军骑兵冲刺，南宋军无法抵抗。薛安都大怒，解下头盔，脱掉铠甲，只穿红色无袖汗衫，也除掉战马护甲。薛安都眼如铜铃，手持长矛，跨上坐骑，单人匹马，大声呐喊；往前突击北魏大军，矛锋所指，没有人敢挡；北魏军左右夹射，竟射不中。薛安都杀入复又杀出，杀出复又杀入，前后四次，杀伤北魏士卒，不可胜数。正巧日暮，南宋别动部队将领鲁元保，率军自函谷关（河南省新安县）来援，北魏军才向后撤退。柳元景派副带兵官（军副）柳元怙，率步骑兵二千人，增援薛安都等，于深夜抵达，北魏军并不知道。第二天，薛安都在陕城西南列营，将军曾方平对薛安都说："而今，强敌在前，坚城在后，正是我们死亡之日。你如果不前进，我阵前斩你；我如果不前进，你阵前斩我。"薛安都说："好极，你说得对。"于是，南宋军跟北魏军开始会战，疆场肉搏。柳元怙率军掠过南门，擂鼓呐喊，旌旗招展，杀奔而前，北魏军大吃一惊；薛安都奋不顾身，猛烈攻击，血流如注，凝结手肘，长矛折断，杀出换矛，再行杀入。南宋各路军，士气如虹，战志高昂，自早晨酣战到黄昏，北魏军崩溃。南宋军斩北魏洛州（州政府洛阳）州长（刺史）张是连提，及将领士卒三千余人，北魏将士投入河沟而死的非常之多，投降的二千余人。第二天，柳元景赶到，责备投降的人说："你们本是汉人，而今却替胡虏（北魏帝国）效力，直到打败才投降，为什么会这样？"大家异口同声回答："胡虏（北魏帝国）压迫人民到沙场作战，迟出来的全族屠灭，用骑兵在背后驱逐我们这些步兵，没有作战，已先被格杀，这是将军亲眼看到。"各将领打算把投降的士卒全部屠杀（听了他们的陈述而竟然仍起杀机，这些将领，不过一群畜生），柳元景说："而今，王师北上，当使仁爱的声音，为我们开路。"下令释放，让他们回家，大家欢呼万岁而去。

十一月八日，南宋军攻克陕城（河南省三门峡市）。

庞法起等进攻潼关（陕西省潼关县），北魏驻军司令（戍主）娄须，放弃城池，逃走；庞法起遂占领潼关。关中（陕西省中部）民间英雄豪杰，风起云涌，纷纷背叛北魏帝国，四山（关中地区四面都是山）羌民族或匈奴民族（他们依山居住），都来表示归附。但南宋帝刘义隆认为，王玄谟在东方战场败退，北魏军南下，深入国境，柳元景等不应该孤军独进，于是，下令班师。柳元景命薛安都担任后卫，率军返回襄阳（湖北省襄阳市）。刘义隆任用柳元景当襄阳郡郡长。（以上西战场）

北魏帝国永昌王拓跋仁，攻击悬瓠（河南省汝南县）、项城（河南省沈丘县），攻克。南宋帝刘义隆，恐怕北魏大军攻击寿阳（安徽省寿县），命豫州（州政府寿阳）安蛮保安司令部军政官（安蛮司马）刘康祖回军。

十一月十七日，拓跋仁率骑兵八万人，南下追击刘康祖，追到尉武（安徽省寿县西北），追及。刘康祖兵力八千人，副带兵官（军副）胡盛之，建议靠山扎营，走小路赶向寿阳（安徽省寿县），刘康祖大怒说："我们遥远的前进到黄河，搜索敌人（北魏帝国军），搜索不到。现在敌人自己送上大门，怎么反而逃避！"遂结成"车阵"，继续前进，下令军中："回头逃走的，砍下人头；移脚后退的，砍下双足！"北魏军团四面八方攻击，南宋战士，誓死抵抗，自早晨苦战到下午，击斩北魏军一万余人，血流成河，淹没脚踝。刘康祖身受十处创伤，而战志更为高昂。北魏军把部队分作三个梯次，用车轮战术，三分之二的人休息，三分之一的人作战。逐渐，天色黄昏，风势强劲；北魏军用骑兵驮草，采用火攻，刘康祖随毁随补，忽然飞来一支流箭，贯穿刘康祖颈项，从马上栽下，身死；残余部队群龙无首，不能再战，霎时瓦解。北魏军追击阻截，几乎屠杀罄尽。

南宋帝国南平王刘铄，命左军将军府副军事参议官（左军行参军）王罗汉，率三百人驻防尉武（安徽省寿县西北）。北魏军突然大量涌到，大家打算逃到附近矮林中躲避自保，王罗汉认为上级命他据守尉武，不肯离开岗位。北魏军发动攻击，生擒王罗汉，用铁链锁住脖子，交给警卫指挥官（三郎将）看守。王罗汉乘夜袭击警卫指挥官，敲碎警卫指挥官头颅，抱住铁锁，逃到盱眙（江苏省盱眙县）。

北魏永昌王拓跋仁，进逼寿阳（安徽省寿县），纵火焚烧，劫掠马头（安徽省蚌埠市西南马城镇）、钟离（安徽省凤阳县东北临淮关镇）。南宋南平王刘铄（豫州〔州政府寿阳〕州长），登城固守。

北魏兵团占领萧城（安徽省萧县），距彭城（江苏省徐州市）十余华里。彭城驻防的南宋边防军，数量虽多，但粮草不足。全国武装部队总司令（太尉）、江夏王刘义恭，打算放弃彭城，返回南方。安北将军府大营军事参议官（安北中兵参军）沈庆之，认为历城（山东省济南市）兵力少而粮草多，打算采取“函箱车阵”（用武装战车在两翼同步前进），用精锐部队，夹道护送两位亲王（江夏王刘义恭、武陵王刘骏）和两位王妃及女儿，北上历城（山东省济南市）；而交付一部分军队给军事总监（护军）萧思话，留守彭城。但全国武装部队总司令部秘书长（太尉长史）何勖，却建议放弃彭城，全体军民，投奔郁洲（江苏省连云港市东沉积小岛），再乘船由海路南下，返回京师（首都建康）。刘义恭逃走的意志非常坚决，但在这两个方案中，采取哪个方案，高阶层会议讨论了一天，都没有决定。安北将军府秘书长（安北长史），兼沛郡（郡政府设萧城）郡长张畅说：“如果历城、郁洲能够到达，我怎么敢不高声赞成！而今，城中粮食缺乏，人民日夜渴望四散逃命，只因城门紧闭，关卡森严，不能出城而已。一旦出城，大家一定逃跑一空，我们想去的目的地，怎么能够走到？目前，粮食虽然不多，短期之内，还不至于吃完，岂有舍弃万安之地，而走危亡之路的道理。如果一定听从他们的计策，我要用脖子上的血，污染大王的马蹄。”武陵王刘骏，也对刘义恭说：“阿叔，你既然是全军最高统帅，要走要留，我不敢多话。可是，我身为彭城一城之主（刘骏是徐、兖二州〔州政府彭城〕州长），却弃城逃生，实在没有颜面再在政府工作，我要跟彭城共存亡，张秘书长（张畅）的话，不可不听。”刘义恭遂停止。

十一月二十六日，北魏帝拓跋焘，抵达彭城，在戏马台（彭城南）

上设立行宫，俯眺彭城，观察城中动静。

南宋帝国军事参议官（参军）马文恭，在萧城（安徽省萧县）溃败时，小队长（队主）蒯应，被北魏军俘虏；拓跋焘派蒯应到彭城小市门，向守军索取美酒和甘蔗。武陵王刘骏全数给他，并顺便请拓跋焘用骆驼作为回报。

第二天（十一月二十七日），拓跋焘派国务院执行官（尚书）李孝伯，到彭城南门，送给刘义恭貂皮大衣，再送给刘骏骆驼及骡子，说："我家皇上，问候安北将军（刘骏武职），可以出城相见。我并不打算攻击此城，你们何必劳苦将士，戒备得如此辛苦。"刘骏派张畅出城跟李孝伯会面，对李孝伯说："安北将军（刘骏）问候皇上，很希望能常常相见，只因为做一个臣属，不能跟外国人建立友情，因此难以抽出短暂时间。军事戒备，是沿边城镇常做的事，只要人民平安，虽然辛劳，也无怨恨。"拓跋焘索取广柑、橘子，又借赌博用的赌具，南宋守军全都送出。北魏军再送来毛毯，以及九种盐，和胡豆豉（《魏书·李孝伯传》："李孝伯推荐他送的九种盐，说：'白盐、食盐，皇上所食；黑盐，研成粉末，用酒冲下，可治肚胀；胡盐，治眼痛；戎盐，治疮痛；其他赤盐、驳盐、臭盐、马齿盐四种，不能食用。'"后四种可能当药用或拌入牲口草料。豉，音chǐ〔尺〕。"胡豆豉"合乎胡人口味的"豆豉"，是一种盐腌的豆）。又借乐器，刘义恭回答说："身在军旅，没有带这些东西。"李孝伯问张畅说："我们正在谈话，你们为什么匆匆关闭城门，拉起吊桥？"张畅说："两位亲王（刘义恭及刘骏），因贵国大军，扎营还没有稳固，将士疲劳。恐怕城中精锐武装部队十万人之众，不能忍耐，轻率出击；可能跟贵国大军，互相践踏，所以才闭城断桥。等待贵国军队休养一段时间，士饱马腾，然后共同清扫沙场，指定日期会战。"李孝伯说："客人以礼相待，会战日期，由主人决定。"张畅说："昨天大批客人逼近城门，看不

五世纪·四五〇年闰十月至十一月　北魏全面反攻

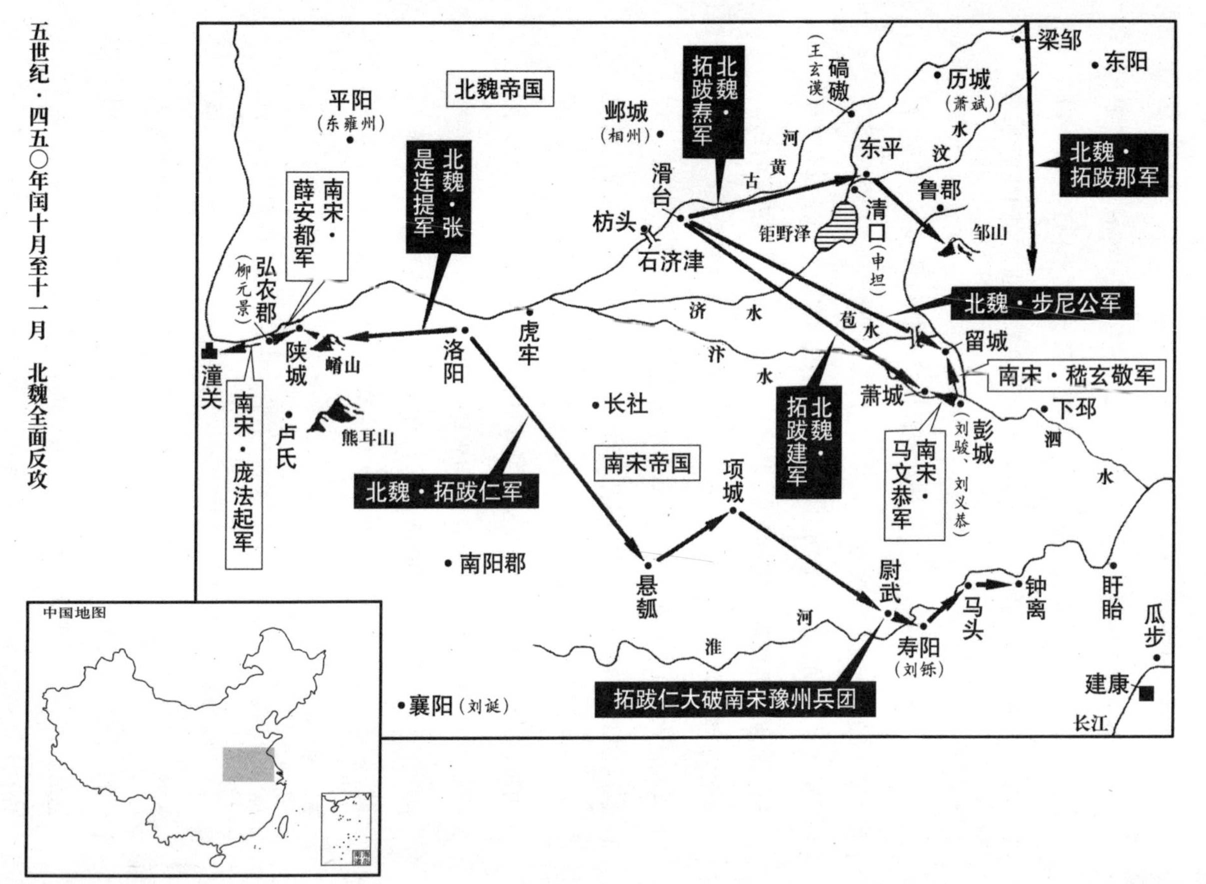

出以礼相待。”此时，拓跋焘派的另一位使节，抵达城下，说：“向总司令（太尉刘义恭）、安北将军（刘骏）问好，为什么不派人到我这里来？两方面的感情，虽不能尽善尽美，但你们也应该看看我是高是低？是老是少？观察观察我的为人！如果左右助手不能派，派个低级军官来也行。”张畅以两位亲王（刘义恭及刘骏）的名义回答，说：“贵国皇上（拓跋焘）的形象和才能，从两国来往的使节口中，早就有具体印象。李执行官（尚书李孝伯）又亲自传达皇命，不担心不能彼此了解，所以没有再派使节。”李孝伯又说：“王玄谟不过一个庸才，你们怎么交给他如此重大的任务（指北伐北魏帝国），以致招来失败逃亡？自进入你们边境七百余华里，当主人的（指南宋帝国政府）竟连一次像样的迎战行动都没有。邹山（山东省邹城市东南）险要，是你们的屏障，前锋刚刚接触，崔邪利（鲁郡郡长）就吓得躲到山洞石穴里，将领们抓住他两脚，倒拖出来，我们皇上饶他一命，现在随我们军队来到这里。”张畅说：“王玄谟只是敝国一个偏将，根本谈不上人才，不过用他在前面跑跑路。只因主力大军没有及时赶到，而黄河已经冰封，王玄谟乘夜班师，兵马发生错乱而已。崔邪利被俘，对我们有什么损失？贵国皇上亲率数十万大军，只不过制服一个崔邪利，有什么值得夸口的！深入我国国土七百华里，没有遇到抵抗，这正是我们总司令（太尉刘义恭）的神机妙算，和镇军将军（刘骏）的圣明谋略，军事机密，不能相告。”李孝伯说：“我们皇上不会包围彭城（江苏省徐州市），但会亲率各路人马，直接攻击瓜步（江苏省南京市六合区南长江渡口），南方大事如果办妥（指攻陷南宋首都建康），彭城用不着包围；如果不能胜利，我们也不需要彭城，今天当南下喝长江的水，用来解渴。”张畅说：“要去要留，你自己决定，如果胡虏在长江饮水，简直没有天理。”之前，有童谣说：“虏马喝长江水，佛狸在卯年死。”（佛狸是拓跋焘乳名；明年〔四五一〕是“辛卯年”。）所以张畅有这种反应。张畅容貌庄严，言语文雅，李孝伯跟他的左右随从，都为之叹息。而李孝伯也滔滔雄辩，见识深远。告辞时，对张畅说：“秘书长（长史）自己保重，相距只有几步，却不能握手言欢！”张畅说：“你也自己保重，希望早日天下太平。你如果能回宋国（南宋帝国），今天可是相识开始。”（以上东战场）

南宋帝刘义隆擢升杨文德当辅国将军（杨文德免官撤爵事，参考前年〔四四八〕正月），率军从汉中（陕西省汉中市）向西出发，进入北魏帝国边境，汧（陕西省西部）、陇（甘肃省南部）一带，立刻发生骚动。杨文德同族氐人杨高，率阴平（甘肃省文县）、平武（四川省平武县）氐民族部落，武装抵抗。杨文德攻击，斩杨高；阴平、平武，全部平定。梁、南秦二州（州政府南郑）州长（刺史）刘秀之，命杨文德讨伐啖提（今地不详）氐部落，不能攻克，刘秀之遂逮捕杨文德，送往荆州（州政府江陵）；而命杨文德同一个曾祖父的堂兄杨头，驻军葭芦（甘肃省陇南市武都区东南）。（以上西战场）

9 十一月二十一日，南宋帝国大赦。

10 北魏帝拓跋焘，攻击彭城（江苏省徐州市），不能攻克。

十二月一日，拓跋焘放弃彭城，率大军南下，派立法院主任立法官（中书郎）鲁秀，攻击广陵（江苏省扬州市）；高凉王拓跋那，攻击山阳（江苏省淮安市）；永昌王拓跋仁，攻击横江（安徽省和县东南长江渡口）；沿途奸淫烧杀，经过的村庄，全部摧毁，所有城池，听到北魏大军要来，立刻溃散，人民四处狂奔逃命。

十二月三日，南宋帝国首都建康（江苏省南京市）戒严。

十二月四日，北魏军抵达淮河。

南宋帝刘义隆，派辅国将军臧质，率一万人北上，增援彭城（江苏省徐州市），走到盱眙（江苏省盱眙县），北魏帝拓跋焘，已渡过淮河。臧质派禁宫护卫执行官（冗从仆射）胡崇之、积弩将军臧澄之，据守东山（盱眙县东南）；建威将军毛熙祚，据守前浦（盱眙境）；臧质则据守城南。

十二月十日，北魏燕王拓跋谭，攻击据守东山的胡崇之等，三个阵地全被击破，臧质不敢援救。臧澄之，是臧焘的孙儿（臧焘，参考四〇四年三月）。毛熙祚，是毛修之的侄儿（毛修之被胡夏生擒，参考四一八年十一月）。当天（十二月十日）夜晚，恐怖抓住南宋士卒，臧质大营霎时崩溃。臧质抛弃辎重武器，率领残余下来的七百人，投奔盱眙。

最初，盱眙郡郡长沈璞，接任郡长时，北伐大军前锋司令官、宁朔将军王玄谟，正在围攻滑台（河南省滑县），长江、淮河，一片升平。沈璞认为，郡城位于四面八方必经的要道，十分重要，乃加强城墙工程，挖深环城壕沟，积蓄财力粮秣，储备石头利箭，准备一旦被包围时应用，属官们认为他大惊小怪，中央政府也认为他小心过分；等到北魏大军南下，郡长、县长，纷纷放弃城池人民，仓皇逃走。有人劝沈璞最好也回首都建康（江苏省南京市），沈璞说："胡虏（北魏帝国）如果看我们不过是一个小城，不加理会，我们怕什么？如果一定要用人海战术攻城，这正是我报国之时，也是各位封侯之日，为什么要逃？你们可曾经看见，数十万大军聚集在一个小城之下，而不失败的？昆阳（河南省叶县）、合肥（安徽省合肥市）的往事，就是明显的例证（王寻百万大军败于昆阳，参考二三年六月，诸葛恪二十万大军败于合肥，参考二五三年五月）。"人心稍微安定，沈璞集结精兵，有两千人，说："这就够了。"不久，臧质前来投奔，僚属们对沈璞说：

“胡虏（北魏帝国）如果不来攻城，我们就用不着那么多人；如果攻城，城里也只能容纳现有的兵力。地小人多，很少不发生事端。而且，敌人多，我们人少，人人皆知。如果臧质的部队能够击退敌人，保住城池，功劳就不全是我们的。如果我们要撤退回京（首都建康），双方争夺辎重、争夺船只，必然弄得互相攻击，恰恰带给我们伤害。不如关闭城门，拒绝接受。”沈璞叹息说：“胡虏不能破城，我敢向各位保证。撤退的计划，早已不谈。胡虏的凶暴，自古到今，从来没有，屠杀毒害的悲苦，大家亲眼看到，其中最幸运的，也不过是被赶到北方当奴隶、婢女。臧质虽然是乌合之众，难道不怕这些。所谓：‘同船共渡，北方胡人跟南方越人，是一条心。’正是指此。我们的兵多，胡虏退得快，我们的兵少，胡虏退得慢，我们怎么可以为了独占这份功劳，而让胡虏延长停留！”乃大开城门，收容臧质。臧质看到城中准备充实，大喜过望，部众都喊万岁；臧质遂跟沈璞，共同守城。

北魏帝国向南宋帝国发动复仇性的反攻，南下深入南宋国土，从不携带粮食，全靠打家劫舍。可是，等渡过淮河，恶声远播，南宋人民纷纷逃走躲藏，北魏军开始抢不到粮食，人马饥饿困乏；听到盱眙（江苏省盱眙县）存有粮秣，打算将来撤退回国时，攻破盱眙，作为北返军粮。所以，击败胡崇之后，即行进攻盱眙，仅作一次试探攻击，无法攻克后，就命将领韩元兴，率数千人在盱眙城外扎营，先行锁定盱眙。北魏帝拓跋焘亲率大军，直向东南，盱眙遂得以利用这个喘息机会，更行增强防御工事。

十二月十五日，拓跋焘抵达瓜步（江苏省南京市六合区南长江渡口），拆毁人民住宅，砍伐竹苇，建造小筏，声称南渡长江。建康（南宋首都，江苏省南京市）震动恐惧，人民挑着担子站在那里，只等北魏大军渡江，便拔腿逃走。

十二月二十七日，建康进入紧急状态，南宋中央政府动员首都建康特别市（丹阳郡）境内所有青年，以及亲王、公爵以下的子弟，全部入伍从军。南宋帝刘义隆命中央禁军总监（领军将军）刘遵考等，率军分别防守沿长江渡口及险要；长江舰艇巡逻，上自于湖（安徽省当涂县南），下到蔡洲（江苏省南京市西南长江中小岛），江上船舰排列，沿岸营阵相连，自采石（安徽省马鞍山市西南）到暨阳（江苏省江阴市），长达六七百华里（二地航空距离一百八十公里）。太子刘劭出京（首都建康），镇守石头（建康城西北），全权指挥水上舰队；首都建康市长（丹阳尹）徐湛之，镇守石头所属仓城；国务院文官部长（吏部尚书）江湛，兼中央禁军总监（兼领军），军事措施，全部委他裁决。

刘义隆登石头城远眺，脸上呈现沉重忧虑，对江湛说：“当初决定北伐时，赞同的人本来很少（只有江湛、徐湛之二人），现在军士、人民，辛劳怨苦，不得不感到惭愧。为大家招来灾难，是我的过失。”又说：“檀道济如果仍在，岂能让蛮夷战马，到这里猖獗！”刘义隆又登幕府山（建康城北），观察形势，下诏悬赏购买拓跋焘，和北魏亲王、公爵的人头，承诺加封爵位，赏赐金银绸缎。同时派人把野葛制成的毒酒，放到荒村空屋之中，打算毒死北魏将士，但都没有发生作用。

北魏帝拓跋焘，开凿瓜步山（江苏省南京市六合区东南长江畔），兴筑盘旋山道，在山上设置游牧部落冬季专用的毛毡篷帐。拓跋焘不饮河南（黄河以南）的水，而用骆驼背负河北（黄河以北）的水，随军行动。派人送给南宋帝刘义隆礼物：骆驼、名马，并要求和解，以及两国皇家缔结婚姻。刘义隆派“奉朝请”（特准参加御前会报）田奇，送给拓跋焘奇果异味。拓跋焘看到广柑，拿起来就吃，并斟出“酃酒”（湖南省衡阳市东南七公里有酃湖，湖水制出的酒，味道香美），大口喝下。左右侍卫有人附到拓跋焘耳边低语，显然怀疑食物中有毒；拓跋焘不理，举手指天，把他的孙儿（不知是哪位）叫到田奇面前，说：“我远远的来到这里，不是为了建立大功，传播名声。实际上是打算维持两国间永久和平，结成姻亲，互相照顾。宋国（南宋帝国）如果能把女儿嫁给我这个孙儿，我也愿把女儿嫁给刘骏（武陵王），自此友好，一匹马都不会南下。”

田奇回来，刘义隆召集太子刘劭，和文武百官讨论，大家都认为应该允许，只江湛反对，说：“蛮夷没有亲情，允许他没有裨益。”刘劭愤怒，对江湛说：“现在，三位亲王正在险境（三王：江夏王刘义恭、武陵王刘骏困在彭城〔江苏省徐州市〕，南平王刘铄困在寿阳〔安徽省寿县〕），怎么可以反对。”板起面孔，声音严厉。散会时，一同出去，刘劭命带刀卫士及左右侍从，推撞江湛，江湛几乎跌死。

刘劭又对老爹说：“北伐失败，招来羞辱，很多州陷落残破，只有诛杀江湛、徐湛之，才可以向天下人赎罪。”刘义隆说：“北伐本是我的意思，江湛、徐湛之，不反对而已。”从此，刘劭跟江湛、徐湛之，结下怨恨。北魏所提议的皇家通婚，竟不能实现。

北魏帝国和南宋帝国，皇家通婚不成，受害最深的是中国平民。皇家通婚不可能阻止战争，但可以减少战争。最低，也可以使当前这一次的南北大战，中国人受到的灾难减轻。当明年（四五一）北魏军撤退时，可能免去一场恐怖浩劫——北魏军把江淮一带居民，用最残酷的手段杀光，血流千里。

一言丧邦，江湛目光如鼠。

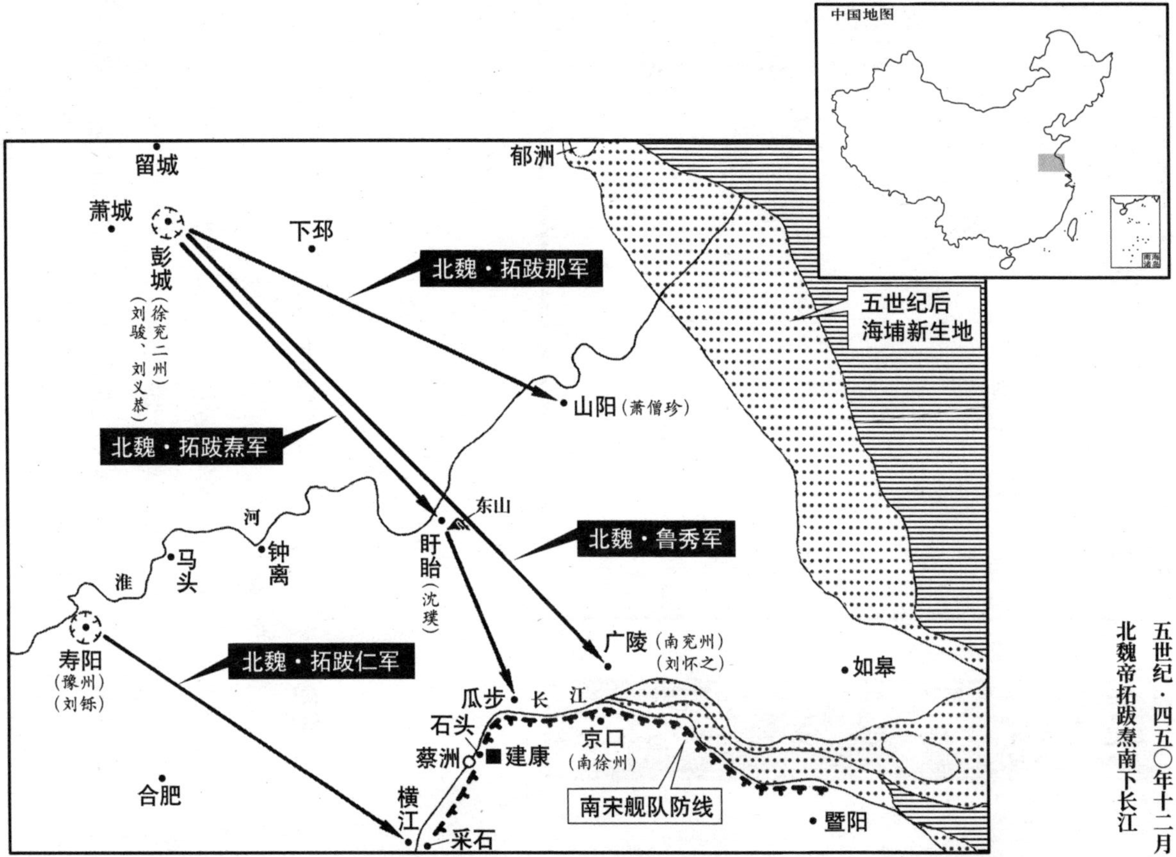

五世纪·四五〇年十二月
北魏帝拓跋焘南下长江

中国地图
五世纪后
海埔新生地
留城
萧城
彭城（徐兖二州）（刘骏、刘义恭）
下邳
郁洲
北魏·拓跋那军
北魏·拓跋焘军
山阳（萧僧珍）
东山
盱眙（沈璞）
北魏·鲁秀军
河
淮
钟离
马头
寿阳（豫州）（刘铄）
北魏·拓跋仁军
广陵（南兖州）（刘怀之）
如皋
瓜步
长江
石头
蔡洲
建康
京口（南徐州）
南宋舰队防线
横江
采石
合肥
暨阳

四五一年 辛卯

南宋	元嘉	二十八年
北魏	太平真君	十二年
	正平	元年

1 春季，正月一日，北魏帝国（首都平城〔山西省大同市〕）皇帝（三任太武帝）拓跋焘（本年四十四岁），在瓜步山（江苏省南京市六合区东南长江畔）集合全体文武官员，依照各人功劳的大小，分别封爵升官。北魏大军沿长江北岸，燃起烽火，南宋帝国（首都建康〔江苏省南京市〕）太子宫左翼卫队司令（太子左卫率）尹弘，报告南宋帝（三任文帝）刘义隆（本年四十五岁）说："胡虏（北魏帝国军）如此举动，一定撤退。"

正月二日，北魏军掳掠裹挟占领区内的居民，焚烧村庄住宅，向北而去。

胡诞世聚众起兵时（拥护刘义康当皇帝，参考四四七年十月），江夏王刘义恭等，上奏章指控：“彭城王刘义康，常常发出怨言，挑拨政府与人民间的感情。鼓励不满现实的失意人群，生出利用他的野心。”请求把刘义康放逐到广州（州政府设番禺〔广东省广州市〕。当时刘义康在安城郡〔江西省安福县〕，参考四四五年十二月）。南宋帝刘义隆在下令放逐前，先派人告诉刘义康，刘义康说：“人都会死，我岂贪生！如果有人一定要利用我，放逐得再远，又有什么用！宁愿死在这里，不愿受再被贬谪的羞辱。”终于没有迁移。等到北魏大军进抵瓜步（江苏省南京市六合区南长江渡口），人心震动，刘义隆恐怕野心分子再一次拥护这位老弟，武装起事；而太子刘劭、武陵王刘骏、国务院左执行长（尚书左仆射）何尚之，也不断警告刘义隆，应该早日决定如何处理。刘义隆遂派立法院立法官（中书舍人）严龙，携带毒药，前往贬所，命刘义康自杀。刘义康拒绝，说：“佛教不准自杀（佛教说，自杀的，下世不能再转人身），除了自杀，请你使用其他方法。”严龙遂用被子蒙住刘义康的头，闷死（年四十三岁）。

2 南宋帝国（首都建康）江夏王刘义恭，认为碻磝（山东省聊城市茌平区西南）无法守御，遂命王玄谟放弃碻磝，退回历城（山东省济南市）。北魏军追击王玄谟，不断挫败王玄谟军，遂收复碻磝。

最初，南宋帝（三任文帝）刘义隆听到北魏军将大举南下消息，命广陵郡（江苏省扬州市）郡长刘怀之，先行焚烧城内所有官房民舍和水上船只，把居民全体迁到长江以南。山阳郡（江苏省淮安市）郡长萧僧珍，把乡村居民，全部集中郡城；中央政府军运往盱眙（江苏省盱眙县）或滑台（河南省滑县）的粮秣、武器，道路不通，不能前进，都停留在山阳（江苏省淮安市）。萧僧珍把附近池塘，全储满了水，准备北魏军到时，即决开池塘，水灌北魏军营。北魏军撤退途中，经过山阳，不敢停留，而直接进攻盱眙。

北魏帝拓跋焘向盱眙守将臧质索取美酒，臧质撒泡尿在瓶子里送出去，拓跋焘火冒三丈，兴筑长墙，一个晚上的时间，就衔接成功，把盱眙密密包围。用东山（盱眙城东南）的泥土沙石，填平壕沟，在君山（即军山，盱眙城东北三公里）建立浮桥，切断盱眙水陆退路。拓跋焘写信给臧质说："我现在派出的攻城部队，都不是鲜卑人。城东北是丁零人跟匈奴人，城南是氐人跟羌人。如果丁零人死光，正可以减少常山郡（河北省正定县）、赵郡（河北省高邑县）蟊贼（四世纪时，丁零部落南迁至中国境内的人民，都活动于太行山东麓一带〔参考三三〇年六月〕，不断出来抢掠）；匈奴人死光，正可以减少并州（山西省中部）蟊贼。氐人羌人死光，正可以减少关中（陕西省中部）蟊贼（前秦帝国及后秦帝国时，氐人羌人大量移入关中）。你杀掉他们，对魏国（北魏帝国）可是最大贡献。"臧质回复一信，说："看到大札，完全洞悉你的奸诈。你仗恃你的四条腿（指骑兵），不断侵犯我们边界。王玄谟在东方败退（参考去年〔四五〇〕十月），申坦在西方逃散，可知道什么缘故？你难道没有听说过那句童谣（参考去年〔四五〇〕十一月二十七日）？只因'卯年'（本年〔四五一〕）还没有到，所以两路兵马，特别引导你走上'饮水长江'道路。冥冥中已经注定如此，不是人力所能避免。我奉命把你消灭，本来要到白登（山西省大同市东），可是行军没有多远，就遇到你亲自前来送死，我怎么肯饶你一命，让你回桑干河逍遥享福（北魏首都平城〔山西省大同市〕，位在桑干河上游流域）！你如果三生有幸，当被乱兵所杀；如果倒霉，就会被我们生擒活捉，铁链套住脖子，用一头毛驴驮到背上，一直押送首都建康。我本来不打算全尸，如果天地神祇无灵，被你击败，那么，随你割成小块，研成粉末，屠杀、撕裂，都不足以报答帝国

(南宋帝国)。你的知识、智慧，以及所有的兵力，怎能超过苻坚(前秦帝国三任帝)！现在，春雨已经开始，我们各路大军，就要集合。你只管专心攻城，千万不要轻易逃走。粮食不够，随时通知，当开仓相赠。你送的刀剑，已经到手，不知道什么意思？打算让我腰斩你是不是？”拓跋焘气得发抖，制造一张铁床，刀尖锥尖朝上，说：“破城之日，捉住臧质，教他坐到上面。”臧质又发布文件，告诉北魏士卒，说：“通知胡虏(北魏帝国)中知识分子和普通平民，佛狸(拓跋焘乳名)给我信上，对你们如此如此。你们本是中国人民，为什么自我毁灭，怎么不知道转祸为福！”并重申中央政府的悬赏(参考去年〔四五〇〕十二月二十七日)：“砍下佛狸(拓跋焘乳名)人头，封万户侯爵，赏赐绵布、绸缎各一万匹！”

北魏军开始攻城，用钩车钩住城楼，南宋军用铁环制成巨链，拴住城楼，再用数百人，高呼狂叫，拉住铁环巨链，钩车既拉不倒城楼，又无法后退。入夜之后，守城军敢死队坐在木桶中，从城上缒下，砍断铁钩，俘获钩车。第二天一早，北魏军改用冲车攻城，可是城墙坚硬，冲车每次冲撞，不过撞下数升泥土。北魏军遂用人海战术，肉搏攀登，分成梯次，轮番而上，士卒从城上跌下，起身再往上爬，至死不退，死伤约有一万人，尸体跟城头一样高。如此猛烈攻击，三十天之久，不能攻克。正巧，北魏军中瘟疫传染，疾病流行，又有人报告拓跋焘：南宋政府已派海军舰队，由东海进入淮河，而且又命彭城(江苏省徐州市)守军，切断北魏军退路。

二月一日，拓跋焘焚烧攻城武器，撤退。盱眙(江苏省盱眙县)将士打算追击，沈璞说：“我们的人数不多，虽然可以守城，却不可以出战。但我们仍要整顿船舰，做出要北渡淮河的模样，催促他们快走，实际上不能真的北渡淮河。”

臧质认为沈璞是一城之主，请沈璞发布战胜消息，向中央呈递捷报。沈璞坚决辞让，把功劳全归臧质。南宋帝刘义隆听到，对他更是嘉许。

北魏大军经过彭城（江苏省徐州市），南宋江夏王刘义恭（北伐大军总司令）紧张过度，不敢出战。有人报告："胡虏（北魏帝国）裹挟南方人一万余口，晚上住宿安王陂（今地不详），距城只有数十华里。今天追击，还可以全部救回。"各将领都要求出动，刘义恭禁止不准。第二天，中央使节抵达，南宋帝刘义隆下令刘义恭全力追击。可是，北魏大军已走得很远。刘义恭乃派镇军将军府军政官（镇军司马）檀和之，直指萧城（安徽省萧县）。北魏大军先得到情报，把他们所裹挟的一万余南宋平民，全部屠杀，然后北返。只程天祚（参考去年〔四五〇〕三月）逃回。

北魏大军共攻破南兖（江苏省中部）、徐（江苏省北部）、兖（山东省西部）、豫（安徽省）、青（山东半岛）、冀（山东省西北部）六州，南宋人民死亡、残伤的，无法计数。北魏对所遇到的南宋青年，立即斩首或拦腰砍断，对所遇到的婴儿，则用铁矛贯穿，然后舞动铁矛，使惨叫的婴儿在上面盘旋，作为欢乐游戏（妇女的遭遇如何，没有报道，但可想而知）。所经过的郡县，烧杀一光，赤地千里，不剩寸草。春季时节，燕子回来，没有房舍可栖，只好在树林中筑巢。北魏士卒、战马，死伤也超过一半，鲜卑人都有怨言。

当春回大地，候鸟北归时，再找不到熟悉的村庄，也再找不到亲切的庭院、见不到往来熟悉的行人，和跑着叫着、笑闹成一团、不知道忧虑的儿童。它来到了一个陌生地方，只见断垣残瓦，满地都是尸体。那些大小尸体的面貌，都似曾相识。它永远不知道这块土地上发生了些什么！幸亏它不知道，假如它知道，它会哭泣：“人，你为什么这么愚蠢，又这么残忍！”

南宋帝刘义隆每次派遣将领作战，都要交付他所拟订妥当的作战计划，甚至会战的日期，都要等待他的指令决定。因之，将领们都犹豫彷徨，不敢自己做主。同时，所征召的非正规军，没有经过军事训练，战胜时争先前进，战败时一哄而散。因为这两个原因，所以失败。从此，全国萧条，“元嘉时代”没落（“元嘉时代”，参考四三八年十二月）。

二月十九日，刘义隆下诏，赈济受到敌人残害的各郡县人民，免除田赋捐税。

二月二十日，贬全国武装部队总司令（太尉）刘义恭，当骠骑将军、开府仪同三司（宰相级）。

二月二十四日，北魏帝拓跋焘，渡黄河北返。

二月二十七日，南宋帝国贬镇军将军、武陵王刘骏，当北翼警卫指挥官（北中郎将）。

二月二十八日，南宋帝刘义隆，前往瓜步（江苏省南京市六合区南长江渡口）。本日，解除戒严。

3 最初，北魏帝国立法院初级政务官（中书学生）卢度世，是卢玄的儿子（卢玄，参考四三一年九月）。受崔浩案（参考去年〔四五〇〕四月）牵连，逃亡，躲藏在高阳郡（河北省高阳县东）人郑罴家；地方政府官员逮捕郑罴的儿子，苦刑拷打，郑罴告诫他的儿子：“君子杀身成仁，即令死，也不能透露。”儿子遵照老爹吩咐，政府官员用火烧儿子的身体，活活烧死，而竟没有口供。等到拓跋焘抵达长江北岸，刘义隆派殿上将军黄延年，出使北魏军营，拓跋焘问道："卢度世逃亡，应该在你们那里。"黄延年说："从来没有听说过卢度世这个人。"拓跋焘下诏赦免卢度世，以及因卢度世逃亡而被没收财产的家族。卢度世这才出面，拓跋焘任命他当立法院主任立法官（中书侍郎）。卢度世为他老弟娶郑罴的妹妹，回报郑家救命之恩（当时门第观念顽强，郑家因跟卢家结亲，而身价十倍）。

4 三月一日，南宋帝刘义隆回宫（自瓜步返）。

5 三月十五日，北魏帝拓跋焘，返抵首都平城（山西省大同市），在皇家祖庙，设下祭祀酒席，向祖先报告这次征伐经过，把裹挟来的南宋人民五万余家，分别安置京畿（首都平城近郊）地区。

6 最初，北魏帝拓跋焘北返时，经过彭城（江苏省徐州市），派人告诉守军："粮食吃完，暂且回去，等你们小麦成熟，我会再来。"而现在，小麦就要成熟，江夏王刘义恭恐怕拓跋焘真的兑现，打算把小麦全部割光，把乡村农民，全部集合城里。镇军将军府机要军事参议官（镇军录事参军）王孝孙说："胡虏（北魏帝国）不来，用不着这个办法，也可以自卫。胡虏如果再来，用这个办法，也行不通。人民关闭在小小的内城，饥饿已久（指北魏军南下时，坚壁清野情形），现在春暖花开，他们正在采摘野菜，勉强果腹，一旦再被集中，只要一进城门，就会立刻饿死。人民知道一定饿死，如何能够控制？胡虏一定要来的话，等他们来了，再割麦不晚。"在座的人一片沉默，没有人敢说话。秘书长（长史）张畅说："王孝孙的话，实在有理。"

徐州州政府收发官（典签）董元嗣，坐在武陵王刘骏（徐、兖二州〔州政府彭城〕州长）身旁，进言说："王孝孙的意见，不能改变。"总务官（别驾）王子夏说："这种见解，果然不错。"张畅举一下手版，报告刘骏说："我打算命王孝孙弹劾王子夏。"刘骏说："王子夏出了什么事？"张畅说："收割麦田，强迫人民迁移，都是重要的决策，一个地区的平安或危险，就看这次决策是不是恰当。王子夏身为幕僚官的首长（在州政府中，秘书长〔长史〕之下，总务官〔别驾〕地位最高），从没有表示过意见，等到听见董元嗣那么说，却立刻满脸笑容，顺口赞成，这种马屁精，怎么能为长官做事！"王子夏、董元嗣，都大感惭愧。刘义恭的主张，遂被打消（"收发官"官位很低，"总务官"官位很高，王子夏不附和王孝孙，而附和董元嗣，可看出收发官〔典签〕势力正迅速膨胀，在南北朝时代初期，收发官〔典签〕角色，奇异而血腥）。

7 最初，晋帝国时代，雍州（州政府襄阳）州长（刺史）鲁宗之，投奔北魏帝国（鲁宗之投奔后秦帝国，参考四一五年五月；后投奔北魏帝国，参考四一七年九月）。他的儿子鲁轨，当北魏荆州（州政府设长社〔河南省长葛市〕）州长（刺史），封襄阳公，镇守长社（河南省长葛市），一直盼望回到南方。只因当年杀过刘康祖的老爹刘虔之，和徐湛之的老爹徐逵之（参考四一五年二月），所以不敢南下。鲁轨逝世，儿子鲁爽继承老爹官爵。鲁爽从小就有武略才干，跟老弟鲁秀，深受北魏帝拓跋焘的宠信，然而不久，兄弟二人都被指控犯罪，拓跋焘盘问他们，并予斥责（《宋书·鲁爽传》：鲁爽酗酒生事，鲁秀在调查邺城〔河北省临漳县西南邺城镇〕一件谋反案后，因忽然害病，延误回京〔首都平城〕时间）。鲁爽、鲁秀恐怕终有一天，会受到诛杀，所以，当随从拓跋焘自瓜步（江苏省南京市六合区南长江渡口）班师途中，走到湖陆（山东省鱼台县东南）时，报告拓跋焘说："奴才（鲁爽自称）跟南方（南宋帝国）有深仇大恨，每次发生战争，我都恐惧灾祸延及到祖先坟墓（鲁爽祖坟在长社〔河南省长葛市〕），请准许我们把祖先灵柩，护送到首都平城（山西省大同市）安葬。”拓跋焘允许。鲁爽到长社（河南省长葛市）后，击杀北魏驻防军数百人，率领自己的私人军队，以及愿意追随的部众一千余家，投奔汝南郡（悬瓠，河南省汝南县）。

夏季，四月，鲁爽派鲁秀前往寿阳（安徽省寿县），上书给南宋帝国南平王刘铄（豫州〔州政府寿阳〕州长），请求投降。南宋帝刘义隆接到报告，大为欢喜，任命鲁爽当司州（河南省东南部）州长（刺史），镇守义阳（河南省信阳市）；鲁秀当颍川郡（邵陵，河南省漯河市郾城区东）郡长，其他弟弟以及侄儿，全都任官封爵，赏赐厚重。北魏帝国摧毁鲁爽家族坟墓。

南宋帝国太子宫总管（詹事）徐湛之，认为中央为了帝国长远利益，对归降的人（指鲁爽、鲁秀等），特别优待，不敢强调私人的怨恨（指杀父之仇）；但请求辞职，回归故乡；刘义隆不准。

8 南宋帝国青州（山东半岛）居民司马顺则，宣称自己是故晋帝国皇家近族，聚众起兵，号齐王。正巧，梁邹（山东省邹平市北）驻军司令（戍主）崔勋之，前往州政府办事（州政府设东阳〔山东省青州市〕）。

五月二日，司马顺则乘梁邹防务空虚，占领梁邹。

又有一佛教和尚，自称司马百年，也聚众起兵，号安定王，响应司马顺则。

9 五月十九日，北魏帝国大赦。

10 五月二十二日（原文“己巳”误），南宋帝国命江夏王刘义恭，兼南兖州（江苏省中部）州长（刺史），把州政府迁到盱眙（江苏省盱眙县。州政府原设广陵），加授刘义恭：十二州军区司令官（督十二州诸军事。《宋书·刘义恭传》只列以下十一州：南兖豫徐兖青冀司雍秦幽并，余一州不详）。

五月二十五日，擢升国务院左执行长（尚书左仆射）何尚之，当国务院总理（尚书令）；任命太子宫总管（太子詹事）徐湛之，当国务院执行长（仆射），兼中央军事总监（护军将军）。何尚之因徐湛之是皇亲国戚（徐湛之的娘亲是会稽公主刘兴弟，现任皇帝刘义隆是他的舅父），深受南宋帝刘义隆宠爱信任，所以，遇到事情，都推给徐湛之裁决。刘义隆下诏，命徐湛之跟何尚之，同时处理公务。何尚之虽然是国务院总理（令），但政府事务，全在徐湛之之手。

11 六月九日，北魏帝国改年号正平（之前是太平真君十二年，之后是正平元年）。

北魏帝拓跋焘，命太子教师（太子少傅）游雅、立法院主任立法官（中书侍郎）胡方回等，重新修订法律，有的增加，有的删除，多所变更。修订完竣，共三百九十一条。

12 北魏帝国太子拓跋晃，主持政府，十分信任左右官属，而又私自经营果园农田，从中取利。立法院主任立法官（中书侍郎）高允劝告说："天地因为没有私心，所以天无所不覆，地无所不载。帝王因为没有私心，所以可以治理人民。殿下是帝国的储君，天下的楷模，却去经营私人产业，养鸡养狗，甚至派人去街市上摆地摊，做生意买卖，跟市井小民，争取蝇头小利，以致诽谤的话，四处流传，既无法制止，也无法掩饰。帝国，是殿下的帝国，四海之大，都是你的财富，要什么有什么，何必跟男女小贩，较量尺寸那么小的利益！从前，虢国（河南省三门峡市）快要亡时，神灵赐给他田地（神降于莘事，参考四三五年六月）；东汉王朝皇帝刘宏（十二任灵帝），在宫中自己私自设立钱庄（参考一七八年）；都招来覆亡的灾祸。从前的例证是如此明显，实在使人畏惧。姬发（周王朝一任王武王）宠信姬旦（周公）、姬奭（召公）、姜子牙（周王朝齐国一任国君）、姬高（毕公），所以能统一天下。子受辛（商王朝末任帝纣帝）宠信飞廉、恶来（传说中，飞廉力大如牛；儿子恶来，奔走如飞；父子同时侍奉子受辛，而恶来尤其喜爱陷害别人），所以国破家亡。现在，太子宫的俊杰人才不少，可是最近侍奉在你左右的人，恐怕不是适当人选。盼望殿下排除奸佞邪恶，亲近忠良。所有田园，分别赏赐给贫苦人民，做生意的各种货物，要及时收拾，早早散出。如此的话，美好的声誉自会日增，诽谤的议论才可以消除。”拓跋晃不接受。

拓跋晃为人做事，十分精明，洞察细微。而寝殿侍奉宦官（中常侍）宗爱，性情险恶凶暴，有很多违法乱纪行为，拓跋晃对他至为讨厌。御前监督官（给事中）仇尼道盛（仇尼，复姓）、禁宫咨询官（给事黄门侍郎）任平城，则受拓跋晃的宠信，很多事专权独断；二人跟宗爱之间，也不和睦。宗爱恐怕被仇尼道盛等检举揭发，遂先下毒手，控告他们犯罪，拓跋焘大怒，把仇尼道盛等，绑到街市，斩首示众。太子宫官员受到牵连，很多人都被处决，而拓跋焘怒火仍不能平息。

六月十五日，拓跋晃忧惧过度，一病而死（年二十四岁）。

六月十九日，把拓跋晃安葬金陵（金陵墓园在故都盛乐〔内蒙古和林格尔县〕西北），绰号景穆太子。

拓跋焘逐渐发现太子无辜，非常后悔。

秋季，七月五日，拓跋焘前往阴山。

13 南宋帝国青（州政府东阳）、冀（州政府历城）二州州长（刺史）萧斌，派振武将军刘武之等，讨伐变民集团首领、齐王司马顺则，和安定王司马百年，把二人斩首。

八月十一日（原文误置于七月，据《宋书》改），梁邹（山东省邹平市北）社会秩序恢复。

14 南宋帝国青、冀二州州长（刺史）萧斌，宁朔将军王玄谟，被控战败丧军，免职。南宋帝刘义隆问太子宫步兵指挥官（太子步兵校尉）沈庆之说："萧斌打算诛杀王玄谟，你却阻止（参考去年〔四五〇〕十月七日），原因何在？"沈庆之说："将领们纷纷逃跑，都恐惧受到处罚。如果一个自动回营的人，竟被处死刑，其他将领都会四散逃亡，再不回营，所以我才阻止。"

15 九月十二日，北魏帝拓跋焘返首都平城（山西省大同市）。

冬季，十月九日，拓跋焘再往阴山。

16 南宋帝刘义隆，派使节到北魏帝国；北魏政府派殿中将军郎法祐报聘。

17 十月十八日，北魏帝国上党王（靖王）长孙道生逝世（年八十二岁）。

十二月二十七日，北魏帝拓跋焘，封故太子（景穆太子）拓跋晃的儿子拓跋濬（音jùn〔俊〕。本年十二岁）当高阳王；不久，因嫡亲皇孙，不应该只封亲王，遂即撤销。拓跋濬四岁时，聪明超过常人，当祖父的拓跋焘，十分喜爱，总是带在左右。

改封秦王拓跋翰当东平王，燕王拓跋谭当临淮王，楚王拓跋建当广阳王，吴王拓跋余当南安王。

18 南宋帝刘义隆，派太子宫步兵指挥官（太子步兵校尉）沈庆之，把流亡到彭城（江苏省徐州市）的难民数千家，迁移到瓜步（江苏省南京市六合区南长江渡口）；征北将军府军事参议官（征北参军）程天祚，把流亡到江西（安徽省中部）的难民数千家，迁到姑孰（安徽省当涂县）。

刘义隆任命国务院文官部考选司长（吏部郎）王僧绰，当高级咨询官（侍中）。王僧绰，是王昙首的儿子（王昙首拥戴刘义隆称帝，参考四二四年七月），自幼就有成就大器的气度，大家都肯定他是帝国栋梁。王僧绰好学不倦，思想有条理，熟悉帝国的典章制度；娶刘义隆的女儿东阳（献）公主刘英娥为妻。在国务院文官部（吏部）时，了解各种人物，推荐选拔，都很恰当。本年（四五一），擢升高级咨询官（侍中），年才二十九岁，沉着有度量，不因自己的才能而对人骄傲。刘义隆非常悬念自己身后之事，因王僧绰年纪较轻，打算把家国的大责重任，托付给他，所以政府各项决策，开始命他参与。

刘义隆刚登极称帝时，宠信王华、王昙首、殷景仁、谢弘微、刘湛（参考四二六年六月），以后则宠信范晔、沈演之、庾炳之（参考四四〇年十二月），最后则宠信江湛、徐湛之、何瑀之（可能是何尚之之误），以及王僧绰，共十二人。

19 北魏帝国、镇守西域（新疆及中亚东部）焉耆镇（新疆焉耆县）的唐和（参考四四二年四月），前往首都平城（山西省大同市）朝见，北魏帝拓跋焘给予盛大招待。

四五二年 壬辰

南宋	元嘉	二十九年
北魏	正平	二年
	承平	元年
	兴安	元年

1 春季，正月，北魏帝国（首都平城〔山西省大同市〕）安置在中山（河北省定州市）、所俘虏的南宋帝国（首都建康〔江苏省南京市〕）人民五千余家，反抗北魏，定州州政府（设中山）派军讨伐，诛杀。冀州（州政府设信都〔河北省衡水市冀州区〕）州长（刺史）、张掖王沮渠万年（参考四三九年九月）被控跟叛徒勾结通谋，强迫自杀。

2 北魏帝（三任太武帝）拓跋焘（本年四十五岁），思念忧死的太子拓跋晃不已，寝殿侍奉宦官（中常侍）宗爱，恐惧被拓跋焘处死。

二月五日，宗爱先下毒手，刺死拓跋焘。国务院左执行长（左仆射）兰延，高级咨询官（侍中）和疋、薛提等，保守秘密，封锁皇帝死亡消息。因皇孙拓跋濬年龄太小（本年十三岁），打算拥护年龄稍大的君王。遂征召秦王拓跋翰入宫，安置在一个秘密房间。但薛提坚持：拓跋濬是嫡亲皇孙，不可以罢黜。反复讨论，久久不能决定。宗爱得到消息，认为他已开罪太子拓跋晃，又一向讨厌秦王拓跋翰，而平常跟南安王拓跋余，感情亲密，遂把拓跋余从中宫便门，秘密接到后宫，假传赫连皇后（《统万碑文》男主角赫连勃勃的女儿，参考四二七年七月）的命令，召见兰延等，兰延等因为宗爱的地位一向低贱，所以毫不起疑，全都随宗爱进宫。宗爱早就命他的同党、三十个宦官，手持武器，在后宫埋伏，兰延等进去后，一个个被捕，斩首；并把秦王拓跋翰押送宫廷监狱（永巷），立即诛杀。遂即拥护南安王拓跋余（年不详）、登上皇帝宝座（四任帝）；大赦；改年号承平（之前是正平二年，之后是承平元年）；尊皇后赫连女士当皇太后；任命宗爱当全国武装部队最高指挥官（大司马）、最高统帅（大将军）、太师（上三公之一）、全国各军区总司令长官（都督中外诸军事），兼主管宫廷机要（中秘书），封冯翊王。

3 二月二十一日，南宋帝国（首都建康〔江苏省南京市〕）皇帝（三任文帝）刘义隆（本年四十六岁），封皇子刘休仁当建安王。

4 三月十三日，北魏帝国把被刺死的三任帝拓跋焘，安葬金陵（墓园在敕都盛乐〔内蒙古和林格尔县〕西北）；绰号太武皇帝，祭庙称世祖。

5 南宋帝刘义隆，听说北魏帝拓跋焘逝世，再度准备北伐，司州（州政府设义阳〔河南省信阳市〕）州长（刺史）鲁爽等，更是赞成。刘义隆征求文武官员的意见，太子宫顾问官（太子中庶子）何偃，认为："淮河、泗水各州（指青州、冀州、徐州、兖州、司州、豫州），受到的创伤，还没有复原，不应该轻率行动。"刘义隆拒不接受。何偃，是国务院总理（尚书令）何尚之的儿子。

夏季，五月十九日，刘义隆下达总攻击令，诏书上说："暴虐的胡虏（指拓跋焘），穷凶极恶，古今难寻。我们还没有挥动刀斧，他已受到上天诛杀。拯救快要淹死的人，扫荡世间污秽渣滓，时机已经成熟。现在，下令骠骑将军府、最高监察署（司空府），各率部属，东西呼应（江夏王刘义恭，武职骠骑将军，镇守盱眙〔江苏省盱眙县〕；南谯王刘义宣，被擢升当最高监察长〔司空〕，镇守江陵〔湖北省江陵县〕）。凡是起义立功，回归祖国人士，依他的功劳，分别奖赏。"派抚军将军萧思话，率冀州（州政府设历城〔山东省济南市〕）州长（刺史）张永等，进攻碻磝（山东省聊城市茌平区西南）；司州州长（刺史）鲁爽、颍川郡（邵陵，河南省漯河市郾城区）郡长鲁秀、征北将军府军事参议官（征北参军）程天祚，率荆州（州政府设江陵〔湖北省江陵县〕）武装部队四万人，进攻许昌（河南省许昌市东）、洛阳（河南省洛阳市东白马寺东）；雍州（州政府襄阳〔湖北省襄阳市〕）州长（刺史）臧质，率领他的部队，进攻潼关（陕西省潼关县）。张永，是张茂度的儿子（张茂度，名张裕，参考四一五年正月。因名字跟一任帝刘裕相同，"避讳"，改作张茂度）。沈庆之坚决反对北伐，刘义隆因他持不同意见，不教他出征。

青州（州政府设东阳〔山东省青州市〕）州长（刺史）刘兴祖上疏，认为："黄河以南，人民饥饿困苦，千里荒凉，野外抢劫不到粮食，万一敌人各城固守，十天半月，无法攻克。大军势将困在坚城之下，粮秣运输，十分辛劳。为了抓住时机，利用形势，战争应速战速决。现在，匪伪（北魏帝国）的统帅（拓跋焘）刚刚死亡，天气又逢炎热，国内正互相猜忌，没有能力派军远征。我的建议是，大军应渡黄河而北，直接进攻中山（河北省定州市），据守险要关卡。冀州（河北省东部）以北，人民生活，尚称富裕，而且小麦已熟，我们强行收割，用作军粮，十分容易，响应祖国号召的义士，一定纷纷归附。如果中原震动，黄河以南魏国（北魏帝国）势力，自然瓦解，请准许我征调青州（山东半岛）、冀州（山东省西北部）军队七千人，派将领率领，一直攻入敌人心脏。如果前锋获得胜利，张永以及黄河以南各路兵马，应同时渡黄河北上，使声势跟实质同步。一方面组织地方政府，委派地方政府官员，招徕安抚新归附的人民。西方依靠太行山，北方把守军都（太行八陉之一，北京市昌平区），随机应变，魏国（北魏帝国）官员，一律留任，聚众起兵的英雄豪杰，一律委派职务。人民畏惧我们的威严，高兴我们的宠爱，都会百倍感恩。如果能够成功，天下统一的大功，可以站在那里等待完成。如果不能成功，也不会有大的损失，我已下令部队，整装待发，只等圣旨。”可是刘义隆只盼望夺回黄河以南土地，所以拒不接受。刘义隆又派编制外散骑顾问官（员外散骑侍郎）、琅邪郡（侨郡，江苏省句容市北）人徐爰，随同大军，前往碻磝（山东省聊城市茌平区西南），代表皇帝，随时随地教导各级将领如何作战。

6 南宋帝国国务院总理（尚书令）何尚之，因年纪太老（本年七十一岁），请求退休，隐居方山（江苏省南京市江宁区东南），人们认为他不可能隐居下去。不久，南宋帝刘义隆下诏征召，前后四次。

六月一日，何尚之再出来任职。总监察官（御史中丞）袁淑，收集自古以来，有隐士之行，而不知道姓名的隐士（如晨门、荷蒉、荷篠、野王二老、汉阴丈人等），撰写《真隐士传》，对何尚之嗤之以鼻。

7 秋季，七月，南宋帝国北伐军前锋、冀州（州政府历城）州长（刺史）张永等，抵达碻磝（山东省聊城市茌平区西南），围城。

8 七月十六日，南宋帝国改封汝阴王刘浑当武昌王，淮阳王刘彧（音yù〔玉〕）当湘东王。

最初，潘淑妃生刘濬（音jùn〔俊〕），封始兴王。皇后袁齐妫，生性嫉妒，因潘淑妃受南宋帝刘义隆的宠爱，怨恨而死（袁齐妫逝世，参考四四〇年七月）；皇宫事务，遂由潘淑妃主持。由于这个缘故，太子刘劭对潘淑妃和刘濬，深为痛恨。刘濬恐惧将来有一天会大祸临头，乃小心翼翼，奉承刘劭，刘劭逐渐化除敌意，而且跟刘濬的感情，反而更厚。

吴兴郡（浙江省湖州市）女巫严道育，自称不食人间烟火，能驱使鬼神。因东阳公主刘英娥婢女王鹦鹉的推荐，得以晋见刘英娥，出入公主家宅。严道育对刘英娥说："神灵将有符咒赏赐给你。"夜晚，刘英娥躺在床上，看到一道像萤火样的流光，飞入竹制的书箱里，打开一看，看到两颗青色宝珠。从此，刘英娥、刘劭、刘濬三兄妹，深信严道育的法术。刘劭、刘濬在外不断犯错，因之也不断受老爹刘义隆斥责。刘劭、刘濬遂请严道育祈求鬼神，帮忙遮盖，希望老爹再也听不到他们的过失。严道育保证说："我已经向上天陈情，一定为你们隐瞒。"刘劭等对她至为尊敬，称她"天师"。天长日久之后，刘劭、刘濬，遂跟严道育、王鹦鹉、刘英娥的家奴陈天与、禁宫侍从宦官（黄门）陈庆国，共同从事诅咒巫蛊。用玉石雕刻一座老爹刘义隆的像，埋在含章殿前。刘劭更擢升陈天与当太子宫警卫队长（队主）。

刘英娥逝世后，王鹦鹉应该出嫁。刘劭、刘濬唯恐怕阴谋泄漏。正巧，始兴王府助理官、吴兴郡（浙江省湖州市）人沈怀远，一向受刘濬的厚爱，刘濬遂把王鹦鹉送给沈怀远当小老婆。

刘义隆听到陈天与当太子宫警卫队长（队主）消息，斥责刘劭说："你所用的队长、副队长，怎么都是家奴？"刘劭恐惧，写信告诉刘濬。刘濬复信说："那个人如果一直找麻烦，足以缩短他的残生，或许是盛大庆祝的前奏。"（刘劭在京师〔首都建康〕，刘濬在京口〔江苏省镇江市〕，所以写信。）刘劭、刘濬信件来往，称老爹为"那个人"或"那家伙"，而称叔父、江夏王刘义恭为"马屁精"。

王鹦鹉从前跟陈天与通奸，既嫁沈怀远，恐怕从前的奸情泄漏，报告刘劭，劝刘劭秘密把陈天与处死灭口，刘劭遂杀陈天与。陈庆国大为惊恐，说："巫蛊的事情，只有我跟陈天与从中传达。现在陈天与送命，下一个一定是我。"乃把全部事实，报告刘义隆，刘义隆大吃一惊，逮捕王鹦鹉，搜查她的住宅，查到刘劭、刘濬写的书信几百封，全是巫蛊法术诅咒的话；又挖出埋藏含章殿前的玉人。刘义隆下令主管单位：严厉追查。严道育逃亡，无影无踪，捕获不到。

在此之前，刘濬本是京畿总卫戍司令（扬州刺史），后来才调往镇守京口（江苏省镇江市。四四〇年，刘濬十三岁时，当京畿总卫戍司令〔扬州刺史。参考该年十二月〕。四四九年，刘濬二十一岁，当南徐、南兖二州〔州政府京口〕州长〔刺史〕）。等到庐陵王刘绍因病辞去京畿总卫戍司令（扬州刺史）时，刘濬认为他一定会重回旧任。可是，皇帝老爹却任用南谯王、荆州（州政府江陵）州长（刺史）刘义宣。刘濬大不高兴，乃请求前往江陵（湖北省江陵县），皇帝老爹批准。刘濬由京口（江苏省镇江市）到京师（首都建康）朝见，再回京口，办理交代。回京口只几天，巫蛊事件爆发。刘义隆整天叹息，对潘淑妃说："太子（刘劭）贪图富贵，还有话可说，虎头

（刘濬乳名）做出这种事，实在使人想不通，你们母子，怎么可以一天没有我？”派宦官严厉斥责刘劭、刘濬。刘劭、刘濬无言答对，只有惶恐认罪，请求处罚。刘义隆虽然十分愤怒，但仍不忍心制裁。

刘义隆杀檀道济（参考四三六年三月），杀扶令育（参考四四一年正月），何等的当机立断，干净利落。面对自己的儿子，虽然叛逆证据确凿，仍不肯采取行动，只在那里作情绪性感慨，这是一个奇异的对照，对别人的儿子心狠手辣，对自己的儿子却下不了手。当权人物一丁点私心，使历史面目全非。

9 南宋帝国北伐各路大军，进攻北魏帝国碻磝（山东省聊城市茌平区西南），三道齐发：冀州（州政府历城）州长（刺史）张永攻东城，济南郡（郡政府同设历城）郡长申坦攻西城，扬武将军府军政官（扬武司马）崔训攻南城；猛攻数十天，不能攻克（自刘义隆企图收复黄河以南失地，到彦之出军，北魏放弃四镇，全部撤退〔参考四三〇年六月〕。王玄谟出军，北魏放弃碻磝，坚守滑台〔参考四五〇年七月〕。而今张永出军，北魏连碻磝也都能守。说明南宋帝国战斗力日衰，北魏帝国战斗力日强）。

八月五日，夜晚，北魏守军从挖掘的地道中，秘密出击，纵火烧毁崔训军营和攻城武器。

八月七日，夜晚，北魏守军再次秘密出击，纵火烧毁张永军营和攻城武器；不久，再摧毁崔训攻城用的地道。身为指挥官的张永，魂不附体，来不及通知其他将领，乘夜撤退逃走。围城军突然失去统帅，士卒混乱惊恐，北魏守城军抓住机会攻击，满地都是南宋的死伤士卒。南宋北伐军总司令、抚军将军萧思话（时任徐、兖二州〔州政府彭城〕州长）亲自前往碻磝（山东省聊城市茌平区西南），增加军队攻城，十余日而仍不能攻克。这时，青州（山东半岛）、徐州（江苏省北部）庄稼收成不好，军队缺少粮食。

八月二十一日，萧思话下令退却，退到历城（山东省济南市）；斩崔训，逮捕囚禁张永、申坦（以上东战场）。

司州（州政府义阳）州长（刺史）鲁爽，抵达长社（河南省长葛市），北魏帝国驻军司令（戍主）秃发幡，放弃城池，撤走。雍州（州政府襄阳）州长（刺史）臧质大军一直停留在襄阳（湖北省襄阳市）近郊，没有及时出发，而只先派冠军将军府军政官（冠军司马）柳元景，率后军将军府副军事参议官（后军行参军）薛安都等，进据洪关（河南省灵宝市西南）。梁州（州政府南郑）州长（刺史）刘秀之，派军政官（司马）马汪，会同左军将军府大营军事参议官（左军中兵参军）萧道成，率军攻击长安（陕西省西安市）。萧道成，是萧承之的儿子（萧承之在第二次南北大战中，建立功劳；参考四三〇年十一月十二日）。北魏冠军将军封礼，自洹津（河南省灵宝市东北黄河渡口）渡黄河南下，增援弘农（河南省灵宝市东北）。

九月，北魏最高监察长（司空）、高平公兒乌干（兒，姓。原姓贺兒）驻防潼关（陕西省潼关县）；平南将军黎公拓跋辽，驻防河内郡（河南省沁阳市）（以上西战场）。

10 吐谷浑汗国（青海省）可汗（十一任）慕容慕利延逝世，慕容树洛干（八任戊寅可汗）的儿子慕容拾寅继位（十二任）。最初，居住伏罗川（青海省都兰县察汗乌苏河流域），派使节分别到南宋帝国及北魏帝国，请求封赏。

九月十一日，南宋政府任命慕容拾寅当安西将军，西秦、河、沙三州州长（刺史），封河南王。

北魏政府任命慕容拾寅当镇西大将军、沙州州长（刺史），封西平王。

11 九月十四日，南宋帝国司州（州政府义阳）州长（刺史）鲁爽，跟北魏帝国豫州（州政府虎牢）州长（刺史）拓跋仆兰，在大索（河南省荥阳市）会战，击败拓跋仆兰，遂进攻虎牢（河南省荥阳市西北汜水镇）。而就在这时候，得到东战场碻磝（山东省聊城市茌平区西南）失败消息，遂会同柳元景，率军折回。萧道成、马汪等，听说北魏增援部队就要到达，迅速向仇池（甘肃省西和县南）撤退。

九月十三日，南宋帝刘义隆下诏，解除萧思话徐州（州政府彭城）州长（刺史）职务，任命他另兼冀州（州政府历城）州长（刺史），仍镇守历城（山东省济南市）。

刘义隆因各将领屡次出击，都不能建立功勋，下诏给萧思话，吩咐不必专去责备张永等，说："胡虏（北魏帝国）既然得到胜利，而气候又正迈向隆冬，如果他们胆敢前来送死（指北魏反攻），我们兄弟父子，只有共同承当（言将领们都不可靠）。"说到这里，徒增愤恨，便把此诏，拿给张永、申坦过目。又写信给江夏王刘义恭（南兖州〔州政府盱眙〕州长）说："早知道这些将领们如此，恨不得抽刀在他们背后督战，现在，后悔已来不及。"不久，刘义恭奏请解除萧思话官职，刘义隆批准。

刘义隆对他属下将领们咬牙切齿之状，活跃纸上，检讨失败，千言万语一句话，都是别人的错——将领们既怕死，而又没有执行英明领袖的神机妙算。桓玄的阴魂，在刘义隆身上，幽幽重现。从没有一句话检讨到真正失败的原因！因为真正失败的原因，恰恰就在英明领袖身上。将领如猪，是谁任命的？难道是敌国介绍？一个靠猛烈摇尾取得高位的人，他的拿手本领就是摇尾，而不是作战。马屁拍得不舒服，可以责备他；作

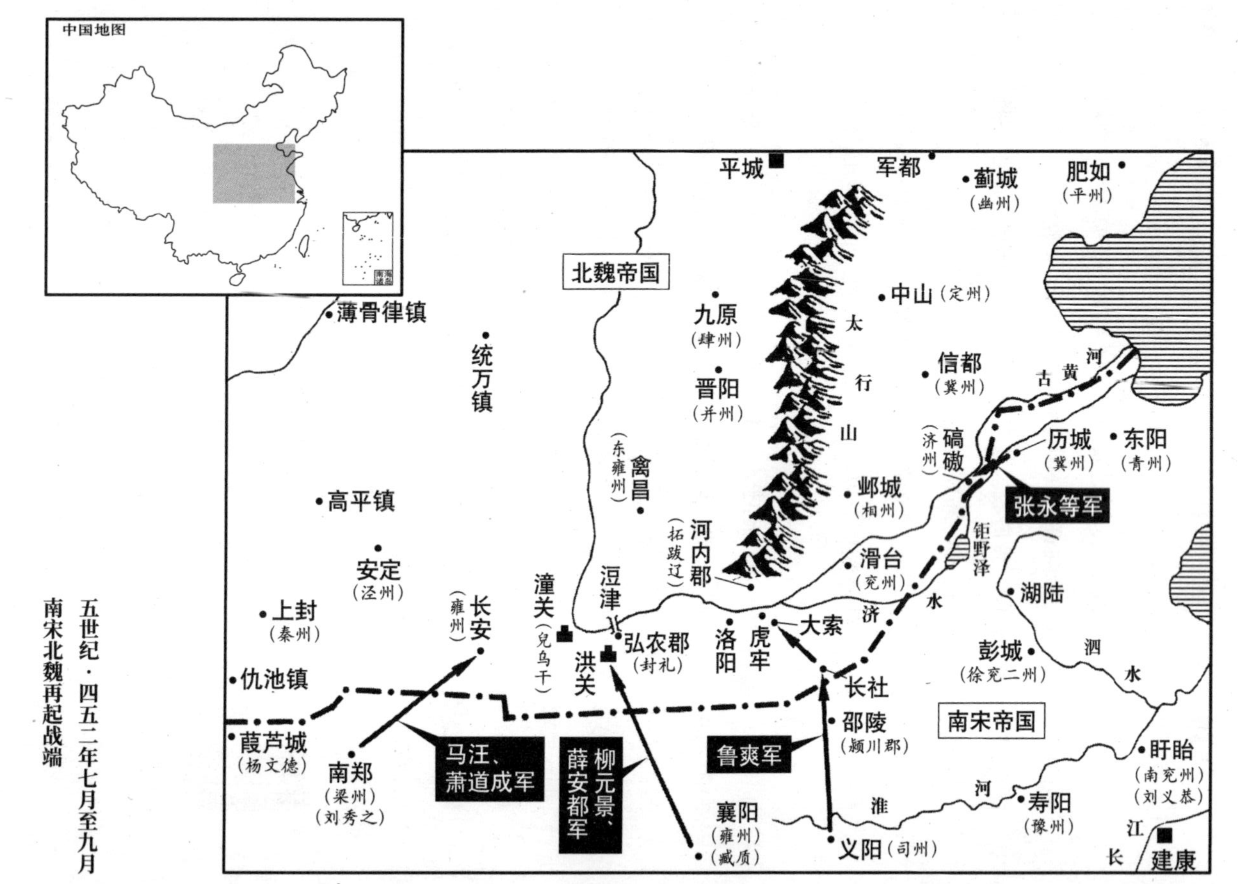

五世纪·四五二年七月至九月

南宋北魏再起战端

战不能取胜，怎么可以责备他？真正应受责备的，应是英明领袖自己。最离奇的莫过于“遥控指挥”，不要说一千五百年前的五世纪，全靠快马传递讯息，建康（江苏省南京市）到历城（山东省济南市），航空距离有五百五十公里，即令到了二十世纪电子时代，一个坐在大后方安全地带、温柔乡里的大军统帅，对千里之外，从大兵团会战，到小部队突击，都一一作细密安排，这种统帅，如果不是全白痴，也准是半白痴。世界上没有一个人能用遥控指挥，获得战场胜利。问题是史迹斑斑，这种遥控指挥的动物，今天仍不绝种。而且有些人还以此自豪。可怜的是那些被遥控指挥的士兵，和战败后受苦受难的人民。

12 北魏帝国爆发本年（四五二）内第二次宫廷流血政变。

北魏帝（四任）拓跋余，因超越长幼顺序，登上宝座（拓跋余是三任帝拓跋焘最小的儿子），为了收买人心，对文武官员，赏赐十分优厚，将近一个月之间，国库为之一空。而拓跋余既好饮酒，又好声色犬马以及狩猎，独不好过问国家政事。宗爱身居宰相，主管政府机要（录三省），负责皇家安全，掌握禁卫大军，高坐台上，对部长级以上官员，呼来喝去，专权任性，一天比一天严重。拓跋余十分厌恶，计划剥夺他的权力，宗爱大怒。

冬季，十月一日，拓跋余夜间祭祀东庙（一任帝拓跋珪皇庙，在白登山〔山西省大同市东〕东），宗爱命禁宫贴身侍从宦官（小黄门）贾周等，暗中刺死拓跋余（年龄不详），封锁消息（拓跋余在位二百三十三日）。只有羽林警卫军初级禁卫官（羽林郎中）、鲜卑人（代人）刘尼，知道发生事情。刘尼建议宗爱拥戴嫡皇孙拓跋濬当皇帝，宗爱吃惊说：“你简直是个呆子，皇孙如果登极，岂能忘记他爹（太子拓跋晃）是怎么死的？”

刘尼说："如果不然，应该拥戴谁？"宗爱说："等回宫之后，在各亲王中遴选贤能。"

刘尼恐怕宗爱变卦，把情形秘密通知宫廷安全部长（殿中尚书）源贺。源贺跟刘尼同时率领禁卫军，负责宫廷安全，遂和南部政务执行官（南部尚书）陆丽，商量说："宗爱既然拥戴南安王（拓跋余），而又把他杀掉。现在却不肯拥戴嫡皇孙（拓跋濬），势将做出对帝国不利的事。"遂跟陆丽定谋，共同尊奉拓跋濬。陆丽，是陆俟的儿子（陆俟事，参考四四六年八月）。

十月三日，源贺跟国务院执行官（尚书）长孙渴侯，率军保护皇宫，而由刘尼、陆丽到上林苑迎接嫡皇孙拓跋濬。陆丽抱拓跋濬上马，进入首都平城（山西省大同市），源贺、长孙渴侯，开门迎接。然后，刘尼骑马奔回东庙（此时宗爱带着拓跋余尸体，逗留未回），大声呼喊说："宗爱谋杀皇上（四任拓跋余），大逆不道，嫡皇孙（拓跋濬）已经登极，颁下圣旨，禁卫军快快回宫。"大家齐喊万岁，遂逮捕宗爱、贾周等，在高度戒备下，返回平城。嫡皇孙拓跋濬（本年十三岁）坐上皇帝宝座（五任文成帝），登永安殿；大赦；改年号兴安（之前是承平元年，之后是兴安元年）。斩宗爱、贾周，使用五刑（一、先在面上刺字。二、削鼻。三、砍下双脚脚趾。四、用鞭抽死。五、斩首，剁成肉酱），二人全屠灭三族。

柏杨曰

北魏帝国于一年之中，发生两次流血政变，连杀两位皇帝，疑云重重。宗爱先刺死拓跋焘，再刺死拓跋余，可是却只被指控刺死拓跋余一罪，对刺死拓跋焘事，一字不提。政治斗争中，对手没有弑逆，还要把弑逆大罪硬罩到对方头上，真的弑逆，怎么可能不对外宣布？两桩弑逆，只算一桩，原因何在？宗爱刺死拓跋焘，如果不是满朝文武一面倒，他怎么可能控制政府？拓跋余之登上宝座，如果全不合法，而只出于凶手挟持，又如何能没有一个人反应？一条狗被杀还有人围观，何况一个皇帝？凶手已获，为什么不一并算账，好像拓跋焘在床上终其天年，何故？

《魏书》《北史》，把他们太美化，使人不能相信。《南史》《宋书》，又把他们太丑化，自然更是扯谎。我们只知道发生了某些事，但不知道到底发生了什么事，留下的全是困惑，有待专家考证。

13 南宋帝国西阳郡（湖北省黄冈市黄州区）五水蛮，起兵反抗政府（五水：巴水、蕲水、希水〔浠水〕、赤亭水〔举水〕、西归水〔倒水〕；皆发源于大别山〔湖北省东北段省界〕，分别南流注入长江）。自淮河、汝水，到长江、沔水（汉水），全受到灾害（地方数千华里）。

南宋帝刘义隆命全国武装部队总司令部大营军事参议官（太尉中兵参军）沈庆之，指挥江州（江西省及福建省）、豫州（安徽省中部北部）、荆州（湖北省西部）、雍州（湖北省北部）四州州政府军，讨伐征剿。

14 北魏帝国任命骠骑大将军拓跋寿乐当太宰（上公）、全国各军区总司令长官（都督中外诸军），主管政府机要（录尚书事）；又任命长孙渴侯当国务院总理（尚书令），加授：仪同三司（宰相级）。

十一月，拓跋寿乐、长孙渴侯，被控争权夺利，强迫自杀。

十一月八日，广阳王（简王）拓跋建、临淮王（宣王）拓跋谭，先后逝世（二人皆三任太武帝拓跋焘子）。

十一月九日，北魏帝（五任文成帝）拓跋濬的娘亲郁久闾女士（河东王郁久闾毗的妹妹）逝世。

前任帝（四任）拓跋余在位时，命古弼当宰相（司徒），张黎当全

五世纪·四五二年十月　南宋帝国『五水』形势

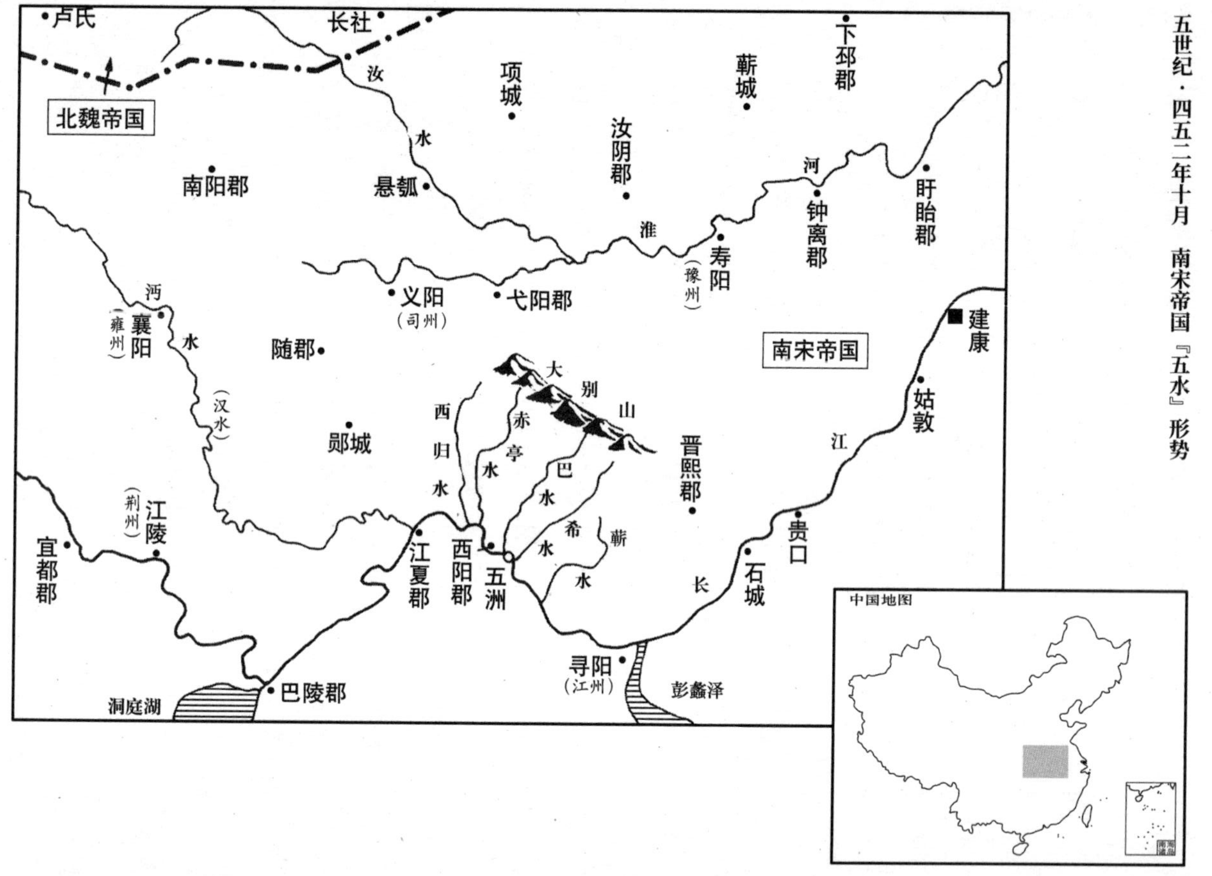

国武装部队总司令（太尉）。等拓跋濬在位，跟古弼、张黎的见解，不能一致。古弼、张黎被免职，贬作全国地方部族政务总监（外都大官）；被指控口出怨言；而他们的家人又告发他们从事巫蛊诅咒，二人遂被诛杀（北魏帝国内斗白热化，功臣如长孙渴侯、元勋如古弼，都不能幸免。内情已不可明，但形迹昭然若揭。失败者头罩恶名而死，胜利者就是以后出现的掌权人物）。

15 十一月二十七日，南宋帝国庐陵王（昭王）刘绍（南宋帝刘义隆第五子）逝世（年二十一岁）。

16 北魏帝（五任文成帝）拓跋濬，尊老爹拓跋晃绰号景穆皇帝，娘亲郁久闾女士绰号恭皇后，乳娘常女士尊贵绰号保太后。

17 北魏帝国陇西郡（甘肃省陇西县）匈奴屠各部落人王景文，聚众起兵，设置王爵侯爵。

北魏帝国统万镇（陕西省靖边县北白城则村）防守司令（镇将）南阳王拓跋惠寿、全国地方部族政务总监（外都大官）于洛拔，督促四个州的州政府部队（四州：秦州〔甘肃省南部〕、雍州〔陕西省中部〕、河州〔甘肃省洮水流域〕、泾州〔甘肃省东北部〕），击平变民军，把王景文的党徒三千余家，强迫迁到古赵魏地区（河北省南部及河南省北部）。

18 十二月四日，北魏帝国现任皇帝（五任文成帝）拓跋濬的娘亲、恭皇后郁久闾女士，安葬金陵（墓园在故都盛乐〔内蒙古和林格尔县〕西北）。

19 北魏帝国三任帝（太武帝）拓跋焘晚年，对佛教的禁制，稍稍松弛（取缔佛教事，参考四四六年二月），民间往往私下信奉。等嫡皇孙拓跋濬（五任文成帝）登极，很多文武官员，请求解禁。

十二月十一日，拓跋濬下诏，准许各州郡县、人民集中居住的地方，建立庙宇一座；人民打算当和尚、尼姑的，准许自由出家，但规定大州五十人、小州四十人。于是，过去所摧毁的庙宇，大都修复。拓跋濬亲自给和尚师贤等五人，剃下头发（《魏书·释老志》：师贤，罽宾王国〔首都善见城，喀什米尔斯利那加市〕贵族〔罽，音ji·记〕，自幼信佛，曾住北凉王国。北凉王国亡〔四三九年九月〕，去北魏帝国；迫害佛教时，师贤假装行医，留发还俗，但信仰不改。等禁令解除，立刻返回和尚岗位）。

拓跋濬任命师贤当道教总监（道人统。五世纪六〇年代初期，师贤逝世，昙曜继任，改称佛教总监〔沙门统〕）。

20 十二月十三日，北魏政府任命乐陵王拓跋周忸当全国武装部队总司令（太尉）、南部政务执行官（南部尚书）陆丽当宰相（司徒）、镇西将军杜元宝当最高监察长（司空）。

陆丽有迎奉拓跋濬复位的功劳，所以被拓跋濬当作心腹，政府中没有一个官员，比他更受宠信。拓跋濬封他当平原王。陆丽辞让说："陛下是帝国皇家的正统，自然应该继承帝位。我顺应人心，奉迎圣上，是臣下的职责，不敢夺取应属于上天的功劳，接受重赏。"再三拒绝接受，拓跋濬却非封他不可，陆丽说："我老爹（陆俟）事奉先帝（三任太武帝拓跋焘），忠心勤快，享有声誉，而今进入晚年，我愿把我的爵位让给老爹。"拓跋濬说："我是天下的主宰，难道不能使你们父子二人都封王爵？"

十二月十四日，封陆丽的老爹、建业公陆俟当东平王。又命陆丽的正妻称"王妃"，免除陆丽子孙们的田赋税捐。陆丽坚决不肯接受，拓跋濬越发对他嘉许。

拓跋濬任命东安公刘尼，当国务院执行长（尚书仆射）；西平公源贺，当征北将军；一律晋封王爵（刘尼封东安王，源贺封西平王）。拓跋濬依照顺序赏赐，对源贺说："你想拿什么，就拿什么！"源贺辞让说："南北两大敌人（南有南宋帝国，北有柔然汗国），仍没有平定，国库不可以空虚。"拓跋濬非要他拿不可，源贺只取战马一匹。

拓跋濬能够登上宝座，高允参与密谋。陆丽等都受到重赏，只没有赏到高允，而高允也终身不肯吐露。

十二月二十日，拓跋周忸被控有罪，强迫自杀（拓跋周忸只当了八天的全国武装部队总司令〔太尉〕，可看出内斗的惨烈）。当时，北魏帝国刑法残酷。西平王源贺奏称："叛乱犯的家属，男子十三岁以下，而没有参与阴谋的，应该免除死刑，只发交官府当奴隶。"拓跋濬批准。

21 南宋帝国江夏王刘义恭（南兖州〔州政府盱眙〕州长），自盱眙（江苏省盱眙县）返首都建康。

十二月二十七日，中央任命刘义恭当最高统帅（大将军）、南徐州（州政府京口）州长（刺史），原有的主管政府机要（录尚书事）一职，仍然保持（接始兴王刘濬遗缺）。

22 最初，北魏帝国侵入中原（三九七年十月攻陷后燕首都中山〔河北省定州市〕），使用《景初历》（杨伟所定，二三七年三月，由当时的曹魏帝国政府公布施行）。三任帝（太武帝）拓跋焘，征服北凉王国时（四三九年九月），得到赵𢾺所著《玄始历》（又称《甲寅元历》，参考四三七年十一月），当时人们认为是一种密件。

本年（四五二），北魏帝国开始使用《玄始历》。

四五三年 癸巳

南宋 元嘉 三十年
太初 元年
北魏 兴安 二年

1 春季，正月四日，南宋帝国（首都建康〔江苏省南京市〕）皇帝（三任文帝）刘义隆（本年四十七岁），任命南谯王刘义宣当宰相（司徒）、京畿总卫戍司令（扬州刺史）。

2 南宋帝国北伐大军中，最后一支军队、左军将军府大营军事参议官（左军中兵参军）萧道成等，北上攻击长安（参考去年〔四五二〕八月）；率氐、羌各部落军，先行攻击北魏帝国（首都平城〔山西省大同市〕）

武都郡（甘肃省陇南市武都区）。

北魏高平镇（宁夏固原市）防守司令（镇将）苟莫于，率骑兵突击队二千人增援。萧道成等率军退回南郑（梁州州政府所在县，陕西省汉中市）。

3 正月八日，南宋政府任命征北将军、始兴王刘濬，当荆州（州政府设江陵〔湖北省江陵县〕）州长（刺史）。南宋帝刘义隆的愤怒，一直不能平息（参考去年〔四五二〕七月），所以刘濬一直留在京口（江苏省镇江市）。现在，既明令任荆州州长（刺史），才准许他进京（首都建康）朝见。

4 正月十四日，南宋政府命江州（州政府设寻阳〔江西省九江市〕）州长（刺史）、武陵王刘骏，统御各路大军，讨伐西阳郡（湖北省黄冈市黄州区）五水蛮（五水蛮反抗政府，参考去年〔四五二〕十月）。刘骏率军进驻五洲（湖北省浠水县长江中小岛）。

5 南宋帝国吴兴郡（浙江省湖州市）女巫严道育逃亡时（参考去年〔四五二〕七月），南宋帝刘义隆分别派出专使，到各地搜捕。严道育扮成一个尼姑，躲藏在太子宫中，当始兴王刘濬回京口（江苏省镇江市）办理移交时（参考去年〔四五二〕七月），又秘密把她带到京口，一度住在居民张旿家。现在，刘濬进京（首都建康）朝见，再秘密把严道育带回太子宫，打算带她一同前往江陵（荆州州政府所在县，湖北省江陵县）。

二月十四日（原文误置于正月），刘义隆亲到前殿，发布刘濬新命。而就在当天（二月十四日），有人告密，说严道育住在张旿家，刘义隆派人突袭，逮捕到两个婢女，供说严道育："随征北将军（刘濬）还都。”刘义隆认为刘濬、刘劭已经痛改前非，自会把严道育赶出大门，而今忽然发现仍跟她往来，刘义隆大为震骇，而且十分伤心。命京口（江苏省镇江市）把两位婢女，送到京师（首都建康），准备调查属实后，再决定如何处置刘劭、刘濬。

潘淑妃抱住刘濬哭泣，说：“你上次巫蛊诅咒事发生，盼望你能小心反省过失，再想不到你更把严道育窝藏在家。你老爹气得发疯，我跪下叩头求情，都不能使他息怒，我活着还有什么用！你可把毒药送来，我先自杀，也不忍心看见你大祸烧身。”刘濬挣脱娘亲的抱持，跳起来说：“天下事要靠自己解决，你尽管放心，包管不连累你！”

6 二月十六日，北魏帝国京兆王杜元宝，被指控谋反，斩首。建宁王拓跋崇（二任明元帝拓跋嗣子），跟他的儿子济南王拓跋丽，都受杜元宝口供的牵连，被强迫自杀（北魏帝国内斗仍不能停止）。

7 南宋帝国爆发宫廷流血政变。

南宋帝刘义隆打算罢黜太子刘劭，命始兴王刘濬自杀，先跟高级咨询官（侍中）王僧绰商量，命王僧绰查考两汉王朝政府以及曹魏帝国政府罢黜太子，和罢黜亲王的前例，分送国务院执行长（尚书仆射）徐湛之，及国务院文官部长（吏部尚书）江湛。

武陵王刘骏（刘义隆第三子），素来得不到老爹宠爱，所以总是被派到外地当地方政府首长，不能留在首都建康。南平王刘铄（刘义隆第四子）、建平王刘宏（刘义隆第七子），都受老爹欣赏。刘铄的正妻江女士，是江湛的妹妹；随王刘诞（刘义隆第六子）的正妻徐女士，是徐湛之的女儿。于是，江湛劝刘义隆封妹婿刘铄当太子，徐湛之则打算拥戴女婿刘诞当太子。王僧绰说："教谁当太子这件事，应由皇上做主。我要说的是，不管是谁，都要迅速决定，不可拖延。'当决断的时候不决断，反而会招来灾祸。'（道家学派语，《汉书·齐悼惠王刘肥传》：齐国宰相召平被围自杀时〔参考前一八〇年八月〕，引用：当断不断，反受其乱。）但愿用大义割断恩情，不要使小的不忍，妨害大计。不然的话，就应恢复父子之情，不再深究。事情虽然在极度机密之下进行，可是却也很容易泄漏，一旦激起意外事故，徒被后世耻笑。"刘义隆说："你真是一个可以处理大事的人，然而更换太子，事情至为重大，不可不特别谨慎，三思而行。而且，彭城王（刘义康）刚刚逝世（参考前年〔四五一〕正月），别人将抨击我不慈不爱。"王僧绰说："我恐怕后世的人，会谈论陛下，只会制裁弟弟，不会制裁儿子。"刘义隆沉默不语。当时，江湛也在座，出宫之后，江湛对王僧绰说："你刚才的话，是不是太过直切。"王僧绰说："我深恨你太不直切。"

刘铄自寿阳（安徽省寿县）入朝京师（首都建康），然而，晋见老爹时，表现不能使老爹满意。刘义隆遂打算封刘宏当太子，可是又担心刘宏年小（本年二十岁），失去长幼次序。因此，议论久久不能决定。每天深夜，刘义隆跟徐湛之秘密商谈，整天整夜，继续不断。时常教徐湛之亲举蜡烛，绕着墙壁检查，唯恐怕有人窃听。可是，刘义隆却把密谋告诉潘淑妃。潘淑妃立刻转告刘濬，刘濬飞奔报告刘劭。刘劭遂跟心腹、太子宫警卫队长（队主）陈叔儿，布置官（斋帅）张超之等，秘密商讨谋害老爹。

最初，刘义隆认为皇族强大，恐怕内部发生变化（担心弟弟们叛变），所以，特别加强太子宫的兵力，使太子宫的兵力，跟羽林警卫军的兵力，相差无几，太子宫的武装部队，多达一万人。太子刘劭，性情狡狯，而又刚强勇猛，老爹对他深深依赖。刘劭既决定谋害老爹，每天夜晚，都设宴款待将士，有时还亲自前去敬酒。王僧绰得到消息，秘密报告刘义隆。正巧，严道育的两位婢女，就要押到。

二月二十日，夜晚，刘劭用老爹刘义隆的名义，发布一份下达给自己的诏书，说："鲁秀叛变，命你（刘劭）清晨守卫宫门，率军入宫。"刘劭又命张超之等集结平常特别用恩情豢养的士卒两千余人，全副武装；又命内外巡逻队长、副队长，率领部属，进入紧急状态，声称：将出发征战讨伐。深夜，刘劭传唤前太子宫顾问官（太子中庶子）、现右军将军府秘书长（右军长史）萧斌、太子宫左翼卫队司令（左卫率）袁淑、太子宫贴身侍从官（中舍人）殷仲素、左积弩将军王正见；一同进太子宫。刘劭泪流满面，对他们说："主上相信别人的诬陷，要把我贬逐在外，我自问没有过失，不能被人冤枉。第二天一早，我要做出一件大事，希望咱们密切合作，共同努力。"遂从座位站起来，向每人下拜；大家惊愕震撼，霎时间呆在那里，没有人敢回答。袁淑、萧斌都说："自古以来，没有这种举动，请多加思量。"刘劭大怒，面孔板起；萧斌恐惧，跟大家一齐说："自当竭力！"袁淑斥责大家说："你们认为殿下是真的呀，殿下小时候曾经害过疯病，现在可能发作！"刘劭越发愤怒，斜眼瞅住袁淑，说："我的事成不成？"袁淑说："你这个当儿子的，居于绝对不受怀疑的地位，事情怎么会不成！问题是，事成之后，天地不容，大祸立刻就会来临。假使真的有这种想法，仍然可以收回。"左右把袁淑拉出去，说："这是什么事，怎么可以半途不干。"袁淑回到左翼卫队司令部，绕着床铺团团走动，到四更（早晨三时）才睡。

二月二十一日，凌晨，宫门还没有开，刘劭全身武装，外加红袍（太子穿红袍），乘画轮车（即“鸾路”。用彩色油漆，画在轮上，所以称“画轮车”，用牛驾驶，车上用绸缎搭成篷帐，左右开窗），跟萧斌同坐，侍卫仪仗，和平常入朝时一样。又急急召唤袁淑，袁淑正在沉睡，不肯起床；刘劭在奉化门（太子宫西门）停车等候，不断派人催促。袁淑慢慢起床，来到车后，刘劭命他上车，袁淑辞让不肯，刘劭大不耐烦，遂斩袁淑（年四十六岁）。等到宫门打开，刘劭从万春门（皇宫东门）入宫。宫廷规则，太子宫卫队不能进入宫城。刘劭把伪造的圣旨，拿给守卫过目，说：“奉到命令，将进宫讨伐。”催促跟在后面的部队，迅速增援。张超之等数十人，奔到云龙门（宫城〔台城〕东门）及御用休息室（斋阁），拔出佩刀，直上合殿（西殿）。刘义隆当天夜晚，跟徐湛之秘密商谈，一直谈到天亮，蜡烛还没有熄灭，门前、阶上、窗户外当值的卫士，都还在睡觉，没有起来。刘义隆突然发现张超之窜入，大为惊骇，举起身旁小几抵挡，张超之一刀砍下，刘义隆举起小几的五个手指，全部砍掉，张超之再劈一刀，刘义隆遂被杀死（年四十七岁）。徐湛之惊起，逃向北窗，还没有把北窗打开，士卒一拥而上，斩徐湛之（年四十四岁），刘劭走到合殿（西殿）中屋，听见老爹已死的消息，遂出来登临东堂（东殿）。萧斌手执佩刀，站在一旁侍从。刘劭呼唤立法院立法官（中书舍人）顾嘏，顾嘏震恐，不敢马上前来。终于到达，刘劭问：“皇上打算把我们一齐罢黜，你为什么不早早报告！”顾嘏还没有回答，已被斩首。江湛正在咨询署（门下省）宫内办公处（门下省上省）值班，听到杀声连天，知道发生变化，叹息说：“不听王僧绰的话，才到这种地步。”急躲进旁边一间小屋，刘劭派兵搜出，斩首（年四十六岁）。太子宫卫队旧有将领罗训、徐罕，都望风投降。禁卫军左翼武器营司令（左细仗主），广威将军、吴兴郡（浙江省湖州市）人卜天与，来不及披上铠甲，一手拿刀、一手拿弓，厉声下令，督促左右迎战。徐罕问他："太子进宫，你要干什么？"卜天与诟骂说："太子常常进宫，今天有什么特别，要说这种话，你就是贼！"走到东殿，瞄准刘劭，射出一箭，几乎射中。刘劭党徒攻击，卜天与被砍断手臂而亡，禁卫军官张泓之、朱道钦、陈满，全都战死。首都东区卫戍司令（左卫将军）尹弘，惊惶恐怖，晋见刘劭，请求处罚。刘劭派人从东阁门闯入后宫，诛杀潘淑妃及老爹刘义隆生前亲信左右数十人。一面紧急召唤始兴王刘濬，命刘濬率军驻防大殿（中堂）。

刘濬当时正在西州（建康城西），王府随从官（舍人）朱法瑜，飞奔报告刘濬说："宫中人声喧哗，宫门全都关闭，道路上传出消息，说太子造反，不知道祸变真相。"刘濬假装大吃一惊，说："现在怎么办？"朱法瑜劝刘濬占据石头（石头城在西州西北）。刘濬没有得到刘劭消息，不知道是否已把老爹杀掉，心情激动，手足失措。将军王庆说："深宫发生巨变，不晓得主上安危。当臣属和当儿子的，都应该跳起来前往救难。仅只固守城池，不是臣属和儿子的节操。"刘濬自然听不进去，直出南门，奔向石头（建康城西北），文武官员随从在后的有一千余人。当时，南平王刘铄（前豫州〔州政府寿阳〕州长），驻防石头，士卒也有一千余人。不久，刘劭派张超之骑马来找刘濬。刘濬遣开左右，秘密问张超之详情，遂全副武装，骑马离开。朱法瑜一再阻止，刘濬不接受；出中门时，王庆又劝告说："太子反叛，天下将起公愤，你只要紧闭城门，坐吃粮食（石头城存有军粮），不过三天，凶党自会瓦解。事情如此明白，你为什么要去！"刘濬说："太子有令，敢再说这话的人，斩首。"既进宫，晋见刘劭，刘劭说："潘淑妃被乱兵杀害！"刘濬说："正合我意，我一直盼望。"

刘义隆幼年的时候，神采秀美，虽然没有保姆、师傅严格的辅导，但上天授给他柔和、敏捷的特质，深有君王的品德。等到登极称帝，在位时间，相当长久，法令规章，条理分明，刑罚依照法律，官爵从不泛滥，所以能够内外和睦，四海清平。从前，东汉王朝，常常称道建武、永平时代（建武，东汉王朝一任帝刘秀在位年号〔二五年至五五年〕；永平，二任帝刘阳在位年号〔五八年至七五年〕）；从那时以后，人们也每每称道元嘉时代（参考四三八年十二月），诚是盛况。

然而，刘义隆调兵遣将，不肯授出全权。他的才能远不如刘秀（东汉王朝一任帝），却喜爱遥控指挥。大军攻击的日期和时辰，没有一件事不仰承刘义隆的命令，于是军队屡次挫败。而将领们又没有一个能赶得上韩信、白起，招惹贼寇（北魏帝国）的结果，疆土一天比一天缩小，完全因此。等到枕席之上，泄漏机密，激起芈商臣（楚王国五任王穆王）的灾难（前六二六年，芈商臣弑父〔楚王国四任王成王芈熊颐〕），虽然大祸无法预料，但也有促使爆发的原因，呜呼，可哀。

刘劭弑父，不过禽兽。刘濬对娘亲竟也如此冷血，是禽兽不如。一个人连最后一点母子之情都没有，不能完全用后天环境因素解释，不知道是不是可以在遗传学上找出答案。南宋帝国一任皇帝刘裕，本身就是一个被人不齿的人渣，可能他身上流有罪恶的基因，遗传给后代子孙，这种先天潜伏的种子，一旦放到权力位置上，就会破茧而出，百毒俱发。刘劭、刘濬，不过刚刚显露，稍后，刘骏（五任孝武帝）、刘子业（六任前废帝）、刘彧（七任明帝）、刘昱（八任后废帝），一代比一代使人作呕。

我们没有能力改造遗传，但应有能力建立一项政治规范，使恶

质遗传无法变成凶暴行为，则害人害己的程度，自会相对减低。 502

刘劭伪造老爹（三任文帝）刘义隆诏书，召唤最高统帅（大将军）刘义恭、国务院总理（尚书令）何尚之入宫，遂把二人囚禁。刘劭同时召集文武百官，入宫的约数十人。遂宣布继承帝位（四任帝），下诏说："徐湛之、江湛二人谋反，逆弑父皇。我率军入殿，已来不及，哀号悲哭，血泪不止，肝肠寸断。而今，罪人已经诛杀，元凶已经消灭。大赦天下，改年号太初（之前是元嘉三十年，之后是太初元年）。"

登极典礼完成后，刘劭宣称有病，即回永福省（皇宫中太子居所），不敢主持丧礼，面对老爹灵柩。刘劭手拿佩刀自卫，夜晚则灯火通明，防备左右突击。任命萧斌当国务院执行长（尚书仆射），兼中央禁军总监（领军将军）；何尚之当最高监察长（司空）；前太子宫右翼卫队司令（右卫率）檀和之，驻防石头（建康城西北）；征虏将军、营道侯刘义綦，镇守京口（江苏省镇江市）。刘义綦，是刘义庆的老弟（刘义庆是刘道怜的儿子，参考四一八年正月）。

二月二十二日，刘劭下令，把以前发放给各处军警的武器，一律收回。诛杀江湛、徐湛之亲友党羽国务院左秘书长（尚书左丞）荀赤松、右秘书长（右丞）臧凝之等。臧凝之，是臧焘的孙儿（臧焘，参考四〇四年三月）。任命殷仲素当禁宫咨询官（黄门侍郎），王正见当左军将军，张超之、陈叔儿，全都升官。依照贡献大小，受到赏赐。辅国将军鲁秀，时在建康（江苏省南京市），刘劭对鲁秀说："徐湛之常想害你（鲁秀的老爹鲁轨，杀徐湛之的老爹徐逵之），我为了你，把他除掉。"命鲁秀跟骑兵指挥官（屯骑校尉）庞秀之，相对掌握军队。刘劭不知道王僧绰也参与密谋，任命王僧绰当国务院文官部长（吏部尚书），宰相府左秘书长（司徒左长史）何偃当高级咨询官（侍中）。

武陵王刘骏（江州〔州政府寻阳〕州长），驻军五洲（湖北省浠水县长江中小岛），全国武装部队总司令部大营军事参议官（太尉中兵参军）沈庆之，自巴水（于湖北省黄冈市黄州区东注入长江）前往五洲，商量讨伐西阳郡（湖北省黄冈市黄州区）五水蛮的军事行动。

三月二日，收发官（典签）董元嗣，从首都建康（江苏省南京市）到五洲，报告太子刘劭杀父情形，刘骏命董元嗣告诉文武僚属。沈庆之暗中对他的心腹说："萧斌，一个女人而已（形容他懦弱无能），其他将士，都很容易对付，跟刘劭一条心的，不过三十人（指张超之、陈叔儿），别的全出于胁逼（指鲁秀、庞秀之），不会为他效死尽力。我们辅佐顺应人心的主上，讨伐叛逆，绝不担心失败。"

8 三月九日，北魏帝国（首都平城〔山西省大同市〕）皇帝（五任文成帝）拓跋濬（本年十四岁），尊称保姆、保太后常女士为皇太后；追赠常女士的父母、祖父母尊号；并对常女士的弟兄，封爵任官，一切跟亲娘一样。

9 南宋帝（四任）刘劭，把浙江（钱塘江）以东，分出五个郡，设立会州（州政府设会稽〔浙江省绍兴市〕），撤销扬州，另设司隶校尉（晋帝国以来，"扬州刺史"即"司隶校尉"，都是京畿总卫戍司令。刘劭所做，恢复两汉王朝古制）。命皇后殷玉英的老爹殷冲，当京畿总卫戍司令（司隶校尉）。殷冲，是殷融的曾孙（殷融是殷羡老弟，参考三二八年五月）。再任命最高统帅（大将军）刘义恭当太保（上三公之三）；荆州（州政府江陵）州长（刺史）、南谯王刘义宣，当全国武装部队总司令（太尉）；始兴王刘濬当骠骑将军；雍州（州政府襄阳）州长（刺史）臧质当首都建康市长（丹阳尹）；会稽郡（浙江省绍兴市）郡长、随王刘诞，当会州（州政府会稽）州长（刺史）。

刘劭检查老爹刘义隆的机密档案，跟江湛家的奏疏和书信，看到王僧绰呈报的前代罢黜太子、亲王的典故前例。

三月十一日，逮捕王僧绰，斩首（年三十一岁）。王僧绰的老弟王僧虔，当宰相府左行政管理助理官（司徒左西属）。他的亲近都劝他逃亡，王僧虔流泪说："我家老哥，忠心报国，抚养我长大成人，今天的事，只怕它不发生。如果我能跟他同回九泉，就跟飞升成仙一样。"刘劭遂乘势诬陷"北城皇族住宅区"（北第）的各王爵、侯爵，跟王僧绰同谋叛变，于是，斩长沙王（悼王）刘瑾、刘瑾老弟刘楷、临川王（哀王）刘烨、桂阳侯（孝侯）刘觊、新渝侯（怀侯）刘玠；都是刘劭平时最厌恶的人。刘瑾，是刘义欣的儿子（刘义欣，是一任帝刘裕之侄，参考四三〇年三月）。刘烨，是刘义庆的儿子。刘觊、刘玠，都是刘义庆的侄儿。

刘劭亲笔写一封信，秘密送给正在五洲（湖北省浠水县长江中小岛）述职的沈庆之，命沈庆之诛杀武陵王刘骏。沈庆之要求晋见刘骏，刘骏心胆都裂，推辞说有病，不敢相见。沈庆之闯入后宅，把刘劭的信拿给刘骏过目，刘骏哭泣不止，哀求准许他回卧房跟娘亲（路惠男）诀别。沈庆之说："我承受先帝（三任刘义隆）的厚恩，常想到回报，今天的事，全看力量大小，殿下为什么对我如此疑心。"刘骏直起身子，一再叩头，说："家国安危，握在将军之手。"沈庆之下令全体文武官员，进入紧急状态。王府主任秘书（主簿）颜竣说："现在，四方并不知道我们起义，而刘劭却盘踞京师（首都建康），如果头尾不能呼应（头指刘骏，尾指其他军区），可是十分危险，应该等到跟其他军区，共同研究出可行之道，然后举兵。"沈庆之厉声说："今天开创大业，连黄头发小娃（指颜竣）都在中间搅和，怎么能不失败？应该斩首示众！"刘骏命颜竣向沈庆之道歉，沈庆之说："你只知道写写文章罢了。”于是，刘骏把军事措施，交给沈庆之全权处理。十天半月期间，内外就绪，人们称为“神兵”。颜竣，是颜延之的儿子（颜延之事，参考四二四年正月）。

三月十七日，刘骏下令戒严、誓师，任命沈庆之兼总部（包括武陵王府、州政府、军区司令部〔刘骏军区管辖江州及荆州豫州之四郡〕）军政官（领府司马）；襄阳郡（湖北省襄阳市）郡长柳元景、随郡（湖北省随州市）郡长宗悫（音què〔确〕），当首席军事参议官（咨议参军），兼大营军事参议官（领中兵）；江夏郡（湖北省安陆市）郡长（内史）朱修之，代理平东将军；记录军事参议官（记室参军）颜竣，当首席军事参议官（咨议参军），兼机要军事参议官（领录事），负责内外全局；首席军事参议官（咨议参军）刘延孙，当秘书长（长史），兼寻阳郡（江西省九江市）郡长，后方大本营总部执行官（行留府事）。刘延孙，是刘道产的儿子（刘道产廉能，参考四四二年十二月）。

南谯王刘义宣（荆州〔州政府江陵〕州长）、雍州（州政府襄阳）州长（刺史）臧质，都不接受刘劭的任命，而跟司州（州政府设义阳〔河南省信阳市〕）州长（刺史）鲁爽，一同起兵，响应刘骏。臧质、鲁爽，都前往江陵（湖北省江陵县），晋见刘义宣，并且派人劝告刘骏，早日称帝。

三月十八日，臧质留在建康（江苏省南京市）的儿子臧敦等，听到老爹起兵的消息，立刻逃亡。刘劭采取宽大政策，下诏说：“臧质，是皇亲国戚（臧质是一任帝刘裕正妻臧爱亲的侄儿，跟刘义隆是表兄弟，是刘劭的表叔；臧敦，跟刘劭是表兄弟），正要帮助我治理京师（首都建康），他的弟子四散逃走，使人震惊。如果他们宣誓效忠新政府，回来后仍任本官。”刘劭不久就逮捕到臧敦，命最高统帅（大将军）刘义恭，教训他三十棍，然后再厚厚赏赐。

三月二十日，刘劭把老爹刘义隆，安葬长宁陵（建康城东北蒋山东南)。绰号景皇帝，祭庙称中宗。

10 三月二十二日，南宋帝国讨逆军总司令、武陵王刘骏，从西阳郡（湖北省黄冈市黄州区）出发。

三月二十四日，刘骏抵达寻阳（江州州政府所在城，江西省九江市）。

三月二十七日，刘骏命颜竣发布文告，号召四方，要求共同讨伐刘劭。接到这些文告的所有州长、郡长，全都响应。南谯王刘义宣（荆州州长），派臧质（雍州州长）率军前往寻阳（江西省九江市），跟刘骏会师，一同东下；而留鲁爽（司州州长）在江陵（湖北省江陵县）协防。

刘劭任命前兖、冀二州（州政府历城）州长（刺史）萧思话，当徐、兖二州（州政府彭城）州长（刺史），起用张永（前冀州州长）当青州（州政府东阳）州长（刺史）。萧思话从历城（山东省济南市）率私人军队，回到平城（山东省济南市章丘区），招兵买马，响应寻阳（江西省九江市）武陵王刘骏。建武将军垣护之，此时正在历城，遂率他的部属，跟萧思话一致行动。南谯王刘义宣，发表权宜人事命令，任命张永当冀州（州政府历城）州长（刺史）。张永派军政官（司马）崔勋之等，率军跟刘义宣军会师。刘义宣考虑到萧思话与张永之间，怨恨仍在（萧思话曾逮捕张永下狱，参考去年〔四五二〕八月），亲笔写信给萧思话，又命秘书长（长史）张畅写信给张永，劝他们同心合力，坦诚相结。

随王刘诞将要接受会州（州政府会稽）州长（刺史）的任命，军事参议官（参军事）沈正，游说军政官（司马）顾琛说："帝国灾难，自从开天辟地，还没有听说过，今天，指挥江东（江苏省南部太湖流域）骁勇部众，用大义作为号召，谁不响应？殿下（刘诞）怎么可以面向北方，叩拜凶手（刘劭），接受盗贼的宠信？"顾琛说："江东（江苏省南部太湖流域）很久以来，不知道战争是什么（自四〇五年，刘裕平定桓玄之后，江东一

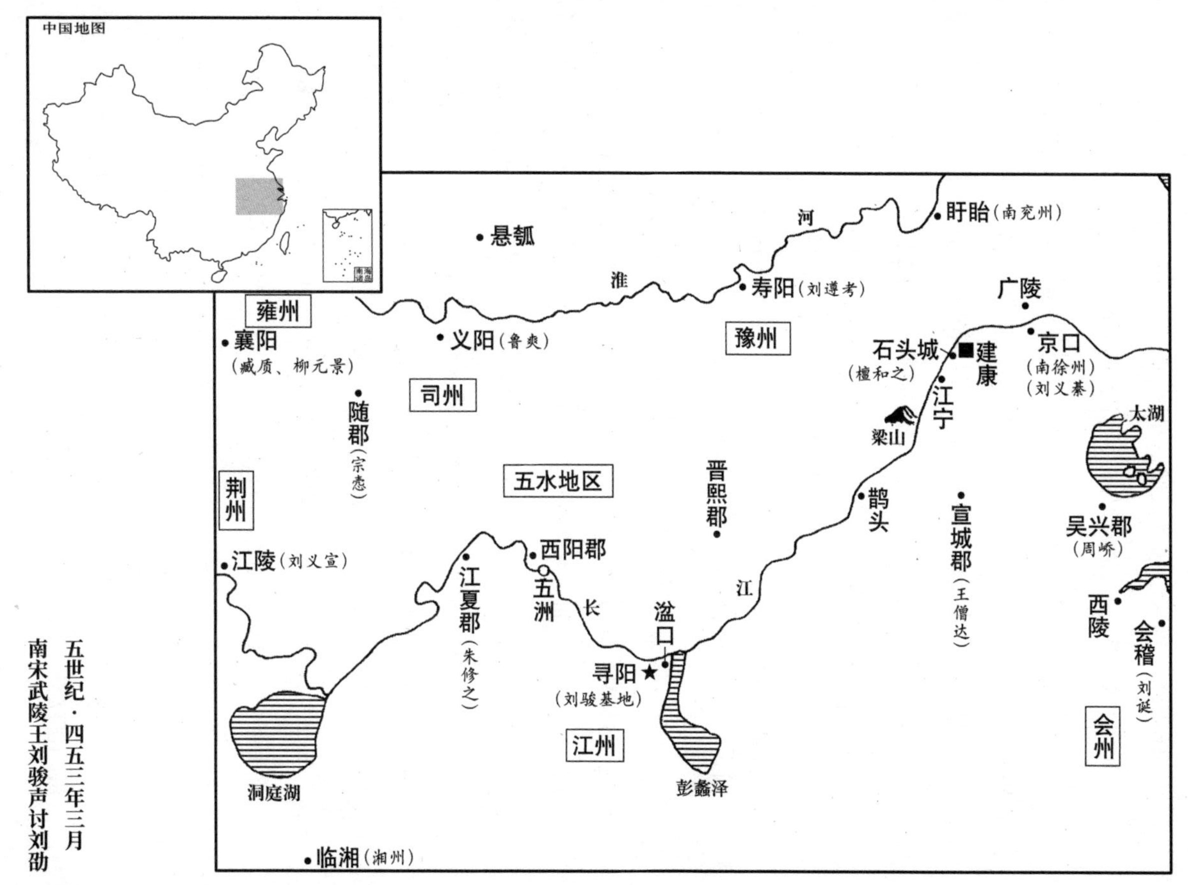

五世纪·四五三年三月

南宋武陵王刘骏声讨刘劭

带，未有战事达四十八年），虽然顺逆是非，会有不同，但强弱大小，却非常明显。应该等到其他地方有人起义，然后响应，并不算晚。”沈正说：“天下没有无父无母之国，怎么可以忍受耻辱，盼望别人奋勇倡义！而今，正是杀父之仇，不共戴天（《礼记》：父母之仇，不共戴天），仗义起兵之日，岂能保证必然平安？冯衍（参考二二年七月）说过：‘汉王朝伟大的尊贵高官，不如楚王国（湖北省）、齐王国（山东省）卑贱的知识分子。’（申包胥保存楚王国，参考二〇八年十一月注；王孙贾保存齐王国，参考前二八三年。）何况殿下（刘诞），不仅是臣属，还是儿子，在他来说，家就是国，国就是家。”顾琛遂跟沈正，一同进府，游说刘诞，刘诞接受。沈正，是沈田子的侄儿（沈田子杀王镇恶，参考四一八年正月）。

刘劭自认为精通军事，对文武官员说：“你们只要帮我整理文书，不要担心战场。如果有什么盗贼，我自己承当，只怕盗贼不敢动！”等听到四面八方义军纷起，这才忧愁恐惧，下令戒严，停止休假，征召所有休假的人回营回府，把秦淮河南的居民，强迫迁到秦淮河北（打算守秦淮河）。把所有亲王及高级官员，全数集中建康城内。强迫江夏王刘义恭，住在国务院宫外处（尚书下舍），把刘义恭的儿子们软禁咨询署（侍中省）宫外处（侍中下省）。

夏季，四月一日，讨逆军首席军事参议官（咨议参军）柳元景，率领宁朔将军薛安都等十二路兵马，从湓口（江西省九江市〔寻阳东〕）出发；最高监察署大营军事参议官（司空中兵参军）徐遗宝，率领荆州（州政府江陵）部众，在后面继进。

四月五日，武陵王刘骏，从寻阳（江西省九江市）出发，沈庆之当殿后部队总指挥，随从左右。

刘劭封太子妃殷玉英当皇后。

四月八日，武陵王刘骏的讨逆令，传到建康（江苏省南京市），刘劭拿给祭祀部长（太常）颜延之看，说："这是谁的手笔？"颜延之说："我儿子颜竣写的。"刘劭说："怎么诟骂得如此难堪。"颜延之说："颜竣连他老爹都不顾念，怎么会顾念陛下！"刘劭怒气，稍微平息，于是，把刘骏留在京师（首都建康）所有的儿子，全囚禁咨询署宫外处（侍中下省）；把南谯王刘义宣所有的儿子，全囚禁在皇家仓库（太仓）空屋子里。刘劭打算把三州侨居京师（首都建康）的人士，全部屠杀（三州：雍州〔湖北省北部〕、荆州〔湖北省西部〕、江州〔江西省及福建省〕）。江夏王刘义恭、国务院总理（尚书令）何尚之，都说："凡是图谋大事的人，不顾惜他的家属，而且很多人出于被迫，如今，忽然诛杀他们的家人，恰恰坚定他们的斗志。"刘劭认为有理，下诏不再追究。

刘劭怀疑政府旧有官员，都不愿对他效忠，所以特别厚待辅国将军鲁秀，和右军将军府军事参议官（右军参军）王罗汉，把军事责任，完全托付二人；而由萧斌做智囊，殷冲负责文告宣言。萧斌劝刘劭亲自率水军西上迎战，不然的话，也必须据守梁山（安徽省和县、当涂县之间，两山夹长江对峙，东岸博望山〔东梁山〕，西岸梁山）。可是最高统帅（大将军）、江夏王刘义恭知道：西军（讨逆军）仓猝起兵，船舰既简陋而又狭小，不利于作战，遂建议说："蠡贼刘骏，年纪轻轻，对军事一窍不通，又远道而来，将士身心都疲，我们应以逸待劳，如果远去梁山，京师（首都建康）空虚，东军（指随王刘诞）万一抓住机会，长驱直入，可能造成灾害。如果分别迎战，兵力分散，形势势必瓦解；不如养精蓄锐，等待敌人送死。我们可以放弃秦淮河以南，用木栅拒马，切断石头（建康城西北）对外交通，这是过去对付外患的古老办法（晋帝国八任帝明帝司马绍拒王含，参考三二四年七月。晋帝国中军将军刘裕拒卢循，参考四一〇年五月），不愁盗贼（指讨逆军）不灭。"刘劭嘉许。萧斌脸色严厉，说："刘骏不过二十几岁少年（本年刘骏二十四岁），竟领导如此巨大的行动，怎么可以小看！三州人马（三州：荆州、雍州、江州），同时作奸为恶，占据上游优势。沈庆之是沙场老将，柳元景、宗悫，也都建立过战功，情况如此，实在不是小敌，唯一的办法是在人心还没有崩溃离散之前，作一次决战。呆坐宫城，如何能够支持。而今，主上和宰相，都没有斗志，岂不是天意如此。”刘劭不接受（建康〔江苏省南京市〕与梁山〔安徽省和县南〕航空距离仅七十公里，不能算远。但在一个杀父凶手看来，对任何人都无法信任。如果派萧斌去守梁山，萧斌万一倒戈，如何是好！刘劭之所以不接受，有无法说出口的理由）。有人劝刘劭固守石头（建康城西北），刘劭说：“前人所以固守石头，在于等待各亲王的援军。我固守石头，谁来解救？只有在城下决战，不然的话，不能取胜。”从此，刘劭每天都亲自到军营慰劳将士，督促水利署（都水）建造船舰。

四月十日，刘劭纵火烧毁秦淮河南岸所有的村庄房舍，和秦淮河上的游艇画舫，把居民全部驱逐到秦淮河以北。

刘劭封皇子刘伟之当太子，任命始兴王刘濬的岳父褚湛之，当首都建康市长（丹阳尹）。褚湛之，是褚裕之的侄儿（褚裕之事，参考四一〇年十二月）。任命刘濬当高级咨询官（侍中）、立法院总立法长（中书监）、宰相（司徒）、主管国务院六项事务（录尚书六条事）；加授南平王刘铄开府仪同三司（宰相级）；调南兖州（州政府广陵）州长（刺史）建平王刘宏，当江州（州政府寻阳）州长（空头官衔）。就在此时，全国武装部队总司令部军政官（太尉司马）庞秀之，从石头（建康城西北）逃出，投奔讨逆军，人心大为恐慌。刘劭任命营道侯刘义綦当湘州（州政府临湘）州长（空头官衔）、檀和之当雍州（州政府襄阳）州长（空头官衔）。

四月十一日，武陵王刘骏，率讨逆军抵达鹊头（安徽省铜陵市北）。宣城郡（安徽省宣城市宣州区）郡长王僧达，收到刘骏文告，不知道追随哪一边才好。一位朋友劝他说：“而今，叛逆罪恶滔天，古今从来没有听说过。为你的前途设计，不如接受讨逆军的命令，转达四邻各郡，只要是有心人，谁不响应？这是上策。如果办不到，不妨率领志同道合的人，利用水陆小径，全身而退，逃到南方，也不失中策。”王僧达选择中策，从捷便的小径南下，在鹊头遇上武陵王刘骏，刘骏遂命王僧达当秘书长（长史）。王僧达，是王弘的儿子（王弘，参考四三二年五月）。刘骏在寻阳（江西省九江市）出发时，沈庆之对人说：“王僧达一定响应我们的号召。”别人问他原因，沈庆之说：“我曾经看到他在先帝（刘义隆）面前，发表议论，头脑很是清楚。由此推测，他响应号召，势所必然。”

讨逆军首席军事参议官（咨议参军）柳元景，深知船舰不够坚固，恐怕跟中央政府舰队在江上相遇，遂加倍速度前进。

四月十四日，柳元景抵达江宁（江苏省南京市江宁区西南江宁街道），全军登陆，派薛安都率骑兵在秦淮河畔，展示威力；写信给政府官员，指出叛逆和讨逆的区分。

刘劭加授吴兴郡（浙江省湖州市）郡长、汝南郡（河南省汝南县）人周峤冠军将军。就在此时，随王刘诞（会州〔州政府会稽〕州长）的讨逆文告也到，周峤一向懦弱无能，在夹缝中不知道应向谁靠拢。总部（郡政府及将军府）军政官（司马）丘珍孙，斩周峤，献出郡城，响应刘诞。

四月十六日，武陵王刘骏抵达南洲（安徽省当涂县西长江中小岛）；向讨逆军投降的人士，前后相接。

四月十七日，讨逆军抵达溧洲（洌洲，安徽省马鞍山市东北长江中小岛）。刘骏自寻阳（江西省九江市）出发，病势沉重，不能接见将领、官属，只有主任秘书（主簿）颜竣在病床前照顾，出入卧室，把刘骏抱到膝头，亲自料理日常生活。刘骏病重，无法听取报告，颜竣遂独断专行，除了军事、行政大事外，偶尔也下达一些有关文化、教育方面的指令，并安排接待远近前来归附的人士，在老爹三任帝刘义隆灵前，颜竣就冒充刘骏，早晚两次，前往举哀恸哭，就好像真的刘骏。如此几十天，即令旗舰上的卫士，也不知道刘骏病危。

四月二十一日，柳元景秘密进军，抵达新亭（建康城西南），紧靠山麓，建立营垒。新投降的人都劝柳元景火速进击，柳元景说："不然，理直气壮，不能保证必胜；而罪恶满身的人，往往团结一致，发出威力。我们轻率的前进，如果没有万全准备，一旦失败，反而鼓励盗匪（刘劭）的野心。"

柳元景营垒还没有兴筑完成，南宋帝刘劭部属龙骧将军詹叔儿，得到情报，劝刘劭立刻出击，刘劭不同意。

一直迟到四月二十二日，刘劭才命萧斌率领陆军，褚湛之率领舰队，跟鲁秀、王罗汉、刘简之的精锐部队，共计一万人，攻击新亭（建康城西南）；刘劭亲自登朱雀门（建康城南秦淮河桥）城楼督战。讨逆军柳元景下令军中："战鼓擂得太多，声势容易衰退；呐喊的时间太久，力量容易枯竭。你们只管不动声色，竭力苦战，听我的鼓声指挥。"刘劭将士贪图刘劭颁发的重赏，个个作殊死战。柳元景虽受水陆两路夹击，但战志高昂，大营中所有壮士，全部投入战场，左右只剩下几个人，用来传达号令。中央军眼看就取得全盘胜利，而鲁秀却下令击出撤退鼓声，中央军遂停止攻击。柳元景大开营门，战鼓齐鸣，乘势出击，中央军霎时崩溃，投到秦淮河淹死的很多。刘劭重整残余部队，亲自率领攻击，柳元景再度大破中央军，杀伤之多，超过刚才之役，中央军士卒走投无路，争着投死马涧，尸体阻塞，涧水溢出两岸；刘劭亲手诛杀后退的将士，仍不能阻止。最后，刘简之战死，萧斌身受创伤；刘劭仅逃出一命，回宫。鲁秀、褚湛之、檀和之，一齐逃走南下，投奔讨逆军。

四月二十四日，武陵王刘骏抵达江宁（江苏省南京市江宁区西南江宁街道）。

四月二十五日，江夏王刘义恭，单人匹马，南下投奔讨逆军。刘劭大怒，把刘义恭留在建康的十二个儿子，全部诛杀。

刘劭、刘濬，忧愁焦虑，束手无策，遂用皇帝专用的辇车，把钟山（蒋山，建康城东）上蒋侯庙中的神像，迎接到皇宫供奉，刘劭向神像叩头，乞求恩典（蒋侯即蒋子文，参考四〇一年六月）；并任命蒋侯当最高指挥官（大司马），封钟山王。又任命另一位神像——苏侯庙中神像，当骠骑将军（《南齐书 · 崔祖思传》说：这位苏侯神，即苏峻〔参考三二八年九月〕）。任命刘濬当南徐州（州政府京口）州长（刺史），跟南平王刘铄，同时主管政府机要（并录尚书事）。

四月二十六日，武陵王刘骏，抵达新亭（建康城西南），最高统帅（大将军）刘义恭，上疏劝刘骏更高升一步，登极称帝。散骑顾问官（散骑侍郎）徐爰，向刘劭撒谎，说要追赶刘义恭，刘劭准许，徐爰遂一追不回，投奔讨逆军。此时，刘骏的总部，草草创立，没有几个人晓得法令规章，而徐爰最为熟悉。刘骏遂任命徐爰兼祭祀部主任秘书（太常丞），拟订登极礼仪。

四月二十七日，刘骏（本年二十四岁）即皇帝宝位（五任孝武帝），大赦，普通文武官员升级一等，讨逆军官员升级二等，撤销刘劭加给老爹刘义隆的绰号（参考本年〔四五三〕三月二十日），改称文皇帝，庙号改称太祖。任命最高统帅（大将军）刘义恭，当全国武装部队总司令（太尉），主管国务院六项事务（录尚书六条事），兼南徐州（州政府京口）州长（刺史）。当天（四月二十七日），南宋帝（四任）刘劭登临金殿平台，封皇子刘伟之当太子（本月〔四〕十日曾封过一次），大赦，但刘骏、刘义恭、刘义宣、刘诞，不在大赦之列。

四月二十八日（原文"庚子"，据《宋书》改），新皇帝（五任孝武帝）刘骏，任命南谯王刘义宣（原荆州州长），当立法院总立法长（中书监）、丞相，主管国务院六项事务（录尚书六条事），兼京畿总卫戍司令（扬州刺史）；随王刘诞（原会州州长），当首都卫戍司令（卫将军）、开府仪同三司（宰相级），兼荆州（州政府江陵）州长（刺史）；臧质（原雍州州长）当车骑将军、开府仪同三司（宰相级），兼江州（州政府寻阳）州长（刺史）；沈庆之当中央禁军总监（领军将军）；萧思话（原兖、青二州州长）当国务院左执行长（尚书左仆射）。

四月三十日，刘骏再任命王僧达当国务院右执行长（右仆射）；柳元景当高级咨询官（侍中），兼首都东区卫戍司令（左卫将军）；宗悫当首都西区卫戍司令（右卫将军）；张畅当国务院文官部长（吏部尚书）；刘延孙、颜竣，当高级咨询官（侍中）。

五月一日，刚升车骑将军的前雍州（州政府襄阳）州长（刺史）臧质，率雍州（湖北省北部）民兵二万人，抵达新亭（建康城西南）。豫州（州政府寿阳）州长（刺史）刘遵考，派他的将领夏侯献之，率步骑兵五千人，进抵瓜步（江苏省南京市六合区南长江渡口）。

在此之前，刘骏派宁朔将军顾彬之，率军前往东方，增援随王刘诞。刘诞派军事参议官（参军）刘季之，率军跟顾彬之会师，一同向建康（江苏省南京市）进发。刘诞驻扎西陵（浙江省杭州市萧山区西北），作为后继。刘劭派殿中将军燕钦抵抗，两军在曲阿（江苏省丹阳市）奔牛塘村（今地不详）遭遇，燕钦等大败。刘劭于是沿秦淮河竖立栅栏拒马，作为防御；又决开破岗（江苏省句容市东南）、方山埭（江苏省南京市江宁区东南）的河堤，阻断东方讨逆军进路。当时，能够作战的青年男子，全部强迫入伍当兵，再没有兵源，于是强迫妇女从军。

五月二日，鲁秀等招募敢死队，攻击秦淮河朱雀桥，攻克。刘

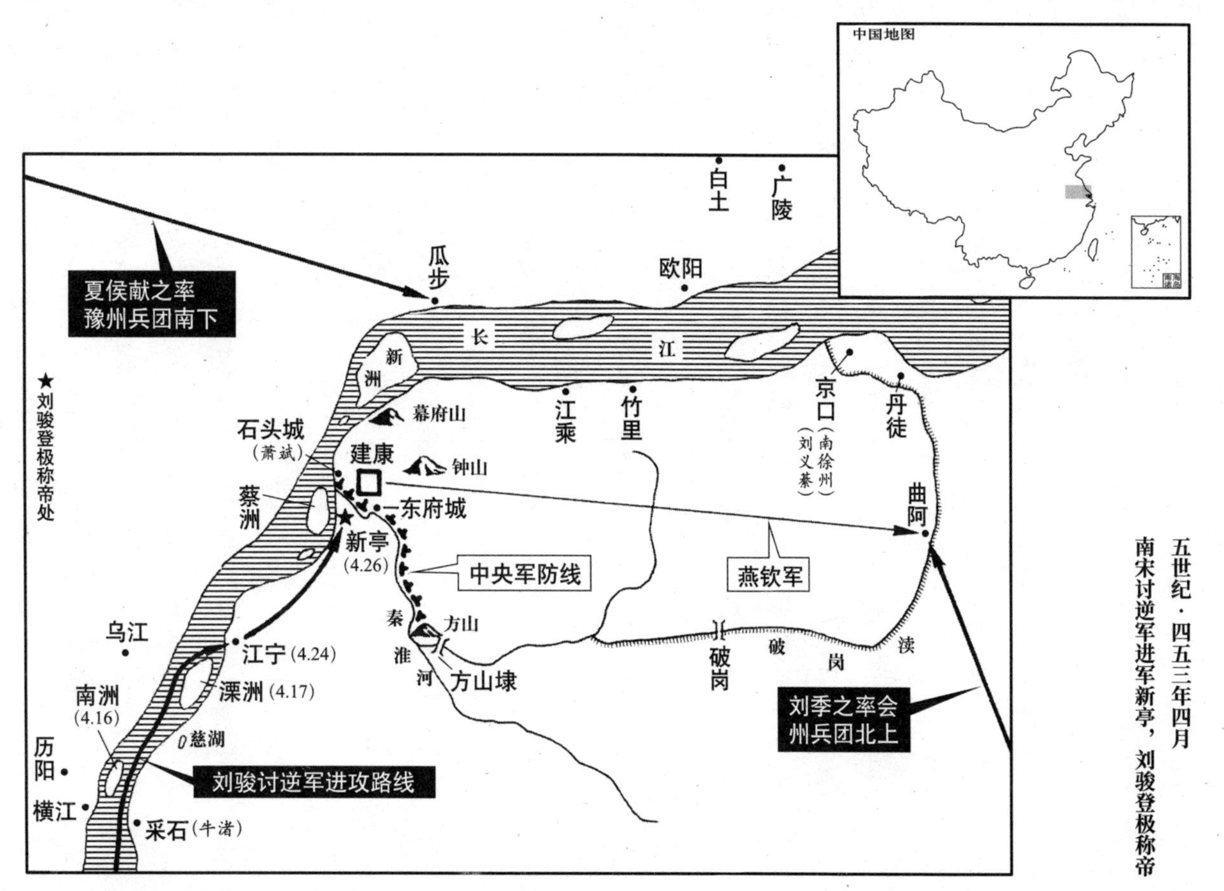

五世纪·四五三年四月
南宋讨逆军进军新亭，刘骏登极称帝

劭猛将王罗汉听到讨逆军渡过秦淮河的消息，知道大势已去，放下武器，秦淮河北岸所有守卫据点，遂一连串崩溃，士卒四散逃亡，刀枪弓箭，战鼓仪仗，堆满街道。当晚，刘劭关闭台城（宫城）六门（大司马门、东华门、西华门、万春门、千秋门、承明门）。在门内挖掘壕沟，竖立木栅，宫城之内，犹如锅中沸水般，翻腾混乱。首都建康市长（丹阳尹）尹弘等，文武百官，争先恐后，跳出城墙投降。刘劭在宫中焚烧皇帝专用的辇车，跟冠帽衣裳。萧斌下令他的部队，全体放下武器，手执白旗，自石头城（建康城西北）出发，向讨逆军投降；刘骏命逮捕萧斌，就在营门斩首。刘濬劝刘劭席卷金银财宝，逃向东方大海（东海）。刘劭认为，人心已去，不敢贸然成行。

五月三日，讨逆军辅国将军朱修之，攻克东府城（建康城南）。

五月四日，讨逆军各路兵马，攻克台城（宫城），分别从各门涌进，在金銮宝殿会师。生擒王正见，斩首。张超之匆匆逃走，逃到合殿（西殿）皇帝睡床之前（张超之在此手刃刘义隆），被追兵诛杀，剖开腹肚，挖出心脏，各将领争相割下他的肌肉，片片生吃。建平王（刘宏）等七位亲王，从囚禁房中，哭号逃出（七亲王：建平王刘宏、东海王刘祎、义阳王刘昶、武昌王刘浑、湘东王刘彧、建安王刘休仁、皇子〔尚没有封王〕刘休祐）。刘劭走投无路，挖凿西墙，躲到军械库井中，卫士队副队长高禽，把他捉住。刘劭说：“天子在哪里？”高禽说：“就在新亭（建康城西南）。”押到金銮殿前，臧质看到他，忍不住痛哭，刘劭说：“天地不容的人，老人家何必伤心（臧质是刘劭的表叔）！”又问臧质说：“我能不能请求放逐到远方边疆？”臧质说：“主上（刘骏）近在朱雀桥南，自会裁决。”把刘劭捆到马上，护送到军营大门。当时找不到皇帝用的印信（传国玺），询问刘劭，刘劭说：“在严道育那里。”臧质派人到严道育那里，果然取到。刘骏下令，就在大营军旗之下，斩刘劭和他的四个儿子（刘劭年二十八岁）。刘濬率左右亲信数十人，挟持南平王刘铄，向南逃走，逃到越城（建康城南），遇见江夏王刘义恭，刘濬下马，问说："刘骏现在干什么？"刘义恭说："他已君临万国。"刘濬又问："虎头（自称乳名乞怜）来得是不是太晚？"刘义恭说："当然太晚！"刘濬又问："应该不会死吧！"刘义恭说："你可去行宫，请求处罚。"刘濬又问："不知道能不能给我一个官职，使我效力？"刘义恭说："这事不敢确定。"带着刘濬一起回来，就在中途，斩刘濬和他的三个儿子（刘濬年二十五岁）。刘劭、刘濬父子的人头（九颗），砍下来悬挂在朱雀桥上，尸体被拖到街上，由民众参观。刘劭的皇后殷玉英，以及刘劭、刘濬所有的女儿、小老婆，在监狱中一律被迫服毒自杀；并把刘劭的住处，挖成土坑，注满污水（这是上古时代刑罚之一，参考六年四月注）。殷玉英临死前，对监狱管理官（狱丞）江恪说："他们刘家骨肉相残，为什么杀我这个没有罪的人？"江恪说："你是皇后，怎么说没有罪？"殷玉英说："这不过是暂时，马上就封王鹦鹉了。"褚湛之投降讨逆军后，刘濬就跟正妻褚妃划清界线，宣告离婚，所以褚妃得以不死。严道育、王鹦鹉，被带到大街，用皮鞭打死，焚化尸体，把骨灰扬弃到长江。殷冲、尹弘、王罗汉，以及淮南郡（姑孰，安徽省当涂县）郡长沈璞，都被诛杀。

五月八日，戒严。

五月九日，刘骏前往东府城（建康城南），文武百官联名请求处分，刘骏下诏，不再追究。

五月十二日，刘骏尊娘亲、淑媛路惠男当皇太后（南宋帝国初期皇宫小老婆群编制：一级贵嫔、二级夫人、三级贵人、四级淑妃、五级淑媛〔刘骏娘亲路惠男就是此级〕、六级淑仪、七级修华、八级修仪、九级修容、十级倢伃、十一级容华、十二级充华、十三级美人）。路惠男，是丹阳郡（首都建康）人。

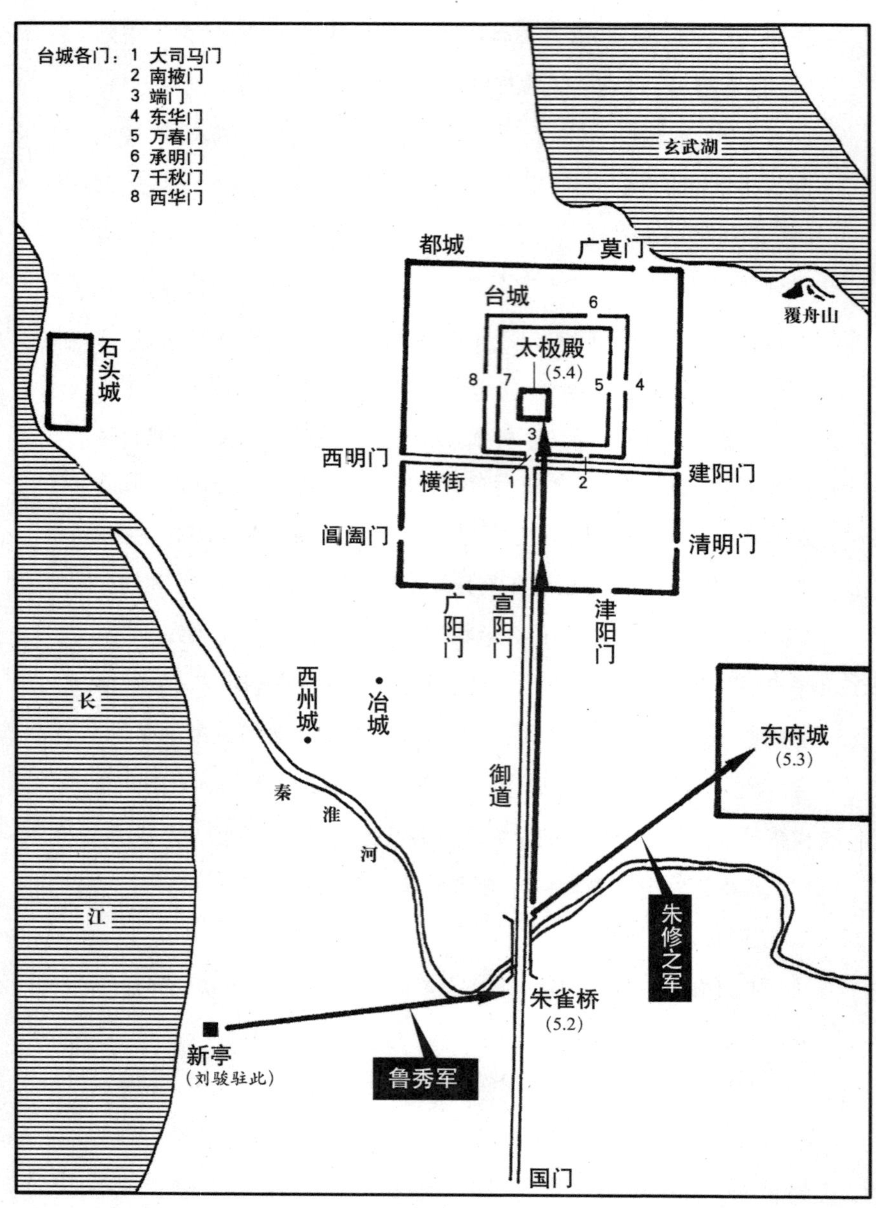

五世纪·四五三年五月　南宋讨逆军攻陷建康

五月十三日，刘骏封正妻王宪嫄当皇后。王宪嫄的老爹王偃，是王导的玄孙（王导，参考三〇四年八月）。

五月十六日，刘骏任命柳元景当雍州（州政府襄阳）州长（刺史）。

五月十九日，追赠袁淑全国武装部队总司令（太尉），封忠宪公；徐湛之最高监察长（司空），封忠烈公；江湛开府仪同三司（宰相级），封忠简公；王僧绰特级资政官（金紫光禄大夫），封简侯。

五月二十日，任命全国武装部队总司令（太尉）刘义恭，当京畿总卫戍司令（扬州刺史），兼南徐州（州政府京口）州长（刺史），晋升太傅（上三公之二），兼最高指挥官（大司马）。

最初，刘劭擢升国务院总理（尚书令）何尚之，当最高监察长（司空），仍兼国务院总理（尚书令）；儿子征北将军府秘书长（征北长史）何偃，当高级咨询官（侍中），父子二人，在刘劭政府中，居于权要高位。刘劭失败时，何尚之左右人员，四方逃散，何尚之只好自己动手洗刷办公厅。等到殷冲等受法律制裁，人们都替何尚之父子惧怕，新皇帝刘骏，认为何尚之、何偃，一向有很好的声誉，而且在刘劭政府当官，用智慧跟叛逆周旋，时常救人免除灾难。所以，特别赦免。仍任命何尚之当国务院总理（尚书令），何偃当最高指挥部秘书长（大司马长史），官位和受到的宠信，没有更改。

何尚之父子，不是因为“用智慧跟叛逆周旋，时常救人免除灾难”，才获得赦免。而是因为身为新皇帝的刘骏，已经决定把他赦免，才发现他“用智慧跟叛逆周旋，时常救人免除灾难”。那些被诛杀的附逆分子，如殷冲、尹弘、萧斌，哪一个不可用这条破布擦得干干净净，他们为什么不能免死？

法律，除了公正，还要公平。有些聪明型人物，认为只要写几行字，或说几句话，就能把不公平化成公平，把人骗得心服口服！他不会相信：人民终于是骗不了的，大骗小骗，都是制造灾难的酵母。

五月二十二日，刘骏祭拜初宁陵（祖父一任帝刘裕墓园）、长宁陵（老爹三任帝刘义隆墓园。二墓皆在蒋山东南）。追赠死难志士官衔：卜天与赠官益州州长，封壮侯；加上袁淑等，共四家（卜天与、袁淑、徐湛之、江湛），由政府长期支付他们后裔薪俸；对张泓之等都追赠“郡长”。

五月二十六日，任命南平王刘铄当最高监察长（司空）、建平王刘宏当国务院左执行长（尚书左仆射），萧思话当立法院最高立法长（中书令），兼首都建康市长（丹阳尹）。

六月五日，刘骏回宫。

最初，刘骏奉命讨伐西阳蛮（即西阳郡〔湖北省黄冈市黄州区〕五水蛮）时，雍州（州长政府襄阳）州长（刺史）臧质，派他的部属、襄阳郡（湖北省襄阳市）郡长柳元景，率军增援刘骏。等到臧质起兵反抗刘劭政府，打算拥护南谯王刘义宣当皇帝时，密令柳元景回军。柳元景却把臧质的密令呈报给刘骏过目，告诉送信的使节说：“臧将军（臧质武职是冠军将军）一定是还不知道武陵王（刘骏）已经起兵，现在正要讨伐叛逆，不允许撤退。”臧质因此对柳元景十分痛恨。稍后，中央任命柳元景当雍州州长（刺史），臧质担心他成为荆州（新任州长刘诞）、江州（新任州长臧质）的后患，遂提醒刘骏：柳元景是得力助手，应留在中央，不应远出。刘骏不好意思拒绝他的建议。

六月七日，刘骏改命柳元景当中央军事总监（护军将军）兼石头城（建康城西北）防守司令。

11 六月八日，南宋帝国政府任命司州（州政府义阳）州长（刺史）

鲁爽，当南豫州（应是豫州，州政府寿阳）州长（刺史）。

六月九日，任命皇城城门护卫官（卫军司马）徐遗宝当兖州（州政府设湖陆〔山东省鱼台县东南〕）州长（刺史）。

六月十九日，南宋帝刘骏下诏有关单位，评定官员的功劳，依照等级赏赐，分别封颜竣等当公爵、侯爵。

六月三十日，改封南谯王刘义宣当南郡王、随王刘诞当竟陵王。封刘义宣的次子宜阳侯刘恺当南谯王。

闰六月一日，任命中央禁军总监（领军将军）沈庆之，当南兖州（江苏省中部）州长（刺史），镇守盱眙（江苏省盱眙县）。

闰六月二日，任命柳元景当中央禁军总监（领军将军）。

12 闰六月四日，北魏帝拓跋濬的嫡祖母、太皇太后赫连女士（三任太武帝拓跋焘正妻）逝世。

13 南宋帝国丞相刘义宣，坚决辞让中央政府职务（丞相），以及他儿子刘恺的王爵。

闰六月二十三日，改任刘义宣当荆（州政府江陵）、湘（州政府临湘）二州州长（刺史）；改封刘恺当宜阳县王，将领参谋以下官员，都加赏赐。任命竟陵王刘诞当京畿总卫戍司令（扬州刺史。刘义宣、刘诞叔侄职务互调）。

14 秋季，七月一日，日蚀。

七月十四日，南宋帝刘骏，下诏要求文武官员直言无讳的批评政府。

七月二十一日，再下诏撤除饰物管理署（细作署），减少军械制

造厂（尚方）人员。浮华雕刻和装饰，贵族经商图利，一律禁止。 522

中军将军府机要军事参议官（中军录事参军）周朗，上书南宋帝刘骏，说：

“身上有毒，一定要阻止它蔓延。历下（历城，山东省济南市）、泗水之间，我们边防军，没有力量抵抗侵略。谈论的人都肯定胡虏（北魏帝国）国势衰乱（指一年之内，两次宫廷政变），却不知道，我们的衰乱，比胡虏（北魏帝国）更为严重。现在，我们孤军空守孤城，不过白白浪费财力人力。事实上，胡虏（北魏帝国）只要出动轻骑兵部队三千人，对我们作车轮攻击，春季践踏麦田，秋季收割稻谷，我们水陆运粮道路，就会被完全切断。盗匪（北魏帝国）一点也不劳累，而我们的边疆已困苦不堪。不出两年，士卒四散，居民逃光，这种现象，站在那里就可等待来临。现在，人人都知道，不可以用羊追狼，不可以用蟹捕鼠；却期待笨重的战车，和衰弱的士卒，跟肥壮的战马和凶悍的胡虏（北魏帝国军），追逐厮杀；不能完成使命，理所当然。

“而且，三年之丧，是天下通行的丧礼，西汉王朝皇帝，命他的臣属节制（参考前一五七年六月），当然可以；但是做儿子的坚持如此，就要大乱。凡改变古法，使它合于人情的事，人们往往不肯接受。可是，对于败坏礼教（儒家学派的名分和人伦规范），使自己安逸舒服的事，却一定奉行。陛下行天下之大孝（指诛杀弑父凶手），刚刚开始建立基础，应该一反‘短丧’的错误，恢复三年之丧的古礼。

“用全国的财富，供奉一位君王，何必担心缺乏？即令用黄金修饰房屋，不会超过一百两；即令整天穿华丽衣服，也不过几套。却一箱又一箱的装满金银财宝，一柜又一柜的全是衣裳，眼睛既不能常常看见，身体也不能时时披挂，结果，是箱子拥有珠宝，柜子穿戴衣帽。为什么那样浪费，那样迷惑？同时，饰物管理署（细作署）刚刚撤除，正是力行节俭的时候。想不到街市上制造的华丽奇巧的东西，已在社会上流行。很明显的是，奇技淫巧，并没有消灭，只不过从宫廷转到民间。

“人民的生活水准，越来越高，仅从他们的车马上，看不出他们地位的贵贱；仅从他们的衣服上，也看不出他们官职的尊卑。军械制造厂（尚方）只不过制造一件小小的器物，民间第二天就洞悉制造的方法；皇宫里早上缝制一件新式衣裳，民间晚上就学会剪裁。奢侈华丽的程度，民间远超过皇家。

“国家设立官位，官员必须称职，事情才能办妥。而人才必须掌权，官员才能称职。王爷侯爷们的学识，不能担当任务时，就不应该勉强他当官。帝王的儿子，即令不当官，谁能说他卑贱？只要谨慎的选择良师益友，结交正人君子，就足够了，又何必一定拥有秘书长（长史）、军事参议官（参军）、总务官（别驾）、参谋官（从事），然后才算尊贵？

“现在的风气是，人们往往根据诽谤的言论，埋没人才，而从不去考察诽谤原因！同样，人们也往往根据赞誉的话，擢升干部，而从不去考察赞誉的原因。诽谤者的人格如果卑鄙，政府就应擢升被诽谤的人。赞誉者的才能如果庸劣，政府就应罢黜被赞誉的人。这样，无论诽谤或是赞誉，才不致虚假愚妄，而善与恶，才自然分明。没有一个时代没有直言上书的事，也没有一个时代没有征求直言上书的事。可是，太平盛世不曾出现，昏暗危险继续不断，什么原因？原因在于征求直言的人，并不是真心征求直言！”

奏章呈上，南宋帝刘骏大为震怒，周朗遂自行辞职还乡。周朗，是周峤的老弟（周峤之死，参考本年〔四五三〕四月十四日）。

高级咨询官（侍中）谢庄上书说："陛下诏书指示：'皇亲国戚，跟人民争利，一律禁止。'实在满足人民的愿望，如果有人冒犯，应遵照指示，予以制裁。如果法律不能制裁，而只强调皇家忠厚宽大，那就是表面功夫——命令虽然公布，行事可恰恰相反。我冒昧的认为，有俸禄有地位的高级官员，尤其不可以跟小民争利。一点意见，不知道符不符合诏书本意！"谢庄，是谢弘微的儿子（谢弘微事，参考四三二年十二月）。

刘骏对老爹刘义隆所定的规章制度，作很多改变，郡长、县长的任期，以三年为限。南宋帝国的良好政治，开始衰退（刘义隆在位时，郡长县长，六年为限，参考四三八年十二月。今后不但三年为限，更调动繁忙，还不到三年）。

15 七月二十五日，北魏帝国濮阳王闾若文，征西大将军、永昌王拓跋仁（二任明元帝拓跋嗣之孙）；被控参与叛变阴谋，拓跋仁在长安（陕西省西安市）被追自杀；闾若文斩首。

16 南宋帝国南平王（穆王）刘铄，对自己的才能，一向十分自负，平常多少有点看不起刘骏；而又受到四任帝刘劭信任，因之最后一个出降。刘骏暗中派人向刘铄下毒。

七月二十九日，刘铄逝世（年二十三岁）。刘骏下诏，追赠宰相（司徒），用芈商臣的绰号（穆），作为刘铄的绰号（芈商臣事，参考前六二六年）。

17 南宋帝国南海郡（广东省广州市）郡长萧简，占领广州州城

（番禺，广东省广州市），叛变。萧简，是萧斌的老弟（萧斌于本年〔四五三〕五月二日被讨逆军斩杀）。南宋帝刘骏下诏，任命新任南海郡郡长、南昌（豫章郡，江西省南昌市）人邓琬，始兴郡（广东省韶关市）郡长沈法系；出军讨伐。沈法系，是沈庆之的堂弟。萧简欺骗他的部众说："中央军是叛贼刘劭派出来的！"大家相信，遂坚决守城。邓琬先到，只作正面攻击，沈法系后到，说："应该四面同时进攻，只一面进攻，什么时候才能攻克！"邓琬不接受，沈法系说："我们约定进攻五十天。"五十天仍不能攻克，才接受沈法系意见，八路同时进攻，只一天时间，即行攻克。

九月二十八日，斩萧简；广州（广东及广西）战乱全平。沈法系把仓库查封，交给邓琬，回军。

18 冬季，十一月八日，南宋政府任命左军将军鲁秀，当司州（州政府义阳）州长（刺史）。

19 十一月二十三日，北魏帝拓跋濬，前往信都（冀州州政府所在县，河北省衡水市冀州区）、中山（定州州政府所在城，河北省定州市）。

20 十二月十五日，南宋政府将设太子宫（东宫），裁撤太子宫禁卫官司令（太子率更令）等官；太子宫顾问官（太子中庶子）等，减少旧编制的一半（旧制：太子宫顾问官〔中庶子〕四人、贴身侍从官〔中舍人〕四人、侍从官〔庶子〕四人、随从官〔舍人〕十六人、图书管理官〔洗马〕八人）。

21 十二月二十六日，北魏帝拓跋濬，返首都平城（山西省大同市）。

四五四年 甲午

南宋 孝建 元年
北魏 兴安 三年
兴光 元年
（宋帝刘义宣建平元年）

1 春季，正月一日，南宋帝国（首都建康〔江苏省南京市〕）皇帝（五任孝武帝）刘骏（本年二十五岁），前往首都建康南郊，祭祀天神；改年号孝建；大赦。

正月六日，任命国务院总理（尚书令）何尚之，当左最高资政官（左光禄大夫）、中央军事总监（护军将军）；任命首都东区卫戍司令（左卫将军）颜竣，当国务院文官部长（吏部尚书），兼骁骑将军。

正月二十四日，重新铸制四铢钱（孝建四铢钱）。

2 正月二十七日，北魏帝国（首都平城〔山西省大同市〕）政府，任命高级咨询官（侍中）伊馛，当最高监察长（司空）。

3 正月二十八日，南宋帝刘骏，封皇子刘子业（本年六岁）当太子。

4 最初，南宋帝国江州（州政府设寻阳〔江西省九江市〕）州长（刺史）臧质，自认为聪明才智，是一代英雄。四任帝刘劭弑父造成战乱，臧质暗中有他的打算，因荆州（州政府设江陵〔湖北省江陵县〕）州长（刺史）、南郡王刘义宣，昏庸软弱，容易控制，准备外表上拥护他，等到时机成熟时，再把他推翻。臧质是刘义宣的表哥，可是到江陵后，却自称名字，叩拜刘义宣（晋见君主礼仪）；刘义宣大吃一惊，问他怎么回事，臧质说："天下大乱，或许应该如此。"但当时刘义宣已表明态度，拥护侄儿刘骏，所以臧质的计划没有实现。稍后，抵达新亭（建康城西南），用同样礼仪，叩拜江夏王刘义恭，说："天下危机四伏，礼仪应跟平常日子不同。"

刘劭伏诛，刘义宣和臧质，功劳都属一等，开始骄傲跋扈，横行霸道，很多事都专断独行，凡向中央提出的要求，非达到目的不可。刘义宣在荆州（州政府江陵）十年（四四四年八月，三任帝刘义隆命刘义宣镇守荆州），财政富裕、兵力强大。中央颁布的法令规章，刘义宣如果有不同意见，就不接受。臧质从首都建康（江苏省南京市）前往江州（州政府寻阳〔江西省九江市〕）就任江州州长（刺史），船舶一千余艘，鼓浪前进，连绵一百余华里。刘骏正要建立他的威严，独抓大权；而臧质偏偏把刘骏当作一个不懂事的少年君王（本年，刘骏二十五岁），行政司法上的措施，和庆贺、奖赏之类，完全不奏请刘骏。臧质又私自动用湓口（江西省九江市〔寻阳东〕）和钩圻（江西省南昌市新建区东北）粮仓存米，国务院屡次向臧质调查追究，双方渐渐猜忌。

刘骏强奸刘义宣留在京师（首都建康）所有女儿（刘骏的堂姐妹），刘义宣得到消息，至为怨恨愤怒。臧质遂派密使游说刘义宣，指出："建立使人主无法奖赏的大功，身负使人主震恐的威望，自古以来，有几个人能够保全？现在，万民一心，归向于你。声誉已四方传播，机会只叩门一次，如果不能抓住，别人会先行下手。假设命徐遗宝、鲁爽，驱使西北精锐部队，直指长江（徐遗宝原是刘义宣的军事参议官〔参军〕，现任兖州〔州政府设湖陆，山东省鱼台县东南〕州长〔刺史〕。鲁爽与刘义宣结交，当在讨伐刘劭时，参考去年〔四五三〕三月十七日；现任豫州〔州政府设寿阳，安徽省寿县〕州长〔刺史〕）。我当率领九江（寻阳，江西省九江市）船舰，当你的前锋。只要开始，就已得到一半天下。你率八个州的武装部队，慢慢前进，施加压力（刘义宣是下列八个州军区的司令长官：荆、雍、梁、益、湘、宁、南秦、北秦。即南宋帝国西半部）。即令韩信、白起再生，也不能替建康（中央政府）想出奇计。而且，少主（刘骏）缺少品德，丑闻远播，连行路的人都知道。沈庆之、柳元景，都是我的老友，谁肯替少主（刘骏）尽力？世界上无法留住的，是光阴岁月；不可以丧失的，是恰当时机。生命短暂，我常怕在朝露还没有消失之前，就先死去，无法施展大家的抱负才能，为你扫除前途障碍，临死时后悔已来不及。"刘义宣的心腹将领、首席军事参议官（咨议参军）蔡超，军政官（司马）竺超民等，都希望得到更高的荣华富贵，打算依靠臧质能征善战的威名，成就大业，共同劝刘义宣接受臧质的建议。臧质的女儿是刘义宣的儿子刘采之的正妻，刘义宣认为臧质当然全心全力，拥护自己，遂完全同意。竺超民，是竺夔的儿子（竺夔守东阳有功，参考四二三年三月）。臧质的儿子臧敦，此时在京师（首都建康）当禁宫咨询官

（黄门侍郎），南宋帝刘骏派臧敦到刘义宣那里办事，臧敦中途经过寻阳（江西省九江市），臧质再命臧敦游说刘义宣，刘义宣心意终于决定。

豫州（州政府寿阳）州长（刺史）鲁爽，勇敢有力，刘义宣对他一向倾心结交，现在，派密使把他的决定报告鲁爽，以及兖州（州政府湖陆）州长（刺史）徐遗宝，约定本年（四五四）秋季发动。可是，当密使到达时，鲁爽正酩酊大醉，误解刘义宣的意思，而竟立即起兵。鲁爽老弟鲁瑜，正在首都建康（江苏省南京市），得到消息，惊慌逃走。鲁爽命他的部众戴上黄色标帜，秘密缝制皇家衣服，登上高坛誓师，改年号建平元年（鲁爽以部属自居，不可能代主上制定年号，或许也属误解的一部分，认为刘义宣如此决定，他不过公开宣布而已），疑心秘书长（长史）韦处穆、大营军事参议官（中兵参军）杨元驹、行政官（治中）庾腾之，不会同意，遂把他们全部诛杀。兖州（州政府湖陆）州长（刺史）徐遗宝，也下令备战，率军攻击彭城（徐州州政府所在县，江苏省徐州市）。

二月，刘义宣得到鲁爽提前发动的消息，只好狼狈起兵响应。鲁瑜的老弟鲁弘，是臧质的部属，南宋帝刘骏派使节通知臧质，命臧质逮捕鲁弘。臧质则逮捕皇帝使节，跟着起兵。

刘义宣以及臧质，上疏南宋帝刘骏，指称受到皇帝左右怨恨陷害，所以打算诛杀君王身旁邪恶之辈。刘义宣擢升鲁爽当征北将军；鲁爽把他所缝制的皇帝御服，送往江陵（湖北省江陵县），使征北将军府民政助理官（征北府户曹），发表权宜人事命令（版授）。命令上说："丞相刘，名义宣，现在递补天子。车骑将军臧，名质，现在递补丞相。平西将军朱，名修之，现在递补车骑将军。命令抵达之日生效。"看到这份文告，刘义宣惊愕得发呆，命鲁爽所送的皇家器物，都停留在竟陵郡（湖北省钟祥市），不准前进。臧质加授鲁弘，辅国将军；命鲁弘顺长江而下，驻军大雷（安徽省望江县）。刘义宣派首席军事参议官（咨议参军）刘谌之，率一万人增援鲁弘。召回司州（州政府义阳）州长（刺史）鲁秀，打算继刘谌之续进。鲁秀从没有见过刘义宣，此时抵达江陵，晋见刘义宣，辞出后，捶胸痛哭说："我哥哥（鲁爽）害了我，竟跟这种白痴谋反，今年要失败到底。"

刘义宣拥有荆州（湖北省西部）、江州（江西省及福建省）、兖州（山东省西部）、豫州（安徽省中部北部）四个州的军事力量，声威震动远近。南宋帝刘骏自感力量不足为敌，打算让位，送上皇帝专用仪队（法驾）和专用器物，迎接刘义宣东下。京畿总卫戍司令（扬州刺史）、竟陵王刘诞坚决反对，说："怎么能把皇帝宝座，轻易送人！"刘骏才停止。

二月十二日，南宋帝刘骏任命中央禁军总监（领军将军）柳元景，当抚军将军。

二月二十四日，任命首都东区卫戍司令（左卫将军）王玄谟，当豫州（州政府寿阳）州长（刺史）。命柳元景率领各路人马，讨伐刘义宣。

二月二十六日，柳元景进驻梁山洲（安徽省和县南长江中小岛），而在两岸兴筑"月牙营垒"阵地，水陆戒备，等待攻击。刘义宣自称全国各军区总司令长官（都督中外诸军事），命部属只称名字，不称官衔。

5 二月二十七日，北魏帝国（首都平城〔山西省大同市〕）皇帝（五任文成帝）拓跋濬（本年十五岁）亲祭神坛，接受道教符箓。

6 二月二十九日，南宋帝国中央政府任命安北将军府军政官（安北司马）夏侯祖欢，当兖州（州政府湖陆）州长（刺史）。

三月二日，首都建康内外戒严。

三月四日，任命徐州（州政府彭城）州长（刺史）萧思话，当江州（州政府寻阳）州长（刺史）；柳元景当雍州（州政府襄阳）州长（刺史。准备代朱修之）。

三月六日，任命太子宫左翼卫队司令（太子左卫率）庞秀之，当徐州（州政府彭城）州长（刺史）。

刘义宣传令各州郡，对所有州长、郡长，一律升官晋爵，要他们出军响应。雍州（州政府襄阳）州长朱修之假装答应，但派人到中央，向南宋帝刘骏，表示效忠。益州（州政府设成都〔四川省成都市〕）州长刘秀之，诛杀刘义宣的使节，派大营军事参议官（中兵参军）韦崧，率一万人，顺长江东下，袭击江陵（湖北省江陵县）。

三月十一日，刘义宣率反抗军十万人，从江津（湖北省江陵县东南十公里）出发，船舰连绵，长达数百华里。刘义宣任命儿子刘慆当辅国将军，跟左军政官（左司马）竺超民，留守江陵。传令朱修之出动一万人，随后进发，朱修之拒绝。刘义宣知道朱修之反对自己，遂任命鲁秀当雍州（州政府襄阳）州长（刺史），使他率一万余人攻击朱修之。中央军王玄谟，听说鲁秀不来，高兴说："臧质容易对付！"

冀州（州政府设历城〔山东省济南市〕）州长垣护之的正妻，是徐遗宝的姐姐，徐遗宝邀请垣护之一同起兵，垣护之拒绝，并出军攻击徐遗宝。徐遗宝派军袭击徐州州政府秘书长（长史）明胤据守的彭城（江苏省徐州市。徐州州长萧思话已离彭城南下接任江州州长，留秘书长明胤守城），不能攻克。明胤会同新任兖州州长夏侯祖欢，以及垣护之，联合攻击徐遗宝据守的湖陆（兖州州政府所在城，山东省鱼台县东南）。徐遗宝不能抵挡，放弃部众，纵火烧城，投奔鲁爽。

南郡王刘义宣抵达寻阳（江西省九江市），命臧质当前锋司令，向前挺进。鲁爽也率军南下，直指历阳（安徽省和县）；跟臧质配合，水陆两路，同时并发。中央军殿中将军沈灵赐，率一百艘船舰，在南陵（安徽省池州市贵池区）击破臧质军先头部队，生擒带兵官（军主）徐庆安等。臧质挺进到梁山（安徽省和县南），在两岸筑营，跟中央军对峙。

夏季，四月二日，南宋帝刘骏任命后将军刘义綦，当湘州（州政府临湘）州长（刺史）。

四月十八日，任命朱修之当荆州（州政府江陵）州长（刺史）。

刘骏派左军将军薛安都，龙骧将军、南阳郡（河南省南阳市）人宗越等；增援历阳（安徽省和县）。跟反抗军豫州（州政府寿阳）州长（刺史）鲁爽的先头部队长杨胡兴等会战，斩杨胡兴等。鲁爽不能前进，逗留大岘（安徽省含山县北），命老弟鲁瑜驻军小岘（含山县西北，大岘之西南）。南宋帝刘骏再派镇军将军沈庆之，渡长江北上，指挥各路人马，加强对鲁爽的攻击。鲁爽的粮食渐少，率军向后撤退，而亲自断后。沈庆之派薛安都率轻装备骑兵追击。

四月二十日，薛安都追到小岘，追及鲁爽。鲁爽将向薛安都挑战，可是，因饮酒过度，正精神恍惚，薛安都看到鲁爽本人，立即飞马而上，厉声呐喊，举矛直刺，鲁爽应声栽到马下，左右亲信范双，砍下鲁爽人头。鲁爽部众，四散逃命；鲁瑜也被部属斩杀。中央军遂进攻寿阳（安徽省寿县），攻克。兖州（州政府湖陆）州长（刺史）徐遗宝逃往东海郡（山东省郯城县），东海人诛杀徐遗宝。

凶恶的人，能够有伟大的成就，无一不是利用社会的动乱。鲁爽以乱世的心情，在安定的日子中发挥，他的失败，实在应该。

观察鲁爽的行动，不过一个酗酒莽汉，既没有谋略，又不够勇猛，这种人成事不足，败事有余，可是，他却被称为一代英雄，可看出南北朝人物水准之低。

三国时代，因人才太盛，造成三国僵持。大分裂时代，

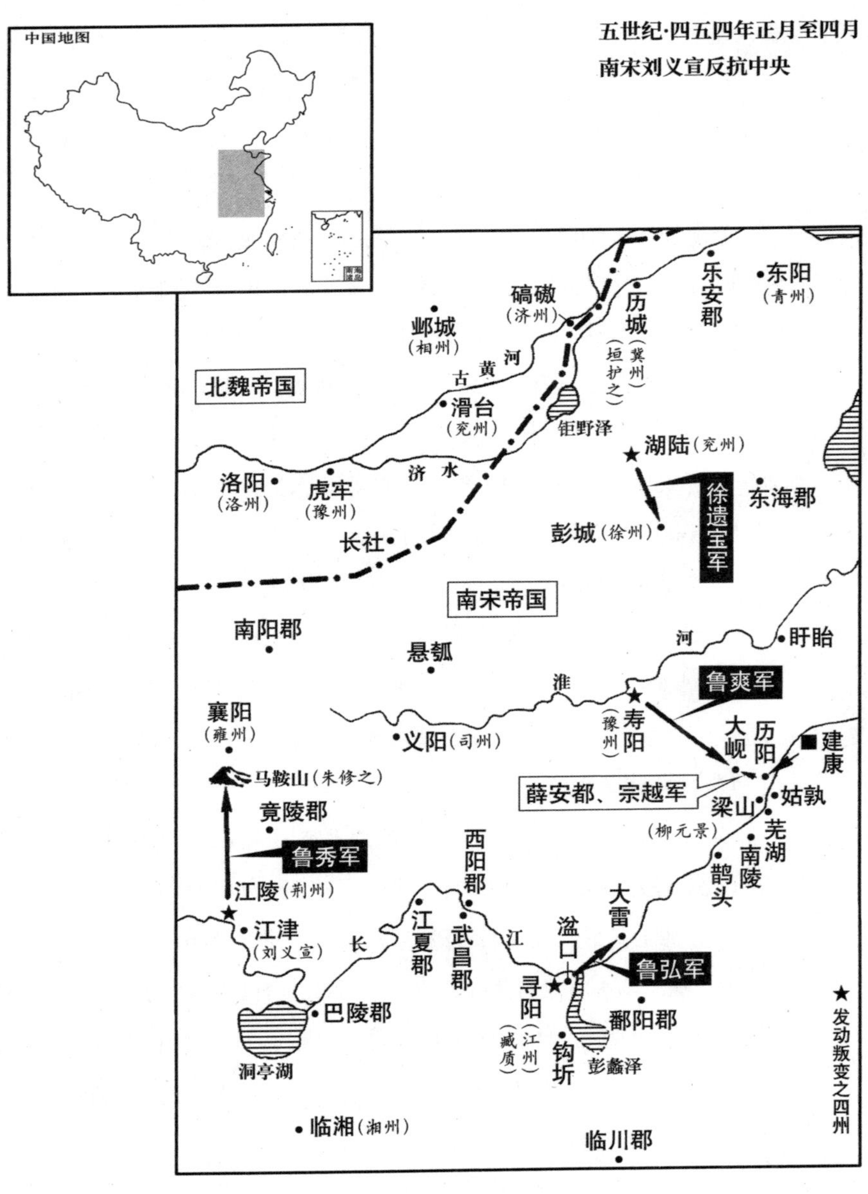
五世纪·四五四年正月至四月
南宋刘义宣反抗中央
中国地图
北魏帝国
南宋帝国
邺城（相州）
碻磝（济州）
历城（冀州）垣护之
乐安郡
东阳（青州）
古黄河
滑台（兖州）
钜野泽
湖陆（兖州）
洛阳（洛州）
虎牢（豫州）
济水
长社
彭城（徐州）
东海郡
徐遗宝军
南阳郡
悬瓠
淮河
盱眙
鲁爽军
寿阳（豫州）
义阳（司州）
襄阳（雍州）
马鞍山（朱修之）
大岘
历阳
建康
薛安都、宗越军
梁山（柳元景）
姑孰
芜湖
竟陵郡
鲁秀军
南陵
鹊头
西阳郡
江陵（荆州）
大雷
江津（刘义宣）
长江
江夏郡
武昌郡
湓口
鲁弘军
寻阳（江州）（臧质）
巴陵郡
鄱阳郡
洞庭湖
钩圻
彭蠡泽
临湘（湘州）
临川郡
★发动叛变之四州

因人才太烂，也造成大分裂僵持。——三百年间，只不过君一人：苻坚；臣二人：慕容恪、王猛；武将数人：王镇恶、高欢等而已。其他，一蟹不如一蟹。

7 南宋帝国反抗军首领、南郡王刘义宣，进抵鹊头（安徽省铜陵市北）。沈庆之把鲁爽的人头送给刘义宣观看，并写信给他说："我负责管理一个地区，而就在我的管区之内，发生事端。最近，我率轻装备部队，前往翦除，军锋所及，盗贼鲁爽，立即献出人头。深知阁下跟他的情谊很深，或许想见一面。在他面目还没有腐烂之前，仍可依稀辨识，特别相送。"鲁爽是将门之子（鲁爽的老爹鲁轨，鲁轨的老爹鲁宗之），骁勇善战，号称"万人敌"。刘义宣和臧质，得到鲁爽的死亡消息，震惊恐惧。

中央军总司令、抚军将军柳元景，驻防采石（安徽省马鞍山市西南）；豫州（州政府寿阳）州长（刺史）王玄谟（时驻梁山），因反抗军臧质部众强大，派使节入京（首都建康），要求增兵，南宋帝刘骏命柳元景进驻姑孰（安徽省当涂县）。

太傅（上三公之二）刘义恭，写信给刘义宣说："从前，殷仲堪把兵权交给桓玄，桓玄不久杀害殷仲堪全族（参考三九九年十二月）。王恭对刘牢之推心置腹，还没有移动脚跟，刘牢之即行背叛（参考三九八年九月）。臧质从小就没有美好的德行，你知道得最清楚。而今，他借着西楚（荆州，春秋战国时代楚王国故土）的强大兵力，目的只在满足他的私欲野心。凶恶的计谋如果实现，恐怕不再是池中的一条小鱼。"刘义宣遂对臧质起疑。

五月八日，刘义宣进抵芜湖（安徽省芜湖市），臧质献计说："而今，出动一万人攻击南州（姑孰，安徽省当涂县），梁山（安徽省和县南）就会被完全隔绝，我们用一万人盯住梁山，王玄谟（时驻梁山）一定不敢妄动。我率舰队顺长江河道中流，直指石头（建康城西北），这是上策。”（胡三省注：“如果臧质的建议实施，建康危急。”）刘义宣打算听从，首席军事参议官（咨议参军）刘谌之秘密警告刘义宣说：“臧质自己要求当前锋司令，目的何在，难以预测。军权不可任意分割，不如全副力量，进攻梁山，攻克梁山后，长驱直入，才是万全的谋略。”刘义宣接受，于是梁山会战。

禁宫护卫执行官（冗从仆射）胡子反等，据守梁山西营（长江西岸城），正巧西南风起，风势强劲，臧质派他的将领尹周之攻击（长江流经梁山时，因地势关系，由南向北，所以有东西两岸）。胡子反正在东岸跟王玄谟举行军事会议，得到报告，立即飞船西返；偏将刘季之，率舰队作殊死抵抗，向王玄谟紧急求救，王玄谟不肯出兵援助。最高指挥部军事参议官（大司马参军）崔勋之，竭力争取，王玄谟才派崔勋之会同积弩将军垣询之增援。可是已来不及，等到抵达，西营已经陷落，崔勋之、垣询之，全都战死。垣询之，是垣护之的老弟。胡子反等逃到东岸。臧质又派他的将领庞法起，率数千士卒，攻击南浦（安徽省芜湖市北，东梁山之南），打算包抄王玄谟军的后路；游击将军垣护之率水战部队迎击，击破臧质攻势。（以上东战场。）

中央军雍州（州政府襄阳）州长朱修之，切断马鞍山（襄阳城南）道路，依靠险要，固守阵地。反抗军雍州州长鲁秀，发动攻击，不能攻克，而且不断被朱修之击败，遂回军返江陵（荆州州政府所在县，湖北省江陵县）。朱修之率军尾随南下，有人劝朱修之加速追击。朱修之说：“鲁秀，是一员勇将。野兽逃到无处可逃时，自然会被捉到，不必逼迫。”（以上西战场。）

据守梁山（安徽省和县南）的王玄谟，派垣护之向柳元景请求紧急增援，说："西城（西营，长江西岸城）失守，现在只剩下东城（长江东岸城）一万人，而盗贼（反抗军）多出数倍，强弱相差太大，无法抵挡，我打算撤退到姑孰（安徽省当涂县）主力阵地，跟你会师，讨论下一步行动。"柳元景不同意，说："盗贼（反抗军）的声势，正在强大，绝不可以先行退回，我会率全军前进，跟你会合。"垣护之说："盗贼（臧质）认为南州（姑孰）有三万人，可是事实上将军的兵力，不过十分之一（三千人），如果直接投入战场，虚实就完全暴露。王玄谟一定不可撤退，不如分出一部分军队，予以援助。"柳元景说："好极！"遂把老弱留下，负责守卫，而把所有可以作战的精锐士卒，全部开往梁山，协助王玄谟，虚张声势，到处都是旗帜。梁山守军眺望，好像涌来数万援军，一致认为中央军全数到达，军心才归安定。

臧质自己请求攻击东城（长江东岸城），首席军事参议官（咨议参军）颜乐之，警告刘义宣说："臧质如果攻克东城，则所有功劳都是他建立的了，最好派你的部将负责。"刘义宣遂派刘谌之跟臧质，同时出发。

五月十八日，刘义宣抵达梁山（安徽省和县南），在长江西岸结营，臧质跟刘谌之，攻击东城（长江东岸城）。王玄谟率各路人马在岸上迎击，展开大战。左军将军薛安都率骑兵突击部队，冲入反抗军东南方阵地，完全占领，砍下刘谌之人头；刘季之、龙骧将军宗越，又攻陷反抗军西北方阵地，于是，臧质大败。垣护之纵火焚烧长江船舰，满江都是浓烟烈火，火焰蔓延到西城（长江西岸城），反抗军营垒几乎全成灰烬，中央军乘胜反击，反抗军大营崩溃。刘义宣乘一只小艇逃走，紧闭门窗，不停哭泣。荆州将士追随他的，仍有一百余只船。臧质打算跟刘义宣商议军情，而刘义宣已经西上。臧质不知道如何是好，只好也跟着逃走，反抗军全部瓦解。

五月二十三日，中央政府下令：解除戒严。

8 五月二十七日，南宋帝国擢升吴兴郡（浙江省湖州市）郡长刘延孙，当国务院右执行长（尚书右仆射）。

9 六月一日，北魏帝拓跋濬，前往阴山。

10 南宋帝国反抗军江州（州政府寻阳）州长（刺史）臧质，逃回寻阳（江西省九江市），纵火焚烧州政府，带着小老婆群，向西继续逃亡；命他最宠信的助理何文敬，率领残余部队，在前开路，走到西阳郡（湖北省黄冈市黄州区）。西阳郡郡长鲁方平，骗何文敬说："圣旨已经发布，只逮捕叛军首领，其他的人一律赦免，你还不快逃？"何文敬遂抛弃他所率领的军队，自己逃亡。臧质原先用他的妹夫羊冲，当武昌郡（湖北省鄂州市）郡长，臧质前往投靠，而羊冲已被郡政府主任秘书（郡丞）胡庇之诛杀。臧质找不到安身之地，遂逃到南湖（湖北省鄂州市东），采吃湖中莲子充饥。不久，追兵来到，臧质投入湖中，用荷叶盖住头部，全身沉到水里，仅露鼻孔呼吸。

六月五日，臧质被追兵队长郑俱儿发现；郑俱儿用箭射击，正中臧质心脏，士卒赶上，乱刀齐下，臧质肠胃都流出体外，和水草缠绕在一起。追兵砍下他的人头（年五十五岁），呈送首都建康。臧质的子孙，全部绑赴刑场，斩首示众。中央诛杀臧质的党羽：乐安郡（山东省广饶县）郡长任荟之、临川郡（江西省抚州市临川区）郡长（内史）刘怀之、鄱阳郡（江西省鄱阳县东北）郡长杜仲儒。杜仲儒，是杜骥的侄儿（杜骥，参考四三〇年七月）。中央对建立大功的柳元景等，分别晋爵升官。

反抗军首领、丞相刘义宣，逃到江夏郡（湖北省武汉市），听说巴陵郡（湖南省岳阳市）驻有中央大军，于是，急回江陵（湖北省江陵县）；追随他的部众，几乎完全逃散。刘义宣跟他左右十余人，步行前进，而脚痛不能迈步，向民间租用没有顶篷的车辆乘坐，沿途像乞丐一样，讨饭维持。走到江陵城外，派人通知留守江陵的左军政官（左司马）竺超民，竺超民派出华丽的仪仗跟卫队兵马，前来迎接。当时，荆州（江陵）城中，还有武装部队一万余人，左右侍从翟灵宝，劝告刘义宣出面慰劳将士，应该说："臧质违背作战命令，所以失利，现在重新装备武器，训练士卒，拟订复兴计划。从前，刘邦失败百次，终于完成大业……"而刘义宣不能记忆翟灵宝的全稿，竟说出"项羽失败千次"，全军忍不住掩口而笑。鲁秀、竺超民等，仍打算集结残余的部众，作最后决战。可是刘义宣意志沮丧，魂不守舍，进入后宅躲避，不再出来见人，左右心腹干部，一个个开始背叛他离去。鲁秀向北逃亡，刘义宣无法保护自己，打算追随鲁秀一起逃亡，遂带着儿子刘慆，和最宠爱的五位小老婆——命她们改穿男子服装跟随。城中混乱，刀枪横飞，刘义宣大为恐惧，从马上掉下来，改作步行。竺超民把刘义宣送到城外，赠送他马匹，然后回城守卫。刘义宣寻找鲁秀，无法寻到，左右随从人员，逃跑一空。刘义宣走投无路，夜晚，回到南郡郡政府的空房子中（南郡郡政府在江陵城外）。第二天天亮，竺超民派人把他逮捕，送军法处监狱。刘义宣在监狱中，坐在地上叹息说："臧质这个老奴才，害死了我！"五位美丽的小老婆不久就被送走，刘义宣悲痛哭号，对看守官说："这几天不算苦，今天跟她们分别才算苦。"鲁秀的部众也逃散一空，不能前进，只好再回江陵，而江陵的立场已变，守军向鲁秀发箭阻止。鲁秀投水自杀，江陵守军砍下他的人头。

11 南宋帝刘骏派国务院右执行长（右仆射）刘延孙，前往江州（江西省及福建省）、荆州（湖北省西部），调查忠奸，发掘正直，昭雪冤枉，就地奖赏或诛杀。并且分割出二州的部分郡县，另成立一个新州。

最初，晋帝国中央政府南迁时，把扬州（江苏省南部及浙江省）当作京畿（参考三一八年四月注），中央政府所需要的粮食绸缎，都由扬州供应；而另以荆州（湖北省）、江州（江西省及福建省）作为军事重镇，拥有全国最精锐的军队，常派大将镇守。三州人口数目，占长江以南人口的一半。南宋帝刘骏，厌恶它们过于强大，所以决定削弱。

六月十八日，京畿卫戍区（扬州）分出浙江（钱塘江）以东五郡（会稽郡〔浙江省绍兴市〕、东阳郡〔浙江省金华市〕、永嘉郡〔浙江省温州市〕、临海郡〔浙江省台州市西北章安街道〕、新安郡〔浙江省淳安县〕），成立东扬州（浙江省中部南部），州政府设会稽。荆州（湖北省西部）、湘州（湖南省）、江州（江西省及福建省）、豫州（安徽省中部北部），分出八个郡（荆州的江夏郡〔湖北省武汉市〕、竟陵郡〔湖北省钟祥市〕、随郡〔湖北省随州市〕、武陵郡〔湖南省常德市〕、天门郡〔湖南省石门县〕；湘州的巴陵郡〔湖北省岳阳市〕；江州的武昌郡〔湖北省鄂州市〕；豫州的西阳郡〔湖北省黄冈市黄州区〕），成立郢州（郢，音yǐng〔影〕），州政府设江夏（夏口，湖北省武汉市）。撤销南蛮保安司令（南蛮校尉），把所属部队，调回建康。太傅（上三公之二）刘义恭，有意使郢州州政府设在巴陵（湖南省岳阳市），国务院总理（尚书令）何尚之说："夏口（湖北省武汉市）位于江州（江西省及福建省）、荆州（湖北省西部）中间，而正对沔口（沔水〔汉水〕注入长江处），直接可通雍州（湖北省北部）、梁州（陕西省南部），实是最险要的关津，从来就是军事重镇，基础稳固（自东汉王朝末年赤壁之战〔参考二〇八年十月〕，夏口〔湖北省武汉市〕地位日益重要）。既有现成的城池，港湾又大，可以停泊很多船只，最是合适。"刘骏批准。

然而不久，荆州（湖北省西部）、京畿卫戍区（扬州，江苏省南部及浙江省北部），因收入减少，官府以及官员增多，财力大为耗损。何尚之请求恢复原状，刘骏不肯。

12 六月二十三日，南宋帝刘骏，下诏撤销“主管政府机要”（录尚书事）。刘骏对皇族力量的强大，十分厌恶，更不喜欢臣属握有大权。太傅（上三公之二）刘义恭，知道刘骏的意思，所以奏请裁撤。

13 南宋帝刘骏，命各亲王、公爵，以及国务院八位首长（八座），写信给新任荆州（州政府江陵）州长（刺史）朱修之，要朱修之迫使丞相刘义宣自己了断。信还没有送到。

六月二十五日，朱修之进入江陵（湖北省江陵县），已经动手，斩刘义宣（年四十岁），并斩刘义宣的十六个儿子，以及同党竺超民、参谋指挥官（从事中郎）蔡超、首席军事参议官（咨议参军）颜乐之等。

竺超民的兄弟，也应一并诛杀，国务院总理（尚书令）何尚之上疏营救，说：“蠢贼（指刘义宣）既然逃奔，一个人就可以擒获。竺超民如果是反复无常、贪图小利之辈，应该当时就把刘义宣逮捕，不但可以免除惩罚，还可以取得不义的赏赐。而竺超民并不如此，从他的过失中，可以看出他高贵的情操。而且，为帝国保全州城（江陵），看守仓库府藏，坐在那里等待捆绑。现今，连他的兄弟也要诛杀，跟其他党羽没有分别，刑罚太重。”刘骏特别赦免竺超民的兄弟。

14 秋季，七月一日，日蚀。

15 七月五日，北魏帝国皇子拓跋弘诞生。

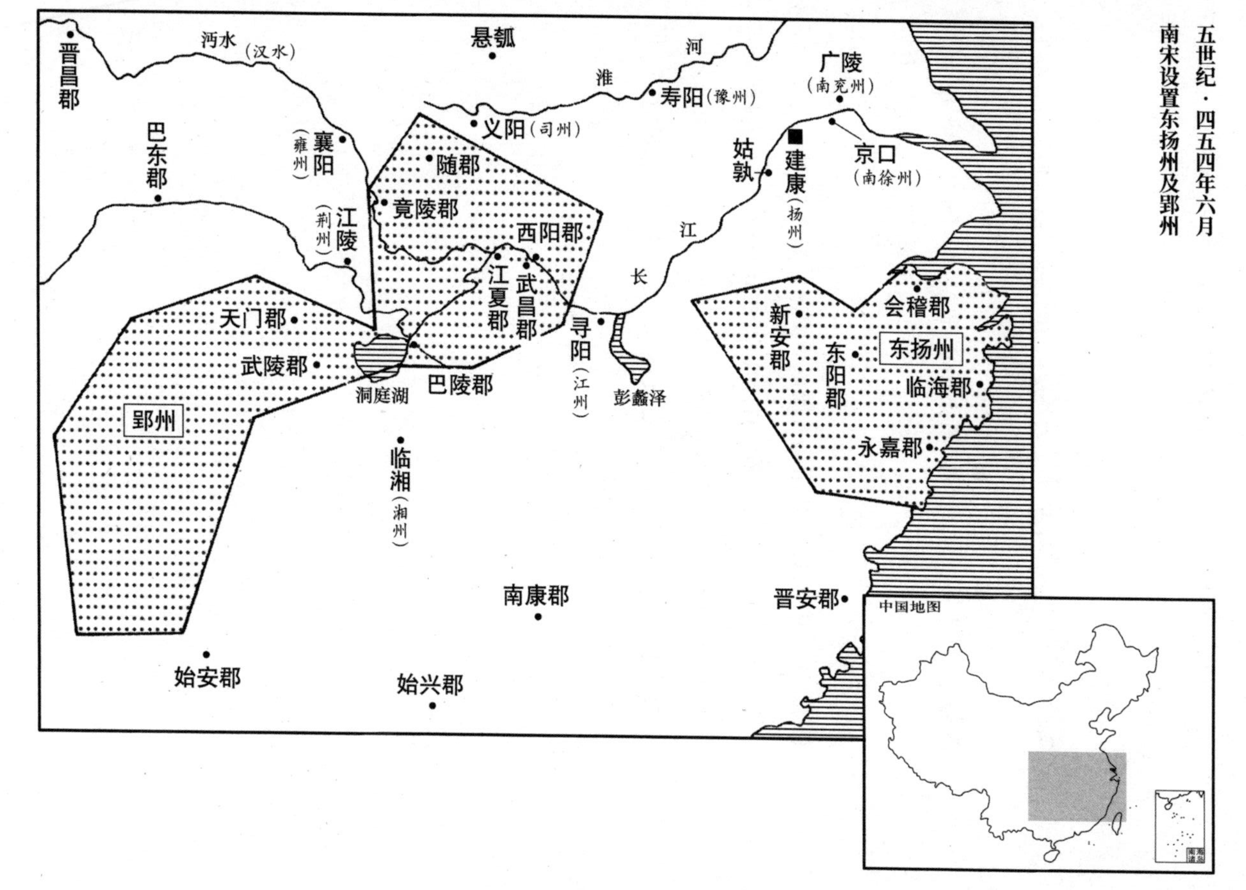

五世纪·四五四年六月
南宋设置东扬州及郢州

七月六日，北魏大赦，改年号兴光（之前是兴安三年，之后是兴光元年）。

16 七月二十一日，南宋帝国大赦。

17 八月十日，北魏帝国赵王拓跋深（景穆太子拓跋晃的儿子）逝世。

18 八月十一日，北魏帝拓跋濬返首都平城（山西省大同市）。

冬季，十一月五日，拓跋濬前往中山（定州州政府所在城，河北省定州市），顺便前往信都（冀州州政府所在县，河北省衡水市冀州区）。

十二月十四日，启程北返，经过灵丘（山西省灵丘县），到温泉宫。

十二月十八日，回首都平城。

四五五年 乙未

南宋　孝建　二年
北魏　兴光　二年
　　　太安　元年

1 春季，正月，北魏帝国（首都平城〔山西省大同市〕）车骑大将军、乐平王拓跋拔（二任明元帝拓跋嗣之孙），犯罪，被迫自杀。

2 南宋帝国（首都建康〔江苏省南京市〕）镇北大将军、南兖州（州政府设广陵〔江苏省扬州市〕，去年〔四五四〕年底自盱眙〔江苏省盱眙县〕迁）州长（刺史）沈庆之，年老，请求退休。

二月五日，中央任命沈庆之当左最高资政官（左光禄大夫）、开府仪同三司（宰相级）。沈庆之坚决辞让，奏章呈递数十次，又面见南宋帝（五任孝武帝）刘骏（本年二十六岁），恳切陈述，甚至叩头哭泣，刘骏无法改变他的意志，只好由他以始兴公身份，回到私宅，厚厚的予以赏赐。不久，刘骏又要任用他，命国务院总理（尚书令）何尚之，劝他接受。何尚之重复皇帝的盼望，沈庆之笑说："沈公不敢效法何公，去了又回来。"何尚之大为惭愧，不敢再劝（何尚之去而又回事，参考四五一年五月）。

正月二十日，任命国务院右执行长（尚书右仆射）刘延孙，当南兖州（州政府广陵）州长（刺史）。

夏季，五月八日，任命湘州（州政府设临湘〔湖南省长沙市〕）州长（刺史）刘遵考，当国务院右执行长（尚书右仆射）。

3 六月二日，北魏帝国改年号太安（之前是兴光二年，之后是太安元年）。

4 六月四日，南宋帝国大赦。

5 六月二十四日，北魏帝（五任文成帝）拓跋濬（本年十六岁），返首都平城（山西省大同市）。

6 秋季，七月四日，南宋帝刘骏，封皇弟刘休祐当山阳王、刘休茂当海陵王、刘休业当鄱阳王。

7 七月二十七日，北魏帝拓跋濬，前往河西（黄河河套地区）。

8 南宋帝国雍州（州政府设襄阳〔湖北省襄阳市〕）州长（刺史）、武昌王刘浑（皇弟），跟左右侍从，游戏胡闹，写了一份文告，自称楚王，改年号永光，设立文武百官；不过一场玩笑而已。秘书长（长史）王翼之把刘浑亲笔书写的文件，呈报中央。

八月一日，南宋帝刘骏下诏，剥夺刘浑所有官职爵位，贬作平民，放逐到始安郡（广西桂林市）。

刘骏再派编制外散骑顾问官（员外散骑侍郎）、东海郡（侨郡，江苏省镇江市）人戴明宝，盘问斥责刘浑，强迫他自杀。本年（四五五），刘浑十七岁。

9 八月二十八日，北魏帝拓跋濬，返首都平城（山西省大同市）。

10 南宋帝刘骏，下诏要到南郊祭祀天神（皇帝登极后，必须如此，世称“郊天”，才算完成合法手续），开始制作全套圣乐；这是接受前国务院宫廷保安司长（殿中曹郎）荀万秋的建议（南宋帝国祭祀天神，本来就有音乐，参考四四五年十二月）。

11 南宋帝刘骏，打算削弱皇家王侯的权力。

冬季，十月一日，江夏王刘义恭、竟陵王刘诞，上奏章请求裁减王爵、侯爵的车辆及衣服，用具及器物，乐队及舞娘；共有九条。刘骏因而暗示有关单位，增加到二十四条。诸如：在听取报告或处理公务时，不可以面向南坐（皇帝才面向南坐）；佩剑不可以作“鹿卢形”（晋灼原注〔应摘自《汉书音义》〕：“古长剑，首以玉作井鹿卢形。”剑柄可能状如北中国田间浇水用的辘轳滑车）；封国郡长（内史、相）及封国其他官员，对王爷、侯爷，自己只可称“下官”，不可称“臣”；辞职后，长官部属关系，即行解除，不再继续尊敬；刘骏批准。

12 十月十二日，北魏帝国任命辽西王拓跋常英当太宰（上公）。

13 十月二十四日，南宋帝国任命太傅（上三公之二）刘义恭，兼京畿总卫戍司令（扬州刺史）；竟陵王刘诞当最高监察长（司空），兼南徐州（州政府设京口〔江苏省镇江市〕）州长（刺史）；建平王刘宏当国务院总理（尚书令）。

14 本年（四五五），南宋帝国政府，任命故“氐王”（首府仇池〔甘肃省西和县南〕）杨保宗的儿子杨元和，当征虏将军。又任命杨头当辅国将军；杨头，是杨文德的堂兄，同一个祖父（杨保宗被杀事，参考四四三年四月；杨文德免职事，参考四四八年正月）。

杨元和虽然是“氐王”杨家的嫡系正统（杨保宗是“氐王”杨玄的儿子），但南宋政府因他年纪太小，才能又弱，始终没有封他位号，以致氐部落没有合法的领袖。杨头，先驻防葭芦（甘肃省陇南市武都区东南），娘亲和妻子、兄弟，都被北魏帝国军俘虏（四四三年四月，北魏攻克仇池〔甘肃省西和县南〕，杨文德败走，杨头的娘亲和妻子被掳，应在该年。四五〇年十一月，南宋才命杨头驻防葭芦），而杨头效忠南宋帝国，没有二心。雍州（州政府襄阳）州长（刺史）王玄谟上疏说：“请加授杨头‘假节’、西秦州州长（刺史），用来安抚集结氐民族部落人民（南宋帝国自四二五年十一月任命杨玄当北秦州州长，以后一直以此官衔承认仇池“氐王”的领导地位。此处忽然称西秦州，不知何故）。等数年之后，杨元和年纪稍大，再命他继承祖先大业。如果杨元和才能不能担当，就应由杨头继承。杨头保卫汉川（陕西省南部），免除胡虏（北魏帝国）灾祸，他所在的只有四千户人家的荒州，固然没有什么价值；但是，如果葭芦（甘肃省陇南市武都区东南）失守，汉川（陕西省南部）不可能独存。”刘骏不准。

四五六年 丙申

南宋	孝建	三年
北魏	太安	二年

1 春季，正月四日，南宋帝国（首都建康〔江苏省南京市〕）皇帝（五任孝武帝）刘骏（本年二十七岁），封皇弟刘休范当顺阳王、刘休若当巴陵王。

正月十二日，封皇子刘子尚当西阳王。

正月二十六日，刘骏为太子刘子业娶首都西区卫戍司令（右卫将军）何瑀的女儿何令婉当太子妃。何瑀，是何澄的曾孙（何澄，参考四〇〇年六月）。

正月二十八日，大赦。

2 正月二十九日，北魏帝国（首都平城〔山西省大同市〕）皇帝（五任文成帝）拓跋濬（本年十七岁），封贵人冯女士当皇后。冯皇后，是辽西郡公爵冯朗的女儿（冯朗投降北魏帝国事，参考四三二年十一月）。冯朗后来当秦（州政府上封）、雍（州政府长安）二州州长（刺史），被控有罪，诛杀，冯皇后以罪人女儿身份，被发配宫中当奴婢。

二月一日，拓跋濬封皇子拓跋弘（本年三岁）当太子。依照帝国惯例，先命拓跋弘的亲娘李贵人，把托付兄弟的事，一条条写下，然后命她自杀。

柏杨曰

李贵人的堪怜下场，跟她个人无关，那是时代的悲剧，更是文化的悲剧，她在战乱中被北魏帝国永昌王拓跋仁，霸作小老婆，拓跋仁被诛杀后，发配宫中为奴。有一天，北魏帝拓跋濬，登楼眺望，忽然看见她，认为她貌如天仙，问左右说："那女子漂亮不漂亮？"左右说："当然漂亮。"于是拓跋濬把她叫到斋库上床，而且怀孕，生下拓跋弘，于是擢升她当小老婆群第一级——贵人。可是好景不长，当她得知她的儿子封作太子时，她没有欢乐，只有哀痛，任何人都没有力量救她不死，临死时，每喊一声："兄弟！"就悲不自胜，捶胸恸哭。

诛杀太子的亲娘，为的是要避免皇亲国戚弄权。犹如敲掉老虎口中一颗牙，便认为可以避免它吃肉一样，如何能办得到？只不过为人间增添一则不平。

3 二月八日，南宋帝国任命广州（州政府设番禺〔广东省广州市〕）

州长（刺史）宗悫，当豫州（州政府设寿阳〔安徽省寿县〕）州长（刺史）。

依照惯例，地方政府会议或会报，参与的官员，都要用纸条写出自己的意见，特设一位收发官（典签），来负责整理。南宋帝国时代，出任地方行政、军事首长的皇子，差不多年纪都小，皇帝遂派自己左右亲近，去当收发官（典签）；收发官（典签）的权力，遂开始膨胀。后来，即令年长的皇子，出去主持地方政府；或者出身平民的高级官员，镇守一方；收发官（典签）同样总揽全局——接受官属报告，传达长官命令，位居要津；如果收发官（典签）不同意，州长不能单独执行政令。宗悫当豫州州长（刺史）时，临安（浙江省杭州市临安区）人吴喜，担任收发官（典签）。宗悫行政上或司法上所有决定，吴喜总是违抗。宗悫大怒，说："我宗悫，年将六十，为国尽忠，才当一个巴掌大的州的州长，不能跟收发官（典签）共同管理。"吴喜叩头流血，宗悫气才平息（宗悫显然威胁要杀了他）。

4 北魏帝国丁零部落数千家，躲藏在井陉山（河北省石家庄市鹿泉区南）当强盗，国务院考选部长（选部尚书）陆真，会同州郡民兵部队，讨伐消灭。

5 闰三月三日（北魏三月三日），南宋政府任命国务院左执行长（尚书左仆射）刘遵考，当首都建康市长（丹阳尹）。

闰三月十八日（北魏三月十八日），鄱阳王（哀王）刘休业（三任文帝刘义隆子）逝世。

太傅（上三公之二）刘义恭，因南兖州（州政府设广陵〔江苏省扬州市〕）州长（刺史）、西阳王刘子尚（刘骏的儿子）正受宠爱，打算退避，遂请求辞去京畿总卫戍司令（扬州刺史）。

秋季，七月，刘骏批准。

七月二十三日，任命刘子尚当京畿总卫戍司令（扬州刺史）。当时，火星（荧惑）紧傍南斗星，刘骏下令撤销位于西州城（建康城西）的旧总卫戍司令部，而把总卫戍司令部移到东府城（建康城南），镇压凶兆（为什么火星紧傍南斗星，就是凶兆，事属天文，不懂）。京畿总卫戍司令部总务官（扬州别驾从事）沈怀文说："天际星辰变化，是一种警告，应该推广恩德，才能化解。不去做这些事，即令把西州城（建康城西）人民迁空，也没有帮助。"刘骏不理。沈怀文，是沈怀远的老哥（沈怀远，参考四五二年七月）。

6 八月，北魏平西将军、渔阳公尉眷，远征西域（新疆及中亚东部）伊吾（新疆哈密市），攻克城池，大肆掳掠而回。

7 九月十日，南宋政府任命首都建康市长（丹阳尹）刘遵考，当国务院右执行长（尚书右仆射）。

8 冬季，十月二日，北魏帝拓跋濬返首都平城（山西省大同市）。

9 十月二十四日，南宋太傅（上三公之二）刘义恭，晋升太宰（上三公之一），兼任宰相（领司徒）。

10 十一月，北魏政府任命国务院执行官（尚书）、西平王源贺，当冀州（州政府设信都〔河北省衡水市冀州区〕）州长，改封陇西王。源贺上书北魏帝拓跋濬说："而今，北方蛮虏（指柔然汗国），不断游击；南方盗匪（指南宋帝国），仍在顽抗；边疆地带，必须驻军防守，严加戒备。我愚昧的认为：除非是谋反叛变，血手杀人；其他凡是被控贪赃枉法，和因为过失杀人被判死刑的，都可以特别宽恕，贬谪他们看守边界，是使他们已被斩断的身体，接受政府再生的恩德，而边疆负担差役的人家，也可以收到休息的实惠。”拓跋濬同意。很久之后，拓跋濬对文武百官说：“我采纳源贺的意见，一年之中，救活的人不少；而边防军的实力，却增加很多。你们如果能人人跟源贺一样，我还担心什么！”

正巧，武邑郡（河北省武邑县）人石华，控告源贺阴谋叛乱，有关单位奏报。拓跋濬说：“源贺诚心诚意，报效国家，我敢向你们担保，绝对没有这种事，情形十分明显。”命有关单位详细调查，石华果然自己承认诬告。拓跋濬诛杀石华，对左右说：“像源贺这样的忠臣，仍无法避免被诬陷，不如源贺的人，怎么能不谨慎。”

柏杨曰

源贺被检举阴谋叛变，有关单位查出是一项诬告，看起来北魏帝国的司法洞察秋毫，勿枉勿纵。不过，过程并不是如此简单明了。发现源贺被诬告，跟源贺没有阴谋叛变无关，而跟皇帝拓跋濬的先行保证有关。拓跋濬一番动容的保证，显示源贺的皇家恩宠，仍在巅峰，即令真的阴谋叛乱，也没有人敢碰。如果拓跋濬接到报告，是另一种态度，要有关单位“公正调查”“慎重处理”，有关单位详细调查的结果，恐怕会是另一种报告：“源贺已经自动招认。”原检举人石华不但不会被杀，包管还要得到一笔大奖。

可惊的是拓跋濬得知源贺是被诬陷后的反应，他不是强调严防诬陷，也不是奖励昭雪诬枉的法官，而是特别嘱咐满朝文武，不要被别人诬陷。专制社会，首领的不安全感极为敏锐，无论干部或人民，几乎没有人不被疑心。民主政府是要保护人民没有恐惧的自由，专制头目则恰恰相反，正是要人民普遍的心怀恐惧！

11 十二月，南宋帝国濮阳郡（侨郡，山东省郓城县西）郡长姜龙驹、新平郡（侨郡）郡长杨自伦，放弃郡城，投奔北魏帝国。

12 南宋帝刘骏，打算把青州（州政府东阳）及冀州（州政府历城）州政府，移到历城（山东省济南市）；参与决策的人，都不同意。青、冀二州州长（刺史）垣护之说："青州（山东半岛）北有黄河、济水，又有很多湖泊沼泽，不是胡虏（北魏帝国）喜欢的地方。所以，每次侵犯，一定先攻击历城（山东省济南市）。两州的州政府同时设在历城，是远程方略。而且北临黄河，从魏国（北魏帝国）归降而来的人民，也容易安抚。对内可以使人民休养，对外可以传播帝国声威，是保卫边疆的上策。"遂定案（青州州政府本设东阳〔山东省青州市〕，今跟冀州州政府同设历城）。

13 本世纪（五）四〇年代，南宋政府铸造四铢钱，形状与轮廓，跟五铢钱相同，铸造一钱的费用，跟一钱的价值相等，没有利润，所以民间从没盗铸（新四铢钱引致币值下降，参考四四七年六月）。等现任皇帝刘骏登极，继续铸造四铢钱，名"孝建四铢钱"，既薄又小，轮郭毫不显著（钱，外圆称"轮"，内方称"郭"。"轮""郭"都要凸起）。于是盗铸的人日多，更在里面掺杂铅、锡（掺杂铅、锡，钱容易破裂），好像被磨损凿破的古钱，更薄更小。郡长县长无法禁止，因之受到控诉，处死或免职的，前后相继，而盗铸的反而更多，物价飞涨，政府束手无策。去年（四五五）春季，中央下令：钱太薄太小，而又没有“轮”“郭”(凸起边缘)的，一律不准使用，民间喧嚷骚动。本年(四五六)，始兴公沈庆之建议，认为：“应该准许人民自行铸钱，郡县政府设立钱币局，自愿铸钱之家，都住在钱币局内，由政府颁发一定模式，不准掺杂杂物。去年(四五五)春季所查禁的新钱，准许继续使用。以后铸钱，则依照钱币局规定，一万钱收取所得税三千，严厉禁止盗铸。”

首都建康市长(丹阳尹)颜竣反对，认为：“五铢钱的重量，系西汉王朝所定(参考前一一八年)，曹魏帝国、晋帝国以来，没有人能够改变，因货物价格必须跟钱币价值相等，如果改变，一定发生弊端。现在允许去年(四五五)春季盗铸的钱，也可以使用，则大小厚薄都不一样的钱，同时在市面上流通，不由政府铸造；重利之下，作奸犯科就没有穷尽，私自盗铸和残破的钱币，就永无法禁止。财货还没有开源，稍大稍厚的钱，已经消失，用不了几年，四铢钱全成了尘土。现在，新的禁令刚刚公布，市面流通的钱，还不能划一，民间喧闹之声，不久自会停止，不必让皇上忧虑。真正值得忧虑的，是国库空虚，今天，纵然准许小钱流通，政府也不可能获利。人民即令富足，也不能解决政府的财政困难。解决困难的办法是：崇尚简朴，除去浮华，凡事节俭。求富之道，没有比这更好的计谋。”

有人又认为：铜矿不容易寻找，打算改铸二铢钱。颜竣说：“议论的人有个观念，认为国库空虚，就应改铸小钱；天下铜少，就应减轻钱的重量，用以阻止恶性循环(国库空虚，无钱可用，而天下铜少，又无铜铸钱；无铜铸钱，国库更为空虚)。看起来可以富民救国，而我愚昧的看法，却并不如此。今天，发行二铢钱，一味使用小钱薄钱，对政府财政并没有帮助，而民间作奸犯科的事件，将层出不穷，天下货物，势必抢购一空。严禁如何如何，不过空话，利之所在，根本无法阻止。最多一二年，流弊所及，就无法挽救。人民警觉到大钱就要变小，畏惧新近公布的禁令，街巷市场之上，一定发生混乱，远程的利益还没有看到踪影，切身的弊害却先降临。富商越发有钱，贫民更为穷苦，这都是绝对不可以的原因。”

准许民间私自铸钱的议论，才算停止。

14 北魏帝国定州（州政府设中山〔河北省定州市〕）州长（刺史）高阳郡（河北省高阳县）人许宗之，贪赃枉法，深泽（河北省深泽县）县民马超，提出抨击。许宗之逮捕马超，用暴力打死；恐怕他家人告状，先下手为强，奏报马超批评政府，诋毁皇家。北魏帝拓跋濬说：“这里面一定有问题，我是天下主宰，怎么会惹恼马超，使他口出恶言，一定是许宗之害怕受罚，诬陷马超。”派人调查，果然如此。把许宗之绑到南郊刑场，斩首。

15 南宋帝国特级资政官（金紫光禄大夫）颜延之逝世（年七十三岁）。

颜延之的儿子颜竣，地位尊贵。然而，颜竣奉养老爹的所有东西，颜延之一件也不接受，而只穿布衣、住茅屋，清寒如故。平常，乘坐老牛拉的粗车代步，有一次在街上，忽然碰到颜竣的开道卫队（卤簿），立刻躲避到道路旁边。他时常警告儿子："我平日不喜欢看见重要大人物，今天不幸，看见了你。"颜竣兴建住宅，颜延之对他说："好好的盖，不要使后人笑你愚不可及。"一天早上，颜延之去探望儿子，看见求见的宾客和部属，挤满一堂，可是颜竣还蒙头大睡，没有起床。颜延之大怒说："你出身在粪土之中，好不容易升到云霄之上，竟骄傲到如此程度，怎么维持长久！"颜延之逝世后，依照儒家礼教规定，颜竣辞职回家，穿三年孝服（丁忧），可是，才过了一个月，南宋帝刘骏下诏征召，起用他当右将军，仍兼首都建康市长（丹阳尹）。颜竣坚决辞让，上疏十次，刘骏不许，最后派立法院立法官（中书舍人）戴明宝，到颜竣家里，把颜竣抱上政府驿马车，送到市政府官舍；刘骏特别赏赐颜竣染色棉絮的布衣服一套，派御衣管理员（主衣），亲自送去，给他穿上。

四五七年 丁酉

南宋　大明　元年
北魏　太安　三年

1 春季，正月一日，南宋帝国（首都建康〔江苏省南京市〕）改年号大明，大赦。

2 正月十二日，北魏帝国（首都平城〔山西省大同市〕）皇帝（五任文成帝）拓跋濬（本年十八岁），在崞山（山西省浑源县）打猎。

正月十八日，返首都平城（山西省大同市）。

任命渔阳王尉眷，当全国武装部队总司令（太尉）、主管政府机要（录尚书事）。

3 二月，北魏帝国攻击南宋帝国的兖州（山东省西部），侵入无盐（山东省东平县东），击败东平郡（郡政府设无盐）郡长、南阳郡（河南省南阳市）人刘胡。

南宋帝（五任孝武帝）刘骏（本年二十八岁），下诏派太子宫左翼卫队司令（太子左卫率）薛安都，率领骑兵；东阳郡（浙江省金华市）郡长沈法系，率领水军，增援彭城（江苏省徐州市）抵抗，接受徐州（州政府彭城）州长（刺史）申坦指挥。但两军抵达时，北魏军早已经撤退。之前，被称为“群盗”的变民，聚集在任城（山东省济宁市）丛林之中，几代下来，一直成为地方灾害，无法肃清，人们称之为“任城盗”；申坦请求乘大军集结的机会，作一次扫荡。刘骏同意。“任城盗”得到消息，四下逃散，丛林全空。当时，又逢大旱，政府军人困马渴，找不到对象，狼狈而回。薛安都、沈法系被剥夺官爵，以平民身份担任现职。申坦被判死刑，文武官员纷纷请求宽恕，刘骏都拒绝。申坦绑赴刑场途中，沈庆之抱住他，大哭说：“你没有罪而死，我在街上哭你，也要到地下随你。”（沈庆之为什么营救申坦，史书没有交代。）有关官员奏报，刘骏才赦免申坦。

4 三月十一日，北魏帝拓跋濬，到松山（河北省保定市西北）打猎。

三月二十日，返首都平城（山西省大同市）。

拓跋濬封皇弟拓跋新成当阳平王。

5 南宋帝刘骏自从为老爹（三任帝刘义隆）服丧期满之后，奢侈荒淫，随心所欲，大兴土木。首都建康市长（丹阳尹）颜竣，自以为是刘骏当亲王时的旧部，好几次向刘骏进言，恳切劝告，没有保留，刘骏渐渐对他不高兴。颜竣自认为才能卓越，足可以拯救这个世界，而他跟皇帝的密切关系，以及皇帝对他的恩宠，又都没有人可比，自己应该位居中央，一直掌握大权。可是他所建议的事项，刘骏多不接纳，颜竣怀疑刘骏有意要疏远他，为了试皇帝的心意，他上疏请求外调地方政府。

夏季，六月九日，刘骏下诏任命颜竣当东扬州（州政府设会稽〔浙江省绍兴市〕）州长；颜竣这才大为恐惧。

6 六月二十五日，北魏帝拓跋濬，前往阴山。

7 南宋帝国雍州（州政府设襄阳〔湖北省襄阳市〕）州境之内，设立很多“侨郡”“侨县”；州长（刺史）王玄谟上疏说：“侨郡侨县，没有实质领地，新旧错乱，田赋捐税，无法依时征收。建议完全撤除，归并当地原有郡县（土断）。”

秋季，七月二十四日，中央下令：撤销雍州侨置的三个郡和十六个县，合并成一个郡。侨郡侨县流亡人士，不愿归属当地政府；于是散布谣言，说王玄谟叛变。（“诬以谋反”可真是中国传统文化的精华！不但官用来对付民，民也用来对付官！）当时，骠骑将军柳元景家族强大（柳元景原是河东郡解县〔山西省临猗县西南〕人，曾祖父柳卓时，移居襄阳），家族中很多人在王玄谟部下当郡长级官员，都打算利用这项谣言，诛杀王玄谟。王玄谟立刻下令停止执行，解除大家的激动，然后派人飞奔首都建康，启奏皇帝刘骏，把处理的经过，详细陈述。

刘骏知道关于王玄谟谋反的情报，并不确实，派立法院初级助理官（主书）吴喜，专程到襄阳安慰王玄谟，告诉王玄谟："七十岁的老翁，谋反干什么？你我君臣之间，足可以互相保证。姑且说笑，展展你的眉头。"王玄谟生性严肃，从不随便发笑，所以刘骏幽他一默。

8 八月二十二日，北魏帝拓跋濬，返首都平城（山西省大同市）。

9 八月二十七日，南宋政府命最高监察长（司空）、南徐州（州政府设京口〔江苏省镇江市〕）州长（刺史）、竟陵王刘诞，当南兖州（州政府设广陵〔江苏省扬州市〕）州长；命太子宫总管（太子詹事）刘延孙，当南徐州（州政府京口）州长。

最初，一任帝（武帝）刘裕留下遗言，因京口是重要军事基地，距首都建康（江苏省南京市）极近（航空距离六十公里），除非是皇家近亲，不准镇守。刘延孙虽然跟刘裕是同一个祖先，但刘裕属彭城（江苏省徐州市）支派，刘延孙属莒县（山东省莒县）支派，两家从来不谈论血缘关系。刘骏既任用刘延孙镇守京口，才下诏跟刘延孙家合为一族，使各亲王跟刘延孙排列辈分和长幼。

刘骏在深宫之中，荒淫无道，不管女人跟他的亲疏尊卑关系，只要美貌，即行上床。民间传播，绘影绘声，十分详尽（中国历史上，衣冠禽兽的帝王，已经过多，而以刘骏最奇，他不但强奸堂妹，还强奸亲娘；可骇可惊）。而刘诞宽厚，文质彬彬，待人有礼；又在诛杀弑父的四任帝刘劭战役中，以及讨伐丞相刘义宣的战役中，都建有大功（刘诞讨伐刘劭事，参考四五三年三月。劝阻刘骏出迎刘义宣事，参考四五四年二月），人心暗中倾慕。刘诞集结很多有才能、有勇力的人士，收藏精良武器。因此，刘骏对这位老弟，由畏惧而猜忌，不希望刘诞留在中央，命他出镇京口（江苏省镇江市）；后来，仍嫌京口离京师（首都建康）太近，更调他到广陵（江苏省扬州市），而命心腹干部刘延孙镇守京口，负责阻吓。

10 北魏帝拓跋濬将向东方巡视。

冬季，十月，下诏太宰（上公）拓跋常英，在辽西郡（河北省卢龙县北）黄山（河北省迁西县东南）兴筑行宫。

11 十二月十二日，南宋帝国改封顺阳王刘休范当桂阳王。

四五八年 戊戌

南宋　大明　二年
北魏　太安　四年

1 春季，正月一日，北魏帝国（首都平城〔山西省大同市〕）公布禁酒令：凡造酒、卖酒、饮酒，一律斩首；遇到婚事、丧事，可暂时开禁，但有一定限期。北魏帝（五任文成帝）拓跋濬（本年十九岁），因知识分子和普通小民，常因醉酒互相打斗，或借酒批评政府，所以严禁。

帝国政府增加内外秘密警察（内外候官），侦察中央各单位，以及各州、各镇。秘密警察有时换穿平民衣服，出入官府衙门，寻求文武百官的过失，呈报上级，然后主管机关严厉追究，逮捕人犯，苦刑拷打，取得坦承不讳、自动招认的口供。官员受贿、布匹满二丈的，一律斩首，又增加法律条文七十九章。

正月十日，拓跋濬前往广宁（河北省涿鹿县）温泉宫，顺便巡视平州（州政府设肥如〔河北省卢龙县北〕）。

正月二十五日，抵达黄山（河北省迁西县东南）行宫。

二月二日，登碣石山（河北省昌黎县北），眺望沧海。

二月四日，南下到信都（冀州州政府所在县，河北省衡水市冀州区），再到广川（河北省枣强县东北）打猎。

2 二月十一日，南宋帝国（首都建康〔江苏省南京市〕）政府任命特级资政官（金紫光禄大夫）褚湛之，当国务院左执行长（尚书左仆射）。

二月十二日，建平王（宣简王）刘宏，因为病重，辞去国务院总理（尚书令）职务。

三月三日，刘宏逝世（年二十五岁）。

3 三月十二日，北魏帝拓跋濬，返首都平城（山西省大同市），兴建太华殿。御前监督官（给事中）郭善明，性情机警灵巧，说服拓跋濬大肆兴建宫殿。立法院主任立法官（中书侍郎）高允劝阻说："太祖（一任帝拓跋珪）才开始建立城池街市，但施工之时，一定利用农夫的闲暇日子（自古征调民夫差役，政府不但不付工资，民夫还要自带饮食）。何况，帝国建立已久，永安前殿，足够朝会之用；西堂（西殿）、温室，足够宴会之用；宫中的紫楼（当是高楼），足够登临远眺之用。纵然要扩大工程，也应逐渐实施，不可以仓猝征发。现在计算，被抽调的民夫差役，当有二万人，而老弱妇女，送茶送饭，又加两倍，预期半年可以完成。一个农夫不下田耕种，就会有人挨饿，何况有四万人之多，影响之大，简直无法计算，陛下对此，最应留心。”拓跋濬接受。

高允喜爱坚持他的劝告，政府中有些措施造成伤害时，高允一定请求皇帝召见，提出建议，拓跋濬也总是摒除左右侍从，单独跟他面谈，有时从早上到黄昏，有时一连几天，都不出宫，文武官员不知道他们谈些什么。有时高允心情沉痛，言辞击中要害，拓跋濬听不下去，命左右把高允带出去，但始终待他很温和。当时，有人在奏章上攻击隐私，措辞激烈，拓跋濬看了后，对文武官员说："君王和父亲，完全一样。父亲有过失，当儿子的为什么不写到纸上，在大庭广众中劝告，却偏偏在没有人的地方劝告？岂不是不打算使老爹的罪恶，弄得天下皆知！臣属侍奉君王，何尝不是如此。君王有了过失，做臣属的，不肯当面陈述，反而呈递奏章，公开指摘，目的不过是扩大宣扬君王的短处，显明自己的正直，这岂是忠臣所应做的？像高允，才是真正的忠臣，我有过失，他从没有不当面陈述，甚至有些话，实在难以忍受，但他都没有避讳，我自己知道我的过失，而天下人不知道，难道不是忠心！”

跟高允同时被征召的游雅等（参考四三一年九月），都已经当了高官，受封侯爵，即令是当过高允的部属，而已擢升到州长（刺史）、郡长（二千石）的，也有数十人数百人。可是高允担任中级官吏（郎），凡二十七年，从没有升迁过（四三一年，三任帝拓跋焘任命高允当立法院政务官〔中书博士〕，兼国史编撰官〔著作郎〕，至本年〔四五八〕，恰满二十七年）。拓跋濬对文武官员说："你们虽然每天手拿刀枪弓箭，在我一旁侍候，不过是白白罚站，从没有一句劝告我的话。只会看我颜色高兴，乞求赏赐一官半爵。虽没有功劳，却都位至王公。高允用一支笔，辅佐帝国数十年，贡献不小，却一直停滞在中级官吏位置上，你们难道自己不感惭愧。”乃擢升高允当立法院最高立法长（中书令）。

中国帝王真是一种怪诞的动物，不但要当人民的君，还要当人民的爹。一个政治头目，最初只不过“英明”而已，等权大势大之后，就忽然身兼政府大院的“仁慈的大家长”。儒家学派君尊臣卑的学说，作为它的理论根据，大家伙居于绝对的控制地位，小民万世不能翻身。

最讽刺的一段话，是拓跋濬指出摇尾系统向他乞官，一个个都无功而升到王公高位。听起来拓跋濬真是一个明白人，可是，既然知道他们无功，却为什么又要接受他们的拨弄？大家伙明知道是不对的，为了显示他的权威，满足自己的虚荣，仍照样去干。干了后，再抱怨几句，表示自己并不浑蛋。

“君父思想”——既当英明领袖，又兼仁慈大家长的思想，是民主思想的大敌，这种思想如果不铲除，民主法治就不能建立。

当时，北魏帝国官吏，都没有俸禄，高允常教他的儿子们去山上砍柴贩卖，维持生活。宰相（司徒）陆丽报告拓跋濬说：“高允虽然蒙受宠爱，可是家庭贫穷，妻子儿女，没有恒产。”拓跋濬说：“你为什么不早说？现在看我重用他，才说他穷。”当天，亲自去高允家慰问，高允家只不过草屋数间，用粗布做成被褥，用旧棉絮做成棉袍，厨房中只有盐巴和青菜。拓跋濬叹息；赏赐绸缎五百匹、粟米一千斛，任命高允的长子高悦，当长乐郡（河北省衡水市冀州区）郡

五世纪·四五八年正月至三月
北魏帝拓跋濬出巡

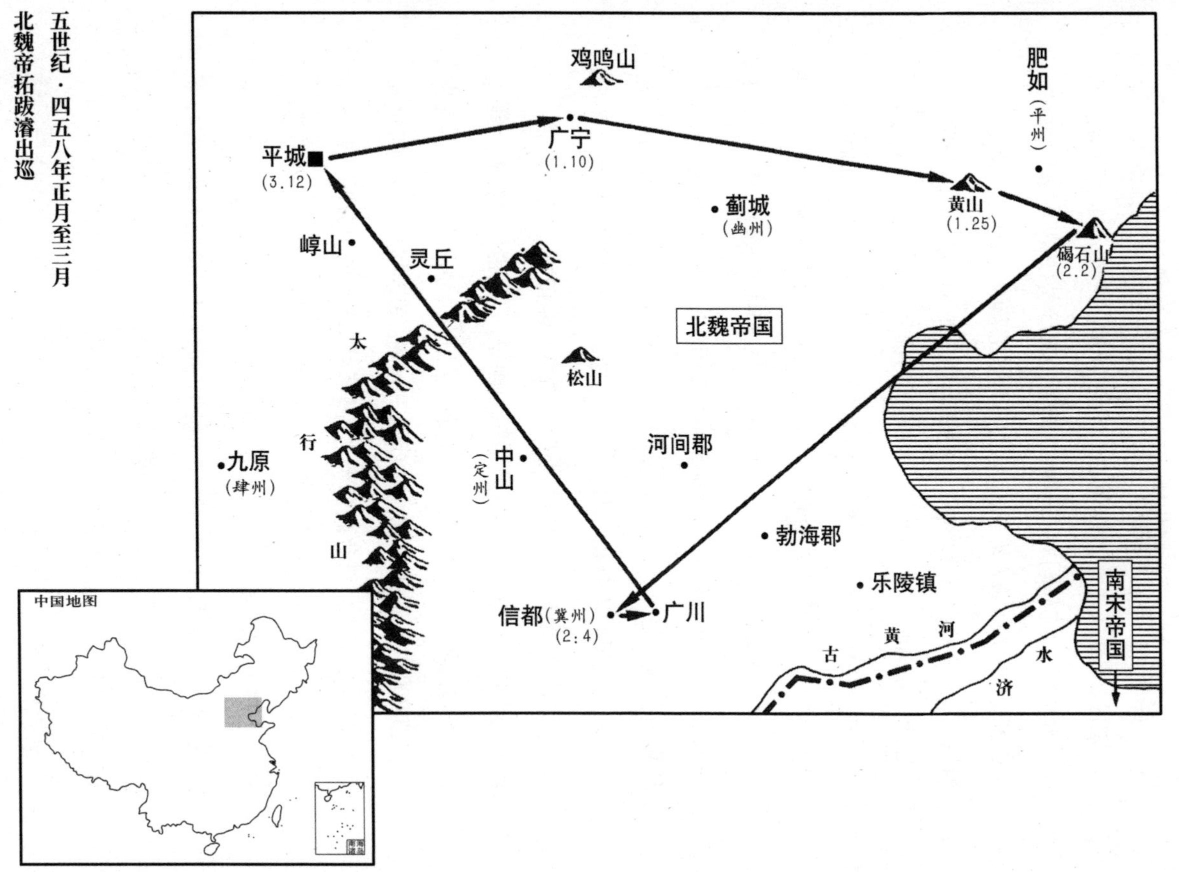

长。高允坚决辞让，拓跋濬不准。

拓跋濬对高允非常尊重，一直呼唤他“令公”，不叫他的名字。游雅常说：“从前史书（指《后汉书》），曾经赞扬卓茂（参考二五年九月）、刘宽（参考一六五年十一月），为人宽厚；心胸狭窄的人，简直不能相信（《后汉书》载：卓茂性情敦实，口中从不出恶言，有一次外出，有人认为他骑的是自己的马，卓茂就把马给他。过了几天，那人找到了丢掉的马，才把卓茂的马奉还，卓茂之不喜爱争辩如此。刘宽情形一样，不过对象是牛，失主于得到失牛后，把刘宽的牛奉还。柏杨按：谦让是一种美德，但谦让绝对不是一团稀泥，人人都可践踏，卓刘二位，幸而对方找到失马失牛，才还清白，如果找不到，二位岂不是货真价实的小偷？不敢或不屑据理力争，是一种恶德，因为它鼓励恶人继续犯罪）。我跟高允相交四十年，从来没有看见过他欢喜和愤怒的脸色，才知道古人古事，并不虚假。高允心里明察秋毫，外表柔顺，说话时慢慢的，好像说不出口。从前，宰相崔浩曾经对我说：‘高允才能很强，学问渊博，一代俊杰。唯一缺乏的，恐怕是刚毅的操守。’我也认为如此，等到崔浩犯罪，起初不过是一点儿小事。皇上亲自审问，崔浩双腿发抖，声音嘶哑，说不出话。宗钦以下官员，趴到地上，汗流浃背，一个个面无人色。只有高允一人，详细陈述，条理分明，辨别是非，至为清晰，声音高亮，连皇上（拓跋焘）都为之动容，旁听的人都为之紧张（参考四五〇年四月），这岂不是刚毅的操守！宗爱正掌握大权，威力震动四海（参考四五二年九月），曾经召集文武百官，在政事堂集合，王公以下官员，都到庭前向宗爱叩头，高允登上台阶，只作一揖。由此推断，汲黯躺在床上，接见卫青（参考前一二四年四月），并不是不可能，这岂不是高风亮节！对于人，固不容易了解，我最初把他想错，崔浩又把他说错。知己难得，所以管仲对鲍叔牙之死，至为哀恸。”

4 三月二十一日，北魏帝国东平王（成王）陆俟逝世（年六十七岁）。

5 夏季，四月十一日，南宋帝刘骏，封皇子刘子绥当安陆王。

刘骏不愿意大权握在臣僚之手。

六月六日，在国务院文官部（吏部尚书），设两位部长：任命国务院法务部长（都官尚书）谢庄，国务院财政部长（度支尚书）、吴郡（江苏省苏州市）人顾觊之（觊，音j[记]）；分别担任（国务院文官部长〔吏部尚书〕，因权太重，被称为“大部长”，虽然六部部长品秩都是第三品，但吏部排名第一），又撤除国务院国防部（五兵尚书）。

最初，晋王朝时代（三世纪七〇年代及四世纪），散骑侍从官（散骑常侍）官职，受天下重视，跟高级咨询官（侍中）并列。后来，职掌散乱，工作清闲。担任这项官职的人，也逐渐没有分量。南宋帝刘骏打算提高它的地位，乃任用当时知名度很高的临海郡（浙江省台州市西北章安街道）郡长孔觊、宰相府秘书长（司徒长史）王彧充任。高级咨询官（侍中）蔡兴宗对人说：“文官部长（选曹〔吏部〕）权大，散骑侍从官（常侍）清闲，仅改变人选，而不加强实权，即令是人主要提升它的地位，人心怎么会跟着走！”不久，散骑侍从官（散骑常侍）的资格，再度降低，文官部（选部〔吏部〕）的尊贵，跟以前没有差别。孔觊，是孔琳之的孙儿（孔琳之曾任祭祀部长〔太常〕）。王彧，是王谧的老哥的孙儿（王谧，参考四〇四年三月）。蔡兴宗，是蔡廓的儿子（蔡廓，参考四二三年正月）。

为官职遴选适当人才，至为困难，前代帝王早已说过，上古时就是如此。周王朝对人才的培养，从学校开始；然后在他的故乡，接受批评；然后由地方政府把姓名呈报中央政府六位首长（周王朝中央政府六位首长：最高总监

〔冢宰〕、行政部长〔司徒〕、皇族事务部长〔宗伯〕、军事部长〔司马〕、警察部长〔司寇〕、工程部长〔司空〕)，然后再转呈天王。东汉王朝时，州郡政府搜集辖区内有才能的人的事迹，由“五府”延聘，担任助理(“五府”：皇家师傅府〔太傅〕、全国武装部队总司令部〔太尉〕、宰相府〔司徒〕、最高监察署〔司空〕、最高统帅府〔大将军〕，参考一〇八年正月)，由三公考察他们的行政能力，宫廷秘书(尚书)上奏天子。一个人才，经过这么多阶段的考核，所以官员都能够称职，很少办坏事情。曹魏帝国和晋帝国却恰恰相反，所以吏治失误很多。

有些人相貌忠厚，态度诚恳，但内心阴险，如同万丈深谷。观察他的言论，推断他的行为，仍恐怕不敢肯定。何况现代官员，千千万万，靠只见一面的片刻印象，就要立刻裁决！全国官员的位置，由一个单位独断独行，钻营奔走的风气，自然大开，不可遏止。为了升官晋爵，于是用所有的手段去谄媚、贪污；从此，世上官员，再没有廉耻，也再没有操守。官吏贪赃枉法，国家一定败坏，社会一定动乱。纵使龙当监察官(龙，姓不详；是黄帝王朝末任帝舜帝姚重华的监察官〔纳言〕)，而由姚重华治理国家，要想使世界清平，绝对无法办到，何况后世的一些平庸之辈！刘骏(南宋帝国五任孝武帝)虽然把文官部(吏部)一分为二，却无法回到周、汉王朝时代。仅只改改名称，有什么帮助！

6 六月二十四日，北魏帝拓跋濬到松山打猎(河北省保定市西北)。

秋季，七月二十八日，拓跋濬前往河西(黄河河套地区)。

7 南宋帝国南彭城郡(侨郡，江苏省镇江市)居民高阇(音shé〔舌〕)、佛教和尚昙标，信口开河，用夸张语气，互相标榜；跟殿中将军苗允等秘密结合，打算发动政变，拥护高阇当皇帝。事情泄漏。

七月二日，四人全被处死，受到牵连被诛杀的，有数十人。南宋帝刘骏遂下诏整顿庙院，淘汰所有僧侣，颁布各种禁令，严厉执行连坐。除非是有品德的高僧，其他和尚尼姑，一律留发还俗。可是很多尼姑经常出入深宫，遂使此项禁令，不能执行。

立法院最高立法长（中书令）王僧达，自幼聪明机警，擅长撰写文章，但行为放荡，不拘小节。刘骏刚登帝位时，擢升他当国务院执行长（仆射），地位在旧有干部颜竣、刘延孙之上。王僧达自认为才能和门第，当世没有人能跟他相比，只一两年，便希望高升宰相。可是不久却调任中央军事总监（护军将军），心里大不愉快，几次上疏，请求外调。刘骏也大不愉快，于是，把他渐渐降级，五年之内，贬谪七次，最后更受到弹劾。王僧达认为是一种耻辱，越发怨恨，所上奏章，有歌颂，也有抨击，更喜爱议论政府行政措施，刘骏把愤怒一直累积心头。正巧，皇太后路惠男的侄儿，曾经拜访王僧达，直接坐在王僧达的床上，王僧达下令把它拿出去扔掉（路惠男的老哥路庆之曾经当过王家的马夫，所以王僧达认为有失身价）。路惠男大怒，要她的儿子刘骏报复。正巧，高阇叛变，刘骏遂诬控王僧达，说他跟高阇是同党。

八月十五日，最高法院（廷尉）逮捕王僧达，命他自杀（年三十六岁）。

“君子”和“小人”，不过是物以类聚的通称。能行正道，就是君子；违背正道，就是小人。所以姜子牙以屠夫渔夫的身份，而当姬昌（周王朝一任王武王姬发的老爹）的师傅，传说以筑墙工人的身份，而当商王朝的宰相（商王朝二十三任帝子武丁，延请傅说当宰相），一个人能得到荣耀，或一直沉没黑暗，完全由他的才能作决定。直到两汉王朝，这个道理并没有改变，胡广世代都在家务农，可是他能升到三公宰相高位（参考一七二年三月）；黄宪不过是兽医的儿子，名声竟受京师的敬重（参考一二二年十一月），不像到了近代（沈约是南梁帝国人），分成“豪族”与“寒门”两大阶级。曹操时代，建立九品制度，用以评估人才的优劣（参考二二〇年二月），并不是评估家世的高贵、低贱。但各州总考选官（大中正）以及一些庸俗之士，却为了自己利益，随心任意，仗恃自己的高贵门第，互相声援，久而久之，相沿成为习惯，甚至成为制度。周王朝和两汉王朝的办法，是智慧的人驱使愚昧的人；曹魏帝国和晋帝国以来的办法，则是尊贵的人驱使低贱的人；豪族和寒门的分别，遂非常清楚。

在古代，一个人只要有道德仁义，就会受到尊敬，不管他是不是贩夫走卒。假定人格低劣，即令是豪族世家，又有什么可贵之处？高官贵爵的子孙，跟普通人一样；虽有贵族和平民的分别，却没有“豪族世家”跟“寒门贱士”的对立。自晋王朝以来，虽然稍有改变，但“寒门贱士”，仍可以踏入政府。等到晋帝国时代，政府用人，专看门第。于是，三公的儿子，看不起部长之家。黄门、散骑的孙子，更不把县长看到眼里（“黄门”，指“黄门”头衔的禁宫顾问群；“散骑”，指“散骑”头衔的政府顾问群）。互相骄傲轻视，争夺小利。选任官员，只看门户，不看才能。像谢灵运（参考四三三年十二月）、王僧达之流那一点点才华，和轻佻急躁的性格，如果生在寒门，照样都会摧折。而今，他们再仗恃他们豪族世家的特权，招来大祸，岂不是自然趋势。

8 九月四日，北魏帝拓跋濬，返首都平城（山西省大同市）。

九月二十五日，大赦。

冬季，十月四日，拓跋濬向北巡视，打算攻击柔然汗国（瀚海沙漠群）；前进到阴山，遇到大雪，拓跋濬准备班师。全国武装部队总司令（太尉）尉眷说："这一次动员全军，用武力对付北狄（指柔然汗国），离开京师（首都平城）不远，就行撤退，他们一定疑心我们国内爆发灾难。将士虽然感到寒冷，不可以不继续前进。"拓跋濬接受。

十月二十一日，大军进抵车仑山（今地不详）。

9 南宋帝国积射将军殷孝祖在清水（济水）东岸，兴筑两座城池。北魏帝国镇西将军封敕文攻击，南宋清口（山东省梁山县，汶水注入济水处）驻军司令（戍主）、振武将军傅乾爱抵抗，击败封敕文攻势。殷孝祖，是殷羡的曾孙（殷羡，参考三二八年九月）。南宋帝刘骏，派虎贲禁军司令官（虎贲主）庞孟虬（音qiú〔求〕），增援清口；青、冀二州（州政府历城）州长（刺史）颜师伯，派大营军事参议官（中兵参军）苟思达协防，在沙沟水（流经山东省济南市长清区南）击败北魏军。颜师伯，是颜竣的族兄（颜竣，参考前年〔四五六〕十二月）。刘骏派最高监察署军事参议官（司空参军）卜天生，率军跟傅乾爱和大营军事参议官（中兵参军）江方兴会师，共同攻击北魏，屡次击破北魏军，斩北魏将领窟瓌公等数人。

十一月，北魏帝国征西将军皮豹子等，率三万骑兵，增援封敕文，攻击南宋帝国的青州（山东半岛）；南宋青、冀二州（州政府历城）州长颜师伯抵抗，辅国将军焦度，一枪刺中皮豹子，皮豹子从马背跌下，焦度夺到皮豹子的铠甲长矛装备，杀伤数十人。焦度，本是南安郡（甘肃省陇西县东南）氐人。

10 北魏帝拓跋濬，亲自率骑兵十万人、战车十五万辆，北上攻击柔然汗国（瀚海沙漠群），纵度庞大沙漠，旌旗飘扬千里。柔然汗国可汗（六任处罗可汗）郁久闾吐贺真，远远逃走；支派酋长乌朱驾颓等，率数千部落，投降北魏。

拓跋濬竖立石碑，刻下战功，回军。

11 最初，南宋帝刘骏，在江州（州政府寻阳）时，山阴（会稽郡郡政府所在县，浙江省绍兴市）人戴法兴、戴明宝、蔡闲，担任收发官（典签）；刘骏当皇帝后，把他们三人统统任命为总监察署（御史台）执法监察官（侍御史），兼立法院立法官（中书通事舍人）。本年（四五八），三位收发官（典签）都因刘骏起兵讨伐刘劭时，参与密谋，封县级男爵。蔡闲已经逝世，追赠。

而今，刘骏亲自处理政务，不信任高阶层重要官员；心腹、眼线，就不得不另行物色。戴法兴相当熟悉古代历史和现代事务，一向受刘骏宠爱。鲁郡（山东省曲阜市）人巢尚之，是寒门阶级的知识分子，对于文学和史学，都曾经阅读，深受刘骏的赏识，也当立法院立法官（中书通事舍人）。凡是官员的遴选、任命、诛杀、赏赐，重大的行政措施，刘骏都跟戴法兴、巢尚之研究。而皇宫内外杂事，大多交给戴明宝。三个人的权势，当世无人可及。戴法兴、戴明宝遂乘此机会，大肆收受贿赂，他们声称要推荐谁当官，从没有一次落空。天下趋炎附势之徒，集中他们家门。家门之外，人潮拥挤，如同菜市场一样，家产迅速增加，累积到千两黄金。

国务院文官部长（吏部尚书）顾觊之，偏不肯向戴法兴等低头，高级咨询官（侍中）蔡兴宗跟顾觊之感情敦睦，嫌顾觊之的风格节操太过严峻，顾觊之说："辛毗有句话，'孙资、刘放顶多不过使我当不上三公而已。'"（孙资、刘放在曹魏帝国二任帝曹叡在位时当权，参考二三八年十二月，当时高级官员，全都跟二位交好，只辛毗拒不来往。辛毗的儿子辛敞劝告说："老爹最好是稍稍委屈自己，不然，他们一定说你的坏话。"辛毗严正说："我立身做事，自有标准，就是跟孙、刘结怨，顶多不过使我当不上三公，大丈夫难道为了三公的官，就断送自己的格！"见《三国志·魏书·辛毗传》。）顾觊之常认为："人的聪明和能力，有一定的限度，仅靠智慧和人事，无法突破，最好的办法是，严守正道。愚昧的人不了解这一点，一味胡思乱想，企图侥幸，只能使正道残缺，不能对得失有任何帮助。"遂把这个意思，教侄儿顾愿撰写一文《定命论》，加以阐扬解释。

四五九年 己亥

南宋　大明　三年
北魏　太安　五年

1 春季，正月一日，南宋帝国（首都建康〔江苏省南京市〕）兖州（州政府设瑕丘〔山东省济宁市兖州区〕）州政府军，跟北魏帝国（首都平城〔山西省大同市〕）征西将军皮豹子，在高平郡（山东省鱼台县东北）会战，南宋军失利。

2 正月二十一日，南宋政府任命骠骑将军柳元景，当国务院总理（尚书令）；国务院右执行长（右仆射）刘遵考，当中央禁军总监（领军将军）。

3 二月十一日（原文设置于正月，据《魏书》改），北魏河南公伊馛逝世。

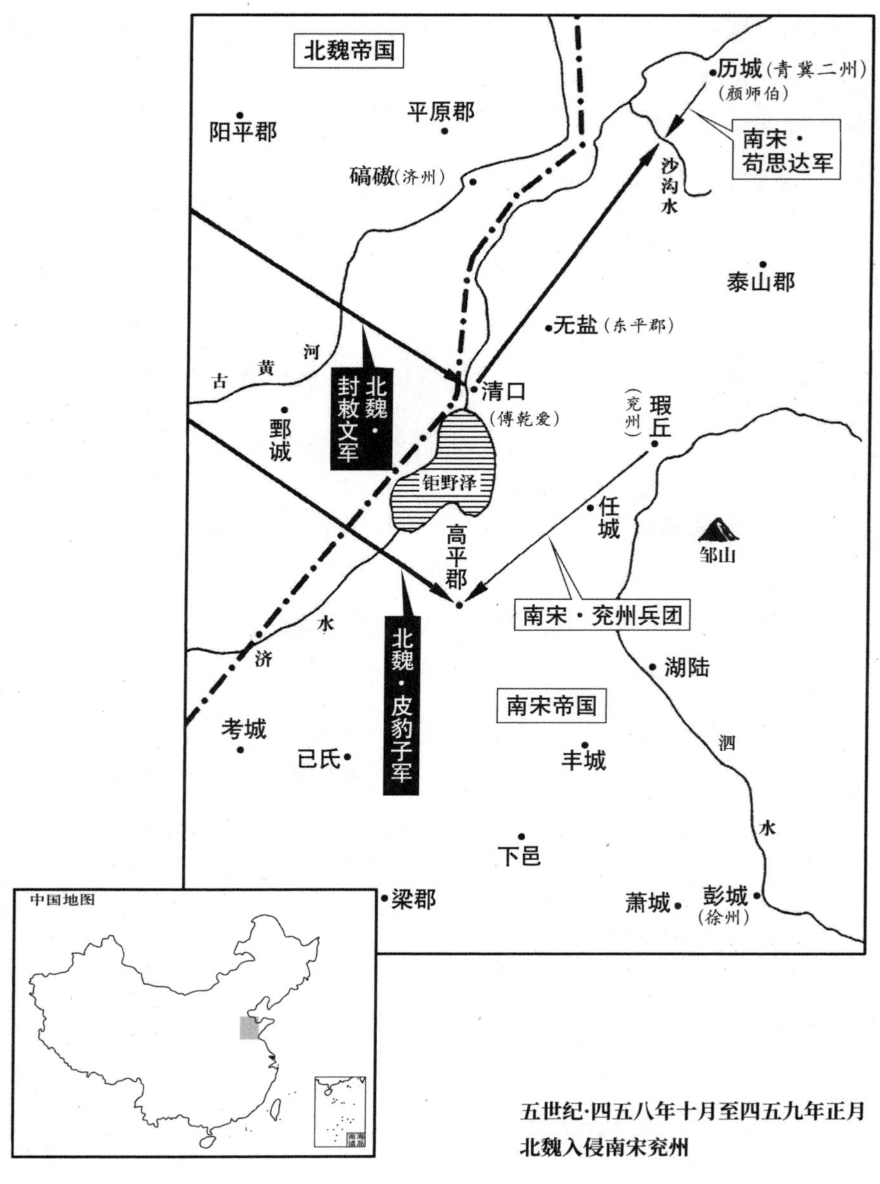

五世纪·四五八年十月至四五九年正月
北魏入侵南宋兖州

4 二月十七日（原文误置于三月，据《宋书》改），南宋政府把扬州（江苏省南部及浙江省北部）六郡，划归直属中央（王畿）。而把东扬州（浙江省中部南部），改称扬州，州政府仍设会稽（浙江省绍兴市），继续因应天际星变（参考四五六年七月）。

三月二十三日，任命义兴郡（江苏省宜兴市）郡长垣阆，当兖州（州政府瑕丘）州长（刺史）。垣阆，是垣遵的儿子（垣遵，参考四〇九年七月）。

5 夏季，四月八日，北魏帝（五任高宗）拓跋濬（本年二十岁），封侄儿拓跋推当京兆王。

6 南宋帝国竟陵王刘诞（南兖州〔州政府广陵〕州长），知道南宋帝（五任孝武帝）刘骏（本年三十岁）对他深为疑忌，暗中也作应变准备，利用北魏帝国南侵机会，修筑城墙，挖深护城河，积蓄粮秣，制造武器。刘诞的记录军事参议官（记室参军）江智渊，看出刘诞已生二心，请假，先回首都建康（江苏省南京市），南宋帝刘骏任命他当立法院主任立法官（中书侍郎）。江智渊，是江夷的侄儿（江夷，是江湛的老爹，参考四四〇年十月；江夷的老弟江僧安，是江智渊的老爹），从小就有操守，高级咨询官（侍中）沈怀文，总是称赞他："人应该有的，他都有；人不应该有的，他都没有；大概是江智渊！"

当时，已有谣言说刘诞就要叛变，正巧，吴郡（江苏省苏州市）人刘成，上书南宋帝刘骏，说："我的儿子刘道龙，从前在刘诞手下做事，亲眼看见刘诞在石头（建康城西北）制造皇家专用车轿及器具，演习皇帝出宫时的仪仗队操作（刘诞在石头城，应在讨伐刘劭时，但当时刘诞尚效忠刘骏，参考四五三年五月；而谋反事不在暗中进行，反大肆铺张，超出常理。明显的，这是"有人型"诬告，全出刘骏之手），刘道龙忧虑恐惧，私下跟同伴提及，刘诞遂斩刘道龙。”豫章郡（江西省南昌市）人陈谈之，也上书皇帝刘骏：“我的老弟陈咏之，在刘诞左右任职，亲眼看到刘诞书写陛下的姓名年龄，前往巫师郑师怜家，施行法术，咒诅巫蛊。陈咏之秘密向陛下报告，刘诞诬指陈咏之借酒发疯，辱骂王爷，王爷就斩陈咏之。”（刘、陈两家子弟被杀是事实，可能死得冤枉，但一介平民控告亲王谋反，等于送死。两家诉状，同步发出，事迹明显。）刘骏遂命有关单位，奏报刘诞罪恶。有关单位遂一一奏报，并请求逮捕刘诞，移送最高法院（廷尉）判刑惩罚。

四月十八日，刘骏下诏，贬降刘诞为侯爵，遣送他返回自己的封国（竟陵国，湖北省钟祥市），诏书还没有颁发，刘骏先行布置，把羽林警卫军配属给兖州（州政府瑕丘）州长（刺史）垣阆，使垣阆利用前往州政府就职名义，会同御前监督官（给事中）戴明宝，在经过广陵（江苏省扬州市）时，袭击刘诞。

垣阆将到广陵（江苏省扬州市）时，刘诞仍没有醒悟；戴明宝乘夜秘密通知收发官（典签）蒋成，命蒋成第二天一早，打开城门，作为内应。蒋成告诉王府随从官（舍人）许宗之。许宗之急到王府报告刘诞，刘诞大惊，从床上跳起来，紧急集合左右及平常所训练的干部数百人，逮捕蒋成，进入战争状态。天色拂晓，戴明宝及垣阆率精锐士卒数百人，突然出现，发现城门紧闭，而刘诞已率军登上城楼守卫，就在城楼上，诛杀蒋成；赦免奴工和监狱羁押的囚徒；打开城门出击，斩垣阆；戴明宝从小路逃回。刘骏下诏：全国戒严，任命始兴公沈庆之，当车骑大将军、开府仪同三司（宰相级）、南兖州（州政府广陵）州长（刺史），率军讨伐刘诞。

四月二十七日，刘骏在宣武堂检阅皇家禁卫部队。

司州（州政府设义阳〔河南省信阳市〕）州长刘季之，是刘诞的旧部，跟军区司令宗悫，素来就有怨恨（宗悫是“监豫司诸军事”，兼豫州〔州政府寿阳〕州长。二人年轻时，一块赌博，刘季之曾对宗悫动粗殴打，宗悫含恨在心），得到刘诞起兵消息，恐怕被宗悫杀害，遂放弃官职，从小路奔向首都建康（江苏省南京市），打算向中央表明志向。途经盱眙（江苏省盱眙县），盱眙郡郡长郑瑗，疑心刘季之跟刘诞同谋，中途斩刘季之。

沈庆之大军挺进到欧阳（江苏省仪征市东闸口），刘诞派沈庆之的同族沈道愍，携带信件，游说沈庆之，送沈庆之一把玉环刀。沈庆之送沈道愍回城，条条列举刘诞罪恶。刘诞纵火焚毁附近的村落，把居民全数驱逐到城里，关闭城门坚守，一面分别送出文告，号召远近响应。当时，山阳郡（江苏省淮安市）郡长（内史）梁旷，家在广陵（江苏省扬州市），刘诞逮捕他的妻子儿女，派使节去邀请梁旷，梁旷诛杀使节，拒绝。刘诞大怒，屠灭梁旷全家。

刘诞把呈递给皇帝刘骏的奏章，投到城外，奏章上说：“陛下听信挑拨离间的话，竟派无名小人，前来偷袭。我不能忍受悲惨的冤枉，遂把他们诛杀。麻雀老鼠，还都贪生，不得不违抗圣旨。现在亲率所有部队，保卫徐州（南徐州）、兖州（南兖州）。从前，我有什么福分，跟你一同生在皇家（刘诞是刘骏的老弟）？现在，我又有什么过失，跟你形同胡（北）越（南）？冲锋陷阵，万死不惜，大局底定的日期，希望就在早晚。”又说：“陛下闺房之内的丑闻，我怎么能够不说？”刘骏大怒如狂，下令凡是刘诞左右侍从、心腹部属、同一个支派、穿孝服一年以上的近亲，而仍留在首都建康（江苏省南京市）的，全部逮捕诛杀，死亡以千为单位计算。甚至有些人，家属已被杀光，他还不知道，因不肯参与叛逆，而从广陵（江苏省扬州市）城中逃出。

柏杨曰

一个人的罪恶，永远是他的痛脚，只要踩他一下，观察他的反应，就可精确的判断那是不是他的真正罪恶！拓跋焘对崔浩大肆屠杀，证明他祖父拓跋珪，无疑问的是卖父求荣的逆子。刘骏对刘诞大肆屠戮，同样证明，无疑问的，他是奸母淫妹的畜生。

沈庆之率军抵达广陵（江苏省扬州市）城下，刘诞在城上对他说："沈公满头白发，何苦到这个地方来？"沈庆之说："中央认为你狂妄愚昧，不需要劳动年轻人出马。"

刘骏考虑到他老弟刘诞，可能投奔北魏帝国，命沈庆之切断逃亡道路。沈庆之遂把大营移到白土（广陵城西），距广陵城十八华里；便进军新亭（今地不详，地望应在广陵近郊）。豫州（州政府寿阳）州长宗悫、徐州（州政府彭城）州长刘道隆，一齐率军前来会师。兖州（州政府设瑕丘〔山东省济宁市兖州区〕）州长沈僧明（与另一兖州州长垣阆同时在职），是沈庆之的侄儿，也派兵增援叔父沈庆之。之前，刘诞欺骗他的部众，说："宗悫帮助我们。"而宗悫不久率军抵达，骑马绕城一周，呼喊说："我，就是宗悫。"

刘诞发现各路兵马，从四面八方向广陵（江苏省扬州市）集中，打算放弃城池，向北逃走（投奔北魏帝国），遂留大营军事参议官（中兵参军）申灵赐守城，而自己亲率步骑兵数百人，以及亲信官员，声称出来作战，遂顺着斜路，东奔海陵（江苏省泰州市），沈庆之派龙骧将军武念追击。刘诞走了十余华里，随从都不愿逃亡，纷纷请求回城，刘诞说："回城容易，但你们能为我尽力？"大家承诺，刘诞遂再回广陵，建立高台，跟将领们歃血为盟（歃血，古人盟誓，把牲畜的血涂在唇上，表示出言如出血，至死不改），跟大家立誓，于是，所有官员，都加升迁。任命主任秘书（主簿）刘琨之当大营军事参议官（中兵参军）。刘琨之，是刘遵考的儿子（此时，刘遵考是国务院右执行长〔尚书右仆射〕）。刘琨之坚决推辞，说："忠孝不能两全，我的老爹仍在建康（江苏省南京市），不敢接受派遣。"刘诞囚禁刘琨之十余日，刘琨之态度不改，刘诞遂斩刘琨之。

首都西区卫戍司令（右卫将军）垣护之、虎贲警卫指挥官（虎贲中郎将）殷孝祖等，在北战场跟北魏帝国接战（参考去年〔四五八〕十月，本年〔四五九〕正月），战役结束，班师，经过广陵（江苏省扬州市），南宋帝刘骏命他们接受沈庆之指挥。沈庆之大军向前推进，紧逼广陵城。刘诞送给沈庆之菜饭和美酒，由一百余人抬着，出北门送到军前，沈庆之压根不打开察看，纵火全数烧毁。刘诞在城上把奏章投下，请沈庆之转呈。沈庆之说："我接受的命令是讨伐盗贼（指刘诞），不能代你转呈奏章，你一定要回中央接受死刑，就应开城派使节前往，我替你护送。"

7 南宋帝国东扬州（州政府会稽）州长（刺史）颜竣，娘亲逝世，把灵柩护送回京（首都建康），南宋帝刘骏待他仍很优厚。但颜竣对亲戚故旧，却不断抱怨，有时还批评政府。正巧，王僧达被捕（参考去年〔四五八〕七月），疑心是颜竣陷害，临刑之前，上疏陈述颜竣前后怨恨中央，和攻击皇帝的话。刘骏遂命总监察官（御史中丞）庾徽之上疏弹劾，将颜竣免除官职。颜竣越发恐惧，上书请求处罚，饶恕自己一命。刘骏怒不可遏，用诏书回答："你讥刺诽谤，攻讦怀恨，已辜负我的期许。反而只担心自己安全，唯恐怕不能保命，岂是臣属侍奉人主的忠诚之道！"

稍后，竟陵王刘诞起兵背叛，刘骏遂乘机诬指颜竣跟刘诞私自勾结。

五月，逮捕颜竣，羁押最高法院监狱（廷尉），先砍断颜竣的脚，然后命他自杀；妻子儿女放逐到交州（州政府设龙编〔越南河内市东北北宁省〕），走到宫亭湖（鄱阳湖湖群其中一湖），刘骏下令：把颜竣家中所有男人——包括大人小孩，全部投入宫亭湖（鄱阳湖）淹死。

柏杨曰

刘骏固然是个畜生，残暴寡恩，但对颜竣的处分，斩首算了，为什么还要先砍双脚？砍脚算了，为什么还要诛杀男口？在这件惨剧中，什么事激使刘骏兽性大发？闯下滔天大祸的，恐怕是颜竣那张毫无遮拦、称心快意的利口。当颜竣还是刘骏心腹时，所亲眼看到刘骏的闺房丑闻，和刘骏的种种愚蠢和邪恶行为，颜竣为了炫耀和主子关系密切，并窃弄权威，平常日子，恐怕泄漏太多。这是一个严厉的教训，如果用报道别人生活细节的方式，来展示他跟对方关系非常亲昵时，必须要小心翼翼，不可破坏对方形象，否则，灾难可是自己找上门的，大灾难就像颜竣所承受的，小灾难至少也会失去友情。

8 六月十二日，北魏帝拓跋濬，前往阴山。

9 南宋帝刘骏，命沈庆之在桑里（广陵〔江苏省扬州市〕西南）建立三座烽火台，约定：攻克广陵外城时，燃起一个烽火；攻克广陵内城时，燃起两个烽火；生擒刘诞时，三个烽火同时燃烧。刘骏催促攻击的诏书，一个接连一个。沈庆之纵火焚烧广陵东门，填塞护城河，挖掘攻道，建造活动攻城楼车，兴筑土山，以及制造其他各种攻击器具。然而正逢连绵大雨，攻击行动无法加强。刘骏命总监察官（御史中丞）庾徽之，提出弹劾：请求免除沈庆之官职；刘骏再下诏批驳，命不必追究；用以刺激沈庆之。自四月直到秋季七月，阴雨才算停止，而广陵城仍不能攻克。刘骏大为愤怒，命天文台长（太史）选择日期，要亲自率军渡长江北上，讨伐刘诞。太宰（上三公之一）刘义恭一再劝阻，刘骏才停止。

刘诞当初关闭城门，拒绝中央使节时，记录军事参议官（记室参军）、山阴（浙江省绍兴市）人贺弼，一再劝阻，刘诞大怒，抽出佩刀，直指贺弼胸膛，贺弼才闭嘴。后来，刘诞出击，屡战屡败，将领参谋等，很多翻城出去投降，也有人劝贺弼最好早一点采取行动，贺弼说："大王（刘诞）动员军队，反抗中央，这种事我既不可以跟从。然而一向蒙受大王厚恩，在大义上，也不能背叛他而去；只有一死，来表明自己的心志。"服毒自杀。军事参议官（参军）何康之，密谋开城迎接中央军进城，没有成功，遂杀开一条血路，出城投降。刘诞在城上建立一座高楼，把何康之的娘亲全身剥光，裸体放到里面；不给她饮食。娘亲在上面哀号她儿子："康之！"几天之后断气。刘诞任命中军将军府秘书长（中军长史）、濮阳郡（侨郡，山东省郓城县西）人范义，当左军政官（左司马）。范义的娘亲和妻子，都在广陵（江苏省扬州市）城内，有人对范义说："事情一定失败，你为什么不走！"范义说："我，是人家的部属。儿子不可以抛弃娘亲，部属不可以背叛长官。一定要像何康之，才能活命，我不去做。"

沈庆之对广陵发动最猛烈的攻击，身先士卒，亲自冒犯飞石和乱箭。

七月三日（原文"乙巳"，据《宋书》改），攻克外城；乘胜挺进，又攻克内城。刘诞听到中央军进逼消息，逃到后花园。禁军队长沈胤之等追及，把刘诞击伤，刘诞跌到水里，沈胤之等把刘诞从水中拉出来，斩首（年二十七岁）。刘诞的娘亲（殷修华）、正妻（徐妃），全都自杀。

南宋帝刘骏得到捷报，亲自出宣阳门（建康城南面中门），下令左右一齐高呼万岁。高级咨询官（侍中）蔡兴宗，在御车上陪坐，刘骏回头问他："为什么只有你不喊？"蔡兴宗严肃说："陛下今天正应该满面是泪，执行诛杀，怎么可以要大家高呼万岁？"（刘骏是刘义隆第三子，刘诞是第六子，手足骨肉。）刘骏大不高兴。

刘骏下诏，改刘诞姓"留"；血洗广陵，城内居民，不管男女老幼，全部屠灭。沈庆之请求：身高五尺（南宋帝国时，一尺相当于现代的二四点五一公分；五尺即一公尺二二点五五公分）以下的，得以免死。其余五尺以上男子，一律斩首；女子被分配给军人当小老婆或婢女奴仆，结果仍杀三千余人。外籍兵团指挥官（长水校尉）宗越执行屠城任务，临处决时，先剖开人的肚子，挖出肠胃，剔出眼珠；或者用棍棒敲打人脸，用皮鞭抽打腹部，再把醋浇到伤口上，然后再砍下人头（人间惨事）。宗越对惨无人道的屠杀，兴高采烈，似乎从中得到满足。刘骏把死人的人头，运到石头（建康城西北）南岸，堆成"京观"（高台）。高级咨询官（侍中）沈怀文劝阻，刘骏不理。

最初，刘诞自己知道终会失败，派禁宫咨询官（黄门）吕昙济，以及左右平常最宠爱的亲信，携带世子刘景粹，逃到民间躲藏，对他们说："大事如果失败，请想办法保全逃走。如果真逃不走，请深埋孩子的尸体。"分别送给他们金银财宝。然而，一出宫门，那些亲信就四散逃走。只有吕昙济不肯，把刘景粹小娃背在背上，过了十余日，被捕，同时斩首。

临川郡（江西省抚州市临川区）郡长（内史）羊璿，被控跟刘诞素来友善，逮捕下狱，处死。

刘骏擢升梁旷当后将军，追赠刘琨之当禁宫咨询官（给事黄门侍郎）。

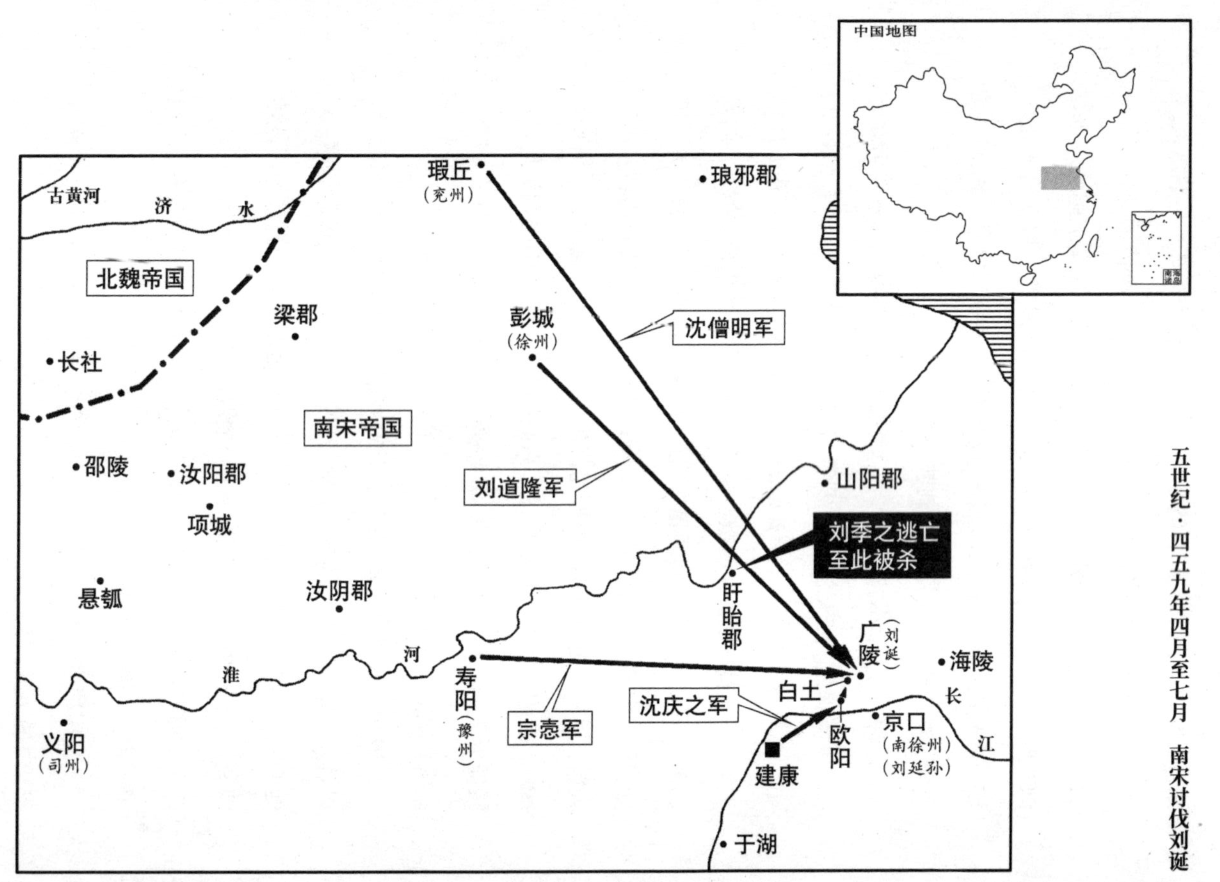

五世纪·四五九年四月至七月　南宋讨伐刘诞

高级咨询官（侍中）蔡兴宗，奉南宋帝刘骏指示，前往广陵慰劳。蔡兴宗跟范义是好友，收殓范义的尸体，送到豫章郡（江西省南昌市）安葬。刘骏问他："你怎么敢故意触犯法网？"蔡兴宗顶撞说："陛下杀陛下的盗贼，我埋葬我的老友，为什么不可以？"刘骏有点惭愧。

宗越训练军队，十分严格，尤其擅长构筑营阵，每每数万大军住宿时，宗越自己先骑马走到前面，使大军随在身后，等到他马蹄停止，营阵已经定宿妥当，没有一点差错。

七月五日，大赦。

七月十日，任命首都建康市长（丹阳尹）刘秀之，当国务院右执行长（尚书右仆射）。

七月二十日，擢升南兖州（州政府广陵）州长（刺史）沈庆之，当最高监察长（司空）；仍兼州长。

10 八月十五日，北魏帝拓跋濬，前往云中宫（内蒙古托克托县）。八月二十七日，返回首都平城（山西省大同市）。

11 九月二十七日，南宋帝刘骏，在玄武湖（建康城北）北，兴筑上林苑。

最初，晋帝国在首都建康（江苏省南京市）南郊"巳位"（时钟五点位置），兴筑祭祀天神用的神坛（参考三一九年三月）。国务院右秘书长（尚书右丞）徐爰认为不合古礼，南宋帝刘骏遂下诏迁到牛头山（江苏省南京市江宁区西南）之西，正在面对宫城的"午位"（时钟六点位置）。后来，等到六任帝（前废帝）刘子业登极，认为"巳位"（时钟五点位置）大吉大利，就又迁回原处；又命国务院左秘书长（尚书左丞）荀万秋，制造玉、金、象、革、木五种皇家高级轿车，并依照"金根车"（秦王朝及两汉王朝时皇帝御车）模样，加上珍贵的羽毛，作为装饰。

12
子
(北)
11 亥
(西北北)
丑 1
(东北北)
10 戌
(西北西)
寅 2
(东北东)
9 酉 (西)
(东) 卯 3
(西南西)
8 申
(东南东)
辰 4
(西南南)
7 未
(东南南)
巳 5
(南)
午
6

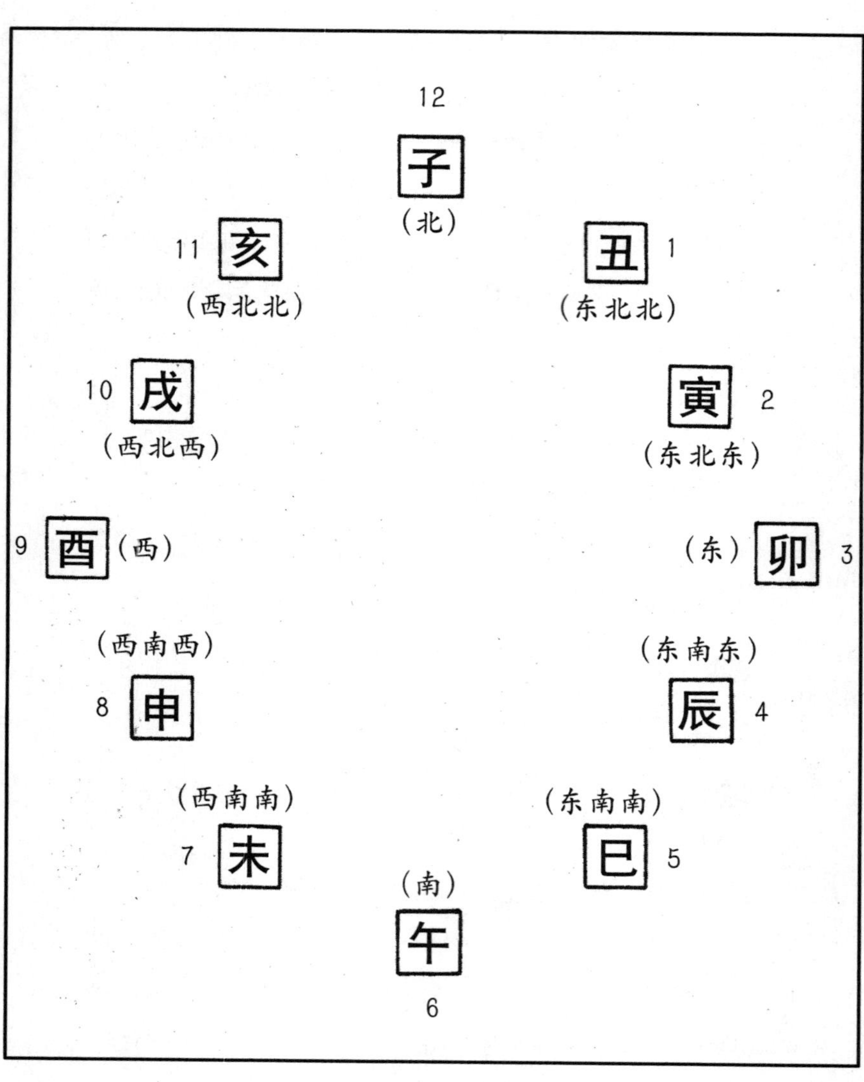

地支方位

南北朝

- 高昌王国兴起。
- 南宋五任帝刘骏卒。
- 南宋六任帝刘子业凶暴被杀。

- 西罗马帝国皇帝美佐利安死。塞维拉斯继位。
- 汪达尔王国开始进攻西西里与意大利。

四六〇年 庚子

南宋　大明　四年

北魏　和平　元年

1 春季，正月一日，北魏帝国（首都平城〔山西省大同市〕）大赦，改年号和平。

2 正月十二日，南宋帝国（首都建康〔江苏省南京市〕）皇帝（五任孝武帝）刘骏（本年三十一岁），举行亲自扶犁耕田典礼（显示皇帝对农耕的重视）；大赦。

正月十六日，刘骏祭祀皇家祖庙，第一次坐“玉车”（五种皇家高级车之一）。

正月二十七日，封皇子刘子勋当晋安王、刘子房当寻阳王、刘子顼当历阳王、刘子鸾当襄阳王。

3 北魏帝国政府派散骑侍从官（散骑常侍）冯阐，前往南宋帝国报聘。

二月，首都卫戍司令（卫将军）、乐安王拓跋良，讨伐河西（陕西省北部）叛变的蛮夷反抗军。

三月，北魏军攻击南宋所属的北阴平郡（四川省广元市西南七十公里）。南宋孔提郡（甘肃省陇南市武都区东北）郡长杨归子，击破北魏军（原文误为朱提郡，朱提郡远在今云南省昭通市，与北阴平郡航空距离五百五十公里。而孔提郡距北阴平郡航空距离只一百四十公里）。

4 三月二十二日，南宋帝国皇后王宪嫄，到首都建康（江苏省南京市）西郊，亲自采摘桑叶喂蚕，皇太后路惠男在旁观礼。

5 夏季，四月，北魏帝国皇太后常女士（皇帝拓跋濬的乳娘）逝世。五月十二日（原文“癸丑”，据《魏书》改），把常女士安葬鸣鸡山（河北省怀来县西北），绰号称昭太后。

6 五月二十五日，南宋帝国国务院左执行长（尚书左仆射）褚湛之逝世（年五十岁）。

7 吐谷浑汗国（青海省）可汗（十二任）慕容拾寅，分别接受北魏帝国和南宋帝国所任命的官职，和所封赐的爵位，无论是住宅或车马，声势烜赫，上比帝王。北魏高阶层官员对他十分愤恨，定阳侯曹安上疏说："慕容拾寅现在据守白兰（青海省玉树市北），如用大军左右夹攻，他们一定逃入南山（泛指南方各山），不过十天，人员牲畜缺少食物，可以一举消灭。"

六月四日，北魏政府派征西大将军、阳平王拓跋新成等，指挥统万镇（陕西省靖边县北白城则村）、高平镇（宁夏固原市）各地驻防军队，由南路；南郡公、中山郡（河北省定州市）人李惠等，指挥凉州镇（甘肃省武威市）各地驻防军，由北路；分别出发，进击吐谷浑汗国。

8 北魏帝国自从崔浩被诛杀（参考四五〇年六月），史官职位，遂被撤销，本年（四六〇）才恢复设置（史官职位，指国史编撰官〔著作郎〕）。

河西（陕西省北部）蛮夷反抗军首领，前往长安（陕西省西安市）自首认罪（乐安王拓跋良大军压境之故），北魏帝拓跋濬派使节慰问安抚。

9 秋季，七月，南宋帝国派使节前往北魏帝国。

10 七月十四日，南宋帝国开府仪同三司（宰相级）何尚之逝世（年七十九岁）。

11 七月二十二日，北魏帝拓跋濬，前往河西（黄河河套地区）。

12 北魏帝国攻击吐谷浑汗国（青海省）两路大军，推进到西平（青海省西宁市），吐谷浑可汗慕容拾寅，得到消息，逃入南山。

九月，北魏攻击大军，南渡黄河追击，正巧，瘟疫流行，班师，俘获各种牲畜三十余万头。

13 九月十一日，北魏帝拓跋濬，返首都平城（山西省大同市）。

14 九月二十八日，南宋帝国改封襄阳王刘子鸾当新安王。

冬季，十月一日，南宋帝刘骏下诏，命南兖州（州政府设广陵〔江苏省扬州市〕）州长（刺史）沈庆之讨伐沿长江的蛮夷反抗军。

15 南宋帝国前庐陵郡（江西省吉水县）郡长（内史）周朗，曾经向南宋帝刘骏进言（参考四五三年七月），态度恳切直爽，刘骏记恨在心。本年（四六〇），命主管单位弹劾周朗："在为娘亲守丧期间，言行不合礼教。"判决流刑，放逐宁州（州政府设味县〔云南省曲靖市〕）；而就在中途，刘骏下令诛杀（年三十六岁）。周朗出发，到宫门前叩辞时，高级咨询官（侍中）蔡兴宗，正在宫廷值班，要求跟周朗握别，遂被剥夺官阶，以平民身份代理现职。

四五三年，刘骏以皇帝之尊，发布正式命令，要求全国人民，直言无隐的批评政府，周朗遵命发言。可怜的周朗，虽然他心里明白：刘骏"并不是真心听取直言"。但每一个向当权分子进言的人，都会有一种假定：认为当权分子会被至诚感动，或被至理说服。刘骏的反应在历史上创立一个模式：用最诚恳的态度恳求别人批评，而等到别人批评时，立刻老羞成怒，翻脸狂咬。刘骏还算有点耐心，没有当时发作，但却记恨在心，长达七年之久，不但不忘，反而越想越怒不可遏，成为这种模

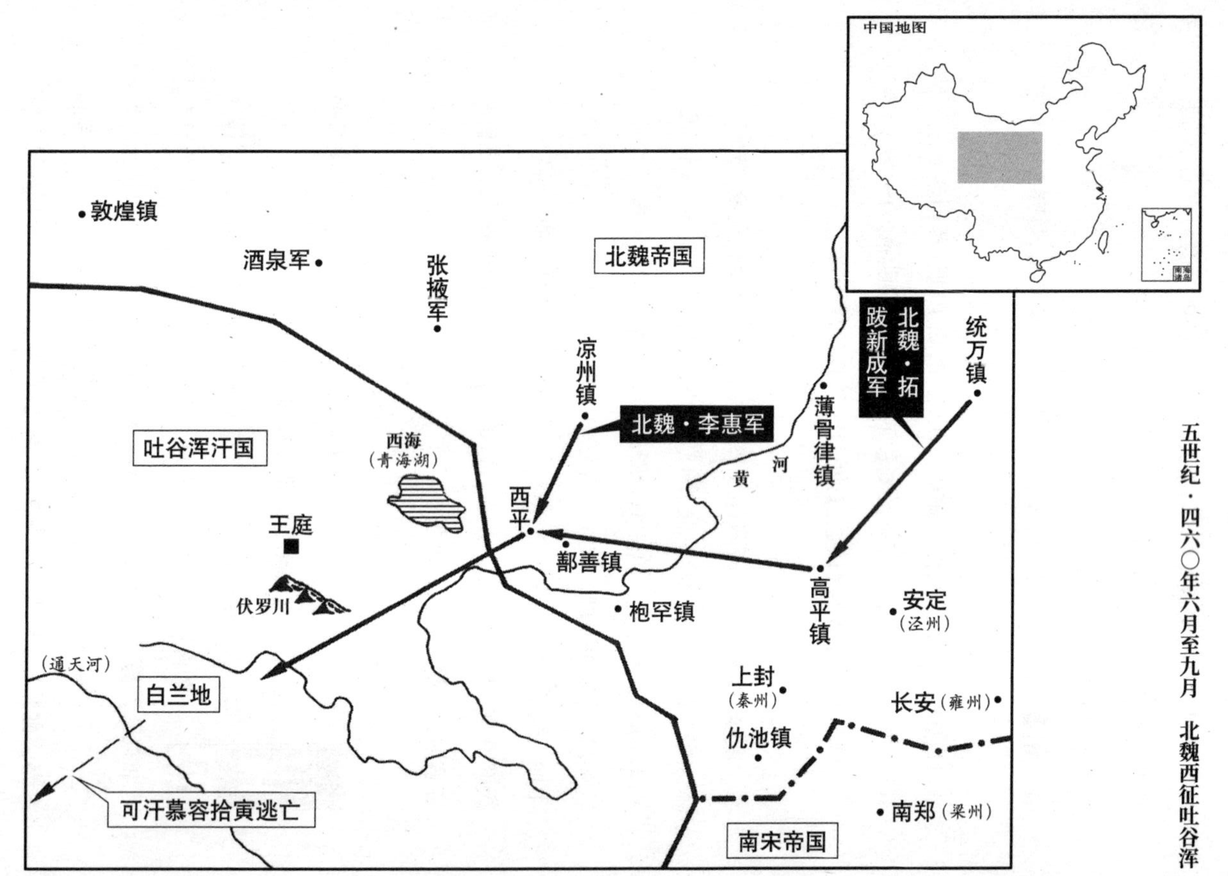

五世纪·四六〇年六月至九月　北魏西征吐谷浑

式的变种。

对于手握无限权力的大家伙，至诚的功能很小，至理的功能更不高。只有用制衡手段，如建立一个强力议会之类，才能使刘骏之辈绝迹。

16 十一月，北魏帝国散骑侍从官（散骑常侍）卢度世等，前往南宋帝国报聘。

17 本年（四六〇），南宋帝刘骏，征调青、冀二州（州政府设历城〔山东省济南市〕）州长（刺史）颜师伯回京（首都建康），担任高级咨询官（侍中）。

颜师伯精通谄媚奉承，所以刘骏对他宠爱信任的程度，其他官员都比不上。颜师伯大量收受贿赂，家产累积有千斤黄金。刘骏曾经跟他赌博——掷骰子（骰，音tóu〔头〕），刘骏一掷下去，五个全是“五”（雉），自认为胜定了。颜师伯随后一掷，竟掷出五个“六”（卢），刘骏脸色大变，颜师伯巧妙的暗中把骰子一拨，然后假装失望，跺脚喊叫说：“几乎全是‘六’！”当天，颜师伯一次输一百万。

18 柔然汗国（瀚海沙漠群）攻击高昌（新疆吐鲁番市东），斩沮渠安周，屠灭沮渠家族（四三九年，北魏帝国灭北凉王国〔参考该年九月〕。沮渠无讳跟老弟沮渠安周，进入西域〔新疆及中亚东部〕，占领高昌，苟延残喘二十二年，本年全覆）。

柔然汗国封阚伯周当高昌王（阚，音kàn〔崁〕），高昌王国建立（阚伯周的历史背景如何，《魏书》《北史》《隋书》都没有记载）。

四六一年 辛丑

南宋　大明　五年

北魏　和平　二年

1 春季，正月一日，南宋帝国（首都建康〔江苏省南京市〕）政府，在金銮宝殿，朝贺新年。雪花落到太宰（上三公之一）刘义恭衣服上，雪花有六个瓣，刘义恭上奏，称赞是一种祥瑞，南宋帝（五任孝武帝）刘骏（本年三十二岁）龙心大悦。

刘义恭因为侄儿皇帝刘骏猜忌凶暴，恐怕受到排斥。所以，谈论每件事，他都言词谦卑，脸色恭顺，低声下气，曲意奉承。所以刘骏在位期间，刘义恭没有灾祸。

2 二月四日，北魏帝国（首都平城〔山西省大同市〕）皇帝（五任文成帝）拓跋濬（本年二十二岁），前往中山（河北省定州市）。

二月十九日，南下再到邺城（河北省临漳县西南邺城镇），北上再到信都（河北省衡水市冀州区）。

3 三月，南宋帝国派使节到北魏帝国。

4 北魏帝拓跋濬，征发并州（山西省中部）、肆州（山西省东部）五千人，修筑河西（黄河河套地区）狩猎专用道路。

三月二十五日，拓跋濬返首都平城（山西省大同市）。

5 夏季，四月七日，南宋帝国改封西阳王刘子尚当豫章王。

四月十四日，南宋帝刘骏，下诏在大殿“丙己之地”（不懂），兴建皇家大会堂（明堂），式样跟皇家祭庙一样，只有十二间跟皇家祭庙不同。

6 南宋帝国雍州（州政府设襄阳〔湖北省襄阳市〕）州长（刺史）、海陵王刘休茂（刘骏老弟），年十七岁，性情急躁，迫不及待的打算专权独断。军政官（司马）新野郡（河南省新野县）人庾深之，负责主持实际政务，跟收发官（典签）联合，每每加以禁止，刘休茂心里一直愤恨不平。左右侍从张伯超，受刘休茂宠信，不断作恶犯罪，收发官（典签）时常责备他（《资治通鉴》原文，对“典签”改呼“主帅”，应是当时实录，一个小小收发官，权力激升如此），张伯超大为恐惧，游说刘休茂说：“收发官（典签）正在秘密缮写奏章，检举你的过失，打算呈递，恐怕没有好结果。”刘休茂说：“那怎么办？”张伯超说：“只有诛杀庾深之和收发官（典签），起兵自卫。襄阳距建康数千华里（航空距离七百公里。胡三省注：“水行四千余里。”），纵然大事办不成，也可以投奔胡虏（北魏帝国），受封一个王位。”刘休茂答应。

四月二十日，夜晚，刘休茂跟张伯超等，率领左右护车卫队，先杀身在城中的收发官（典签）杨庆；然后，冲出金城（内城），再杀庾深之跟另一收发官（典签）戴双。紧急集合部众，竖起大旗，传令全国。属官群遂尊奉刘休茂当车骑大将军、开府仪同三司（宰相级），加授皇帝诛杀时专用的铜斧（黄钺）。王府教师（侍读博士）荀诜劝阻，刘休茂斩荀诜。张伯超掌握军政和生杀大权。刘休茂左右侍卫曹万期，挺身出击，用刀猛砍刘休茂，不能成功，被杀。

刘休茂出襄阳城视察军队，首席军事参议官（咨议参军）沈畅之等，率领部属，关闭城门，拒绝刘休茂返城，刘休茂骑马奔回，果不能进；义成郡（湖北省丹江口市）郡长薛继考，效忠刘休茂，全力攻城，攻克，斩沈畅之和他的同党数十人。但是，就在当天，军事参议官（参军，第七品）尹玄庆，起兵背叛，攻击刘休茂，生擒，斩首（年十七岁）。刘休茂的娘亲（刘义隆的小老婆蔡美人）、妻子，全都自杀，同党一律处死。襄阳城中大乱，互相不服管束。大营军事参议官（中兵参军，第七品）刘恭之，是刘秀之的老弟（刘秀之，参考四五四年五月）；大家推举他当总部执行官（行府州事）。薛继考用武力胁迫刘恭之，命他在奏章中说：“薛继考起义。”遂即自己乘坐驿马车前往京师（首都建康），向南宋帝刘骏呈献捷报。刘骏任命薛继考当北翼警卫指挥部首席军事参议官（北中郎咨议参军，第七品），封冠军侯。但真相不久泄漏，薛继考伏诛。擢升尹玄庆当射击兵团指挥官（射声校尉，第四品）。

刘骏自从登极称帝以来，尽量压制他所有老弟（刘骏兄弟十九人），既攻陷广陵（江苏省扬州市，参考前年〔四五九〕七月），更打算加重对老弟们的镇压。高级咨询官（侍中）沈怀文说："刘阳（东汉王朝二任帝明帝）不使他的儿子，超过老爹刘秀（东汉王朝一任帝光武帝）的儿子，从前史学家，认为是一件美事（参考七二年）。陛下既已显明的行使对姬鲜（管）、姬度（蔡）的诛杀，此后但愿有姬虞（唐）、姬封（卫）的任命，使皇家基础稳固。"（周王朝管国国君姬鲜、蔡国国君姬度，因叛变分别被诛被贬事，参考前一一一三年。周王朝二任王成王姬诵，封老弟姬虞当唐国国君、姬封当卫国国君。）等到襄阳之乱平息，太宰（上三公之一）刘义恭，深知刘骏心里想的是什么，于是，上疏请求对各亲王再作进一步的防范，不准担任沿边各州的首长，并且解除卫队所有武装，把武器全部缴回政府，禁止结交朋友宾客。沈怀文一再劝阻，认为不可以，才停止。

7 南宋帝刘骏，打猎、游荡，纵情任性，丝毫没有限制。曾经出城，夜晚才回来，下诏开门。高级咨询官（侍中）谢庄负责门禁，深怕入城证可能有假，拒绝接受，一定要刘骏的亲笔手令。后来，在一次宴会上，刘骏意态安闲的对谢庄说："你打算效法郅恽，是也不是（郅恽拒绝东汉王朝一任帝刘秀入城事，参考三七年正月）？"谢庄说："我曾经听说，帝王祭祀、狩猎，出入京城，都有一定规则。而今，陛下早上去而夜晚回，我恐怕有野心家假传圣旨，所以一定要看到陛下御书亲笔，才敢开门。"

8 北魏帝国大旱成灾。

北魏帝拓跋濬下诏说："各州郡境内，神庙不分大小，一律洒扫整修，焚香祷告。等到庄稼丰收之后，依照神灵等级，分别再祭。”于是，过去废除了的神庙，完全恢复旧观（佛教的“三武之祸”第一祸，历时十六年，至此结束。参考四四六年二月）。

秋季，七月二十四日，北魏帝拓跋濬，封老弟拓跋小新成当济阴王，加授征东大将军，镇守平原（山东省聊城市）；拓跋天赐当汝阴王，加授征南大将军，镇守虎牢（河南省荥阳市西北汜水镇）；拓跋万寿当乐浪王，加授征北大将军，镇守和龙（辽宁省朝阳市）；拓跋洛侯当广平王。

七月二十八日，拓跋濬出巡山北（山西省大同市武周山以北）。

八月二十四日（南宋九月二十四日），返首都平城（山西省大同市）。

9 八月四日（北魏闰七月四日），南宋帝刘骏，封皇子刘子仁当永嘉王、刘子真当始安王。

10 九月一日（北魏八月一日），日蚀。

11 南宋帝国最高监察长（司空）沈庆之，坚决辞职；开府仪同三司（宰相级）柳元景，也坚决辞职；南宋帝刘骏下诏批准。但仍命沈庆之参加御前会报时，位在最高监察长（司空）之下，俸禄比照三公（从公）；而柳元景位在“比照三公”（从公）官位之上（文官高级资政官〔光禄大夫〕；武官骠骑大将军、车骑大将军，首都卫戍司令〔卫将军〕，以及开府仪同三司〔宰相级〕的其他“大将军”，都是比照三公〔从公〕）。

沈庆之没有读过书，不认识字，家产素来富有，价值万两黄金，婢女奴仆，以千为单位计算。曾经捐献政府千万钱、万斛谷米。他原先就有四处房宅，而在娄湖（建康城南）又有别墅。一天黄昏，沈庆之携带儿子、孙子，以及表亲，迁到娄湖别墅，而把四处房宅，捐献政府。沈庆之蓄养很多小老婆、歌女、舞女、侍女，平常悠闲无事，就跟她们尽情欢乐；除非早朝或特别庆典，从不出门，车马朴素，侍从不过三五人，遇见的人，不知道他居三公高位。

12 九月二十一日（北魏八月二十一日），南宋帝国把南豫州（安徽省中部南部）州政府，迁到于湖（姑孰〔安徽省当涂县〕南。南豫州州政府原设历阳〔安徽省和县〕）。

九月二十四日，任命浔阳王刘子房当南豫州（州政府于湖）州长（刺史）。

13 闰九月五日（北魏九月五日），南宋皇太子刘子业正妻、太子妃何令婉逝世（年十七岁），绰号献妃。

闰九月十九日（北魏九月十九日），南宋政府改封历阳王刘子顼当临海王。

冬季，十月二日，任命南徐州（州政府京口）州长刘延孙，当国务院左执行长（尚书左仆射）；任命国务院右执行长（右仆射）刘秀之，当雍州（州政府襄阳）州长。

14 十月三日，南宋帝刘骏任命皇子、新安王刘子鸾（本年六岁），当南徐州（州政府京口）州长。刘子鸾的娘亲殷淑仪，在后宫受刘骏宠爱，使其他小老婆全都黯然失色，而刘子鸾受到的宠爱，也超过刘骏所有的儿子（刘骏有二十八个儿子），凡是刘骏喜爱的东西，全部送给刘子鸾小娃。等任命刘子鸾当南徐州州长时，特地把吴郡（江

苏省苏州市）划归南徐州（吴郡原属“王畿”）。 600

最初，巴陵王刘休若（刘骏最幼弟弟），当北徐州（徐州，州政府设彭城〔江苏省徐州市〕）州长（刺史），任命山阴（浙江省绍兴市）人张岱，当首席军事参议官（咨议参军）、总部执行官（行府州国事。“府”指军区司令部〔刘休若军区辖徐州，以及豫州梁郡〕，“州”指州政府，“国”指巴陵封国。南宋帝国制度，年幼亲王主持一州时，另派人代行职权）。后来，临海王刘子顼当广州（州政府设番禺〔广东省广州市〕）州长、豫章王刘子尚当扬州（州政府会稽）州长、晋安王刘子勋当南兖州（州政府广陵）州长时，张岱当过三次首席军事参议官（咨议参军）、三次总部执行官（行事），跟收发官（典签主帅）共同主持政事，都能处理完善，而仍跟同僚间保持和睦。有人问张岱说：“主王年幼（南北朝时代，亲王出任地方首长，部属称他“主王”；如是公爵，部属称他“主公”），每个单位都自己当家作主，谁都不听谁的，你却使得公私都能协和，怎么办得到？”张岱说：“古人有句话：‘诚心诚意，可以侍奉一百个君王。’我做事公平，对人谦恭有礼。使人后悔莫及的事，就不容易发生。聪明或愚昧、能干或拙笨，决定用人标准。”等到刘子鸾当南徐州（州政府京口）州长（刺史），中央再任命张岱当总务官（别驾）、总部执行官（行事）。张岱，是张永的老弟（张永，参考四五三年三月二十七日）。

15 北魏帝国派编制外散骑侍从官（员外散骑常侍）游明根等，前往南宋帝国报聘。游明根，是游雅同一个祖父的堂弟（游雅是高允知交，参考四五八年三月）。

广平王（殇王）拓跋洛侯（景穆太子拓跋晃的儿子）逝世。

16 十二月二十日，南宋帝国政府任命中央禁军总监（领军将军）刘遵考，当国务院右执行长（尚书右仆射）。

十二月二十二日，下令每户人家，每年向政府缴布四匹。

17 本年（四六一），南宋帝国规定，凡是豪门世家，而跟非豪门世家（诸如工人、商人）通婚的，即丧失豪门世家特权，要服政府指定的差役。这些豪门世家为了躲避差役，纷纷逃亡。

帝国政府严厉执法，一经捕到这些逃亡客，即行斩首。于是，逃亡客逃亡得更远，往往投奔江湖山泽，索性当起强盗。

高级咨询官（侍中）沈怀文劝阻，南宋帝刘骏拒不接受。

四六二年 壬寅

南宋　大明　六年
北魏　和平　三年

1 春季，正月二日，北魏帝国（首都平城〔山西省大同市〕）乐浪王（厉王）拓跋万寿（景穆太子拓跋晃的儿子）逝世。

2 正月十日，南宋帝国（首都建康〔江苏省南京市〕）皇帝（五任孝武帝）刘骏（本年三十三岁），在皇家大会堂（明堂）祭祀五色帝（参考前一三三年）；大赦。

正月二十六日，刘骏在大殿（中堂）举行“孝廉”“秀才”甄选考试，扬州（州政府设会稽〔浙江省绍兴市〕）秀才顾法，在试卷上说：“泉源清洁，河流自然清洁，精神端庄，身体自然健康。亲自实践的功效，比吹倒野草的劲风，更为有力。”刘骏阅卷，对他的敢于直言，大起反感，把试卷扔到地上。

二月四日，恢复文武百官俸禄（第三次南北大战时，减少俸禄三分之一；参考四五〇年三月）。

三月十日，封皇子刘子元当邵陵王。

3 最初，南宋帝国高级咨询官（侍中）沈怀文，很多次都因直率的批评，使南宋帝刘骏大不愉快。沈怀文跟颜竣、周朗，都是好友；刘骏对沈怀文说：“颜竣如果知道我要杀他，他早就不敢放肆（颜竣之死，参考四五九年五月）。”沈怀文沉默不答。高级咨询官（侍中）王彧，在言谈之间，称赞颜竣、周朗才华出众，沈怀文在旁同意这项称赞。颜师伯遂打小报告给刘骏，刘骏越发不高兴。刘骏曾经出去猎射野鸡，突然风雨交集，沈怀文和王彧、江智渊，约定乘机进言规劝。正巧，刘骏教他们到猎射野鸡围场，沈怀文说：“风雨如此之大，圣体不应承受吹打。”王彧说：“沈怀文的话，应该垂听。”江智渊还没有来得及开口，刘骏眼睛看着弓箭，脸色铁青，说：“你打算跟颜竣一样，是吧！怎么对我的事情，这么关心！”又说，“颜竣那小子，我恨不得先用皮鞭把他的脸打个稀烂。”刘骏每次宴会饮酒，下令在座的每一个人，都要酩酊大醉，毫无限度的互相嘲讽、戏弄。沈怀文从来滴酒不沾，而又缺少幽默感，不会说笑，刘骏认为他故意摆出反对自己的架势。谢庄曾经警告沈怀文说：“你的行为总是跟人不一样，怎么能支持得久。”沈怀文说：“我从小就是如此，一天工夫，无法改得过来，并不是故意跟别人不一样，而是天性。”刘骏遂命沈怀文出任晋安王刘子勋的征虏将军府秘书长（征虏长史。刘子勋武职是征虏将军），兼广陵郡（江苏省扬州市）郡长（刘子勋又是南兖州〔州政府广陵〕州长，所以沈怀文得以兼任）。

沈怀文进京（首都建康）参加元旦朝拜，朝拜后，刘骏命他返回任所。沈怀文的女儿有病，请求延期，直到现在（三月），还没有启程。刘骏忽然大怒，下诏免除沈怀文的官职，剥夺政治权利十年。沈怀文遂出售京师（首都建康）的房产，打算回吴兴郡（浙江省湖州市）故乡，刘骏得到消息，再度大怒，下令逮捕，羁押最高法院监狱（廷尉）。沈怀文有三个儿子：沈澹、沈渊、沈冲，哭泣奔走，代老爹乞命，看到的人，都流下同情之泪。柳元景为了援救，报告刘骏说：“沈怀文的三个儿子，悲哀痛苦，不成人形，愿陛下早日给沈怀文适当的处罚。”

三月二十七日，刘骏下令沈怀文自杀（年五十四岁）。

4 夏季，四月，南宋帝刘骏的小老婆殷淑仪逝世（淑仪，小老婆群第六级），刘骏追赠她为贵妃（小老婆群第一级），绰号宣贵妃（殷淑仪就是南郡王刘义宣的女儿，刘骏跟这位堂妹通奸，而激起刘义宣起兵，参考四五四年正月。刘义宣失败后，刘骏把这位堂妹接入后宫，对外坚称是殷琰家的人）。刘骏悲哀不已，以致精神恍惚，无心处理国家大事。

五月二十三日，太宰（上三公之一）刘义恭解除兼任宰相（领司徒）职务。

六月十二日，东昌公（文穆公）刘延孙（参考四五三年三月十七日）逝世（年五十二岁）。

5 六月二十一日，北魏帝（五任文成帝）拓跋濬（本年二十三岁），前往阴山。

石楼胡（即吐京胡，山西省石楼县匈奴人）酋长贺略孙，聚众起兵，反抗北魏政府。长安镇（陕西省西安市）防守司令（镇将）陆真，出军讨伐击平。拓跋濬命陆真兴筑长蛇镇（陕西省陇县西南），氐民族部落豪门仇傉檀，聚众起兵反抗。陆真击败仇傉檀，筑城完成，班师。

6 秋季，七月十七日，南宋帝刘骏，封皇子刘子云当晋陵王。当天，刘子云逝世（年四岁），绰号孝王。

7 七月二十四日，北魏帝拓跋濬，前往河西（黄河河套地区）。

8 最初，晋帝国立法院总立法长（中书监）庾冰（参考三三九年七月十九日）建议，佛教僧侣应尊敬帝王，向帝王叩头。全国武装部队总司令（太尉）桓玄当权时（参考四〇二年三月五日），再提出这项建议，最后都没有实施。

本年（四六二），南宋帝刘骏命有关单位奏称："儒家、法家，是两个不同学派；名家（研究推理）、墨家（墨翟），有明显的分别。但对于崇拜祖先、尊敬君王，主张并没有差异。只有佛教徒，反而把佛教教义，认为是经典，解释阐扬，广为流传，蒙蔽正道。到了最近，传播更广，信徒更多。佛教徒自律谨严，态度谦卑，以忠诚作为行事原则，怎么可能只跪拜四圣（一、佛祖。二、菩萨。三、圆觉。四、声闻），而不理睬老爹和娘亲？又怎么可能只向老僧叩头，而跟帝王平起平坐？我们的建议是：佛教徒晋见帝王，应当虔敬。至于礼节，则依照世俗。"

九月一日，有关单位拟定佛教僧侣尊敬帝王实施办法。但到了四六四年，刘子业（刘骏的儿子）继位后，又恢复原状。

9 九月十八日，南宋帝国任命国务院右执行长（尚书右仆射）刘遵考，当国务院左执行长（左仆射）。首都建康市长（丹阳尹）王僧朗，当国务院右执行长（右仆射）。王僧朗，是王彧的老爹（王彧，参考四五八年六月）。

冬季，十月二十五日，南宋帝刘骏把宣贵妃殷女士，安葬龙山（江苏省南京市江宁区西南）。在山上开山修道数十华里，人民不堪这项苦役，死亡、逃走的很多。自从长江以南有葬礼以来，仪式的隆重，还从来没有见过。并另外给她建立祭庙。

10 北魏帝国编制外散骑侍从官（员外散骑常侍）游明根等，前往南宋帝国报聘。

11 十一月五日（原文误置于十月，据《宋书》改），南宋帝国加授国务院总理（尚书令）柳元景最高监察长（司空）。

12 十一月二十六日，北魏帝拓跋濬返首都平城（山西省大同市）。

13 南宋帝国南徐州（州政府设京口〔江苏省镇江市〕）参谋官（从事史）、范阳郡（河北省涿州市）人祖冲之，上疏南宋帝刘骏，说：何承天制定的《元嘉历》，错误仍多（参考四四四年十二月），所以他另行制定新的历法，认为："现行历法，'冬至'的日子固定于某一天，则用不了一百年，就会相差二度。我的新历法使冬至到年终，每年只有稍微差距，将来可以一直使用下去，不必麻烦再改。现行历法，'子'是'辰'的开端，位置在正北方；'虚'又在北方各星中间。我的新历法：'上元日度'，从'虚一'开端。现行历法：'日辰之号，甲子为先'；我的新历法：'上元岁在甲子'。现行历法：日、月、五星，各自有'元'。我的新历法：七星（日月及五星）的交会，以及运行的快慢，全用'上元岁首'开端。"（以上天文，完全不懂；'' 内尤其不懂，保持原文。）

刘骏命对历法有研究的专家学者，跟祖冲之辩论，无法驳倒祖冲之的见解。但刘骏不久死亡，祖冲之的新历不能实施。

四六三年 癸卯

南宋　大明　七年
北魏　和平　四年

1 春季，正月十二日，南宋帝国（首都建康〔江苏省南京市〕）皇帝（五任孝武帝）刘骏（本年三十四岁），任命国务院右执行长（尚书右仆射）王僧朗当祭祀部长（太常）、首都卫戍司令（卫将军）；高级咨询官（侍中）颜师伯当国务院执行长（尚书仆射）。

刘骏每次欢宴饮酒时，总是命高阶层官员互相讥讽嘲弄，揭发隐私，从中取乐。国务院文官部考选司司长（吏部郎）江智渊，素来安静文雅，刘骏对他也渐渐讨厌，曾经命江智渊告诉王僧朗，要王僧朗嘲弄儿子王彧。江智渊脸色严肃说："怎么可以做这种事。"刘骏大怒，叫说："江僧安真是一个呆瓜，呆瓜同情呆瓜。"江僧安是江智渊的老爹。江智渊听到老爹名字，把脸伏到席上，眼泪鼻涕齐流（儒家学派的"避讳"行为中，有一种是不敢听到父母名字，如果听到，就要哭泣，表示孝心。真是比"守三年之丧"还要怪诞）。从此，他在皇帝眼中的分量，跌到谷底。

这时正在研究殷贵妃的绰号，江智渊建议称"怀贵妃"，刘骏认为"怀"不是一个至善至美的字，对江智渊记恨在心。有一天，刘骏乘马凭吊殷贵妃的墓，举起马鞭，指着墓前石碑，对江智渊说："这上面不准许出现'怀'字。"江智渊更是恐惧，竟因忧虑过度，逝世（年四十六岁）。

2 正月十四日，南宋帝国政府任命国务院总理（尚书令）柳元景，当骠骑大将军、开府仪同三司（宰相级）。

3 二月九日，南宋帝刘骏，出巡南豫州（州政府设于湖〔安徽省当涂县南〕）、南兖州（州政府设广陵〔江苏省扬州市〕）。

二月十二日，在乌江（安徽省和县东北乌江镇）围猎。

二月十七日，南宋帝国大赦。

二月十九日，刘骏抵达瓜步山（江苏省南京市六合区南长江北岸）。

二月二十七日，返首都建康（江苏省南京市）。

夏季，四月二十日，刘骏下诏："任何官员，除非是正在沙场跟敌人作战，都不可以擅自杀人。犯人的罪行应该诛杀时，也必须呈报中央，等候批准。违犯的以杀人罪处刑。"

五月二日，刘骏再下诏：“从今之后，州长（刺史）、郡长、县长，动员人民、集结军队，必须经过我的授权。只有边疆荒区，敌人入侵，或皇宫之内，奸民作乱，仓猝发生，不在此限。”

五月四日，任命国务院民政部长（左民尚书）蔡兴宗、首都东区卫戍司令（左卫将军）袁粲，同时担任文官部长（吏部尚书）。袁粲，是袁淑的侄儿（袁淑死于刘劭，参考四五三年二月二十一日）。

南宋帝刘骏喜爱戏弄文武百官，包括太宰（上三公之一）刘义恭（刘骏的叔父）在内，没有一个人不受这种侮辱。刘骏给他的大臣们，一人起一个绰号，特级资政官（金紫光禄大夫）王玄谟绰号“北方侉子”，国务院执行长（仆射）刘秀之绰号“一毛不拔”，高级咨询官（侍中）颜师伯绰号“大板牙”，这些都是对性格或体格的形容；无论高、矮、肥、瘦，刘骏都给他们一个恰当称谓。禁宫咨询官（黄门侍郎）宗灵秀，身体肥胖，叩头起立，都不灵光；每逢遇到集会，刘骏不断赏赐给他东西，就是要看他跌跌撞撞，趴下爬起的狼狈形状，供大家欢笑。刘骏又宠爱一位昆仑奴（马来人），时常命他用棍棒捶打文武百官，连国务院总理（尚书令）柳元景，都难逃他的羞辱。昆仑奴只忌惮蔡兴宗的方正严肃，不敢对他戏弄。颜师伯对国务院内政部集会礼仪司长（仪曹郎）王耽之说：“蔡兴宗一直没有被戏弄过，跟普通人不一样。”王耽之说：“蔡廓（蔡兴宗的老爹）从前在宰相府（指晋帝国时代相国刘裕，参考四一八年六月），也同样方正严肃，宰相（刘裕）私下欢宴宾客时，也从来不邀蔡廓参加。今天的蔡兴宗，正是人们所称誉的：有魄力、有担当。”

4 五月二十八日，北魏帝（五任文成帝）拓跋濬（本年二十四岁），前往阴山。

5 六月二十五日，南宋帝刘骏，擢升秦郡（侨郡，江苏省南京市六合区）郡长刘德愿，当豫州（州政府设寿阳〔安徽省寿县〕）州长（刺史）。刘德愿，是刘怀慎的儿子（刘怀慎，参考四一六年八月）。

刘骏既安葬殷贵妃，时常跟高级文武官员，去祭扫她的坟墓。有一次，对刘德愿说："你哭一下殷贵妃，能哭得悲痛，定有丰厚赏赐。"刘骏的话刚刚说完，刘德愿已大放悲声，哀恸异常，后来更双手捶胸，不停跺脚，眼泪鼻涕，流满脸面。刘骏大为高兴，所以擢升他当豫州（州政府寿阳）州长，作为奖励。刘骏又教医师羊志哭殷贵妃，羊志也大哭，呜咽流涕，极为哀伤。过了些时，有人问羊志："你从哪里来的这副急泪？"羊志说："我那天想起我刚死了的小老婆。"

刘骏这个人，机警勇猛，反应迅速，学问渊博，文字功力很强，写作敏捷，阅读书籍奏章，能同时一目七行。又精于骑马射箭，但奢侈浪费，没有限度。自晋帝国渡长江南下，宫殿草草兴筑，朝会或筵席，不在东殿，就在西殿，如此而已（参考三七七年十月）。司马昌明（晋帝国十五任孝武帝）末年（四世纪九〇年代），才兴建清暑殿（清暑殿，参考三九六年九月）。南宋帝国兴起，并没有增加。到了刘骏，才大兴土木，扩张宫室，墙上柱上，都用锦装潢。对心爱的小老婆和摇尾分子马屁精，大量赏赐，几乎把国库的钱花光。曾经拆毁一任帝（武帝）刘裕居住过的纪念堂（阴室），在上面兴建玉烛殿，跟文武百官，一齐前去察看，旧屋床头还有一段土墙，墙上挂着葛灯笼、麻线蝇拂。高级咨询官（侍中）袁顗因而恳切的歌颂刘裕节俭的美德。刘骏却满面羞愧，不作回答，自言自语说："庄稼老汉，竟当上皇帝，真是过分。"袁顗，是袁淑的侄儿（袁淑被刘劭所杀，参考四五三年二月二十一日）。

秋季，八月二十三日，刘骏封皇子刘子孟当淮南王、刘子产当临贺王。

6 八月二十四日，北魏帝拓跋濬到河西（黄河河套地区）打猎。

九月九日，拓跋濬返首都平城（山西省大同市）。

7 九月十八日，南宋帝刘骏，任命新安王刘子鸾（本年八岁），兼任宰相（兼司徒）。

九月二十四日，封皇子刘子嗣当东平王。

冬季，十月二十二日，任命东海王刘祎，当最高监察长（司空）。

十月二十八日，刘骏到姑孰（安徽省当涂县）围猎。

8 北魏帝国编制外散骑侍从官（员外散骑常侍）游明根等，前往南宋帝国报聘。

游明根担任北魏帝国使节，三次出使南宋（前年〔四六一〕十月，去年〔四六二〕十月，以及本年〔四六三〕十月），南宋帝刘骏因他年长，对他特别礼遇。

9 十一月二十二日，南宋帝刘骏，在梁山（安徽省和县南）主持海军作战训练。

十二月六日，刘骏前往历阳（安徽省和县）。

十二月十四日，大赦。

十二月十九日，太宰（上三公之一）刘义恭，被加授国务院总理（尚书令）。

十二月二十三日，刘骏返首都建康（江苏省南京市）。

四六四年 甲辰

南宋　大明　八年
北魏　和平　五年
（柔然汗国永康元年）

1 春季，正月十七日，北魏帝国（首都平城〔山西省大同市〕）皇帝（五任文成帝）拓跋濬（本年二十五岁），封老弟拓跋云当任城王。

2 正月十八日，南宋帝国（首都建康〔江苏省南京市〕）皇帝（五任孝武帝）刘骏（本年三十五岁），命徐州（州政府彭城）州长（刺史）、新安王刘子

鸾(本年九岁),兼任宰相(领司徒)。 614

夏季,闰五月五日(北魏五月五日),任命太宰(上三公之一)刘义恭兼全国武装部队总司令(领太尉)。

刘骏到了晚年,尤其贪财好利,几近疯狂。凡是州长(刺史)或郡长,离职回京(首都建康)时,刘骏规定要他们呈献最少不得低过某种限度的贿赂;同时还跟他们在一起赌博,一定把他们赢光为止。刘骏每天都酩酊大醉,很少有醒的时候,但反应迅速,经常靠在案头昏睡,这时外面或许有紧急奏章,刘骏能立刻惊醒,精神焕发,一点也没有酒意,因此内外臣属,对他都十分畏惧,不敢懈怠。

闰五月二十三日(北魏五月二十三日),刘骏在玉烛殿逝世(年三十五岁)。遗书说:"太宰(上三公之一)刘义恭准辞国务院总理(尚书令),加授立法院总立法长(中书监)。任命骠骑将军、南兖州(州政府广陵)州长柳元景兼国务院总理(尚书令),入住宫城(台城)。政府中无论大事小事,一律禀报二人。军事方面,跟始兴公沈庆之一同讨论。如果采取行动,全由沈庆之负责。国务院政事,委托执行长(仆射)颜师伯。禁卫军部分,委托中央禁军总监(领军将军)王玄谟。"

当天(闰五月二十三日),太子刘子业登极继位(六任前废帝),年十六岁,大赦。国务院文官部长(吏部尚书)蔡兴宗,亲自奉上皇帝印信,刘子业接受,态度傲慢懈怠,一点悲哀的脸色都没有。蔡兴宗出来,对人说:"从前,姬裯(春秋时代鲁国二十六任国君昭公)登位时,毫不悲哀,叔孙穆就知道他没有好结果(《左传》前五四二年:"叔孙穆说,这个人〔姬裯〕,父母逝世而竟不哀恸,本应悲戚却面露喜色,就是不孝,不孝之人,很少不招致灾难。"姬裯于前五一三年逃亡晋国,不敢回国)。帝国大祸,莫非在此!"

闰五月二十七日（北魏五月二十七日），新即位的皇帝刘子业下诏：命太宰（上三公之一）刘义恭主管政府机要（录尚书事。自四五四年六月撤销此官后，本年〔四六四〕复置）。柳元景加授开府仪同三司（宰相级），兼首都建康市长（丹阳尹），不再兼南兖州（州政府广陵）州长（刺史）。

3 六月二十日，北魏帝拓跋濬，前往阴山。

4 秋季，七月二日，南宋帝国任命晋安王刘子勋，当江州（州政府设寻阳〔江西省九江市〕）州长。

5 柔然汗国（瀚海沙漠群）可汗（六任处罗可汗）郁久闾吐贺真逝世。儿子郁久闾予成继位（七任），号受罗部真可汗。定年号永康（柔然汗国到本年才用年号记事）。郁久闾予成率军南下攻击北魏帝国。

七月四日，北魏北部机动边防军，击破柔然兵团。

6 七月五日，北魏帝拓跋濬，前往河西（黄河河套地区），正逢高车人五个部落集结，举行盛大的祭天典礼，人数有数万之多。拓跋濬亲自参加这次盛会，高车人大为高兴。

7 七月九日，南宋帝国把前任（五任）皇帝刘骏安葬在景宁陵（建康城西南岩山），绰号孝武皇帝，祭庙称世祖。

七月十三日，新皇帝刘子业，尊祖母皇太后路惠男为太皇太后、娘亲皇后王宪嫄为皇太后。

七月十八日，刘子业下令废除南北御用大道（《宋书 · 孝武帝纪》：四六一年闰九月，建南御道〔驰道〕自阊阖门至朱雀门；北御道自承明门至玄武湖），撤销老爹刘骏登极（四五三年四月）以来，所有的变革，一切恢复祖父刘义隆（三任文帝）在位时（四二四年至四五三年）制度。国务院文官部长（吏部尚书）蔡兴宗，在国务院总办公室（都座）感慨万端，对颜师伯说："先帝（刘骏）虽然不是品德很高的君王，但自始至终，总算不离正道。三年不改老爹的制度，是经典上称许的事。（《论语》：三年不改老爹的制度，可以称之为"孝"。）而今，灵堂刚刚撤除，墓园不远，凡是老爹所定的制度和所作的建设，不论对错是非，一律撤除，即令是改朝换代，一个新的政权兴起，也不至如此。天下有见识的人士，当用这件事，判断一个人。"颜师伯不相信。

太宰（上三公之一）刘义恭，一向畏惧戴法兴、巢尚之等，虽然奉命辅政，但胆小怕事，处处退缩，于是，大权归于皇帝身旁宠信的侍从。戴法兴等遂得以独断独行，皇帝的诏书文告，都出自他们之手，威势震动远近。国务院事无大小，全由他们决定。刘义恭（录尚书事〔主管政府机要〕）、颜师伯（仆射〔国务院执行长〕），不过挂个空名而已。

国务院文官部长（吏部尚书）蔡兴宗，自认为职责是管理全国人事行政，所以，每次上朝，都要向刘义恭强调推荐贤能人才的重要，又不时的检讨得失，批评政府。刘义恭性情懦弱卑怯，一向奉承戴法兴，常怕失去他的欢心。所以，每次听到蔡兴宗发言，就吓得浑身发抖，不敢回答一句。蔡兴宗每次呈递任官的奏章，戴法兴、巢尚之等，就涂抹删改，名单上原列的人，很少能保持原状。蔡兴宗在金銮宝殿上，对刘义恭、颜师伯说："主上（刘子业）正在守丧期间，不能亲自处理国家政务，可是任免官员，在发表前，都是政府的机密，被涂抹删改成这个样子，又不是二位的笔迹，不知道是不是天子的意思！"不断跟刘义恭等，就人事行政事件，发生争执。刘义恭、戴法兴，对蔡兴宗都十分讨厌，遂把蔡兴宗贬到极南方去当新昌郡（越南和平县）郡长；但不久，因蔡兴宗的声望太高，又把他留在首都建康（江苏省南京市）。

七月十九日，新皇帝刘子业，追封已去世的太子妃何令婉，称献皇后（何令婉，参考四六一年闰九月）。

七月二十八日，新安王刘子鸾（刘子业老弟）解除兼任宰相（领司徒）。戴法兴等讨厌王玄谟刚正严厉。

八月一日，任命王玄谟当南徐州（州政府设京口〔江苏省镇江市〕）州长（要他远离京师〔首都建康〕）。

皇太后王宪嫄病势转重，派人呼唤她的儿子刘子业。刘子业说："病人房子里鬼多，怎么能去。"王宪嫄大怒，对侍女说："把刀拿来，剖开我肚子看看，怎么会生出这种东西！"

八月二十三日，王宪嫄逝世（年三十八岁）。

8 九月五日，北魏帝拓跋濬，返首都平城（山西省大同市）。

9 九月七日，南宋帝国任命国务院左执行长（尚书左仆射）刘遵考，当"特进"（朝会时位置仅次于三公）、右最高资政官（右光禄大夫）。

九月十九日，把皇太后王宪嫄，安葬景宁陵（五任帝刘骏墓，建康城西南岩山），绰号文穆皇后。

10 冬季，十二月二十八日，南宋帝国政府，撤销"王畿"，恢复扬州（京畿卫戍区）。而把扬州（州政府设会稽〔浙江省绍兴市〕）改回旧名，仍称东扬州（参考四五九年三月）。

十二月二十九日，任命豫章王刘子尚当宰相（司徒），兼京畿总卫戍司令（扬州刺史）。

11 本年（四六四），南宋帝国青州州政府，移回东阳（山东省青州市。州政府移到历城〔山东省济南市〕事，参考四五六年十二月）。

12 本年（四六四），南宋帝国全境，共有二十二州、二百七十四郡、一千二百九十九县、九十四万余户（二十二州：扬州〔京畿卫戍区〕、东扬州〔会稽，浙江省绍兴市〕、南徐州〔京口，江苏省镇江市〕、徐州〔彭城，江苏省徐州市〕、南兖州〔广陵，江苏省扬州市〕、兖州〔瑕丘，山东省济宁市兖州区〕、南豫州〔姑孰，安徽省当涂县〕、豫州〔寿阳，安徽省寿县〕、江州〔寻阳，江西省九江市〕、青州〔东阳，山东省青州市〕、冀州〔东阳〕、司州〔义阳，河南省信阳市〕、荆州〔江陵，湖北省江陵县〕、郢州〔夏口，湖北省武汉市〕、湘州〔临湘，湖南省长沙市〕、雍州〔襄阳，湖北省襄阳市〕、梁州〔南郑，陕西省汉中市〕、秦州〔南郑〕、益州〔成都，四川省成都市〕、宁州〔味县，云南省曲靖市〕、广州〔番禺，广东省广州市〕、交州〔龙编，越南河内市东北北宁省〕）。

东方各郡连年大旱成灾（东方各郡，包括东扬州五郡：会稽郡〔浙江省绍兴市〕、东阳郡〔浙江省金华市〕、临海郡〔浙江省台州市西北章安街道〕、永嘉郡〔浙江省温州市〕、新安郡〔浙江省淳安县〕；及京畿卫戍区〔扬州〕所属吴郡〔江苏省苏州市〕、吴兴郡〔浙江省湖州市〕等郡），米一升卖数百钱；首都建康米一升也要一百余钱，人民饿死十分之六七（人间惨事）。

五世纪·四六四年　南宋帝国二十二州

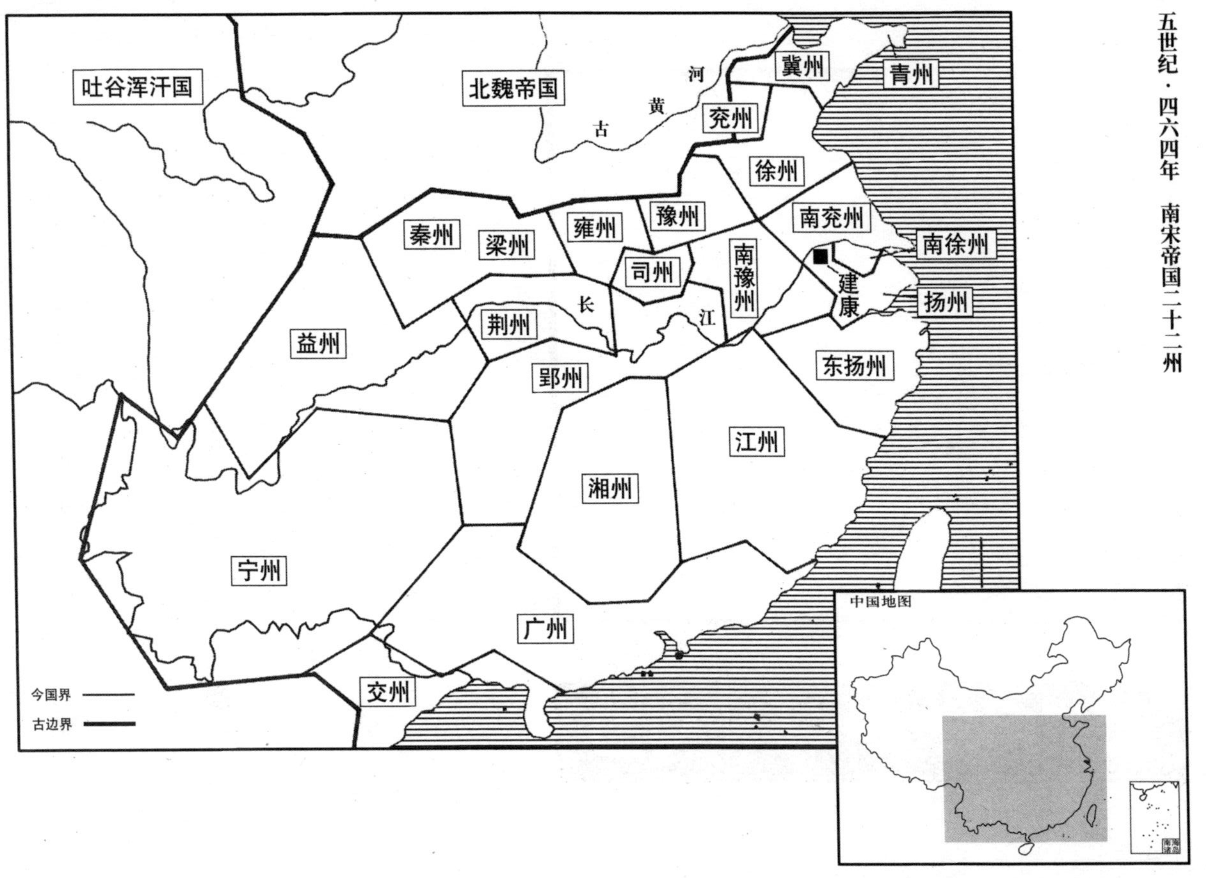

四六五年 乙巳

南宋	永光	元年
	景和	元年
	泰始	元年
北魏	和平	六年

（柔然汗国永康二年）

1 春季，正月一日，南宋帝国（首都建康〔江苏省南京市〕）皇帝（六任前废帝）刘子业（本年十七岁），改年号永光，大赦。

2 正月二日，北魏帝国（首都平城〔山西省大同市〕）大赦。

二月十四日，北魏帝（五任文成帝）拓跋濬（本年二十六岁），前往楼烦宫（宫在山西省宁武县）。

3 南宋帝国自五任帝（孝武帝）刘骏登极之后，民间私自铸造劣钱，于是通货膨胀，商业行为停止，货物不能贩卖。

二月二十七日，又铸造二铢钱，更是细小。政府铸造的合法钱币，只要在市上出现，民间立刻模仿铸造，而且更薄更小，又没有凸起的“轮”“郭”，也不加工磨平，称之为“耒子”。

4 三月十二日，北魏帝拓跋濬，返首都平城（山西省大同市）。

夏季，五月十一日，拓跋濬逝世（年二十六岁）。最初，三任帝（太武帝）拓跋焘，四方用兵，开疆拓土（拓跋焘在位三十年间〔四二三至四五二〕，仅就《资治通鉴》记载的大型战役，御驾亲征的有：六次重击柔然汗国〔参考四二五年十月、四二九年五月、四三八年五月、四四三年九月、四四九年正月及九月〕，夺取胡夏帝国首都统万〔参考四二七年六月〕、平凉〔参考四三〇年十一月〕，袭击北燕帝国首都和龙〔参考四三二年七月〕，平定国内山胡变民〔参考四三四年七月、四四五年二月〕，消灭盖吴、河东蜀变民〔参考四四六年正月〕，灭北凉王国〔参考四三九年九月〕，第三次南北大战〔参考四五〇年七月〕。委派其他将领作战的战事则有：重击高车部落〔参考四二九年八月〕，第二次南北大战〔参考四三〇年七月〕，灭北燕帝国〔参考四三六年五月〕，两次争夺仇池〔参考四四二年七月、四四三年五月〕，重击吐谷浑汗国、于阗王国〔参考四四五年八月〕，平定焉耆王国、龟兹王国〔参考四四八年九月〕。三十年间，凡二十一次大战，平均每一年半便有一次大战。此外，还不包括无数小型战争及军事冲突），帝国财政空虚，再加上一连串宫廷政变（宗爱杀三任帝拓跋焘，又杀四任帝拓跋余，参考四五二年二月及十月），无论政府与民间，都十分悲苦。五任帝（文成帝）拓跋濬嗣位后，使人民获得休息，尽量减少行政措施，安抚远近人民，民心才恢复安定。

五月十二日，太子拓跋弘继位（六任献文帝），大赦。尊皇后冯女士当皇太后。

拓跋弘，本年十二岁。政府大权握在高级咨询官（侍中）、车骑大将军乙浑之手。乙浑不久就大规模诛杀，假传圣旨，在皇宫之中，斩国务院执行官（尚书）杨保年、平阳公贾爱仁、南阳公张天度。高级咨询官（侍中）、宰相（司徒）、平原王（简王）陆丽，正在代郡（河北省蔚县）温泉养病，乙浑派警卫总监（司卫监）穆多侯，携带圣旨，前往征召陆丽回京（首都平城）；穆多侯说："乙浑心中已没有君王，而今，皇帝（拓跋濬）刚死，大王（陆丽）拥有尊贵的声望，是奸臣的眼中钉，最好是稍微逗留，观察变化。如果政府平静，再往京师（首都平城），不能算晚。"陆丽说："听到君父逝世的消息，怎么可以害怕灾难，而不去奔丧！"遂即快马前往平城（山西省大同市）。乙浑行为多不合法，陆丽不断和他发生争执。

五月十六日，乙浑斩陆丽及穆多侯。穆多侯，是穆寿的老弟（穆寿事，参考四三五年五月）。

五月十七日，帝国政府擢升乙浑当全国武装部队总司令（太尉）、主管政府机要（录尚书事）；东安王刘尼当宰相（司徒）；国务院左执行长（尚书左仆射）鲜卑人（代人）和其奴当最高监察长（司空）。宫廷安全部长（殿中尚书）顺阳公拓跋郁，密谋诛杀乙浑，反被乙浑发觉，处死。

五月二十日，任命淮南王拓跋他，当镇西大将军、仪同三司（宰相级），镇守凉州镇（甘肃省武威市）。

5 六月，北魏帝国解除酒禁（北魏禁酒事，参考四五八年正月）。

6 六月二十一日，南宋帝国加授柳元景兼南豫州（州政府设姑孰〔安徽省当涂县〕）州长（刺史），颜师伯兼首都建康市长（丹阳尹）。

7 秋季，七月二日，北魏帝国擢升全国武装部队总司令（太尉）乙浑当丞相，官位在皇家亲王之上。政府所有事务，不管大小，一律由乙浑裁决。

8 南宋帝刘子业，年纪虽小（本年十七岁），却凶恶暴躁；登极称帝后，最初多少受娘亲皇太后王宪嫄管教，以及高级官员戴法兴等的拘束，还不敢随心所欲的放肆。娘亲不久逝世，而刘子业又长了一岁，想做什么事情，戴法兴总加以阻挠，甚至警告他说："你这么乱搞，打算当营阳王（二任少帝刘义符）是不是（刘义符被罢黜事，参考四二四年五月）？"刘子业心里不高兴。刘子业宠爱一个小宦官华愿儿，赏赐给他的金银财宝，不可计算，戴法兴常常加以限制，华愿儿记恨在心。刘子业命华愿儿到街头巷尾，打听民间对政府的反应，华愿儿回来报告说："路上的行人都说'皇宫里有两个天子，戴法兴是真天子，皇家是假天子'。你身住深宫，跟外面的世界，从不接触，戴法兴跟太宰（刘义恭）、颜师伯、柳元景，四位一体，来往的宾客，有数百人之多，内外官民，没有一个人不对他们畏惧服从。戴法兴又是先帝（五任孝武帝刘骏）的亲信，长久以来，一直逗留宫廷，而今跟外人合成一家，恐怕你这个宝座，再坐不下去。"刘子业立即下诏，免除戴法兴职务，押返故乡（会稽郡山阴县〔浙江省绍兴市〕），再放逐到偏远郡县。

八月一日，更下令命戴法兴自杀（年五十二岁）；并解除巢尚之的立法院立法官（中书通事舍人）职务。

编制外散骑侍从官（员外散骑侍郎）东海郡（侨郡，江苏省镇江市）人奚显度，也受五任帝刘骏宠爱，时常负责土木工程，监督严厉，苛刻暴虐，对工人鞭抽棍打，十分恶毒，人们都感悲苦。刘子业曾经开玩笑说:“奚显度是人民的灾难，应该杀掉。”左右侍从立刻应声宣布皇帝命令，遂斩奚显度。

国务院右执行长（尚书右仆射）、兼皇城保安司令（领卫尉卿）、兼首都建康市长（丹阳尹）颜师伯，掌权的时间很久（四六〇年，颜师伯始调京师〔首都建康〕），骄傲奢侈，荒唐淫逸，受到豪门世家的歧视。刘子业打算亲自掌握大权。

八月十日，下诏调颜师伯担任国务院左执行长（尚书左仆射），解除皇城保安司令（卫尉卿），及首都建康市长（丹阳尹）职务；擢升国务院文官部长（吏部尚书）王彧，当国务院右执行长（尚书右仆射），分割颜师伯的权力。颜师伯才开始恐惧。

最初，五任帝（孝武帝）刘骏，十分猜忌，亲王、公爵，以及其他高官，行动小心，不敢互相往来。刘骏逝世，太宰（上三公之一）刘义恭等，互相庆贺说:“直到今天，才免横死！”刚刚把刘骏安葬，刘义恭、柳元景、颜师伯等，如释重负，日夜不停的饮酒歌舞，刘子业心里大不愉快。不久，诛杀戴法兴，高阶层官员全都震恐，人心惶惶。于是，柳元景、颜师伯，密谋罢黜刘子业，拥戴刘义恭继位，日夜讨论，疑虑重重，一时不能决定。柳元景把密谋告诉始兴公沈庆之，事情遂急转直下。因沈庆之跟刘义恭素来没有情谊；而颜师伯又一向专断独行，从不跟沈庆之商量，对国务院初级助理官（尚书令史）说:“沈庆之不过是个打手，怎么能参与国家大事。”沈庆之记恨在心，现在，检举他们的密谋。

八月十三日，刘子业亲自率羽林禁卫军，攻击刘义恭，连同刘义恭的四个儿子，一齐诛杀（刘义恭年五十三岁），砍下刘义恭的四肢，剖开肚子，挖出胃肠切碎；挑出眼珠，放在蜜里浸渍，称之为“鬼目粽”（大分裂时代，长江以南称“蜜饯”为“粽”。卢循送刘裕“益智粽”〔参考四〇五年四月〕，就是一种号称“益智”的“蜜饯”，用什么瓜果制成，已不可知）。另派使节召见柳元景，行刑队紧随在后。柳元景左右部属飞奔向柳元景报告：“军队有非常任务！”柳元景知道大祸来临，到后堂向娘亲告辞，穿上朝见皇帝时的官服，接受诏书，乘车入宫；他老弟车骑将军府军政官（车骑司马）柳叔仁，全副武装，率左右卫士，打算抵抗，柳元景苦苦禁止。柳元景既出巷口，行刑队已到，柳元景下车，接受斩首（年六十岁），面色镇静，八个儿子、六个弟弟，和六个弟弟的所有儿子，全部诛杀。另一行刑队在街上遇到颜师伯，连同颜师伯的六个儿子，也一齐诛杀（颜师伯年四十七岁）。又杀最高法院院长（廷尉）刘德愿。改年号景和（之前是永光元年，之后是景和元年），文武百官都升级二等，又派使节诛杀湘州（州政府设临湘〔湖南省长沙市〕）州长（刺史）、江夏王世子刘伯禽（刘义恭的儿子）。自这次大杀戮之后，亲王、公爵，以及部长级官员，随时都会被殴打侮辱，如同奴隶。

最初，刘子业在太子宫时，不断犯错。老爹刘骏打算把他罢黜，改立新安王刘子鸾当太子。只高级咨询官（侍中）袁顗（音yǐ〔乙〕），特别称赞刘子业，说：“太子（刘子业）喜爱学问，有每天都在进步的美德。”刘骏才停止。刘子业遂对袁顗十分感谢，现在，既诛杀大批高官，打算引进袁顗，命他主持政府，遂改任袁顗当国务院文官部长（吏部尚书），跟国务院右秘书长（尚书右丞）徐爰，都以诛杀刘义恭等功劳，封县级子爵。

徐爰，精于逢迎谄媚，也读过很多书。自从本世纪（五）二〇年代（三任帝刘义隆即位之初），入宫做事，参加顾问工作，既擅长唱顺调，又会为顺调找出理论根据，所以深受三任帝刘义隆的信任。五任帝刘骏，对他更是信任。当时，宫廷及政府中的旧人，不是被杀，就是被逐，只有徐爰，对于奉承拍马，有独家功夫，始终没有使主子不高兴过。而现任皇帝（六任）刘子业，待徐爰尤其厚重，其他官属，都赶不上。刘子业每次出宫，常跟沈庆之、山阴公主刘楚玉，同坐一车；徐爰也是其中之一。

刘楚玉，是刘子业的姐姐，嫁给驸马都尉何戢（“驸马都尉”本是“御马总监”，负责皇帝马匹的管理及饲养，但自南北朝时代起，一个人一旦跟公主结婚，必须在政府中拥有一个没有实权的高级官职，往往被任命当“驸马都尉”，简称“驸马”；“驸马”遂成为公主丈夫的专有名词）。何戢（音Ji〔级〕），是何偃的儿子（何偃，参考四五三年五月二十日）。刘楚玉恣意淫荡，对老弟刘子业说：“我跟你，男女虽不一样，但总是一个老爹（刘骏）生出来的。可是你的六宫之中，美女多到一万，我可是只有‘驸马’一个人，天下事太不公平。”刘子业遂给她设置“面首”，遴选年轻力壮、雄伟貌美的青年三十人，交由刘楚玉享乐，并晋封刘楚玉为会稽郡长公主，位比郡级亲王。国务院文官部考选司长（吏部郎）褚渊，年轻漂亮，刘楚玉向刘子业指名要褚渊陪她上床，刘子业准许。可是褚渊侍奉刘楚玉十余天，受到各种诱惑逼迫，仍宁死不屈，才被放回。褚渊，是褚湛之的儿子（褚湛之，参考四五三年四月十日）。

刘子业命皇家祭庙另行绘制祖先的画像，画成之后，刘子业进去参观，指一任帝刘裕（曾祖父）说：“他可是大英雄，活捉几个天子（几个天子：楚帝桓玄、南燕帝慕容超、后秦帝姚泓）。”指三任帝刘义隆（祖父）说：“他也不赖，可惜晚年被儿子砍了头（参考四五三年二月）！”指五任帝老爹刘骏，说：“他是个酒糟鼻，为什么这么干净？”马上教画师前来，加上酒糟鼻。

9 南宋帝国政府任命建安王刘休仁，当雍州（州政府襄阳）州长（刺史），湘东王刘彧，当南豫州州长（州政府姑孰），但都留在京师（首都建康)，不准他们上任。

八月十四日，任命宰相(司徒)、京畿总卫戍司令(扬州刺史)、豫章王刘子尚，兼国务院总理(领尚书令)。始兴公沈庆之，当高级咨询官(侍中)、全国武装部队总司令(太尉)；沈庆之坚决辞让。征召青、冀二州(州政府设东阳〔山东省青州市〕)州长王玄谟回京(首都建康)，仍任中央禁军总监(领军将军)。

10 北魏帝国政府把前任帝(五任)拓跋濬，安葬金陵(在故都盛乐〔内蒙古和林格尔县〕西北)。绰号文成皇帝，祭庙称高宗。

11 九月三日，南宋帝刘子业，前往湖熟(江苏省南京市江宁区东南湖熟街道)。

九月八日，刘子业返首都建康(江苏省南京市)。

新安王刘子鸾，深受老爹刘骏的宠爱(参考四六一年十月)，刘子业至为妒恨，而现在他有力量报复。

九月十一日，刘子业派使节强迫刘子鸾自杀，(刘子鸾本年十岁，被灌下毒药时，对左右侍从人员说："愿来生转世时，不生到帝王家。")又杀他同一个娘亲的妹妹，和弟弟南海王刘子师(年六岁)；摧毁殷贵妃的坟墓，挖出殷贵妃尸体。刘子业还要挖掘老爹刘骏和娘亲王宪媛合葬的坟墓(景宁陵)，天文台长(太史)警告说：那将对现任皇帝不利，刘子业才停止。

最初，特级资政官(金紫光禄大夫)谢庄，撰写刘子鸾娘亲殷贵妃的悼文，有句话说："称赞归于伊祁放勋的门庭！"(赞轨尧门。)刘子业认为谢庄把殷贵妃比作赵钩弋(赵钩弋事，参考前九四年)，打算诛杀谢庄。有人对刘子业说："每个人都会死，大家一样，不过痛苦一下子，不会使人畏惧。谢庄生长富贵之家(谢庄是谢弘微的儿子、谢万的玄孙，最大的豪门之一），应该把他囚禁到军械制造厂（尚方），使他尝尝天下最大的痛苦，然后再杀掉他不晚。”刘子业同意。

12 南宋帝国徐州（州政府设彭城〔江苏省徐州市〕）州长（刺史）、义阳王刘昶（音chǎng〔场〕），五任帝刘骏对他，一向讨厌（二人是同父〔刘义隆的儿子〕异母兄弟），所以民间不断传言说刘昶终有一天会造反。本年（四六五），谣言更多，南宋帝刘子业时常对左右侍从说：“我自从登上宝座以来，还没有戒过严，有点美中不足！”刘昶派收发官（典签）蘧法生，到首都建康（江苏省南京市）呈递奏章，请求入朝晋见。刘子业对蘧法生说：“刘昶跟刘义恭勾结，一齐叛变，我正打算出军讨伐，他反而要回来，正好。”又不断诘问蘧法生说：“刘昶谋反，你为什么不检举？”蘧法生恐惧，逃回彭城。刘子业遂利用这个机会，出动军队。

九月十九日，下诏宣布讨伐刘昶，中外戒严。刘子业亲自率军渡长江北上，命沈庆之率各路人马当前锋司令官。

蘧法生逃抵彭城（江苏省徐州市），刘昶立刻集结武装部队，准备抵抗，发布文告到所属各郡，但各郡都拒绝接受，并且诛杀刘昶的使节；而将领、参谋，和文武官员，也都有二心。刘昶知道不可能成功，于是抛弃娘亲、正妻，只携带心爱的小老婆；入夜之后，率数十位骑兵，打开北门，投奔北魏帝国。

刘昶很有点学问，读过不少书，下笔能写文章。北魏帝国对他十分尊重：使他娶公主，任命他当高级咨询官（侍中）、征南将军、驸马（公主丈夫）；封丹阳王。

13 南宋帝国国务院文官部长（吏部尚书）袁顗，开始时很得南宋帝刘子业的宠爱信任，可是，不久，就不能使刘子业满意，对他的态度，霎时改变，命有关单位弹劾他犯罪，剥夺官阶，而以平民身份，担任现职。袁顗大为恐惧，编了一套理由，请求外调。

九月二十四日，中央政府任命袁顗当雍梁军区司令官（督雍梁诸军事），兼雍州（州政府设襄阳〔湖北省襄阳市〕）州长。袁觊的舅父蔡兴宗对他说："襄阳的星辰凶恶（事属天文，不懂），怎么可以前去？"袁顗说："大刀迎头劈下，还管什么流箭！今天这一趟，只盼逃出虎口。而且，天文的道理幽远难明，不一定全都应验。"

这时，临海王刘子顼，当荆湘八州军区司令长官（都督荆湘等八州诸军事。八州：荆、湘、雍、益、梁、宁、南秦、北秦）、荆州（州政府设江陵〔湖北省江陵县〕）州长，中央政府任命蔡兴宗当刘子顼的秘书长（长史），兼南郡（郡政府同设江陵）郡长，以及总部执行官（行府州事）。蔡兴宗推辞，不肯西行。袁顗劝他说："政府情势，每个人都看得明白。留在京师（首都建康）的高官，早上不能保证活到晚上。老舅出任陕城以西（把荆州当作陕城以西。分陕故事，参考三八四年正月注），担任总部八个州的执行官（八州行事）。我身在襄阳（湖北省襄阳市），地有沔水（汉水），形势险要，兵力强盛，江陵（湖北省江陵县）近在眼前，水陆可通。如果中央有什么变化，可以建立姜小白（齐桓公）、姬重耳（晋文公）的功业。为什么留在京师（首都建康），受疯子控制，面对不测大祸？今天有可乘之机，而不肯去，以后再恳求外放，怎能得到！"蔡兴宗说："我们都是寒门平民，一步一步升迁，跟主上感情疏淡，大祸没有理由临到头上。宫廷和政府，内内外外，已无人自保，这种情形下，定会发生变化。如果在中央都无法因应，地方政府力量更未必可靠。你在外地求安全，我在中央求免祸，各人按各人的判断去做，岂不是很好。"

袁颢于是急急上道，一直恐惧有人追捕。走到寻阳（江西省九江市），才高兴说：“今天总算逃生！”邓琬当时是晋安王刘子勋（江州〔州政府寻阳〕州长）镇军将军府秘书长（镇军长史），兼寻阳郡郡长（内史）、江州（州政府寻阳）总部执行官（行江州事）。袁颢跟邓琬交游玩乐，亲密异常，一有空闲，就整天整夜厮混在一起。袁颢和邓琬，本是不同的两种人（袁颢有声望，出身豪门。邓琬贪赃枉法，声名狼藉，出身寒家），看到眼里的人，知道袁颢已有野心。

不久，中央又任命蔡兴宗当国务院文官部长（吏部尚书）。

14 九月二十八日，南宋帝国解除戒严，南宋帝刘子业遂自白下（建康城北）渡长江北上，抵达瓜步（江苏省南京市六合区南长江渡口）。

15 南宋帝国始兴公沈庆之，再上奏章，请求准许民间私自铸钱（沈庆之初议，参考四五六年十二月），南宋帝刘子业批准。自此之后，钱不值钱，经济崩溃。一千铜钱串起来，高不满三寸（可见其薄），大钱小钱，都是一样，当时人称之为“鹅眼钱”。比这更恶劣的，还有“线环钱”，用线串起来后，放到水面，都不会下沉，用手一捏，钱都粉碎。十万钱连双手都捧不满，市场商店，不再计算数目。稻米每斗一万钱，货币交易，完全停止。

柏杨曰

沈庆之一直坚决主张民间私自铸钱，四五六年被颜竣驳倒后，四六五年再度提出，终于实施，结果如此之惨，和平时期而经济竟然崩溃，完全是政策错误。

沈庆之是一位名将，自击平刘诞的叛乱后，地位已达高峰，所以九年前失败的提案，得以复活。然而，经济是一件比军事还要复杂万倍的事物，不是每一个人都懂。为了和北魏帝国开战，沈庆之曾经说过：“治国好像治家，对于耕田种地，应问农奴；对于纺纱织布，应问婢女。”（参考四五〇年六月。）货币政策，军人不应乱出主意，政府也不应去问军人，犹如战场之上，货币专家不应乱出主意，指挥官也不应去问货币专家如何肉搏。可是，沈庆之却违反自己的名言。

一个人一旦官高权大，学问也会跟着猛涨，无论什么疑难杂病，他都是权威，结果中国越来越糟。

16 冬季，十月七日，南宋帝刘子业，返首都建康（江苏省南京市）。

刘子业的舅父、东阳郡（浙江省金华市）郡长王藻（王宪嫄的老弟），娶三任帝（文帝）刘义隆的女儿（原文误为五任帝〔孝武帝〕刘骏的女儿）、临川长公主刘英媛（刘子业的姑妈）为妻。刘英媛性情嫉妒，在刘子业面前，谗言陷害。

十月二十日，刘子业逮捕王藻，下狱，处死。

会稽郡（浙江省绍兴市）郡长孔灵符，所到之处，都有优良政绩，但他冒犯了刘子业左右亲信，左右亲信在刘子业面前，谗言陷害。刘子业派使节前往会稽郡，把孔灵符鞭打致死，并诛杀他的两个儿子。

宁朔将军何迈，是何瑀的儿子（何瑀是刘子业的岳父，参考四五六年正月），何迈娶刘子业的姑妈新蔡长公主刘英媚。刘子业跟这位姑妈通奸，而且把她留在后宫，称谢贵嫔。对外宣称：刘英媚已死。并且杀了一个宫女，把尸首送给何迈，用公主的礼仪发丧安葬。

十月二十一日，刘子业封刘英媚当夫人（当时南宋帝国小老婆群编制中，没有“夫人”)，特别准许乘坐有龙旗鸾铃的御车，出入时净街戒严。何迈素来豪爽，结交很多效忠于他的武士，不能忍受这种羞辱，打算乘刘子业出宫游荡时，发动政变，把他罢黜，拥戴晋安王刘子勋(江州〔州政府寻阳〕州长)。然而，密谋泄漏。

十一月三日，刘子业亲自率军击斩何迈。

最初，沈庆之既揭发颜师伯、柳元景的密谋，自认为受到刘子业的宠信，有好几次直言规劝，刘子业逐渐不耐烦，沈庆之恐惧，遂关闭门户，不跟外界来往。有一次，派左右侍从范羡，去国务院文官部长(吏部尚书)蔡兴宗那里。蔡兴宗请范羡转告沈庆之说：“你闭门不见宾客，不过是逃避没有止境的请托而已。我，蔡兴宗，对你并没有请托，为什么拒不见面？”沈庆之遂派范羡邀请蔡兴宗。

蔡兴宗探望沈庆之，向他游说：“主上(刘子业)最近所作所为，丧尽人伦。要想他改变德行，已不可能。他唯一的畏惧，只剩下你。人民张口仰望，所依靠的，也只剩下你。你威名远播，全国人民，对你心服口服。现在，无论是政府与民间，都惶恐不可终日。你出面领导，谁不响应？如果犹豫迟延，不能决断，像第三者一样，坐在一旁，观察成败，岂止马上就有大祸，而且罪恶的责任，将有所归属。我受到你非常的厚爱，所以才敢有什么说什么，毫不隐瞒，请你三思而行。”沈庆之说：“我当然知道今天面对的危机，连我都不能自保。但尽忠报国，始终如一，一切只有听命运安排。加上我年纪已老，又退休在家，手中没有兵权，虽然想这样做，也不会成功。”蔡兴宗说：“大家要求变天，愿意奋身一击，并不是贪图功名富贵，只不过为了逃避随时都会降临的诛杀。宫廷禁卫军将领，正等待外面消息，如果有人登高一呼，则低头抬头之间，大势就可确定。何况你统御大军，经历三朝（三任帝刘义隆、五任帝刘骏、现任帝刘子业），旧日部属，很多担任宫廷和政府警卫，受你厚恩的人更多，沈攸之等人，都是你家子弟，而你又多的是门徒、佃户，和三吴地区武士（三吴：吴郡、吴兴郡、会稽郡），用不着担心他们不听从命令。殿中将军陆攸之，是你的同乡（吴兴郡〔浙江省湖州市〕人），目前正在东方剿匪，拥有大量武器，逗留青溪（秦淮河支流，流经建康城东南），还没有出发。你取用他的武器，配备部下，就命陆攸之率领，作为前锋。我在国务院（尚书），自当率文武百官，依照前例，另立圣明的君王，治理国家，天下大事，立刻安定。政府的一切措施，民间传言说，你都参与，你如果不早日决定，当有人在你之前起事，你恐怕免不了被指为帮凶，受到处置。听说皇上（刘子业）经常到你家里，饮酒沉醉，停留的时间很久。又听说皇上摒除左右侍从，单独进入阁门，这是万世难遇的良机，不可丧失。”沈庆之说：“感谢你肺腑之言，然而，这是大事，我没有能力去做。事到临头，只有怀抱忠贞，一死而已。”

青州（州政府设东阳〔山东省青州市〕）州长（刺史）沈文秀，是沈庆之的侄儿，将要到州政府就任，率部队驻屯白下（建康城北），整装待发，也游说沈庆之说：“主上狂暴到如此地步，祸乱不久就会来到，我们一门受他的宠信，人人都认为我们跟他一同作恶。而且，这个人（刘子业）爱恨无常，猜忌残忍，特别尖锐，我们事实上有难以预测的灾祸。进也难免，退也难免。现在集中大家的力量图谋他，简直比把手掌反过来还要容易。机会永不再来，不应让它逝去。”再三陈述，痛切处甚至泪流满面，沈庆之终不接受。沈文秀只好告辞。

等到诛杀何迈，刘子业料想沈庆之一定入宫规劝，下令封锁青溪上所有桥梁，不准他通过。沈庆之听到何迈事件，果然打算入宫，走到青溪（流经建康城东南），无法再进，返回。刘子业遂派沈庆之的堂侄、直阁将军沈攸之，送给沈庆之毒药，强迫沈庆之吞下。沈庆之不肯，沈攸之用棉被把沈庆之闷死，年八十岁（沈攸之随堂叔沈庆之在攻击竟陵王刘诞时，有功，沈庆之的赏酬，不能使沈攸之满意，沈攸之怀恨，现在公报私仇）。沈庆之的儿子、高级咨询官（侍中）沈文叔打算逃亡，又恐怕像太宰（上三公之一）刘义恭一样，把老爹砍下四肢肢解，因之对老弟、立法院主任立法官（中书郎）沈文季说："我能一死，你能报仇！"遂饮下原来灌沈庆之的毒药，断气。另一老弟、皇家图书馆管理官（秘书郎）沈昭明，也上吊自杀。沈文季挥刀上马，飞奔而去；随后出动追捕的人，不敢紧逼，遂逃出一命。刘子业对外宣称沈庆之寿终正寝，追赠高级咨询官（侍中）、全国武装部队总司令（太尉），绰号忠武公，葬礼隆重盛大。

中央禁军总监（领军将军）王玄谟，数度流泪规劝刘子业，不可以过度刑杀，刘子业勃然大怒。王玄谟是一员老将（本年七十八岁），有很高名望，民间道听途说，都认为王玄谟已被处死。蔡兴宗曾经当过东阳郡（浙江省金华市）郡长，而王玄谟的收发官（典签）包法荣，家住东阳郡。王玄谟派包法荣去蔡兴宗处，蔡兴宗对包法荣说："王将军恐怕正忧虑恐惧。"包法荣说："王将军这些日子，白天不能饮食，夜间不能睡眠。一直自言自语说，行刑队已到家门，片刻不保。"（恐怖气氛下，高级将领，尚且如此。）蔡兴宗说："王将军忧虑恐惧，当想办法自救，怎么能坐在那里，等大祸临头。"遂命包法荣劝王玄谟发动政变，王玄谟派包法荣向蔡兴宗道歉说："这种事情不容易做，但我绝不泄漏你的话。"

首都西区卫戍司令（右卫将军）刘道隆，受刘子业宠信，掌握禁卫军。蔡兴宗曾经跟他一块随从刘子业，在夜间出游，刘道隆经过蔡兴宗车后，二人把臂，蔡兴宗说："刘公，近来想找个清闲日子，练练书法。"刘道隆了解他的意思，用指甲掐一下他的手，说："蔡公，不要多言。"

十一月十三日，刘子业封路女士当皇后。路皇后，是太皇太后路惠男的老弟路道庆的女儿。

17 南宋帝刘子业，对各位叔父，十分畏惧忌惮，恐怕他们在外地起兵叛变，就把他们全体集中首都建康，囚禁在宫殿之中，随意鞭打棍击，拖来殴去，不把他们当人。湘东王刘彧（音yù〔玉〕）、建安王刘休仁、山阳王刘休祐，全都一团痴肥，刘子业制造大号竹笼，把他们装到里面，像秤猪一样，秤他们的重量。因刘彧最肥，叫刘彧"猪王"，叫刘休仁"杀王"，叫刘休祐"贼王"，因这三位亲王年龄最长，所以对他们也特别厌恶，一直在囚禁状态，而且刘子业走到哪里，也把他们带到哪里，不离左右。东海王刘祎，性情顽劣，刘子业叫他"驴王"；桂阳王刘休范、巴陵王刘休若，年纪还小，比较不太受拘束。刘子业曾经用一个木槽，把饭倒到里面，加上杂粮搅拌；然后在地上挖掘一个大坑，注进泥浆，把刘彧剥光，赶到泥坑里，教他把头伸到木槽中，用嘴吞食；刘子业和他的随从，在旁参观，纵声大笑，乐不可支。刘子业不停的想把这三位叔父杀掉，前后十几次兴起杀机，每次都幸亏刘休仁机警反应，谈笑之间，用谄媚的话取悦刘子业，所以才能苟延残喘，保住性命。

宫廷供应部长（少府）刘曚的小老婆，怀胎十月，就要临盆，刘子业把她接到后宫，等她生个男孩，打算封为太子。刘彧有次曾经惹起刘子业不高兴，刘子业大怒，把刘彧剥光，绑起手脚，用一个棍子贯穿，命人担起来送到御厨房（太官），说："今天杀猪。"刘休仁笑说："猪不应该杀。"刘子业问他为什么，刘休仁说："等皇子生，然后才杀猪，取出他的肝肺。"刘子业的怒气才化解，说："也对，先交给最高法院监狱（廷尉）。"经过一夜，第二天开释。

十一月十八日，刘曚的小老婆生了一个儿子，刘子业称这小娃"皇子"，大赦。全国凡是有儿子的，赏赐美酒一杯。

刘子业发现三任帝（文帝）刘义隆、五任帝（孝武帝）刘骏，在弟兄中都排行第三，而江州（州政府寻阳）州长（刺史）、晋安王刘子勋，也排行第三，心里十分不安，于是利用何迈事件，派左右侍从朱景云，送给刘子勋毒药，命刘子勋自杀。朱景云抵达湓口（江西省九江市〔寻阳东〕），故意停留，不再前进。刘子勋的收发官（典签）谢道迈、武装部队长（主帅）潘欣之、王府教师（侍书）褚灵嗣，听到消息，飞奔报告秘书长（长史）邓琬，哭泣请求邓琬设计相救。邓琬说："我是南方的寒门子弟，蒙先帝（五任帝刘骏）特别恩赐，把爱子（指刘子勋）托付给我，怎么可以为了爱惜全家百口，而不以死相报。幼主（刘子业）昏庸凶暴，帝国危急，虽说是天子，事实上不过一个独裁匹夫。现在就率领文武百官，直指京师（首都建康），会同三公、部长级高官，罢黜昏主，另立明君。"

十一月十九日，邓琬宣称奉刘子勋命令，全军戒严。刘子勋也全副武装，到大厅主持会报，集结所有僚属佐理，命潘欣之代表刘子勋发言，在座的人还没有反应，机要军事参议官（录事参军）陶亮，首先表示效忠，愿意充当前锋；于是，大家同声响应号召。刘子勋擢升陶亮当首席军事参议官（咨议参军），兼大营军事参议官（领中兵），主管武装部队。人事官（功曹）张沈也当首席军事参议官（咨议参军），主管水上部队。南阳郡（河南省南阳市）郡长沈怀宝、岷山郡（四川省都江堰市）郡长薛常宝（都是曾任，并非现职），以及彭泽县（江西省湖口县东）县长陈绍宗等，同时当带兵官。

最初，刘子业命荆州（州政府江陵）州政府逮捕前军将军府秘书长（前军长史）、荆州总部执行官（荆州行事）张悦，押送首都建康（江苏省南京市）。刚走到湓口（江西省九江市〔寻阳东〕）；邓琬宣称奉刘子勋指示，打开张悦手铐脚镣，接到派去迎接他的车辆上，命他担任军政官（司马）。张悦，是张畅的老弟（张畅与李孝伯答对事，参考四五〇年十一月）。邓琬、张悦二人共同主持内外大政，派将军俞伯奇，率五百人切断大雷（安徽省望江县）长江交通，禁止公私使节以及商客旅人通行。再派使节到各郡紧急征兵，收集各种武器，十天半月之间，集结武装战士五千人，出发增援大雷防务，在长江两岸，建筑营垒。任命巴东（重庆市奉节县东）、建平（重庆市巫山县）二郡郡长孙冲之，当首席军事参议官（咨议参军），兼大营军事参议官（领中兵），会同陶亮，联合指挥前锋部队。发布文告，号召远近各州郡响应。

18 十一月二十九日，南宋帝刘子业，召集所有公主、王妃，排列到面前，强迫左右侍从，当场奸淫。南平王刘铄的王妃江女士（江湛的妹妹，参考四五三年二月）拒绝，刘子业暴跳如雷，下令斩江女士的三个儿子：南平王刘敬猷、庐陵王刘敬先、安南侯刘敬渊，打江女士一百皮鞭。

之前，民间有谣言说：湘中（湖南省）出天子，刘子业打算向西巡视荆州（湖北省中部）、湘州（湖南省），作为镇压。决定第二天（十一月三十日）一早，先杀湘东王刘彧，然后出发。

最初，刘子业既诛杀大批高阶层官员，唯恐臣僚谋害自己，因直阁将军宗越、谭金、童太一、沈攸之等，都是勇猛战将，遂引到身旁，作为自己的爪牙，赏赐给他们的美女和金银，塞满家宅。宗越等长久以来，都在宫廷担任警卫工作，大家对他们畏惧服从，都愿对刘子业效忠。刘子业仗恃他们的保镖，无法无天，没有任何顾忌，想干什么，就干什么，宫内宫外，人心骚动。侍卫左右的禁卫军将领，都有背叛的心意，但畏惧宗越等，不敢发动。当时，三位亲王受到长期囚禁，不知道如何是好。湘东王府衣帽管理员（主衣）会稽郡（浙江省绍兴市）人阮佃夫、内务总监（内监）始兴郡（广东省韶关市）人王道隆、教师管理官（学官令）临淮郡（江苏省盱眙县）人李道儿，跟直阁将军柳光世，以及刘子业左右侍卫、琅邪郡（侨郡，江苏省南京市北）人淳于文祖等，密谋诛杀刘子业。刘子业因册立皇后，宫廷人手不够，征调各亲王王府宦官，入宫协助；刘彧左右亲近钱蓝生，也在里面，刘彧暗中请钱蓝生注意刘子业的动静行止。

之前，刘子业游逛华林园，在竹林堂中，命所有宫女脱光，裸体互相追逐游戏。一个宫女不肯，刘子业把她斩首。夜晚，刘子业做了一梦，梦见仍在竹林堂，那个被杀的宫女诟骂他说：“你凶暴淫乱，活不到明年小麦成熟那天！”刘子业大怒，醒来后，找出一个跟梦中宫女面貌相似的宫女，斩首。夜晚，又梦见死者向他诟骂：“我已向上天控诉！”于是巫师巫婆都说竹林堂闹鬼。当天（十一月二十九日），中午过后，刘子业出华林园；建安王刘休仁、山阳王刘休祐、会稽公主刘楚玉，都随从左右；只湘东王刘彧被留在皇家图书馆（秘书省），没有教他前往，这是一个不好的预兆，刘彧更忧愁恐惧。

刘子业一向讨厌御衣管理员（主衣）吴兴郡（浙江省湖州市）人寿寂之（寿，姓），一看到寿寂之就咬牙切齿。阮佃夫把密谋告诉寿寂之，和外宫主管（外监典事）东阳郡（浙江省金华市）人朱幼，以及铠甲管理员（细铠主）南彭城郡（江苏省镇江市）人姜产之、铠甲管理官（细铠将）晋陵郡（江苏省常州市）人王敬则、立法院立法官（中书舍人）戴明宝。寿寂之等听到后，全都响应。朱幼在宫廷内外，先做安排；命钱蓝生秘密报告刘休仁、刘休祐。当时，刘子业正要率军西上讨伐晋安王刘子勋（江州〔州政府寻阳〕州长），心腹将领宗越等，都回家准备行装，只有禁卫队长（队主）樊僧整，守卫华林阁。直阁将军柳光世跟樊僧整，原是同乡，因而秘密游说樊僧整，樊僧整一口答应，参加密谋的已有十余人。阮佃夫认为力量仍然薄弱，打算扩大吸收更多人参加。寿寂之说："参加的人越多，密谋越容易泄漏，用不了那么多人。"当天（十一月二十九日）夜晚，刘子业摒除所有侍从，只留下一些男巫女巫，和宫女数百人，在竹林堂射鬼。射鬼已毕，将要演奏音乐，寿寂之抽出佩刀，在前领路，直闯而入，姜产之紧跟在后，淳于文祖更在后追随。刘休仁听到脚步声音紧急，对刘休祐说："事情已经发动！"两人一前一后逃奔景阳山（华林园中）。刘子业突然看到寿寂之来势凶恶，拿起弓箭射击，没有射中，而宫女霎时间四散逃走，刘子业也拔腿飞奔，连喊"寂寂"三四次，寿寂之已经追及，当场砍死（年十七岁）。然后向禁卫军宣布："湘东王（刘彧）奉太皇太后（路惠男）命令，铲除暴君，现在已完成任务。"宫廷及政府所有人员，大为惶恐，不知道如何是好。

刘子业所作所为，记录在史册之上，当初姬发（周王朝一任王武王）列举子受辛（商王朝三十一任纣帝）的罪恶，不过是刘子业的万分之一。霍光揭发刘贺（西汉王朝九任帝）的过失，也不过是刘子业的毫厘之末。纵然是中等才能的君王，只要做出一件刘子业所做的事，就足以使政府倾覆，使祖庙皇宫，化成污水池塘，何况一个人竟做出这么多恶事，刘子业仅只自己灭亡，应是大幸。

刘子业死在刀下时，连喊“寂寂”，没有人知道什么意思，我们猜想，可能是呼唤：“寂之！寂之！”希望用亲昵的称呼，向寿寂之求饶，只因恐惧过度，吐字不能完整。

本年（四六三），刘子业才十七岁，高级中学二年级学生的年龄。无限权力之害人害己，这个少年用他血肉一团的尸体，作为见证。而野心家却一直追求害人害己的无限权力，说明权力的诱惑，是如何的难以抵挡，以及如何的需要另一种阻却力量，才能救人救己。如果是一个民主社会，刘子业现在正是一个见了妞儿就吹口哨，欢天喜地的准大学生。既害不了那么多人，也害不了自己。

刘休仁前往皇家图书馆（秘书省），找到湘东王刘彧，一见面就自称“臣”，把刘彧迎接到西殿。刘彧立即坐上御座，召见大臣。当时，事变突然发生，刘彧惊恐逃跑，连鞋子都跑掉，不知道掉到何处，只好光着双脚登极，头上仍戴着亲王们所戴的乌纱帽。坐定之后，刘休仁呼唤御衣管理员（主衣）取一顶白纱帽代替（大分裂时代，皇帝平常日子戴白纱帽）。刘休仁又命准备仪仗队，因还没有正式称帝，遇事都用命令表达。接着，声称奉太皇太后路惠男的命令，宣布刘子业的罪恶，命湘东王刘彧继承帝王。天亮之后（十一月三十日），宗越等才仓皇进宫，刘彧亲切安抚。刘子业一母同胞的老弟、兼任宰相（领司徒）、京畿总卫戍司令（扬州刺史）、豫章王刘子尚，顽劣凶暴，有老哥刘子业的作风。

十一月三十日，刘彧用太皇太后路惠男的名义，下令强迫刘子尚和会稽长公主刘楚玉自杀。建安王刘休仁等，终于出宫，回到自己家宅。刘彧又命释放谢庄（谢庄被囚，参考本年〔四六五〕九月十一日）。刘子业的尸首，仍躺在御医署（太医）门前。国务院文官部长（吏部尚书）蔡兴宗，对国务院右执行长（尚书右仆射）王彧（王彧是刘彧正妻王贞风的老哥）说："他虽然凶暴，但总算是个帝王，应该举行简单葬礼。如果一直不管，恐怕野心家用作借口。"遂把刘子业安葬在秣陵县（江苏省南京市江宁区南秣陵街道）南。

最初，刘彧的亲娘婕伃沈容早死，太皇太后路惠男抚养刘彧。刘彧对路太后也很恭谨，路太后爱刘彧也很深。刘彧既诛杀刘子业，为了安慰路太后的心，特别任命路太后的侄儿路休之当禁宫咨询官（黄门侍郎）、路茂之当立法院主任立法官（中书侍郎）。

论功行赏，寿寂之等十四人，都被封县级侯爵，或县级子爵（寿寂之封应城县侯，姜产之封汝南县侯，阮佃夫封建城县侯，王道隆封吴平县侯，淳于文祖封阳城县侯，李道儿封新渝县侯，缪方盛封刘阳县侯，周登之封曲陵县侯，孔灵符封惠怀县子爵，聂庆封建阳县子爵，田嗣封将乐县子爵，王敬则封重安县子爵，俞道隆封茶陵县子爵，宋逵之封零陵县子爵）。

十二月一日，任命东海王刘祎，当立法院总立法长（中书监）、全国武装部队总司令（太尉）。擢升镇军将军、江州（州政府寻阳）州长、晋安王刘子勋，当车骑将军、开府仪同三司（宰相级）。

十二月四日，任命建安王刘休仁当宰相（司徒）、国务院总理（尚书令）、京畿总卫戍司令（扬州刺史）；山阳王刘休祐当荆州（州政府江陵）州长；桂阳王刘休范当南徐州（州政府京口）州长。

十二月六日，改封安陆王刘子绥当江夏王。

19 十二月七日，南宋帝国湘东王刘彧，即位称帝（七任明帝），大赦，改年号（之前是景和元年，之后是泰始元年）。前任帝（六任前废帝）刘子业时所有的荒唐封赏和法令规章，全都撤销。

十二月十一日，任命首都西区卫戍司令（右卫将军）刘道隆，当中央军事总监（中护军）。刘道隆受刘子业宠爱，曾经当众奸淫建安王刘休仁的娘亲。因此，建安王刘休仁请求辞职，刘彧下令刘道隆自杀。

宗越、谭金、童太一等，虽然被刘彧接纳，但心里有数，恐惧不安。刘彧也不愿他们继续留在宫中，曾在一个适当时机，心情轻松的说："你们遭遇到凶暴的皇帝，辛苦勤劳，应该有一个休息的地方，实力强大的郡，随你们自己选择。"宗越等本来就担心自身难保，听到这段话，你看我，我看你，脸色大变，遂密谋政变，而且把计划告诉过去的同党沈攸之。沈攸之报告刘彧，刘彧遂逮捕宗越等，下狱处死。沈攸之因此再被信任，得以再当直阁将军，进入皇帝寝殿。

20 十二月十二日，南宋帝国改封临贺王刘子产当南平王、晋熙王刘子舆当庐陵王。

十二月十三日，任命国务院右执行长（尚书右仆射）王景文，当国务院执行长（尚书仆射）。王景文，就是王彧，为避刘彧的名讳，改称王景文（如果刘彧名刘人，天下所有的人都得变成狗了，儒家系统中这种文字游戏，玩弄中国人两千年之久）。

十二月十六日，刘彧尊称亡母沈容绰号宣太后，墓园称崇宁陵（今地不详）。

最初，豫州（州政府寿阳）州长（刺史）、山阳王刘休祐入朝，命秘书长（长史）、南梁郡（郡政府寿阳）郡长殷琰，当总部执行官（行府州事）。刘休祐既改调到荆州（州政府江陵），中央任命殷琰继任豫司军区司令官（督豫司二州诸军事）、豫州（州政府寿阳）州长。

有关单位奏请太皇太后路惠男，应恢复从前的称号（从前的称号是"淑媛"，参考四五三年五月），迁出皇宫，刘彧不准。

十二月十九日，加路惠男尊贵绰号崇宪皇太后，住崇宪宫，一切供奉和礼仪，跟往日一样。

刘彧封王妃王贞风当皇后。王贞风，是王景文（王彧）的妹妹。

21 南宋帝国废除二铢钱，严厉禁止"鹅眼钱""线环钱"，其他的仍允许通用（二铢钱，参考本年〔四六五〕二月，"鹅眼钱""线环钱"，参考本年〔四六五〕九月）。

22 南宋帝国江州（州政府寻阳）官员，得到新任皇帝刘彧下达的人事命令，大为欢喜，一齐晋见秘书长（长史）邓琬，说："暴君（刘子业）已经铲除，殿下（刘子勋）又开府仪同三司（宰相级），于公于私，都值得大肆庆祝。"邓琬却认为，晋安王刘子勋在兄弟辈中，排行第三，而寻阳（江西省九江市）起兵，跟老爹五任帝刘骏当初情势相同（参考四五三年三月），肯定大事必可成功，于是把刘彧的人事命令扔到地上，说："殿下（刘子勋）应该大开端门（天子才开端门——皇城正南门），'开府'是你我之辈的事。"众人大吃一惊。邓琬更加积极的跟陶亮等制造武器，向四方征兵。

雍州（州政府襄阳）州长（刺史）袁顗（音yǐ〔乙〕），既抵达襄阳（湖北省襄阳市），就跟首席军事参议官（咨议参军）刘胡，加紧制造武器，召集士卒。宣称：奉太皇太后（路惠男）密诏，命令他起兵。遂即竖起统帅大旗，发布文告，对各州郡发出号召，向刘子勋呈递奏章，奉劝登极称帝。

十二月二十二日，中央政府改命山阳王刘休祐当江州（州政府寻阳）州长（代替刘子勋）。荆州（州政府江陵）州长、临海王刘子顼，仍留任本官（原发表刘休祐当荆州州长）。

之前，六任帝刘子业，任命邵陵王刘子元当湘州（州政府临湘）州长，大营军事参议官（中兵参军）沈仲玉，当沿途执行官（道路行事），走到鹊头（安徽省铜陵市北），听到寻阳（江西省九江市）起兵，不敢前进，邓琬派数百人前往迎接，劫持而回。邓琬又命刘子勋在桑尾（江西省九江市东北二十五公里）竖起元帅大旗，发布文告，以刘子勋名义，通知建康政府："我立志遵守帝国传统，罢黜愚昧，拥护英明。"指摘刘彧："假传太皇太后（路惠男）的命令，毒害至亲（指刘子业），篡夺帝位，违犯继承法则（叔父不能继承侄儿），使我们兄弟，陷于险境。我们兄弟虽然幼小，仍有十三个人（刘子勋、刘子绥、刘子房、刘子顼、刘子仁、刘子真、刘子元、刘子舆、刘子孟、刘子嗣、刘子趋、刘子期、刘子悦），神圣的灵魂（指五任帝刘骏），有什么罪状，而竟使他的香火断绝！”

郢州（州政府设夏口〔湖北省武汉市〕）州长（刺史）安陆王刘子绥，接到刘子勋的第一次文告（参考本年〔四六五〕十一月十九日），就打算起兵响应，攻击六任帝刘子业，不久听说刘子业已被刺死，即下令复员，停止招兵买马。可是，不久又得到江州（州政府寻阳）、雍州（州政府襄阳）仍要作战的消息，郢州总部执行官（郢州行事）荀卞之，大为恐惧，立即派首席军事参议官，兼大营军事参议官（咨议兼中兵参军）郑景玄，率军顺流而下，并运送军用粮秣。荆州总部执行官（荆州行事）孔道存，奉州长、临海王刘子顼之命；会稽郡（浙江省绍兴市）将领奉郡长、寻阳王刘子房之命；先后起兵，响应刘子勋。

刘彧诏书

导读

中国历史上暴君最多的王朝有二：一是南宋帝国，一是北齐帝国。南宋帝国九个皇帝中，暴君就有六个之多，六个暴君中知识程度最高、几乎能把儒家学派经典从头背诵到尾的，是七任帝（明帝）刘彧先生，这位被他侄儿封为“猪王”的君王，心狠手辣，诡计多端。他肥胖异常，从他的行为上，至少可以打破民间一项信念，这项信念说：胖子都没有心机。

刘彧奇异之处是，他在每次诛杀他的对手之后，都要下一道诏书，誓言自己是如何的善良，和对方是如何的罪恶滔天。不但夺取对方性命，还要斗臭对方名誉，不但显示自己大仁大义，还要说服那些“兔死狐悲”的狐不要悲，“唇亡齿寒”的齿不要寒，以便他再次下手时，大家都温柔敦厚。一举四得，一石四鸟。

我们就用“刘彧诏书”作为书名字。因其所涵盖的年代——四六六年至四七九年，正是暴君群在南宋帝国密集出现时代，刘彧先生的诏书横飞，罪恶的妙文应共同欣赏。

写序已毕，抚膺感叹：刘彧诏书什么时候才成为陈迹！

柏杨　一九八六·五·一五

目录

五世纪

六〇年代

四六六—四六九年

南北朝

◎ 第五次南北大战，南宋惨败。

◎ 北魏取南宋淮河以北四州。

◎ 两国以淮河为界。

◎ 日本天皇派使节到南宋。

四六六年 丙午

南宋　泰始　二年
北魏　天安　元年
（柔然汗国永康三年）
（宋帝刘子勋义嘉元年）

1 春季，正月一日，北魏帝国（首都平城〔山西省大同市〕）大赦，改年号天安。

2 正月五日，南宋帝国（首都建康〔江苏省南京市〕）政府，征召会稽郡（浙江省绍兴市）郡长、寻阳王刘子房，回京（首都建康）当抚军将军；命巴陵王刘休若接替刘子房遗缺（去年〔四六五〕十二月，刘子房起兵响应刘子勋）。

正月六日，南宋帝（七任明帝）刘彧（本年二十八岁）下令：中外戒严。任命宰相（司徒）建安王刘休仁，当征剿大军总司令官（都督征讨诸军事），命车骑将军，兼新任江州（州政府寻阳）州长（刺史）王玄谟，当副司令官。刘休仁驻军南州（姑孰，安徽省当涂县），命沈攸之当寻阳郡（江西省九江市）郡长，驻军虎槛（安徽省芜湖市长江中小岛）。当时，王玄谟大军还没有出发，前线阵地先后到达十路兵马，每天晚上，各营用各营的口令，谁也不听谁的。沈攸之对各将领说："各单位的口令，互不一样，万一有农夫、渔夫，半夜走动，受到呵责盘问，可能引起别的惊骇，发生混乱，那将是失败的道路。我建议以某一个部队的口令，作为全军的口令。"大家同意。

3 南宋帝国晋安王刘子勋的秘书长（长史）邓琬，强调上天显示的种种祥瑞，假装接到皇太后路惠男的密诏，率领将领、参谋、助理等，向刘子勋奉上皇帝尊号。

正月七日，刘子勋在寻阳（江西省九江市）正式登极称帝，年号义嘉。任命安陆王刘子绥（郢州〔州政府夏口〕州长）当宰相（司徒），兼京畿总卫戍司令（扬州刺史）；寻阳王刘子房（会稽郡郡长）、临海王刘子顼（荆州〔州政府江陵〕州长），都加授开府仪同三司（宰相级）；再任命邓琬当国务院右执行长（尚书右仆射），张悦当国务院文官部长（吏部尚书）；加授雍州（州政府襄阳）州长（刺史）袁顗国务院左执行长（尚书左仆射）。其他将领、参议、助理，以及各州郡地方政府官员，分别等级，封爵进官。

4 正月八日，南宋帝国建康政府（江苏省南京市）皇帝（七任明帝）刘彧（音yù〔玉〕），任命征虏将军府军政官（征虏司马）申令孙，当徐州（州政府彭城）州长（刺史）。申令孙，是申坦的儿子（申坦，参考四五七年二月）。刘彧又命：在义阳（河南省信阳市）重组司州州政府（四六四年，司州被五任帝刘骏撤销），擢升义阳郡郡长（刺史）庞孟虬（音qiú〔求〕）当司州州长。 652

徐州（州政府彭城）州长（刺史）薛安都，冀州（州政府历城）州长、清河郡（侨郡，山东省淄博市南）人崔道固，都动员军队，响应寻阳政府（江西省九江市）。刘彧向青州（州政府东阳）州长沈文秀征兵，沈文秀派他的部将刘弥之，率军南下，增援首都建康（江苏省南京市）；正巧，薛安都派人邀请沈文秀拥护刘子勋，沈文秀遂命刘弥之中途向薛安都报到。济阴郡（南济阴郡，江苏省睢宁县）郡长申阐，据守睢陵（南济阴郡郡政府所在县），响应建康政府（江苏省南京市）。薛安都派他的侄儿、直阁将军薛索儿，和太原郡（侨郡，山东省济南市长清区西南）郡长、清河郡（侨郡，山东省淄博市南）人傅灵越等，攻击申阐。申阐，是申令孙的老弟。薛安都的女婿裴祖隆，驻军下邳（江苏省睢宁县北古邳镇）；青州部将刘弥之拒绝接受州长（刺史）沈文秀命令，到下邳之后，响应建康政府（江苏省南京市），袭击裴祖隆。裴祖隆战败，会同征北将军府军事参议官（征北参军）垣崇祖，逃到彭城（江苏省徐州市）。垣崇祖，是垣护之的侄儿（垣护之，参考四三〇年十一月）。刘弥之同族、北海郡（山东省昌乐县东南）郡长刘怀恭，侄儿刘善明；都起兵响应刘弥之。薛索儿得到报告，放弃对睢陵（江苏省睢宁县）的攻击，转攻刘弥之。刘弥之战败，逃奔北海（山东省昌乐县东南）。建康政府（江苏省南京市）新任命的徐州州长申令孙，进据淮阳（安徽省宿州市东北），向薛索儿投降。新任司州（州政府义阳）州长的庞孟虬，也背叛刘彧，起兵响应寻阳政府（江西省九江市）。

建康政府（江苏省南京市）皇帝刘彧，征召寻阳王府秘书长（长史）、会稽郡（浙江省绍兴市）总部执行官（行会稽郡事）孔觊（音jì〔记〕），当太子宫总管（太子詹事）；另派平西将军府军政官（平西司马）庾业，接替孔觊的官位，又派水利总监（都水使者）孔璪，代表中央，到东方各郡慰劳。孔璪反而游说孔觊："建康（江苏省南京市）力量不够，不如用你所控制的东方五个郡，响应袁颛、邓琬（寻阳政府）。"孔觊遂下令动员，宣布拥护刘子勋。一时之间，吴郡（江苏省苏州市）郡长顾琛、吴兴郡（浙江省湖州市）郡长王昙生、义兴郡（江苏省宜兴市）郡长刘延熙、晋陵郡（江苏省常州市）郡长袁标，都占据郡城，响应寻阳政府（江西省九江市）。刘彧又命庾业接替刘延熙的义兴郡（江苏省宜兴市）郡长，庾业北上，走到长塘湖（江苏省溧阳市北），却跟刘延熙结合，反抗刘彧。

益州（州政府设成都〔四川省成都市〕）州长（刺史）萧惠开，听到晋安王刘子勋起兵，举行军事会议，对将领们说："湘东王（刘彧），是太祖（三任帝刘义隆）的儿子。晋安王（刘子勋），是世祖（五任帝刘骏）的儿子。无论哪一个当皇帝，都是合法的正统。可是，刘子业（六任帝）虽然昏暴，却是世祖（五任帝刘骏）的后嗣，他虽不能继续主持国政，弟弟却仍有很多。我受世祖（五任帝刘骏）的恩宠，自当遵奉晋安王刘子勋。"遂派巴郡（重庆市）郡长费欣寿，率五千人东下。于是，湘州（州政府设临湘〔湖南省长沙市〕）总部执行官（行事）何慧文、广州（州政府设番禺〔广东省广州市〕）州长（刺史）袁昙远、梁州（州政府设南郑〔陕西省汉中市〕）州长柳元怙、山阳郡（江苏省淮安市）郡长程天祚，都起兵拥护寻阳政府（江西省九江市）。柳元怙，是柳元景的堂兄（柳元景之死，参考去年〔四六五〕八月十三日）。

本年（四六六），各地向中央进贡以及呈递年终工作报告，都改往寻阳（江西省九江市）。建康政府（江苏省南京市）势力范围，只剩下首都建康特别市（丹阳）、淮南郡（姑孰，安徽省当涂县）等数郡，而这数郡中又有很多县也起兵响应刘子勋。东战场效忠寻阳政府（江西省九江

五世纪·四六六年正月

南宋帝国刘彧、刘子勋争位

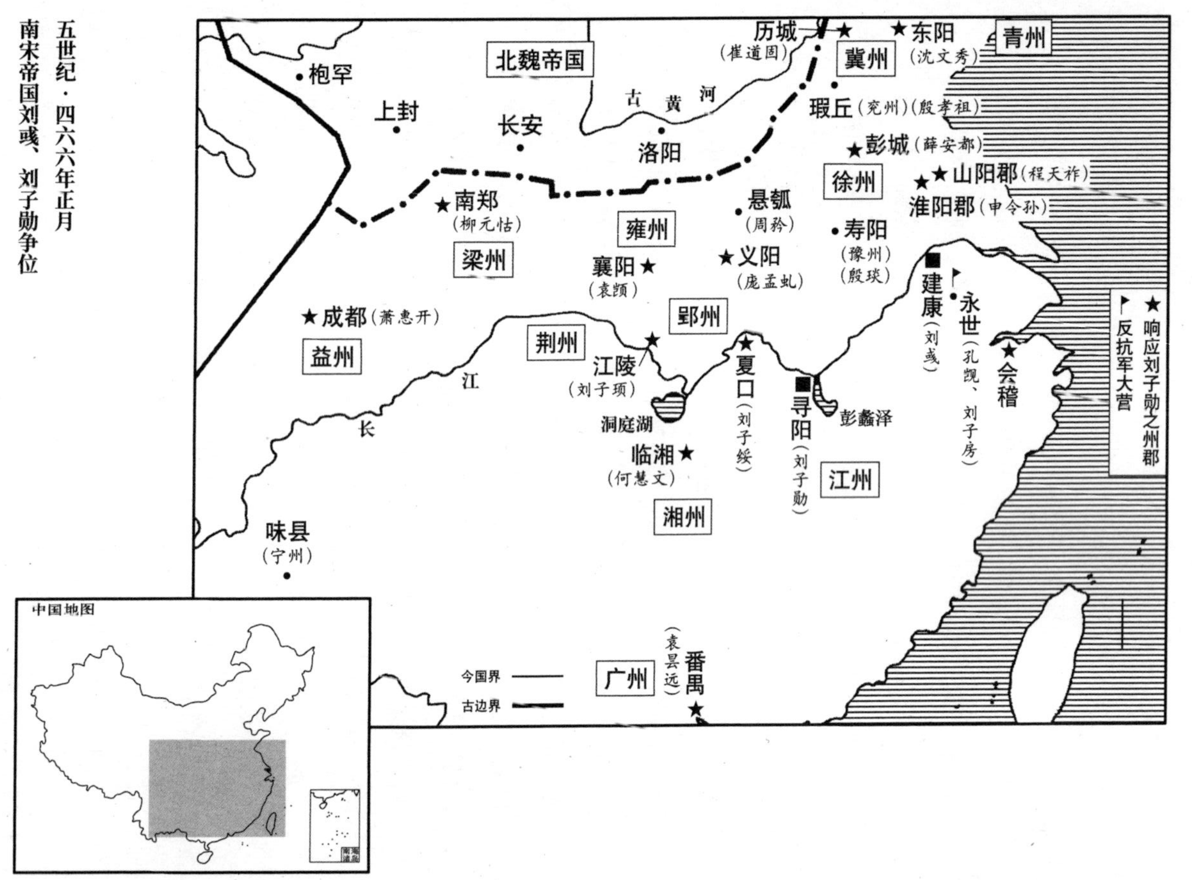

市）的反抗军，向建康政府（江苏省南京市）攻击，抵达永世（江苏省溧阳市），建康政府（江苏省南京市）及宫廷，震动恐惧（永世、建康间，航空距离一百一十公里）。刘彧举行御前会议，讨论所面对的危机，国务院文官部长（吏部尚书）蔡兴宗说：“目前的情势，几乎全国都叛，唯一的因应之道，是要镇静，用诚信待人。叛徒们的亲戚，很多在宫廷或政府供职，如果一切依照法律办事，把他们逮捕诛杀，我们立刻就会土崩瓦解，现在应该特别强调父子兄弟之间，犯罪互不相干的古义，等到民心安定，将士才会有战斗意志。中央大军训练有素，武器精良，用来对付那些乌合之众，一可当万，请陛下不要忧虑。”刘彧认为他的分析正确。

5 南宋帝国建武将军府军政官（建武司马）刘顺，游说豫州（州政府寿阳）州长（刺史）殷琰，使他响应寻阳政府（江西省九江市），殷琰因家人都在建康（江苏省南京市），拒绝。首都西区卫戍司令（右卫将军）柳光世，从建康（江苏省南京市）逃出来，投奔彭城（江苏省徐州市），路过寿阳（安徽省寿县），指出建康一定守不住。殷琰相信他的判断，而且，殷琰一向没有私人部队，受到当地豪族、曾任右军将军府军事参议官（右军参军）杜叔宝等的挟持，不得已，宣布效忠刘子勋。殷琰任命杜叔宝当秘书长（长史），所有军事行动，都由杜叔宝独断独行。刘彧对蔡兴宗说：“其他地方的叛乱，还没有平息，殷琰又起兵附逆，近日来人心怎么样？我们会不会渡过难关？”蔡兴宗说：“谁是叛逆？谁是正统？我不必分辨，只看人民趋向：现在，交通寸断，商人绝迹。可是，粮食积存丰富，米价低贱，四面八方风起云涌，而人心反而十分安静。用这个角度观察，动乱一定可以平息。但是我的忧虑，不是眼前，而是未来，像羊祜所说的：‘问题在全盘取得胜利之后，陛下恐怕要多多思虑。’(参考二七八年六月)。”刘彧说：“的确如同你的分析。”刘彧知道殷琰归附寻阳政府(江西省九江市)，不是他的本心。所以，对殷琰留在建康的家人，特别安抚厚待，希望引他回头。 656

汝南、新蔡二郡郡长周矜(音𠂆[金])，在郡城悬瓠(河南省汝南县)，宣布效忠建康政府(汝南及新蔡二郡郡政府同设悬瓠，周矜身兼二郡)。寻阳政府(江西省九江市)雍州(州政府襄阳)州长袁觊，引诱周矜的军政官(司马)、汝南郡人常珍奇，生擒周矜，斩首。遂任命常珍奇接任郡长。

刘彧派禁宫护卫执行官(冗从仆射)垣荣祖，回徐州(州政府彭城)游说薛安都。薛安都说：“如今，首都建康(江苏省南京市)力量所及，不到一百华里，不管是攻城或是野战，都可以在鼓掌大笑声中，立刻成功。并且，我不想辜负孝武皇帝(五任帝刘骏)。”垣荣祖说：“孝武皇帝(刘骏)的禽兽行为，足够为他的后代留下灾殃。虽然全国蜂起，天下响应，不过是加快他后裔灭绝的速度，不可能有什么作为。”薛安都不接受，反而留下垣荣祖任职。垣荣祖，是垣崇祖的堂哥(也是垣护之侄儿)。

6 南宋帝国兖州(州政府设瑕丘〔山东省济宁市兖州区〕)州长(刺史)殷孝祖的外甥、宰相府军事参议官(司徒参军)葛僧韶(原文误为“司法参军”)请求南宋帝刘彧征召殷孝祖，前来京师(首都建康)朝见，刘彧命葛僧韶前往。当时，薛索儿驻军各渡口和各要道，南北交通断绝。葛僧韶绕小路北上，得以抵达瑕丘(山东省济宁市兖州区)，游说他的舅父殷孝祖说：“刘子业(六任前废帝)凶暴疯狂，自从开天辟地以来，从没有过。无论政府或民间，每人生命，都会在分秒之间结束。主上(刘彧)翦除凶暴，重建一个祥和世界。国家混乱，政府动摇，应该拥护年纪大的人当君王。想不到一群糊涂虫，互相煽动，无缘无故的制造事端，欺负刘子勋年幼无知（本年十一岁，小学五年级学生），各人有各人的打算。假使上天帮助叛逆，他们如愿以偿，可以看出，主上（刘子勋）年纪太小，时势艰难，权柄不能集中，兵变势必不断发生，天下之大，岂有容身之地。舅父自小就有建立功勋的大志，如果能率领济水（今黄河）一带武装战士，回京（首都建康）保卫中央，不但扶助君王平定祸乱，更可以名留史册。”殷孝祖详细询问建康政府（江苏省南京市）情形，葛僧韶随机应变，强调士卒强壮，武器精良，刘彧准备命殷孝祖担任前锋司令。殷孝祖遂决定拥护建康政府（江苏省南京市），当天就把妻子儿女，留在瑕丘（山东省济宁市兖州区），率文武官员及战士二千人，随同葛僧韶，返回建康（江苏省南京市）。当时，附近所有郡县，都效忠寻阳政府（江西省九江市）；建康政府（江苏省南京市）所保有的，仅只剩下建康（丹阳郡）一块巴掌大地区，而永世（江苏省溧阳市）县长孔景宣，也正在此时背叛。效忠寻阳政府（江西省九江市）的东战场义兴郡（江苏省宜兴市）反抗军，马上就要进抵延陵（江苏省丹阳市南延陵镇）。建康（江苏省南京市）内外，忧虑震恐，民心瓦解，大家都想早早出城逃走。正当此时，殷孝祖忽然到达，部众数目不少，而且都是北方（淮河以北）及荆州（湖北省西部）战士，人心大为安定。

正月十六日，刘彧擢升殷孝祖当抚军将军、“假节”、前锋总司令官（都督前锋诸军事）；派他进驻虎槛（安徽省芜湖市长江中小岛），赏赐十分丰厚。

最初，刘彧派东平郡（山东省东平县东）人毕众敬，前往兖州（山东省西部），招兵买马，经过彭城（江苏省徐州市），徐州（州政府彭城）州长薛安都，用利害说服毕众敬，假传刘子勋的诏书，任命毕众敬当兖州

(州政府瑕丘)总部执行官(行兖州事),毕众敬接受。殷孝祖留军政官(司马)刘文石,据守瑕丘(山东省济宁市兖州区);毕众敬率军袭击,斩刘文石。薛安都跟殷孝祖之间,一直都有怨恨,于是,命毕众敬把殷孝祖所有儿子,全部诛杀,兖州全境遂归附毕众敬,只有东平郡(山东省东平县东)郡长申纂,据守无盐(东平郡郡政府所在县),不肯接受。申纂,是申钟的曾孙(申钟事,参考三三四年十一月)。

7 正月十八日,南宋帝国建康政府(江苏省南京市)皇帝刘彧,出宫,进住金銮宝殿(中堂),亲自统率全军。

正月二十三日,任命山阳王刘休祐当豫州(州政府寿阳)州长(刺史),指挥辅国将军、彭城郡(江苏省徐州市)人刘勔(音miǎn〔勉〕),宁朔将军、广陵郡(江苏省扬州市)人吕安国等各路人马,向西北攻击据守寿阳(安徽省寿县)的殷琰。命巴陵王刘休若,指挥建威将军、吴兴郡(浙江省湖州市)人沈怀明,国务院执行官(尚书)张永,辅国将军萧道成等各路人马;攻击寻阳政府(江西省九江市)东战场首领孔觊。当时,建康政府(江苏省南京市)军很多将领,是东方各郡人士,父子兄弟,全都投效孔觊。刘彧亲自送他们出征时,扩大宣布说:"我正在推广皇家恩德,减轻刑法,使父子兄弟的罪行,互相不受影响,无论顺从或叛逆,都以他现在的行为作判断标准。你们要深刻了解我的用心,不要忧虑受到亲戚的牵连。"军心大为欢欣。刘彧又下令,凡是叛徒留在建康(江苏省南京市)的家属,仍保持原来官职。

8 正月二十四日,南宋帝国皇太后路惠男逝世(年五十五岁。路惠男的死因另有传说,《宋略》《南史》记载:"路惠男听到孙儿刘子勋在江州〔寻阳,江西省九江市〕登极,暗中高兴,在欢宴刘彧筵席上,想把刘彧毒死,一个侍从悄悄拉一下刘彧的衣角，刘彧警悟，就用原酒回敬，路惠男无法拒绝，只好喝下，毒发身死。”宫廷之中，什么奇事惨事都有）。

9 南宋帝国寻阳政府（江西省九江市）东战场首领孔觊，派他的将领孙昙瓘等，驻军晋陵（江苏省常州市）九里（地在晋陵西北九华里），军容盛大。建康政府（江苏省南京市）建威将军沈怀明进抵奔牛（江苏省常州市西北十五公里），率领的军队人数既少，战斗力又弱，不敢进攻，只好兴筑营垒，先求保护自己。国务院执行官（尚书）张永，前进到曲阿（江苏省丹阳市），不知道前方的沈怀明是胜是败，不敢再进，而民心惶恐，有人逃走，张永遂退回延陵（丹阳市南延陵镇），跟司令官、巴陵王刘休若会师，所有将领都劝刘休若撤退到破岗（江苏省句容市东南）。当天，天气严寒，气温急剧下降，狂风搅动暴雪，很多池塘堤岸崩裂，军心动摇。刘休若下令：“敢说撤退的，斩首。”大家才稍稍稳定，开始兴筑营垒，士卒得以解下铠甲，充分休息。不久，接到沈怀明报告，知道敌人仍然停止不进，而带兵官（军主）刘亮，又前来增援，兵力转强，人情才终于安定。刘亮，是刘怀慎的堂孙（刘怀慎，参考四一六年八月）。

建康政府（江苏省南京市）金殿监察官（殿中御史）吴喜，原来是五任帝（孝武帝）刘骏的图书管理员（主书）。后来，升迁到河东郡（湖北省松滋市西北）郡长。现在，请求拨付给他精锐战士三百人，到东战场效命。刘彧派吴喜当建武将军，在羽林禁卫军中，遴选勇士，配备给他。有人说：“吴喜是个拿笔杆的文官，从来没有当过将领，不可以教他作战。”立法院立法官（中书舍人）巢尚之说：“吴喜当年，曾经追随沈庆之，屡次出征（事在五〇年代初期，《资治通鉴》没有记载），性情勇敢果决，见惯疆场战阵，如果能交付给他任务，一定会有成果，大家议论纷纷，都因为不认识人才。”于是命吴喜出发。吴喜从前曾经担任中央使节，去过东方很多次，性情宽厚，所到之处，人民对他迄今仍很怀念，听见他来，都望风归降，所以，吴喜到哪里，总是传出捷报（吴喜是临安〔浙江省杭州市临安区〕人，参考四五六年二月）。

永世（江苏省溧阳市）人徐崇之，击斩县长孔景宣，归附建康政府（江苏省南京市）。吴喜发布权宜人事命令：任命徐崇之代理永世（江苏省溧阳市）县长。吴喜进到国山（江苏省宜兴市西南），遇到东战场反抗军，进攻，大破东战场反抗军。吴喜遂自国山推进到吴城（宜兴市西南），反抗军义兴郡（宜兴市）郡长刘延熙派他的将领杨玄等抵抗，吴喜兵力单薄，杨玄兵力强大，吴喜奋勇攻击，斩杨玄，进逼义兴郡（宜兴市）。刘延熙建立木栅拒马，阻断长桥，自保郡城（宜兴市南有长桥，就是周处入水斩蛟之地。参考二七四年七月）。吴喜兴筑营垒，跟刘延熙对峙。

寻阳政府（江西省九江市）平西将军府军政官（平西司马）庾业，在长塘湖（江苏省溧阳市北），湖口的两岸，兴筑营垒，部众七千人，跟友军刘延熙遥遥呼应。建康政府（江苏省南京市）沈怀明、张永，跟据守晋陵（江苏省常州市）的东战场反抗军，正面对峙，很久不能决一胜负。皇宫外务总监（外监）朱幼，推荐宰相府军事官（司徒参军督护）任农夫：骁勇胆大，又有膂力，皇帝刘彧交付给他四百人，增援东战场。任农夫自延陵（江苏省丹阳市南延陵镇）出发，攻击长塘湖，反抗军庾业筑城还没有完成，任农夫率军急行挺进，猛烈攻击，大破庾业军。庾业放弃营垒，逃回义兴（江苏省宜兴市）。任农夫接收遗留下来的武器船舰，向义兴推进，增援吴喜。

二月一日，吴喜渡过荆溪（今地不详），攻击义兴（江苏省宜兴市）城池，一面派出军队，分别攻击其他营垒；吴喜在高处发号施令，好像指挥很多军队同时进攻。守城的反抗军大为恐惧，各营垒霎时崩溃，刘延熙投水自杀，吴喜遂攻克义兴（江苏省宜兴市）。

10 北魏帝国丞相、太原王乙浑，专制独断，不断诛杀立威。安远将军贾秀，在国务院主持考选部（掌吏曹事），乙浑几次告诉贾秀：想办法封妻子当公主，贾秀说："皇家的女儿才能称公主，平民的女儿，怎么能称公主！我宁可今天死，也不可使后世讥笑。"乙浑大怒，诟骂说："老奴才，贱骨头！"

正巧，高级咨询官（侍中）拓跋丕，控告乙浑谋反。

二月二日，冯太后下令逮捕乙浑，斩首。贾秀，是贾彝的儿子（贾彝事，参考三九五年十一月）。拓跋丕，是皇族祖先拓跋翳槐的玄孙（拓跋翳槐是拓跋什翼犍的祖父，参考三二七年十二月）。冯太后主持政府，代替皇帝行使职权（本年，冯太后二十五岁）。她把立法院最高立法长（中书令）高允、立法院主任立法官（中书侍郎）高闾、安远将军贾秀，引进政府，共同参与决策。

11 南宋帝国建康政府（江苏省南京市）建威将军沈怀明、国务院执行官（尚书）张永、辅国将军萧道成等，驻防九里（江苏省常州市西北九华里）西，跟东战场反抗军相持。反抗军听到义兴（江苏省宜兴市）战败，上下震恐。建康政府（江苏省南京市）皇帝刘彧，派积射将军、济阳郡（侨郡，江苏省盱眙县南）人江方兴，监察官（御史）王道隆；前往晋陵（江苏省常州市），评估东战场反抗军形势。东战场反抗军首领孔觊的部将孙昙瓘、程扞宗，兴筑五个营垒，互相连接；而程扞宗营垒的泥土还没有凝固，王道隆提醒中央军各将领："程扞宗营垒尚未完成，正是下手良机，既符合皇上（刘彧）的心意，又可振奋士气。"

二月三日，王道隆率各将领发动急攻，攻克营垒，斩程扞宗。

张永等乘胜进攻孙昙瓘等。

二月四日，孙昙瓘等大败，跟晋陵郡（江苏省常州市）郡长袁标，一齐放弃城池，逃走。东战场中央军遂克复晋陵（江苏省常州市）。

建康政府（江苏省南京市）建武将军吴喜，挺进到义乡（浙江省长兴县西北）。反抗军孔璪，驻防吴兴郡（浙江省湖州市）南亭（今地不详），吴兴郡郡长王昙生，前往探望孔璪，讨论时事。孔璪一听说中央军已经逼近，魂不附体，从小凳上跌下来，说："他们悬赏捉拿，就是要捉拿我，今天再不逃走，一定被他们生擒。"遂跟王昙生放弃城池，投奔钱唐（浙江省杭州市）。吴喜遂进入吴兴（浙江省湖州市）。任农夫率军攻击吴郡（江苏省苏州市），吴郡郡长顾琛，也放弃城池，投奔会稽郡（浙江省绍兴市）。

刘彧因四郡都已平定（四郡：晋陵郡、义兴郡、吴兴郡、吴郡），乃命吴喜率领沈怀明等诸将领，继续东征，攻击会稽；而命国务院执行官（尚书）张永等北上，攻击彭城（江苏省徐州市）；宁朔将军江方兴等南下，攻击寻阳（江西省九江市）。

刘彧任命国务院文官部长（吏部尚书）蔡兴宗当国务院左执行长（左仆射），高级咨询官（侍中）褚渊当国务院文官部长（吏部尚书）。

二月九日，建康政府（江苏省南京市）建武将军吴喜，率军抵达钱唐（浙江省杭州市）；反抗军孔璪、王昙生，再逃往浙江（钱塘江）东岸。吴喜派强弩将军任农夫等，率军进攻黄山浦（浙江省杭州市余杭区西南），反抗军沿岸安营扎寨，任农夫等进攻，击败反抗军。吴喜自柳浦（杭州市凤凰山下）渡口进军，攻击西陵（浙江省杭州市萧山区西北），斩庾业。于是，会稽郡（浙江省绍兴市）人心恐慌，将领士卒，很多人逃亡。会稽总部执行官（行会稽事）孔觊，不能禁止。

二月二十日，上虞（浙江省绍兴市上虞区）县长王晏，出动军队，攻

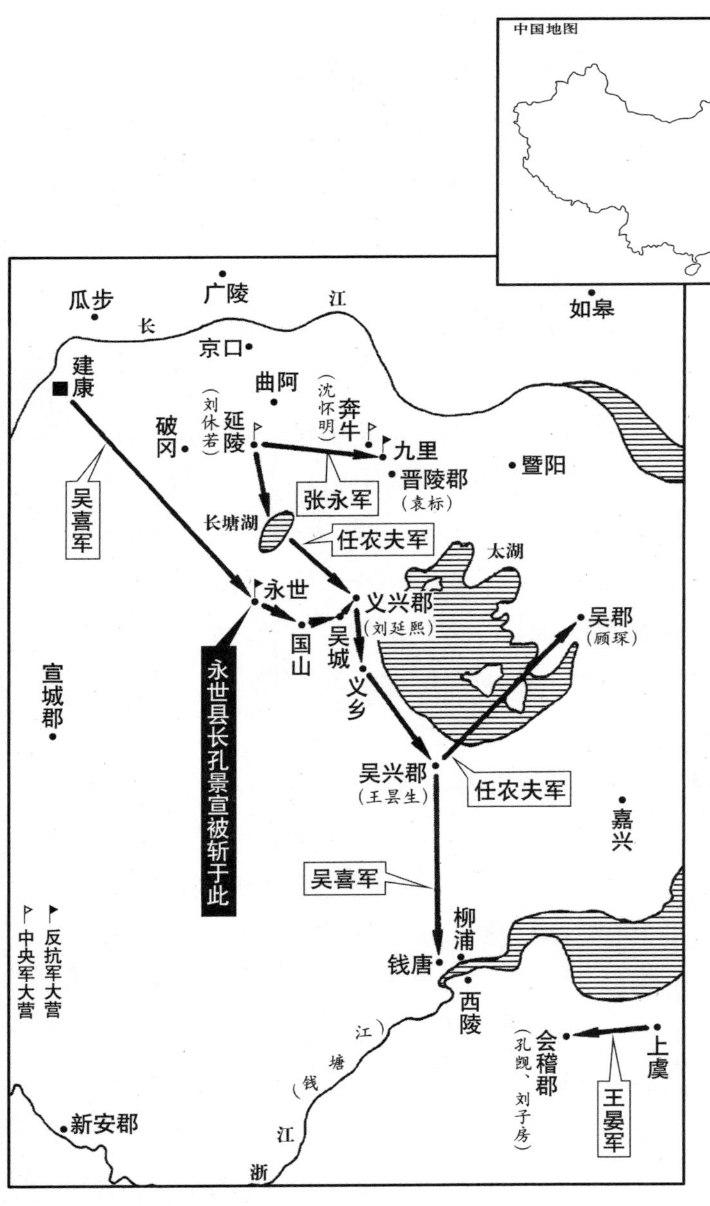

五世纪·四六六年正月至二月　南宋中央军击破东路反抗军

击郡城，孔觊逃往嵴山（嵴，音吉〔及〕。今地不详），他的部下、车骑将军府参谋指挥官（车骑从事中郎）张绥，查封州政府及仓库，等待吴喜（寻阳政府任命刘子房〔会稽郡郡长〕当车骑将军，张绥是将军府职员）。

二月二十一日，上虞县长王晏先行入城，斩张绥，在王府（寻阳王府）别墅中，逮捕寻阳王刘子房（十一岁），然后放纵士兵，大肆抢劫，政府仓库一空。擒获孔璪，斩首。

二月二十二日，嵴山村民捆绑孔觊，送给王晏，王晏对他说："这次背叛中央，都是孔璪一个人鼓动出来的，跟你并不相干，你不妨写一份自首诉状，我当替你向上面申诉。"孔觊说："东战场发号施令，都由我做主，把责任推给别人，自己只求不死，那是你这种人才做得出来的事。"王晏遂斩孔觊（年五十一岁）。吴郡郡长顾琛、吴兴郡郡长王昙生、晋陵郡郡长袁标，都向吴喜报到投降，请求处分，吴喜都予以宽恕。东战场反抗军带兵官（军主）共七十六人，作战时阵亡的十七人，其他的人都受到原谅。

12 南宋帝国北战场效忠寻阳政府（江西省九江市）的反抗军、直阁将军薛索儿，围攻效忠建康政府（江苏省南京市）的济阴郡（南济阴郡，江苏省睢宁县）郡长申阐据守的睢陵（南济阴郡郡政府所在县），久不能攻克。薛索儿派申阐的老哥、征虏将军府军政官（征虏司马）申令孙，入城游说；申阐出来投降。薛索儿把申令孙、申阐，一并诛杀（祸莫大于杀已降，何况更杀说降的人）。

建康政府（江苏省南京市）山阳王刘休祐，驻防历阳（安徽省和县），辅国将军刘勔，进军小岘（安徽省含山县西北）。反抗军豫州（州政府寿阳）州长殷琰所委任的南汝阴郡（安徽省合肥市）郡长裴季之，献出合肥（南汝阴郡郡政府所在县），投降建康政府（江苏省南京市）。

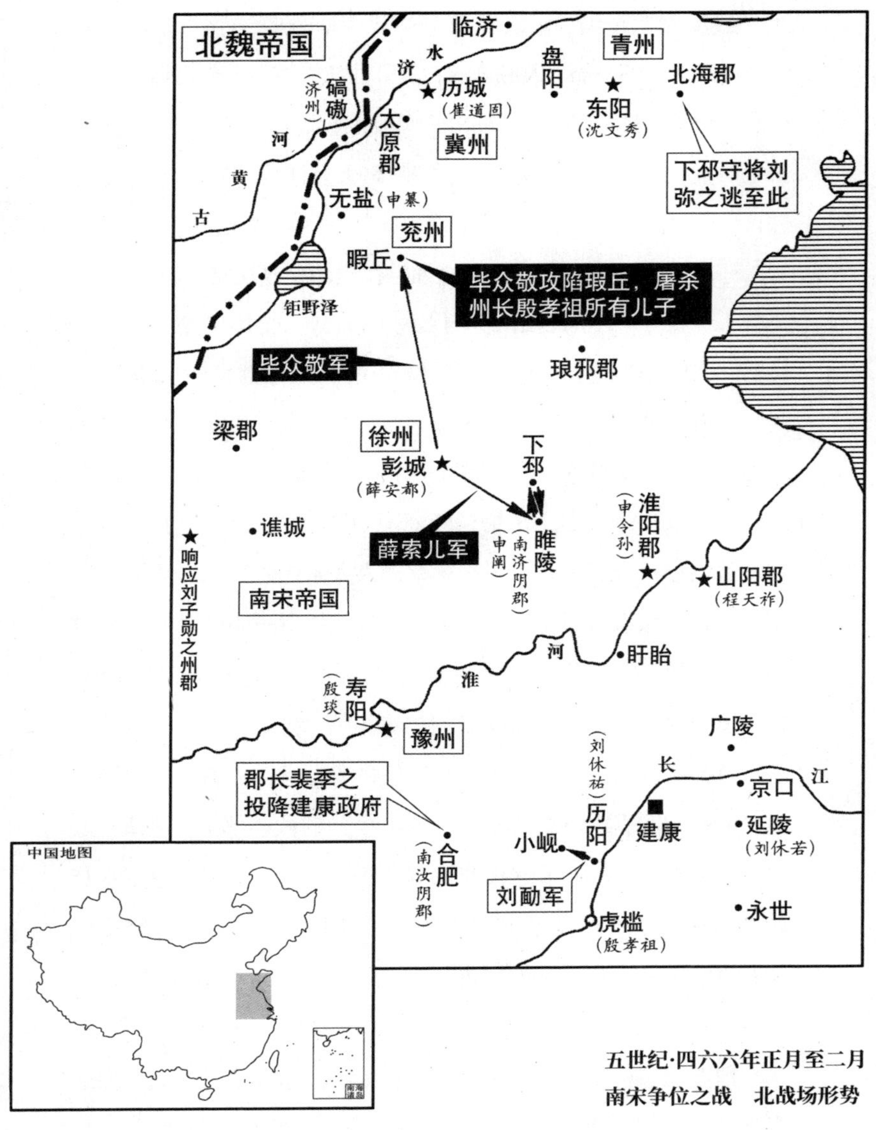

五世纪·四六六年正月至二月

南宋争位之战　北战场形势

13 南宋帝国寻阳政府（江西省九江市）国务院右执行长（尚书右仆射）邓琬，性情昏庸，人品卑劣，贪赃枉法，而又十分吝啬。既掌握最高权柄，父子联合，分别卖官卖爵，派他家的婢女奴仆，到街市上贩卖货物赚钱。酣饮狂歌，下棋赌博，日夜不停的欢乐；更骄傲自大，对自己的成就，沾沾自喜，宾客到门前求见，有时十天之久，还见不到，政府内部事务全部委托立法院立法官（中书舍人）褚灵嗣等三人，一大群品质低劣的人物，随心所欲的横行霸道，互相比赛，看谁最作威作福。于是，官员人民，无不忿怨，内外离心。

邓琬命孙冲之率龙骧将军薛常宝、陈绍宗、焦度等武装部队一万人，当前锋司令，进据赭圻（安徽省芜湖市繁昌区西。赭，音zhě〔者〕）。在行军中途，孙冲之上疏给皇帝刘子勋说："船舰已经动员妥当，粮秣武器已经准备完成，三军踊跃，人人争先恐后，思图报效帝国。现在当张满篷帆，顺流而下，一直前往白下（建康城北）。请命陶亮率各路兵马，随后进发，分别占领新亭（建康城西南）、南州（姑孰，安徽省当涂县），则一次挥军攻击，就可平定。"刘子勋加授孙冲之：首都东区卫戍司令（左卫将军）；任命陶亮当首都西区卫戍司令（右卫将军），指挥郢、荆、湘、梁、雍五个州的武装部队，共计二万人，同时东下。陶亮本来没有谋略才干，听到情报说：建康政府（江苏省南京市）建安王刘休仁亲自率军，逆长江而上；抚军将军殷孝祖随后又到；陶亮不敢前进，只逗留在鹊洲（鹊尾，安徽省芜湖市繁昌区长江中小岛）。

殷孝祖（参考本年〔四六六〕正月十六日）自以为天下之大，只有他最最忠心，所以常欺侮羞辱其他将领，建康政府（江苏省南京市）部队中，有父子兄弟在寻阳政府（江西省九江市）辖区的，殷孝祖打算都逮捕审判，于是，军心愤怒散乱，不肯服从他的指挥。宁朔将军沈攸之，对内安抚将士，对外跟其他将领和睦相处，大家对他十分依赖。殷孝祖每次出战，常常携带显示他高贵身份的旗帜和乐队，军中同僚以及士卒，都互相说："殷孝祖可是'死将'——已经死掉了的将领。他跟盗贼作战，却带着豪华的仪队，自己暴露自己，敌人如果挑出十个神射手，同时发箭，他想不死，怎么可能！"

三月三日，建康政府（江苏省南京市）西征军，水陆并进，攻击赭圻（安徽省芜湖市繁昌区西）。陶亮等率军增援赭圻，殷孝祖在会战中被流箭射中，阵亡（年五十二岁）。带兵官（军主）范潜，率五百人投降陶亮，军心震动惊骇，有人认为沈攸之应该接替殷孝祖前锋司令官位置。

柏杨曰

忠，是一种崇高的情操，对自己的责任和承诺，尽心尽力。不过腐蚀力极强的官场政治，会使"人忠"异化。异化成为"狗忠"，当事人最典型的誓言是："生是主子的人，死是主子的鬼。"管你是对是错，我是忠定了你。主子是英雄我效忠；主子是邪恶的暴徒，我照样也效忠，而且以此自豪。另一种异化是成为"狼忠"，天下虽大，只有我才忠心耿耿，必要时我可以杀妻、杀子、杀父、杀母、杀朋友、杀部属、杀长官、杀人民，甚至背叛国家；用别人的血，染红主子看得见的自己的一颗赤心。关键是，狼忠总是掉头而噬，谁的权力势粗，他就随时更换效忠对象。

"愚忠""恶忠"，不是真忠，而是真忠之敌。

当时，建康政府（江苏省南京市）建安王刘休仁，驻军虎槛（安徽省芜湖市长江中小岛），派宁朔将军江方兴，龙骧将军、襄阳郡（湖北省襄阳市）人刘灵遗，各率三千人马，前往赭圻。沈攸之判断：前锋司令官殷孝祖既然阵亡，反抗军陶亮，一定会乘胜追击，明天，中央军如果不主动发动攻势，弱点就会全部暴露；江方兴的地位和名望，跟自己相等（二人都是宁朔将军），绝不可能当自己的部属，军事行动不能统一，是招致失败的原因。于是，沈攸之率各带兵官（军主），拜访江方兴，说："现在，四面八方，都起兵叛变，政府所保有的，不到一百华里土地。中央所依赖的，只殷孝祖一人，想不到短兵器刚刚相接，就立刻抬回尸体，文武官员，全都沮丧，朝野人士，提心吊胆。事情能不能成功，只看明天一战。如果不能传出捷报，大事就全盘瓦解。有关明天之战，各将领都认为应由我指挥，可是我自问胆量不够，才能和谋略，都不如你。我们打算推举你当统帅，大家同心努力。"江方兴十分喜悦，满口承诺。沈攸之告辞出来，各带兵官（军主）抱怨他，沈攸之说："我只希望拯救帝国，一家活命，岂是为了升官！而且，我有能力向他低头，他没有能力向我低头，怎么可以自己先斗起来。"

反抗军前锋司令孙冲之，对总司令官陶亮说："殷孝祖是一员悍将，一战就把他诛杀，天下大事，已经决定，不会再有第二次会战，现在就应直接进攻京师（首都建康）。"陶亮不同意。

三月四日，江方兴率各将领进攻，建安王刘休仁又派带兵官（军主）郭季之、步兵指挥官（步兵校尉）杜幼文、骑兵指挥官（屯骑校尉）垣恭祖、龙骧将军"济地顿生"京兆郡（侨郡，湖北省襄阳市北）人段佛荣等三万人（"济地顿生"四字有误，不可解。《宋书·邓琬传》，作"龙骧将军顿生"，则可能是"龙骧将军、济北郡〔侨郡，山东省肥城市〕人顿生"），增援助战。自凌晨厮杀到中午，大破反抗军，追击到姥山（今地不详）而回。杜幼文，是杜骥的儿子（杜骥，参考四三〇年七月）。

反抗军前锋司令孙冲之，在湖口和白水口，兴筑两个城池，中央军带兵官（军主）竟陵郡（湖北省钟祥市）人张兴世进攻，攻克。

三月五日，建康政府（江苏省南京市）皇帝刘彧下诏，擢升沈攸之当辅国将军、“假节”，接替殷孝祖位置，当前锋总司令（督前锋诸军事）。

陶亮得到湖口、白水口二城失守消息，大为恐惧，急令孙冲之撤回，退驻鹊尾（安徽省芜湖市繁昌区长江中小岛），而留薛常宝等驻防赭圻（安徽省芜湖市繁昌区西）；之前在姥山（今地不详）及各山冈兴筑的营垒要塞，也分别解散，士卒各返原来建制，集中力量，保卫浓湖（安徽省芜湖市繁昌区西荻港镇）。

当时，战乱四起，建康政府（江苏省南京市）财政枯竭。于是卖官卖爵，号召人民捐献金银或粮食，依照捐献多少，分别任命他当荒凉偏远地区的郡长、县长，以及五品（郡长）到三品（副部长级）之间散官。

建康政府（江苏省南京市）中央军粮秣缺乏，建安王刘休仁安慰军心，鼓励将士，平均分配，哀悼忠魂，亲自照顾伤残，跟人同戚同悲，所以，十万人大军，没有离心。

寻阳政府（江西省九江市）国务院右执行长（尚书右仆射）邓琬，派豫州（州政府寿阳）州长（刺史）刘胡，率军三万人及精锐骑兵二千人，东下进驻鹊尾（安徽省芜湖市繁昌区长江中小岛），连同原出征士卒，共十余万人。刘胡，是沙场老将，勇敢而有谋略，屡次建立战功，将领士卒对他十分敬畏。建康政府（江苏省南京市）宰相府大营军事参议官（司徒中兵参军）、冠军（河南省邓州市西北冠军村）人蔡那，他的儿子和老弟，都在襄阳（雍州州政府所在县，湖北省襄阳市）；刘胡每次作战，就把蔡那儿子们悬挂城外，蔡那照样猛烈攻击，毫无顾忌。建武将军吴喜，既削平三吴（太湖流域及钱塘江流域），率军队五千人，连同军用物资，西上增援刘休仁，进抵赭圻（安徽省芜湖市繁昌区西）。

14 南宋帝国北战场，寻阳政府（江西省九江市）直阁将军薛索儿，率步骑兵混合部队一万余人，自睢陵（江苏省睢宁县）渡过淮河，进逼青、冀二州州长（刺史）张永营寨。

三月九日，建康政府（江苏省南京市）皇帝刘彧，下诏给南徐州（州政府京口）州长（刺史）、桂阳王刘休范，担任北伐司令官（统北讨诸军事），进驻广陵（江苏省扬州市）。刘彧再命萧道成率军救援张永。

三月十一日，建康政府（江苏省南京市）把寻阳王刘子房，由会稽郡（浙江省绍兴市）押解到首都建康（江苏省南京市）。刘彧下令赦免，仅贬爵二级，改封松滋侯。

15 三月十三日，北魏帝国政府任命陇西王源贺，当全国武装部队总司令（太尉）。

16 南宋帝国建康政府（江苏省南京市）皇帝刘彧，派宁朔将军刘怀珍，率龙骧将军王敬则等步骑兵五千人，增援攻击寿阳（安徽省寿县）的辅国将军刘勔，斩寻阳政府（江西省九江市）委任的庐江郡（安徽省舒城县）郡长刘道蔚。刘怀珍，是刘善明的侄儿（刘善明，参考本年〔四六六〕正月八日）。

立法院立法官（中书舍人）戴明宝，向刘彧推荐带兵官（军主）竟陵郡（湖北省钟祥市）人黄回，回乡招募军队，刘彧批准。黄回遂用他招募的军队进攻，斩寻阳政府（江西省九江市）所任命的马头郡（安徽省蚌埠市西南马城镇）郡长王广元。

前任“奉朝请”（特准参加御前会报）寿阳（安徽省寿县）人郑黑，在淮河上游聚众起兵，响应建康政府（江苏省南京市），东方拒抗殷琰（寻阳政府豫州〔州政府寿阳〕州长），西方拒抗常珍奇（寻阳政府汝南郡〔郡政府悬瓠〕郡长）。

三月十八日，刘彧任命郑黑当司州（州政府义阳）州长（刺史）。

寻阳政府（江西省九江市）所属的豫州（州政府设寿阳〔安徽省寿县〕）州长（刺史）殷琰（与刘胡并存的豫州州长），派部将刘顺、柳伦、皇甫道烈、庞天生等步骑兵混合兵团八千人，驻防东方的宛唐（安徽省寿县东）。建康政府（江苏省南京市）辅国将军刘勔，率各路人马，同时并进，在距刘顺阵地数华里之处扎营。当时，殷琰派出的军队，统由刘顺指挥；可是，皇甫道烈原是当地的土霸，柳伦原是建康政府（江苏省南京市）军官；刘顺出身卑微，所以这两军不受节制。刘勔刚到，营垒还没有筑成，刘顺打算攻击，皇甫道烈、柳伦坚决反对，刘顺不能孤军出击，只好停止。等到刘勔筑营完成后，已不能再攻，两军遂互相对峙。

17 三月二十五日，南宋帝国建康政府（江苏省南京市），下令禁止使用新钱（包括“元嘉四铢”“孝建四铢”），专用古钱（指西汉王朝流行下来的五铢钱）。

18 南宋帝国建康政府（江苏省南京市）西战场前锋总司令沈攸之，率各路人马，包围赭圻（安徽省芜湖市繁昌区西）。守军龙骧将军薛常宝等粮食吃完，向豫州州长刘胡求救，刘胡用布袋装米，分别绑到木板上，放到船舱之中，故意使船翻覆，船底朝天，乘风顺流而下，接济薛常宝。沈攸之对这么多顺流而下的翻覆船舶，感到奇异，派人前去打捞翻船和木板，才发现秘密。

三月二十九日，刘胡率步兵一万人，在夜色掩护下，开山凿道，用布袋装米，运送粮食给薛常宝。天将亮时，进抵赭圻城下，但仍隔最后一条小沟，不能进城。就在此时，沈攸之率各军攻击，至死不退；刘胡大败，抛弃铠甲粮食，沿山逃走，损失惨重；刘胡身受重伤，仅只活着回营。薛常宝等箭尽粮绝，惊慌恐惧。

夏季，四月四日，薛常宝大开赭圻城门，突围，逃回刘胡营垒。沈攸之遂占领赭圻城，斩寻阳政府（江西省九江市）宁朔将军沈怀宝等，接受投降士卒数千人。寻阳政府（江西省九江市）另一将领陈绍宗，一个人乘一只小艇，投奔鹊尾（安徽省芜湖市繁昌区长江中小岛）。建康政府（江苏省南京市）建安王刘休仁，自虎槛（安徽省芜湖市长江中小岛）前进，驻防赭圻（安徽省芜湖市繁昌区西）。

寻阳政府（江西省九江市）豫州州长（刺史）刘胡的兵力，仍十分强大，建康政府（江苏省南京市）皇帝刘彧为了安慰军心，派国务院文官部长（吏部尚书）褚渊，前往虎槛（安徽省芜湖市长江中小岛），遴选有功将士，担任文官。当时，因战场上有功，而被任命当文官的很多，以致任命板不够供应（自三世纪三国时代以来，政府任官，都用一块精致的木板，长一尺二寸，宽七寸，厚一寸；派令文字，都写到那块木板上），遂改用黄颜色纸张。

寻阳政府（江西省九江市）国务院右执行长（右仆射）邓琬，用皇帝刘子勋的命令，征召雍州（州政府襄阳）州长（刺史）袁顗，前来寻阳；袁顗率领雍州（湖北省北部）所能动员的武装部队，急行军南下。邓琬任命禁宫咨询官（黄门侍郎）刘道宪，当荆州（州政府江陵）总部执行官（行荆州事）；高级咨询官（侍中）孔道存，当雍州总部执行官（行雍州事）。效忠建康政府（江苏省南京市）的上庸郡（湖北省竹山县西南上庸镇）郡长柳世隆，乘襄阳（湖北省襄阳市）空虚，发动攻击，不能攻克。柳世隆，是柳元景的侄儿（柳元景，参考去年〔四六五〕八月十三日）。

青州（山东半岛）籍的散骑顾问官（散骑侍郎）明僧暠（明，姓），聚众起兵，攻击效忠寻阳政府（江西省九江市）的青州（州政府设东阳〔山东省青州市〕）州长（刺史）沈文秀，响应建康政府（江苏省南京市）。

四月二十五日，建康政府（江苏省南京市）任命明僧暠当青州州长。平原（梁邹〔山东省邹平市北〕）、乐安（山东省广饶县）二郡郡长王玄默，占领琅邪（山东省临沂市）；清河（盘阳〔山东省淄博市南〕）、广川（武强〔山东省邹平市东〕）二郡郡长王玄邈，占领盘阳城（山东省淄博市南）；高阳（山东省桓台县东）、勃海（临济〔山东省高青县西南〕）二郡郡长刘乘民，占领临济城（山东省高青县西南）；全都响应建康政府（江苏省南京市）。王玄邈，是王玄谟的堂弟（王玄谟时任车骑大将军）。刘乘民，是刘弥之的侄儿。沈文秀派带兵官（军主）解彦士攻击北海（平寿〔山东省昌乐县东南〕），攻克，斩刘弥之。刘乘民堂弟刘伯宗，集结地方党羽及民众武力，再夺回北海，乘势攻击青州州政府所在的东阳城（山东省青州市），沈文秀迎战，斩刘伯宗。明僧暠、王玄默、王玄邈、刘乘民，联军攻击东阳城，每次攻击都被沈文秀击败，士卒离散，重新集结再攻，这样十余次，最后仍无法攻克。

19 南宋帝国寻阳政府（江西省九江市）所属豫州（州政府寿阳）秘书长（长史）杜叔宝，最初，认为中央军驻扎历阳（安徽省和县），不能马上向前推进。忽然间，建康政府（江苏省南京市）辅国将军刘勔等抵达近郊，寿阳（安徽省寿县）上下震动恐惧；部将刘顺等东下驻防宛唐（安徽省寿县东）时，只携带一个月粮食，既跟刘勔相持不下，一个月粮食于是吃完。杜叔宝派运输车一千五百辆，送米给刘顺，而亲自率精锐骑兵五千人护送。建康政府（江苏省南京市）宁朔将军吕安国

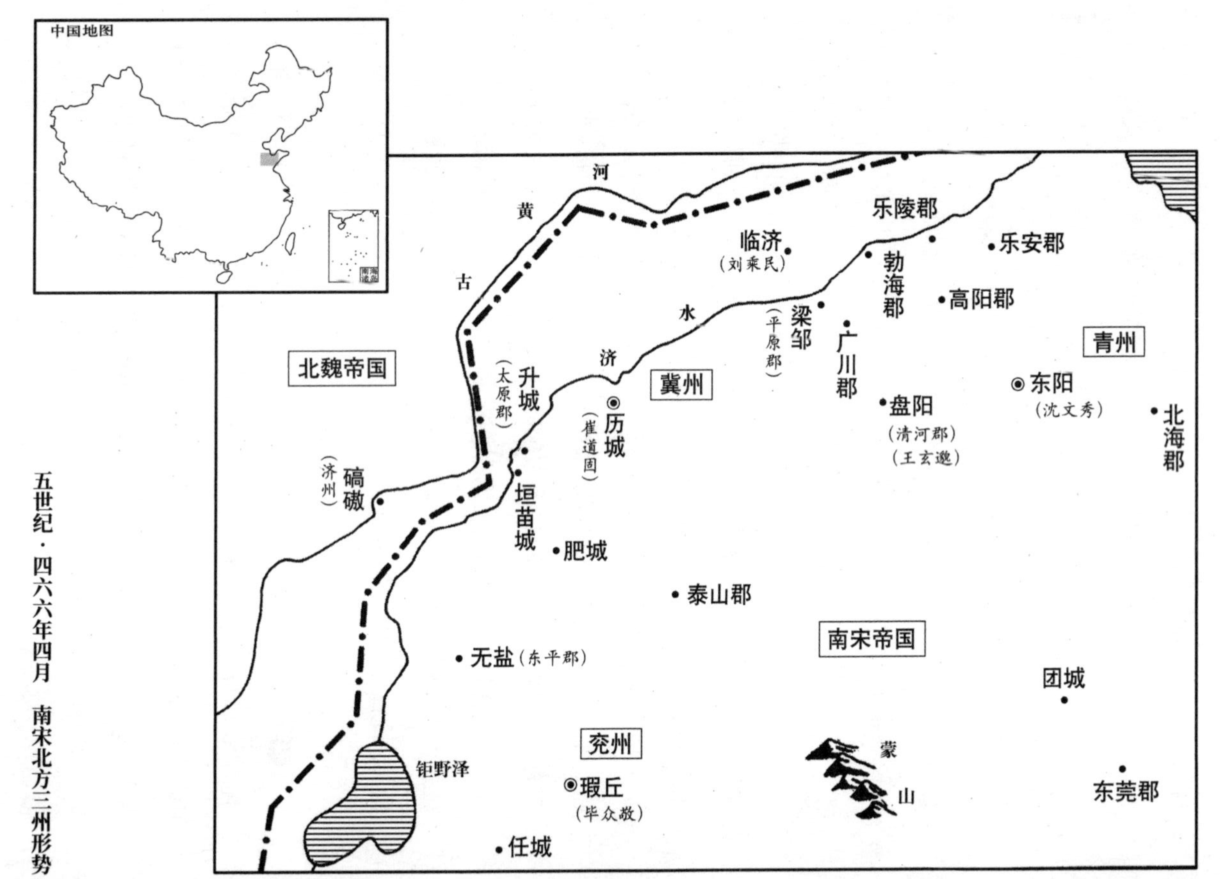

五世纪·四六六年四月　南宋北方三州形势

得到情报，告诉刘勔说："刘顺拥有精锐战士八千人，我们的兵力，不到他一半。僵持的时间一久，强弱不敌的差距，将更扩大，我们简直不能自存。唯一的盼望，是对方粮食无以为继，而我们的粮食还多的是。杜叔宝的米如果运到，我们不但难以打胜仗，而且还难以久守。现在只有一个办法，从小路出发，攻击他们的运米车队，出其不意，如果能够摧毁，他们就会不战而走。"刘勔同意，遂留下老弱残兵守卫营垒，遴选精锐战士一千人，配备给吕安国，和龙骧将军黄回，命他们从小路绕到刘顺背后，在横塘（应在安徽省寿县稍东）设下埋伏。

吕安国出发时，携带两天煮熟了的饭。两天已过，熟食已经吃光，还不见杜叔宝车队，将士们认为消息可能有误，要求回军，吕安国说："你们早上总算吃过一顿。依我判断，运米车队，今晚定到；如果今晚不到，我们就今晚撤退，也不算迟。"入夜，杜叔宝果到，车队成"函箱阵"（武装部队夹道，车辆居中），而杜叔宝在函箱阵外，游动搜索，掩护前进；支队司令（幢主）杨仲怀，率五百人在车队前开路。吕安国、黄回等突然发动攻击，斩杨仲怀，连同他的部众，全数屠杀。杜叔宝听到杀声，迅速增援，黄回打算乘胜进击，吕安国说："他会自己逃走，用不着动手。"撤退三十华里，停止，住宿。乘夜，派骑兵前往侦察，杜叔宝果然抛弃运米车队撤退。吕安国就在夜间，再回去纵火焚烧粮米，从车上解下牛二千余头，回军。

五月一日，夜晚，刘顺部众崩溃，四散逃命，刘顺向淮西（河南省东南部）投奔据守悬瓠（河南省汝南县）的常珍奇。刘勔擂起战鼓挺进，向寿阳（安徽省寿县）进发。杜叔宝把城外居民，及零星部队，集中城内，登城自守。刘勔跟各路兵马，分别在城外扎营。

建康政府（江苏省南京市）山阳王刘休祐，写信给殷琰，分析利害得失；刘彧又派监察官（御史）王道隆，携带诏书，正式赦免殷琰。刘勔也写信给殷琰，附上殷琰的老哥殷瑗的儿子殷邈家书。殷琰和杜叔宝，都有投降之意，可是，大家议论纷纷，不能决定。于是，继续守城。

弋阳郡（河南省潢川县）西山蛮首领田益之，聚众起兵，响应建康政府（江苏省南京市）。刘彧下诏任命田益之当辅国将军、弋阳西山蛮军区司令官（督弋阳西蛮事）。

五月六日，任命辅国将军沈攸之，当雍州（州政府襄阳）州长（刺史）。

五月二十一日，任命国务院左执行长（尚书左仆射）王景文，当中军将军。

五月二十四日，任命宁朔将军刘乘民，当冀州（州政府历城）州长。

20 五月二十八日，南宋帝国建康政府（江苏省南京市），把皇太后路惠男，安葬修宁陵（在五任帝刘骏墓〔景宁陵〕东南），绰号昭太后。

21 南宋帝国建康政府（江苏省南京市）青、冀二州州长张永、辅国将军萧道成，攻击寻阳政府（江西省九江市）直阁将军薛索儿，大破薛索儿军，薛索儿退守石梁（安徽省天长市西），粮食吃完，大军溃散，薛索儿投奔乐平（侨县，安徽省凤阳县东南），被申令孙的儿子申孝叔击斩。寻阳政府（江西省九江市）徐州（州政府彭城）州长薛安都的儿子薛道智，逃往合肥（安徽省合肥市），晋见南汝阴郡（郡政府合肥）郡长裴季之，投降。太原郡（山东省济南市长清区东南）郡长傅灵越，逃到淮西（河南省东南部），被建康政府（江苏省南京市）武卫将军、沛郡（安徽省萧县）人王广之生擒；王广之把他押送给刘勔，刘勔责问他为什么当叛徒，傅灵越说：“全国各地，纷纷起义，岂只我一人？薛安都不能任用人才，只信任他的儿子和侄儿，这是他失败的原因。人，总归一死，实在没有颜面求生。”刘勔把他送到建康（江苏省南京市），皇帝刘彧打算赦免，但傅灵越不肯更改口供，遂被处决。

22 南宋帝国寻阳政府（江西省九江市）国务院右执行长（尚书右仆射）邓琬，因豫州州长刘胡，跟建康政府（江苏省南京市）中央军沈攸之等对阵僵持，久不能决胜负；于是加授雍州（州政府襄阳）州长袁颉当征剿大军总司令官（督征讨诸军事）。

六月十八日，袁颉率战舰一千艘、战士二万人，抵达鹊尾（安徽省芜湖市繁昌区长江中小岛），袁颉压根不是将帅之才，而又性情卑怯，无勇无谋，大营之中，他从不穿军服，谈话中也从不涉及战争，而只吟诗写赋，谈谈儒家学派的义理，对各将领不但不安抚鼓励，甚至不肯见面。刘胡每次到大营讨论军事，袁颉接待他也十分简慢。于是，军心全失，刘胡尤其把袁颉恨入骨髓。刘胡曾因后方补给船舰还没有到，士卒乏食，向袁颉借襄阳（湖北省襄阳市）的存粮，袁颉拒绝，说：“京师（此指建康）还有两处住宅没有完成，正依靠这项财源。”又相信过往客人的传言：“建康（江苏省南京市）米价飞升，一斗高达数百钱。”认为用不着进攻，建康政府会自己崩溃，所以按兵不动，坐在那里等待。

建康政府（江苏省南京市）辅国将军田益之，率西山蛮组成的军队一万余人，包围义阳（河南省信阳市）。寻阳政府（江西省九江市）国务院右执行长（右仆射）邓琬，命司州（州政府义阳）州长庞孟虬，率精锐部队五千人救援，田益之不敢迎战，所属蛮军一哄而散。

寻阳政府（江西省九江市）所属安成郡（江西省安福县）郡长刘袭、始安郡（广西桂林市）郡长王识之、建安郡（福建省建瓯市）郡长（内史）赵道生；全都献出城池，投降建康政府（江苏省南京市）。刘袭，是刘道怜的孙儿（刘道怜是一任帝刘裕的老弟，参考四〇八年正月）。 678

23 南宋帝国建康政府（江苏省南京市）辅国将军萧道成的儿子萧赜（音zé〔责〕），当南康郡（江西省赣州市）赣县（南康郡郡政府所在县）县长。寻阳政府（江西省九江市）国务院右执行长（右仆射）邓琬，派人前往逮捕，囚禁监狱。萧赜的门客（以做宾客为主要职业的人）、兰陵郡（江苏省常州市西北）人桓康，扮成挑担的苦力，担着萧赜的正妻裴女士和萧赜的两个儿子萧长懋、萧子良，逃到山中；跟萧赜的同族萧欣祖等，集结门客壮士一百余人，袭击郡城（赣县），攻破监狱，救出萧赜。南康郡郡长（相）沈肃之，率将士追赶缉捕，萧赜反击，生擒沈肃之。于是，萧赜遂自称宁朔将军，就在赣县（赣州市），聚集部众，起兵反抗寻阳政府（江西省九江市），跟安成郡（江西省安福县）郡长刘袭等，互相呼应。邓琬派中央军事总监（中护军）殷孚，当豫章郡（江西省南昌市）郡长，督导赣江上游五个郡（豫章郡、庐陵郡〔江西省吉水县〕、临川郡〔江西省抚州市临川区〕、安成郡、南康郡），防御刘袭等。

衡阳郡（湖南省株洲市西南）郡长（内史）王应之，聚众起兵，宣布响应建康政府（江苏省南京市），袭击湘州（州政府设临湘〔湖南省长沙市〕）总部执行官（湘州行事）何慧文所在地长沙（临湘）。王应之跟何慧文单独决斗，砍中何慧文八处创伤，何慧文砍断王应之一只脚，斩王应之。

始兴郡（广东省韶关市）人刘嗣祖等，占领郡城，响应建康政府（江苏省南京市）；广州（州政府番禺）州长袁昙远，派他的部将李万周等讨伐。刘嗣祖向李万周誓言："寻阳（江西省九江市）已经陷落，战乱已

五世纪·四六六年六月

南宋寻阳政府各地陆续回归建康

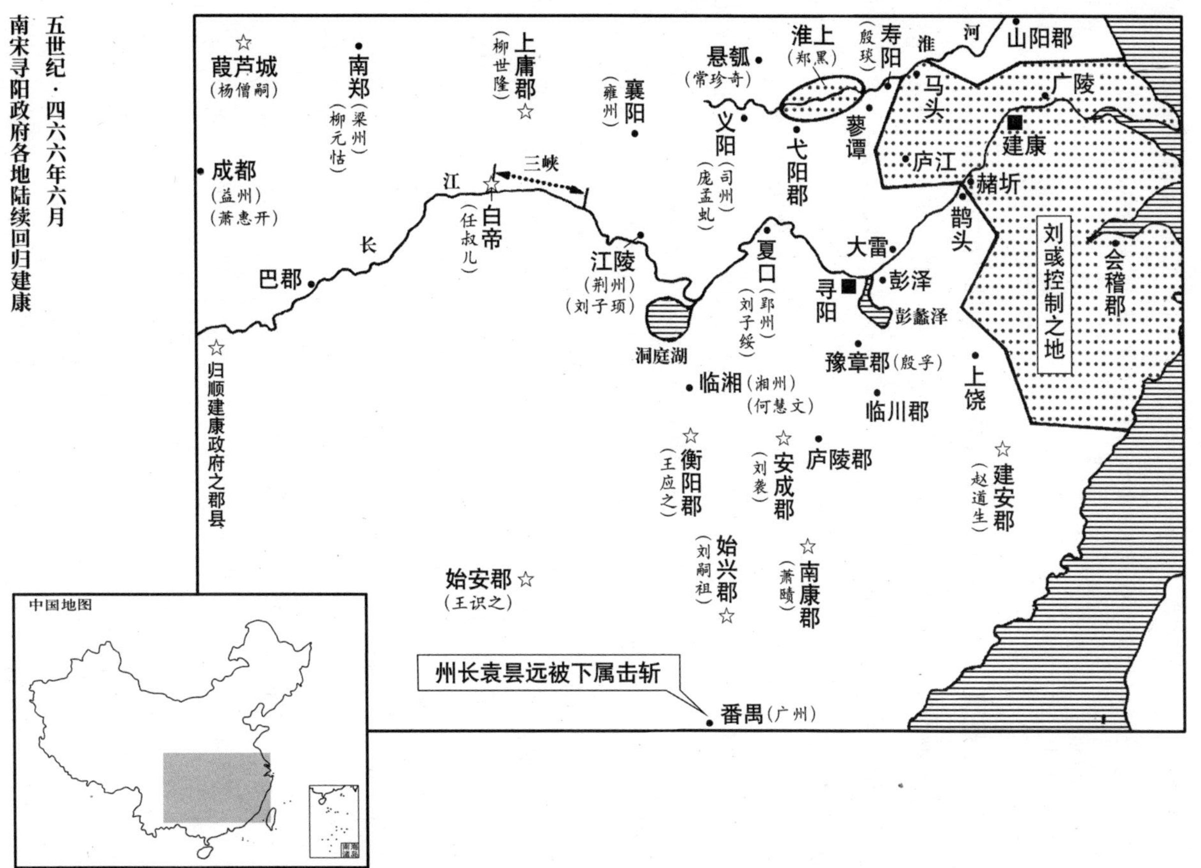

停。"李万周相信，回军袭击番禺（广东省广州市），生擒他的上司袁昙远，斩首。建康政府（江苏省南京市）任命李万周当广州总部执行官（行广州事）。

24 最初，"氐王"武都王杨元和，把总部设在白水（四川省青川县东沙州镇），力量微弱，不能维持生存。于是，他抛弃部众，投奔北魏帝国。杨元和的堂弟杨僧嗣，自称武都王，把总部迁到葭芦（甘肃省陇南市武都区东南）。

南宋帝国寻阳政府（江西省九江市）所属巴郡（重庆市）郡长费欣寿（参考本年〔四六六〕正月八日），率军东下，进抵巴东郡（重庆市奉节县东），巴东郡人任叔儿据守白帝（巴东郡郡政府所在城），自称辅国将军，迎战，斩费欣寿；遂封锁三峡。益州（州政府设成都〔四川省成都市〕）州长萧惠开，再派行政官（治中）程法度，率军三千人，北上梁州（州政府设南郑〔陕西省汉中市〕）。"氐王"（首府葭芦）杨僧嗣，率氐民族各部落切断道路，派人从小路奏报建康政府（江苏省南京市）。

秋季，七月十二日，建康政府（江苏省南京市）任命杨僧嗣当北秦州州长，封武都王。

25 南宋帝国建康政府（江苏省南京市）中央军，跟寻阳政府（江西省九江市）反抗军，在浓湖（安徽省芜湖市繁昌区西荻港镇）对峙，一直没有决定胜负。建康政府（江苏省南京市）龙骧将军张兴世建议说："盗贼（寻阳政府）盘踞上游，军力强大，地势险要，我们阻止他们前进的力量有余，而消灭他们的力量不足。如果派出数千人奇兵，包抄到他们背后，在险要的地方筑城布阵，乘机发动，将使他们首尾同时惶恐不安，进退两难。敌人上游既被我们切断，粮食供应一定发生问题，这是克制盗贼（寻阳政府）的奇妙策略。钱溪（安徽省池州市贵池区东北）长江两岸，最是窄狭，而又距大军不远，水道弯曲急湍，船只经过，必须紧靠岸边，那里又有天然港口，可以停泊。一千人把守，一万人不能通过，其他要害地方，都不能超过此地。”沈攸之、吴喜，全都赞成。正巧，寻阳政府（江西省九江市）司州（州政府义阳）州长庞孟虬，自义阳（河南省信阳市）率军增援殷琰（豫州〔州政府寿阳〕州长），建康政府（江苏省南京市）辅国将军刘勔派人前来大营求救，情况紧急。建安王刘休仁打算派张兴世率军援助刘勔，沈攸之反对，说：“庞孟虬的部队，像一群蚂蚁，毫无作为，另行派一位将领，交给他步骑兵数千人，足可以把庞孟虬制住。张兴世这次攻击，却是安危成败的契机，不可以中途停止。”于是命段佛荣率军增援刘勔；另行遴选战士七千人，轻快小艇二百艘，配给张兴世。

张兴世率两百艘轻装备舰艇，逆流而上，走到一个相当的地方后，即行返航，一连数天，每天如此。寻阳政府（江西省九江市）豫州州长刘胡听到消息，笑说：“我还不敢越过他们阵地，夺取京畿（扬州），张兴世是什么东西，居然想轻易的占领我的上游。”不作防范。一天晚上，四更时候（凌晨三时），东风忽起，张兴世船舰，全张满帆，向西鼓浪前进，穿过湖口、白水口，再穿过鹊尾（安徽省芜湖市繁昌区长江中小岛）。刘胡这时候才忽然发觉，急命他的将领胡灵秀，率船队沿岸追赶，紧傍张兴世舰队前进。

七月十三日，晚上，张兴世停泊景洪浦（今地不详），胡灵秀也留在景洪浦。张兴世暗中派部将黄道标，率七十艘快艇，直航钱溪（安徽省池州市贵池区东北），建立营寨。

七月十四日，张兴世率主力再西进，直接进入钱溪新建营寨，胡灵秀无法阻止。

七月十五日，刘胡亲自率水陆联合二十六军，攻击钱溪，张兴世部属打算迎战，张兴世不准，说：“贼寇（刘胡军）距离还远，气势旺盛，一旦交锋，定会箭如雨下。气太盛，容易衰弱；箭太多，容易枯竭，不如等待。”命将士继续加强城防工事。不久，刘胡舰队接近，进入旋涡，张兴世命寿寂之、任农夫率武士数百人先行攻击，其余部队随后同时并进；刘胡不支，败退，阵亡数百人，收兵而回。当时，张兴世营寨还不够坚固，建安王刘休仁考虑寻阳政府（江西省九江市）征剿大军总司令官（都督征讨诸军事）袁颛，回军跟刘胡合力对钱溪作第二次攻击，打算予以牵制，分散他们的力量。

七月十六日，命沈攸之、吴喜等，用皮舰（牛皮蒙到舰上抵抗飞箭飞石）进攻浓湖（安徽省芜湖市繁昌区西荻港镇），杀数千人。当天（七月十六日），刘胡率步兵二万人、骑兵一千人，打算再攻张兴世，进抵距钱溪只数十华里，袁颛因浓湖紧急，命刘胡回军救援；钱溪城遂在这个空档中，建筑完成。刘胡派人传播消息说：“钱溪敌人，已完全消灭。”建康政府（江苏省南京市）中央军大为恐惧，沈攸之说：“不对。钱溪如果战败，一万人中至少会有一人逃亡生还，不可能杀得一人不剩。必定是他们攻击失利，散布虚假情报，扰乱军心。”下令军中不准妄动。一会工夫，钱溪捷报传到。沈攸之把钱溪送来从刘胡士卒脸上割下的耳朵和鼻子，送给浓湖守军观看，袁颛震骇恐惧。沈攸之既达到牵制目的，黄昏时回军。

建康政府（江苏省南京市）龙骧将军刘道符，进攻山阳（江苏省淮安市），效忠寻阳政府（江西省九江市）的郡长程天祚（参考本年〔四六六〕正月八日），向刘道符投降。

寻阳政府（江西省九江市）司州（州政府义阳）州长（刺史）庞孟虬，前进到弋阳（河南省潢川县），建康政府（江苏省南京市）辅国将军刘勔，派宁朔将军吕安国等，在蓼潭（河南省固始县东北）迎头痛击，大破庞孟虬军。庞孟虬投奔义阳（河南省信阳市）。王玄谟的儿子王昙善，聚众起兵，夺取义阳，归附建康政府（江苏省南京市）。庞孟虬逃到蛮夷居住的山区，死在那里。

寻阳政府（江西省九江市）豫州州长刘胡，派辅国将军薛道标，袭击合肥（安徽省合肥市），斩效忠建康政府（江苏省南京市）的南汝阴郡（郡政府合肥）郡长裴季之（参考本年〔四六六〕二月）。建康政府（江苏省南京市）辅国将军刘勔派另一辅国将军垣闳反攻。垣闳，是垣阆的老弟（垣阆事，参考四五九年三月）。薛道标，是薛安都（寻阳政府徐州〔州政府彭城〕州长）的儿子。

淮西（河南省东南部）人郑叔举，聚众起兵，攻击效忠寻阳政府（江西省九江市）的汝南郡（河南省汝南县）郡长常珍奇，响应建康政府（江苏省南京市）司州州长郑黑。

七月二十六日，建康政府（江苏省南京市）任命郑叔举当北豫州（北豫州，州政府所在不详）州长。

26 南宋帝国寻阳政府（江西省九江市）冀州（州政府历城）州长（刺史）崔道固，受当地人民攻击，关闭城门自保。建康政府（江苏省南京市）皇帝刘彧，派人前来安慰招抚，崔道固遂投降。

七月二十九日，刘彧任命崔道固当徐州（州政府彭城）州长。

八月，寻阳政府（江西省九江市）将领、寿阳（安徽省寿县）地方土霸皇甫道烈等（参考本年〔四六六〕三月十八日），听到司州（州政府义阳）州长庞孟虬战败消息，开城门出降。

27 南宋帝国建康政府（江苏省南京市）龙骧将军张兴世，既据守钱溪（安徽省池州市贵池区东北），寻阳政府（江西省九江市）反抗军浓湖（安徽省芜湖市繁昌区西荻港镇）大营，粮食开始缺乏。国务院右执行长（尚书右仆射）邓琬，大量运送军需物资，可是畏惧张兴世截击，不敢前进。刘胡率轻装备舰艇四百艘，从鹊头（安徽省铜陵市北）沿长江南岸前进，打算进攻钱溪，中途忽然对他的秘书长（长史）王念叔说："我从小习惯陆地作战，不懂水上作战。陆军攻击时，我总是在数万人中间，可是水上交锋，我只有一条小船，单独进击，互相不能照顾，一船不过三十人，我只在三十人中间而已，绝不全安，我可不当傻瓜。"于是假装害了疟疾，停泊鹊头（安徽省铜陵市北），不肯前进。只派龙骧将军陈庆，率舰艇三百艘，航向钱溪，吩咐陈庆不要攻击："张兴世这个人，我太了解他，他会逃走！"陈庆抵达钱溪后，驻军梅根（应指梅根监，距钱溪二公里）。

刘胡另派将领王起，率一百余艘舰艇，攻击张兴世，张兴世反击，大破王起军。刘胡率其余的舰艇撤回浓湖（安徽省芜湖市繁昌区西荻港镇），对袁𫖮说："张兴世营寨已经筑成，短期内不可能攻克。昨天小小接触，谈不到损失。陈庆已经跟南陵（安徽省池州市贵池区）、大雷（安徽省望江县）各军，扼住张兴世上游，我们大营在此，鹊头（安徽省铜陵市北）将领，又阻断他的下游，他已掉到我们包围圈中，不必忧虑。"袁𫖮对刘胡不亲自攻击，十分愤怒，问刘胡说："补给线被切断，我们怎么办？"刘胡说："他们能越过我们，逆江而上；我们为什么不能越过他们，顺江而下？"乃派安北将军府军政官（安北司马）沈仲玉，率一千人，徒步前往南陵（安徽省池州市贵池区）迎接军粮。沈仲玉到达南陵，把米三十万斛装到船上，以及军饷、布匹，共数十船，在船上用木板钉成围墙，打算突围。可是，船行到贵口（安徽省池州市贵池区西北，贵池水〔秋浦河〕注入长江处），不敢前进，派人绕小路报告刘胡，请派主力部队前来迎接。张兴世得到情报，命寿寂之、任农夫等，率三千人挺进到贵口攻击，沈仲玉放弃辎重，逃回袁颛大营，所有军用物资，全被夺去。刘胡部众惊骇恐惧。部将张喜，投降建康政府（江苏省南京市）中央军。

建康政府（江苏省南京市）镇东将军府大营军事参议官（镇东中兵参军）刘亮，向前推进，逼近刘胡军营，刘胡不能抵抗，袁颛惶恐，说:“盗贼（建康政府中央军）已侵入人的心脏，怎么能活命！”刘胡暗中准备逃走。

八月二十四日，刘胡报告袁颛说:“请再拨付给我步骑兵二万人，到上游夺回钱溪，并运回积存在大雷（安徽省望江县）的余粮。”要求袁颛把全部骑兵，都配备给自己。当天（八月二十四日），刘胡抛下袁颛，直往梅根（距钱溪二公里），先命薛常宝征集船舰，以及南陵（安徽省池州市贵池区）各军，纵火焚烧大雷（安徽省望江县）各城，逃走。当夜（八月二十四日夜），袁才发现受刘胡欺骗，破口大骂说:“今年可被小子害惨！”呼唤侍从牵来他平常所乘、名叫飞燕的名马，对他的部属说:“我要亲自追刘胡回来！”于是也乘机逃走。

八月二十五日，建康政府（江苏省南京市）建安王刘休仁，在严密戒备下，进入被袁颛遗弃的浓湖（安徽省芜湖市繁昌区西荻港镇）大营，接受十万人投降；一面派沈攸之等追捕袁颛。袁颛逃到鹊头（安徽省铜陵市北），会合驻军司令（戍主）薛伯珍，以及薛伯珍所率部众数千人，一同向西撤退，打算前往寻阳（江西省九江市）。夜晚，住宿山区，袁颛杀马劳军，回头对薛伯珍说:“我并不是不肯死，只不过打算前往寻阳（江西省九江市），在主上（皇帝刘子勋）面前请求处罚，然后自杀！”他慷慨激昂，吆喝左右侍从，命取来皇帝赐发的符节，左右侍从没有人理他。等到天亮，薛伯珍请求单独谈话，遂砍下袁颛人头（年四十七岁)，前往钱溪（安徽省池州市贵池区东北），向建康政府（江苏省南京市）带兵官（军主）、襄阳郡（湖北省襄阳市）人俞湛之投降。俞湛之斩薛伯珍，连同薛伯珍送来的袁的人头，都作为自己的功劳。

刘胡率二万人，奔回寻阳（江西省九江市），报告皇帝刘子勋，说："袁顗已经投降，全军溃散，只有我率领我的部属，单独逃回。陛下应该作紧急措施，决一死战，我暂时驻防湓城（即湓口，江西省九江市〔寻阳东〕），效忠陛下，死无二心。"于是，率舰队沿长江北岸西上，乘夜直往沔口（汉水〔沔水〕注入长江处，湖北省武汉市。湓口距寻阳数公里，沔口距寻阳航空距离一百八十公里。刘胡借口驻防湓口，才能通过寻阳）。

国务院右执行长（尚书右仆射）邓琬，得到刘胡远走消息，忧愁恐慌，无计可施，紧急召集智囊、立法院立法官（中书舍人）褚灵嗣等商讨对策，大家都不知道如何才好。国务院文官部长（吏部尚书）张悦，假装患病，请邓琬到私宅商讨大事，密令左右全副武装，在帐后埋伏，吩咐："听见我命你们拿酒，便出来动手。"邓琬既到，张悦说："你当初第一个坚持称帝（参考去年〔四六五〕十二月十九日），今天，事已紧急，你有什么办法？"邓琬说："只好杀掉皇上（刘子勋），查封仓库，用来赎罪。"张悦说："你难道宁愿出卖陛下，只求自己活命？"遂呼唤拿酒，张悦的儿子张洵，提刀冲出，砍下邓琬人头（年六十岁）。立法院立法官（中书舍人）潘欣之，听到邓琬死讯，率军抵达张悦家门。张悦派人告诉潘欣之说："邓琬打算叛变，已经斩首。"潘欣之才撤回。张悦逮捕邓琬的儿子，一齐诛杀。张悦遂携带邓琬的人头，乘一只小艇东下，向建康政府（江苏省南京市）建安王刘休仁投降。

寻阳（江西省九江市）大乱，建康政府（江苏省南京市）宰相府大营军事参议官（司徒中兵参军）蔡那的儿子蔡道渊，原被囚禁在寻阳（江西省九江市）武器制造厂（作部），这时，挣脱枷锁，进入寻阳，逮捕皇帝刘

五世纪·四六六年二月至八月

南宋争位之战西战场　建康政府军大破寻阳军

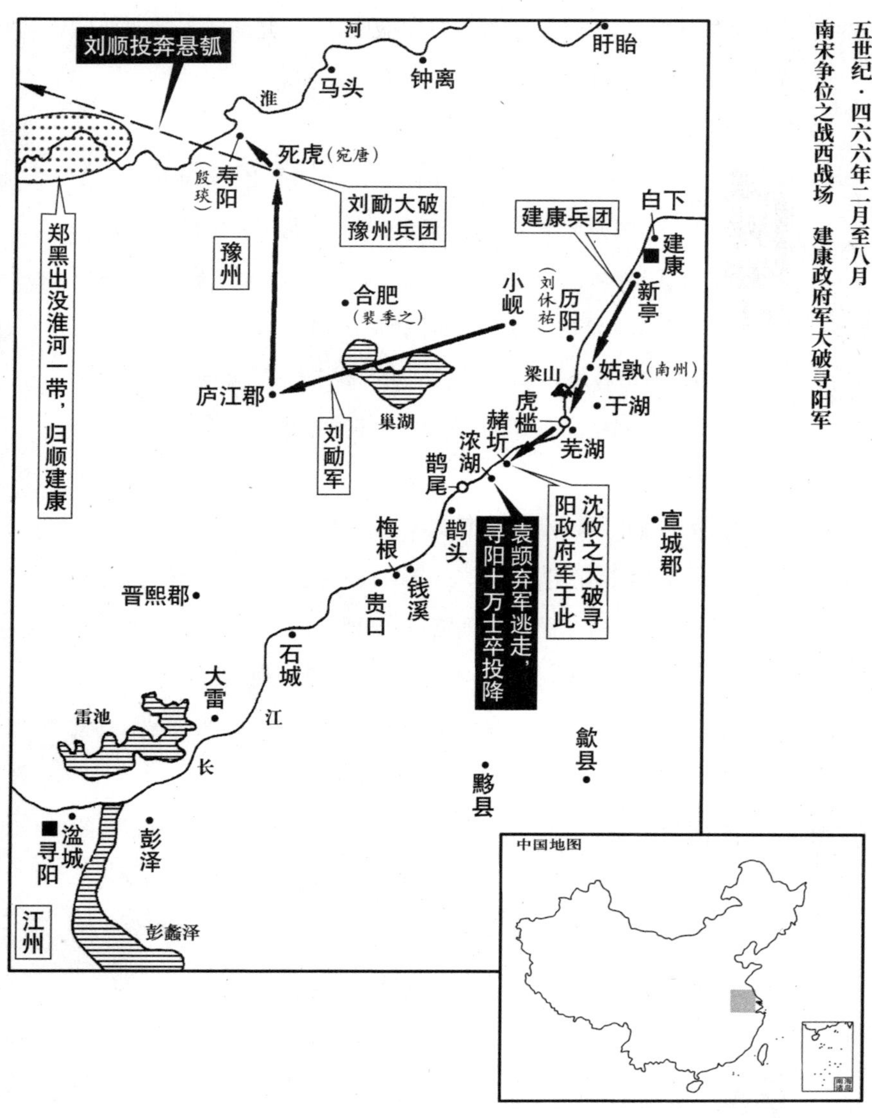

子勋，投入监狱。不久，沈攸之等军抵达寻阳，遂斩刘子勋，把人头送到建康（江苏省南京市）。刘子勋，本年十一岁。

年仅十一岁的刘子勋小娃的悲剧，是上天注定的，无法避免。失败时下场如此，即令胜利，下场也可以预测：邓琬、袁颉、刘胡、张悦，都非善良之辈，每个人都可能变成刘裕，以他们素质的卑劣，对人民制造的灾难，也不会轻于刘彧。

中国人的困局是：总是永远在“坏”和“更坏”之间轮回。我们希望有一天，能够在“好”和“更好”之间选择。

28 最初，南宋帝国寻阳政府（江西省九江市）国务院右执行长（右仆射）邓琬，派临川郡（江西省抚州市临川区）郡长（内史）张淹，自鄱阳郡（江西省鄱阳县东北）山路，深入三吴（吴郡、吴兴郡、会稽郡。即太湖流域及钱塘江流域），驻军上饶（江西省上饶市）。听到刘胡军败，张淹的助手（军副）、鄱阳郡郡长费晔，诛杀张淹，投降建康政府（江苏省南京市）。张淹，是张畅的儿子（张畅，参考四五〇年十一月十七日）。

六任帝（前废帝）刘子业在位时，知识分子为了避免灾祸，都盼望离开京师（首都建康），远到外地。以致今天，流离受难，全都被害，侥幸生存的，百人中不见得有一人，大家遂佩服蔡兴宗有先见之明（蔡兴宗与袁颉对话，参考去年〔四六五〕九月）。

蔡兴宗不是半仙之体，在跟袁颉对话时，怎么能预知刘彧胜而刘子勋败？不但不可能预知刘彧胜和刘子勋败，连刘彧和刘子勋先后坐上宝座，都不可能预知。社会一旦动乱，恐怖四塞，大家逃命，各人逃向自认为安全的地方，犹如空袭轰炸之下，谁能肯定躲甲洞安全，或躲乙洞安全？

史学家对蔡兴宗这方面的推崇，水准低俗，误用史学的纯正功能。

九月八日，南宋帝刘彧任命山阳王刘休祐，当荆州（州政府江陵）州长。

九月九日，解除戒严。大赦。

九月十六日，宰相（司徒）刘休仁抵达寻阳（江西省九江市），分别派吴喜、张兴世，进攻荆州（州政府江陵）；沈怀明进攻郢州（州政府夏口）；刘亮及宁朔将军、南阳郡（河南省南阳市）人张敬儿，进攻雍州（州政府襄阳）；孙超之进攻湘州（州政府临湘）；沈思仁、任农夫等，进攻豫章（江西省南昌市）；削平拥护刘子勋的残余力量。

刘胡逃到石城（湖北省钟祥市），被捕，斩首。寻阳政府（江西省九江市）所委派的郢州（州政府夏口）总部执行官（郢州行事）张沈，剃光头发，去当和尚，暗中逃走，被追缉捕获，斩首。荆州（州政府江陵）总部执行官（荆州行事）刘道宪，听说浓湖（安徽省芜湖市繁昌区西荻港镇）失守，遂遣散州政府军队，派人到中央军营，请求处罚；荆州行政官（治中）宗景等，在戒备下率军进城，诛杀刘道宪，逮捕临海王刘子顼（荆州州长），投降。雍州（州政府襄阳）总部执行官（雍州行事）孔道存，知道寻阳政府（江西省九江市）已经覆灭，派人到中央军营，请求投降；不久听到柳世隆、刘亮率军北上消息，孔道存及三个儿子，一同自杀。南宋帝刘彧因湘州（州政府临湘）总部执行官（湘州行事）何慧文文武全才，特命吴喜传旨赦免，何慧文说：“我既身陷叛逆集团，亲手加害忠义（指杀王应之），还有什么面目见天下人士（何慧文杀王应之，参考本年〔四六六〕六月）！”遂自杀。

柏杨曰

何慧文的这一段话，十分离奇。死皇帝没有儿子，帝位当然由老弟继承，不可能轮到老叔，所以叛逆不是刘子勋，而是刘彧；王应之起兵响应建康（江苏省南京市），或因政治观点不同，或因个人利害有异，我们不作责备，但是怎么罩也罩不上忠义二字，一定要罩的话，王应之恰恰犯上作乱。

我们不相信何慧文会说出那种自丧立场的话，当是吴喜行凶后，或何慧文慷慨就义后，吴喜编出来的说辞，既无聊、又愚蠢。

安陆王刘子绥（年不详）、临海王刘子顼（十一岁）、邵陵王刘子元（九岁），都接到南宋帝刘彧命令，一律自杀（刘子绥是郢州〔州政府夏口〕州长，刘子顼是荆州〔州政府江陵〕州长，刘子元是湘州〔州政府临湘〕州长。三人响应刘子勋事，参考去年〔四六五〕十二月二十二日）。刘顺（参考本年〔四六六〕三月）和一块逃到荆州（湖北省西部）的余党，全被斩首。

刘彧下诏，追赠死节的官员，并对有功的官员，依照等级封赏。

29 九月二十五日，北魏帝国（首都平城〔山西省大同市〕）政府，开始在每郡设立一所学校，遴选知识分子当校长、教师，招收学生。这是采纳立法院最高立法长（中书令）高允、相州（州政府设邺城〔河北省临漳县西南邺城镇〕）州长（刺史）李䜣（音xīn〔新〕）的建议。李䜣，是李崇的儿子（李崇，是李绩的儿子，参考四三二年七月。北魏帝国自三八六年建国，迄今八十一年，才开始有学校）。

30 南宋帝刘彧，虽诛杀跟他对抗称帝的刘子勋等，但对老哥、五任帝（孝武帝）刘骏生的其他的儿子，仍和善相待，跟过去一样。

宰相（司徒）刘休仁从寻阳（江西省九江市）返回京师（首都建康），对刘彧说：“刘子房兄弟，仍在人间，将来长大，不是国家之福，应该早做打算。”

冬季，十月一日，刘彧下诏：松滋侯刘子房（十一岁）、永嘉王刘子仁（十岁）、始安王刘子真（十岁）、淮南王刘子孟（八岁）、南平王刘子产（年不详）、庐陵王刘子舆（年不详）、东平王刘子嗣（四岁），以及年纪更小，尚在乳娘怀中，还没有来得及封爵的刘子趋、刘子期、刘子悦等，全部毒死。并下诏诛杀：镇北将军府首席军事参议官（镇北咨议参军）路休之、宰相府参谋指挥官（司徒从事中郎）路茂之（二路是皇太后路惠男的侄儿）、兖州（州政府瑕丘）州长刘祗、立法院立法官（中书舍人）严龙；罪状全是叛乱。五任帝（孝武帝）刘骏共有二十八个儿子，到此杀光。刘祗，是刘义欣的儿子（刘义欣，参考四三〇年三月）。

刘彧《诛杀诏》:

不能预防的灾难，自古以来，都会造成震撼；深厚的恩情，不得不在法律之前委屈，用以遵守圣人的明训。我扫除污秽，扶起倾倒了的河山，再一次的保全天下至宝大业。悠久的基础，我用双肩担负，全副精神，都在考虑如何治理国家，希望努力使皇族和睦。可是，妖孽丑类，煽风点火，狂妄的施展阴谋诡计。自从西南（指寻阳政府〔江西省九江市〕）起兵，东方（东战场）变乱，留在首都（建康〔江苏省南京市〕）的一群凶恶之徒，秘密结合，如同唇齿。路休之兄弟，作他们的智囊，策划反叛，命立法院立法官（舍人）严龙，暗中刺探宫廷和政府动静。因羽林警卫军出京远征，警戒力量单薄，遂抓住机会，准备暴动。刘祗在他的任所，作为后援，并跟北方贼寇（北魏帝国）勾结，引导他们渡淮河南下。最近，刘休范过长江时，他们密谋发动狙击，幸赖祖宗积德，奸计不能得逞，而隐匿的罪恶，反而暴露。自应依照法律，加以处罚，只因大难未平，所以曲意安抚。而今，王化推行，首先应该分别忠奸，细水不塞，将成江河，小火不熄，将烧尽山野。现在，交给有关单位，早日证明法律尊严。

松滋侯刘子房等，陷入叛逆之手，协助叛逆，遂跟收发官（签帅）以及一群性情卑劣的人物勾结，暗中跟寻阳（江西省九江市）私通，接纳刘祗等，反过来图谋于我。虽然罪状至为明显，于法不可原谅，但他们都是我至爱的侄儿。这份亲情，使我于心不忍，所以只免除他们的封爵官位，贬作平民，放逐到远方郡县（事实上，根本没有什么远方郡县，诏书下达时，全部诛杀）。

31 南宋帝国辅国将军刘勔，包围寿阳（安徽省寿县），另一辅国将军垣闳，包围合肥（安徽省合肥市），都不能攻克。刘勔大为烦恼，召集军事会议，骑兵小队长（马队主）王广之说："将军如果把你的马送给我，我就能夺取合肥。"支队司令（幢主）皇甫肃大怒说："王广之竟敢贪图将军的马，应该斩首。"刘勔对王广之笑说："看你的表现，一定可以立功。"遂连同马鞍，一齐送给王广之。王广之往攻合肥，只三天时间，攻克。守将薛道标突围，逃往淮西（河南省东南部），投奔汝南郡（河南省汝南县）郡长常珍奇。刘勔擢升王广之当带兵官（军主）。王广之对皇甫肃说："将军如果听你的话，怎么能削平盗贼！你不知道欣赏人才，才有那种愚蠢想法。"皇甫肃很有学问，后来，刘勔逝世（参考四七四年五月二十二日），皇甫肃又投靠王广之当门客，那时，南宋帝国已亡，南齐帝国兴起，二任帝（武帝）萧赜在位，王广之把皇甫肃推荐给萧赜，萧赜任命皇甫肃当东海郡（京口，江苏省镇江市）郡长。

沈灵宝自庐江（安徽省舒城县）率军，进攻仍效忠寻阳政府（江西省九江市）的晋熙（安徽省潜山市），晋熙郡郡长阎湛之，弃城逃走。

32 效忠寻阳政府（江西省九江市）的徐州（州政府设彭城〔江苏省徐州市〕）州长（刺史）薛安都、益州（州政府设成都〔四川省成都市〕）州长萧惠开、梁州（州政府设南郑〔陕西省汉中市〕）州长柳元怙、兖州（州政府设瑕丘〔山东省济宁市兖州区〕）州长毕众敬、豫章郡（江西省南昌市）郡长殷孚、汝南郡（河南省汝南县）郡长常珍奇，都派遣使节，向建康政府（江苏省南京市）请求归降。南宋帝刘彧认为西南方的反抗军已经扫平，打算向淮河以北地区的反抗军，炫耀威力。

十月二十一日，下诏命镇军将军张永、中央禁军总监（中领军）沈攸之，率武装部队五万人，北上迎接薛安都。国务院左执行长（尚书左仆射）蔡兴宗说："薛安都弃邪归正，绝对不假，现在只要派出一个人，手拿一封信，就足足有余。却忽然出动重兵，薛安都一定惊疑忧虑，甚至可能招引北方胡虏（北魏帝国），灾患势将更深。如果说身为叛徒，罪孽太重，非诛杀不可，可是从前所赦免的人太多了。何况，薛安都在外，据守的是北战场最大的一个军事基地，紧接边界，地势险要，兵力强大，无论是包围或是攻击，都难以克制。为了国家的利益，尤其应使用和平手段安抚。万一他投降外国（北魏帝国），政府可要早晚劳苦，去对付后患。"刘彧不接受，对征北将军府军政官（征北司马）、南徐州（州政府设京口〔江苏省镇江市〕）总部执行官（行南徐州事）萧道成说："我正好利用薛安都反抗的机会，加以讨伐，你认为如何？"萧道成回答说："薛安都十分狡猾，如果用大军逼他，对帝国没有益处。"刘彧说："各路人马，都是精锐，有什么攻克不了的，你不要多说。"

薛安都听到大军北上消息，大为恐惧，派使节向北魏帝国（首都平城）投降；汝南郡郡长常珍奇，也向北魏帝国投降，献出郡城悬瓠（河南省汝南县）；二人同时请北魏发兵救援。

33 十月二十四日，南宋帝刘彧封皇子刘昱（音yù〔玉〕）当皇太子（本年，刘昱四岁）。

34 薛安都把儿子送到北魏帝国充当人质，北魏政府派镇东大将军、鲜卑人（代人）尉元，镇东将军、魏郡（河北省临漳县西南邺城镇）人孔伯恭等；率骑兵一万人，向东支援彭城（江苏省徐州市）；镇西大将军、西河公拓跋石，以及荆豫南雍军区司令长官（都督荆豫南雍州诸军事）张穷奇；向西支援悬瓠（河南省汝南县）。任命薛安都当徐兖等五州军区司令长官（都督徐、兖等五州诸军事。五州：徐南兖北兖青冀）、镇南大将军、徐州（州政府彭城）州长（刺史），封河东公；常珍奇当平南将军、豫州（州政府悬瓠）州长，封河内公。

南宋帝国东平郡郡长（原文误为兖州州长）申纂，向北魏帝国诈降，尉元接受，但暗中严密戒备。北魏军抵达无盐（山东省东平县东），申纂紧闭城门，登城固守。

薛安都向北魏投降求救时，部将毕众敬反对，派人到建康（江苏省南京市）表明态度。南宋帝刘彧任命毕众敬当兖州（州政府瑕丘）州长（毕众敬原来就是兖州州长，当是刘彧重新任命）。毕众敬的儿子毕元宾原在建康，在此之前，因别的罪名，处斩。毕众敬得到消息，怒不可遏，拔出佩刀，猛砍庭柱，说：“我白发苍苍，只有这一个儿子，却不能保全，我一个人为什么独活！”

十一月二十九日，北魏军抵达瑕丘（南宋兖州州政府所在县，山东省济宁市兖州区），毕众敬向北魏军投降。尉元派部将先行占领城池，毕众敬后悔愤恨，几天不进饮食。尉元长驱直入。

十二月六日，尉元抵达秺县（山东省成武县。秺，音dù〔妒〕）。（以上北魏东路受降。）

北魏帝国西河公拓跋石，抵达上蔡（河南省上蔡县），汝南郡（悬瓠，河南省汝南县）郡长常珍奇，率文武官员前往迎接。拓跋石打算驻扎汝水北岸，不准备马上进城（悬瓠在汝水南），立法院政务官（中书博士）郑羲说："常珍奇虽然亲自前来迎接，但他内心的诚意如何，难以预测，不如一直进城，控制城门、占领仓库和政府官舍，掌握他的心脏，这是最安全的策略。"拓跋石遂拍马渡河，进入悬瓠，在城内摆设筵席，饮酒欢乐。郑羲警告说："观察常珍奇的脸色，有点愤愤不平，不可以不暗中戒备。"于是下令戒严。当天晚上，常珍奇派人纵火焚烧政府房屋，阴谋乘北魏军慌张救火时，发动突击，但因拓跋石已有严密戒备，只好中途停止。郑羲，是郑豁的曾孙（郑豁，参考三八四年正月二十六日）。

淮西（河南省东南部）七郡人民，大多数不愿归附北魏帝国，一个村庄连一个村庄，向南逃奔（淮西七郡：汝南郡〔悬瓠，河南省汝南县〕、新蔡郡〔郡政府同设悬瓠〕、汝阳郡〔河南省商水县〕、汝阴郡〔安徽省阜阳市〕、陈郡〔项城，河南省沈丘县〕、南顿郡〔郡政府同设项城〕、颍川郡〔邵陵，河南省漯河市郾城区东〕）。北魏帝国派建安王陆馛，前来宣慰安抚这个紧张不安的新近归附的地区。人民中有被军队掳掠当奴仆婢女的，陆馛下令，一律恢复他们自由，新近归附的人民，才欢欣鼓舞。（以上北魏西路受降。）

35 十二月十二日，南宋帝国下令：凡因拥护寻阳政府（江西省九江市），而被免除官爵、剥夺政治权利的人士，一律原谅赦免，根据他们的才干，由政府任用。

36 南宋帝国辅国将军刘勔，包围寿阳（安徽省寿县），自本年正月到本年十二月，无论攻击或阻截，每一战都传出捷报，因心肠宽厚，深得将士的爱戴。寻阳政府（江西省九江市）覆亡后，皇帝刘彧命立法院（中书）发出诏书，向守将殷琰（寻阳政府豫州〔州政府寿阳〕州长）招降。国务院右执行长（右仆射）蔡兴宗说："天下已经平定，正是殷琰检讨他自己错误的时候，陛下只要亲笔写几行字，安抚宽慰，加以引导，他就会归降。今天，用正规程序，由立法院（中书）颁发诏书，他一定认为准是假的，不是迅速消灭灾难的方法。"刘彧不接受。殷琰看到诏书，果然认为是刘勔玩的花样，不敢投降。杜叔宝更断绝寻阳政府（江西省九江市）覆亡消息，凡是传递这些消息的人，立即处死，城防越发坚固。后来，凡是有人出城投降，刘彧都把他们送到寿阳城下，使他们跟城中守军对话，守军知道外面情形，军心才开始动摇。

殷琰打算投降北魏帝国，主任秘书（主簿）谯郡（安徽省蒙城县）人夏侯详，对殷琰说："我们所以拥护寻阳政府（江西省九江市），本意就是效忠皇家。如果中央有人主持，就应回归中央，怎么可以面向北方，穿上左边开襟的衣服（指受蛮夷统治）！而且，魏军（指拓跋石）已接近淮河，建康政府（江苏省南京市）中央军还不知道我们的意向，如果派使节前去表达我们的诚心，他们一定会高兴接纳，岂止免死而已。"殷琰遂派夏侯详出城晋见刘勔，夏侯详游说刘勔："城中军民，虽然知道已经孤立，而仍困守的缘故，只是怕你的诛杀，因而大家都打算投降魏国（北魏帝国）。希望你不再攻击，明令赦免，他们自然会相率归降。"刘勔承诺，命夏侯详到寿阳（安徽省寿县）城下，呼唤守军，转告刘勔的承诺。

十二月十三日，殷琰率领他的将领参谋等，自行反绑双手，出城投降。刘勔一一安慰，不杀一个人，进城之后，约束军队，不准抢劫；于是，城中生命财产，没有一分一毫损失，寿阳人欢天喜地。

吴汉消灭成家帝国，成都城内，鲜血淹没人的足踝（参考三六年十一月）；他的后代，在东汉王朝默默无闻。陆抗平定西陵，步家的大祸，连怀抱中的婴孩都不能避免（参考二七二年十二月）；陆抗的儿子陆机、陆云，也被晋王朝诛杀（参考三〇三年十月）。刘勔攻克寿春（寿阳），无论官员或平民，没有一个人因遗失一粒米而叹息，大家扶老携幼，歌唱而出重围。诚是至善至美。

千载之下，我们仍向刘勔先生致谢，表达我们小民的感激和尊敬。

北魏帝国受降大军抵达师水（发源于大别山，东北流至河南省罗山县，注入淮河），将攻击围城的刘勔部队，听到寿阳已经投降，才停止前进，掳掠义阳（河南省信阳市）数千人而回。

后来，殷琰再出来当宫廷供应部长（少府），逝世（殷琰于四七三年逝世，年五十九岁）。

37 南宋帝国益州（州政府成都）州长（刺史）萧惠开，性情凶暴，兴之所至，随意诛杀。益州（四川省中部）人民猜忌怨恨，听到东下的费欣寿全军覆没，北上的程法度无法前进。于是，晋原郡（四川省崇州市）首先叛变，其他各郡纷纷跟进，各郡联军遂包围成都（四川省成都市）。成都城内的东方客军，不满两千人，萧惠开把当地居民全部放出，而自己单独跟东方客军，登城固守（“东方客军”，指萧惠开带来的部队，因来自东方，才有此称）。益州人听到寻阳政府（江西省九江市）瓦解消息，更为兴奋，争先进攻，都打算第一个入城，大肆屠杀；各郡联军，部众多达十余万人。然而，萧惠开每次出战，都传捷报。

南宋帝刘彧，派萧惠开的老弟萧惠基，从陆路前往成都，赦免萧惠开。萧惠基前进到涪城（四川省绵阳市），益州（四川省中部）变民集团阻止萧惠基前进。萧惠基率军发动攻击，斩变民军司令官，然后到达。萧惠开接受诏书，开城归降；包围成都的各郡联军，遂返回各郡。

刘彧再派萧惠开的同族萧宝首，从水路前往益州（四川省中部）宣慰安抚。萧宝首打算把削平叛乱（萧惠开拥护寻阳政府〔江西省九江市〕）作为自己的功劳，于是从中挑拨离间，煽动益州（四川省中部）人民再度起兵，攻击萧惠开。霎时间，各地重燃战火，已经解散了的各郡民兵，再度集结，追随萧宝首，进攻成都，部众号称二十万人。萧惠开打算攻击，将领们说：“萧宝首是天子所派慰劳的使节，我们如果拒抗，怎么说明自己的立场！”萧惠开说：“我们前往京师（首都建康）的道路全被切断，不打这一仗，怎么能接通京师（首都建康）的管道？”遂派宋宁郡（郡政府寄设成都）郡长萧惠训等，率大军一万人，出城迎战，大破变民军，生擒萧宝首，囚禁监狱；派使臣到首都建康（江苏省南京市），报告经过情形。刘彧命把萧宝首押回建康，同时征召萧惠开返京（首都建康）。刘彧问他为什么响应寻阳政府（江西省九江市），萧惠开说：“我只知道什么是逆，什么是顺，却看不出天命所在。不过，除非是我，才能作乱；也除非是我，才能平乱。”刘彧不再加罪。

38 本年（四六六），南宋帝国侨设兖州，州政府设淮阴（江苏省淮安市淮阴区）；徐州州政府设钟离（安徽省凤阳县东北临淮关镇）。青、冀二州共有一个州长（刺史），州政府设郁洲（郁洲，江苏省连云港市东沉积小岛）。郁洲（郁洲）在大海之中，面积数百华里，用石头筑城，高八九尺。虽虚设很多郡县，但残余人民，已经无几（兖州〔瑕丘〕、徐州〔彭城〕、青州〔东阳〕、冀州〔历城〕，先后投降北魏帝国〔青、冀二州于明年【四六七】闰正月投降〕。南宋帝国不得不侨设州郡，以收容逃亡出来的难民）。

39 南宋帝国镇军将军张永、中央禁军总监（中领军）沈攸之，逼近彭城（江苏省徐州市），驻防下礚（地望应在江苏省徐州市东南。礚，音kē〔科〕）。分别派羽林警卫军总监（羽林监）王穆之，率将士五千人，连同军用物资，留守武原（江苏省邳州市西北）。

北魏帝国东路受降军、镇东大将军尉元，抵达彭城（江苏省徐州市），薛安都（南宋前徐州〔州政府彭城〕州长）出城迎接。尉元派部将李璨，跟薛安都先行入城，控制所有城门，另派镇东将军孔伯恭，率精锐部队二千人，巡逻城内城外，然后进城。当天晚上，张永攻击南门，不能攻克，回军。

尉元对薛安都很不礼貌，态度傲慢，薛安都后悔这次投降，打算再背叛北魏。尉元得到报告，薛安都不敢发动。为了掩饰，薛安都重重的贿赂尉元等，而把罪过推到女婿裴祖隆身上，斩裴祖隆。尉元命李璨协助薛安都守卫彭城（江苏省徐州市），亲自率军对付张永，切断南宋军的粮道，又攻陷王穆之留守的辎重基地武原（江苏省邳州市西北），王穆之率残余部队投奔张永；尉元用主力大军追击（第五次南北大战爆发。第一次参考四二二年、第二次参考四三〇年、第三次参考四五〇年、第四次参考四五二年）。

四六七年 丁未

南宋　泰始　三年
北魏　天安　二年
　　　皇兴　元年
（柔然汗国永康四年）

1 春季，正月，南宋帝国（首都建康〔江苏省南京市〕）镇军将军张永，无法抵挡北魏帝国（首都平城〔山西省大同市〕）镇东大将军尉元的攻击，放弃下礚城（应在江苏省徐州市东南），在夜色掩护下逃走。不幸，天气骤变，狂风暴雪，泗水冰封，船舰不能移动，张永命大军放弃船舰，徒步南奔。士卒在严寒下，冻死的有一大半，手脚冻断的有十分之七八。尉元更超越到前面堵截，薛安都在后面追杀，就在吕梁（江苏省徐州市东南二十五公里）之东，前后夹击，南宋兵团崩溃，被杀的以一万人为单位计算，六十华里之遥，沿途尸体重叠，抛弃的军用物资及武器，更无法计数。张永的脚趾也被冻掉，跟中央禁军总监（中领军）沈攸之，仅仅逃出一命。而梁、南秦二州（州政府南郑）州长（刺史）垣恭祖等，被北魏军俘虏。南宋帝（七任明帝）刘彧（本年二十九岁）得到消息，召见国务院左执行长（尚书左仆射）蔡兴宗，把大军惨败的战报，拿给他看，说："在你面前，我深感惭愧。"（蔡兴宗劝刘彧不要出军淮北，参考去年〔四六六〕十月。）贬张永当左将军；免除沈攸之官位，命他以贞阳公身份兼任现职（中央禁军总监〔中领军〕），仍返驻地淮阴（江苏省淮安市淮阴区）。

从此，南宋帝国终于失去淮河以北四州，和豫州的淮西（河南省东南部）地区（淮河以北四州：青州〔山东半岛〕、冀州〔山东省西北部〕、徐州〔江苏省北部〕、兖州〔山东省西部〕。豫州淮西〔河南省东南部〕地区有九郡：汝南新蔡二郡〔悬瓠，河南省汝南县〕、谯郡〔涡阳，安徽省蒙城县〕、梁郡〔下邑，安徽省砀山县〕、陈南顿二郡〔项城，河南省沈丘县〕、颍川郡〔邵陵，河南省漯河市郾城区东〕、汝阴郡〔汝阴，安徽省阜阳市〕、汝阳郡〔汝阳，河南省商水县〕。此时青州、冀州仍在南宋守将手中）。

从前，姜小白（齐桓公）在葵丘（河南省民权县东北）会盟时，态度傲慢，九个国家，同时背叛。曹操对张松没有礼貌，竟使中国不能统一，天下三分（参考二〇八年十二月）。眼前毫厘般的疏忽，远处的差距，竟如此重大。刘彧刚刚登极之时，统治的区域，不超过一百华里，士卒有离散之心，官兵没有坚毅不屈的脸色。但他能够开诚心，吐真言，人们都感激他的恩，服从他的德，向他效忠，至死不改。所以才能东征西讨，平定灾难。不久，中央军呈献捷报，割据一隅的势力，接受命令。就在这时候，刘彧却打算展示余威，出动没有理由出动的军队，以致淮河以北土地，霎时之间，落入北魏帝国之手，至堪叹惜！如果能像当初那样，虚怀若谷，不骄傲，不自满，则三个叛徒（指薛安都、毕众敬、常珍奇），何至起兵对抗！刘裕（南宋帝国一任帝武帝）创业时，盔甲上都生虮虱，辛苦开辟疆域，可是，后代子孙，每一天几乎都要丧失一百华里。要保守祖先的成业，谈何容易。

刘彧的政权，这时候还没有稳固，所以不敢毫无忌惮。有外在力量制衡时，他是多么可爱。一旦他认为已绝对控制局势，突然间成了全国第一号人物时，制约解除，兽性爆发，完全变成另一种动物，又是多么可恶。

品种的突变，只因为他吞下了大量的权力毒药，值得三思！

2 北魏帝国（首都平城〔山西省大同市〕）镇东大将军尉元，因彭城（江苏省徐州市）兵荒马乱之后，无论政府与民间，财力全部枯竭，特向中央政府请求拨发冀州（州政府设信都〔河北省衡水市冀州区〕）、相州（州政府设邺城〔河北省临漳县西南邺城镇〕）、济州（州政府设碻磝〔山东省聊城市茌平区西南〕）、兖州（州政府设滑台〔河南省滑县〕）四州的库存粮食，用张永所抛弃的九百艘船舰，顺清河（泗水上游）载运，赈济新并入版图上的灾民。中央政府批准。

3 北魏帝国长安镇（陕西省西安市）防守司令（镇将）、东平王拓跋道符，在长安叛变，诛杀副司令、驸马（公主之夫）万古真等。

正月二十四日，最高监察长（司空）和其奴等，率宫廷禁卫军讨伐。

正月二十五日，拓跋道符的军政官（司马）段太阳，攻击拓跋道符，斩首。中央政府命安西将军陆真，继任长安镇防守司令（长安镇将），安抚军民。拓跋道符，是拓跋翰的儿子（拓跋翰死于宗爱之手，参考四五二年二月）。

闰正月，任命顿丘王李峻当太宰（上公）。

4 南宋帝国青州（州政府设东阳〔山东省青州市〕）州长（刺史）沈文秀、冀州（州政府设历城〔山东省济南市〕）州长崔道固，受二州变民集团的围攻，派使节前往北魏帝国，请求归降，并请求派军解救困境。

5 二月，北魏帝国西路军西河公拓跋石，自悬瓠（河南省汝南县）率军攻击固守汝阴（安徽省阜阳市）的南宋汝阴郡郡长张超，不能攻克，于是，退回项城（河南省沈丘县），打算撤到长社（河南省长葛市），等秋季再来攻击。立法院政务官（中书博士）郑羲说："张超像一群聚在一起、走投无路的蚂蚁，粮食已经吃完，不是投降，就是逃走；抬脚之间，就可看到结果，现在如果放弃他，远远离去，张超将加强修筑城墙，挖深壕沟，储蓄粮食。再来时，恐怕更难对付。"拓跋石不信，遂返长社。

6 最初，南宋帝国寻阳政府（江西省九江市）覆灭时，南宋帝刘彧派青州（州政府东阳）州长（刺史）沈文秀的老弟沈文炳，携带诏书，召抚沈文秀归附中央；又派辅国将军刘怀珍，率步骑兵混合兵团三千人，跟沈文炳同行。还没到达，而镇军将军张永攻击彭城（江苏省徐州市）的大军溃败，刘怀珍即退回山阳（江苏省淮安市）。沈文秀攻击建康政府委任的青州州长明僧暠（明僧暠事，参考去年〔四六六〕四月），刘彧命刘怀珍率龙骧将军王广之，率骑兵五百人、步兵两千人，由

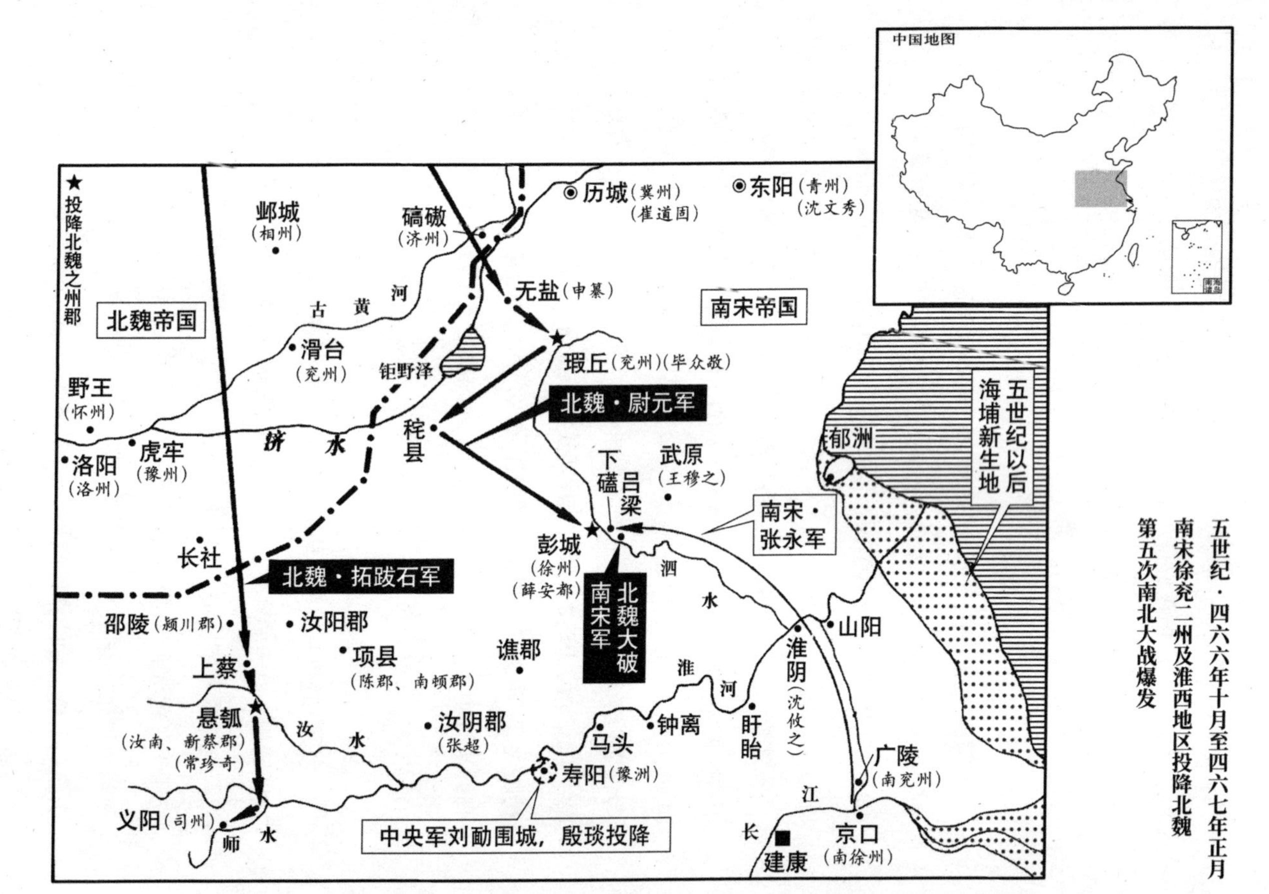

五世纪·四六六年十月至四六七年正月
南宋徐兖二州及淮西地区投降北魏
第五次南北大战爆发

海路前往救援。刘怀珍进到东海，明僧暠已退守东莱（山东省莱州市）。刘怀珍抵达朐城（江苏省连云港市），得到消息，军心骚动不安，有人主张退保郁洲（江苏省连云港市东沉积小岛），刘怀珍说：“沈文秀打算把青州（山东半岛）归附辫匪（索虏，北魏帝国），古齐国地区（山东半岛）居民，怎么甘心让衣襟开到左边？当今应该挥军直入，宣扬帝国的恩德和威严。各地叛变的城池，送去一封书信，就可以收复，何必守在这里，不肯出动，自己吓住自己。”于是前进，抵达黔陬（山东省胶州市西南）。沈文秀任命的高密（山东省高密市）、平昌（山东省安丘市）两郡郡长，弃城逃走。刘怀珍把沈文炳送到东阳（山东省青州市），传达中央旨意，沈文秀仍拒绝投降。但人民听到中央将领刘怀珍已到，大为兴奋。沈文秀委任的长广郡（郡政府设不其）郡长刘桃根，率数千人，驻防不其城（山东省青岛市即墨区），而刘怀珍率军驻防洋水（流经山东省寿光市）。刘怀珍的将领都主张筑城备战，刘怀珍说：“我们的人少，粮秣又不充足，孤军深入敌境，应该利用他们没有防备的良机，命精锐部队立即攻击。”派王广之率一百人的骑兵，袭击不其城（山东省青岛市即墨区），攻克。沈文秀得到各城全都失败的消息，只好派出使节，请求投降；刘彧任命沈文秀仍当青州（州政府东阳）州长（不知道把明僧暠置于何地）；崔道固也请求投降，刘彧任命他仍当冀州（州政府历城）州长。刘怀珍遂撤退（青冀二州孤悬北方，三面被北魏帝国包围，一面靠海，势不可能久存）。

7 北魏帝国济阴王拓跋小新成（景穆太子拓跋晃的儿子）逝世。

8 南宋帝国中央禁军总监（中领军）沈攸之，自彭城（江苏省徐州市）败退时，命外籍兵团指挥官（长水校尉）王玄载，驻防下邳（江苏省睢宁县北古邳镇)；积射将军沈韶，驻防宿豫（江苏省宿迁市)；其他如睢陵（江苏省睢宁县)、淮阳（安徽省宿州市东北)，都留下部队驻守。王玄载，是王玄谟的堂弟（王玄谟时任车骑大将军)。当时，东平郡郡长申纂驻守无盐（山东省东平县东)；幽州（侨州）州长（刺史）刘休宾，驻守梁邹（山东省邹平市北)；并州（侨州）州长、清河郡（山东省淄博市南）人房崇吉，驻守升城（山东省济南市长清区西南)；辅国将军、清河郡（山东省淄博市南）人张谠，驻守团城（山东省沂水县)；兖州（州政府所在不详）州长王整、兰陵郡（山东省滕州市东南）郡长桓忻；以及肥城（山东省肥城市)、糜沟（肥城市境)、垣苗（山东省济南市长清区西南）等地驻军，都拒绝投降北魏帝国。刘休宾，是刘乘民的侄儿（刘乘民，参考去年〔四六六〕四月二十五日)。

北魏帝国派平东将军长孙陵等，南下进攻青州（山东半岛)，征南大将军慕容白曜，率骑兵五万人，继续进发，作为后援。慕容白曜，是前燕帝国一任帝（文明帝）慕容皝（参考三三七年十月）的玄孙。慕容白曜抵达无盐（山东省东平县东)，准备攻击，部属将领及参谋官都认为："攻城的武器还不完备，行动不应急躁。"左军政官（左司马）范阳郡（河北省涿州市）人郦范说："我们用轻装备部队，发动远途偷袭，深入敌人国土，怎么可以作长久停留的打算！而且，申纂认为我们来得太快，在没有喘一口气之前，不会攻击，一定没有戒备；如果出其不意，可以一战而定。"慕容白曜说："你的计策对了。"遂率军伪装撤退。申纂果然不再戒备，慕容白曜在午夜时分，开始回军。

三月三日，凌晨，慕容白曜向无盐城猛烈攻击，早餐时，攻破。申纂逃走，被追捕生擒，斩首。慕容白曜打算把无盐全城人民，一律当作战利品，赏赐部下。郦范说："古齐国地区（山东半岛)，形势重要，应该有长程经营计划。而今，圣明君王仁义大军，刚刚入境，人心慌乱，城池连接，互相观望，都有固守不降的志气，假如不用恩德和信誉安抚怀柔，很难平安。”慕容白曜说：“好极！”一律赦免。

慕容白曜将进攻肥城（山东省肥城市），郦范说：“肥城虽然很小，但攻击起来，浪费时间，胜利不能增加我们的声势，失败反而使我们的威望受到挫折。他们看到无盐（山东省东平县东）城破的惨状，遍地死伤，不会不感到恐惧，如果送去一封警告信，他们即令不投降，也会四散逃走。”慕容白曜接受，肥城果然崩溃，北魏大军俘获粟米三十万斛。慕容白曜对郦范说：“这次出征，得到你的帮助，三齐（山东省）会轻易平定。”遂夺取垣苗、糜沟二城。十天之内，一连克复四座城池，声威震动齐地（山东省）。

9 三月二十五日，南宋帝国政府任命国务院左执行长（尚书左仆射）蔡兴宗，当郢州（州政府夏口）州长（刺史）。

10 南宋帝国并州（侨州）州长（刺史）房崇吉，坚守升城（山东省济南市长清区西南），能作战的士卒，不过七百人。北魏帝国征南大将军慕容白曜，兴筑长墙，发动攻击，自二月攻到夏季四月，才把城攻破。慕容白曜对这么一个小城竟如此顽强抵抗，大为愤怒，打算把城内人民，全部活埋坑杀，军事参议官（参军事）、昌黎郡（辽宁省朝阳市）人韩麒麟劝阻说：“强敌就在面前，而屠杀他们的人民，恐怕从这里向东，各城都会坚守，无法夺取。军队出征太久，粮食吃光，外面贼寇乘机进击，可是危险万状。”慕容白曜遂对居民慰问安抚，使他们恢复正常生活。

房崇吉单身逃亡，他的娘亲傅女士，以及申纂的妻子贾女士，跟北魏帝国济州（州政府设碻磝〔山东省聊城市茌平区西南〕）州长（刺史）卢度世，原是表亲；不过，双方关系，早已疏远。等到傅、贾二女士被北魏军俘虏，卢度世对待她们，十分敬重，物资供应，也十分丰厚。卢度世家门之内，祥和而有礼节，虽然世代有贵有贱，财产有贫有富，但百口之家，心情欢娱，苦乐共同承当。

南宋帝国冀州（州政府历城）州长崔道固，关闭历城（山东省济南市）城门，抵抗慕容白曜。但青州（州政府东阳）州长沈文秀，命人向慕容白曜投降，请派军迎接，慕容白曜打算派军前往。郦范说："沈文秀的家族和祖先坟墓，都在江南（长江以南），手中重兵数万，城墙坚固，武器精良，强大时挺身作战，衰弱时起身逃走，我们军队并没有到他城下，他也没有迫不及待的灾难，怕些什么？而请求我们派军迎接？并且，我看他的使节，眼睛一直向下看，脸色惭愧，说话琐碎懦怯，一定心怀奸诈，引诱我们走进陷阱，不可以听信。不如先夺取历城（山东省济南市）、盘阳（山东省临朐县东南），再夺取梁邹（山东省邹平市北）、乐陵（山东省博兴县），然后慢慢向前推进，不必担心他不屈服。"慕容白曜说："崔道固等兵力单薄，不敢出战，我们可以通行无阻，一直推进到东阳（山东省青州市），沈文秀自知一定覆亡，所以望风投降，也不是不可能，又有什么值得怀疑！"郦范说："历城（山东省济南市）城内，兵力雄厚，粮食丰富，不是早晚之间，就能攻克。沈文秀雄据东阳（山东省青州市），是各城的根本。现在，派兵太多，则没有办法攻打历城；派兵太少，又没有办法控制东阳。如果前进被沈文秀拒绝，后退又被各城联军阻截，前胸和后背同时受到打击，绝对没有安全的理由。请再加考虑，不要跳进贼寇（沈文秀）圈套。"慕容白曜才停止，而沈文秀果然不肯投降。

北魏帝国镇东大将军尉元，上书中央说："彭城（江苏省徐州市）

是贼寇（南宋帝国）的重要基地，如果不驻屯重兵，积储粮秣，则不能守卫。如果军用物资丰富，就是刘彧出动全国军队，也不敢打淮河以北的主意。”又说：“如果盗贼（南宋帝国）攻击彭城，一定从清水（泗水上游）、泗水，穿过宿豫（江苏省宿迁市）、下邳（江苏省睢宁县北古邳镇）。如果攻击青州（山东半岛），也需要从下邳（江苏省睢宁县北古邳镇），顺着沂水（泗水支流，于江苏省睢宁县北古邳镇注入泗水），穿过东安（团城，山东省沂水县）。这几个地方，都是盗贼（南宋帝国）军事上的必争之地。我们如果能先占领下邳（江苏省睢宁县北古邳镇）、宿豫（江苏省宿迁市），驻防淮阳（江苏省淮安市淮阴区西）、东安（团城，山东省沂水县），则青州（山东半岛）、冀州（山东省西北部），用不着对他们攻击，他们就会自动陷落。如果这四座城池不肯屈服，即令我们占领青州（山东半岛）、冀州（山东省西北部），居民仍然回头向南，怀侥幸之心。我愚昧的认为：应该征召逗留青、冀二州的作战部队，先行平定东南方土地（山东省南部及江苏省北部），切断刘彧将来兴起北伐的念头，铲除愚民向南回归的盼望。使他们发现：夏季雨水虽大，却没有河道可走；冬天陆路虽通，却没有高大的城墙可以固守。如此，淮河以北土地就可全部占领。暂时辛苦，换取永久安逸。军事行动最可贵的是迅速，拖延太久，容易产生变化。如果进入雨季，对方或许因河道畅通，得以运送粮食，增援大军，再作进击，恐怕淮河两岸居民，改变立场，则青、冀二州，不容易到手。”

11 五月十二日，南宋帝国政府任命太子宫总管（太子詹事）袁粲，当国务院右执行长（尚书右仆射）。

中央禁军总监（中领军）沈攸之，亲自运粮到下邳（江苏省睢宁县北古邳镇）。北魏帝国军不断派清水（泗水上游）、泗水间居民，向沈攸之

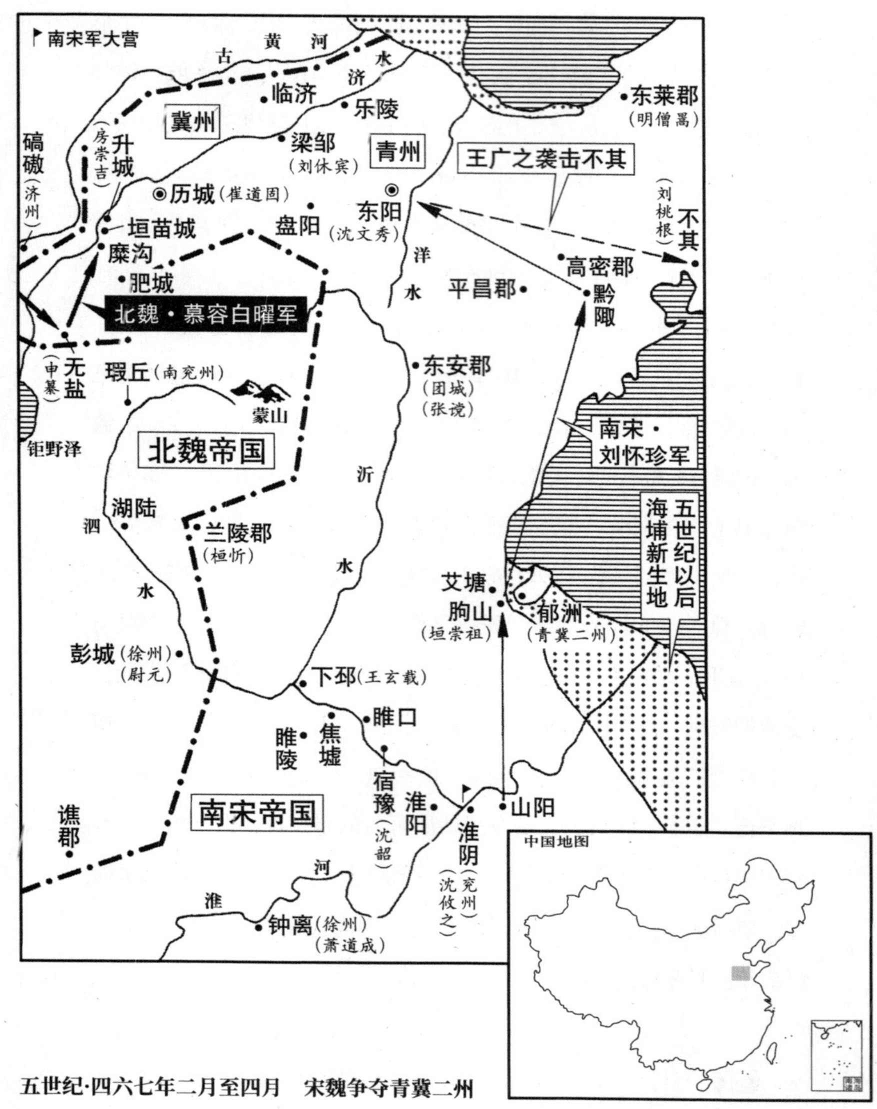

五世纪·四六七年二月至四月　宋魏争夺青冀二州

声称："薛安都打算回归祖国，请求派军前往迎接（薛安都投降北魏，参考去年〔四六六〕十月）。"副司令官（军副）吴喜，请沈攸之派一千人前往，沈攸之不准。可是，以后通风报信的人越来越多，吴喜坚持派军。沈攸之就把那些人集中起来，宣告说："各位既有这份诚心，如果能跟薛家一个子弟同来，我就代表皇上行使职权，任命你当本县县长，依照你们的意愿。如果不能，就不必空着双手，跑来跑去。"那些人遂一去不返。沈攸之命带兵官（军主）、彭城郡（江苏省徐州市）人陈显达，率领一千人进驻下邳（江苏省睢宁县北古邳镇）协防，而自己返回基地（沈攸之时驻淮阴〔江苏省淮安市淮阴区〕）。

薛安都的儿子薛令伯，在梁州（州政府南郑）、雍州（州政府襄阳）之间（陕西省南部及湖北省北部之间），聚集变民数千人，进行游击战，一连攻陷郡县。

秋季，七月，雍州（州政府襄阳）州长、巴陵王刘休若，派南阳郡（河南省南阳市）郡长张敬儿等，击斩薛令伯。

12 南宋帝刘彧，再下诏命中央禁军总监（中领军）沈攸之等，北上反攻，进击彭城（江苏省徐州市）。沈攸之警告刘彧：清水（泗水上游）、泗水，正是干枯季节，粮食运输，不可能不中断；固执的认为绝对不可以采取军事行动。使节来往七次，刘彧大怒若狂，强迫沈攸之出发。

八月二十三日，任命沈攸之代理南兖州（州政府广陵）州长（刺史），率军北上；徐州（州政府设钟离〔安徽省凤阳县东北临淮关镇〕）总部执行官（行徐州事）萧道成，率一千人接替沈攸之，进驻淮阴（江苏省淮安市淮阴区）；萧道成结交各路英雄豪杰，人才开始济济。

当初，北魏帝国军进入彭城（江苏省徐州市）时，垣崇祖率领部众，投奔朐山（江苏省连云港市。朐，音qú〔渠〕），派人到南宋帝国，请求归降（垣崇祖投奔彭城，参考去年〔四六六〕正月八日）；萧道成遂任命垣崇祖当朐山驻军司令（朐山戍主）。朐山紧邻大海，荒凉孤单，与世隔绝（五世纪时，江苏省连云港市濒临大海，市东之连云港还是海中一岛，就是青、冀二州州政府所在的郁洲），人心不安，垣崇祖把船舶集中海边，准备一旦发生情况，就逃入东海。北魏东徐州州长（刺史）、成固公（姓名不详），驻防圂城（山东省沂水县境。圂，音hùn〔混〕）。垣崇祖一个部将因为犯罪，逃亡，投降北魏军。成固公遂派步骑兵二万人的混合兵团，袭击朐山（江苏省连云港市），距城二十华里，守城部队才忽然发觉，而垣崇祖恰恰出城送客，不在城中，城中军民惊骇恐惧，全都跑到船上，准备解开缆绳，航海逃走。正在此时，垣崇祖回城，对心腹官员说："胡虏（北魏帝国）这次攻击，并不是一项有计划的行动，不过听了叛徒的报告，临时发兵，所以容易使他们中计。现在，只要有一百余人回到城里，事情就可以成功。不过，人心已乱，不可能再使他们集结，你们可迅速到距此一华里之处，大声呐喊，飞奔而来，报告说：'艾塘（江苏省连云港市西）义民军（南宋政府称淮河以北起兵拒抗北魏的难民为"义人"），击破胡虏（北魏帝国军），等待驻防军的支援，共同追击。'"已经上船的人，果然大为兴奋，争相登岸。垣崇祖引导他们回城，然后把老弱送到郁洲（江苏省连云港市东沉积小岛），众人手拿两只火把，登山擂鼓、呼喊。北魏的斥候骑兵，认为南宋守军力量强大，即行撤退。刘彧任命垣崇祖当北琅邪（山东省临沂市）、兰陵（山东省滕州市南）二郡郡长。

禁宫护卫执行官（冗从仆射）垣荣祖，也从彭城（江苏省徐州市）逃到朐山（江苏省连云港市），因奉命游说薛安都失败（参考去年〔四六六〕正月八日），恐怕刘彧惩罚他，不敢露面。后来投奔萧道成，前往淮阴（江苏省淮安市淮阴区）。垣荣祖幼年就喜爱骑马射箭，曾经有人对他说：“军人生涯，十分危险，为什么不走‘读书人’这条路？”垣荣祖说：“从前，曹操父子（曹操及他的儿子曹丕、曹植等），上马手舞长矛，下马提笔写诗。生在天地之间，才可说是不辜负天地养育之恩。像你们这些‘读书人’，连保护自己的力量都没有，跟狗羊有什么分别！”

垣荣祖的痛快淋漓，击中所谓“读书人”的要害，使人汗流浃背。

刘善明（参考去年〔四六六〕正月八日）的堂弟刘僧副，率私人军队二千人，逃避北魏帝国，躲到一个海岛之上。徐州（州政府钟离）总部执行官（行徐州事）萧道成，招他归降，加以安抚。

13 北魏帝国在天宫寺铸造巨大佛像，高四十三尺，共用铜十万斤、黄金六百斤（天宫寺在什么地方，史书说不清楚）。

14 北魏帝国东路受降军镇东大将军尉元，派镇东将军孔伯恭，率步骑兵一万人，迎击南宋帝国北伐军沈攸之；把正月战役中俘虏的冻烂脚趾、只能用膝盖爬行的沈攸之的部属，送还沈攸之，用以打击沈攸之的士气。而刘彧在强迫沈攸之等出发后不久，也忽然后悔，派人通知他回军。此时沈攸之已前进到焦墟，距下邳（江苏省睢宁县北古邳镇）五十余华里。陈显达率军迎接，在睢清口（睢水注入泗水处，江苏省宿迁市）会师；孔伯恭攻击，大破陈显达。沈攸之遂即撤退，孔伯恭尾追攻击，沈攸之大败，龙骧将军姜彦之等战死，沈攸之身受重伤，逃入陈显达营垒。

八月十八日，深夜，陈显达营垒在过度恐惧中崩溃，军队四散逃命，沈攸之乘轻便战马，向南逃命，抛弃的军用物资和武器，以万计算。沈攸之仍回淮阴（江苏省淮安市淮阴区）基地。

尉元写信给南宋帝国委任的徐州（州政府下邳）州长王玄载，召引投降，王玄载遂放弃下邳（江苏省睢宁县北古邳镇），逃走。北魏任命陇西郡（甘肃省陇西县）人辛绍先，当下邳郡郡长。辛绍先处理事情，反对明察秋毫，凡事只掌握方向纲要，教导人民怎么温饱，以及怎么抵挡贼寇，如此而已。从此，下邳（江苏省睢宁县北古邳镇）人民，一片和睦安宁。

孔伯恭进攻宿豫（江苏省宿迁市），南宋委任的宿豫驻军司令（戍将）鲁僧遵，也放弃城池，逃走。北魏将领孔大恒等，率一千余骑兵，南下攻击淮阳（角城，江苏省淮安市淮阴区西），南宋委任的淮阳郡郡长崔武仲，纵火烧城，逃走。

慕容白曜驻军瑕丘（山东省济宁市兖州区）。南宋冀州（州政府设历城〔山东省济南市〕）州长（刺史）崔道固当初拥护寻阳政府（江西省九江市）时，建康政府所属绥边将军房法寿，当王玄邈的军政官（司马。王玄邈是清河、广川二郡郡长，起兵拥护建康政府，参考去年〔四六六〕四月二十五日），屡次击败崔道固军，崔道固军对他十分畏惧。后来，崔道固归降建康政府后，双方停止军事行动，但崔道固恐怕房法寿煽动人民，继续跟他为难，于是，用压力迫使房法寿返回建康（江苏省南京市）。正巧，房法寿的堂弟、并州（侨州）州长（刺史）房崇吉（参考本年〔四六七〕四月），从升城（山东省济南市长清区西南）逃来，因娘亲及妻子被北魏帝国俘虏，向房法寿请教对策。房法寿心中实在不愿前往江南（长江以南），所以对崔道固压迫他南下，十分怨恨。当时，崔道固派兼任行政官（兼治中）

房灵宾，当清河、广川二郡军区司令官（督清河、广川二郡事），驻防盘阳（山东省临朐县东南）。房法寿遂跟房崇吉袭取盘阳，作为基地，向慕容白曜投降，用来赎回房崇吉的娘亲和妻子。崔道固派军进攻盘阳，慕容白曜从瑕丘（山东省济宁市兖州区）派将军长孙观，救援盘阳，崔道固撤退。慕容白曜上奏北魏帝拓跋弘，推荐并任命冠军将军韩麒麟，跟房法寿同时当冀州（州政府设信都〔河北省衡水市冀州区〕）州长（刺史），房法寿的堂弟房灵民、房思顺、房灵悦、房伯怜、房伯玉、房叔玉、房思安、房幼安等八人，都当郡长。

慕容白曜自瑕丘（山东省济宁市兖州区）率军进攻崔道固据守的历城（山东省济南市），另派平东将军长孙陵等，进攻南宋帝国青州（州政府东阳）州长（刺史）沈文秀据守的东阳（山东省青州市）。崔道固登城抵抗，不肯投降，慕容白曜兴筑长墙包围。长孙陵等抵达东阳，沈文秀投降，长孙陵等进入东阳西门外城，士卒凶暴，大肆奸淫掳掠。沈文秀悔怒交集，关闭城门，攻击长孙陵等，击破长孙陵等军，重新据守。长孙陵等撤退到清河（泗水上游）以西，屡次进攻，不能攻克。

15 八月二十四日，南宋帝国大赦。

16 八月二十九日，北魏帝（六任献文帝）拓跋弘（本年十四岁）的小老婆李夫人（小老婆群第三级），生下皇子拓跋宏（“弘”“宏”同音hóng〔洪〕，父子名字同音，不知如何区分，幸亏都当皇帝，没有人对他们呼名唤姓）。李夫人，是李惠的女儿（李惠，是李贵人的兄弟。李贵人，是拓跋弘的亲娘，被迫自杀；参考四五六年二月）。冯太后亲自喂养拓跋宏小娃。不久，把政权还给拓跋弘。拓跋弘开始亲自处理国事，辛勤劳苦，赏罚严明，擢升清廉有操守的人，罢黜贪官污吏。北魏帝国的州长、郡长，才开始有人因做官廉洁而受到赞扬。

柏杨曰 北魏帝国于三八六年正式开国，迄本年（四六七）为止，已八十余年，如追溯到代王时期，至少也有一百五十余年。这么漫长的岁月中，没有官员不贪赃枉法，是一个多么堕落的罪恶渊薮，中国人深陷其中，任凭宰割，偶起反抗，复遭到血腥镇压，并被称为盗匪叛徒。后世的人看到的北魏碑帖和佛寺石雕，又能增加多少艺术知识？超度多少苦难冤魂？

17 南宋帝国中级资政官（太中大夫）徐爰，自从三任帝（文帝）刘义隆时，就开始掌权（参考四五二年五月），对于当时还是亲王的刘彧，一向没有放到眼里。刘彧一直记恨在心，于是下诏：一条条列出徐爰奸诈谄媚的罪状，放逐到交州（州政府设龙编〔越南河内市东北北宁省〕）。

冬季，十月三日，刘彧再下诏，改封义阳王刘昶当晋熙王，派编制外散骑顾问官（员外郎）李丰，携带一千两黄金，向北魏帝国赎回刘昶（刘昶投奔北魏帝国事，参考前年〔四六五〕九月）。北魏不肯，但使刘昶写信给刘彧，叙兄弟之情。刘彧斥责刘昶竟不称“臣”，拒绝回信。北魏帝拓跋弘命刘昶再写信给刘彧，刘昶不写，说：“我事实上是刘彧的老哥（刘昶是刘义隆第九子，刘彧是刘义隆第十一子），从来没有当过他的臣属。如果更改前一封信上的称呼，是我向两国君王，同时称‘臣’。如果不改，他又不肯接受，我不敢听从命令。”遂停止。北魏帝国皇帝，喜爱刘昶至深，所以刘昶共娶了三位公主。

十一月八日，南宋帝国分出徐州若干郡县，设立东徐州（山东省南部）；任命辅国将军张谠，当东徐州州长（时张谠据守团城〔山东省沂水县〕，中央因人设官）。

十二月三日（原文“十二月庚戌”，据《宋书·明帝纪》改），任命幽州（侨州）州长刘休宾，当兖州州长（当时，兖州〔州政府瑕丘〕已并入北魏帝国版图，而刘休宾仍据守梁邹〔山东省邹平市北〕，仅只改一下官称）。刘休宾的正妻，是崔邪利的女儿，生子刘文晔，跟崔邪利同时被北魏俘虏（崔邪利被俘，参考四五〇年十一月五日）。慕容白曜把他的正妻崔女士和儿子刘文晔，送到城下，请他相见。刘休宾秘密派他的主任秘书（主簿）尹文达，前往历城（山东省济南市）晋见慕容白曜，并代他探望妻子儿子。刘休宾打算投降，可是侄儿刘闻慰反对。慕容白曜派人在城外呼唤：“刘休宾几次派人，来见我们国务院执行长（慕容白曜文官职务是仆射），请求投降，为什么过了约定时间，还没有行动？”于是城中守军都知道这件事，把刘休宾软禁，不准他归附。北魏军遂包围梁邹（山东省邹平市北）。

18 北魏帝国西路受降军西河公拓跋石，再度进攻汝阴（安徽省阜阳市）。汝阴防守森严，无功而回（本年〔四六七〕二月，也不能攻克）。汝南郡（河南省汝南县）郡长常珍奇，虽然投降北魏，但并不出自真心。南宋豫州（州政府寿阳）州长（刺史）刘勔，又写信招抚。正巧，北魏西河公拓跋石攻汝阴，常珍奇遂乘虚纵火焚烧悬瓠（汝南郡郡政府所在城），驱逐掳掠上蔡（县政府设悬瓠）、安成（河南省正阳县东北）、平舆（正阳县东北）三县人民，聚集灌水（淮河支流，流经河南省固始县北）。

五世纪·四六七年十二月　淮西之战

四六八年 戊申

南宋 泰始 四年
北魏 皇兴 二年
(柔然汗国永康五年)

1 春季，正月十三日，南宋帝国（首都建康〔江苏省南京市〕）皇帝（七任明帝）刘彧（本年三十岁），到首都建康南郊祭祀天神。大赦。

2 北魏帝国（首都平城〔山西省大同市〕）汝阳郡（河南省商水县）郡政府军政官（司马）赵怀仁，率军攻击武津（河南省上蔡县东）。南宋帝国豫州（州政府设寿阳〔安徽省寿县〕）州长（刺史）刘勔，派龙骧将军申元德迎战，击破赵怀仁军，在汝阳台（今地不详）东，斩北魏于都公阏于拔

（阏，音yān〔烟〕），俘获运输车一千三百辆。北魏军再攻击义阳（南宋司州州政府所在县，河南省信阳市），刘勔派宰相府军事参议官（司徒参军）孙昙瓘迎战，击破北魏军攻势。

淮西（河南省东南部）人贾元友，上书南宋帝刘彧，陈述北伐北魏帝国，夺取淮西地区的策略，刘彧把这份条陈，交给刘勔研究。刘勔上疏说："贾元友指出：'胡虏（北魏帝国）皇帝年幼，能力薄弱，内外交困，上天注定它灭亡的日期，已经来到。'我认为，胡虏自去年（四六七）冬季，踏入我国国土以后，盘踞数郡，我国人民，大量伤亡。本年（四六八）自春季迄今，城池重镇，一连串或被包围，或被攻击，对已失去的国土，都不能恢复，哪有能力消灭胡虏（北魏帝国）？贾元友所有意见，很多地方荒谬狂妄，没有事实根据，谈起来头头是道，做起来非常艰难。我暗中思虑，自本（五）世纪二〇年代（三任帝刘义隆在位）以来，北方归附的侉子流民（北方人贬南方人为"蛮子"，南方人贬北方人为"侉子"。侉〔音kuǎ·垮〕，大而呆之谓），都喜爱就国家大事，发表议论，把责任加到政府身上，全部建议，都是如何如何讨伐胡虏（北魏帝国）。可是，政府接受的结果，每次都失败后悔。边境上的居民，只知道谁强谁弱，我们的军队到达之处，他们一定会送茶送饭，在路旁恭敬迎接，可是，大军刚刚后退，居民就会拿起武器，抄掠殿后部队，或阻截斥候前锋。这是大家常见的事，不只一次如此。"刘彧遂停止。

3 北魏帝国镇东大将军尉元，派人游说南宋帝国东徐州（州政府团城）州长（刺史）张谠，张谠献出团城（山东省沂水县），投降。北魏政府任命立法院主任立法官（中书侍郎）高闾，跟张谠同时当东徐州（州政府团城）州长；又任命李璨跟毕众敬同时当东兖州（州政府设瑕丘

〔山东省济宁市兖州区〕）州长（北魏帝国本来已有兖州〔州政府滑台〕，毕众敬是南宋帝国寻阳政府〔江西省九江市〕派任的兖州州长，献出瑕丘投降后，北魏帝国改称东兖州）。尉元又派人游说南宋帝国另一兖州州长（建康政府〔江苏省南京市〕派任）王整（驻地不详），及兰陵郡（山东省滕州市南）郡长桓忻；王整、桓忻，都投降北魏帝国。

北魏政府擢升尉元：开府仪同三司（宰相级）、徐南兖北兖军区司令长官（都督徐、南北兖三州诸军事）、徐州州长，镇守彭城（王整既降，东兖州再分为南兖州、北兖州）。中央征召薛安都、毕众敬到首都朝见北魏帝拓跋弘（二人投降事，参考前年〔四六六〕十月）。二人抵达平城（北魏首都，山西省大同市），中央政府用上宾之礼款待，二人的侍从官员，都封侯爵，赏赐住宅，供应物资及金钱，十分丰富。

4 北魏帝国征南大将军慕容白曜，包围历城（山东省济南市），已有一年。

二月十四日，攻陷东门外城。

二月十七日，南宋帝国冀州（州政府历城）州长（刺史）崔道固，自己反绑双臂，出城投降。慕容白曜派崔道固的儿子崔景业，跟刘文晔，一同前往梁邹（山东省邹平市北），南宋兖州（州政府梁邹）州长刘休宾，也出城投降。慕容白曜把崔道固、刘休宾，以及他们的僚属，送到首都平城（山西省大同市）。

5 二月二十五日，南宋帝国政府任命前龙骧将军（投降北魏帝国前原来官衔）常珍奇，当司北豫二州军区司令长官（都督司北豫二州诸军事）、司州（州政府义阳）州长（刺史）。

北魏帝国西河公拓跋石，攻击常珍奇，常珍奇军崩溃，常珍奇单人匹马，投奔寿阳（豫州州政府所在县，安徽省寿县）。

6 二月二十九日，南宋帝国车骑大将军、曲江公（庄公）王玄谟逝世（年八十一岁）。

7 三月，北魏帝国征南大将军慕容白曜，进军包围东阳（山东省青州市）。

南宋帝刘彧，任命崔道固的侄儿崔僧祐，当辅国将军，率军数千人，从海路北上，援救历城（山东省济南市），登陆抵达不其城（山东省青岛市即墨区），得到历城沦陷消息，崔僧祐也投降北魏帝国。

8 南宋帝国交州（州政府设龙编〔越南河内市东北北宁省〕）州长（刺史）刘牧逝世。交州变民首领李长仁，聚众起兵，把刘牧从北方带来的部队，全部屠杀，占领州城（龙编），叛变，自称州长。

广州（州政府设番禺〔广东省广州市〕）州长（刺史）羊希，派晋康郡（广东省德庆县）郡长、沛郡（安徽省萧县）人刘思道，攻击黎人部落（黎人，被称为南蛮的民族之一，居住海南及广西），因违反上级命令，作战失败。羊希派人逮捕刘思道，刘思道率他的部队，反攻羊希，羊希兵败，被杀。龙骧将军陈伯绍，也在前方攻击黎人部落，得到消息，回军击败刘思道，把他生擒，斩首。羊希，是羊玄保的侄儿（羊玄保事，参考四四〇年四月）。

9 夏季，四月四日，南宋帝国再减少郡县一半田赋。

改封东海王刘祎当庐江王、山阳王刘休祐当晋平王。刘彧因前任帝（六任前废帝）刘子业称刘祎是“驴王”（参考四六五年十一月），所以把他封到庐江郡（安徽省舒城县）。

豫州（州政府寿阳）州长（刺史）刘勔，在许昌（河南省许昌市东）击败北魏帝国军。

10 北魏帝国任命南郡公李惠（皇帝拓跋弘的岳父），当征南大将军、仪同三司（宰相级）、关西（函谷关以西）军区司令长官（都督关右诸军事）、雍州（州政府长安）州长（刺史），晋封南郡王。

五月十一日，北魏帝（六任献文帝）拓跋弘（本年十五岁），前往崞山（山在山西省浑源县。崞，音guō〔锅〕）打猎；再到繁畤（山西省浑源县西南）。

五月十七日，拓跋弘回宫。

六月，任命昌黎王冯熙，当太傅（上三公之二）。冯熙，是冯太后的老哥。

11 秋季，七月十六日，南宋政府任命骁骑将军萧道成，当南兖州（州政府设广陵〔江苏省扬州市〕）州长（刺史）。

八月十五日，任命南康郡（江西省赣州市）郡长（相）刘勃，继任交州（州政府龙编）州长（接替刘牧）。

南宋帝刘彧任命青州（州政府东阳）州长沈文秀的老弟、征北将军府大营军事参议官（征北中兵参军）沈文静，当辅国将军，指挥高密（山东省高密市）等五郡民兵（五郡：高密郡、平昌郡〔山东省安丘市〕、长广郡〔郡政府不其〕、东海郡〔山东省兰陵县西南兰陵镇〕、东莞郡〔山东省莒县〕），从海路北上，援救东阳（山东省青州市）。大军抵达不其城（山东省青岛市即墨区），被北魏军阻截，又切断退路，沈文静无法前进，登城固守。北魏军进攻，不能攻克。

八月十八日，中央分出一部分青州土地，设置东青州（州政府不其），任命沈文静当东青州州长。

12 九月八日，北魏帝拓跋弘，封皇叔拓跋桢当南安王、拓跋长寿当城阳王、拓跋太洛当章武王、拓跋休当安定王。

13 冬季，十月一日，日蚀。

南宋帝国颁发动员令，征发各州军队，准备攻击北魏帝国。

14 十一月，交州（州政府设龙编〔越南河内市东北北宁省〕）变民首领李长仁，派遣使节，向南宋政府投降，自贬为交州总部执行官（行州事）；中央政府批准。

15 十二月，北魏帝国军攻克不其城（山东省青岛市即墨区），斩南宋帝国东青州（州政府不其）州长沈文静。

北魏军攻入东阳（山东省青州市）西门外城。

16 南宋帝国寻阳政府（江西省九江市）建立时（参考前年〔四六六〕正月），在巫法师请求下，建康政府（江苏省南京市）皇帝刘彧，挖掘嫡母路惠男的坟墓（修宁陵），摧毁路惠男的棺木，作为对寻阳政府皇帝刘子勋的一次巫术镇压（刘子勋是路惠男的孙儿）。

直到本年（四六八），才把路惠男再次安葬。

17 前（本〔五〕世纪二〇年之前），南宋帝国立法院主任立法官（中书侍郎）、立法官（中书舍人），都由社会上知名度很高的人士担任。三任帝（文帝）刘义隆，才开始用寒门平民出身的秋当（秋，姓）。五任帝（孝武帝）刘骏时，“豪门”“寒门”混合担任，巢尚之（豪门）、戴法兴（寒门）同时当权（参考四五八年十一月）。现任南宋帝刘彧登极后，任用的全是品质低劣的侍从人员；游击将军阮佃夫、立法院立法官（中书通事舍人）王道隆、编制外散骑顾问官（员外散骑侍郎）杨运长等，都参与政事，权力仅仅次于皇帝，当年巢尚之、戴法兴，不能望他们的项背。阮佃夫尤其凶暴，无所忌惮，人们谄媚他时，立刻有赏；偶尔冒犯，灾祸迅速临头；大肆收受贿赂，送给他的绸缎少于二百匹的，则连封回信都不写，住宅、别墅，饮食、宴会，豪华超过亲王，歌女的衣裳，连皇宫都自叹不如。政府中无论大官小吏，没有一个不对他巴结奉承。奴仆差役，纷纷由非常的管道当官，车夫甚至当虎贲警卫指挥官（虎贲中郎将），马夫甚至当编制外散骑顾问官（员外郎）。

四六九年 己酉

南宋　泰始　五年
北魏　皇兴　三年
（柔然汗国永康六年）

1 春季，正月二十二日，南宋帝国（首都建康〔江苏省南京市〕）皇帝（七任明帝）刘彧（本年三十一岁），举行亲自耕田典礼。大赦。

2 南宋帝国青州（州政府东阳）州长（刺史）沈文秀，据守东阳（山东省青州市），北魏帝国（首都平城〔山西省大同市〕）征南大将军慕容白曜，围城已经三年（首尾各算一年，参考前年〔四六七〕八月）。东阳外面没有救兵，士卒日夜抵抗，头盔铠甲，不能离身，都生了虱子，可是，却没有背叛之心。

正月二十四日，东阳（山东省青州市）终于陷落，沈文秀脱下武装，换穿正式文职官服，手拿皇帝颁发的“符节”，坐在书房。北魏士卒先后涌到，问说：“沈文秀在哪里？”沈文秀大声说：“我就是。”北魏士卒上去把他捉住，剥下他的衣服，五花大绑，押送给慕容白曜，使他叩头下拜，沈文秀说：“两人都是国家的大臣，为什么要我下跪！”慕容白曜发还他的衣服，送给他饭菜，加上脚镣手铐，押送首都平城（山西省大同市）。北魏帝（六任献文帝）拓跋弘（本年十六岁）指出他的罪过（降而复反），加以斥责，然后赦免，把他当作下等宾客相待，穿粗布衣服，吃没有肉类的菜饭。后来，敬重他不肯屈服的精神，稍稍礼遇，任命他当地方部族总监部初级官（外都下大夫）。从此青州（山东半岛）、冀州（山东省西北部）之地，全部并入北魏版图（第五次南北大战，于四六六年十二月开始，打打停停，断断续续，于今结束，历时二十六个月。南宋帝国惨败，淮河以北四州全失。从此，两国以淮河为界）。

3 正月二十七日，北魏帝国（首都平城）平昌王（宣王）和其奴逝世。

4 二月九日，北魏政府任命慕容白曜当青齐东徐三州军区司令长官（都督青、齐、东徐三州诸军事）、征南大将军（本已是征南大将军）、开府仪同三司（宰相级）、青州（州政府东阳）州长（刺史），晋封济南王（南宋帝国冀州州政府设历城〔山东省济南市〕，既并入北魏帝国，改称齐州）。慕容白曜安抚得法，新领土上的新附人民，才安心生活。

北魏帝国自本（五）世纪六〇年代后期以来，连年大旱，遍地饥馑，再加上对南宋帝国青、徐等州的军事行动，山东（崤山以东）人民的田赋差役，十分沉重。北魏帝拓跋弘命评估人民的贫富，分为

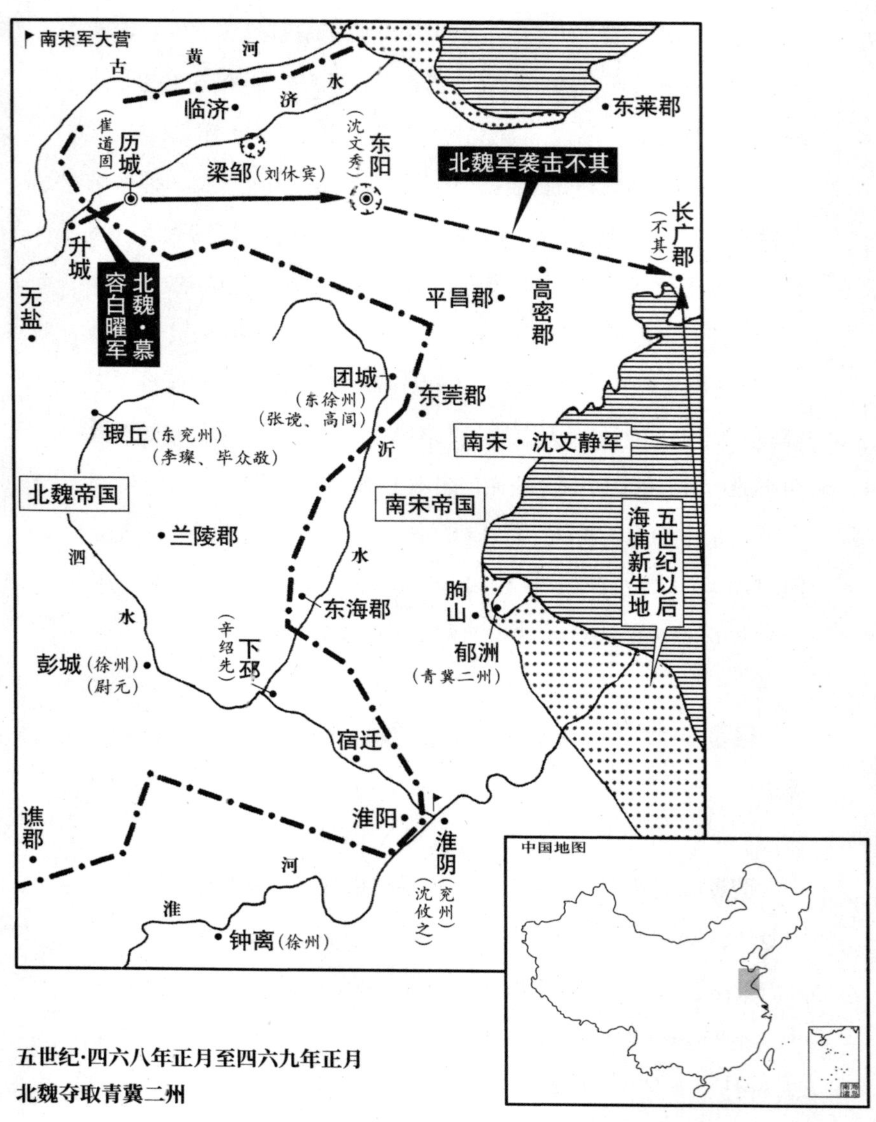

五世纪·四六八年正月至四六九年正月

北魏夺取青冀二州

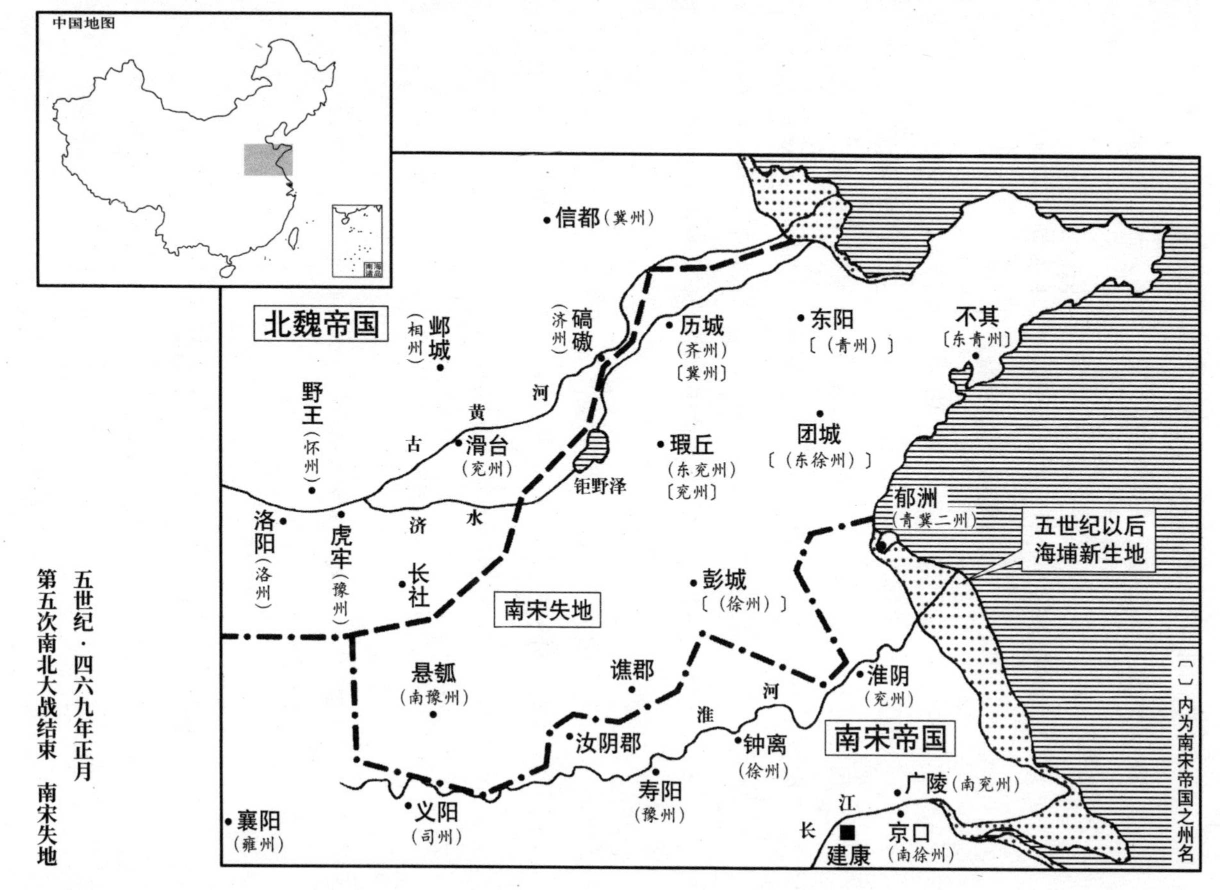

五世纪·四六九年正月
第五次南北大战结束　南宋失地

三等，作为征收赋税的标准，每等再分三级，上三级运到首都平城（山西省大同市），中三级运到其他各州，下三级则运到本州州政府所在城池。

北魏传统制度，正规田赋之外，还有十五种杂税。本年（四六九）全部废除，从此人民生活稍稍可以自给自足。

5 南宋帝国河东郡（湖北省松滋市西北）人柳欣慰等，阴谋聚众起兵，拥护全国武装部队总司令（太尉）、庐江王刘祎当皇帝。刘祎因为自己确实是南宋帝刘彧的老哥（刘祎是刘义隆的第八子，刘彧则是刘义隆的第十一子），可是刘彧以及其他兄弟，对他都很轻视，遂跟柳欣慰等结交应酬。征北将军府首席军事参议官（征北咨议参军）杜幼文，向中央告发。

二月二十六日，刘彧下诏贬黜刘祎当车骑将军、开府仪同三司（宰相级）、南豫州（安徽省中南部）州长（刺史），出去镇守宣城郡（安徽省宣城市宣州区）。刘彧派心腹侍从杨运长，率军驻防保护。柳欣慰等全被诛杀。

6 三月，北魏帝国军攻击汝阴（安徽省阜阳市），南宋帝国委任的汝阴郡郡长杨文苌击退北魏攻势。

7 夏季，四月二十七日，北魏帝国大赦。

五月，北魏政府把青州（山东半岛）、齐州（山东省西北部）居民，强迫迁移到首都平城（山西省大同市），沿桑干河上游两岸，设置升城县、历城县、民望县，称平齐郡（山西省朔州市东南），其他居民则全部剥夺自由，男子当作奴隶，女子当作婢女，分别赏赐给文武百官。

佛教总监（沙门统）昙曜，上奏请求："平齐郡（桑干河上游）郡民及其他种族人民，凡能够捐赠谷米六十斛给佛教寺庙的，称'寺庙户'；所捐献的谷米，称'寺庙米'；遇到饥荒，拿出来赈灾，供应饥民。"又请求："民间的重刑犯和发配到官府的奴隶，可以当'佛图户'（佛塔户），到各寺庙当差洒扫。"北魏帝拓跋弘全都批准。于是"寺庙户""寺庙米""佛图户"遍于各州镇（北魏帝国普通一级行政区，称"州"，设州长〔刺史〕。北方沿边地带或重要军事基地，称"镇"，设防守司令〔镇将〕）。

六月，北魏帝拓跋弘封皇子拓跋宏当太子。

8 六月五日，南宋帝国任命首都东区卫戍司令（左卫将军）沈攸之，当郢州（州政府设夏口〔湖北省武汉市〕）州长（刺史）。

南宋帝刘彧命主管单位奏报："庐江王刘祎，愤恨而且口出怨言，请求追查。"刘彧拒绝。

六月九日，刘彧下诏，撤除刘祎所有官爵，派藩属事务部长（大鸿胪）"持节"，代表皇帝，斥责刘祎，强迫刘祎自杀（年三十五岁）。刘祎的儿子、辅国将军刘充明免职，放逐到新安郡（浙江省淳安县）。

9 冬季，十月一日（北魏闰九月一日），日蚀。

10 十一月（北魏十月），北魏帝国顿丘王李峻逝世。

11 十一月十一日（北魏十月十一日），北魏帝国再度派使节前往南宋帝国，请求两国皇家结亲。

自此，两国恢复邦交，每年都有使节来往（自四六三年十月，北魏游明根出使南宋，两国不再交通）。

12 闰十一月二十二日（北魏十一月二十二日），南宋帝国政府任命辅师将军孟阳（本年〔四六九〕，改辅国将军为辅师将军），当兖州州长（刺史），州政府设淮阴（江苏省淮安市淮阴区。侨设兖州，参考四六六年十二月。州政府故地瑕丘〔山东省济宁市兖州区〕已沦陷北魏）。

十二月三日，宰相（司徒）、建安王刘休仁，解除京畿总卫戍司令（扬州刺史）。刘休仁跟南宋帝刘彧年龄相差不多（刘彧是三任帝刘义隆第十一子，本年三十一岁，刘休仁是第十二子，本年二十八岁），一向友爱。六任帝（前废帝）刘子业时代，刘彧性命每次发生危险，都靠刘休仁的机智，救他不死（参考四六五年十一月）。刘彧登极后，反对的军事力量，四方蜂起，刘休仁率军出征，亲自冒犯滚石飞箭，最后终于建立大功（参考四六五年十二月至四六六年九月），总管文武百官，受到皇帝的宠爱和信任，自然而然，无论政府官员或民间人士，都奔走在他门下，刘彧渐渐不高兴。刘休仁警觉到不对劲，所以上疏请求解除京畿总卫戍司令（扬州刺史）职务。

十二月二十四日，刘彧任命桂阳王刘休范接任京畿总卫戍司令（扬州刺史）。

13 南宋帝国政府，分割荆州（州政府江陵）的巴东郡（重庆市奉节县东）、建平郡（重庆市巫山县），益州（州政府成都）的巴西郡（四川省阆中市）、梓潼郡（四川省绵阳市），设立三巴绥靖区，派任三巴绥靖区指挥官（三巴校尉）；绥靖指挥部设白帝（重庆市奉节县东）。先前，三峡一带部族，年年抢劫抄掠，对汉民族十分凶暴，所以才设三巴绥靖区镇压。

南宋帝刘彧任命宰相府军事参议官（司徒参军）、东莞郡（山东省莒县）人孙谦，当巴东、建平二郡郡长。孙谦将要前去到任，刘彧准他招募一千人同去，孙谦说："蛮夷所以叛变，是政府对他们太苛之故，何必劳师动众，消耗国库经费！"坚决不肯。孙谦抵达郡政府，开诚布公，推广恩德信义，众人全都心服口服，接受领导，纷纷呈献金银财宝。孙谦一一安慰教导，拒绝馈赠。

14 南宋帝国临海郡（浙江省台州市西北章安街道）变民首领田流，自称东海王，抢劫海盐（浙江省海盐县），斩鄞县（浙江省宁波市奉化区东）县长，东方各郡大为震动。

南北朝

- 北魏帝拓跋弘诬杀慕容白曜。
- 南宋帝刘彧诬杀所有兄弟。
- 北魏冯太后害死儿子拓跋弘，为情夫复仇。
- 南宋又出暴君——刘昱。
- 南宋帝国亡。
- 南齐帝国兴起。

- 西哥德人罢黜西罗马皇帝纶缪拉斯，西罗马帝国亡。

四七〇年 庚戌

南宋　泰始　六年
北魏　皇兴　四年
（柔然汗国永康七年）

1 春季，正月十日，南宋帝国（首都建康〔江苏省南京市〕）开始制定祭祀规则：每隔两年，到首都南郊祭祀一次天神；每隔一年，在首都大会堂（明堂）祭祀一次祖先。

二月八日，任命宰相（司徒）刘休仁当全国武装部队总司令（太尉），仍兼宰相（领司徒）。刘休仁坚决辞让。

二月九日，南宋帝（七任明帝）刘彧（本年三十二岁），命太子刘昱娶江智渊的孙女江简珪当太子妃（江智渊，参考四六三年正月）。

二月二十日，大赦。刘彧命文武百官呈献礼物，始兴郡（广东省韶关市）郡长孙奉伯，只呈献弦琴、书籍。刘彧气冲牛斗，派使节送去毒药，命孙奉伯自杀；不久，又下令赦免。

2 北魏帝国（首都平城〔山西省大同市〕）任命东郡王陆定国，当最高监察长（司空）。陆定国，是陆丽的儿子（陆丽事，参考四五二年十月）。

北魏帝（六任献文帝）拓跋弘（本年十七岁），派征西大将军、上党王长孙观，攻击吐谷浑汗国（青海省）。

夏季，四月八日，大赦。

四月十五日，长孙观跟吐谷浑汗国可汗（十二任）慕容拾寅，在曼头山（青海省共和县西南）会战，慕容拾寅失败，逃走，派总务官（别驾）康盘龙到北魏进贡，拓跋弘把他囚入监狱。

3 四月三十日，南宋帝刘彧，封皇子刘燮当晋熙王，继承刘昶的香火（刘昶投奔北魏帝国，参考四六五年九月）。

4 五月，北魏帝拓跋弘，封皇弟拓跋长乐当建昌王。

5 六月十一日，南宋帝国政府任命江州（州政府设寻阳〔江西省九江市〕）州长（刺史）王景文，当国务院左执行长（尚书左仆射），兼京畿总卫戍司令（扬州刺史）；任命国务院执行长（尚书仆射）袁粲，当国务院右执行长（右仆射）。

南宋帝刘彧在宫中大摆筵席，命宫女脱光衣服，由大家欣赏，皇后王贞风害羞，用扇子遮住面庞，刘彧大怒，说："你们家真是寒酸，没有见过世面，今天大家一齐欢乐，为什么只你不开眼？"

王贞风说："寻求欢乐，方法很多，哪有姑妈姐妹，挤在一起，观看裸体宫女而笑嘻嘻的！我们家的欢乐，跟这个不一样。"刘彧更是大怒，把王贞风赶走。王贞风的老哥王景文听说这件事，说："我妹妹在家时，性情柔弱，想不到这次竟如此刚毅。"

6 南宋帝国南兖州（州政府设广陵〔江苏省扬州市〕）州长（刺史）萧道成，久在军中（据《南齐书·高帝纪》，四四二年，萧道成就参与讨伐竟陵蛮之役，迄今将近三十年），民间传出谣言，说萧道成的相貌跟普通人不一样，应该当天子。南宋帝刘彧有些疑心，下诏征召萧道成返京（首都建康）当禁宫咨询官（黄门侍郎），兼南越兵团指挥官（越骑校尉）。萧道成大为恐惧，不希望调职中央，可是又没有办法留下来不走。冠军将军府军事参议官（冠军参军）、广陵郡（江苏省扬州市）人荀伯玉，劝萧道成派数十个骑兵，深入北魏帝国国境，张贴布告，号召居民起义。北魏果然派出游骑兵数百人，沿边巡逻。萧道成紧急报告中央，刘彧遂恢复萧道成的原职。

秋季，九月，刘彧命萧道成移驻淮阴（江苏省淮安市淮阴区）。另任命高级咨询官（侍中）、中央禁军总监（中领军）刘劻，当南徐兖五州军区司令长官（都督南徐、兖等五州诸军事。五州：南徐、兖、青、冀，另一州不详），镇守广陵（江苏省扬州市。兖州州政府遂与南兖州州政府互换位置）。

7 九月十七日，南宋帝国设立总明观大学（总明观），任命校长（祭酒）一人，儒学系、玄学系、文学系、史学系教授（学士），每系十人（四三八年设立"四学"，三十二年后的本年，才设立学校，任命校长）。

8 柔然汗国（瀚海沙漠群）可汗（七任受罗部真可汗）郁久闾予成，

南下攻击北魏帝国，北魏帝拓跋弘集合群臣，举行御前会议。国务院右执行长（尚书右仆射）、南平公拓跋目辰说：“如果皇上御驾亲征，京师（首都平城）立刻陷于危险，不如小心慎重，采取守势。胡虏（柔然汗国）孤军深入，粮秣补给，无法供应，用不了多久，就会自行撤退；到时候派军追击，一定把他们击破。”御前监督官（给事中）张白泽说：“蛮荒地带的丑类，轻率冒犯边界，如果御驾能够亲征，他们望见我们的军旗，就会一哄而散，怎么可以坐在这里眼看敌人横行？陛下以万乘之尊，却只会守城，并不能使四方蛮夷服从领导。”拓跋弘同意。张白泽，是张衮的孙儿（张衮，参考三九九年八月）。

拓跋弘命京兆王拓跋子推等，率各军从西路进击；任城王拓跋云等，率各军从东路进击；汝阴王拓跋天赐等，率各军当前锋；陇西王源贺等，率各军当后继部队；镇西将军吕罗汉等，留守中央。各将领一齐集中女水（流经内蒙古武川县）河畔，跟拓跋弘会合，向柔然汗国的南下兵团迎战；柔然兵团大败。北魏军乘胜追击，杀五万余人，接受一万余人投降，俘获战马、武器，多到无法计算。十九天中，北魏军从出击到班师，来回行军六千余华里。把女水改名武川。宰相（司徒）东安王刘尼，被控酒醉昏迷，军纪败坏，免职。

九月十一日，拓跋弘返抵首都平城（山西省大同市）。

当时，北魏帝国官员，没有薪俸，很少人能洁身自爱。拓跋弘下诏：“任何官员，接受属下一只羊、一斛酒的，处死；行贿的人跟受贿的人同罪。如果有人检举国务院执行官（尚书）以下犯罪，则免除被检举官员的职位，由检举人接替。”张白泽规劝说：“从前，周王朝时（纪元前十二世纪），最低级的官吏，都有足供他雇人耕田的薪俸。而今，帝国的高贵官员，辛勤工作，并没有报酬。如果使接受礼物的人受到刑罚，而由检举人接替他的职位，恐怕奸邪之辈，将乘机制造事件；忠贞之士，将灰心懈怠。如此追求提高行政效率，安抚人民，岂不太难！我的意思是，仍请依照过去所颁布的法令，发给薪俸，回报清官廉吏（参考四六七年八月）。”拓跋弘才撤销此项诏书。

9 冬季，十月一日，南宋帝刘彧下诏说，五任帝（孝武帝）刘骏的儿子们，因为身犯国法，全被诛杀（刘骏后裔灭绝，参考四六六年十月）；特命皇子（刘彧的儿子）刘智随，过继刘骏名下，延续香火；并封刘智随当武陵王（刘骏当皇帝之前，原封武陵王；参考四三六年九月）。

10 最初，北魏帝国丞相乙浑当权时（参考四六五年五月、四六六年二月），征南大将军慕容白曜对他非常巴结奉承。北魏帝拓跋弘记恨在心，而且越想越愤怒难忍。本年（四七〇），遂诬以谋反：“慕容白曜叛乱！”下诏连同慕容白曜的老弟慕容如意，一并诛杀。

11 最初，北魏帝国国务院南部政务执行官（南部尚书）李敷、集会礼仪部长（仪曹尚书）李䜣（音xīn〔新〕），从小感情亲密，跟立法院主任立法官（中书侍郎）卢度世，都受三任帝（太武帝）拓跋焘，以及现任帝（六任献文帝）拓跋弘宠爱信任，参与机密决策，负责撰写发布诏书。后来，李䜣出任相州（州政府设邺城〔河北省临漳县西南邺城镇〕）州长（刺史），接受贿赂，被人检举；李敷位居中枢，为老友掩护。拓跋弘发觉，大为愤怒，用囚车把李䜣押回首都平城（山西省大同市），调查的结果，贪赃枉法的证据确凿，应该判处死刑。当时，李敷的老弟李奕，受冯太后的宠爱（当冯太后的情夫），拓跋弘心里对他已经疏远。主管官员奉皇帝之命，告诉李䜣说：如果李䜣出面揭发李敷兄弟的隐私，可以免死。李䜣对他的女婿裴攸说："我跟李敷，虽然同姓不同族，但二人恩情，超过亲生兄弟。而今法官劝我做这种事，我于心不忍，几次拔下头簪自杀，解下腰带自杀，但每次都死不了。而且，我又怎么知道李敷兄弟的隐私，你说怎么办？"裴攸说："你何必为了维护别人，而自己送命！有个叫冯阐的人，先前曾被李敷害死，他的家人把李敷恨入骨髓，现在我去问问他的老弟，一定可探听到李敷的隐私。"李䜣同意。正巧，赵郡（河北省赵县）人范标，上书皇帝告发李敷兄弟三十余条大罪，有关单位奏报。拓跋弘大怒，诛杀李敷、李奕。

李䜣获得减刑，但仍被鞭打，剃光头发，发配奴工营服役。稍后，拓跋弘命他当粮秣部长（太仓尚书），兼管南部防务。李敷，是李顺的儿子（李顺事，参考四四二年十二月）。

阳平王（幽王）拓跋新成（景穆太子拓跋晃的儿子）逝世。

12 本年（四七〇），南宋帝国命龙骧将军、义兴郡（江苏省宜兴市）人周山图，率军进驻浃口（浙江省宁波市东北甬江口），讨伐自称东海王的变民首领田流（参考去年〔四六九〕十二月），削平。

13 柔然汗国（瀚海沙漠群）大军攻击于阗王国（首都于阗〔新疆和田市〕）；于阗王国派使臣素目伽，携带奏章，到北魏帝国（首都平城）请求救援。北魏帝拓跋弘命高阶层官员讨论，都说："于阗（新疆和田市）距京师（首都平城，山西省大同市）几万华里之遥（航空距离三千公里），蠕蠕（柔然汗国）只知道野地抢劫，不会攻城；如果他们会攻城，于阗早已灭亡，就是打算派出援军，已来不及。"拓跋弘把大家的意见拿给于阗王国的使节过目，使节也认为如此。拓跋弘遂命使节带回诏书："我自当紧急动员各路大军，援救你的灾难，但距你的地方太远，无法解除你眼前的紧急情况，希望你能了解。我现在正严格训练武装部队，更新铠甲武器，一两年间，当亲率雄兵猛将，为你铲除祸患，你应谨慎警戒，等待大规模军事行动。"

四七一年 辛亥

南宋　泰始　七年
北魏　皇兴　五年
　　　延兴　元年
（柔然汗国永康八年）

1 春季，二月十日，南宋帝国（首都建康〔江苏省南京市〕），从交州（州政府设龙编〔越南河内市东北北宁省〕）和广州（州政府设番禺〔广东省广州市〕）分割出一部分郡县，成立越州，州政府设临漳（广西合浦县东北）。

2 当初，南宋帝（七任明帝）刘彧（本年三十三岁），还没有当上皇帝，仍是亲王时，性情宽厚平和，有美好的名声，最受老哥、五任帝（孝武帝）刘骏的宠爱。登极初年，对拥护寻阳政府（江西省九江市）的官员，大多数都保住他们的性命，而且依照各人的才干，分别命他们仍在政府供职，如同旧臣（参考四六六年十二月十二日）。可是，到了后来，刘彧完全变成另外一种人：猜疑、嫉妒、残忍、暴虐，迷信鬼神巫术，神经过敏，忌讳多端；无论言语、文书，对“祸”“败”“凶”“丧”，以及类似的话和字，都加以回避。不准出现的禁忌，有数百数千条，凡是冒犯的，一律诛杀。把“騧”改成“驺”（騧，音guā〔瓜〕；黑嘴的黄毛马），因“騧”看起来有点像“祸”。左右官员只要冒犯他的禁忌，常常被剖心或挖出五脏后，再行斩首。

当时，淮河、泗水一带战争爆发（第五次南北大战。参考四六六年十二月），国库一空，全国官员，完全没有薪俸。但刘彧却奢侈浪费，超过正常规范，每制造器物用具，都要分为“正用”“备用”“第二备用”，各制三十个。侍候左右的亲信当权，贪赃枉法，完全公开。

刘彧没有儿子，把其他亲王怀有身孕的小老婆，秘密迎接到宫中，生女孩则留娘亲的命，生男孩则把娘亲处死，由其他小老婆喂养小娃。

到了本年（四七一），刘彧病势沉重，因为太子刘昱（音yù〔玉〕）年纪还小（本年九岁），刘彧唯恐怕自己的弟弟们夺取政权。南徐州（州政府京口）州长（刺史）、晋平王（刺王）刘休祐，从前镇守江陵（湖北省江陵县）时，贪污暴虐，无法无天（刘休祐于四六六年九月八日当荆州〔州政府江陵〕州长）。这次调任他当南徐州（州政府京口）州长，等刘休祐路过京师（首都建康），准备前往到职，刘彧把刘休祐留下，不让他赴任；而另派州政府高级官员（指秘书长或军政官），当总部执行官（行府州事）。刘休祐性情暴烈傲狠，对刘彧的冒犯，前后不止一次，刘彧一一记在心中，不能再忍，而且也考虑到自己死后，儿子恐怕没有能力控制刘休祐，遂准备找个机会，把他铲除，而机会未到。

二月二十六日，刘彧前往严山（位于江苏省南京市江宁区南）射猎野鸡，刘休祐陪伴左右。兄弟二人向前奔驰，左右侍从卫士，全被抛到后面，而天将黄昏，刘彧派亲信寿寂之等数人，把刘休祐从马背上挤下，大家一拥而上，痛加殴打，撞断他的肋骨，拉杀（年二十七岁）；然后吃惊的传话："骠骑将军（刘休祐武职）落马！"刘彧假装吓了一跳，立刻派出御医，一个接连一个前往诊视。等到刘休祐左右侍从赶到现场，刘休祐已气绝多时，把他所乘车辆的轮子拆掉，改作病床，由人抬回家宅。刘彧下诏追赠：最高监察长（司空）；用盛大丧礼埋葬。

刘彧《报刘休祐诏书》：

我跟休祐到南山射猎野鸡，而休祐的坐骑忽然受惊，跟直阁将军夏文秀的马互相踢咬，夏文秀从马上跌下，而休祐的坐骑失去控制，长嘶狂奔，休祐碰到松树，也从马背跌下，头部正巧撞到岩石，当时昏迷，人事不省。飞函告诉吾弟得知。

首都建康（江苏省南京市）民间传播谣言，说荆州（州政府江陵）州长（刺史）巴陵王刘休若，相貌尊贵。刘彧写信给刘休若，转告这项谣言，刘休若忧愁恐惧。

二月三十日，刘彧任命刘休若接替刘休祐的遗缺——南徐州（州政府京口）州长。刘休若心腹将领，一致认为；刘休若只要回到首都建康（江苏省南京市），就难逃大祸；大营军事参议官（中兵参军）、京兆郡（侨郡，湖北省襄阳市北）人王敬先，游说刘休若说："现在，皇上病重，已进入弥留（死前状态），中央大权，握在国务院（省阁）之手，一群凶恶之徒，来势汹汹，准备把皇上的兄弟，全部铲除，来满足自己的私欲。殿下的声名，传播海内，假如你接受诏书，前往京师（首都建康）朝见，一定有去无回。荆州（湖北省西部）武装战士十余万，面积数千华里。上可以辅佐天子，铲除奸臣；下可以保全一州，救出自己一命。为什么要留在建康家宅，接受皇上赐给你自杀的佩剑，使你的臣属和妻子，忍泪吞声，连埋葬都不敢！”刘休若一向谨慎胆怯，于是假装同意。但等王敬先一出王府，立刻派人把他逮捕，奏报刘彧，处死。

3 三月三日，北魏帝国（首都平城〔山西省大同市〕）代理编制外散骑侍从官（假员外散骑常侍）邢祐，前往南宋帝国报聘。

4 北魏帝（六任献文帝）拓跋弘（本年十八岁），派宫廷保安部长（殿中尚书）胡莫寒，遴选西部敕勒部落中战士，担任宫廷警卫（被俘虏或主动投降北魏帝国的柔然人、高车人、敕勒人，迁入北魏帝国国境，沿边塞定居，位于武周塞〔山西省左云县南〕之东，称“东部”；之西，称西部；在瀚海沙漠南方的，称北部）。胡莫寒大肆收受贿赂，激起民变，变民诛杀胡莫寒以及高平镇（宁夏固原市）代理防守司令（假镇将）奚陵。

夏季，四月，所有敕勒部落，都起兵叛变。拓跋弘派汝阴王拓跋天赐，率军攻击，由御前监督官（给事中）罗云当前锋。敕勒部落假装投降，袭击前锋部队，斩罗云，拓跋天赐仅逃出一命。

5 南宋帝国晋平王（刺王）刘休祐既被谋杀，建安王刘休仁越发恐惧不安。南宋帝刘彧担心死后的局势，常跟亲信杨运长等，不断商讨因应方法；而杨运长等也担心刘彧死了之后，刘休仁当权，他们这个摇尾系统，就不能想干什么就干什么，于是赞成刘彧的计划。刘彧的病，一度非常危险，无论政府或民间，一致认为刘休仁会主持政府，连图书管理员（主书）以下低级官员，都往东府（建康城南，宰相府）拜访刘休仁的亲信部属，预先建立交情。有些人正巧值班，不能出来参加这项铺路行动，既心急而又恐惧。刘彧接到报告，更为忿恨。 746

五月一日，刘彧命刘休仁进宫，不久又通知他："今晚你可在国务院宫外厅（尚书下省）安歇，明天一大早再来。"而就在当夜，刘彧派人送去毒药，强迫吞服。刘休仁诟骂说："你能坐上宝座，是谁的力量（参考四六五年十二月至四六六年九月）！孝武皇帝（五任帝刘骏）因为诛杀兄弟之故，子孙灭绝，今天你又要诛杀兄弟，帝国命运，岂能长久！"刘彧担心发生变化，强提精神，坐轿到皇城端门戒备，直到刘休仁气绝（年二十九岁），才回后宫，下诏宣布刘休仁罪状，说："刘休仁暗中结交宫城禁卫官兵，阴谋叛乱，我不忍心把他交付法庭审判，而只下诏严厉斥责，刘休仁对他的忘恩负义，羞愧不能自容，服毒自杀。我特别原谅他的两个儿子，贬刘休仁当始安县王，由他的儿子刘伯融继承爵位。"（胡三省注："刘休仁之祸，是自己制造。他引导刘彧杀尽哥哥的儿子，刘彧杀得手滑之后，对弟弟们又有什么舍不得！"）

刘彧恐怕引起公愤，乃颁发诏书给中央高级官员，及地方军政主管，诏书上说："刘休仁跟刘休祐，相交很深，休仁告诉休祐：'你只管拼命拍马屁，这妙法足可保命，我一向很得马屁之力。'刘休祐之死，本来只是为民除害，可是刘休仁却从此越发恐惧，我每次唤他进宫，他都进去向娘亲杨太妃告别。春天，我常常跟他一块去射猎野鸡，偶尔因天阴落雨，不能外出，刘休仁就告诉左右：'今天又多活了一天。'刘休仁曾经因为西征之故（攻击寻阳政府〔江西省九江市〕），跟皇家禁卫军将领，在一起共事，情投意合。我前些日，病势忽然转重，刘休仁出入宫廷，见到他们，没有一个不和颜悦

色，安抚慰劳。以他的表现，无法预测他下一步行动是什么，万不得已，反复思考，不得不作这项处分，恐怕你不一定全盘了解，所以特别向你简报。”

刘彧《解释杀弟诏书》：

休仁突然逝世，内情如何，你还不能明白。其中来龙去脉，我现在详细相告。先说休祐，他的贪赃索贿，败坏政府的行为，国家法律，绝不容许。从前，西汉王朝的刘武（梁〔孝〕王）、刘长（淮南〔厉〕王），并没有叛逆行为，只不过因生活方式，违反中央政府规定的规范。何况休祐狼吞虎咽，聚敛财富，成了西部几个州的蝗虫，无论夺取或给予，都下流凶暴，毫无人性。我不断得到王景文、褚渊、沈攸之等报告，控告他种种罪行，认为不应该再对他姑息。可是，我一向重视手足兄弟间的骨肉之情，不打算把他交给法庭审判。而且，我内心深恨前任帝（五任刘骏）对兄弟的残忍。虽然亲眼看到休祐为非作歹，只因大家刚刚脱离苦海，不忍心加以追究，所以改派他主持徐州（南徐州，州政府京口），希望他警觉到中央政府近在咫尺，因而改过自新。可是，等到明令发表，他还没有到任，就大肆搜括勒索，越发暴虐堕落，竟然如此为害人民，我才决定不再保护。

休仁做人做事，有相当见解，身居宰相高官，和我之间的兄弟感情，十分亲密，比起其他的兄弟，自有不同，所以，我常跟休仁谈论休祐的罪行。休祐认为，休仁受我的宠爱，一定知道我的心意。又认为休仁跟我讨论国事时，有左右我的力量，遂送给休仁很多金银财宝，用心结交，他们二人，睡觉时一定睡在一起，行路时一定坐一辆车。休仁心肠太软，对人常有感谢之情，因之，休仁和休祐感情坚固，牢不可破。我告诉休仁的高度机密，就像颠倒过来的水桶一样，全部泄漏。我跟休仁，从小玩在一起，跟别的孩子们不一样，我一直诚心诚意，对他深信，一点也不怀疑，虽然如此，仍担心他心情轻松时，无意中会说出什么。我最近曾对休祐推心置腹，严厉的教训勉励，休祐已完全接受。可是，休祐死后，我调查他内外左右的亲近侍从，询问他们有关情况，才发现高度机密泄漏，也发现泄漏的管道何在。一整天懊悔自责，跺脚惋惜，心身委顿。休仁又教导休祐说："你只管拼命拍马屁，这妙法足可保命。我这一生遇到很多灾难，就靠马屁功夫渡过，你不妨一试，看它管不管用！"刘休祐果然听话，开始大量向中央进贡，言语虚浮，很多跟事实不符，累积罪恶，不能再对他宽恕。

休祐死后，休仁的表现，人所共知。他本人既没有犯罪，又跟我同根生长，我一番真情，对过去种种，毫不介意。休祐的贪污愚蠢，受到全国人民的痛恨，所以死亡，只是为民除害。我的兄弟，已没有几人，更应该互相关怀，倍加亲密。休祐一生，凶恶无赖，我恐怕休仁前去哭吊，或许邪恶的鬼魂出来作祟，制造灾祸。而且，我那一天，本来也要扶着拐杖，前往哭祭的，一直等到晚上，才临时决定不能前去。为了方便，我命休仁先到国务院。想不到休仁听到我的命令，大为惊骇疑惧，甚至到后堂向娘亲杨太妃告别，面色和一举一动，跟平常大不一样。后来抵达国务院，杨太妃立刻派宦官尾随察看，就从那天开始，他每天不安，惊惶害怕。但我忠厚待人，以心比心，还不知道已被怀疑，所以休祐死后，我再去休仁家，整天饮酒欢乐，一直推开内院大门，登上卧室，说明我对他并没有丝毫猜忌防备。可是，休仁坐在那里，反而疑心生暗鬼。春季，我常出去射猎野鸡，休仁清闲时，也常到射猎野鸡的围场，有时候我也教他陪伴。不是射猎的日子，就不能常见。可是，每天到了晚上，休仁就告诉左右说："我又活了一天。"等回到卧房，看到他的小老婆或舞女歌女，常说："不知道这是不是最后一个早晨？或最后一个晚上？如一旦死掉，变成了鬼，也不找你们，找你们只增加麻烦。"休祐死的时候，已经黄昏，我正在围射野鸡，刚从射猎场出来，休仁和他的卫士，还散布在右面荒草之中，我派人叫他，他说："肚子痛，不能骑马。"当时各亲王的车辆，都停在朱雀门里，天色已黑，没有办法叫车。我的衣帽图书专车，正巧停在围场旁门之内，急命前来救护，取下皇帝专用的装饰，为的是运载休仁。我素来知道休仁身体，患有寒症，既是肚痛，一定因受凉之故，就教皇家御医（太医）到国务院宫内厅（尚书下省），送给休仁专门供给皇上服用的"高粱姜汤"，休仁刚要张口，忽然大为惊恐，对左右说："今天完了！"左右回答说："这汤是御厨房厨师亲手加封送来。"但休仁仍命左右先饮一口下肚，虽然平安无事，休仁仍不相信，勉强吃下十分之一。故意制造紧张气氛，每件事都是如此。

过去的惯例，十天或五天，休仁晋见一次他的娘亲杨太妃。自从休祐死后，我每次召他入宫，他就一定先到娘亲杨太妃那里辞行，好像永不复还。宰相府和亲王府的重要文件，休仁一向都亲自批阅。本年（四七一）二月中旬，史承祖（刘休仁的部属）把公文呈送给他过目，刘休仁忽然说："我有我的事，你拿这些来，难道不嫌烦！"我对他跟过去一样，可是已得不到他的信任。他既然心怀不安，自认为受到迫害，陷于恐慌。依照情理推测，他的善良已经泯灭。他曾经统率过大军西征（攻击寻阳政府〔江西省九江市〕，参考四六六年），跟皇家禁卫军将领们，在一起共过事，情投意合，而泛泛之交的人，更满布政府与民间。从前日子里，休仁走出走进，在外厢或走廊经过，跟各个有交情的将领，从不说一句话。可是我前些时病情偶尔转重，休仁出入国务院及宫廷，禁卫军各队带兵官，即令仅仅见过一面的，休仁对他们都和颜悦色，安抚慰劳。那一段时间，我心中烦闷，不想见人，外面遂凭空传出谣言，说我已不可救。休仁为了察看虚实，透过昙度僧人和劳彦远，不断要求晋见，目的只在对我的健康，作一调查。所以他所当面奏报的事，全都不是急事，但我仍然推心置腹，对他毫不怀疑。我跟休仁之间，感情的亲密，实在少见，从儿时起，就一直玩在一块，形影不离，兴趣志向，往往相同，患难之际（指六任帝刘子业对他们囚禁），共同负荷艰苦。后来大军西征，休仁担任统帅，建立伟大勋业，我永记在心，此情无极重，在我心目中，休仁占极重要地位。

然而，品质低劣的人，没有知识，也往往挟持过去的功劳，行为乖张。心里既生出猜忌不满，就不肯自己反省。大祸的来临，往往由于在节骨眼上，不能醒悟。如果察看他的表现，实在难以推测下一步是什么。万不得已，经过反复思考，不得不有近日这种处分。在兄弟之情看来，不能说没有厚薄，休祐之死，我虽然哀悼思念，仍可以被理性说服。而休仁之死，我悲恸至深，千念万念，无法使内心平静，说到这里，五衷如裂，事件琐碎，既无法一一写到诏书之上，但又恐怕大家未必一时就了解真相。而且，我又为了保全休仁的儿子，所以并不交付军法审判，深入追究。上次所发布的诏书，不得不指控他的阴谋叛乱，那并不是事实。所以，向你作一简报，让你得知。

事实上是：刘彧对刘休仁忘恩负义，可是，他却痛斥刘休仁忘恩负义。拜读这份诏书，当时是不是有人兴起吐他一脸口水的念头，无法知道，但是至少，刘彧一定认为，经过他这么一努力宣传，就可一手遮住天下人的耳目。聪明得冒烟的人，往往认为别人都愚不可及，无论自己说什么，别人都会怎么信。

“刘彧诏书”跟“统万碑文”，是大分裂时代两大最无耻的文献。

刘彧跟刘休仁素来亲厚，虽然害死刘休仁，但天良往往再现，他常对人说：“我跟休仁，年纪差不多，孩童时候，就在一起玩耍，六〇年代中期稍后，他一片忠心，建立勋业，政府之转危为安，完全靠他。可是，事情到利害关头，不得不先行下手，哀痛想念，不能排遣。”流泪哭泣，十分悲哀。

最初，刘彧当亲王的时候，跟褚渊之间，以风度翩翩，互相吸引，成为至好的朋友。刘彧当上皇帝后，对褚渊也十分依赖。刘彧病重，褚渊当吴郡（江苏省苏州市）郡长，刘彧急命褚渊入宫（首都建康）。褚渊到京后，入宫晋见，刘彧流泪说：“我的病势危险，所以召见你，打算请你穿黄棉袄！”黄棉袄，是乳娘的服装（将把孤儿刘昱托付给他）。刘彧遂跟褚渊阴谋诛杀建安王刘休仁，褚渊认为不可以，刘彧大怒说：“你是个呆子，没有资格参与国家大事。”褚渊害怕，接受命令。于是，刘彧再任命褚渊当国务院文官部长（吏部尚书）。

五月十三日，擢升国务院右执行长（尚书右仆射）袁粲，当国务院总理（尚书令），褚渊当国务院左执行长（左仆射）。

刘彧对太子宫骑兵指挥官（太子屯骑校尉）寿寂之的勇敢雄健，戒惧不安。正巧，有关单位弹劾寿寂之擅自诛杀巡逻军官。刘彧把寿寂之贬到越州（州政府设临漳〔广西合浦县东北〕），而就在半途，斩寿寂之。

五月二十九日，把已死的晋平王（剌王）刘休祐，追贬成平民。

巴陵王刘休若抵达京口（江苏省镇江市），就任南徐州（州政府京口）州长（刺史），听到建安王刘休仁被毒死消息，更是恐惧。刘彧认为刘休若性情平和，品性敦厚，能调解纠纷，各方人士对他都十分敬爱，恐怕有一天夺取幼主刘昱的帝位。刘彧最初打算派使臣前往诛杀刘休若，又怕他拒绝接受；打算征召他到中央朝见，又怕引起震惊不安。

六月十日，刘彧命江州（州政府寻阳）州长、桂阳王刘休范，当南徐州（州政府京口）州长；命刘休若当江州州长（兄弟二人职务互调）。刘彧亲笔写信给刘休若，十分亲切，邀刘休若早日前来京师（首都建康），参加七月七日的皇家盛宴。

6 六月二十日，北魏帝拓跋弘前往河西（黄河河套地区）。

7 秋季，七月，南宋帝国巴陵王（哀王）刘休若，抵达首都建康（江苏省南京市）。

七月九日，刘彧派人到巴陵王府，命刘休若自杀（年二十四岁）。追赠刘休若高级咨询官（侍中）、最高监察长（司空）。再命桂阳王刘休范回任江州（州政府寻阳）州长。当时，刘彧所有的弟弟，全部铲除，只有刘休范，因人品低劣，能力平凡，引不起刘彧的猜忌，所以得以保住性命。

刘彧《致刘休范诏书》：

民间有个巫师，姓徐，名绍之，看起来疯疯癫癫，自称受到神仙的差遣。去年（四七〇）三月，忽然说，神仙告诉他："巴陵王（刘休若）应当皇帝，你要秘密通知。"那个巫师就寻访休若左右，寻访不到。但他跟太子宫一个姓何的文书管理员（典书）相识，有很多次来往，巫师听得懂神仙的话，当他把神仙的话告诉何某时，何某回答说："我认识巴陵王（刘休若）左右亲信，当为你介绍。”几天之后，何某回来告诉巫师说：“我已把你的话转告巴陵王（刘休若）那位亲信，那位亲信立即转告巴陵王（刘休若），巴陵王（刘休若）已经知道，并且嘱咐：不要用口说，只要用耳听。”

最近，天文台长简报天际星辰情况时，常常提到休若：“利用邪术异端。”神仙之事，缥缈不可捉摸，难以全信。可是，前后对照查考，似乎也可以看出一个模糊轮廓。而且，街头巷尾，自从六〇年代（五任帝刘骏在位）以来，一直有一种“若好”的歌谣，到现在仍然流传。歌谣唱出来，都有美丽的辞藻和美丽的故事，野心家一致认为：“那一定是刘休若。”休若早就知道民间有这种传说，也知道大街小巷的“若好”歌谣，身虽在西部（荆州，州政府江陵），已经感到恐惧，所以才引发王敬先口吐狂言。

最近，休祐、休仁被国法诛杀，休若内心更不平安，而他左右又多的是有前科的罪犯，常向他转述这些道听途说，挑动他的心意，互相唱和说：“万民之心，拥护休若。”追查休若一向的心意，实在是嫌疑重大。刘亮问高次祖：“你认识的那个人，应介绍给刘休若。”休若在东部（南徐州，州政府京口），放纵他的部属，毫不约束。回到京师（首都建康）后，曾受贬谪的处分，爵位稍稍降低（因庇护机要军事参议官〔录事参军〕谢沈在母丧期间行乐，降号镇西将军。又因擅自诛杀收发官〔典签〕夏宝期，减少采邑五百户）。刘亮命高次祖回京（首都建康），路过京口（江苏省镇江市），探望休若，休若大放悲声，对高次祖说：“我到东部（京口〔江苏省镇江市〕在首都建康之东），是一件幸事，从前，左右侍从人员的过失，统统罩到我头上，既受贬官，又被降爵，实在愤愤难平，不知道刘亮怎么不反应？”高次祖说：“政府对刘亮有再生之恩，刘亮怎会有这种想法！”从这些话，可看出休若意思所在。我命各位亲王主持地方政府，目的只要他们安安闲闲，并不要他们过问军事。可是休若在西部，却大肆招兵买马，从不奏报中央。

像戾道明（戾，姓）等，曾有过当盗贼的前科（戾道明可能在寻阳政府〔江西省九江市〕供职），罪该万死，休若到了西部，却对他大加信任，甚至暗中把他带到京口（江苏省镇江市），始终没有报告中央。我知道你的意思，认为休若做事一向谨慎小心，如何如何。须知他的用心，已难预料。这才利用他回京（首都建康）在家的机会，写信给他，严厉诘问。告诉他，如果他自己了断，表面上看起来好像急病而死，我就承诺尽我的可能，保持他的爵位和他儿子的性命。休若既是你的弟弟（荀美人生刘休范，罗美人生刘休若，并不同母，可能罗美人早死，刘休若被荀美人抚养长大），假使他的狼子野心，真的发作，你还能镇守边城，当全国武装部队总司令（太尉）！我如此措施，不但有关国家大计，也跟你的利害，密不可分。你可秘密的禀告荀太妃，使她了解。

沈约曰

圣人制定法律，建立制度，一定要赞扬古代圣明君王。其中缘故，为的是古代圣明君王所传下来的教训和风范，足够做后世的榜样。南宋帝国三任帝（文帝）刘义隆，治理国家的规模，虽然宏大，可是振兴家门的方法，却有残缺。刘义康（彭城王）对历史事件，一无所知，所以只看到兄弟之情，却不知道君臣之礼，想把家庭中的亲情，用到政治层面上。人主已经猜忌，他仍冒犯；宠信已经低落，他仍不觉悟。以致不过犯了斥责之类的小罪，却招来杀身灭门的大祸（参考四五一年正月）。开创猜忌的前例，作为对后人最大的启示。刘彧乘猜忌的情势，依照先例，杀兄杀弟，自毫不犹豫。一个政府的根本，既受不到保护，幼主孤孤单单，坐在宝座之上，权柄遂因皇帝势力衰弱，而倾覆转移；帝国命运，也顺着人心拥护别人，而被更改。这就跟降霜结冰一样，逐渐形成，原因可追溯到很久之前。

吞吃猛虎的野兽，知道爱它的儿子；搏斗狐狸的飞鸟，不保护别人的窝巢。刘彧保护不是他亲生之子（刘彧性无能），却屠杀一父同胞。昏庸的程度，既不了解兄弟天性，更不知道父子伦常。南宋帝国之亡，是刘彧一手造成，并非上天之意。亡国之君，没有一个不是先砍断本枝，而去养育旁枝（本枝指嫡子，旁枝指庶子。宗法社会中，嫡庶一乱，争端必起）。对邪恶的亲信推心置腹，对父亲的或自己的兄弟，却深恶痛绝。前面的车子翻了，后面的车子仍走原来的车辙。如果兄弟继承帝位，祖先的灵位仍可配享上天；而别姓的人登上宝座，皇家七座祭庙，将全部摧毁。刘彧竟不把这件事放在心上，甘心把本枝一一剪落。司马炎（晋王朝一任帝武帝）违背娘亲（文明皇后）王元姬的托付（王元姬临死，把次子司马攸，托付给长子司马炎，但司马炎后来仍把司马攸逐出京师〔首都洛阳〕。参考二八三年），结果贾南风（晋王朝二任帝司马衷正妻）使中原沉沦。刘义隆违背“初宁陵誓言”（参考四四〇年十月），结果元凶刘劭，登上金殿（参考四五三年二月）。祸福无门，全看自己选择，兄弟相亲相爱，岂不平安！

8 七月十日，北魏帝拓跋弘，前往阴山。

9 当初，吴喜攻击拥护寻阳政府（江西省九江市）的会稽郡（浙江省绍兴市）时，报告南宋帝刘彧说：“如果俘虏寻阳王（刘子房）跟贼寇（寻阳政府东方军）的将领，就在东部，当场诛杀。”后来他生擒刘子房，押送建康（江苏省南京市），而又释放吴郡（江苏省苏州市）郡长顾琛等（参考四六六年二月二十二日及三月十一日）。刘彧因吴喜刚刚建立大功，不作追究，但心里深为痛恨（痛恨吴喜把烫山芋抛给自己）。等到攻克荆州（州政府江陵），吴喜大肆抢劫，贪赃以万为单位计算。寿寂之被诛杀时（参考本年〔四七一〕五月），吴喜当淮陵郡（江苏省盱眙县）郡长，兼豫州（安徽省中部）军区司令官（督豫州诸军事），得到消息，十分恐惧，上书南宋帝刘彧，请求调职当初级资政官（中散大夫），刘彧大起疑心（郡长地位高有实权，初级资政官〔中散大夫〕地位低而闲散，忽然请调，违反常情）。

这时，有人打小报告指控南兖州（州政府淮阴）州长（刺史）萧道成，在淮阴（江苏省淮安市淮阴区）私通北魏帝国。刘彧用银壶装酒，加上封条，派吴喜送给萧道成，萧道成震恐，打算逃亡，吴喜把实情告诉萧道成，并且先饮下一杯，萧道成才敢下肚。吴喜回到京师（首都建康），向刘彧保证萧道成忠贞。然而，有人秘密检举（检举吴喜先透露实情和先饮酒），刘彧认为吴喜计谋太多，而又很有人缘，恐怕不能侍奉幼主，遂召见吴喜到后宫寝殿（这是一项殊荣），纵情闲谈，间或打趣开开玩笑，十分亲密。吴喜告辞出来后，刘彧又赏赐给他名菜，接着命他自杀（年四十五岁），然而，他仍下诏颁发丧葬费用。

刘彧下诏给中央禁军总监（中领军）刘勔（时驻广陵〔江苏省扬州市〕）等，解释诛杀吴喜原因，说："吴喜轻浮狡猾，变化万端，专会骗取人心。从前，六〇年代初期（五任帝刘骏在位），黟县（安徽省黟县。黟，音yī〔衣〕）、歙县（安徽省歙县，歙，音shè〔摄〕），有亡命之徒数千人，攻击县城，杀戮官员，刘子尚（刘骏第二子豫章王）派精锐部队三千人讨伐，两次都被击败。孝武皇帝（五任帝刘骏）命吴喜前往，吴喜率数十人抵达县城，游说群盗，群盗立即归降。诡秘蛊惑之人，才能如此。我登极后不久，命吴喜向东出征，他不过只带三百人，竟能直入三吴（太湖流域及钱塘江流域），经过两次肉搏，自破岗（江苏省句容市东南）以东，直到大海（东海），共有十郡，全部扫荡平安。人民听说吴喜来到，都望风而走，不敢对抗。如果不是对三吴（太湖流域及钱塘江流域）人民积有深厚的恩情，怎么能使他们如此心服。探讨他的用意，绝不会尊奉正统君主，而坐在那里让千年难逢的良机消失！譬如吃药，当人发冷时，应服温身之药；当人发烧时，应服退烧之药。并不是忘掉他的功劳，而是迫不得已。”

柏杨曰

刘彧对诛杀吴喜所作的解释，说来说去，恐怕连他自己也不知道他在作什么指控。看情形凡是克敌制胜的将领，都是诡秘蛊惑、阴谋狡诈之辈，“探讨他的用意”，就非叛变不可。依此逻辑推断，大概只有被敌人阵前斩首的人，才算是忠臣良将。过度的私心私欲，不但白日做梦，而且还白日说梦。

10 七月二十二日，南宋帝国政府撤销南兖州（州政府淮阴），在淮阴（江苏省淮安市淮阴区）设置北兖州（不久，再把设在广陵的兖州州政府，改称南兖州），征召南兖州州长（刺史）萧道成回京（首都建康），萧道成左右亲信认为：中央正在诛杀高级官员，劝萧道成拒绝，萧道成说：“你们对事情没有看透，皇上只因为太子（刘昱）年纪太小，所以把老弟一一翦除，跟别人无关。现在必须立即出发，稍微延误观望，一定受到猜忌。而且，骨肉互相残杀，这个政权不会长久，大祸可能随时发生，需要各位跟我同心协力。”既回京师（首都建康），刘彧任命他当散骑侍从官（散骑常侍）、太子宫左翼卫队司令（太子左卫率）。

11 八月一日，北魏帝拓跋弘，返首都平城（山西省大同市）。

12 八月二日，南宋帝刘彧，命皇子刘跻，过继给江夏王（文献王）刘义恭（刘义恭父子被杀事，参考四六五年八月）。

八月四日，刘彧病势稍轻，大赦。

八月十二日，刘彧封皇子刘準当安成王。刘準，实际上是桂阳王刘休范的儿子。

13 北魏帝拓跋弘，从小就聪明睿智，刚毅果断，喜爱黄帝、老子、佛教的教义，往往接见政府官员及和尚僧侣，共同谈玄论理，对世俗的荣华富贵，非常淡泊，时常想离家修行。因叔父、全国部族政务总监（中都大官）、京兆王拓跋子推，文雅厚重，朝野对他都十分推崇，打算把帝位禅让给他。当时，全国武装部队总司令（太尉）源贺，率各军驻防瀚海沙漠南，拓跋弘命他坐驿马车回京（首都平城）。源贺抵达后，拓跋弘举行御前会议，没有一个人敢先发言。任城王拓跋云，是拓跋子推的老弟（景穆太子拓跋晃第八子），回答说："陛下正逢太平盛世，君临四海，怎么可以对上违背皇家祖庙，对下遗弃全国人民！而且，父子相传，由来已久。陛下一定要放下尘世上的俗务，皇太子（拓跋宏）则顺理成章的，应继承大统。帝国，是祖先的帝国，陛下如果把政府转到支派之手，恐怕不是圣明祖先的本意，势将挑起奸人的野心，这是福祸的分际，不可不特别谨慎！"源贺说："陛下准备把宝座禅让给皇叔，我深怕扰乱皇家祖庙祭祀的顺序（叔父排在侄儿之后），后世势将讥讽我们'逆祀'——颠倒伦理。盼望三思任城王（拓跋云）的建议。"东阳公拓跋丕等说："皇太子（拓跋宏）的神圣恩德，显然早已显著（拓跋宏本年才五岁，还在玩尿泥，何来“神圣的恩德”，又何来“早已显著”！官场谎言，说来气不发喘，面不改色，官场阿谀术，遂竟构成中国传统文化的主流。诚实的美德，逐渐消失，留下来的全是狡猾），但是，年龄实在太小，而陛下正在壮年（拓跋弘才十八岁），刚开始亲自主持国政，怎么可以只顾自己，不顾天下人心？皇家祖庙托付何人，亿兆人民又托付何人？”国务院执行官（尚书）陆馛说：“陛下如果放弃太子（拓跋宏），传位亲王，我宁可在金銮宝殿上自割咽喉，也不接受这项命令。”拓跋弘勃然大怒，脸色霎时改变；转过头问国务院考选部长（选部尚书）、酒泉（甘肃省酒泉市）人赵黑，赵黑说：“我用我的性命，效忠皇太子（拓跋宏），不知道别的。”拓跋弘沉默不再说话。本年（四七一），皇太子拓跋宏，已经五岁。拓跋弘因他太小，所以准备传位给拓跋子推。立法院最高立法长（中书令）高允说：“我不敢多说话，只是祝福陛下：想到祖先交给你的重责大任，而念及姬旦（周公）辅佐幼主姬诵（周王朝二任王成王）的故事。”拓跋弘说：“那么，教皇太子（拓跋宏）登极，由各位辅佐，有什么不可以！”又说：“陆馛，是忠直的栋梁，一定能保护我的儿子。”遂任命陆馛当太保（上三公之三），跟源贺一同“持节”，把皇帝印信，呈献给皇太子拓跋宏；拓跋弘正式传位。

八月二十日，拓跋宏正式登极（七任孝文帝），大赦，改年号延兴（之前是皇兴五年，之后是延兴元年）。

拓跋宏自小就感情丰富，前年（四六九），老爹拓跋弘身上长疮，拓跋宏用嘴亲自为老爹吸脓（三岁小娃，为老爹吸脓，奇怪）。等到接受老爹的禅让，悲恸哭泣，不能克制。老爹拓跋弘问他缘故，他回答说：“接替老爹位置，感想万端，内心痛切。”（这话不像是五岁孩子的话，倒像是五十岁文妖的话。）

八月二十一日，前任帝（六）拓跋弘下诏：“我钦慕太古生活，志向恬淡，不喜名利，特命太子（拓跋宏）升上宝座，我只求悠闲自乐，修身养性。”

文武官员奏称：“从前，刘邦（西汉王朝一任帝高祖）当了皇帝，尊称他的老爹为太上皇，明白显示并没有统治过天下（有“皇”无“帝”）。而今，皇上（七任孝文帝拓跋宏）年纪幼小，帝国大政，仍要陛下（六任献文帝拓跋弘）主持，谨恭上尊号‘太上皇帝’。”拓跋弘批准（“太上皇帝”，以及臣属向帝王“上尊号”动作，由此开端）。

八月二十三日，太上皇帝拓跋弘迁到崇光宫居住，一切依照原样，台阶仍保持土质，帝国大事，仍向他上奏。崇光宫在北苑中，另行在苑中西山，兴建佛教寺庙，名鹿野浮图，由和尚僧侣居住。

14 冬季，十月，北魏帝国沃野（古朔方城，内蒙古杭锦旗北黄河南岸）、统万（陕西省靖边县北白城则村）二镇所辖的敕勒部落叛变。中央政府派全国武装部队总司令（太尉）源贺，率军讨伐，接受二千余个部落投降，追击残余部众，追到枹罕（甘肃省临夏市）、金城（甘肃省兰州市），再大破敕勒变军，杀八千余人，俘虏男女一万余人、牲畜三万余头。北魏帝拓跋宏下诏，命源贺率三路兵马，驻防瀚海沙漠之南（防备柔然汗国乘虚而入）。

之前，北魏帝国每年秋冬之季，一定动员，分东、中、西，三道同时出发，沿边增防，对柔然汗国戒备至为森严，直到来年春季中期，才撤退复员。源贺认为：“如此一往一来，士卒疲劳不堪，无法保持斗志。最好是招募各州各镇壮士三万余人，沿边兴筑三城，由他们据守，冬季抵抗敌人，春季下田耕种（屯垦政策）。”中央不准。

十月五日，中央任命南安王拓跋桢，当凉州以及西部蛮夷军区司令长官（都督凉州及西戎诸军事），兼西域（新疆及中亚东部）保安司令（护

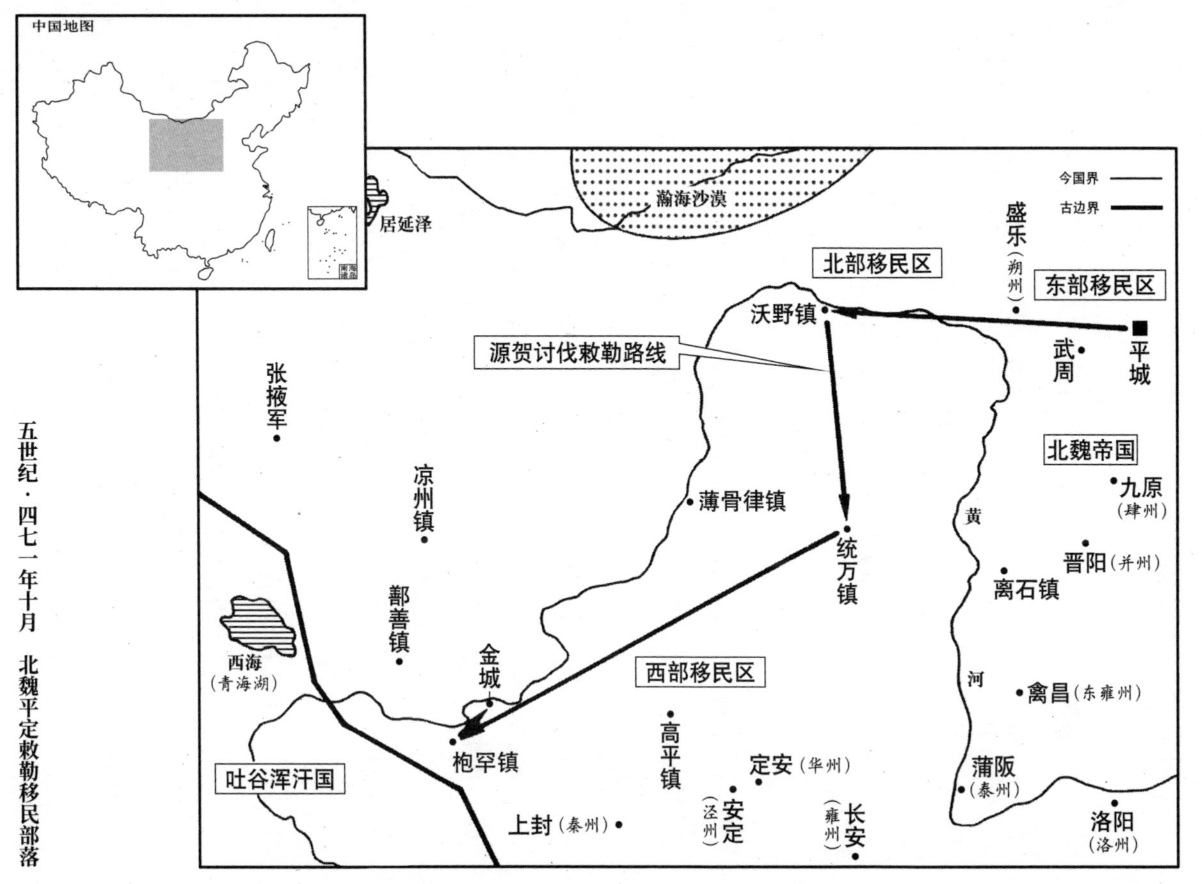

五世纪·四七一年十月　北魏平定敕勒移民部落

西域校尉），驻防凉州镇（甘肃省武威市）。

15 南宋帝刘彧，命北琅邪、兰陵二郡郡长垣崇祖（此时驻郁洲〔江苏省连云港市东沉积小岛〕），密谋收复淮河以北失土。垣崇祖率数百人，从郁洲（江苏省连云港市东沉积小岛）出发，深入北魏帝国七百华里，占领蒙山（山东省蒙阴县南）。

十一月，北魏东兖州（州政府设瑕丘〔山东省济宁市兖州区〕）州长（刺史）于洛侯反攻，垣崇祖即行撤回。

16 南宋帝刘彧，把他当湘东王时的王府捐献出来，作为庙院，称湘宫寺，装潢修建，极为壮观美丽；准备兴筑十层佛塔，不能成功，遂兴筑两座，各高五层。新安郡（浙江省淳安县）郡长巢尚之，解除郡长职务后，回到京师（首都建康），刘彧对他说："你去过湘宫寺没有？那可是我最大的功德，用了不少钱。"中级散骑顾问官（通直散骑侍郎）、会稽郡（浙江省绍兴市）人虞愿，正在一旁，说："那不是陛下的钱，那是多少平民卖子，多少妻女卖淫的钱。佛陀如果有灵，会慈悲为怀，哭泣哀叹。罪恶高过佛塔，有什么功德！"在座的人，脸色全都大变，刘彧大为愤怒，命人把虞愿驱逐出殿。虞愿从容不迫的离开，没有恐惧的表情。

刘彧喜爱围棋，而棋艺拙劣，常跟围棋九段（第一品）、彭城郡（侨郡，江苏省镇江市）郡政府主任秘书（郡丞）王抗下棋，王抗只好暗中让他，说："皇上飞棋，我无法切断。"刘彧到死都不知道内情，越发爱不释手（“政治棋”跟“政治赌”一样，要输得恰到好处，如果被大家伙看出破绽，自尊心受到伤害，后果不堪设想。官场之中，无奇不有，刘彧聪明过人，王抗能把刘彧玩弄于股掌之上，终身不悟，可是真正高手）。虞愿又规劝说：“这是伊祁放勋用来教他儿子伊祁丹朱的玩艺（传说，因伊祁丹朱不成材，老爹把他引到另一条路上，使他无心过问政治），人主不应嗜好。”刘彧虽愤怒得跳起来吼叫，但虞愿是刘彧当亲王时的旧属，所以总是特别宽恕。

17 南宋帝国京畿总卫戍司令（扬州刺史）王景文（皇后王贞风的老哥），一直因家门太过富贵，深感忧虑，所以屡次辞让官职，刘彧都一口拒绝。然而，刘彧内心对他却深为戒惧，因王景文是皇亲国戚，地位高贵，家族盛大；而孝昌侯张永，长年率领大军，刘彧认为也难以信任，于是，亲自撰写歌谣：“一士不可亲，弓长射杀人（一士，王；弓长，张）。”王景文越发恐惧，再一次上书请求辞职，情意十分恳切。刘彧下诏回答，说：“一个人，官位尊贵，手握大权，只看自己如何存心。六〇年代初期（五任帝刘骏在位），巢尚之、徐爰、戴法兴、戴明宝，官位不过是个手拿长矛的跟班随员，大权却高过人主。而今，袁粲当国务院执行长（仆射），兼主持考选（领选），人们往往不知道袁粲是谁。袁粲升迁到国务院总理（令），他并没有丝毫猜疑，人们都亲近他，而他淡泊得跟平常一样。用这种态度，官居高位、身负重责大任，难道会惶惶不安？高贵固然有倾危的恐惧，卑贱也会有被枉杀屈死的忧虑。用尽心机避祸，不如不用心机，听候命运。兴衰存亡，道理相同。”

四七二年 壬子

南宋　泰豫　元年
北魏　延兴　二年
（柔然汗国永康九年）

1 春季，正月一日，南宋帝国（首都建康〔江苏省南京市〕）皇帝（七任明帝）刘彧（本年三十四岁），因患病很久，不能痊愈，于是改年号泰豫。

正月五日，皇太子刘昱在东宫（太子宫）接见四方前来朝贺的官员，接受各地方政府每年考绩报告。

大阳蛮酋长桓诞（大阳蛮即五水部族。大阳，湖北省蕲春县），率领汉水以北，滍水（沙河）、叶县（河南省叶县西南）以南，所有蛮夷八万余部落，投降北魏帝国（首都平城〔山西省大同市〕）。桓诞自称是桓玄（参考四〇三年十二月）的儿子，当初逃到蛮夷所住的山区，用他的智慧和谋略，受到各蛮夷部落的推崇。北魏政府任命桓诞当征南将军、东荆州（州政府设沘阳〔河南省泌阳县〕）州长（刺史），封襄阳王。授权给他：可以自己遴选郡长、县长。中央政府派内政部工程司司长（起部郎）、京兆郡（陕西省西安市）人韦珍，会同桓诞，安抚慰问居民，处理各种事务，都很适当。

2 二月，柔然汗国（瀚海沙漠群）南下攻击北魏帝国。北魏太上皇帝（六任献文帝）拓跋弘（本年十九岁），派出将领迎战，柔然军撤退。北魏东部敕勒部落叛变，投奔柔然汗国，拓跋弘亲自率军追击，追到石沙漠（今地不详），无法追上，班师。

3 南宋帝刘彧病势转重，考虑到身死之后，皇后王贞风一定临朝主持政府，而她的老哥、江安侯（懿侯）、全国武装部队总司令（太尉）王景文，以母舅的尊严和形势，非当宰相不可；王家门户强大，可能生出二心。

三月七日（原文误置于二月，据《宋书》改），刘彧派人把毒药送给王景文，亲写诏书，说：“我跟你多年老友，为了保全王家一门，所以做此决定。”使节到时，王景文正在跟客人下围棋，打开封套看罢，放到旁边，继续下棋，神色平静，毫无异样，而且，还跟客人“打劫”（围棋术语）争先，一局棋完，把棋子收到盒内，王景文慢慢说：“接到圣旨，教我自杀。”他把刘彧的亲笔诏书拿给客人过目。警卫司令（中直兵）焦度、赵智略，怒火冲天，说：“大丈夫怎么能坐在那里等死，卫戍司令部文武官员数百人，足可以一击（王景文兼任京畿总卫戍司令〔扬州刺史〕）。”王景文说：“我知道你们的心，如果要帮助我，当想到我家男女老幼，有一百余口！”遂研墨写信，回答刘彧的诏书，引罪自责，饮下毒药，毒发身死（年六十岁）。刘彧下诏追赠王景文：开府仪同三司（宰相级）。

刘彧晚上做梦，梦见有人向他报告：“豫章郡（江西省南昌市）郡长刘愔谋反。”霍然惊醒，派人前往郡城，诛杀刘愔。

4 北魏帝国（首都平城〔山西省大同市〕）太上皇帝拓跋弘，返首都平城。

三月十八日，北魏帝（七任孝文帝）拓跋宏（本年六岁），亲自主持耕田仪式，表示提倡农业。

5 夏季，四月，南宋帝国任命垣崇祖当徐州总部执行官（行徐州事），基地迁往龙沮（江苏省沭阳县）。

6 四月十七日，南宋帝刘彧病危，任命江州（州政府寻阳）州长（刺史）、桂阳王刘休范当最高监察长（司空）；又任命国务院右执行长（尚书右仆射）褚渊，当中央军事总监（护军将军）；加授中央禁军总监（中领军）刘勔国务院右执行长（右仆射）。下诏指定褚渊、刘勔，跟国务院总理（尚书令）袁粲、荆州（州政府江陵）州长蔡兴宗、郢州（州政府夏口）州长沈攸之，同时接受托孤遗命。褚渊跟萧道成的情谊素来深厚，特别把萧道成推荐给刘彧，于是刘彧再下诏，任命萧道成当首都西区卫戍司令（右卫将军），兼皇城保安司令（领卫尉），跟袁粲等共同参与最高机要。当天（四月十七日）晚上，刘彧逝世（年三十四岁）。

四月十八日，皇太子刘昱（北魏刚出现拓跋弘、拓跋宏父子名字同音，南宋皇帝刘彧、刘昱，名字也出现同音。“彧”“昱”，都音yù〔玉〕）登极称帝（八任后废帝），大赦。本年（四七二），刘昱十岁。袁粲、褚渊共同主持政府。在刘彧奢侈糜烂的生活之后，二人力求节约，打算革除累积下来的弊端，可是，刘彧生前的亲信阮佃夫、王道隆掌握权柄，贿赂公行，二人无力禁止。

四月二十三日，任命安成王刘凖（皇弟），当京畿总卫戍司令（扬州刺史）。

五月二十七日，把刘彧安葬高宁陵（在建康城北幕府山东南），祭庙称太宗。

六月二十四日，新皇帝刘昱，尊嫡母、皇后王贞风为皇太后，封太子妃江简珪为皇后（十岁小娃，竟拥有皇后妻子）。

7 秋季，七月（北魏闰六月），柔然汗国（瀚海沙漠群）部落酋长无卢真，率骑兵三万人，攻击北魏帝国西方的敦煌镇（甘肃省敦煌市），敦煌镇防守司令（镇将）尉多侯，击退柔然军。尉多侯，是尉眷的儿子（尉眷，参考四二三年十二月）。无卢真又攻击晋昌（甘肃省瓜州县），晋昌守将薛奴，把他击退。

七月七日（北魏闰六月七日），北魏帝拓跋宏，前往阴山。

8 七月十七日，南宋帝国新任皇帝刘昱，尊娘亲、贵人（小老婆群第一级）陈妙登为皇太妃。各亲王的娘亲，一向都称太妃，现在改称“太姬”。

右军将军王道隆，认为荆州（州政府江陵）州长（刺史）蔡兴宗，刚强正直，不希望蔡兴宗镇守长江上游。

闰七月二十四日，王道隆用南宋帝刘昱名义下诏，调任蔡兴宗当立法院总立法长（中书监）。任命沈攸之当荆湘等八州军区司令长官（都督荆湘等八州诸军事。八州：荆、湘、雍、益、梁、宁、南秦、北秦）、荆州（州政府江陵）州长。蔡兴宗推辞不肯就职。王道隆每次拜访蔡兴宗，都放缓脚步，轻轻走到面前，不敢径自坐下来，很久才离开，蔡兴宗也不请他入座。

沈攸之自认为才干智略，超过常人，自从镇守夏口（湖北省武汉市）以来，暗中准备，一有机会，即行起兵夺取政权。等调到荆州（州政府江陵），临走时，把郢州（州政府夏口）战士战马，以及精良武器，尽量携带同往。到任之后，借口讨伐蛮夷，动员境内人力，招兵买马，加强战斗训练，经常好像大敌已经发动攻击。加重人民的田赋捐税，制造武器铠甲，原来应向中央政府缴纳的军用物资，一律留下，不再运送，战马多到二千余匹，船舰几近一千艘；粮食、钱库，都十分充实。知识分子和旅客、商人，经过荆州（湖北省西部）的，很多被留下不放。各地流氓、无赖、亡命之徒，都投奔荆州，受到保护。沈攸之部属中，如果有人逃亡，无论逃到哪里，都穷追不舍，一定要逮捕到手，才算停止。行政措施，全都专断独行，不再服从中央命令，中央政府开始疑心，但又感到恐惧。沈攸之性情凶暴，有时对知识分子，甚至鞭打；秘书长（长史）以下，沈攸之对他们往往诟骂侮辱。然而，沈攸之做事精明，别人对他不敢欺骗。州境之内，盗贼肃清，人民夜间睡觉，不必关门。

沈攸之对各蛮夷部落，过分勒索，又禁止五溪蛮（湖南省西部）捕鱼、贩盐，各蛮夷怨恨，遂起兵叛变。西溪蛮田头拟，逝世（西溪，流经湖南省沅陵县，注入沅江）。老弟田娄侯篡位，儿子田都逃到獠民族所住的山区，于是，各蛮夷部落秩序大乱，武装抢掠，兵锋直到武陵郡（湖南省常德市）城下。武陵郡郡长（内史）萧嶷，派卫队队长张英儿，击破蛮夷各部落军，诛杀田娄侯，恢复田都的王位，蛮夷各部落才告安定。萧嶷，是萧赜的老弟。

八月八日，乐安公（宣穆公）蔡兴宗逝世（年五十八岁）。

9 九月二日，北魏帝拓跋宏，返首都平城（山西省大同市）。

10 冬季，十月，柔然汗国（瀚海沙漠群）再度攻击北魏帝国，前锋逼近五原（内蒙古包头市）。

十一月，太上皇帝拓跋弘，亲自率军讨伐，准备北渡瀚海沙漠，深入攻击。柔然军向北逃走数千华里，拓跋弘才班师。

十一月九日，太上皇帝拓跋弘封老弟拓跋略当广川王。

11 十一月二十一日，南宋帝国政府擢升郢州（州政府夏口）州长（刺史）刘秉，当国务院左执行长（尚书左仆射）。刘秉，是刘道怜（参考四一五年五月）的孙儿，性情和平懦弱，没有才干，只因他是皇族中最善良的一员（俗称“好人”），所以袁粲、褚渊提出推荐。

加授立法院立法官（中书通事舍人）阮佃夫御前监督官（给事中）、辅国将军，权力扩张，工作沉重。阮佃夫打算任用他的亲信、吴郡（江苏省苏州市）人张澹，当武陵郡（湖南省常德市）郡长。国务院总理（尚书令）袁粲等，都不同意，阮佃夫声称是皇帝的吩咐，袁粲等不敢坚持。

12 北魏帝国政府有关单位奏报：全国寺庙共一千零七十五所，每年祭祀用牲畜七万五千五百头。

太上皇帝拓跋弘，认为杀害太多生命，下诏：“从今以后，除非是祭祀天地神灵、皇家祖庙、农神祭坛，其他全不准用牲畜，仅用酒和干肉就可以了。”

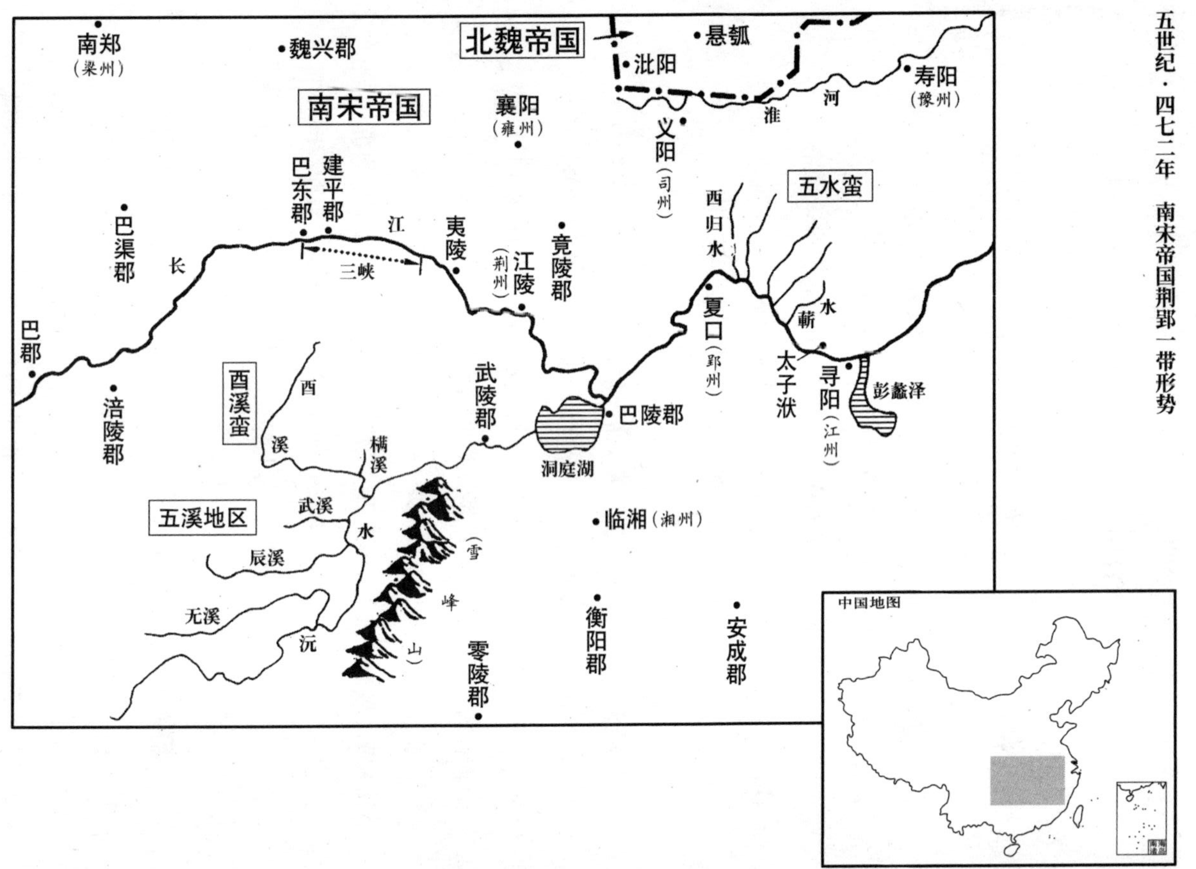

五世纪·四七二年 南宋帝国荆郢一带形势

四七三年 癸丑

南宋　元徽　元年

北魏　延兴　三年

（柔然汗国永康十年）

（皇帝刘举元年）

1 春季，正月一日，南宋帝国（首都建康〔江苏省南京市〕）改年号元徽。大赦。

2 正月三日，北魏帝国（首都平城〔山西省大同市〕）编制外散骑侍从官（员外散骑常侍）崔演，到南宋帝国聘问。

3 正月二十一日，北魏太上皇帝（六任献文帝）拓跋弘（本年二十岁），率班师大军抵达云中（内蒙古托克托县）。

二月六日（原文误置于正月，据《魏书》改），北魏帝（七任孝文帝）拓跋宏（本年七岁），下诏，命郡长、县长，都要鼓励人民耕田种桑。一郡一县之中，贫富应互相帮助，家中有两头牛的，应借一头给没有牛的人。如果不遵守诏书规定，剥夺全家人终身的政治权利。

二月十一日，太上皇帝拓跋弘，返首都平城（山西省大同市）。

二月二十七日，北魏帝拓跋宏下诏："县长如果能平定一县的盗贼，准许他身兼邻县县长，并发双份薪俸。如果能平定两县的盗贼，准许他兼任三县县长；三年之后，升为郡长。郡长如果能平定两郡、三郡，情形相同，三年之后，升为州长（刺史）。"

在北魏帝国这种腐败而又专制的社会中，盗贼所以不能灭绝，是因为政府在努力制造盗贼。贪官污吏不能灭绝，是因为政府在努力制造贪官污吏。人民叛变不能灭绝，是因为政府在努力制造叛变。

政府已成为一座奇异的贪污制造厂。不阻止它制造产品，只阻止它销售，再过五千年，也不能使政治清明。

4 南宋帝国桂阳王、江州（州政府设寻阳〔江西省九江市〕）州长（刺史）刘休范，平凡庸俗，口舌木讷，颟顸无知，兄弟们都瞧他不起，舆论人心，也没有人对他称赞。所以，七任帝（明帝）刘彧对骨肉们大肆屠杀时，独独放过这个老弟（参考前年〔四七一〕七月）。等到现任帝（八任后废帝）刘昱登位，年纪幼小（本年十一岁），寒门平民出身的官员（袁粲、褚渊），主持政府；左右亲近（阮佃夫、王道隆、杨运长），掌握权柄。刘休范自以为无论是地位尊贵、皇家血统亲近，没有人能超过他（此时，皇帝刘昱的叔父，只剩下刘休范一人），应该到中央担任宰相。既然大失所望，就怨天恨地，不能自制。收发官（典签）、新蔡郡（河南省固始县）人许公舆，当他的智囊，教导刘休范降低身份，结交英雄豪杰，给他们丰厚的礼物，于是，无论远近，很多人前来投奔，一年之中，集结的人数，以万计算；更招募勇士，制造武器。中央政府发觉刘休范行动有异平常，定怀二心，因之也暗中戒备。

正巧，郢州（州政府设夏口〔湖北省武汉市〕）州长（刺史）出缺，中央政府因夏口位居寻阳（江西省九江市）上游，打算用亲信人员镇守。

二月二十八日，任命晋熙王刘燮，当郢州（州政府夏口）州长。刘燮本年才四岁；中央遂再任命禁宫咨询官（黄门郎）王奂，当秘书长（长史），兼总部执行官（行府州事），配备雄厚的军事物资和兵力，镇守夏口（湖北省武汉市）。唯恐怕刘燮等前往任所，经过寻阳（江西省九江市）时，可能被刘休范强行羁留，遂命刘燮等绕过寻阳，从太子洑（音fú〔伏〕。湖北省黄梅县南）小道前去。刘休范接到报告，大为愤怒，跟许公舆密谋袭击首都建康（江苏省南京市）；上疏中央，要求整修城池，却把很多筑城用的木板，储藏起来。王奂，是王景文的侄儿（也是皇太后王贞风的侄儿）。

5 吐谷浑汗国（青海省）可汗（十二任）慕容拾寅，攻击北魏帝国的浇河郡（青海省贵德县）。

夏季，四月二日，北魏政府任命最高监察长（司空）长孙观，当总司令官（大都督），率军反击。

6 北魏政府任命儒家学派始祖孔丘的第二十八代孙孔乘，当特设的“崇圣官”（崇圣大夫），专门负责祭祀孔丘事宜，由政府拨付十户人家，负责孔丘坟墓、祭庙的清洁洒扫（孔丘后裔封爵事，参考二二一年正月注）。

秋季，七月，北魏帝拓跋宏下诏：黄河以南六州人民（六州，第五次南北大战新得自南宋帝国：青州〔东阳〕、徐州〔彭城〕、东兖州〔瑕丘〕、南豫州〔悬瓠〕、齐州〔历城〕、东徐州〔团城〕），每户人家，缴绸缎一匹、棉花一斤、谷米三十石。

七月一日，拓跋宏前往阴山。

八月十六日，太上皇帝拓跋弘，前往河西（黄河河套地区）。

7 北魏帝国讨伐吐谷浑汗国（青海省）总司令官（大都督）长孙观，深入吐谷浑国境，强行收割秋季成熟的庄稼。慕容拾寅大为窘困，请求投降，派他的儿子慕容斤，前往北魏帝国充当人质。从此，吐谷浑汗国每年都向北魏帝国进贡。

九月八日，拓跋弘返首都平城（山西省大同市）。

8 南宋帝国派使节赴北魏帝国。

冬季，十月三十日，分割南兖州（州政府淮阴）、豫州（州政府寿阳）若干郡，另设徐州，州政府设钟离（安徽省凤阳县东北临淮关镇。去年〔四七二〕四月，总部迁往龙沮〔江苏省沭阳县〕，如今返回钟离）。

9 北魏帝国太上皇帝拓跋弘，准备大举攻击南宋帝国，下诏说：“全国人民，十个青年中，征召一人入伍，每家征收粮食五十石，作为军粮。”北魏武都（甘肃省陇南市武都区）氐民族部落民变，攻击仇池（甘肃省西和县南）；中央命长孙观回军讨伐。

接受南宋帝国封号武都王的“氐王”（首府葭芦）杨僧嗣（参考四六六年六月），在基地葭芦（甘肃省陇南市武都区东南）逝世。堂弟杨文度继位，称武兴王，派人投降北魏帝国。北魏政府任命杨文度当武兴镇（陕西省略阳县）防守司令（镇将）。

10 十一月四日，南宋帝国国务院总理（尚书令）袁粲，因娘亲逝世，辞职守丧（儒家系统的三年之丧）。

11 十一月二十日，北魏帝国太上皇帝拓跋弘，南下巡视，抵达怀州（州政府设野王〔河南省沁阳市〕）。枋头镇（河南省淇县东南淇门渡）防守司令（镇将）鲜卑人（代人）薛虎子，前些时因冒犯了冯太后，被冯太后贬作看门员（门士）。现在，山东（崤山以东）大饥馑，变民遍地蜂起。相州（州政府设邺城〔河北省临漳县西南邺城镇〕）人孙诲等五百人，联名上疏，指称薛虎子在任时，境内一派清平，请求再任用薛虎子。

拓跋弘批准，再命薛虎子当枋头镇防守司令（镇将）。薛虎子当天即行到任，数州变民，都归平息。

12 十二月一日，日蚀。

13 十二月三日，南宋帝国江州（州政府寻阳）州长（刺史）、桂阳王刘休范，升任全国武装部队总司令（太尉）。

南宋帝刘昱下诏，征召为娘亲守丧的袁粲，恢复官职；以首都卫戍司令（卫将军）身份，摄理国务院总理（尚书令）；袁粲坚决辞让（儒家学派认为，守三年之丧，至为严正，中途作废，就是不忠不孝。但国有急难，可以强行征召，不过往往限于军事情况，先任命袁粲当武官，再兼文职，乃是此意）。

14 十二月十日，柔然汗国（瀚海沙漠群）大军南下侵入北魏帝国边境，柔玄镇（内蒙古兴和县北）所属的两个敕勒部落，起兵响应。

15 北魏帝国十一个州镇，水旱成灾；相州（州政府邺城）人民二千八百余人饿死（人间惨事）。

本年（四七三），北魏帝国变民首领刘举，集结部众，自称皇帝。齐州（州政府设历城〔山东省济南市〕）州长（刺史）、武昌王拓跋平原讨伐，斩刘举。拓跋平原，是拓跋提的儿子（拓跋提，参考四四七年二月）。

四七四年 甲寅

南宋　元徽　二年

北魏　延兴　四年

（柔然汗国永康十一年）

1 春季，正月五日，北魏帝国（首都平城〔山西省大同市〕）全国武装部队总司令（太尉）源贺，因病解除职务。

二月三日，太上皇帝（六任献文帝）拓跋弘（本年二十一岁）返首都平城（山西省大同市）。

三月十六日，编制外散骑侍从官（员外散骑常侍）许赤虎，前往南宋帝国（首都建康〔江苏省南京市〕）报聘。

2 夏季，五月十二日，南宋帝国（首都建康）内战爆发。 778

桂阳王、江州（州政府设寻阳〔江西省九江市〕）州长（刺史）刘休范，起兵反抗中央政府。掠夺民间船只，调查各军各队所需要的数量，发给他们木板，依照规格装配，数日之间，就办理完成。

五月十六日，刘休范率军二万人、骑兵五百人，从寻阳（江西省九江市）出发，昼夜不停的前进，写信给中央政府当权官员，宣称："杨运长、王道隆，迷惑先帝（七任明帝刘彧），诬杀建安（刘休仁）、巴陵（刘休祐）二位亲王（参考四七一年二月及五月），请逮捕这两个坏胚，回报冤魂。"

五月二十日，大雷（安徽省望江县）驻军司令（戍主）杜道欣，乘快艇东下，报告事变，中央政府惶恐震骇。中央军事总监（护军）褚渊、征北将军张永、中央禁军总监（领军）刘勔、国务院执行长（仆射）刘秉、首都西区卫戍司令（右卫将军）萧道成、游击将军戴明宝、骁骑将军阮佃夫、右军将军王道隆、立法院立法官（中书舍人）孙千龄、编制外散骑顾问官（员外郎）杨运长，在立法院（中书省）紧急集会，商讨对策，没有人肯先发言。萧道成说："从前，凡是长江上游发动的叛变，都因为行动迟缓，招来失败（指刘义宣、刘子勋），刘休范一定记取前人的教训，率领轻装备部队，急急东下，给我们一个措手不及。所以应变的方法，是不派军出征，因为只要一支军队被击败，军心就会沮丧。我们应驻防新亭（建康城西南）、白下（建康城北），坚守宫城（台城）、东府（建康城南）、石头（建康城西北），等待贼寇（刘休范军）攻击。他们一支孤军，千里而来，粮秣供应，无以为继，求战不得战，自然瓦解。我愿驻防新亭，首先抵挡叛军前锋；张永驻防白下，刘勔驻防宣阳门（建康城正南门），指挥各军。其他尊贵官员，请守住金銮宝殿，不要争先恐后的出来，我一定可以击破盗贼（刘休范）。"遂索取笔墨，写下记录，大家全都签注：“同意。”孙千龄秘密跟刘休范通谋，只他反对，说：“应该依照过去的办法，派军据守梁山（安徽省和县南。梁山形势，参考四五三年四月八日）。”萧道成严肃的说：“盗贼已逼近梁山，我们派军，怎么能够到达。新亭是必争之地，我正要一死以报国家。平常我可以委曲求全，听你的意见；今天不行。”大家散会离座，萧道成回头看一下刘勔，然后强调说：“刘将军完全赞成我的意见，不准变更。”袁粲在家得到消息，被人扶持着来金銮宝殿（守三年之丧的人，必须哭得骨瘦如柴，不能站立，所以须人扶持），当天（五月二十日），全国戒严。

萧道成率军进驻新亭（建康城西南），张永进驻白下（建康城北），前南兖州（州政府广陵）州长（刺史）沈怀明进驻石头（建康城西北）；袁粲、褚渊进驻宫城（台城），加强守卫。时间紧迫，连点发武器都来不及，只好大开南北两大军械库，由将士自己进去选取。

萧道成抵达新亭，急行整修防御工事，还没有完成。

五月二十一日，刘休范前锋已到新林（建康城西南十公里），萧道成脱衣大睡，以安定军心，从容不迫的教人拿出白虎幡（一种督战用的皇帝符节，参考二九一年六月），登上西城，派宁朔将军高道庆、羽林警卫军总监（羽林监）陈显达、编制外散骑顾问官（员外郎）王敬则，率舰队迎战，获得相当战果。

五月二十二日，刘休范在新林（建康城西南十公里）登岸，从陆路向建康（江苏省南京市）挺进。他的部将丁文豪，请求刘休范亲自攻击宫城（台城），刘休范不接受，另派其他将领攻击宫城，而自己亲自攻击新亭的萧道成营垒。萧道成率军拼命抵抗，从上午十时苦战到中午，政变军攻势越发猛烈，中央军渐难支持，惊骇失色。萧道成鼓励士气，说：“盗贼（刘休范军）虽然多，可是杂乱无章，我们不久就会把他们击破。”

刘休范穿白色便服，坐着两人抬的轻便小轿，登上新亭南方临沧观（胡三省注：江苏省南京市江宁区南八公里，临沧观在劳山之上，也称劳劳亭），仅带卫士数十人。中央军骑兵指挥官（屯骑校尉）黄回，跟南越兵团指挥官（越骑校尉）张敬儿，商议向刘休范诈降，从中发动偷袭。黄回对张敬儿说：“你可以夺取刘休范性命，我曾有誓言：绝不诛杀亲王！”张敬儿报告萧道成，萧道成说：“你如果能够成功，就把本州赏赐给你。”（张敬儿是雍州南阳郡冠军县〔河南省邓州市西北冠军村〕人，本州指雍州，承诺任命张敬儿当雍州〔州政府襄阳〕州长〔刺史〕。）张敬儿遂跟黄回出城南下，放下武器，大喊“投降”。刘休范大喜，把二人唤到轿旁，黄回假装传达萧道成的秘密计划，刘休范完全相信，把两个儿子刘德宣、刘德嗣，送给萧道成作为信守承诺的人质。两个儿子一到，萧道成立即把他们斩首。刘休范推心置腹，把黄回、张敬儿留在身边。刘休范的亲信李恒、钟爽，都加以劝阻，刘休范不理。刘休范每天饮酒，侍卫人员并没有严密戒备，黄回向张敬儿使一个眼色，张敬儿抽出刘休范的自用防身佩刀，砍下刘休范人头（年二十五岁），侍卫人员惊恐逃散。张敬儿骑马飞奔，把刘休范人头带到新亭（建康城西南）。

萧道成派小队长（队主）陈灵宝，把刘休范人头送往宫城（台城）。陈灵宝中途遇到刘休范军队，一时情急，把刘休范人头抛到路旁水沟里，脱身抵达宫城，大呼：“乱事已平！”可是没有刘休范的人头，无法证实，大家对这项传奇性的捷报，都不相信，刘休范的将士也不知道主帅已死，将领杜黑骡对新亭的攻击，越发猛烈。萧道成指挥部设在射堂，政变军最高监察署主任秘书（司空主簿。刘休范曾任最高监察长〔司空〕）萧惠朗，率敢死队数十人，突破东门，逼近射堂。萧道成上马，率部属奋战，击退萧惠朗，萧道成才得以保住新亭城池。萧惠朗，是萧惠开的老弟（萧惠开事，参考四六六年正月八日）；萧惠朗的姐姐，是刘休范的正妻；萧惠朗的老哥、禁宫咨询官（黄门郎）萧惠明，当萧道成军副司令（军副），驻防城中，不认为自己会被怀疑。

萧道成跟杜黑骡酣战，自中午稍后，直打到天亮，流箭飞石，始终不停。当天夜晚，大雨倾盆，战鼓和呐喊声音，都听不见，将领士卒，整天整夜不吃不睡。而军中马匹忽然夜惊，跑出马厩，满城狂奔。萧道成在指挥部高燃蜡烛，正襟危坐，不断的厉声呵责，有四五次之多（萧道成厉声呵责谁？难道只是阻吓奔马？史书说不清楚）。

政变军大将丁文豪，在皂荚桥（新亭北）击破中央军，一直挺进到朱雀桥南，杜黑骡也放弃新亭（建康城西南），北上，到朱雀桥跟丁文豪会师。中央政府右军将军王道隆，率羽林警卫军的精锐，驻防朱雀门内，看到形势危险，急命驻守石头（建康城西北）的中央禁军总监（中领军）、鄱阳公（忠昭公）刘勔，火速增援。刘勔抵达后，下令撤除朱雀桥，阻挠政变军攻击。王道隆大发雷霆，说：“盗贼临门，应该迎头痛击，怎么可以撤除桥梁，先使自己居于劣势！”刘勔不敢顶撞这位得宠的权贵，王道隆催促作战，刘勔遂过桥南下；战败，身死（年五十七岁）。杜黑骡等乘胜渡秦淮河，王道隆不能阻挡，抛弃大军，单身逃回宫城（台城），杜黑骡军追及，斩王道隆。禁宫咨询官（黄门侍郎）王蕴，身负重伤，倒在御水沟旁，幸而有人扶起他逃走，得以保住一命。王蕴，是王景文的侄儿（也是皇太后王贞风的侄儿）。于是，无论中央或地方，人心震动，民间传言：“宫城（台城）已经陷落，白下（建康城北）、石头（建康城西北）驻军，全部溃散。”张永、沈怀明，先后逃回皇宫，传言新亭（建康城西南）也已陷落。皇太后王贞风握着十二岁小娃皇帝（八任后废帝）刘昱的手，哭泣说："天下已经完结，我们终于失败！"

原先，月球冒犯右执法星，金星冒犯上将星（"月犯右执法，太白犯上将。"不懂），有人劝刘勔辞职（刘勔文职是国务院右执行长〔尚书右仆射〕，乃"右执法"之位。武职是中央禁军总监〔中领军〕，乃"上将"之位）。刘勔说："我的心和我的行为，无愧天地神明，如果灾难一定临头，也躲不掉。"刘勔到了晚年，追求高水准精神享受，建立林荫花园，修筑亭台楼阁，名叫"东山"，远离世俗杂务（只谈风花雪月），遣散私人军队。萧道成警告刘勔："你接受先帝（七任明帝刘彧）遗命，辅佐幼主（八任后废帝刘昱），面对艰难的日子，却醉心悠闲生活，翦除自己的羽毛和翅膀，一旦大事发生，后悔怎么来得及！"刘勔不同意，果然阵亡。

五月二十四日，中央政府抚军将军府秘书长（抚军长史）褚澄，大开东府（建康城南，宰相府）门，迎接政变军。拥戴安成王刘準，占领东府，宣称桂阳王刘休范有令："安成王（刘準）本是我的儿子，不可侵犯（刘準过继给七任帝刘彧，参考四七一年八月）。"褚澄，是褚渊（中央军事总监〔中护军〕）的老弟。政变军将领杜黑骡，一直挺进到杜姥宅（宫城南掖门外）。立法院立法官（中书舍人）孙千龄，私开宫城承明门（北门），出来投降，宫廷和政府，乱成一团。当时，国库已经枯竭，皇太后王贞风（刘準嫡母）、皇太妃陈妙登（刘準亲娘），把宫中所有金银财宝器物，都搜刮出来，用作赏赐，然而军心已变，没有斗志。

不久，政变军将领丁文豪的部众，逐渐知道刘休范被杀消息，稍稍后退解散。丁文豪厉声说："难道我不能单独夺取天下！"收发官（典签）许公舆为了证明刘休范未死，宣称人在新亭（建康城西南）。官员、民众，恐惧困惑，争先恐后奔往新亭，把萧道成的大营，当作刘休范的大营，纷纷呈递名片，人数多到以千为单位计算。萧道成看到，把它们都烧掉，登上北门，对大家说："刘休范父子昨天（五月二十三日）已被诛杀，尸体抛到劳山南冈（临沧观）。我是平南将军萧道成（在出驻新亭〔建康城西南〕时，加授平南将军），各位不妨看个仔细。名片已经烧掉，不要担心。"

萧道成派陈显达、张敬儿、辅师将军任农夫、骑兵带兵官（马军主）东平郡（侨郡，江苏省淮安市淮阴区）人周盘龙等，率军自石头（建康城西北）渡秦淮河，从承明门（宫城北门）入宫，保卫宫廷及政府机构。袁粲对各将领慷慨激昂说："现在，贼寇（政变军）已逼到面前，而人心离散。我受先帝（刘彧）托孤，不能安定国家，只有跟各位同为国家效死。"穿上铠甲，跨上战马，领先冲出南掖门，陈显达等率军追随，跟政变军激战，在杜姥宅（南掖门外）大破杜黑骡，一支流箭射中陈显达眼睛。

五月二十六日，张敬儿又在宣阳门（建康南城中门）外，大破政变军，斩杜黑骡及丁文豪；乘胜攻克东府（建康城南，宰相府），政变引起的军事行动，全部平定。萧道成大军，高唱凯歌，返抵首都建康（江苏省南京市），人民夹道观看，说："保全国家的，就是这位将军。"萧道成、袁粲、褚渊、刘秉，都上疏引咎辞职。南宋帝刘昱不准。

五月二十七日，解除戒严，大赦。

3 柔然汗国（瀚海沙漠群）派使节到南宋帝国聘问。

4 六月一日，南宋帝国政府擢升平南将军萧道成，当中央禁军总监（中领军）、南兖州（州政府广陵）州长（刺史），但留在京师（首都

五世纪·四七四年五月　南宋桂阳王刘休范叛变失败

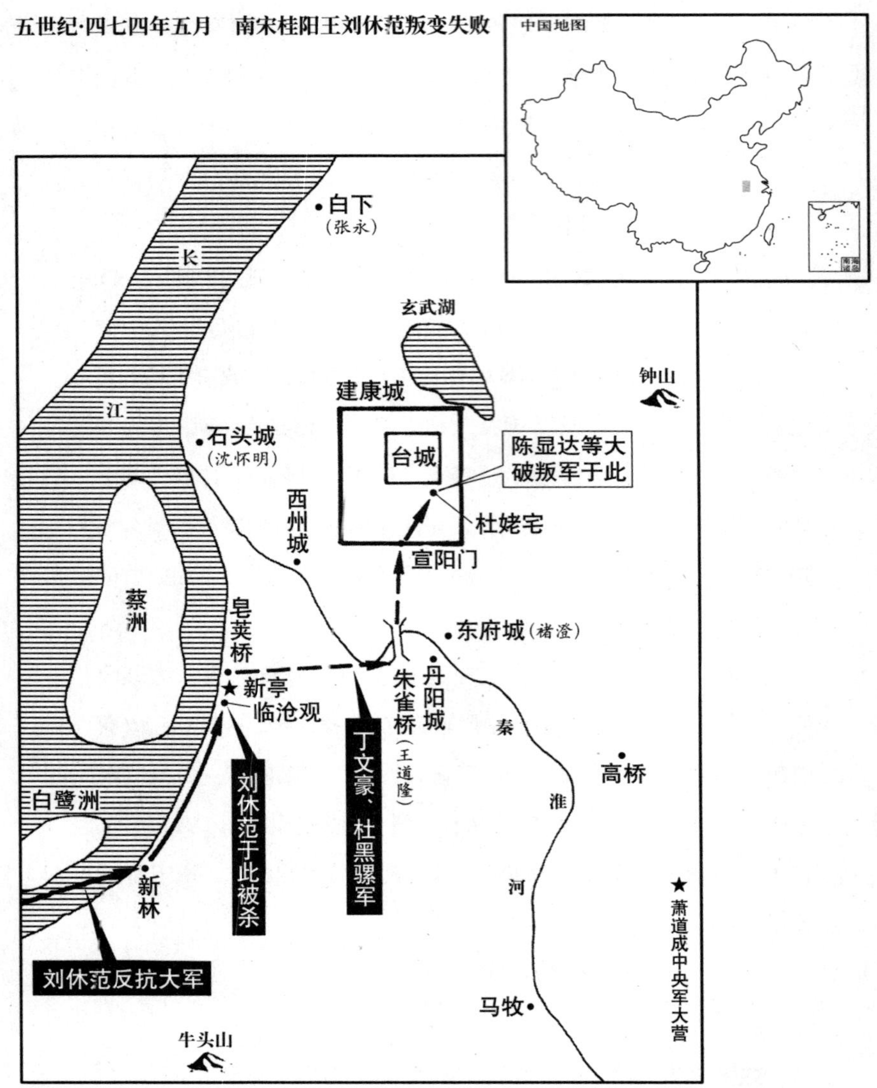

建康），负责卫戍；跟国务院总理（尚书令）袁粲、右执行长（右仆射）褚渊、左执行长（左仆射）刘秉，轮流进宫值班，裁决政事，时称四人为“四贵”（萧道成此时才进入政府，只五年便把政权篡夺到手，可谓快速）。

桂阳王刘休范发动政变时，使道士陈公昭，撰写《天公书》，上题“沈丞相”，交给荆州（州政府江陵）州长（刺史）沈攸之守门人，沈攸之没有打开，就立即搜捕送书人，穷追深查，最后逮捕陈公昭，把他押送到中央政府。等到刘休范起兵，沈攸之对他的同僚助理说：“刘休范一定宣称我响应他的行动，假如不奋身勤王，势将增加朝野对我的误会。”乃会同南徐州（州政府京口）州长（刺史）建平王刘景素、郢州（州政府夏口）州长（刺史）晋熙王刘燮、湘州（州政府临湘）州长（刺史）王僧虔、雍州（州政府襄阳）州长（刺史）张兴世，共同动员武装部队，讨伐刘休范。

刘休范出发时，命大营军事参议官（中兵参军）毛惠连等，留守寻阳（江西省九江市）。刘燮派大营军事参议官（中兵参军）冯景祖，率军袭击。

六月四日，毛惠连开门投降，冯景祖诛杀刘休范的两个儿子，各州才把军队撤回。刘景素，是刘宏的儿子（刘宏，是三任帝刘义隆的儿子，参考四四四年二月）。

5 六月十六日，北魏帝（七任孝文帝）拓跋宏（本年八岁），下诏：“顽劣的小民，凶恶暴戾，作奸犯科，从不顾及亲属亲戚。一个人做坏事，带给全家灾祸。我是人民的父母（君父思想，牢不可破），深感怜悯哀悼。从此以后，除非是‘谋反’‘大逆’‘外叛’；其他犯罪，只罚一人。”于是，撤销“灭门”“灭房”酷刑（灭门者，诛杀一家。房，即支派，宗法社会中，大宗一脉相传，一个小宗就是一个支派）。

太上皇帝拓跋弘，治理帝国，殷勤辛苦，赏罚严明，对州长郡长的遴选，十分谨慎，擢升廉洁官员，罢黜贪官污吏。从前，各单位有疑难困惑的事时，大多数都当面奏报，听候皇上裁决；然后再口头转达皇帝的决定，往往会歪曲或假传圣旨。拓跋弘规定，不管案件大小，都要根据法律，确定罪刑，不可以动不动就上疏请示。合法的，中央会批准，违法的，中央会批驳，都从宫中直接发出诏书——墨诏（或“黑敕”）。由于这个缘故，司法诉讼案件，都能得到精细的审理。拓跋弘尤其重视刑事判决，凡是死罪，很多都撤销原判，发回作第二次审理。有些囚犯在监狱中好几年都没有定案，很多官员认为并不恰当，拓跋弘说：“长久的羁押，当然不是件美事，但是，总比了了草草杀掉要好。人在囚禁中受到痛苦，一定全心向善，所以智慧的人，把监牢当作教育的场所。我特别使囚犯们受一点苦楚，希望他们改过自新，然后再对他们宽恕！”从此，囚犯虽然囚禁的时间较长，但给他们的处罚，十分公平。

拓跋弘又认为常对罪犯赦免，反而鼓励犯罪，所以七〇年代之后，北魏帝国不再有大赦。

6 秋季，七月十一日，南宋帝刘昱，封皇弟刘友当邵陵王。

七月十六日，加授荆州（州政府江陵）州长（刺史）沈攸之开府仪同三司（宰相级），沈攸之坚决辞让。中央政府当权官员（应指“四贵”），打算征召沈攸之回到京师（首都建康），却不敢发布人事命令（恐怕激起兵变），乃由皇太后王贞风名义，派宦官前去对沈攸之说：“你在外地太过辛劳，早应返回京师（首都建康）。帝国对你的盼望和交付你的责任，实在重要，并不打算减轻。所以，是留是来，由你决定。”沈攸之说：“我这个人，不是国家栋梁材料，供职京师（首都建康），远超过我的能力。可是，用我去扑灭蛮夷、叛民，平定长江、汉水一带变乱，不敢推辞。这虽然是我的陈述请求，但应调应留，仍恭候中央安排。”这才停止此议。

7 七月二十四日，柔然汗国（瀚海沙漠群）攻击北魏帝国的敦煌镇（甘肃省敦煌市），被敦煌镇防守司令（镇将）尉多侯击退。国务院（尚书）奏称：“敦煌地方偏僻遥远，夹在西方（吐谷浑汗国）、北方（柔然汗国）两大强盗集团之间，恐怕无法自保。不如放弃城池，把人民全部迁到凉州镇（甘肃省武威市）。”文武百官集会讨论，全都同意，只御前监督官（给事中）、昌黎郡（辽宁省朝阳市）人韩秀反对，认为：“敦煌设置城池，为时已久，虽然受到强大贼寇集团的逼迫，但人民对沙场战斗，已成习惯；即令有几个小贼，并不造成大的灾害。平常驻防军队，足足够用。而且，敦煌的地缘价值很高，隔绝西方（吐谷浑汗国）、北方（柔然汗国）接触，使它们不能结合交通。如果把当地人民强行迁到凉州，不但蒙受丧失国土的恶名，而且，姑臧（凉州镇，甘肃省武威市）距离敦煌，有一千华里之遥（二地航空距离七百三十公里），布防、巡逻，都十分困难，两个强盗集团一定结盟，生出对我们侵略的野心。如果凉州动乱，则关中（陕西省中部）人民，就无法平静的在枕头上安睡。同时，官员或人民如果有人喜爱本土，不愿外迁，因而招引外边盗匪（指柔然汗国和吐谷浑汗国），里应外合，势将为帝国制造深远的灾难，不可以不考虑。”放弃敦煌的计划，才告停止。

8 九月二十九日，南宋政府任命国务院总理（尚书令）袁粲，当立法院总立法长（中书监），兼任宰相（领司徒）；褚渊当国务院总理

（尚书令）；刘秉当首都建康市长（丹阳尹）。袁粲坚决辞职，请求回到墓园，继续为亡母守三年之丧；南宋帝刘昱不准。

褚渊任命老哥褚澄，当吴郡（江苏省苏州市）郡长；宰相府左秘书长（司徒左长史）萧惠明，在政府公开指摘说："褚澄大开城门，向叛徒投降，却主持全国最大的郡。王蕴奋身力战，几乎送命，却被抛弃到脑后，没有人理他。赏罚如此颠倒，何必担心天下不乱！"褚渊大为惭愧。

冬季，十月二十三日，任命高级咨询官（侍中）王蕴，当湘州（州政府临湘）州长（刺史）。

十一月十九日，南宋帝刘昱行加冠礼（本年，刘昱十二岁）。大赦。

十二月二十七日，封皇弟刘跻当江夏王、刘赞当武陵王。

9 本年（四七四），北魏帝国建安王（贞王）陆馛逝世。

四七五年 乙卯

南宋　元徽　三年

北魏　延兴　五年

（柔然汗国永康十二年）

1 春季，正月十五日，南宋帝国（首都建康〔江苏省南京市〕）皇帝（八任后废帝）刘昱（本年十三岁），到南郊祭祀天神，并在皇家大会堂（明堂）举行全国祭祀大典。

中央禁军总监（中领军）萧道成，认为襄阳（雍州州政府所在县，湖北省襄阳市）是北方最重要的军事基地，而张敬儿社会地位低微，又没有人望，不打算履行承诺（参考去年〔四七四〕五月）；而张敬儿不断请求，最后，对萧道成说："沈攸之在荆州（州政府设江陵〔湖北省江陵县〕），你知道他将来会干出什么勾当，不教我出去建立内外夹攻的形势，对你并没有裨益。”萧道成会心微笑，不再言语。

三月四日，中央政府任命骁骑将军张敬儿，当雍梁军区司令长官（都督雍梁二州诸军事），兼雍州（州政府襄阳）州长。

沈攸之听到张敬儿西上消息，恐怕被他突击，暗中戒备。张敬儿既到任所，对沈攸之十分亲切尊敬，几乎一举一动，都向沈攸之请示，书信和致送礼物，络绎不绝。沈攸之遂认为张敬儿果真一片真心，所以也把他当作心腹，回报十分丰厚。曾经几次提议，两人同时出城打猎，在两州疆界上，作一次会晤。张敬儿回信说：“只要心在一起，形迹最好不要过于亲密。”沈攸之对张敬儿越发信任，而张敬儿得到沈攸之的隐秘计谋，都暗中报告萧道成。萧道成写信给沈攸之，问：“张敬儿调职的时候，你看由谁来接替合适？”沈攸之就让张敬儿过目，打算离间张敬儿跟萧道成之间的感情（官场中最热闹的倾轧把戏）。

2 夏季，五月十二日，北魏帝国（首都平城〔山西省大同市〕）皇帝（七任孝文帝）拓跋宏（本年九岁），派编制外散骑侍从官（员外散骑常侍）许赤虎，前往南宋帝国报聘。

五月十三日，拓跋宏前往武州山（平城西）。

五月二十七日，前往车轮山（山西省原平市境）。

六月七日，下令禁止屠宰牛马（这是一个大的改变，北魏帝国由游牧民族建立，屠宰牛马，十分平常。而今忽然禁止，显示已进入农业社会。拓跋宏推广的汉化运动，此时已奠基础）。

3 南宋帝国袁粲、褚渊都坚辞新官（参考去年〔四七四〕五月）。

秋季，七月十七日，恢复袁粲原官：国务院总理（尚书令）。

八月庚子日（八月癸亥朔，没有庚子），加授中央军事总监（护军将军）褚渊：立法院总立法长（中书监）。

4 冬季，十二月六日，北魏帝国改封建昌王拓跋长乐当安乐王。

十二月二十九日，城阳王（康王）拓跋长寿（景穆太子拓跋晃子）逝世。

5 南宋帝国南徐州（州政府设京口〔江苏省镇江市〕）州长（刺史）、建平王刘景素，孝顺父母、友爱兄弟，有美好的声誉，日常生活节俭朴素，又喜爱文学，待人接物，都谦卑有礼，受到大家一致称赞。七任帝（明帝）刘彧，对这位侄儿，十分喜爱，给他特别待遇。此时，三任帝（文帝）刘义隆所有的儿子，已完全死掉，在孙儿辈中，只刘景素年纪最大。现任南宋帝刘昱，凶暴疯狂，毫无品德，政府与民间都盼望刘景素能坐上宝座。刘昱舅父陈家的人，都对刘景素十分厌恶。杨运长、阮佃夫打算长期掌握权力，不希望年纪大的君王出现，因之也打算排除刘景素。刘景素的心腹将领，都劝刘景素发动兵变，只有镇北将军府主任秘书（镇北主簿）、济阳郡（侨郡，江苏省盱眙县南）人江淹（刘景素武职是镇北将军），劝他不可这样做，刘景素大不高兴。

本年（四七五），防阁将军王季符，冒犯刘景素，单人匹马逃奔首都建康（江苏省南京市），声称刘景素谋反。杨运长等立刻就出动军队讨伐，袁粲、萧道成反对；而刘景素也派他的合法继承人、世子刘延龄，到首都建康（江苏省南京市）向中央解释真相。乃把王季符贬逐到梁州（陕西省南部及四川省东北部），免除刘景素“镇北将军”“开府仪同三司（宰相级）”加官（这算什么赏罚）。

四七六年 丙辰

南宋 元徽 四年
北魏 延兴 六年
承明 元年
（柔然汗国永康十三年）

1 春季，正月九日，南宋帝国（首都建康〔江苏省南京市〕）皇帝（八任后废帝）刘昱（本年十四岁），亲自主持推犁耕田典礼；大赦。

2 二月，北魏帝国（首都平城〔山西省大同市〕）最高监察长（司空）、东郡王陆定国，被控仗势欺人，违犯国法。中央政府撤除他所有官爵，发配军中当兵。

冯太后（本年三十五岁），行为淫乱，闺房丑闻，不断传出，对情夫李奕之死，深恨她的嫡子、太上皇帝（六任献文帝）拓跋弘（参考四七〇年十月），于是秘密下毒。

夏季，六月十三日，拓跋弘突然死亡（年二十三岁。司马光判断拓跋弘中毒，但另一记载《后魏国典》说冯太后埋伏杀手，等拓跋弘入宫朝见时扑杀）。

六月十四日，大赦，改年号承明（之前是延兴六年，之后是承明元年）。把拓跋弘安葬金陵（祖先墓园。位于故都盛乐〔内蒙古和林格尔县〕西北），绰号称献文皇帝，祭庙称显祖。

最高指挥官（大司马）、最高统帅（大将军）、鲜卑人（代人）万安国，被控假传圣旨诛杀神部（八部之一）总监奚买奴，中央政府命万安国自杀。

六月二十日，任命征西大将军、安乐王拓跋长乐当全国武装部队总司令（太尉）；国务院左执行长（尚书左仆射）、宜都王拓跋目辰当宰相（司徒）；南部政务执行官（南部尚书）李䜣当最高监察长（司空）。尊皇太后冯女士为太皇太后，冯太后再度摄政，代替北魏帝（七任孝文帝）拓跋宏（本年十岁）执行职权。冯太后任命冯熙（她的老哥）当高级咨询官（侍中）、太师（上三公之一）、立法院总立法长（中书监）。冯熙知道自己是皇亲国戚，坚决辞让中央官职；乃任命他当洛州（州政府设洛阳〔河南省洛阳市东白马寺东〕）军区司令长官（都督），兼洛州州长（刺史）；但仍保持高级咨询官（侍中）、太师（上三公之一）职位。

拓跋弘的牌位进入皇家祭庙之日，有关单位奏称：皇家祭庙负责官员，依照前例，都应加封爵位。皇家图书馆主任（秘书令）、广平郡（河北省鸡泽县）人程骏，上疏说："加封爵位，赏赐采邑，是帝王最重视的事情，不外他是亲人、贤才，或对国家有功劳贡献；从来没有听说因为牌位进庙而接受封爵的。皇家前例，只是一时的恩宠，怎么可以作为万世法则！"冯太后认为他说得对，采取他的意见，对文武官员说："凡讨论问题，都应依照古代正确的言论，不可以一味只援引前例！”赏赐给程骏衣服一套、绸缎二百匹。

冯太后天生聪明，心思细密，读过书，会算术（一个女子读过书而又会算术，迟至二十世纪三〇年代，女子教育已推广有年，仍属凤毛麟角。五世纪时，更是难能可贵），了解政治，衣着简单朴素，日用饮食，比过去减少十分之七八；但猜忌残忍，工于心计。十岁皇帝（七任孝文帝）拓跋宏小娃，对这位三十五岁祖母皇太后，至为孝顺，尽量使她高兴欢乐。事情无论大小，都由她决定。冯太后往往独断独行，所做决定，不再告诉小娃。她所宠爱的宦官高平（宁夏固原市）人王琚、安定郡（甘肃省泾川县）人张祐和杞嶷（杞，姓）、冯翊郡（陕西省西安市高陵区）人王遇、略阳郡（甘肃省清水县）人苻承祖、高阳郡（河北省高阳县）人王质，都仗恃冯太后的权势，干预政府行政。张祐官做到国务院左执行长（尚书左仆射），封新平王；王琚官做到征南将军，封高平王；杞嶷等也都做到高级咨询官（侍中）、国务院文官部长（吏部尚书）、州长（刺史），封公爵、侯爵，赏赐数万钱之多，又发给他们铁券，承诺对他们绝不处死。占卜局管理官（太卜令）姑臧（甘肃省武威市）人王叡，是冯太后的情夫之一，超越擢升，一直升到高级咨询官（侍中）、国务院文官部长（吏部尚书），封太原公。皇家图书馆主任（秘书令）李冲，虽然因他的才华受到赏识，由于他同时也是冯太后的情夫之一，而升至高官；冯太后对他们的赏赐，多到无法计算。对外，冯太后对众望所归的大臣：东阳王拓跋丕、游明根等，也特别礼敬优厚。每次褒扬赏赐王叡等时，一定把拓跋丕等列入，表示并不出于私心。拓跋丕，是拓跋翳槐（拓跋什翼犍的老哥）的玄孙（拓跋丕跟三任帝拓跋焘同辈〔第三代〕，是冯太后丈夫〔五任文成帝拓跋濬〕的叔祖父）。李冲，是李宝的儿子（李宝投奔北魏帝国事，参考四四四年）。

冯太后知道，她的淫乱行为，世人不能接受，为了镇压别人对自己讥讽议论，官员言谈中只要一句话，被认为对她讽刺，就立刻诛杀。她所宠爱的左右侍从，即令有小小过错，一定鞭打，甚至打一百余鞭。可是，冯太后对人从不记仇，第二天仍然善待，跟平常一样，甚至有人被鞭打而更富贵。所以左右虽受体罚，但没有离心。

3 六月十七日，南宋帝国政府加授萧道成当国务院左执行长（尚书左仆射），刘秉当立法院最高立法长（中书令）。

后军将军杨运长、禁宫咨询官（给事黄门侍郎）阮佃夫等，对南徐州（州政府京口）州长、建平王刘景素，忌恨越发入骨（参考去年〔四七五〕十二月）。刘景素遂跟机要军事参议官（录事参军）、陈郡（侨郡）人殷沵（音mǐ〔米〕），大营军事参议官（中兵参军）、略阳郡（侨郡）人垣庆延，军事参议官（参军）沈颙、左暄等；密谋保护自己。派人来往首都建康（江苏省南京市），寻访及结交有才能及有实力人士；冠军将军黄回、游击将军高道庆、辅国将军曹欣之、前军将军韩道清、外籍兵团指挥官（长水校尉）郭兰之，羽林警卫军总监（羽林监）垣祗祖，先后跟刘景素秘密结盟；所有失意的军人，都归附刘景素。当时，南宋帝刘昱，喜爱独自出游，往往远去荒郊野外。曹欣之打算占领石头（建康城西北），乘刘昱再单独外出时，发动政变。韩道清、郭兰之，准备游说萧道成，利用刘昱夜间出游机会，把他捕获，迎接刘景素；萧道成如果拒绝，立即谋杀萧道成；但刘景素一直禁止，嘱咐不可以仓猝发动。杨运长、阮佃夫隐隐约约得到一点风声，派一个北方下流胚（伧人）周天赐，假装投靠刘景素，劝刘景素起兵。刘景素查出他的底细，斩周天赐，把人头送到中央政府。

秋季，七月，忽然之间，垣祗祖率数百人，从建康（江苏省南京市）逃到京口（江苏省镇江市），声称京师（首都建康）已经大乱，劝刘景素火速前往接收。刘景素信以为真。

七月一日，刘景素遂在京口起兵，知识分子和平民响应的以千为单位计算。杨运长、阮佃夫，得到垣祗祖叛变逃走消息，下令戒严。

七月二日，派骁骑将军任农夫，中央禁军总监（领军将军）黄回，左军将军、兰陵郡（侨郡，江苏省常州市西北）人李安民，率领陆军；右军将军张保，率领水上舰队；出发讨伐。

七月四日，加派南豫州（州政府姑孰）州长（刺史）段佛荣，当总司令官（都统）。萧道成已经发现黄回怀有二心，所以故意派李安民、段佛荣跟他同行。黄回秘密警告他的士卒："遇到京口军，不要作战。"萧道成驻防玄武湖（建康城北），他的儿子冠军将军萧赜镇守东府（建康城南，宰相府）。

始安王刘伯融（十九岁）、都乡侯刘伯猷（十一岁），都是建安王刘休仁的儿子，杨运长、阮佃夫对他们年纪渐大，感到威胁，于是假传圣旨，命他们自杀。

刘景素打算切断竹里（江苏省句容市北。建康、京口间必经要道），抵抗中央军。垣庆延、垣祗祖、沈顒，都说："今年，天气干燥闷热，中央军远道而来，一定困乏，引到城下，我们以逸待劳，可以一战取胜。"殷沵等坚决反对，但得不到上级支持。中央军将领任农夫等既先后抵达，纵火焚烧城市村落，垣庆延等互相观望，谁也不愿先发动攻击，全无斗志。刘景素本来没有军事上的谋略，惶恐怯懦，不知道如何是好。而黄回在段佛荣监视下，而且又看到京口军兵力薄弱，遂不敢发动。

中央军舰队司令张保，停泊西渚（江苏省镇江市西），刘景素左右勇士数十人，互相以死相许，攻击舰队。

七月七日，击斩张保；可是，京口军其他将领各自保存实力，不肯增援扩大战果，遂被中央军反攻击败。中央军既紧逼城池，京口军将领沈颙，首先率领他的部众逃走，垣祇祖跟着也逃走，其他各路人马也一哄而散，只有军事参议官（参军）左暄，在万岁楼下，跟中央军力战，但分配给他的兵力有限，不能抵挡，最后溃败。

七月八日，中央军攻克京口（江苏省镇江市）。黄回军首先入城，因自己曾有“不杀亲王”的誓言（参考前年〔四七四〕五月二十二日），于是把刘景素交给殿中将军张倪奴。张倪奴生擒刘景素，连同刘景素的三个儿子，一齐斩首（刘景素年二十五岁）。同党垣祇祖等数十人，全都被诛杀。萧道成对黄回、高道庆，不再追究，安抚他们，跟以往一样。（胡三省注：“安抚他们只是暂时安定军心，事定之后，不会宽容。”）当天（七月八日），解除戒严。

七月九日，中央政府大赦。

最初，巴东（重庆市奉节县东）建平（重庆市巫山县）二郡蛮夷叛变，荆州（州政府江陵）州长（刺史）沈攸之派军讨伐。等到刘景素起兵，沈攸之把已进入三峡的讨蛮军，紧急追回，改命直赴首都建康（江苏省南京市）勤王。巴东郡（重庆市奉节县东）郡长刘攘兵、建平郡（重庆市巫山县）郡长刘道欣，认为沈攸之定有阴谋，于是，下令戒严，封锁峡口（湖北省宜昌市），阻止讨蛮军东下。刘攘兵的儿子刘天赐，当荆州行政管理官（西曹），沈攸之派刘天赐向老爹说明原因，刘攘兵才知道刘景素真的已经起兵，乃下令各军撤退复员，向沈攸之道歉，沈攸之待他跟往常一样。可是，刘道欣仍继续固守建平（重庆市巫山县），刘攘兵派人前去解释，刘道欣一口拒绝。刘攘兵遂跟讨蛮军会师，发动攻击，斩刘道欣。

4 七月十七日，北魏帝拓跋宏，追尊他娘亲李贵人，称思皇后。

5 八月十日，南宋帝刘昱，封皇弟刘翙（音huì〔会〕）当南阳王、刘嵩当新兴王、刘禧当始建王。

八月十三日，任命禁宫咨询官（给事黄门侍郎）阮佃夫当南豫州（州政府姑孰）州长（刺史），但不前往任所，仍留京师（首都建康）。

九月二日，下令骁骑将军高道庆自杀。

冬季，十月五日，擢升国务院文官部长（吏部尚书）王僧虔，当国务院右执行长（尚书右仆射）。

6 十一月三日，北魏帝国任命全国武装部队总司令（太尉）、安乐王拓跋长乐，当定州（州政府设中山〔河北省定州市〕）州长（刺史）；最高监察长（司空）李䜣当徐州（州政府设彭城〔江苏省徐州市〕）州长。

四七七年 丁巳

南宋　　元徽　　五年
　　　　升明　　元年
北魏　　太和　　元年
（柔然汗国永康十四年）

1 春季，正月一日，北魏帝国（首都平城〔山西省大同市〕）改年号太和。

正月二十五日，略阳郡（甘肃省清水县）变民首领王元寿，聚集部众五千余家，自称冲天王。

二月十七日，秦、益二州（州政府设上封〔甘肃省天水市〕）州长（刺史）尉洛侯，击平王元寿。

三月十七日，任命东阳王拓跋丕当宰相（司徒）。

夏季，四月十四日，北魏帝（七任孝文帝）拓跋宏（本年十一岁），前往白登（山西省大同市东）。 800

四月十九日，拓跋宏前往崞山（山西省浑源县。崞，音guō〔郭〕）。

2 初，南宋帝国（首都建康〔江苏省南京市〕）皇帝（八任后废帝）刘昱（本年十五岁），在东宫当皇太子时，喜动不喜静，常常亲自动手油漆篷帐高竿，能爬到距地面一丈有余的高处；喜怒无常，侍从官员无法劝阻。老爹七任帝（明帝）刘彧，屡次教他的娘亲陈妙登，对他痛打。后来，刘昱继承帝位，对内害怕嫡母皇太后王贞风、皇太妃陈妙登，对外害怕各位大臣，不敢放纵。可是，自从行过加冠礼后（参考四七四年十一月），渐渐长大，宫内宫外，对他稍稍失去控制，刘昱遂不断出宫游逛。最初，还有整齐的仪仗卫队；不久，就放弃随从车马，只带身边几个人，或跑到荒郊野外，或跑到街头闹市。娘亲皇太妃陈妙登，每次乘坐青盖牛犊车，在后跟随，刘昱换乘轻装战马，一口气奔跑一二十华里，娘亲追赶不上。仪仗卫队也畏惧大祸临头，不敢寻找皇帝的去向，只好把部队驻扎在另一个地方，远远眺望而已。

最初，刘彧曾经把陈妙登赏赐给宠信的弄臣李道儿为妻，后来又把她迎接回来，生下刘昱。所以，刘昱每次改穿民服外出，就自称“刘统”（统一天下），或自称“李将军”。他经常穿短裤、短衫，无论军营、官府、街巷、田野，到处如入无人之境，跑来跑去。有时夜晚投宿旅店，有时白天就睡在道路旁边，跟一些地痞流氓打交道，被他们怠慢侮辱，也大为喜悦，毫不在意。任何低贱的事，像裁缝衣服、制作帽子，只要看过一遍，就完全学会。从来没有吹过篪（音chí〔驰〕，状如洞箫），拿起来一吹，声音就合曲调。等到京口（江苏省镇江市）事变平息（参考去年〔四七六〕七月），刘昱骄傲横暴，更为严重，没有一天不出宫，不是晚上出去，凌晨回来；就是凌晨出去，晚上回来，随从人员都手拿短刀长矛，路上的行人，不管是男是女，不管是狗、马、牛、驴，只要被刘昱碰上，立即诛杀，没有一个可以幸免。人民忧愁恐惧，店铺及行商，全都停业，家家户户，白天闭门，路上几乎不见人迹。针、锥、凿、锯，不离刘昱左右，只要看着不顺眼，刘昱顺手抓起凶器，当场杀人剖腹。一天不杀，就闷闷不乐。宫廷侍从和政府官员，惊惧震恐，饮食作息，都不能安。阮佃夫跟直阁将军申伯宗等，密谋乘刘昱小娃到江乘（江苏省南京市东北）射猎野鸡时，宣称奉皇太后王贞风命令，传唤仪仗卫队回京（首都建康），关闭城门，派人逮捕刘昱，罢黜；拥护安成王刘準。想不到密谋泄漏。

四月二十一日，刘昱逮捕阮佃夫等，斩首（年五十一岁。《宋书·恩幸传》：检举阮佃夫的是阮佃夫的亲信、因“竹林堂之变”而封子爵的于天宝。既杀阮佃夫，刘昱任命他当清河郡〔侨郡〕郡长。后来，萧道成认为他反复无常，命他自杀）。

刘昱的嫡母皇太后王贞风，不断教训刘昱，刘昱大不高兴。正好端午节（五月五日），王贞风赏赐给刘昱一把羽毛扇，刘昱嫌它不够豪华，下令御医署（太医）配制毒药，要毒死王贞风。左右劝阻他说：“如果真的干出了这种勾当，陛下就要当孝子（意思是要守三年之丧），你怎么还能出出进进玩耍游戏？”刘昱说：“大有道理。”遂打消主意。

六月二十二日，有人指控散骑侍从官（散骑常侍）杜幼文、宰相府左秘书长（司徒左长史）沈勃、游击将军孙超之，跟阮佃夫同谋。刘昱立即率领卫士，突击三家，全部诛杀，砍断肢体，把肉寸寸割下，连怀抱中的婴儿，都不能幸免。沈勃当时正在家守丧，卫队还没有到，刘昱已挥刀而上，沈勃知道不能避免，赤手空拳搏斗，猛击刘昱面颊，诟骂说："你的罪恶，超过姒履癸（桀）、子受辛（纣），挨刀就在眼前。"被刘昱砍死。当天（六月二十二日），刘昱下诏大赦。

有一天，刘昱一直闯到中央禁军总监部（领军府），当时天气炎热，萧道成正赤条条躺在那里睡觉。刘昱把萧道成唤醒，教他站在房子里，在他肚子上画一个箭靶，自己拉满了弓，就要发射。萧道成用手版挡住说："老臣没有罪。"左右侍卫王天恩说："萧道成肚子大，是一个绝妙的箭靶，一箭射死，以后就再也找不到这种绝妙的箭靶了！不如改用圆骨箭头，多射几次！"刘昱遂改用圆骨箭头，一箭射去，正中萧道成的肚脐，刘昱把弓扔到地上，得意的大笑，说："这手段如何！"刘昱对萧道成的威名，十分恐惧忌恨，曾经亲自磨刀，说："明天就杀萧道成。"娘亲陈妙登诟骂他说："萧道成对帝国有大功劳，如果杀了他，谁还为你尽力！"刘昱才算住手。

萧道成忧愁恐惧，跟国务院总理（尚书令）袁粲、立法院总立法长（中书监）褚渊，秘密讨论罢黜刘昱，另立新君。袁粲说："主上年纪还小，轻微的过失，容易改正。伊尹、霍光的往事（商王朝伊尹罢黜太甲，参考前一七四一年。西汉王朝霍光罢黜刘贺，参考前七四年），近代已难重现。即令成功，最后仍没有安身之地。"褚渊沉默不说话。中央禁军总监部人事官（领军功曹）、丹阳郡（首都建康）人纪僧真，对萧道成说："现在，皇上（刘昱）猖獗疯狂，没有人可以自保，全国人民的盼望，不在袁粲、褚渊；明公怎么能坐在那里，等候全族屠灭？存亡契机，请多思虑。"萧道成同意。

有人建议萧道成回广陵（江苏省扬州市）起兵（萧道成兼南兖州〔州政府广陵〕州长）。萧道成的世子萧赜，当晋熙王刘燮（郢州〔州政府夏口〕州长）的秘书长（长史），兼郢州（州政府夏口）总部执行官（行郢州事），萧道成命萧赜率郢州军顺长江东下，在京口（江苏省镇江市）会师。萧道成派他的亲信刘僧副，秘密通知堂兄、代理青冀二州（州政府郁洲）州长（刺史）刘善明，说："很多人劝我北上据守广陵（江苏省扬州市），恐怕没有经过仔细考虑。现在秋风将起，你如果能跟垣荣祖联合，稍稍挑动胡虏（指北魏帝国），我的各种计划，当可实施。"同时也告诉东海郡（侨郡，江苏省涟水县）郡长垣荣祖。刘善明说："宋国（南宋帝国）要亡，无论愚蠢的人和明智的人，都看得清清楚楚。北方盗匪（北魏帝国）如果有什么行动，反而对你有害（兵凶战危，未必取胜，而且远离京师，将失去权柄）。你的智慧韬略，以及英勇武功，高过当世，只有一个办法，那就是：安静的等待时机，再击出猛烈的一拳，大业自然奠定。不可以远离中央根本之地，自找灾难。"垣荣祖也说："你的总监部（领军府）距离宫城，不过一百步，你如果全家出奔，别人怎么会不知道？如果单人匹马，轻装备前往，广陵（江苏省扬州市）官员万一关闭城门，拒绝接纳，下一步将往哪里逃？你只要举脚下床，马上就会有人敲宫城的城门，向中央告发，你的大事就全部成为过去。"纪僧真说："主上（刘昱）虽然荒淫凶暴，可是刘家王朝建立的政权结构，仍然坚固。你百口之家，同时出奔，绝不可能。即令进入广陵（江苏省扬州市），天子（刘昱）居住深宫之中，发号施令，指控你是叛逆，你有什么办法洗刷？这不是安全谋略。"萧道成的族弟、镇军将军府秘书长（镇军长史）萧顺之（六世纪初南梁帝国一任帝萧衍的老爹），以及萧道成的次子、骠骑将军府参谋指挥官（骠骑从事中郎）萧嶷，都认为："皇上（刘昱）喜爱单身出来乱窜，在这方面下手，比较容易。外州起兵，很少成功，白白比别人先受灾祸。"萧道成遂打消原意。

东翼警卫指挥部军政官（东中郎司马）、会稽郡（浙江省绍兴市）总部执行官（行会稽郡事）李安民，打算拥护江夏王刘跻（刘义恭的嗣孙），在东方起兵（刘跻武职是东翼警卫指挥官〔东中郎将〕），萧道成加以阻止。

南越兵团指挥官（越骑校尉）王敬则，主动的暗中结交萧道成，一到夜晚，王敬则就换上平民衣服，匍匐路旁，替萧道成侦察南宋帝刘昱的行动。萧道成命王敬则秘密结交刘昱左右亲信杨玉夫、杨万年、陈奉伯等，共二十五人，都供职在后宫寝殿，借此窥探有什么机会。

秋季，七月六日，夜晚，刘昱身穿便装，走到中央禁军总监部（领军府）门口，左右侍从说："总监部全都睡大觉，我们为什么不跳墙进去？"刘昱说："今天晚上，我要到别的地方搞个痛快，等明晚再来。"编制外散骑顾问官（员外郎）桓康等，在总监部大门后，全都听到。

七月七日，刘昱乘坐露天无篷车，跟左右侍从，前往台冈（宫城的一个山冈），比赛跳高；跳高后，前往青园尼姑庵。夜晚，再到新安寺偷狗（五任帝刘骏的小老婆殷贵妃〔刘义宣女〕死，刘骏盖一庙院哀悼〔参考四六二年十月〕。殷贵妃生的儿子名刘子鸾，封新安王，所以名新安寺），偷狗之后，找到昙度道人，煮吃狗肉。

人类最邪恶的行为之一，就是吃狗肉！

我亲眼看到过一幕狗主人杀狗的场景，一脸忠厚相的狗主人把他养的一条黑狗，用绳索绑起四肢，吊到树上，然后举起利刃，在它脖子上先轻轻摩擦，可怜的它，还以为主人像往常一样的跟它玩耍亲热！当凶器擦过它鼻下时，它还欢天喜地的伸出舌头，舐那刀口。没有挣扎、没有恐惧，因为它相信它是主人最要好的朋友，主人一定会保护它，绝对不会做出任何伤害它的事；直到利刃插入它的心脏，它才号叫一声，然而也仅仅只此一声，在断气的刹那，眼中仍闪动着充满托付终身的光芒。恐怕必须等它的一缕幽魂，在冥冥中回顾凡尘，才会发现它死在谁手。它的痛苦，不是被谋杀，而是被朋友出卖。

狗是人类唯一的朋友，可以推心置腹、可以相依为命，然而人类对它，却像暴君一样，随时随地都会翻脸无情，狗对人已付出忠心，人又付出什么，付出一把利刃？

吃狗肉的社会，是一个以出卖朋友为美德的社会。

刘昱吃过狗肉，饮酒饮得沉醉不醒，遂回仁寿殿睡觉。弄臣杨玉夫，一向得到刘昱的宠信，而今天，刘昱对杨玉夫忽然大为痛恨，一看见他就咬牙切齿，说："明天，就杀了你这小子，挖出肝肺！"入夜，刘昱命杨玉夫观察织女渡河（民间传说：织女星嫁给牛郎星，夫妻欢乐，男废耕而女废织。玉皇大帝大发雷霆，命织女星回到原位，牛郎星在后追赶，王母拔下银簪，往身后一划，划出一道银河。但玉皇大帝特别允许织女星于每年七月七日，得以渡过银河，跟牛郎一聚。渡河时，喜鹊云集，搭成一座鹊桥，织女星就踏此鹊桥往返。所以妇女常在七月七日，向天焚香许愿，请求织女星赐下巧恩），刘昱警告杨玉夫，说："看见织女渡河时，马上叫醒我；看不见，就杀掉你。"当时，刘昱出宫进宫，没有一定时间，全凭兴之所至，宫中各阁门，夜间都不敢关闭，负责宫廷安全的官员，恐惧跟皇帝碰面，没有一个人敢出房子。禁卫军士卒更是躲得远远的，内外一片紊乱，互不相关。当天（七月七日），夜晚，王敬则出营等候消息，杨玉夫等到刘昱呼呼大睡，遂跟杨万年联手，拔下刘昱的防身佩刀（即"千牛刀"），砍下刘昱人头（年十五岁）。然后假传圣旨，命外庭演奏音乐。陈奉伯把刘昱的人头，藏在袍袖里面，跟往常一样，神色自若，宣称奉皇帝派遣，遂开承明门（建康台城〔宫城〕北门）出宫，把人头交给王敬则。王敬则飞马奔到中央禁军总监部（领军府），敲门大喊，萧道成恐怕是刘昱的诡计，不敢开门。王敬则把人头从墙上掷进去，萧道成命人洗净血迹辨识，果然不错，这才全副武装，骑马而出，王敬则、桓康等，都随从左右，直往宫城，到了承明门，宣称皇帝御驾回宫。王敬则恐怕守门官兵从门洞往外观察，遂用刀柄把门洞堵住，一面咆哮催促，门遂大开，进入宫城。从前每逢夜晚，刘昱闯出闯进，都急躁凶暴，守门卫士震恐，从不敢抬头。所以，今晚之事，没有一人怀疑。萧道成进入仁寿殿，殿中官员惊慌恐怖，但听到刘昱已死的消息，立刻大叫万岁。

我们再一次为一个暴君之死欢呼，也再一次为一个孩子之死悲泣！

七月八日，早晨，萧道成全副武装，在金銮宝殿槐树之下，以皇太后王贞风的名义发令，召集国务院总理（尚书令）袁粲、立法院总立法长（中书监）褚渊、立法院最高立法长（中书令）刘秉，入宫举行高阶层会议。萧道成对刘秉说：“这是你们刘家的事，应如何决定？”刘秉还没有回答，萧道成霎时间勃然大怒，胡子乱翘，双目发出凶光，像两道闪电。刘秉说：“国务院（尚书）的事，可以交付给我。军事措施，全依靠你。”萧道成依着次序，让给袁粲，袁粲推辞不敢当。王敬则拔出佩刀，在座位旁跳起来，厉声说：“天下大事，全都要萧公裁决，胆敢说半个不字，血染我刀！”他亲自取出白纱帽，戴到萧道成头上，要求萧道成登极称帝，威胁说：“今天谁敢乱动？大事要趁热一气呵成。”萧道成板起面孔，呵止说：“你不知道你干什么！”袁粲打算讲话，王敬则大声喝他闭嘴，他只好闭嘴。褚渊说：“非萧公不足以办理善后！”就把需要皇帝裁决的奏章，全部交给萧道成。萧道成说：“既然大家都不肯接受，我怎么可以推辞。”于是，提议：准备法驾（皇帝仪队），前往东府城（建康城南，宰相府），迎接安成王刘準继任皇帝。萧道成卫士抽出佩刀，筑成刀墙，命袁粲、刘秉起身，二人面无人色，告辞。刘秉出宫，路上遇到堂弟刘韫，刘韫开车门迎问：“今天的事，是不是归你？”刘秉说：“我已让给萧道成。”刘韫捶胸说：“你肉里有没有血？今年，全族难逃屠杀。”

刘韫问刘秉说：“你肉里有没有血？”我也想问刘韫说：“你头里有没有脑？”刘家靠枪杆登上台面，而今，枪杆在萧家之手，怎么敢妄想仅靠议会桌上三言两语，就可挽救危机？看当时情形，萧道成眼中喷火，王敬则拔刀跳跃，换了刘韫在座，他能夺回政权？南宋帝国九个帝王，一连六个都是暴君，拼命自割咽喉，连上帝都救不了。刘韫责备刘秉的话，充分暴露他头脑简单，而又利欲熏心。

当天（七月八日），萧道成以皇太后王贞风名义，发布命令，列举刘昱罪状，说：“我密令萧道成暗中运用智谋！安成王刘準，应该君临万国。”对刘昱加以贬降，封苍梧王。皇帝仪队抵达东府（建康城南，宰相府）门前，刘準命守门的人不可开门，等待袁粲来临。袁粲到了之后，刘準才动身到金銮宝殿。

七月十一日，刘準登上皇帝宝座（九任顺帝），本年十一岁，改年号（之前是元徽五年，之后是升明元年）；大赦。把刘昱安葬在南郊祭天神坛之西。

3 北魏帝国京兆王（廉王）拓跋子推（景穆太子拓跋晃子）逝世。

4 七月十三日，南宋帝国中央禁军总监（中领军）萧道成，亲自坐镇东府（东府是宰相府，萧道成官位距宰相还有一段距离，但形势已成）。

七月十五日，南宋帝刘準任命萧道成当最高监察长（司空）、主管政府机要（录尚书事）、骠骑大将军；袁粲当立法院总立法长（中书监）；加授褚渊开府仪同三司（宰相级）；刘秉当国务院总理（尚书令），加授中央禁军总监（中领军）；晋熙王刘燮，当京畿总卫戍司令（扬州刺史）。刘秉的打算是，国务院（尚书）总揽全国政务，由皇族主持，政权就可稳固；想不到萧道成手握军权，把心腹同党，布置在重要位置，独断独行。褚渊又一向站在萧道成一边，刘秉跟袁粲，都束手无策，只好坐着发呆。

七月二十日，任命国务院右执行长（尚书右仆射）王僧虔，当国务院执行长（尚书仆射）。

七月二十五日，任命武陵王刘赞当郢州（州政府夏口）州长（刺史），萧道成改兼南徐州（州政府京口）州长（萧道成原兼南兖州〔州政府广陵〕州长）。

5 八月一日，北魏帝国大赦。

6 八月十二日，南宋帝国政府命袁粲出镇石头（建康城西北）。袁粲性情淡泊，每次发表他新官，都要坚决辞让，实在逼不得已，才勉强就职。而现在发现萧道成有推翻刘家王朝的心意，打算秘密反应，所以立即接受。

最初，七任帝（明帝）刘彧，命昭华（小老婆群第九级）陈法容喂养刘凖。八月十七日，刘凖尊陈法容为皇太妃。

7 八月二十五日，北魏帝拓跋宏下诏说："工人、商人、衙役，都有固定的身份；而有关单位却从不认真管理，反而放任纵容，使他们混进高贵的官场。从今以后，工人、商人、衙役家庭出身的子弟，当官顶多当到主任秘书（丞）。建有功勋的，自不在此限。"

8 南宋帝国中央禁军总监（中领军）萧道成，坚决辞让最高监察长（司空）。

八月二十九日，中央政府任命萧道成当骠骑大将军、开府仪同三司（宰相级）。

9 九月五日，北魏帝国更改法令。

10 九月二十八日，南宋帝国政府分别封杨玉夫等二十五人：侯爵、伯爵、子爵、男爵（酬庸他们诛杀八任帝刘昱小娃之功）。

11 冬季，十月，"氐王"（首府葭芦〔甘肃省陇南市武都区东南〕）杨文度（参考四七三年十月），派他的老弟杨文弘，攻击北魏帝国占领下的仇池（甘肃省西和县南），攻克。

12 最初，北魏帝国徐州（州政府设彭城〔江苏省徐州市〕）州长（刺史）

李䜣，在六任帝（献文帝）拓跋弘在位时，当国务院粮食部长（仓部尚书），对卢奴（定州州政府所在县，河北省定州市）县长范标，宠爱信任有加。李䜣的老弟、左将军李璞警告说："范标一直笑脸迎人，用财物结交权贵，鄙视恩德道义，眼睛只有势利。听他说的话，比蜜还甜；观察他的行为，十分邪恶，不早一天跟他断绝来往，后悔时已来不及。"李䜣不但不相信，反而把心中秘密，都告诉范标。

国务院执行官（尚书）赵黑，跟李䜣都受拓跋弘的宠爱，也同时都当国务院考选部长（掌选部）；李䜣用他的私人当州长，赵黑报告拓跋弘，从此，二人互相怨恨。不久，李䜣报复，检举赵黑在前任官职时，贪赃枉法，盗用国家财产；赵黑遂被罢黜，充当城门看守员。赵黑痛恨李䜣入骨，饭也吃不下，觉也睡不安。过了一年，拓跋弘再命赵黑当高级咨询官（侍中）、国务院左执行长（尚书左仆射），兼管考选工作（领选）。

拓跋弘逝世（参考去年〔四七六〕六月）后，赵黑向冯太后打小报告，说李䜣弄权专横，于是外放当徐州（州政府设彭城〔江苏省徐州市〕）州长。范标知道冯太后痛恨李䜣（因李䜣告发她的情夫李奕，参考四七〇年十月），遂向冯太后检举李䜣私通外国，打算献出土地，投降敌人（指南宋帝国）。冯太后把李䜣召回首都平城（山西省大同市）审问，李䜣回答说根本没有这种事，冯太后命范标当面作证。李䜣对范标说："你今天血口喷人，诬陷于我，我还能说什么！然而，你受我的恩惠，如此之厚，怎么忍心下此毒手？"范标说："我受你的恩惠，怎比得上你受李敷的恩惠？你忍心对李敷下此毒手（参考四七〇年十月），我为什么不能忍心对你。"李䜣叹息，说："我不听李璞的话，后悔果来不及。"赵黑再在中间落实他的罪名。

十月二十六日，斩李䜣以及他的儿子李令和、李令度。赵黑的饮食，才恢复正常。

李䜣忘恩负义，是卖友求生，一定要原谅的话，勉强可当作一种紧急避难。范标忘恩负义，则是卖友求荣，看准了买主，然后端出货色，即令官场之中，也是可憎人物。宁逢李䜣，勿逢范标。

13 十一月三日，北魏帝国征西将军皮欢喜等三位将军，率军四万人攻击杨文弘。

十一月七日，北魏怀州（州政府设野王〔河南省沁阳市〕）变民首领伊祁苟，自称是伊祁放勋（黄帝王朝六任帝尧帝）的后裔，在重山（河南省辉县市北）聚众起兵。洛州（州政府设洛阳〔河南省洛阳市东白马寺东〕）州长（刺史）冯熙，出军把他们击败。冯太后打算屠城，雍州（州政府设长安〔陕西省西安市〕）州长张白泽，劝阻说："凶恶的叛党，已经杀光，城里难道没有一个忠良仁义之士？怎么可以不问青红皂白，全都诛杀！"冯太后才打消原议。

十二月，皮欢喜大军抵达建安（甘肃省西和县），杨文弘放弃仇池（甘肃省西和县南），逃走。

14 最初，南宋帝国荆州（州政府设江陵〔湖北省江陵县〕）州长（刺史）沈攸之，跟骠骑大将军萧道成，于六〇年代初期、五任帝（孝武帝）刘骏，以及六〇年代中期、六任帝（前废帝）刘子业在位时，曾经同时担任宫廷及政府警卫工作，轮流入宫值班，二人感情，至为亲密。萧道成的女儿嫁给沈攸之的儿子、立法院主任立法官（中书侍郎）沈文和为妻。沈攸之在荆州（湖北省西部），直阁将军高道庆，家住华容（湖北省潜江市西南），请假还乡，路过江陵（湖北省江陵县），跟沈攸之赌博，发生争执，高道庆返回首都建康（江苏省南京市），检举沈攸之已经叛变，请求中央拨付三千人，向沈攸之发动袭击。当权官员认为不可以这样做，萧道成更保证沈攸之不会谋反。杨运长等讨厌沈攸之，跟高道庆秘密派出杀手，准备刺死沈攸之，失败。正巧，八任帝（后废帝）刘昱被杀，荆州州政府主任秘书（主簿）宗俨之、人事官（功曹）臧寅，都劝沈攸之抓住这个机会，起兵勤王。可是，沈攸之因他的长子沈元琰在建康（江苏省南京市），当宰相府左秘书长（司徒左长史），所以没有发动。臧寅，是臧凝之的儿子（臧凝之事，参考四五三年二月二十二日）。

当时，杨运长等已不在中央，萧道成派沈元琰携带八任帝刘昱杀人剖腹时所用的凶器，请沈攸之过目。沈攸之因萧道成的名望、官位，一向都比自己要低，却时来运转，控制中央，心里愤愤不平，对沈元琰说："我宁愿当王凌，讨伐逆贼而死；也不愿当贾充，投降叛逆而生。"（王凌事，参考二五一年四月。贾充事，参考二六〇年五月。）但也不能马上起事。反而上书新任皇帝刘準祝贺，并把沈元琰留下。

雍州（州政府设襄阳〔湖北省襄阳市〕）州长张敬儿，一向跟沈攸之的军政官（司马）刘攘兵友善。张敬儿疑心沈攸之将要发动兵变，派人秘密询问刘攘兵，刘攘兵不说一个字，只送给张敬儿一只马镫，张敬儿领悟，暗中戒备。

沈攸之有一封写在白绸缎上、约有十数行的信件，平常总是藏在背心衣角里，宣称是七任帝（明帝）刘彧和他的盟誓。沈攸之将要起兵，他的小老婆崔女士规劝说："你年纪已老，怎么不想一想全家百口！"沈攸之指指背心衣角。又扬言：皇太后王贞风使节来到，赏赐给沈攸之一对蜡烛，剖开蜡烛，看见王贞风手令，说："国家大事，全交给你。"沈攸之遂动员军队，发布政治号召，派人邀请张敬儿，和豫州（州政府设寿阳〔安徽省寿县〕）州长刘怀珍、梁州（州政府设南郑〔陕西省汉中市〕）州长梓潼郡（四川省绵阳市）人范柏年、司州（州政府设义阳〔河南省信阳市〕）州长姚道和、湘州（州政府设临湘〔湖南省长沙市〕）总部执行官（行事）庾佩玉（州长〔刺史〕、南阳王刘翙还没有到任，由庾佩玉当总部执行官〔行事〕）、巴陵郡（湖南省岳阳市）郡长（内史）王文和，一同起兵。张敬儿、刘怀珍、王文和，都诛杀沈攸之派去的使节，快马奏报中央。王文和不久就放弃巴陵，投奔夏口（湖北省武汉市）。范柏年、姚道和、庾佩玉都心存观望，一时难以确定。姚道和，是后秦帝国二任帝（文桓帝）姚兴的孙儿。

十二月十二日，沈攸之派辅国将军孙同等，前后相继，顺长江东下。沈攸之写信给萧道成，认为："幼主（刘昱）昏暴疯狂，就应该跟三公等高级官员，秘密商议，共同报告太后（王贞风），下令罢黜；怎么可以勾结他的左右侍从，下手杀害，甚至不肯早日装棺入土，尸体生蛆，爬到门户之上！身为臣属，谁不震骇叹息！而你把政府旧日官员，纷纷驱逐，全部安置你的党羽，宫殿官署的门禁钥匙，都由萧家的人掌管。霍光、诸葛亮的遗训，难道就是这样！你既有消灭宋国（南宋帝国）的企图，我岂敢抛弃申包胥救国复国的节操！"（申包胥事，参考三二四年七月注。）中央政府得到消息，惊慌恐惧。

十二月十八日，萧道成入宫坐镇，命高级咨询官（侍中）萧嶷（萧道成次子）代替自己镇守东府（建康城南，宰相府），抚军将军府副军事参议官（抚军行参军）萧映（萧道成第三子），镇守京口（江苏省镇江市）。萧映，是萧嶷的老弟。

十二月十九日，内外戒严。

十二月二十日，任命郢州（州政府夏口）州长、武陵王刘赞，当荆州（州政府江陵）州长（接替沈攸之）。

十二月二十一日，任命首都西区卫戍司令（右卫将军）黄回，当郢州（州政府夏口）州长，率前锋各路人马，讨伐沈攸之。

最初，萧道成任命世子萧赜当晋熙王刘燮的秘书长（长史），兼郢州总部执行官（行郢州事），整修城池，磨利武器，暗中防备沈攸之（刘燮任郢州州长，参考四七四年六月）。后来，萧道成征召刘燮当京畿总卫戍司令（扬州刺史），遂任命萧赜当首都东区卫戍司令（左卫将军），跟刘燮同时东下。豫州（州政府寿阳）州长刘怀珍提醒萧道成，说："夏口（湖北省武汉市）地居要冲，应该有恰当的人选驻守。"萧道成写信给萧赜，说："你既然前来京师（首都建康），应该物色一个文武全才，而又跟你的见解相同的人选，把你走后的大事，委托给他。"萧赜乃推荐刘燮的军政官（司马）柳世隆代替自己。萧道成遂命柳世隆当武陵王刘赞的秘书长（长史），兼郢州总部执行官（行郢州事）。萧赜将要动身，对柳世隆说："沈攸之一旦叛变，万一纵火焚毁夏口（郢州州政府所在城，湖北省武汉市）船舰，顺长江东下，就很难控制。如果能把沈攸之引诱到郢州（夏口）城下，留他攻城，一定不会立即攻下。然后你在内，我在外，内外夹击，一定可以破贼。"等沈攸之宣布勤王，萧赜才到寻阳（江州州政府所在县，江西省九江市），还没有得到中央的指示，大家都打算加快速度，直回首都建康（江苏省南京市）。萧赜说："寻阳位居长江中游，接近京师（首都建康）。我们如果留下来据守湓口（江西省九江市〔寻阳东〕），内可以作中央的屏藩，外可以援助夏口（湖北省武汉市），身居优良形势，控制西南。我们恰恰路过这里，全是上天安排。"有人认为湓口城池太小，难以坚守；左翼警卫指挥官（左中郎将）周山图说："我们据守长江中游，声援四方，不可以把这种小事，当作困难，只要万众一心，到处都是城池。”

十二月二十一日，萧赜陪同刘燮，镇守湓口，把军事全部交给周山图，周山图封锁长江，掠取民间行旅船舶上的木板，建造军舰，树立水中木栅，十几天时间，全部完成。萧道成接到报告，高兴的说：“萧赜真是我的儿子。”任命萧赜当西部征剿总司令（西讨都督），萧赜又推荐周山图当副总司令。当时，江州（州政府寻阳）州长、邵陵王刘友，镇守寻阳（江西省九江市），萧赜认为寻阳城池不够坚固，上疏中央，命刘友应跟自己在一起，共同镇守湓口（寻阳时在柴桑，江西省九江市西南四十五公里有柴桑山。湓口则在九江市东半公里之遥。江州州政府设九江市，跟湓口相接。萧赜如此要求，只是怕刘友变卦或被野心家利用）。而留江州总务官（别驾）、豫章郡（江西省南昌市）人胡谐之，驻防寻阳。

湘州（州政府设临湘〔湖南省长沙市〕）州长王蕴，因娘亲逝世，辞职（守三年之丧）；路过巴陵（湖南省岳阳市），跟沈攸之深厚结合（当是使节来往）。当时，沈攸之还没有宣布勤王。王蕴路过郢州（州政府夏口）时，才得到沈攸之起兵消息，遂打算乘萧赜出来吊丧的时候下手，占领州城；萧赜知道，不肯出来吊丧（此段记载有误，萧赜在郢州时，时局尚平安无事，到寻阳时，才听到沈攸之起兵）。王蕴回到京师（首都建康），前往东府（建康城南，宰相府）报到，再打算乘萧道成出来吊丧时下手，而萧道成也拒绝出门。王蕴遂跟袁粲、刘秉，密谋铲除萧道成。将领中黄回、任候伯、孙昙瓘、王宜兴、卜伯兴等，全都参与。卜伯兴，是卜天与的儿子（卜天与死难事，参考四五三年二月二十一日）。

萧道成接到沈攸之起兵的消息时，亲自拜访袁粲，袁粲拒绝接见，中级散骑顾问官（通直郎）袁达对袁粲说：“时到今日，不应该表示对他排斥。”袁粲说：“一旦见面，他如果说主上年幼，时局艰难，跟刘休范时的情形相同，用暴力挟持我进宫，我用什么理由拒绝！只要有一天同行同止，以后还怎么能反对他！”萧道成征召褚渊，跟他并肩共坐，每一件事都跟褚渊研究讨论。当时，刘韫当中央禁军总监（领军将军），驻防咨询署暨顾问署（门下）；卜伯兴驻防宫门，黄回各将领全率军出京（首都建康），驻防新亭（建康城西南）。

最初，褚渊当首都卫戍司令（卫将军），因娘亲逝世，离职（守三年之丧），中央政府一再征召“起复”（出来当官），褚渊都拒绝。而袁粲向来有高贵的声誉，亲自前去劝解，褚渊才接受。后来，袁粲当国务院总理（尚书令），娘亲也逝世；褚渊也去劝他“起复”，万般说辞，袁粲始终不肯，褚渊遂深恨袁粲（很显然的，褚渊被袁粲摆了一道）。沈攸之起兵之后，萧道成跟褚渊共同商议因应之道，褚渊说：“西夏（指荆州）闹事，一定不会成功，你应该戒备的，是内部。”袁粲图谋萧道成的计划，既已确定，就打算告诉褚渊；大家认为，褚渊跟萧道成关系密切，不可让他知道。袁粲说：“褚渊虽然跟萧道成私交很好，我们岂可跟他划清界线！今天如果不告诉他，事情平定之后，就应该把他诛杀。”遂把计划告诉褚渊；褚渊立刻告诉萧道成。

萧道成早已得到消息，派带兵官（军主）苏烈、薛渊、太原郡（山东省济南市长清区东南）人王天生，率军前往石头（建康城西北），增援袁粲。薛渊坚决不肯，萧道成强迫他非去不可，薛渊不得已，痛哭流涕告辞，萧道成说：“你到石头（建康城西北），近在咫尺，早上去晚上来，何至这样悲伤？又何至正式辞行？”薛渊说：“不知道你能不能保全袁粲一家老小？这次我奉命前往，赞成他，则辜负你；不赞成他，则立刻就会被杀，怎么能不难过！”萧道成说：“所以派你去，正是要你随机应变，使我没有西顾之忧。只管尽力，不要多说。”薛渊，是薛安都的侄儿（薛安都投降北魏，参考四六六年十月）。萧道成又任命心腹、骁骑将军王敬则，当直阁将军，跟卜伯兴共同掌握禁军。

袁粲计划假传皇太后王贞风的命令，派刘韫、卜伯兴，率领宫廷禁卫军，攻击坐镇宫城的萧道成，而黄回等率军响应。刘秉、任候伯等，同时前往石头（建康城西北）。已经定妥日期——十二月二十三日夜晚，同时发动。可是刘秉胆小如鼠，被自己想象中的恐怖抓住，坐卧不安，不知道如何是好，中午稍过，他便吩咐收拾行李，临出发时，紧张过度，已超过他生理上的负荷能力，吃稀饭时，竟不知道自己的嘴在哪里，全都倾泻到胸脯上，双手发抖，不能自制。天还没有黑，就用车马装载妇女，和全部财产，投奔石头（建康城西北），私人卫队数百人，挤满街道，车马喧哗。既到石头，晋见袁粲，袁粲大惊说："发生了什么事，提前赶来，现在，大事已败！"刘秉说："能见你一面，死一万次也没有遗恨！"孙昙瓘得到消息，也投奔石头。首都建康市政府主任秘书（丹阳丞）王逊等，急行报告萧道成，袁粲的密谋遂完全暴露。王逊，是王僧绰的儿子（王僧绰，参考四五三年三月十一日）。

萧道成秘密通知王敬则，当时，宫殿门户已经关闭，王敬则打算开门出去，而卜伯兴部队已进入战斗位置。王敬则遂用锯把木墙锯一个大洞逃出，冲入咨询暨顾问署（门下），逮捕刘韫；刘韫已经备战，火把通明，看见王敬则突然出现，惊慌起立，问说："老哥，怎么晚上来？"王敬则诟骂说："好小子，你竟敢做贼！"刘韫发动突袭，抱住王敬则，王敬则用拳头猛击刘韫面颊，刘韫跌倒在地，被王敬则诛杀；王敬则再斩卜伯兴。苏烈等遂占领仓城（石头城内），拒抗袁粲。王蕴听到刘秉先行逃走的消息，叹息说："事情已经结束。"狼狈集结私人部众数百人，也投奔石头（建康城西北），本来约定开南门进去，可是时正黑夜，难以分辨敌我，薛渊在城楼上发箭，王蕴认为袁粲已经被捕，部众霎时四散逃走。

萧道成派带兵官（军主）、会稽郡（浙江省绍兴市）人戴僧静，率数百人前往石头，协助苏烈等，从仓城门进去会师，联合攻击袁粲。孙昙瓘骁勇善战，保护袁粲抵抗，中央军阵亡数百人，幸而得到王天生增援，至死不退，得以阻止孙昙瓘的反扑。从上午十一时苦战到下午一时，中央将领戴僧静抽出一部分兵力，攻击袁粲总部西门，纵火焚烧。袁粲跟刘秉正在总部东门城楼，望见西门火起，打算返回总部。刘秉跟两个儿子刘俣（音yǔ〔与〕）、刘陔（音gāi〔该〕），跳墙逃走。袁粲下城后，命燃起火把，对他的儿子袁最说："本来就知道，一根木头不能支持大厦不塌，但为了名誉和道义，才到今天这个地步。"戴僧静在黑暗掩护下，跳进城墙，提刀前进。袁最发觉情形有异，急用身子挡住老爹袁粲，戴僧静蹿出，举刀猛砍，袁粲对袁最说："我终于是忠臣，你终于是孝子。"父子同时被杀（袁粲年五十八岁）。民间对这件事，深为哀伤，为他们唱出悼歌："可怜石头城／宁愿当袁粲死／不愿当褚渊生。"刘秉父子逃到额檐湖（今地不详），被中央军追到捉住，斩首（刘秉年四十五岁）。勤王军任候伯等，率领舰队，前往石头，到达时，中央大军云集，不能入城，迅速撤退。黄回严守起兵时间，天亮时，率部队从御用大道，直奔宫城城门，准备攻击萧道成，听说事情已经泄漏，不敢发动；萧道成待他跟从前一样。王蕴、孙昙瓘，分别逃亡。中央军先捉住王蕴，斩首，袁粲其他同党，则一律赦免。

袁粲的收发官（典签）莫嗣祖，负责联络并促成袁粲与刘秉的结合。萧道成向他盘问："袁粲叛变，你为什么不报告？"莫嗣祖说："我地位卑微，没有见识，只知道报恩，怎么敢泄漏大事。

现今，袁公已死，在大义上，我不要求活命。”王蕴的亲信张承伯，收藏王蕴。萧道成赦免莫嗣祖和张承伯，仍命他们继续任官做事。

袁粲头脑简单，生活平淡，没有统御政府、治理国家的能力。嗜好饮酒，喜爱吟诗作赋。身负天下重任，却不肯过问事务。有关单位有重要事情，请求他裁决时，他甚至吟诗一首，作为回答。他闲时就躺下来睡大觉，来往除了权贵外，没有其他宾客，对于人情世故，完全不懂，所以失败。

袁粲，是人民所仰望的国家精英，身负重大责任，才能既不能铲除奸恶，智慧又不能处理变局。政权萧条崩散，面对危险，无力扶持。等到刘家沉重的九鼎，漂浮了起来，萧家人才辈出，起而接替，袁粲困在斗大的小城之内，面对万死，而不推辞，这只是一个人的节操，而不是栋梁大才。

15 十二月二十五日，南宋帝国大赦。

十二月二十六日，南宋政府任命国务院执行长（尚书仆射）王僧虔，当左执行长（左仆射）；新任立法院最高立法长（中书令）王延之，当国务院右执行长（右仆射）；国务院财政部长（度支尚书）张岱当文官部长（吏部尚书）；国务院文官部长（吏部尚书）王奂，当首都建康市长（丹阳尹）。王延之，是王裕的孙儿（王裕，就是王敬弘，参考四二六年二月）。

刘秉的老弟刘遐，当吴郡（江苏省苏州市）郡长。宰相府右秘书长（司徒右长史）张瓌，是张永的儿子（张永，参考四七四年五月）；因老爹逝世，在吴郡守丧，家族势力强大，萧道成命张瓌乘机解决刘遐。正巧，刘遐邀请张瓌到郡政府，张瓌率私人卫士十余人，一直进入刘遐书房，捉住刘遐，斩首，郡中没有人敢起来反抗。萧道成得到报告，告诉张瓌的叔父、中央禁军总监（中领军）张冲，张冲说："张瓌把全家百口人命押作赌注，第一把牌就是同花大顺（"出手得卢"）。"萧道成任命张瓌当吴郡郡长。

萧道成把指挥部移到阅武堂，把全军主力部队交给黄回，派他西上讨伐沈攸之，但也把自己绝对信任的心腹将领，配备在黄回左右监视。黄回一向跟王宜兴不和，唯恐怕王宜兴告他叛变，遂先下手。

闰十二月二日，黄回随便找个借口，逮捕王宜兴，斩首。萧道成麾下将领们都认为：黄回手握强大的战斗部队，一定谋反；宁朔将军桓康，请求独自前往观察刺探。萧道成说："你们不必多疑，他无能为力。"

沈攸之派大营军事参议官（中兵参军）孙同等五位将领，率三万人担任前锋，军政官（司马）刘攘兵等五位将领，率二万人继续出发，又派大营军事参议官（中兵参军）王灵秀等四位将领，分别攻击夏口（湖北省武汉市），占领鲁山（湖北省武汉市汉水南岸）。

闰十二月十四日，沈攸之抵达夏口（湖北省武汉市）城外，仗恃自己兵力强大，脸上露出骄傲神色（史迹昭昭，"骄傲"二字一出，以后发展可以预卜），认为郢城（夏口）单薄脆弱，挡不住攻击，淡淡说："见刘赞问好！"（武陵王刘赞，武职安西将军，是郢州州长〔刺史〕）。暂时把旗舰停泊黄金浦（鹦鹉洲），派人通知郢州总部执行官（行郢州事）柳世隆，说："奉皇太后（王贞风）命令，暂时还都（首都建康），你既跟我一样，效忠皇家，定能了解我的意思。"柳世隆说："东下军队的动向，我们早已听说。郢城（夏口）不过一个小镇，只求自保。"主任秘书（主薄）宗俨之劝沈攸之攻击，人事官（功曹）臧寅认为："郢城（夏口）虽然兵力薄弱，可是地势险要，攻击和防守，是两种相反的情势，不是十天半月就见分晓，如果不能马上夺取，锐气一挫，声威便告消失。而今，顺长江而下，胜利的日子，可计算出来。只要根本（首都建康）被颠覆，郢城（夏口）怎能独存？”沈攸之接受，打算留一小部分军队，盯住郢城（夏口），而亲率大军东下。

闰十二月十六日，就要出发，柳世隆派人到西方小岛旁挑战，前军将军府大营军事参议官（前军中兵参军）焦度，在城楼对沈攸之破口大骂，而且用脏话侮辱。沈攸之果被激怒，撤销东下命令，回军攻城，命各军登陆，焚烧村庄；兴筑长墙，把郢城（夏口）团团围住，日夜攻打。柳世隆随时应变抵抗，沈攸之不能攻克（在沈攸之身上，我们又看到《伊索寓言》上那只被鱼竿激怒的螃蟹）。

萧道成命吴兴郡（浙江省湖州市）郡长沈文季（沈庆之的侄儿），当吴、钱唐军区司令官（督吴、钱唐军事）。沈文季遂逮捕沈攸之的长弟、新安郡（浙江省淳安县）郡长沈登之，屠杀沈家全族（沈攸之杀沈庆之事，参考四六五年十一月三日；沈文季今报复）。

闰十二月十六日，任命后军将军杨运长出任宣城郡（安徽省宣城市宣州区）郡长。到此，七任帝（明帝）刘彧所宠信的弄臣，才全部离开宫廷、政府。

君王面向南方而坐，皇宫九重，与民间隔绝。早晚在身旁的，都是受到宠爱的左右侍从：而跟政府官员，距离遥远：皇帝的旨意，自然而然由左右侍从，跑腿传达。时日一久，因为生活太亲近的缘故，不知不觉，受到宠爱；由于宠爱，进而受到信任。在君王眼睛中，左右侍从没有使人畏惧的力量，而只有取悦于人的脸色。刘骏、刘彧，虽独握大权，可是，刑事案件和政治推动，纠缠而复杂，不可能全部了解。情报的收集，资讯的整理，不得不依靠左右侍从。他们观察领袖的喜怒哀乐，顺着领袖的意思说话，言语行动，都能击中领袖内心要害，而且从不批评领袖的决定。领袖遂产生一种印象，认为他们地位卑微，身份低贱，不可能掌权弄威。却没有想到，老鼠因为把洞穴掘在神坛之中而变得尊贵，狐狸因为陪伴老虎走动而被畏惧。外面，他们对领袖不可能造成伤害；内部，他们受人主的驱使，全心执行任务。所以，当他们的权势，膨胀到可以颠覆政府的时候，领袖或许仍不能觉悟。后来，刘彧晚年，担心皇子孤立，而受宠信的弄臣，也恐惧皇族的压迫，打算使幼主陷于孤立，他们才可永远控制中央政府。于是，制造矛盾，挑起猜忌，遂使刘彧所有的弟弟，先后受到屠杀。刘家皇家宝座，终于倒塌，原因在此。

闰十二月二十二日，国务院左秘书长（尚书左丞）济阳郡（侨郡，江苏省盱眙县南）人江谧（音mì〔蜜〕），建议中央政府发给萧道成皇帝诛杀时专用的铜斧（黄钺），南宋帝刘準批准。

16 南宋帝国加授"氐王"（首府葭芦）、北秦州州长（刺史）、武都王杨文度北秦、雍军区司令长官（都督北秦、雍二州诸军事）；任命龙骧将军杨文弘，当略阳郡（甘肃省清水县）郡长。

闰十二月二十三日，北魏帝国征西将军皮欢喜，攻陷葭芦（甘肃省陇南市武都区东南），斩杨文度。北魏政府封杨难当的族弟杨广香当阴平公、葭芦驻军司令（戍主）。拓跋宏下诏，命皮欢喜兴筑骆谷城（甘肃省西和县南）。杨文弘投降，上疏北魏政府，请求处罚，派儿子杨苟奴充当人质。北魏政府任命杨文弘当南秦州州长（刺史），封武都

五世纪·四七七年十一月至闰十二月
北魏重夺仇池、『氏王』杨文度被杀

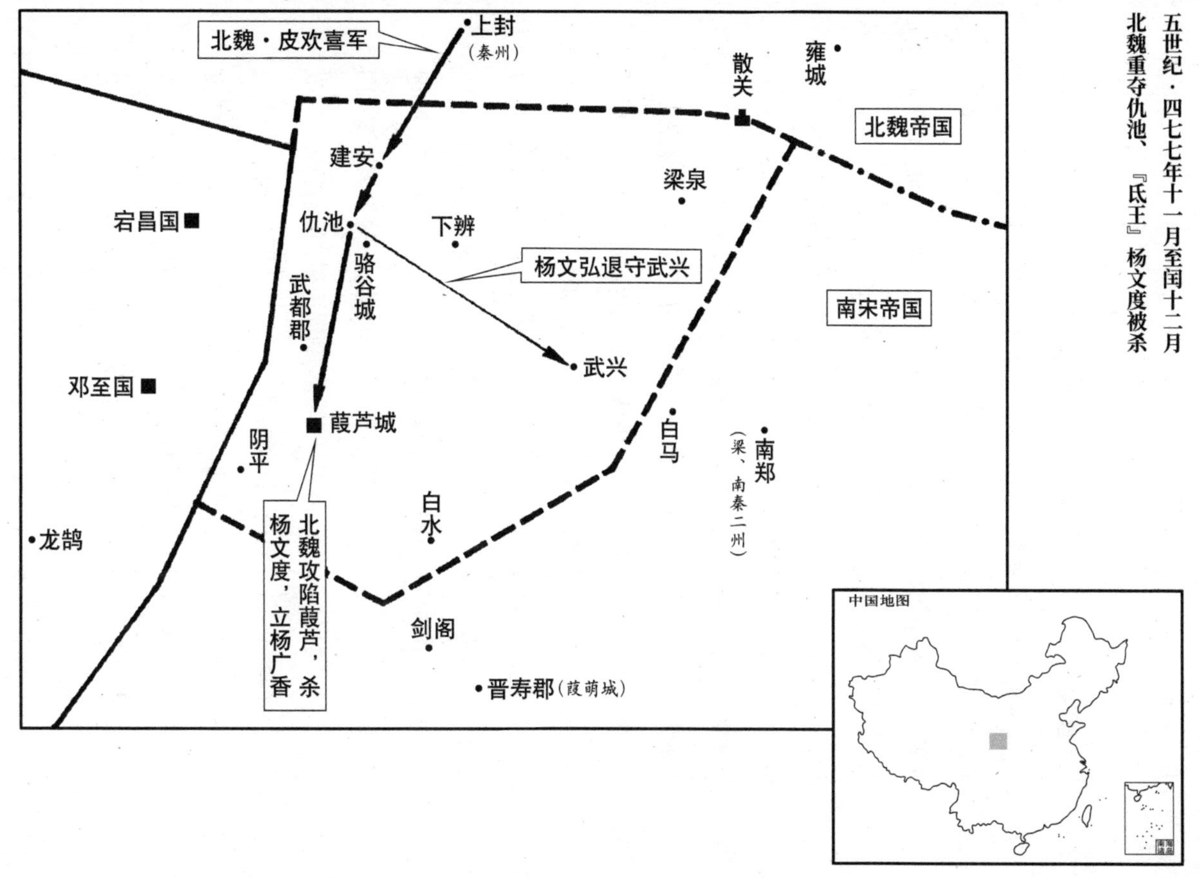

王（时杨文弘退守武兴〔陕西省略阳县〕）。

17 闰十二月二十六日，南宋帝国骠骑大将军萧道成，出居新亭（建康城西南），对骠骑大将军府军事参议官（骠骑参军）江淹说："天下大乱，你认为情况如何？"江淹说："成功失败，在恩德，不在人数多少。你英雄气概，谋略高深，第一可胜。你宽宏大量，仁爱宽恕，第二可胜。贤能的人才，竭尽能力，第三可胜。民心归附，第四可胜。奉天子之命，讨伐叛逆，名正言顺，第五可胜。沈攸之性情急躁，气宇狭小，第一应败。只有威严，没有恩德，第二应败。士卒离心离德，第三应败。地方力量和豪门世家对他不肯支持，第四应败。深入敌境千里，而没有同党响应，第五应败。即令是十万只豺狼，也会被我们活捉。"萧道成笑说："谢谢你对我的高估！"南徐州（州政府京口）总部执行官（南徐州行事）刘善明，对萧道成说："沈攸之招兵买马，收买人民，制造船舰，铸造武器，野心勃勃，迄今已有十年（四六九年，沈攸之当郢州州长〔参考该年六月〕，至本年〔四七七〕仅只九年），他的性情阴险而急躁，不会深谋远虑，起兵已经数十天，却迟迟不能前进。一是他不懂军事，二是军心不稳，三是受到牵制，四是上天要夺取他的魂魄。我本来恐怕他剽悍勇猛，轻装急进，速战速决，在我们准备妥当前，发动突袭，一战决定江山。而今中央各军已经集结，士气高昂，各地首长，都同一步骤：沈攸之已成了笼中之鸟。"萧赜向周山图打听有关沈攸之的情形，周山图说："沈攸之是我的邻乡（沈攸之是吴兴郡〔浙江省湖州市〕人，周山图是义兴郡〔江苏省宜兴市〕人，说是邻郡，当更具体），曾经很多次一同带兵出征，对他相当了解，他性情阴险刻薄，不得军心，现在大军被吸在坚城之下，正是离散逃亡的开始！"

四七八年 戊午

南宋　升明　二年

北魏　太和　二年

（柔然汗国永康十五年）

1 春季，正月一日，南宋帝国（首都建康〔江苏省南京市〕）举行元旦御前祝贺，文武百官都全副武装入朝。

勤王军首领沈攸之，出动全部精锐，猛烈攻击郢城（夏口，湖北省武汉市），守将郢州（州政府夏口）总部执行官（郢州行事）柳世隆，利用对方弱点，不断击破攻势。萧赜派带兵官（军主）桓敬等八军，进据西塞（湖北省黄石市），作为柳世隆的声援。

沈攸之俘虏郢州州政府司法官（法曹）、南乡郡（河南省淅川县南）人范云，命他带一封信回郢城，送给武陵王刘赞（郢州州长）小牛一头，送给柳世隆鱼三十尾，全都砍下头部。城中守军打算诛杀范云，范云说："我年老的娘亲和年幼的弟弟，握在沈攸之手中，如果拒绝沈攸之的差遣，灾祸一定蔓延到亲人身上，今天被杀，死也甘愿。"遂对他赦免。 826

沈攸之派他的将领皇甫仲贤，攻击武昌（湖北省鄂州市）；大营军事参议官（中兵参军）公孙方平，攻击西阳（湖北省黄冈市黄州区）。武昌郡郡长臧涣，投降沈攸之，西阳郡郡长王毓，逃往湓城（江西省九江市〔寻阳东〕）。公孙方平遂占领西阳，中央委任的豫州（州政府寿阳）州长（刺史）刘怀珍，派建宁郡（湖北省麻城市西）郡长张谟等，率一万人反攻。

正月十三日，公孙方平战败，撤退。中央平西将军黄回等军，抵达西阳，逆流而上。

沈攸之从来没有使人怀念的恩德，完全靠暴力控制。他刚从江陵（湖北省江陵县）出发时，士卒中就有人逃亡；后来攻击郢城（夏口），历时三十余日，不能攻克，逃亡的人更多。沈攸之骑马，日夜不停的到各营视察，好言善语慰劳，可是逃亡不能停止。沈攸之大怒，召集各军带兵官（军主）说："我奉皇太后（王贞风）命令，率领义军，前往首都。大事如果成功，有官大家当；如果失败，中央自会杀我满门百口，跟任何人无关。最近士卒纷纷逃走，都是你们管理不当之故，我不能一一追捕，但从今之后，士卒逃亡，带兵官（军主）连带有罪。"于是，一个人逃亡，派人追捕，追捕的人也跟着逃亡，没有一个人敢报告沈攸之。军心全变，各有打算。

沈攸之的军政官（司马）刘攘兵，把请求投降的信，射进郢城（夏口，湖北省武汉市），柳世隆开门迎接。

正月十九日，夜晚，刘攘兵纵火烧营，率军而去。沈攸之大营发现起火，霎时瓦解，士卒纷纷抛弃铠甲武器，四散逃命，将领们无法禁止。沈攸之得到消息，暴跳如雷，咬住自己的胡须，磨牙发抖。他立即逮捕刘攘兵的侄儿刘天赐、女婿张平虏，斩首。

天色微明（正月二十日），沈攸之率军渡过长江，抵达鲁山（湖北省武汉市汉水南岸），所率残余军队，也都溃散，各将领也纷纷逃走。臧寅说：“贪图他侥幸成功，去享富贵；而在他失败时，把他抛弃，我不忍心。”投水淹死。沈攸之仍有数十个骑兵侍卫，就向逃走的士卒宣称：“荆州城（江陵，湖北省江陵县）有的是钱粮，你们可以回来，一同去取。”此时，郢城（夏口，湖北省武汉市）没有派出追兵，而逃散的士卒，又畏惧受到蛮夷的劫杀，于是，重新集结，约有二万人，沈攸之率领他们，折回江陵。

雍州（州政府襄阳）州长张敬儿诛杀沈攸之的策反使节后，下令动员：得到沈攸之东下的消息，遂袭击江陵（湖北省江陵县）。最初，沈攸之命长子沈元琰，跟兼任秘书长（兼长史）江乂、总务官（别驾）傅宣，共同守卫江陵。张敬儿率军进抵沙桥（湖北省荆州市），停止，观望，暂时不进，而江陵城中军民，紧张过度，夜晚，听见鹤叫，立刻惊恐万状，喧嚷敌军已到，江乂、傅宣，魂飞天外，大开城门，狼狈逃走，官民跟着崩溃，江陵大乱。沈元琰逃到宠洲（今地不详），被人诛杀。张敬儿进入江陵，斩沈攸之两个儿子、四个孙儿。

沈攸之率残兵败将西返，距江陵一百余华里，得到江陵被张敬儿占领消息，重新集合的士卒，发现事已绝望，再度逃散。沈攸之走投无路，跟他的儿子沈文和，到华容（湖北省潜江市西南）边界，在栎树林中，上吊身亡。

正月二十一日，乡民们砍下父子人头，送到江陵。张敬儿把沈攸之的尸体放到盾牌上，用青布伞盖在上面遮风蔽雨，抬到各市集展览，然后送到首都建康（江苏省南京市）。张敬儿大肆屠杀沈攸之的亲友党羽，没收财产数十万，都下私人腰包。

最初，荆州粮食军事参议官（仓曹参军）、金城郡（侨郡）人边荣，受机要军事参议官（录事参军）欺负侮辱，沈攸之为了替边荣申冤，把那位机要军事参议官（录事参军）用鞭抽死。等张敬儿快要进城，边荣正是留守政府的军政官（留府司马）。有人劝他迎接张敬儿投降，边荣说："身受沈公厚恩，共同担负如此大事，一旦情势危急，就改变本心，我做不到。"城防崩溃，士卒捉住边荣，送到张敬儿面前，张敬儿说："你怎么不早来？"边荣说："沈公命我守城，我不忍心丢下不管，自己逃走。本不希望活命，何必多问！"张敬儿说："不希望活命，有什么难！"下令斩首；边荣含笑走出。边荣的门客、泰山郡（侨郡）人程邕之，抱住边荣说："我跟边先生交游，不忍看到边先生被杀，我愿先死。"刽子手不能下刀，报告张敬儿，张敬儿说："求死容易得很，为什么不准？"先斩程邕之，再斩边荣，行刑队都流下眼泪。辅国将军孙同、主任秘书（主簿）宗俨之等，全被诛杀（孙同当前锋，宗俨之跟臧寅都是主谋，劝沈攸之起事。参考去年〔四七七〕十二月）。

正月二十八日，中央政府解除戒严。任命高级咨询官（侍中）柳世隆，当国务院右执行长（尚书右仆射），骠骑大将军萧道成返回东府（建康城南，宰相府）。

正月二十九日，任命首都东区卫戍司令（左卫将军）萧赜，当江州（州政府设寻阳〔江西省九江市〕）州长（刺史）；高级咨询官（侍中）萧嶷，当中央禁军总监（中领军）。

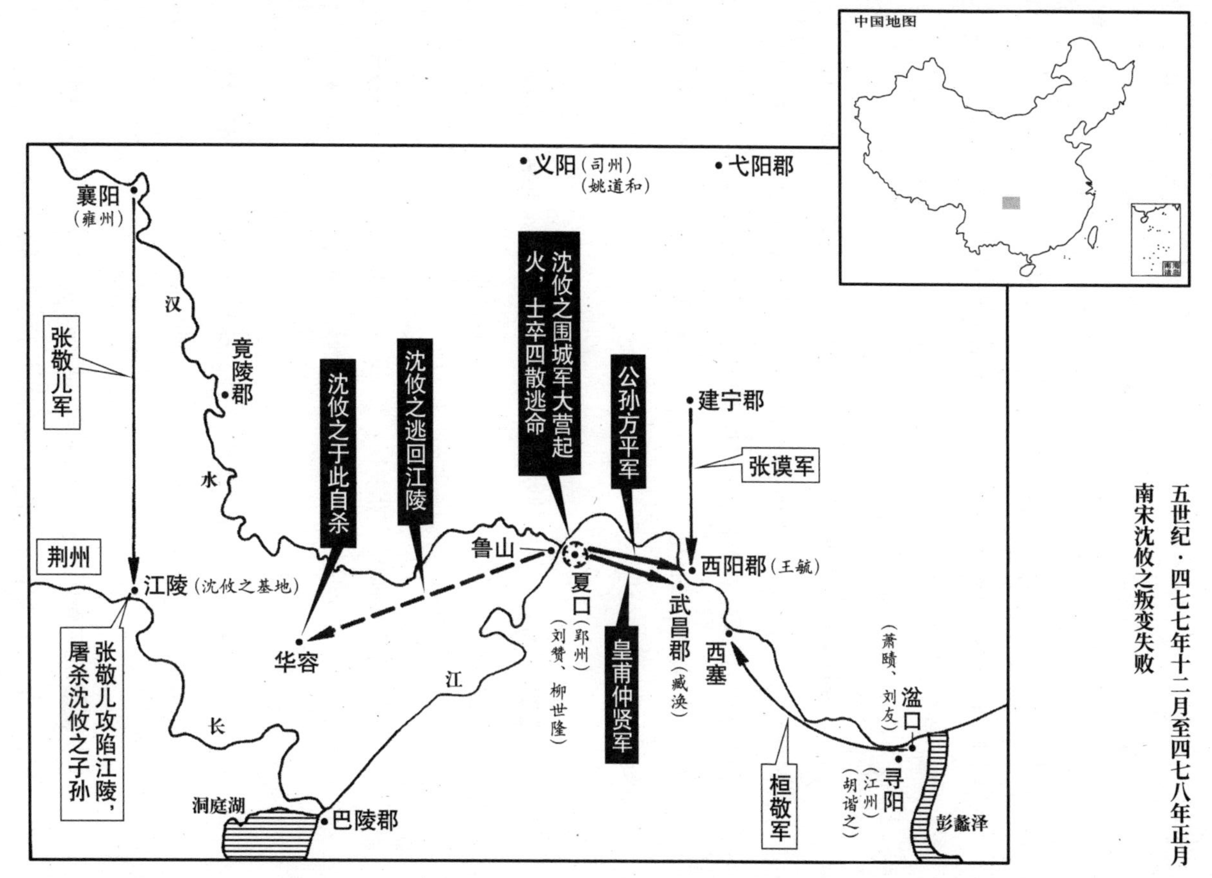

五世纪·四七七年十二月至四七八年正月
南宋沈攸之叛变失败

二月二日，擢升国务院左执行长（尚书左仆射）王僧虔当国务院总理（尚书令），右执行长（右仆射）王延之当左执行长（左仆射）。

二月五日，加授萧道成全国武装部队总司令（太尉）、南徐等十六州军区司令长官（都督南徐等十六州诸军事。十六州：南徐、南兖、徐、兖、青、冀、司、豫、荆、雍、湘、郢、梁、益、广、越）。任命首都卫戍司令（卫将军）褚渊，当立法院总立法长（中书监）、最高监察长（司空）。萧道成上疏缴还皇帝诛杀专用的铜斧（黄钺）。

国务院文官部考选司司长（吏部郎）王俭，是王僧绰的儿子（王僧绰，参考四五三年三月十一日）。神采焕发，好学不倦，见多识广，从小就有当宰相的大志，朝野舆论，对他也很推崇。萧道成任命王俭当全国武装部队司令部右秘书长（太尉右长史），待他十分亲密，事情不论大小，全交给他处理。

2 二月九日，北魏帝国（首都平城〔山西省大同市〕）皇帝（七任孝文帝）拓跋宏（本年十二岁），前往代郡（河北省蔚县）温泉。

二月二十五日，返首都平城。

“宕昌王”梁弥机，刚刚接位（宕昌国，位于甘肃省宕昌县。是西羌族最大的集结地区之一，东西五百公里，南北四百公里。首领称王，跟仇池〔甘肃省西和县南〕“氐王”性质相同）。

三月二十九日，北魏政府派人任命梁弥机当征南大将军、梁益二州州长，封河南公、宕昌王（公爵、王爵同时出现，不知何故）。

3 南宋帝国郢州（州政府设夏口〔湖北省武汉市〕）州长（刺史）黄回，不愿留在郢州，坚持当南兖州（州政府设广陵〔江苏省扬州市〕）州长，而且立刻率军东下。

夏季，四月十四日（原文误置于三月，据《宋书》改），中央改命黄回当南兖等五州军区司令长官（都督南兖等五州诸军事。五州：南兖、徐、兖、青、冀），兼南兖州（州政府广陵）州长。

最初，湘州（州政府设临湘〔湖南省长沙市〕）州长王蕴离职时，新任州长、南阳王刘翙（音huì〔会〕），还没有到职，而由长沙郡（郡政府临湘）郡长（内史）庾佩玉，当总部执行官（行府事）。刘翙先派大营军事参议官（中兵参军）韩幼宗，率军进驻湘州，跟庾佩玉之间，发生摩擦。等沈攸之起兵反抗中央，二人更互相猜疑，庾佩玉遂袭杀韩幼宗。黄回到郢州时，派辅国将军任候伯，当湘州总部执行官（行湘州事），任候伯又斩庾佩玉，希望自己幸免（任候伯、黄回，都是袁粲、刘秉同党）。中央最新任命的湘州州长吕安国到职后，接到萧道成命令，再诛杀任候伯。

4 四月七日，北魏帝拓跋宏，前往崞山（山西省浑源县）。

四月十日，返首都平城（山西省大同市）。

5 南宋帝国全国武装部队总司令（太尉）萧道成，认为黄回（南兖州〔州政府广陵〕州长）终于要闯出大祸。黄回有私人军队数千人，萧道成打算把他们遣散或收编，又恐怕激起反抗。

四月十四日，萧道成在东府（建康城南，宰相府）召见黄回。黄回既到，萧道成留他在会客室，命桓康率数十人，一条条列举黄回的罪状，加以谴责，遂连同黄回的儿子、竟陵郡（湖北省钟祥市）郡长（相）黄僧念，一并诛杀（黄回年五十二岁）。

四月十七日，任命淮南（姑孰，安徽省当涂县）、宣城（安徽省宣城市宣州区）二郡郡长萧映，当南兖州（州政府广陵）总部执行官（行南兖州事），而用他的老弟萧晃，接替二郡郡长。

6 五月，北魏帝国政府下诏，禁止皇家、贵族，以及官员、知识分子，不顾自己所属的门第世家，而跟不同阶级人士婚配；违犯的以反抗诏书论罪（反抗诏书的罪，是唯一死刑）。

北魏帝拓跋宏，随冯太后一齐去动物园观看老虎，一只老虎突然逃出栏杆，跳上御道，几乎跑到皇帝和皇太后座前，左右侍卫吓得或呆或逃。国务院文官部长（吏部尚书）王叡（冯太后情夫），手拿长矛抵御。冯太后赞扬他的忠心，更是宠爱信任。

7 六月二十一日，南宋帝国任命辅国将军杨文弘（时驻武兴〔陕西省略阳县〕），当北秦州州长，封武都王（北魏帝国任命杨文弘当南秦州州长，也封武都王。参考去年〔四七七〕闰十二月）。

8 六月二十四日，北魏帝拓跋宏的叔父拓跋若逝世（年十六岁）。

9 南宋帝国全国武装部队总司令（太尉）萧道成，认为自本世纪（五）六〇年代（五任帝刘骏在位）以来，无论政府与民间，奢侈浪费，成为风气。

秋季，八月，上疏奏准：撤销饰物管理署（御府），废除左右军械制造厂（尚方）各种供装饰及赏玩用的器物（军械制造厂兼造各种器物）。

八月十六日，他再上疏奏准：禁止民间使用浮华的衣饰跟用品，共十七种（《南齐书·高帝纪》：平民不准用金银做成祭祀死人的冥纸锡箔，人民用的马鞍、马镫，不准镀金镀银，女人裙子不准刺绣，平民不准穿丝织的鞋子在路上行走，平民不准穿红色外套，平民不准剪裁绸缎制作装饰花，平民不准用绫纱制作饰物，平民“不得打鹿行锦及局脚柽柏床牙”〔不懂〕，平民不准用有花纹的绸缎做屏风床帐，平民不准用锦缎缝做席边，平民不准私下制造武器，平民不准用宝石镶嵌乐器，平民任何一件首饰都不准用金银雕成花状兽形，平民不准用金或铜铸造各种人像兽像等）。

八月二十日，任命萧赜当中央禁军总监（领军将军）、萧嶷当江州（州政府寻阳）州长。

10 九月一日，日蚀。

11 南宋帝国全国武装部队总司令（太尉）萧道成，计划延聘当代德高望重的人才，共同帮助他篡夺政权。夜晚，召见骠骑大将军府秘书长（骠骑长史）谢朏（音fěi〔匪〕），摒除左右侍从，只剩下二人面对。可是，等了很久，谢朏不说一句话。这时仍有两个手举蜡烛的男孩，在旁侍候，萧道成考虑到谢朏认为仍不够严密，于是萧道成自己手举蜡烛，把两个男孩打发出去，可是，谢朏仍不说一句话。萧道成只好再把侍从唤回房间。谢朏，是谢庄的儿子（谢庄事，参考四六五年九月）。

全国武装部队总司令部右秘书长（太尉右长史）王俭，知道萧道成想些什么，有一天，他向萧道成请求密谈，在密谈中，王俭说：“功劳太高，就没有赏赐（只有被杀），这种事情，从古到今，不止一人。以你今天的地位，竟准备一直面向北方称臣，怎样可以！”萧道成用一种唯恐不被说服的声调，对他斥责。王俭说：“我受你的爱护，所以说出别人不敢说出的话，为什么拒绝得如此坚决？刘姓皇家失去吸引力，如果没有你，他们怎么可以渡过难关？可是，人心浅薄，感恩之心，无法持久，即令你只作小小的推辞，人心就会失去，岂止大业不能建立，就是七尺身躯，也不能自保。”萧道成说：“你说的不是没有理由。”王俭说：“你今天的名望和地位，本是宰相之职，最好是在礼节上表现得跟普通宰相不一样，稍稍跟其他臣属疏远，略微的显示政局已经变化。不过这件事应先告诉褚渊，我愿传达这个意思。”萧道成说：“由我亲自前去。”过了几天，萧道成亲自拜访褚渊，气氛融洽，谈了很久，萧道成才说：“我梦见升官。”褚渊说：“刚刚发表人事命令（指全国武装部队总司令、军区司令长官），一两年间，恐怕不见得再有机会，而且，吉祥的梦，未必马上就能应验。”萧道成回来，告诉王俭，王俭说：“褚渊只是没有开窍！”王俭遂提议加授萧道成太傅（上三公之二），再赐给皇帝诛杀专用的铜斧（黄钺）；命立法院立法官（中书舍人）虞整，撰写诏书。萧道成亲信任遐说：“这种大事，应该告诉褚渊。”萧道成说：“褚渊万一不同意，怎么办？”任遐说：“褚渊珍惜生命，爱护妻子儿女，一个平凡家伙罢了，并没有奇特的才能，和特别的节操，我能摆布他。”褚渊果然不表反对。

任遐对褚渊可说是看穿肺腑，四个字就可形容这种软骨头人物：明哲保身。

九月二日，南宋帝（九任顺帝）刘準（本年十二岁）下诏，对萧道成“假黄钺”（持有皇帝诛杀专用铜斧），任命他当全国各军区最高司令长官（大都督中外诸军事）、太傅（上三公之二），兼京畿总卫戍司令（扬州牧），上殿时不解佩剑、入朝时不必碎步慢跑、奏事时不传报姓名（“剑履上殿”“入朝不趋”“赞拜不名”，篡夺列车已进入篡夺轨道，连闯三关，下面几站已经在望：封国级公爵、加九锡，再封王爵，然后一屁股坐上宝座）、“使持节”（一级权力，平时可以杀郡长级以下）；而原来职务：全国武装部队总司令（太尉）、骠骑大将军、主管政府机要（录尚书事）、南徐州（州政府京口）州长，仍然依旧。萧道成坚决辞让特殊的礼遇（特殊礼遇，指篡夺列车最初三站：“剑履上殿”“入朝不趋”“赞拜不名”）。

任命京畿总卫戍司令（扬州刺史）、晋熙王刘燮当宰相（司徒）。

九月四日，太傅（上三公之二）萧道成，任命萧映当南兖州（州政府广陵）州长（刺史）。

冬季，十月三日，任命萧晃当豫州（州政府寿阳）州长。

十月五日，捕获政变军将领孙昙瓘，斩首（孙昙瓘苦战保卫袁粲，参考去年〔四七七〕十二月）。

12 北魏帝国编制外散骑侍从官（员外散骑常侍）郑羲，前往南宋帝国聘问。

13 十月二十八日，南宋帝刘準，封谢梵境当皇后。谢梵境，是谢庄的孙女。

十一月二十日，临澧侯刘晃谋反，连同他的同党，全被诛杀。刘晃，是刘秉的侄儿。

十一月二十一日，改封南阳王刘翙（七任帝刘彧子）当随郡王。

14 北魏帝国冯太后，猜忌青州（州政府设东阳〔山东省青州市〕）州长、南郡王李惠（北魏帝拓跋宏的亲娘，就是李惠的女儿），遂诬以谋反，指控李惠将投降南宋帝国。

十二月二十日，诛杀李惠、李惠的正妻，以及他的弟弟和儿子。冯太后因猜疑的缘故，屠灭十余家。李惠是一个贤能的人才，历任官职，都有很好的政绩，北魏人民，对他尤其呼冤痛惜（十余家冤酷，一家百口，十家千人，全死刀下，也只有诬以谋反才有此威力，造成如此可怕的人间惨事。冯太后似是潘金莲再世，但潘金莲不过谋杀丈夫一人而已，冯太后还谋杀她儿子，以及千人以上的男女老幼）。

15 南宋帝国国务院总理（尚书令）王僧虔，奏称："政府所使用的礼节和音乐，大多数违反古代正式规范，本世纪（五）六〇年代初期，就把悬挂的钟磬，用来伴奏扇子舞（鞞舞）、拂尘舞（拂舞），节奏虽然可以配合，但不够高雅。现在流行的'清商乐'，实际上来自铜雀台（邺城〔河北省临漳县西南邺城镇〕西北角）。一连三代帝王的风韵（曹操、曹丕、曹叡），遗留下来的乐声，仍在耳际。京师洛阳（晋王朝故都，河南省洛阳市东白马寺东），对它十分崇拜。到了长江以南，更显出高贵，没有比它更中庸清雅。可是，情势不断变迁，欣赏方向也跟着转移，以后，逐渐衰微（刘裕拒绝重建政府音乐设施，参考四〇五年三月）。十数年之间，失落的将近一半，民间互相竞争制作新的音乐歌曲，淫乱杂芜，应命有关单位，加以整理。"政府批准（中国终于成为一个没有歌声的民族，原因似乎在此）。

16 本年（四七八），北魏帝国怀州（州政府设野王〔河南省沁阳市〕）州长高允，因年老及患病请准退休，回到家乡。不久，又被中央政府用安车（有座位的马车）接到首都平城（山西省大同市），任命当镇军大将军、立法院总立法长（中书监）。高允坚决辞让，政府不准。只准他坐车直到金銮宝殿，朝贺时不用叩头行礼。

四七九年 己未

南宋　升明　三年
南齐　建元　元年
北魏　太和　三年
（柔然汗国永康十六年）

1 春季，正月二日，南宋帝国（首都建康〔江苏省南京市〕）政府，任命江州（州政府设寻阳〔江西省九江市〕）州长（刺史）萧嶷（萧道成的次子），当荆湘八州军区司令长官（都督荆湘等八州诸军事。八州：荆、湘、雍、益、梁、宁、南秦、北秦），兼荆州（州政府设江陵〔湖北省江陵县〕）州长；国务院左执行长（尚书左仆射）王延之，当江州州长；安南将军府秘书长（安南长史）萧子良（萧道成的孙儿），当会稽（浙江省绍兴市）五郡军区司令官（督会稽五郡诸军事），兼会稽郡郡长。

最初，荆州（州政府江陵）州长（刺史）沈攸之密谋起事（参考前年〔四七七〕十二月），为了加强控制，鼓励人民互相检举告发，很多知识分子和平民，被判刑囚禁或罚做苦工。萧嶷到江陵（湖北省江陵县）任所后，第一天就释放三千余人，军区司令部及州政府所用各种器具，力求简单节约，减轻刑罚和田赋捐税，州民大为喜悦。

正月九日，任命竟陵公（萧道成后来改封竟陵公）世子萧赜，当国务院执行长（尚书仆射），进号中军大将军、开府仪同三司（宰相级）。

太傅（上三公之二）萧道成，因谢朏有很高名望，下定决心，非要他当开国元勋不可，所以先延聘他当左秘书长（左长史）。有一天，萧道成设宴款待谢朏，酒酣耳热之际，谈到曹魏帝国之亡，和晋王朝之兴的变局，乘机指出："石苞不早早向司马昭劝进，等司马昭死了，才去恸哭（《晋书·石苞传》：司马昭逝世，石苞从扬州〔州政府寿春，安徽省寿县〕前来祭悼，恸哭说："基业如此雄厚，而竟以臣属的身份安葬！"痛惜司马昭没有及时当上皇帝）。比起冯异（冯异建议刘秀称帝，参考二五年四月），石苞不能算是有先见之明。"谢朏说："司马昭世代事奉曹家，当然终身遵守臣节，即令魏国（曹魏帝国）依照伊祁放勋（唐）、姚重华（虞）前例，要交出政权，他也应该再让三让，才能显示节操清高。"萧道成大不高兴。

正月十二日，调任谢朏当高级咨询官（侍中），另命王俭当左秘书长（左长史）。

正月十四日，任命禁宫咨询官（给事黄门侍郎）萧长懋（萧道成的嫡长孙，本年二十二岁），当雍州（州政府襄阳）州长（刺史）。

二月四日，邵陵王（殇王）刘友（七任帝刘彧子）逝世（年十岁）。

2 二月九日，北魏帝国（首都平城〔山西省大同市〕）冯太后，及皇帝（七任孝文帝）拓跋宏（本年十三岁），前往代郡（河北省蔚县）温泉。

3 二月二十二日，南宋帝（九任顺帝）刘準（本年十三岁），重新颁布前令，命太傅（上三公之二）萧道成，奏事时不传报姓名（赞拜不名。参考去年〔四七八〕九月）。

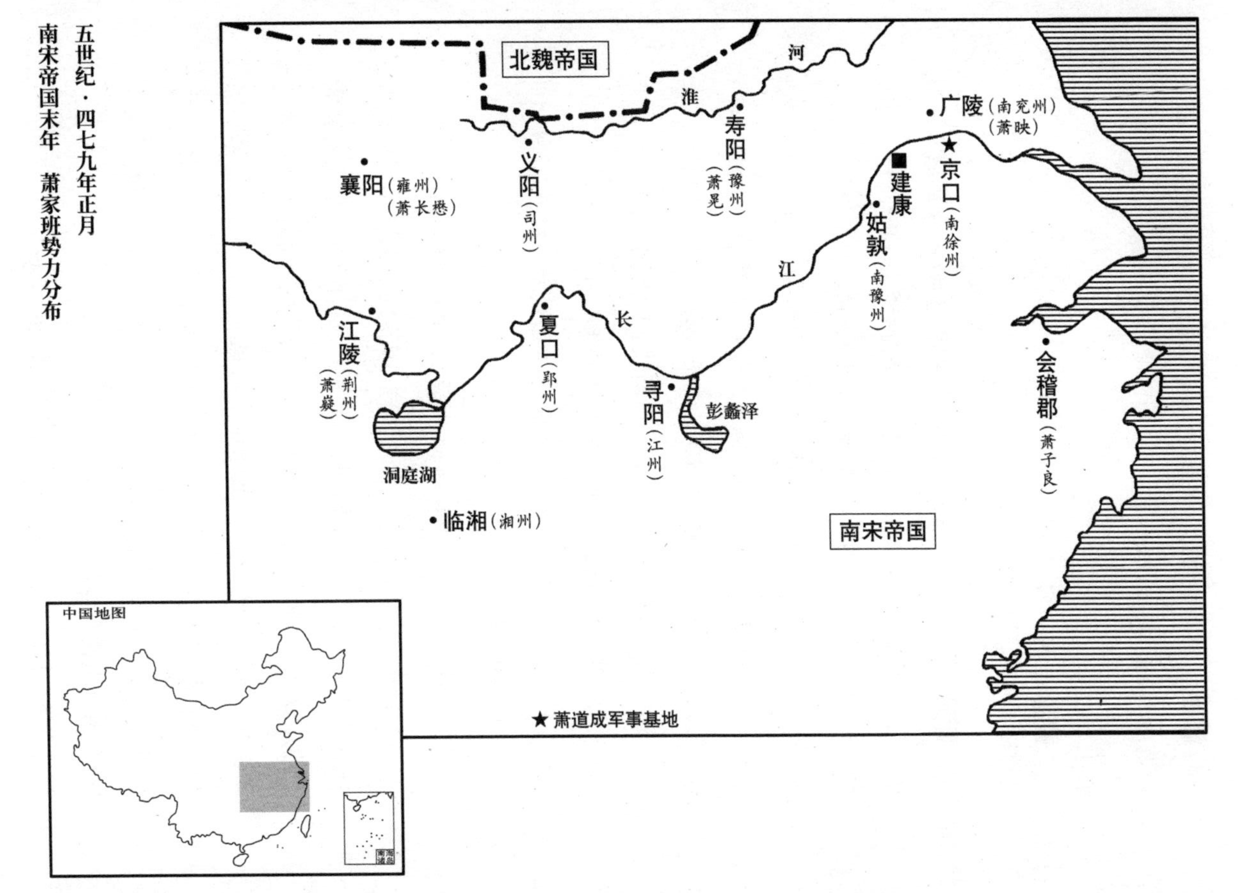

五世纪·四七九年正月

南宋帝国末年　萧家班势力分布

4 二月二十七日，北魏帝国冯太后，及皇帝拓跋宏，前往西宫（西宫落成，参考四〇四年十月）。

5 三月一日，日蚀。

6 三月二日，南宋帝国政府命太傅（上三公之二）萧道成当相国，总管全国所有文武官员，封齐公，采邑十个郡（青州的齐郡，徐州的梁郡，南徐州的兰陵郡、鲁郡、琅邪郡、东海郡〔以上都是侨郡〕、晋陵郡〔江苏省常州市〕、义兴郡〔江苏省宜兴市〕、京畿卫戍区〔扬州〕的吴郡〔江苏省苏州市〕、会稽郡〔浙江省绍兴市〕），加九锡（参考四年）。原有的骠骑大将军、京畿总卫戍司令（扬州牧）、南徐州（州政府设京口〔江苏省镇江市〕）州长（刺史），仍然保持不变。

三月三日，南宋帝刘準下诏：命新建立的齐国（以齐公萧道成为首的封国）所有官爵和礼仪，一律依照中央政府。

三月四日，南宋中央政府任命齐公世子萧赜，兼任南豫州（州政府设姑孰〔安徽省当涂县〕）州长（刺史）。

宣城郡（安徽省宣城市宣州区）郡长杨运长（前年〔四七七〕任职，参考该年闰十二月）解职，返回家宅，齐公萧道成派人追杀，斩首。凌源（江苏省宿迁市东南）县长潘智，跟杨运长感情亲密。临川王刘绰，是刘义庆的孙儿（刘义庆是刘道怜的儿子，参考四二〇年六月）；刘绰派心腹陈赞，游说潘智说："你是先帝（七任帝刘彧）的旧部，我是皇家血缘的近亲；以目前的情势看来，我们怎么能长久平安！如果号召内外英雄豪杰，预料一定有很多人追随。宫城里的人，都有这种盼望，只差没人领导。"潘智迅速报告萧道成。

三月八日，萧道成诛杀刘绰兄弟跟他们的党羽。

三月十二日，萧道成接受皇帝刘準所颁布的前述一系列的任命，大赦齐国（十个郡）国内囚犯。指定石头城（建康城西北）充当世子宫，跟太子住的东宫一样。南宋帝国最高监察长（司空）褚渊，援引何曾前例：何曾本是曹魏帝国宰相（司徒），晋国（封国）建立时，同时兼任晋国丞相（参考二六五年九月）。因之，褚渊也要求当齐国（封国）的官，萧道成不接受；而任命王俭当齐国国务院右执行长（尚书右仆射），兼国务院文官部长（领吏部）。王俭，本年二十八岁。

夏季，四月一日，齐公萧道成晋升王爵，采邑再增加十郡（豫州的南梁郡、陈郡、颍川郡、陈留郡，南兖州的盱眙郡、山阳郡、秦郡、广陵郡、海陵郡、南沛郡。篡夺前的封国领土，毫无意义）。

四月三日，武陵王刘赞（七任帝刘彧子）逝世（年九岁），并不是善终（萧道成派人行凶）。

四月十五日，南宋帝刘凖，对萧道成加授特殊礼遇；命齐国世子，改称太子（特殊礼遇是：萧道成帽子上可有十二个帽穗；可使用皇帝专用的旌旗；出门回家，可戒严净街，行人回避；乘坐金轮车，车用六匹马，另有五种备用车辆；车上悬挂宝玉，和镶有宝玉的旌旗；宴会或典礼时，可演出“八佾舞”——纵横都是八人的方形舞；佾，音yì〔义〕；设置天子专用的钟，和四面全是弦的乐器）。

7 南宋帝国齐王萧道成，篡夺皇帝宝座。

四月二十日，南宋帝刘凖下诏，把政权和平移交给萧道成。

四月二十一日，依照传统的禅让仪式，刘凖应该登上高台，亲自发布诏书。可是刘凖不敢出面，惊慌逃走，躲在佛像宝盖下面哭泣。辅国将军王敬则，率军进入金銮宝殿，戒严备战，带着一个用木板拼凑而成的小轿，迎接刘凖。皇太后王贞风恐惧，亲自带领宦官，四下寻找，终于把刘凖找到。王敬则甜言蜜语哄骗刘凖出来，教他上车。刘凖停住哭泣，问王敬则说：“你是不是要杀我？”王敬则说："不会杀你，只是教你到别的地方住。不要难过，你们刘家当初对司马家，也是这么干的。"（历史至少有一件事不断重演，那就是篡夺程式。参考四二〇年六月。）刘凖再度哭泣，十指发抖，说："如果投胎转世，世世不要生到帝王家！"深宫一片哭声。刘凖拍着王敬则的手说："能救我一命，送你十万钱。"本日（四月二十一日），文武百官在金銮宝殿，恭敬奉陪。高级咨询官（侍中）谢朏正在值班，应该上去从刘凖身上解下皇帝印信，但谢朏假装不知道，立法院立法官（中书舍人）到咨询暨顾问署（门下）催促他时，他还大为惊奇的问："有什么公事？"立法官回答："请你把皇帝印信解下来，呈献齐王（萧道成）。"谢朏说："齐国（封国）自有齐国的高级咨询官（侍中）。"仍靠着枕头不动。立法院立法官（中书舍人）害怕起来，建议谢朏不妨假装有病，这样他就可以有个退路，另请兼职人员去做。谢朏说："我没有病，为什么说有病？"身穿官服，步行出东掖门，上车回家。萧道成无可奈何，临时任命王俭当高级咨询官（侍中），解下刘凖身上皇帝的印信。禅让典礼仪式完成后，刘凖坐上画轮车，出东掖门，前往太子宫（东邸），走到半途，刘凖忽然问："今天怎么没有乐队？"左右没有一个人回答。右最高资政官（右光禄大夫）王琨，是王华的堂弟（王华，参考四一八年正月），晋帝国时，已在国务院当助理官（郎中），现在，他攀住悬挂车上、用来避尘的獭尾（獭，音tǎ〔塔〕），大放悲声，说："别人以活得久欢喜，我以活得久哀伤，既不能早死，想不到又见这种事。"呜咽痛哭，不能自制，文武官员泪如雨下（南宋帝国立国六十年，自四二〇年建国，至四七九年灭亡。共九个帝王，其中六个是昏暴之君）。

南宋帝国最高监察长（司空）兼太保（上三公之三）褚渊等，捧着皇帝印信，率领文武百官，前往齐王府，请齐王萧道成登极，萧道成辞让，拒绝接受。褚渊的堂弟、前任安成郡（江西省安福县）郡长褚炤，问褚渊的儿子褚贲:“你父亲在什么地方?”褚贲说:“捧着皇帝御玺,去齐国的大司马门。”褚炤说:“不知道你家最高监察长(司空褚渊),把这一家的东西,送给另一家,有什么感想!”

四月二十三日,萧道成在建康(江苏省南京市)南郊,正式登极称帝(传统史书〔包括《资治通鉴》〕,从不在改朝换代时,明确说明改朝换代。南宋帝国随着末任帝刘準小娃被赶出皇宫,自动覆亡。萧道成的齐国,遂接收政权,因历史上称“齐”的国号有四个之多,世人只好称萧道成的这个短命政权为“南齐帝国”)。住进皇宫,大赦,改年号(之前是南宋升明三年,之后是南齐建元元年)。加封被罢黜的刘準当汝阴王,优待尊敬的礼仪,全部仿效当初南宋帝国对晋帝国逊位皇帝优待尊敬的礼仪(参考四二〇年六月),在首都建康特别市(丹阳郡)境,另行兴建一个宫院,让刘準居住,派军守卫。南宋帝国皇家祖庙中历代皇帝牌位,迁到汝阴封国的祭庙,王爵一律降成公爵。其他所有封爵,除非对南齐帝国的建立,有过贡献,全都撤销,而只留下南康侯国、华容侯国、萍乡伯国,仍分别由刘穆之、王弘、何无忌的后裔继承(刘穆之事,参考四一七年十一月;王弘事,参考四三二年五月;何无忌事,参考四一〇年三月)。撤除封国的共一百二十人。南宋帝国中央政府官员,和南齐帝国中央政府官员,都保持原来官位,官名不同,或人数超过名额的,则进一步协调决定。任命褚渊当宰相(司徒),褚家的来宾和贺客,挤满客厅。褚炤叹息说:“彦回(褚渊别名)年轻的时候,就已建立名声节操(参考四六五年八月),怎么想到今天会不顾一切到如此地步,应是我们褚家门户不幸,竟然有今天这档子事。假使他在立法院当主任立法官(中书郎)时就死掉,岂不是一个名士!名誉品德全有亏损时,却要活一百岁的高寿!”褚渊坚决辞让。

奉朝请(特准参加御前会报)、河东郡(侨郡,湖北省松滋市西北)人裴顗,上疏抨击新登极的南齐帝(一任高帝)萧道成,列举萧道成的罪恶，辞职而去。萧道成大怒，逮捕裴颛，斩首。太子萧赜请求乘势诛杀谢朏，萧道成说：“杀了他正好使他在历史上留名，我们要尽可能包容。”很久之后，找个借口，把谢朏罢黜。

萧道成向前任抚军将军府副军事参议官（前抚军行参军）、沛国（安徽省天长市）人刘瓛，询问治理国家的方法，刘瓛说：“治理国家的方法，都在《孝经》之中。凡是宋国（南宋帝国）所以亡，陛下所以兴的原因，在里面都可找到。陛下如果对前面车辆翻覆的过失，提高警觉，宽厚待人，国家虽然危险，但也可转危为安。如果仍顺着翻车的轨道前进，国家虽然平安，也会转安为危。”萧道成叹息说：“儒家学者的言论，是万世真理。”

8 四月二十五日，北魏帝拓跋宏，前往崞山（山西省浑源县）。

9 四月二十六日，南齐帝国政府任命太子宫总管（詹事）张绪，当立法院最高立法长（中书令）；齐国（封国）首府东区卫戍司令（左卫将军）陈显达，当中央军事总监（中护军）；首府西区卫戍司令（右卫将军）李安民，当中央禁军总监（中领军）。张绪，是张岱的侄儿（张岱，参考四六一年十月）。

四月二十七日，任命荆州（州政府江陵）州长（刺史）萧嶷，当国务院总理（尚书令）、骠骑大将军、开府仪同三司（宰相级）、京畿总卫戍司令（扬州刺史）；南兖州（州政府广陵）州长萧映，当荆州（州政府江陵）州长。

萧道成命文武百官，对政府作直言批评。淮南（姑孰，安徽省当涂县）、宣城（安徽省宣城市宣州区）二郡郡长刘善明，请求：“撤除五〇年代以来各种暴政和苛刻的法令规章，一切归于简单明了。”又认为：“交州（州政府设龙编〔越南河内市东北北宁省〕）遥远偏僻，地势险恶，宋国（南宋帝国）末年，政治苛刻、官吏暴虐，逼使人民反叛（李长仁占领交州事，参考四六八年十一月），而今，正要开始推行新的教育文化，对他们应该以恩德相待。而且，交州出产，只有珠宝，这种奢侈东西，并不是圣明王朝的必需品，所以南下讨伐的军事行动，最好停止。”禁宫咨询官（给事黄门郎）、清河郡（侨郡）人崔祖思，也上疏建议，认为：“人如果不学习，就不懂道理，所有叛逆祸乱，都由此产生。现在，编制外的官员，凭空领受政府薪俸，消耗人民财富。最好是设立‘文官学校’‘武官学校’，命中央政府、州政府、王府，以及封国，所有编制外的官员，都依照他们的志愿，选择课业。如果懒惰颓废，成绩不能及格，就强迫他们返回原郡。如果成绩优越，课业得到赞许，就特别加以升迁。同时，陛下虽然身体力行，节约勤俭，可是，群臣们仍然习惯于旧日的奢侈浪费。应该对政府中俭约朴素、品德清高的官员，加以褒奖。对骄傲奢侈、荒淫昏乱的官员，加以贬逐，则风俗自然可以改变。”南宋帝国三〇年代至五〇年代（三任帝刘义隆在位），凡事都交给郡县政府负责，可是五任帝（孝武帝）刘骏上台，每件事都急如星火，只求快速，不管制度，因为郡县政府行动缓慢，才开始由中央派出使节，直接干预作业。从那个时候开始，钦差官东奔西跑，互相比赛：看谁更能作威作福！他们所到之处，营私舞弊，收受贿赂，公私大乱。会稽郡（浙江省绍兴市）郡长、闻喜公萧子良上疏痛切抨击其中弊端，认为：“中央有什么需要，只要颁发诏书，指定呈缴日期，部属自然会竭尽全力。如果发生延误，自有法令制裁。而今，钦差官虽然挤满门庭，可是真正办事的，仍是郡县政府那些官员，结果互相猜忌迁怒，反而使事情更办不妥，中央应该从此不再派出使节。”顾问院高级事务顾问官（员外散骑郎）刘思效，上疏说：“宋国（南宋帝国）自五〇年代末期（五任帝刘骏在位）以来，生产衰退，百业凋零，虽然田赋捐税不断增加，但政府的收入，反而更少。小民向天干号，求生不得，求死不能。皇亲国戚、富贵之家，却奢侈浪费，互相炫耀；逼使住在山区沼泽地带的居民，甚至不敢采摘水草充饥（水草都是贵族所有）。陛下应该重新制定法令，改革缺失。”萧道成一一嘉许奖赏，有些奏章，则交给政府有关单位厘订施行细则，奏报批准后施行。

四月二十八日，萧道成下诏说：“皇宫、太子宫，以及各亲王，都不可以经营田庄别墅，霸占山川湖泊。”（中国传统官制，“侍中”的地位，变化最大。从两汉王朝给皇帝拿痰盂、提尿壶，后来逐渐提高为宫廷侍从；从宫廷侍从，再提高为皇帝的亲信智囊；从皇帝的亲信智囊，再提高为“门下省”首长。最后，从“门下省”首长，擢升为一人之下，万人之上的宰相。但蜕变的节奏，却十分模糊，没有资料记载某年某月，作什么样的更改。我们姑且从南齐帝国“门下省”出现次数增多时，开始把“侍中”明确的译成“门下省”首长。因为南齐把原来的“散骑省”〔顾问署〕改称“集书省”，我们也乘此机会，把“集书省”改译为“顾问院”，与其他三院看齐。北魏帝国官称，暂时不变，等本世纪〔五〕九〇年代，北魏帝国迁都洛阳，全盘汉代化后，再跟南齐帝国统一。）

10 北魏帝拓跋宏，返首都平城（山西省大同市）。

秦州（州政府设上封〔甘肃省天水市〕）州长（刺史）尉洛侯，雍州（州政府设长安〔陕西省西安市〕）州长（刺史）、宜都王拓跋目辰，长安镇防守司令（长安镇将）陈提等，被控贪污、残忍、枉法；尉洛侯、拓跋目辰伏诛，陈提被贬逐边疆。

拓跋宏下诏：“首都秘密警察（候官），有一千余人之多，对犯了重罪的人，接受他们的贿赂，不去检举；对犯了轻罪的人，却吹毛求疵，百般挑剔。从现在开始，所有秘密警察（候），全部裁撤（这是北魏帝国百余年间，所做的极少数的好事之一）。另行挑选数百谨慎正直的人，负责巡逻大街小巷，只管吵闹打架，其他一概不管。”从此，官员、平民，才能安居乐业。

11 南宋帝国自从六〇年代末期（七任帝刘彧在位）以来，内外忧患不断，将领们各自招兵买马，建立私人军队，都驻扎首都建康（江苏省南京市）。现在，南齐帝国兴起，李安民上疏，建议：“除非是淮河以北轮调的常备军之外，其他部众，都应该遣散。将领们如果需要亲近侍卫，随身行动，应限制人数。”萧道成批准。

五月十日，下诏禁止将领招募士卒。

五月十一日，萧道成赏赐辅佐他登上皇帝宝座的功臣：褚渊、王俭，都依照等级，晋升爵位，增加采邑户数。隐士何点对人说：“我已经把《齐书》（《南齐帝国史》）写完，结论说：‘褚渊是豪门世家，王俭是帝国精英，他们连舅父都不要了，还管什么国家！’”何点，是何尚之的孙儿（何尚之，参考四二四年正月）。褚渊的娘亲是南宋帝国的始安公主，继母是吴郡公主，而自己又娶巴西公主。王俭的娘亲是武康公主，自己又娶阳羡公主。所以何点如此指摘。

五月十八日，偶尔有人骑马走过被罢黜的南宋帝刘準的门前，守卫的军队恐怕叛徒闯进来，于是，先行下手，砍死刘準（年十三岁）。但对外宣称刘準小娃病死，奏报皇帝，萧道成不但不处罚，对凶手反而奖赏，并开始对故南宋帝国残留下来的刘家皇族，作可怕屠杀。

五月二十日，下诏：包括年才十岁的汝阴公刘燮在内的故南宋刘家皇族，无论老幼少长，全部处死（刘裕用尽心机当皇帝，结果全族死于刀下，而刘裕当初对司马家族，只诛杀亡国之君〔参考四二一年九月〕，今昔对比，悚然心惊）。前豫州（州政府寿阳）州长（刺史）刘澄之，是刘遵考的儿子（刘遵考是南宋帝国一任帝刘裕的堂弟，参考四一六年八月十二日），跟褚渊感情亲密，褚渊一再代他求情，说：“刘澄之兄弟都没有武略，而且跟刘姓皇家的血缘，十分疏远。”所以，只有刘遵考这一支，得以保全。

五月二十五日，萧道成尊称老爹萧承之绰号宣皇帝，娘亲陈道正绰号孝皇后。

五月二十六日，封皇子萧钧当衡阳王。

萧道成对兖州（州政府淮阴）州长（刺史）垣崇祖说：“我刚刚接受政权，辫子蛮（北魏帝国）一定借口送刘昶回来（南宋帝国义阳王刘昶逃奔北魏事，参考四六五年九月），侵略边境。寿阳（安徽省寿县）是辫子蛮南下的要道，除了你，没有第二人能够克制他们。”调垣崇祖当豫州（州政府寿阳）州长。

六月六日，追究游击将军姚道和在南宋帝国政府时代，附和沈攸之的罪状，诛杀（姚道和当时是司州州长，态度不明；参考前年〔四七七〕十二月）。

六月十四日，萧道成封王太子萧赜当皇太子、皇子萧嶷当豫章王、萧映当临川王、萧晃当长沙王、萧晔当武陵王、萧暠当安成王、萧锵当鄱阳王、萧铄当桂阳王、萧鉴当广陵王，皇长孙萧长懋当南郡王。

六月十五日，把南宋帝国末任帝（顺帝）刘準小娃，安葬遂宁陵（今地不详）。

萧道成认为，首都建康（江苏省南京市）居民的成分，十分复杂，多的是作奸犯科、小偷强盗之辈；想建立一种社会安全制度，使居民纳入组织，发给“身份证”，五家互相保证，担负连带责任，用以确保秩序。国务院右执行长（右仆射）王俭劝阻说：“首都所在，四方人士，聚集杂处，如果每人都要携带‘身份证’，理论固好，但实行起来，十分繁琐，难以持久。谢安曾经说过：‘不那么样，怎能叫作京师？’正是如此（谢安，参考三八五年八月）。”萧道成遂打消原意。

最初，交州（州政府设龙编〔越南河内市东北北宁省〕）州长（刺史）李长仁逝世（交州变民首领李长仁投降南宋帝国，任交州总部执行官事，参考四六八年十一月）。堂弟李叔献，代替主持州政府，因威信没有建立，号令难以执行，遂派使节到首都建康（江苏省南京市），请求当时的南宋帝国政府，任命他当州长。南宋政府遂任命南海郡（广东省广州市）郡长沈焕当交州州长，而命李叔献当沈焕的宁远将军府军政官（宁远司马），兼武平（越南河内市东北太原省）、新昌（越南河内市西永安市）二郡郡长。李叔献既得到中央政府正式任命，人心归附，遂出军据守险要，拒绝沈焕入境。沈焕逗留郁林郡（广西桂平市），患病，逝世。

秋季，七月七日，萧道成下诏说："交趾（越南河内市东北北宁省）、比景（越南美丽县），远隔天涯，不用中国年号，这都是从前政府势力衰弱，因循苟且的结果。现在，特别对交州（越南北部）颁发大赦令，任命李叔献继任州长，安抚南方人民。"

12 北魏帝国葭芦镇（甘肃省陇南市武都区东南）防守司令（镇主）杨广香（参考前年〔四七七〕闰十二月），向南齐帝国投降。

七月十六日，南齐政府命杨广香当沙州州长（刺史）。

13 八月六日，北魏帝拓跋宏，前往方山（方山在首都平城〔山西省大同市〕北，拓跋宏跟嫡祖母冯太后，准备在此预修坟墓，所以常来察看）。

八月八日，拓跋宏回宫。

14 南齐帝萧道成，得到北魏帝国不久就要发动攻击的情报。

九月六日，任命豫章王萧嶷，当荆（州政府江陵）、湘（州政府临湘）二州州长，仍保持军区司令长官（都督）官位；临川王萧映，当京畿总卫戍司令(扬州刺史)。

九月七日，任命最高监察长(司空)褚渊，兼国务院总理(领尚书令)。

15 九月十三日，北魏帝国任命高级咨询官(侍中)、宰相(司徒)、东阳王拓跋丕，当全国武装部队总司令(太尉)；高级咨询官(侍中)、国务院右执行长(尚书右仆射)陈建，当宰相(司徒)；高级咨询官(侍中)、国务院执行官(尚书)、鲜卑人(代人)苟颓(苟原姓若干)，当最高监察长(司空)。

九月二十日，安乐王(厉王)拓跋长乐(五任文成帝拓跋濬子)谋反，北魏帝拓跋宏命他自杀。

九月二十一日，陇西王(宣王)源贺逝世(年七十三岁)。

冬季，十月一日，大赦。

16 十月十五日，南齐帝国汝阴太妃王贞风(南宋帝国七任帝刘彧正妻，南齐帝国建立后，封刘準当汝阴王，王贞风遂由"皇太后"降号称"太妃")逝世(年四十四岁)。南齐政府赠她绰号：宋国(南宋帝国)恭皇后。

17 最初，晋寿(四川省广元市西南)变民首领李乌奴，跟白水(四川省青川县东沙州镇)氐部落酋长杨成等，联合攻击梁州(州政府设南郑〔陕西省汉中市〕)。梁州州长(刺史)范柏年，说服李乌奴投降，李乌奴反击杨成，大破氐部落军。后来，沈攸之起兵反抗中央(参考前年〔四七七〕十二月)，范柏年派军从魏兴(陕西省安康市)出发东下，声称增援中央，实际上在观望形势。等沈攸之失败，中央政府派王玄邈接任他的位置，并命范柏年和李乌奴一同前往京师(首都建康)。李乌奴劝范柏年拒绝新任州长，范柏年犹豫不决，而王玄邈已经抵达。范柏年遂把李乌奴留在汉中郡（郡政府同设南郑），而自己东行。可是，走到魏兴（陕西省安康市），逗留那里，不再进发。太子宫左翼卫队司令（左卫率）、豫章郡（江西省南昌市）人胡谐之，曾经派人去梁州（州政府南郑），向范柏年索取马匹，范柏年说："马跟狗不一样，我怎么有力量供应你要个没有完的要求！"对胡谐之的差人，招待不周。差人回来，对胡谐之说："范柏年说：'胡谐之是什么狗东西，贪得无厌！'"胡谐之记恨在心，遂在萧道成面前打小报告，诬陷说："范柏年仗恃地势险要，集结部众，打算独霸一州。"萧道成命雍州（州政府襄阳）州长、南郡王萧长懋，设计引诱范柏年；于是，萧长懋上疏中央，要求延聘范柏年当州政府秘书长（长史）。范柏年接受，遂前往襄阳（湖北省襄阳市）。萧道成打算不再追究往事，胡谐之说："看见老虎，就要捉住，怎么反而放它回山！"

十月二十六日，萧道成下令范柏年自杀。李乌奴得到消息，叛变，投奔杨文弘（时驻武兴〔陕西省略阳县〕），率氐部落军队一千余人，攻击梁州（州政府南郑），攻陷白马戍（陕西省勉县西）。王玄邈派人向李乌奴诈降，李乌奴用轻装备部队，突袭州城（南郑，陕西省汉中市）。王玄邈发动伏兵截击，李乌奴大败，再逃回氐人地区。

最初，王玄邈当青州州长（王玄邈在盘阳〔山东省淄博市南〕抵抗北魏军〔参考四六六年四月〕，南宋帝国任命他当青州州长），而萧道成正镇守淮阴（江苏省淮安市淮阴区，参考四六七年八月），深受南宋帝国七任帝（明帝）刘彧的猜忌，恐惧不安，打算归降北魏帝国，写信给王玄邈，要求共同行动。王玄邈的秘书长（长史）、清河郡（侨郡，山东省淄博市南）人房叔安劝阻说："将军身负一个州的重任，却无缘无故，做出不忠不孝之事，三齐（山东省）人士，宁愿跳到东海（东海）淹死，也不敢追随将军。"王玄邈遂对萧道成的信，不作答复。之后，王玄邈解职回京（首都建康），经过淮阴（江苏省淮安市淮阴区），王玄邈战备行军，警戒严密（防备萧道成突袭）；既到建康（江苏省南京市），面见刘彧（南宋七任明帝），检举萧道成已有二心。后来，萧道成当骠骑大将军，延请王玄邈当军政官（司马），王玄邈大为恐惧，但萧道成待他跟当初一样。现在，王玄邈击破李乌奴，萧道成说："王玄邈果然不辜负我待他的一番心意。"房叔安当宁蜀郡（四川省成都市双流区）郡长，萧道成欣赏他的忠贞正直，打算擢升他当梁州（州政府南郑）州长，不巧，房叔安因病逝世。

十一月十三日，封皇太子萧赜正妻裴惠昭当太子妃。

18 十一月十五日，北魏帝国向南齐帝国，发动攻击（南北第六次大战）。派代理梁郡王拓跋嘉（时任徐州〔州政府彭城〕州长），率二将领攻击淮阴（江苏省淮安市淮阴区）；陇西公拓跋琛，率三将领攻击广陵（江苏省扬州市）；河东公薛虎子，率三将领攻击寿阳（安徽省寿县）；奉戴丹阳王刘昶（刘昶本是南宋帝国义阳王，逃入北魏帝国，参考四六五年九月），应许刘昶重建南宋帝国，在江南（长江以南）世代相传，作为北魏的藩属。

大阳蛮（五水蛮）酋长桓诞（时在朗陵〔河南省确山县南〕。降北魏事，参考四七二年正月），请求担任前锋，北魏政府遂任命桓诞当南征西路军总司令（南征西道大都督）。义阳（河南省信阳市）变民首领谢天盖，自称司州（州政府义阳）州长（刺史），打算献出全州，投降北魏；北魏乐陵镇（山东省乐陵市）防守司令（镇将）韦珍，率军渡淮河南下，接应谢天盖。

南齐帝国豫章王萧嶷（荆湘二州州长，时驻江陵），派大营军事参议官（中兵参军）萧惠朗，率二千人增援司州州长萧景先，攻击谢天盖；韦珍乘势掳掠居民七千余户北返。萧景先，是萧道成的侄儿。南兖州（州政府广陵）州长王敬则，听到北魏军将渡淮河南下，大为恐惧，抛弃州城（广陵，江苏省扬州市），逃回首都建康；知识分子及平民，惊骇四散。可是，到了最后，北魏军始终没有出现。萧道成因王敬则是功臣，不予追究责任。

柏杨曰

王敬则在帮助萧道成夺取政权时，既会伏地谛听，又会深宫拔刀，大蹦大跳，好不英勇，可是，一听说外国大军要到，连同土地人民一齐抛弃，拔腿便跑。

历史上太多这一类窝里斗人物，对内内行，对外外行，对本国人是一种嘴脸，上谄下骄；对外国人又是一种嘴脸，惊惧交集。

当萧道成还是南宋帝国的大臣时，曾经派骁骑将军王洪范，担任钦差官，前往柔然汗国（瀚海沙漠群），约定向北魏帝国同时发动攻击。王洪范从巴蜀（四川省），经过吐谷浑汗国（青海省），再往西域（新疆及中亚东部），终于抵达柔然汗国。而今，柔然汗国出动十余万骑兵，攻击北魏帝国，抵达边塞，然后班师。

19 本年（四七九），北魏帝拓跋宏下诏，命立法院总立法长（中书监）高允，制定帝国法令规章。高允年纪虽然老迈（本年九十岁），但头脑清楚、神智不衰。拓跋宏认为高允家庭贫穷，生活枯燥，命皇家管弦乐队，每隔五天，派十个人到高允家演奏，使他喜悦。早晚供应饮食，每月一日、十五日，赠送牛肉及美酒，按月发给衣服丝棉和绸缎。高允进宫晋见时，皇帝为他准备拐杖茶几，请他坐下，向他请教国家如何治理。

20 契丹部落（辽河上游）首领（莫贺弗）勿干，率领一万余人，归附北魏帝国，居住白狼水（大凌河）之东。